oekom

ClimatePartner°
klimaneutral
Verlag | ID: 128-50040-1010-1082

CO_2-Emissionen vermeiden, reduzieren, kompensieren – nach diesem Grundsatz handelt der oekom verlag. Unvermeidbare Emissionen kompensiert der Verlag durch Investitionen in ein Gold-Standard-Projekt. Mehr Informationen finden Sie unter www.oekom.de

Bibliografische Information der Deutschen Nationalbibliothek: Die Deutsche Nationalbibliothek verzeichnet diese Publikation in der Deutschen Nationalbibliografie; detaillierte bibliografische Daten sind im Internet über http://dnb.d-nb.de abrufbar.

Deutsche Erstausgabe

Original erstmal veröffentlicht bei:
Cambridge University Press, Cambridge 2009

Gesellschaft für ökologische Kommunikation mbH,
Waltherstrase 29, 80337 München

Satz: Sarah Schneider, oekom verlag
Lektorat: Martina Blum, oekom verlag
Korrektur: Petra Kienle
Druck: GGP Media GmbH, Pößneck

Dieses Buch wurde auf FSC®-zertifziertem Recyclingpapier und auf Papier aus anderen kontrollierten Quellen gedruckt. Circleoffset Premium White, geliefert von Igepagroup, ein Produkt der Arjo Wiggins.

ISBN 978-3-86581-459-3

FSC www.fsc.org
MIX
Papier aus verantwortungsvollen Quellen
FSC® C014496

Mike Hulme

Streitfall Klimawandel

Warum es für die größte Herausforderung keine einfachen Lösungen gibt

Aus dem Englischen von
Jörg Matschullat und Stephanie Hänsel
unter Mithilfe von Danny Arnold, Ronny Badeke, Eric Donner, Valentin Garbe, Friederike Klos, Stephan Lenk, Anne Müller, und Berit Schult,
TU Bergakademie Freiberg

Für meinen Vater, Ralphe Hulme (1924–1989),
der mich lehrte, dass es eine Art des Lernens darstellt,
wenn man anderer Meinung ist.

Danksagung

Die Idee für dieses Buch kam mir im Februar 2003, als ich in der Church House-Buchhandlung in London stöberte. Während meiner verbleibenden Zeit als Direktor des Tyndall-Zentrums reifte sie weiter und im Laufe eines Forschungsfreisemesters, das mir von der Universität von East Anglia (UEA) bewilligt wurde, konnte das Buch schließlich verwirklicht werden.

Ich möchte all meinen Kollegen am Tyndall-Zentrum danken; sie sensibilisierten mich nicht nur für viele der hier diskutierten Ideen, sondern schufen eine anregende Atmosphäre, unter der Beobachtungen, Nachdenken und Gespräche über Klimawandel möglich waren. Viele dieser Kollegen diskutierten mit mir einige der Ideen dieses Buches – und waren dabei teilweise anderer Meinung, was sehr hilfreich war. Ganz besonders möchte ich jenen danken, die Teile des Entwurfs oder ganze Kapitel gegengelesen und kommentiert haben, namentlich Tim O'Riordan, Irene Lorenzoni, Natasha Grist, John Turnpenny, Sam Randalls, Tom Lowe, Asher Minns, Saffron O'Neill, Lorraine Whitmarsh, Jacqueline de Chazal, Nick Brooks, David Livingstone, Neil Adger, Joe Smith, Dave Ockwell, Christopher Shaw, Chuks Okereke, Sarah Dry, Neil Jennings, Don Nelson und Mark Charlesworth. Suraje Dessai verdient besondere Anerkennung, weil sie darüber hinaus über neun fruchtbare Jahre der Zusammenarbeit mit mir zahllose engagierte und provokante Gespräche über Klimawandel geführt hat. Dieses Buch profitierte auch von Einladungen, die ich von der *Science and Technology Policy Research* an der Universität von Sussex, dem Faraday Institut der Universität Cambridge und dem *Lincoln Theological Institute* an der Universität von Manchester erhielt und wo ich einige der hier präsentierten Ideen vorstellen konnte.

Mein Diplomstudium an der UEA (University of East Anglia) School of History eröffnete mir neue Perspektiven über den Charakter der Geschichte und zur Geschichtsschreibung; Perspektiven, die für das Verfassen dieses Buches unerlässlich waren. Auch danke ich den 44 Masterstudenten der UEA, die im Zeitraum 2007/2008 – während dieses Buch Gestalt annahm – mein Klimawandel-Modul belegt hatten. Einige der Ideen wurden an dieser ›Horde‹ Studierender erprobt und die dazugehörenden Seminardebatten boten einige neue Blickwinkel, warum wir über den Klimawandel uneins sind. Phil Judge hat eine sehr professionelle und gründliche Arbeit geleistet, indem er einige der Abbildungen im Buch neu zeichnete, während Chris Harrison vom Verlag Cambridge University Press das Projekt enthusiastisch aufnahm und gemeinsam mit Philip Good durch die Fertigungsstadien bis zur Produktion führte. Schließlich danke ich Gill und Emma; sie waren wie immer meine ehrlichsten Kritiker und meine loyalsten Unterstützer.

Für seine Anregung und die Leitung der Übersetzung dieser deutschsprachigen Ausgabe bin ich Dr. Jörg Matschullat, Professor für Erdsystem-Wissenschaften und Direktor des Interdisziplinären Ökologischen Zentrums der Technischen Universität Bergakademie Freiberg, zu tiefem Dank verpflichtet. Seine Kollegin, Dr. Stephanie Hänsel, hat diesen Prozess äußerst gewissenhaft begleitet. Ohne ihr Engagement sowie den Enthusiasmus und die Hingabe einer Gruppe von Masterstudenten an der Technischen Universität Bergakademie Freiberg (Danny Arnold, Ronny Badeke, Eric Donner, Valentin Garbe, Friederike Klos, Stephan Lenk, Anne Müller und Berit Schult) wäre das Projekt nicht zu verwirklichen gewesen. Auch habe ich Dr. Milena Wazeck zu danken, Newton International Fellow an der School of Environmental Sciences der Universität von East Anglia, die unbezahlbare Dienste beim Korrekturlesen leistete. Obwohl die englische Vorlage für diese deutschsprachige Ausgabe keine Erweiterung oder wesentliche Aktualisierung erfuhr, wurden doch einige kleine Korrekturen durchgeführt und Internetseiten sowie Literaturhinweise auf den neuesten Stand gebracht – inklusive deutschsprachiger Quellen, wo immer dies möglich und sinnvoll war. Auch einige der Leseempfehlungen, die jeweils am Ende der Kapitel gegeben werden, wurden geändert, um auf die neuesten Veröffentlichungen hinzuweisen. Schließlich und nicht zuletzt möchte ich mich beim Münchner oekom verlag, namentlich bei Dr. Christoph Hirsch, herzlich bedanken, dieses Projekt angenommen zu haben.

Mike Hulme
Norwich, Juli 2013

Vorwort zur deutschen Ausgabe

von Mike Hulme

Streitfall Klimawandel. Warum es für die größte Herausforderung keine einfachen Lösungen gibt wurde erstmals am 30. April 2009 unter dem Titel *Why We Disagree about Climate Change: Understanding Controversy, Inaction and Opportunity* in englischer Sprache veröffentlicht, sieben Monate vor dem sogenannten Climategate-Skandal und acht Monate vor den gescheiterten Klimaverhandlungen in Kopenhagen (COP-15). Das Buch wurde im Winter 2007/2008 während eines Sabbaticals geschrieben, nachdem ich als Direktor des Tyndall Center for Climate Change zurückgetreten war. Im Hinblick auf die wissenschaftlichen, politischen und kulturellen Interpretationen von Klimawandel ist seitdem viel geschehen. Doch meine Analyse *Streitfall Klimawandel*, die hier erstmals in deutschsprachiger Übersetzung vorliegt, bleibt so aktuell, wie sie es vor fünf Jahren gewesen ist. Einige der Entwicklungen seit 2008 sowie einige der öffentlichen und akademischen Reaktionen auf die Originalausgabe von *Streitfall Klimawandel* habe ich in einer Reihe von Essays dargelegt[1]. An dieser Stelle möchte ich das Wesentliche hieraus kurz zusammenfassen.

Gleich nach der Veröffentlichung zog *Streitfall Klimawandel* die Aufmerksamkeit von Medien und Öffentlichkeit auf sich. Einige Kritiker beschwerten sich, dass ich die orthodoxe Darstellung des Phänomens ›Klimawandel‹ in Frage stellen würde, andere unterstellten mir, ein Defätist zu sein, während einige wenige mir den Vorwurf machten, zu lügen und zu betrügen. Wenige Monate später, im November 2009, kam es durch E-Mails der Klimaforschungsgruppe an der Universität von East Anglia, die im Internet veröffentlicht wurden, zu einer substanziellen Krise in der Beziehung zwischen Klimawissenschaftlern und einem Teil ihres Publikums. Die monatlichen Verkaufszahlen von *Streitfall Klimawandel* stiegen gewaltig und waren ein eindrücklicher Beleg dafür, wie groß das öffentliche Interesse an der Frage war, warum Meinungsverschiedenheiten zum Thema Klimawandel so tief verwurzelt und persistent sind – und dies vor dem Hintergrund der gescheiterten COP-15-Verhandlungen in Kopenhagen.

Seit seiner Veröffentlichung fand *Streitfall Klimawandel* eine weite Verbreitung, sowohl räumlich als auch kulturell. Das Buch wurde in diversen Magazinen, Zeitungen und akademischen Zeitschriften weltweit rezensiert. Besprechungen in renommierten Zeitungen sowie auch in Radio und Internet bezeugten das große Interesse; und selbst bei einer Vielzahl sozialer Medien und Organisationen stieß es auf hohe Aufmerksamkeit. Das Buch wurde in Wirtschaftsjournalen, in Landwirtschaftsmagazinen oder in der

›grünen‹ Literatur ebenso zur Kenntnis genommen wie in religiösen Rundschreiben, politischen Informationsschriften und Magazinen, die sich an eine breite Leserschaft richten. Darüber hinaus erhielt ich Einladungen zu Vorträgen – vor akademischen Zuhörern und vor interessierten Laien – aus vielen Ländern, etwa Australien, Griechenland, Indien, Japan, Kanada, Singapur, Südafrika, Schweden, Thailand oder dem Jemen, um nur einige zu nennen. Diese Einladungen kamen aus einem breiten Spektrum von Organisationen der Zivilgesellschaft: einem in London beheimateten Mediendienst, dem Australischen Museumsverband, der internationalen Nichtregierungsorganisation Oxfam, einem Netzwerk der industriellen Landwirtschaft, dem britischen Ministerium für Energie und Klimawandel, dem British Council in Indien, Wissenschafts- und Literaturfestivals in Dänemark, Norwegen und Großbritannien, religiösen Organisationen wie A Rocha International und einzelnen christlichen Kirchengemeinden, britischen Schulen und Gymnasien, dem runden Tisch der Geschäftsleute von Vancouver (*business roundtable*), der Handelskammer von Goa und vielen anderen.

Diese Auflistung illustriert die vielfältige zivilgesellschaftliche und kulturelle Interessenslage und die hohe Bereitschaft, sich für das Thema Klimawandel zu engagieren. Viele dieser Akteure fanden für sich und ihre Zielgruppen in *Streitfall Klimawandel* fruchtbare, provokante oder motivierende Ansätze, sich mit dem Thema zu verbinden beziehungsweise sich in ihren Antworten dazu herausgefordert zu sehen. Innerhalb der akademischen Welt hat *Streitfall Klimawandel* viele inspiriert und deren Arbeit beeinflusst. Das Buch wurde als Schlüsseltext in zahlreichen Studienveranstaltungen in einer erstaunlichen Vielfalt von Disziplinen eingesetzt, etwa in der Umweltanthropologie, den Umweltingenieurwissenschaften sowie der Umweltpolitik, aber auch in den Geo- und Forstwissenschaften, in den Bereichen Nachhaltige Entwicklung, Geschichte, Kultur und Politik, Internationale Beziehungen, Englisch und Rhetorik oder in Studien der Wirtschaftswissenschaften.

Auf einer der ersten Seiten von *Streitfall Klimawandel* zitiere ich den Soziologen Jonathan Haidt: »Ein guter Platz, um Weisheit zu suchen (...) ist dort, wo man es am wenigsten erwartet: in den Köpfen Deiner Kontrahenten«[2]. Was also habe ich über Klimawandel und angesichts der Reaktionen auf das Buch vielleicht auch über mich selbst in den vergangenen Jahren gelernt? Einige Kritikpunkte haben mich veranlasst, noch etwas tiefer über Fragen von Klimawandel und Macht nachzudenken, unabhängig davon, an welche Form der Macht wir hier denken. Meine Auseinandersetzung mit den Facetten der Macht ist eine Schwäche des Buches und war eine Lücke in meinem Verständnis der politischen Wissenschaft. Ebenso wurde ich gezwungen, tiefgründiger über meine eigene Position im Hinblick auf ›Handeln‹ in der Welt nachzudenken. Was *sind* meine Rollen und Verantwortlichkeiten als Akademiker und als Bürger: Prophet zu sein, Politikberater, Aktivist? Reicht es aus, Erzieher, Vermittler, Provokateur im Hinblick auf die vielschichtigen Aspekte von Klimawandel zu sein, wenn dies nicht in einem deutlichen Aufruf zu politischem Handeln resultiert? Wenngleich ich sicher viel Zeit und Engagement darauf verwandt habe, meine Ansichten über Klimawandel vor vielfältigen Zuhörerschaften weltweit zu kommunizieren und zu erklären, pries ich doch kein Manifest politischen Handelns an.

Auf einer übergeordneten Ebene ist *Streitfall Klimawandel* wohl ein Beitrag zu einem kulturellen Umdenken in Studien über Klimawandel. Darin liegt die Erkenntnis, dass die Vorstellung von Klimawandel uns mit mehr konfrontiert als nur der einfachen Herausforderung, akkurate Projektionen zukünftiger Klimata zu erstellen, Projektionen, die in irgendeiner Weise heutige Vorstellungen und heutiges Verhalten beeinflussen. Die Tatsache, dass gemeinschaftliches menschliches Handeln das globale Klima verändern kann, führt zu viel weiterführenderen und schwierigeren Fragen, etwa über wünschenswerte Formen politischer Organisation, über den Charakter verbindlichen Wissens oder über die menschliche Bestimmung (gr. telos). Letztendlich sind dies Themen, die kulturelle Reflektion und Analyse erfordern – zu menschlichem Glauben, sozialer Praxis und öffentlichen Diskursen. Das sind keine Fragen, die von den Klimawissenschaften beantwortet werden können. Doch ich glaube, dass *Streitfall Klimawandel* den Blick geöffnet hat auf die vielfältigen Möglichkeiten, um über diese tieferen Fragen zu unserem Menschsein und unserem Zusammenleben nachzudenken.

Mike Hulme
Norwich im Juli 2013

Geleitwort zur deutschen Ausgabe

von Ottmar Edenhofer

Die Geschichte des Klimawandels kann man auf verschiedene Weise erzählen. Eine davon ist die Erzählung von der *Titanic*: Die ganze Menschheit fährt auf diesem Luxusliner auf einen Eisberg zu, eine Katastrophe gewaltigen Ausmaßes droht. Die champagnertrinkenden Mitglieder der 1. Klasse – mit schnellem Zugang zu den wenigen Rettungsbooten – haben vielleicht Chancen, die Katastrophe zu überstehen; doch die ärmeren Passagiere der unteren Decks sind wahrscheinlich verloren, wenn es zu einer Kollision kommt. Der Erzähler wird die Fragen beantworten müssen, ob die Menschheit den Kurs noch ändern kann und wer notfalls ein Anrecht auf einen lebenssichernden Platz im Rettungsboot hat.

Viele Klimawissenschaftler und Vertreter der Zivilgesellschaft haben in der Vergangenheit die Metapher vom fatalen Zusteuern auf einen Eisberg bemüht, den die Politik nicht wahrhaben will. Sie sind der Überzeugung, dass es zu apokalyptischen Katastrophen kommen wird, wenn wir den Klimawandel nicht bremsen und eine Überschreitung der 2°C-Schwelle globaler Erwärmung nicht verhindern. Der gegenwärtige Kurs der *Titanic* dient hierbei als Metapher für das alte, auf fossilen Energieträgern wie Kohle, Öl und Gas beruhende, klimaschädliche Wohlstandsmodell. Der Aufprall auf den Eisberg scheint unvermeidlich. Wenn nicht bald umgesteuert wird, so die Metapher, dann könnte man durch einen geschickt gesteuerten Aufprall – wie bei der Anpassungsstrategie an den Klimawandel – höchstens noch einige Menschenleben mehr retten; aber eine Katastrophe bleibt unvermeidlich. Die einzige Möglichkeit, einer solchen Katastrophe auszuweichen, ist dieser Erzählung zufolge eine massive Reduktion der klimaschädlichen Treibhausgasemissionen, was ein radikales Umsteuern nötig macht. Wenn es zum Aufprall kommt, also der Klimawandel in großen Teilen der Welt zuschlägt, dann kann man lediglich die knappen Plätze auf den Rettungsbooten verteilen, die dann einigen eine Zuflucht in jene Teile der Welt ermöglichen, in denen ein einigermaßen auskömmliches Leben noch möglich ist. Garrett Hardins viel zitierte, düstere Erzählung der ›Tragik der Allmende‹ prophezeit, dass die Reichen die Plätze in den Booten fast aus- schließlich für sich beanspruchen werden. Die wenigen Boote bieten überdies nicht Platz für alle; wer hier moralische Bedenken erhebe, könne seinen sicheren Sitz im Boot ja gerne aufgeben.[3]

Diese düstere Parabel vergegenwärtigt, dass das scheinbar ›goldene Zeitalter der Industrialisierung‹ vorüber ist – jenes Zeitalter also, in dem die Menschheit noch von der Sparbüchse der Natur lebte[4] und fossile Energieträger bedenkenlos nutzen konnte, um Wohlstand zu mehren und der Armutsfalle zu entrinnen. Diese Bedenkenlosigkeit ist verflogen und unsere Gegenwart scheint bestimmt von Knappheit und Eigennutz – mit den tragischen Konsequenzen, wie sie Hardin beschreibt.

Das vorliegende Buch von Mike Hulme will uns nun darauf aufmerksam machen, dass niemand genau weiß, ob wir überhaupt auf dieser *Titanic* sind, was tatsächlich passieren wird und was die besten Handlungsoptionen sind. Es gibt keine gemeinsame Wahrnehmung der sozialen Situation. Viele teilen das eingangs geschilderte Narrativ von der drohenden großen Klimaapokalypse und der Notwendigkeit einer fundamentalen gesellschaftlichen Umsteuerung nicht, manche bezweifeln auch die von Hardin prophezeite Tragödie bezüglich der Rettungsboote. Manche orakeln gar, es könnte einen gesellschaftlichen Fortschritt bedeuten, wenn die Menschheit durch den ungebremsten Klimawandel einem weiteren Selektionsdruck ausgesetzt wird. Wieder andere meinen, ein Aufprall auf den Eisberg habe gar keine allzu schlimmen Konsequenzen, wenn man nur kluge Anpassungsstrategien wähle. Schließlich proklamieren manche Anhänger von ›Green Growth‹, eine leichte Kurskorrektur der *Titanic* könnte den Untergang des bisherigen Wohlstandsmodells verhindern.

Mit anderen Worten: Wir können den jahrzehntelangen öffentlichen Streit um den Klimawandel nur verstehen, wenn wir begreifen, dass wir dabei über die großen Narrative der Menschheit streiten. Es komme, so Hulme, gar nicht darauf an, dass wir über dieses oder jenes wissenschaftliche Faktum streiten, sondern auf die Erzählungen vom Anfang, Sinn und Ende der Menschheitsgeschichte. Er geht davon aus, dass Menschen ihre individuellen und kollektiven Identitäten durch große Erzählungen strukturieren. Dieser Ausgangspunkt, so plausibel er auch sein mag, ist dabei alles andere als selbstverständlich: So verspricht der im Westen vorherrschende Liberalismus gerade, dass er den Ausgleich von Interessen, den Tausch von Waren und Gütern und die Errichtung von Machtbalancen unabhängig von kollektiven Identitäten erfolgreich strukturieren kann. Hulme zeigt dagegen, dass auch der Liberalismus nur eine weitere große ›Erzählung‹ ist, an deren Ende nicht das Paradies, nicht die Überwindung der Knechtschaft, sondern der Konflikt um den Ausgleich von Interessen steht.

Hulme öffnet uns mit diesem Buch die Augen für die Vielfalt und die weitreichenden Konsequenzen solcher Narrative – das heißt der säkularen und religiösen Glaubenssysteme – für die Debatten über die angemessene Deutung des Klimaproblems. Damit legt Hulme zugleich den Finger in die Wunde traditioneller wissenschaftlicher Politikberatung, die – wie die Wissenschaften lange Zeit selbst – stark vom positivistischen Erbe geprägt ist. Angeblich eindeutige Fakten und Wahrheiten sowie daraus abgeleitete alternativlose Politikempfehlungen wurden nicht selten in wissenschaftlichen

Gutachten zum Klimawandel präsentiert. Hulme weist darauf hin, dass eine solche wissenschaftliche Politikberatung irreführend ist. Sie missachtet, dass Fakten und Werturteile nicht strikt getrennt werden können, dass also politische Empfehlungen und bereits die zugrunde liegende Problemanalyse notwendig mit Werturteilen behaftet sind und bestimmte Narrative implizieren. Unsere Wahrnehmung von Risiken, die Sicht auf nachhaltige Entwicklung und die Art und Weise, wie wir unser Verhältnis zum Staat bestimmen, beeinflusst unsere jeweilige Haltung zum Klimawandel. Außerdem deutet Hulme zu Recht darauf hin, dass es noch weitere Eisberge neben dem Klimawandel gibt, die ebenfalls umschifft werden müssen, etwa die Armut.

Hulme dekonstruiert unsere Meinungsverschiedenheit und lädt zur Konstruktion von Erzählungen und Narrativen ein. Vor allem für Naturwissenschaftler wird in diesem Buch das Tor zu einer Welt aufgestoßen, die ihnen durch ihre Ausbildung in einer positivistischen Kultur bislang fremd geblieben sein mag. Es geht darum, ein differenziertes Verständnis für die Findung und Austragung von gesellschaftlichem Konsens und Dissens zu eröffnen, das für alle großen sozialen Probleme von Bedeutung ist.

Das Buch ist eine Attacke auf ein technokratisches Politik- und Wissenschaftsverständnis, in dem die Wissenschaft festlegt, was die Politik zu tun hat. Ja, das Buch will das Establishment der Klimawissenschaft und Klimapolitik herausfordern. Der Weltklimarat als Inbegriff dieses Establishments will, so könnte man Mike Hulme paraphrasieren, ein Problem lösen, das man gar nicht lösen kann, weil eine gemeinsame Wahrnehmung fehle. Mike Hulme glaubt nicht daran, dass sich das Klimaproblem ultimativ lösen lässt, sondern dass uns der Klimawandel Möglichkeiten zuspielt, die wir sonst nicht hätten: Der Klimawandel ermöglicht es, die Vertreibung aus dem Paradies zu beklagen, die Apokalypse vorherzusagen, vor dem Turmbau von Babel zu warnen und schließlich ein Jubeljahr auszurufen und zu feiern, in dem wir den Klimawandel nutzen, um für mehr Gerechtigkeit zu kämpfen. Er greift hier auf die großen biblischen Erzählungen zurück, die er nebeneinander gleichermaßen gelten lässt und nicht zu einer sinnhaften Gesamtgeschichte komponiert, wie dies bei den biblischen Autoren (vor allem bei den Verfassern des Neuen Testaments) zu finden ist. Hulme sagt nicht, welches nun die ›wahre‹ Geschichte ist.

Manche Leserin und mancher Leser mögen am Ende des Buches deshalb eine Erleichterung empfinden: Mike Hulme erspart uns die metaphysische Anstrengung der Wahrheitsfrage. Verständnis stellt sich ein, warum wir über den Klimawandel streiten und warum größere naturwissenschaftliche Sicherheit diesem Streit kein Ende setzen wird. Wer der seit dem Club of Rome immer wieder propagierten Apokalypsen überdrüssig ist, wird gelassener auf die lokalen und globalen Krisen reagieren, denn auch die sind ja nicht neu unter der Sonne, es hat sie immer gegeben und es wird sie immer geben – die Apokalypse ist eben auch nur eine Erzählung, ebenso wie die großen Erzählungen, die dem Menschen einen Sinnhorizont anbieten.

Eine solche Reaktion auf Hulmes Buch wäre jedoch fahrlässig und Mike Hulme hat sich gegen diese Interpretation zur Wehr gesetzt. Eine Dekonstruktion der Debatte mag ein guter Ausgangspunkt sein, um aufgeklärter über Klimapolitik zu streiten. Aber man kann hier nicht stehen bleiben. Die Frage, was denn nun die ›wahre‹ Geschichte des Klimaproblems ist, bleibt bestehen – und: Man kann mit vernünftigen Gründen darüber streiten. Trotz all der konkurrierenden Metaphern, Parabeln und Narrative scheint es klar, dass zumindest das *Risiko* eines gefährlichen Klimawandels besteht, dass es also mit einer gewissen Wahrscheinlichkeit einen Eisberg gibt, auf den wir zusteuern. Das Wissen um den gegenwärtigen Klimawandel ist nicht absolut sicher; der Nebel der Unsicherheiten und Deutungsmöglichkeiten verhindert eine gemeinsame Sicht auf die Eisberge. Würde die Geschichte vom Untergang der *Titanic* sich sicher als wahr erweisen, wäre die Katastrophe ja bereits eingetreten. Es ist jedoch ein Gebot der Klugheit und moralischen Verantwortung, auf eine solche drohende Katastrophe zu reagieren, auch wenn Unsicherheiten bestehen – und auch dann, wenn Menschen über den Anfang und das Ende der Geschichte streiten und die Hoffnung auf eine Einigkeit nicht besteht. Aber gerade angesichts der Gefährdungen können die Gemeinsamkeiten in der Wahrnehmung der Risiken wachsen, auch wenn Menschen sich in ihren Lebensentwürfen fundamental unterscheiden.

Das bedeutet noch lange nicht, dass es klar wäre, wie man den Dampfer zwischen den Eisbergen hindurch zu steuern hätte. Dafür braucht es Seekarten, die einen Weg aus der Gefahr zeigen können. Für das Klimaproblem können diese Karten öffentliche wissenschaftliche Assessments sein, die nicht nur einen, sondern verschiedene mögliche Politikpfade explorieren und deren jeweilige praktische Konsequenzen aufdecken. Auf diese Weise hätte man die Grundlage für ein rationales Streiten – also ein Streiten mit rechtfertigenden Gründen – über verschiedene Handlungsmöglichkeiten. Auch hier gilt: Viele Deutungen sind möglich, einiges ist unsicher – und dennoch gibt es für manche Ansichten überzeugendere Gründe als für andere. So scheint in der Tat eine drastische Verminderung der Emissionen notwendig, bloße Anpassung an ungebremsten Klimawandel oder leichte Kurskorrekturen werden höchstwahrscheinlich nicht genügen. Umgekehrt besteht die Hoffnung, dass Hardins Tragödie der Gemeinschaftsgüter am Ende doch ›nur‹ ein Drama mit gutem Ausgang wird, wie Elinor Ostrom argumentierte. Die vernünftige Bewirtschaftung der globalen Gemeinschaftsgüter bietet die Chance für ein neues Wohlstandsmodell, in dem ambitionierter Klimaschutz, Überwindung der Armut und Beendigung grober

Ungerechtigkeiten erreicht werden können. Wir sind nicht zu einer moralischen Tragödie verdammt. Denn auch Menschen mit unterschiedlichen Geschichten und Metaphern können gemeinsam handeln, wenn sie Wege aus der Gefahr erkunden müssen.

Ottmar Edenhofer
Prof. für die Ökonomie des Klimawandels, TU Berlin
stellv. Direktor und Chefökonom, Potsdam-Institut
für Klimafolgenforschung
Berlin/Potsdam im November 2013

Geleitwort zum englischen Original

von Steve Rayner

Als ich vor drei Jahrzehnten begann, mich mit der Erforschung klimawandelrelevanter Politikfelder zu beschäftigen, wurde ich von einem ehemaligen stellvertretenden Leiter der amerikanischen Umweltschutzbehörde gewarnt, dass ich meine Zeit verschwende, denn: ›Klimawandel werde nie ein Hauptthema öffentlicher Politik sein.‹ Er begründete dies mit drei Argumenten: ›Die Wissenschaft dazu ist zu unsicher, die Auswirkungen liegen zu weit in der Zukunft und es gibt keinen direkt erkennbaren Verantwortlichen‹. Meine Antwort darauf war, dass genau dies Gründe seien, warum der Klimawandel ein wichtiges politisches Thema werden würde. Es war genau diese Wandlungsfähigkeit von Klimawandel – die Eigenschaft, für verschiedene Menschen viele verschiedene Dinge zu bedeuten –, die dem Thema anhaltende öffentliche Aufmerksamkeit sichern würde.

Zehn Jahre später, unmittelbar nach der Verabschiedung des Kyoto-Protokolls, leitete ich die Veröffentlichung eines Berichts zum aktuellsten Stand der sozialwissenschaftlichen Forschung zum Klimawandel[5]. Der Bericht bestätigte, was in der Folgezeit als Problem begriffen wurde – die ›Bösartigkeit‹ von Klimawandel. ›Bösartigkeit‹ ist in diesem Zusammenhang keine moralische Wertung (auch wenn Klimawandel für einige Menschen die Konsequenz eines unethischen industriellen Lebensstils ist). Der Begriff ›bösartig‹ kommt aus der Stadtplanung[6] und beschreibt Probleme unfassbarer Komplexität, die durch ›widersprüchliche Gewissheiten‹ gekennzeichnet sind und sich somit eleganten, einvernehmlichen Lösungen entziehen.

Wie Mike Hulme – weitere zehn Jahre später – in diesem Buch ausführt, ist der Klimawandel weniger ein singuläres Problem, das es für sich zu lösen gilt, als vielmehr ein Zustand, unter dem die Menschheit Entscheidungen treffen muss. Es geht um Fragen nach Prioritäten ökonomischer Entwicklung und danach, wie wir uns selbst regieren. Unsere Wahrnehmung von Klimawandel als Bedrohung für gewohnte und geschätzte Lebensweisen hängt ab von unserer Sicht auf die Natur, unserer Bewertung wissenschaftlicher Analysen, unseren Risikoeinschätzungen und unseren Vorstellungen davon, was auf dem Spiel steht – Wirtschaftswachstum, nationale Souveränität, Artensterben, das Leben armer Menschen in randständigen Lebensräumen von Entwicklungsländern – und ob es ethisch, politisch oder ökonomisch zu rechtfertigen ist, diese Themen gegeneinander abzuwägen.

Sogar wenn sich Wissenschaftler, Politiker und Öffentlichkeit auf die grundlegenden Prinzipien und die belastbarsten Erkenntnisse der Klimawissenschaften einigten, bestünde immer noch genügend Raum für Uneinigkeit über die Konsequenzen dieser Erkenntnisse für jegliches Handeln. Die Vorstellung, dass Wissenschaft den politischen Konsens ›antriebe‹ und dass bessere Wissenschaft Meinungsverschiedenheiten beilegen könnte, ignoriert die Wurzeln dieser Uneinigkeiten in den politischen, nationalen, religiösen, intellektuellen sowie administrativen Kulturen. Was in einer Personengruppe als selbstverständlich angenommen wird, ist für andere ›unbequemes Wissen‹, das aufgrund seiner Bedeutung für die Vorstellungen und Prioritäten zum Ressourceneinsatz schwer zu akzeptieren ist[7].

Streitfall Klimawandel treibt diese soziologische Sichtweise auf die Klimadebatte in mindestens zweierlei Hinsicht voran. Einerseits wurde es von einem herausragenden Klimawissenschaftler verfasst. Beim Thema Klimawandel werden Wissenschaftler, Politiker und Journalisten die Ansichten eines Naturwissenschaftlers wahrscheinlich ernster nehmen, als jene von Anthropologen, Soziologen oder Politikwissenschaftlern, auch wenn die wesentlichen Inhalte des Buches eher das Verhalten von Gesellschaftssystemen, als das natürlicher Systeme betreffen. Dies trifft sogar dann zu, wenn die Spezialisierungen dieser Naturwissenschaftler die Klimawissenschaften nur tangieren (wie in dem Fall von mindestens zwei ehemaligen Forschungsleitern der britischen Regierung, die darauf bestanden, dass die Robustheit der Klimamodellierung außer Frage steht). Da Wissenschaft in der gegenwärtigen Gesellschaft zur ultimativen Quelle von Legitimität geworden ist, handeln manche ihrer Vertreter so, als wären sie die Hüter einer nicht in Frage zu stellenden Glaubenslehre, indem sie uns erzählen, dass ›die Wissenschaft vom Klimawandel entschieden ist‹ (und implizieren, Klimapolitik sei es ebenso). Andererseits sind sich Experten der Klimawissenschaften wie Mike Hulme, die näher an der Entstehung klimatologischen Wissens stehen, der unumgänglichen Lücken und Uneindeutigkeiten in der Wissenschaft vollkommen bewusst. Damit erkennen sie auch die Notwendigkeit des strategischen gesellschaftlichen und politischen Dialogs darüber, wie man im Lichte erkenntnistheoretischer Unsicherheit und konkurrierender gesellschaftlicher Werte reagieren sollte.

Zum anderen und wohl weitaus bedeutsamer hat Mike Hulme mehr getan, als einfach den soziologischen und anthropologischen Einblicken in die Klimadebatte seine wissenschaftliche Autorität zu leihen. Er geht weiter, als es sich selbst die meisten Sozialwissenschaftler zutrauten, indem er aufzeigt, dass Klimawandeldebatten mehr sind als bloße Aufhänger, woran verschiedene Interessensgruppen ihre jeweilige Agenda hängen. Stattdessen bietet Klimawandel die notwendige Arena und den Antrieb für die öffentliche Diskussion der großen Themen unserer Zeit.

Klima ist mehr als ein zwingender Treiber, der für unterschiedliche Visionen der menschlichen Zukunft mobilisiert werden kann. Es ist die Schlüsselkomponente geworden, um die lokale bis globale politische Themen formuliert werden. In diesem Sinne hat die Klimadebatte jene um Kapital und Gesellschaft als organisierendes Thema des politischen Diskurses in unserer modernen Welt beerbt. Hulme schlussfolgert: »statt uns selbst in einen ›Kampf gegen Klimawandel‹ zu stürzen, brauchen wir eine konstruktivere und fantasievolle Beschäftigung mit der Idee von Klimawandel«. In Abwandlung einer berühmten Formulierung John F. Kennedys erörtert er, dass »wir nicht fragen sollten, was wir für den Klimawandel tun können, sondern was der Klimawandel für uns tun kann?« Wir sollten »Klimawandel sowohl als Vergrößerungsglas als auch als Spiegel benutzen«, als Lupe zur Bündelung unserer Aufmerksamkeit auf die Langzeitwirkungen kurzfristiger Entscheidungen angesichts materieller Realitäten und gesellschaftlicher Werte; und als Spiegel, um »uns stärker damit zu befassen, was wir wirklich für uns selbst und die Menschheit erreichen wollen«.

Daher ist die Vielseitigkeit dessen, was durch den Begriff ›Klimawandel‹ vermittelt wird, nicht bloß ein Hemmnis für elegante Lösungen (wie Kohlendioxidhandel) oder gar für das Aufkommen dessen, was vielfältig als ›plumpe Lösungen‹ oder ›ungenügend theoretisch untermauerte Vereinbarungen‹ bezeichnet wird[8]. Es bietet die öffentliche Arena, das Vokabular und sogar (vielleicht ironischerweise angesichts der Gefahren, die Klimawandel selbst darstellt) den ›sicheren‹ virtuellen Raum, in dem die Menschen sich gegenseitig mit rivalisierenden Weltanschauungen, konkurrierenden Idealen des sozialen Guten und sich widersprechenden wirtschaftlichen Verbindlichkeiten konfrontieren können. Hulme demonstriert in diesem Buch eindeutig, dass die schlichte Reduzierung dieses ergiebigen und komplexen öffentlichen Diskurses über die Natur des ›Guten‹ auf eine technische oder selbst politische Debatte über das ›akzeptable‹ Niveau von Kohlendioxid in der Atmosphäre, einfach zu kurz greift.

Steve Rayner
James Martin Professor für Wissenschaft und Kultur,
Universität Oxford

Einführung

Streitfall Klimawandel ist ein Buch über die Vorstellung vom Klimawandel: wo sie geboren wurde, was sie für unterschiedliche Menschen an verschiedenen Orten bedeutet und warum wir darüber uneins sind. Es ist zugleich ein Buch, das verschiedene Wege entwickelt, sich der Vorstellung von Klimawandel zu nähern und damit umzugehen.

Ich stelle Klimawandel bewusst ebenso als Vorstellung dar, wie ich ihn als ein physisches Phänomen behandle, das beobachtet, quantifiziert und gemessen werden kann. Letzteres beschreibt die Sichtweise der meisten Naturwissenschaftler und die Art und Weise, wie die Wissenschaft der Gesellschaft das Phänomen Klimawandel in den vergangenen Jahrzehnten präsentiert hat. Doch die Gesellschaft wurde zunehmend mit den beobachtbaren Realitäten von Klimawandel konfrontiert und wurde sich der Gefahren, die der Wissenschaft zufolge noch vor uns liegen, zunehmend bewusst. Somit wurde aus dem überwiegend physischen Phänomen Klimawandel zugleich ein gesellschaftliches. Diese zwei Phänomene sind sehr voneinander verschieden. So wie wir langsam und zeitweise zögerlich realisiert haben, dass die Menschheit zu einem aktiven Gestalter des physischen Klimas der Erde geworden ist, so beeinflussen unsere kulturellen, sozialen, politischen und ethischen Praktiken unsere Interpretation dessen, was Klimawandel bedeutet. Weit davon entfernt, nur einfach ein Wandel physischer Klimata zu sein – einem Wandel in der Abfolge von Wetter, das an bestimmten Orten erfahren wird –, wurde Klimawandel zu einer Vorstellung, die nun weit über ihre Ursprünge in den Naturwissenschaften hinaus in die Gesellschaften und die Kulturen ragt. Während diese Idee nun ›auf ihren Reisen‹ neue Kulturen trifft und den Welten von Politik, Wirtschaft, Populärkultur, Handel und Religion begegnet – oft durch die zwischengeschaltete Rolle der Medien –, nimmt der Begriff Klimawandel neue Bedeutungen an und dient neuen Zwecken.

In *Streitfall Klimawandel* untersuche ich diese sich weiterentwickelnde Vorstellung von Klimawandel. Dazu nutze ich Konzepte, Werkzeuge und die Sprache von Natur-, Gesellschafts- und Geisteswissenschaften sowie Diskurse und Praktiken aus Wirtschaft, Politik und Religion. Während wir Klimawandel aus diesen verschiedenen Blickwinkeln betrachten, beginnen wir zu verstehen, dass – in Abhängigkeit davon, wer man ist und wo man steht – die Vorstellung darüber recht unterschiedliche Bedeutungen in sich trägt und unterschiedliche Vorgehensweisen mit sich zu bringen scheint. Diese Unterschiede in der Sichtweise reichen viel tiefer, sie sind mehr als nur verschiedene Interpretationen der wissenschaftlichen Seite über Klimawandel. Unsere Streitgespräche über Klimawandel enthüllen auf einer tieferen Ebene all das, was zu Diversität, Kreativität und Konflikt in der Menschheitsgeschichte beiträgt – unsere unterschiedlichen Einstellungen gegenüber Risiko, Technik und Wohlbefinden; unsere divergierenden ethischen, ideologischen und politischen Überzeugungen; unsere verschiedenen Interpretationen der Vergangenheit und die konkurrierenden Zukunftsvisionen. Diese Uneinigkeit bezüglich Klimawandel wurde vom Romanautor Ian McEwan beschrieben: »Können wir uns einigen? Wir sind eine kluge aber zänkische Rasse – in unseren öffentlichen Auseinandersetzungen klingen wir wie eine Krähenkolonie kurz vor der Nachtruhe«[9]. Wenn wir Klimawandel verstehen wollen und wenn wir dies konstruktiv in unserer Politik nutzen wollen, müssen wir zunächst diese widerstreitenden Stimmen hören und verstehen; diese facettenreichen menschlichen Überzeugungen, Werte, Einstellungen, Sehnsüchte und Verhaltensweisen. Und insbesondere müssen wir verstehen, was Klimawandel für diese wichtigen Dimensionen menschlichen Lebens und des menschlichen Charakters bedeutet.

Um zu verdeutlichen, was ich meine, lassen Sie mich vier verschiedene zeitgenössische Sichtweisen über die Bedeutung von Klimawandel schildern; nur einige, die aus den derzeit zirkulierenden Diskursen hervorstechen:

1) *Klimawandel als ein Schlachtfeld* zwischen verschiedenen Philosophien und Praktiken von Wissenschaft, zwischen verschiedenen Wegen des Wissens. ›Klimawandel als wissenschaftliche Kontroverse‹ ist ein fesselnder Diskurs, der Medien und andere soziale Akteure leicht in seinen

Bann zieht. Auch wenn die Meinungsverschiedenheit angeblich nur die Wissenschaft betrifft, stehen wissenschaftliche Dispute über Klimawandel sehr häufig stellvertretend für tiefere Konflikte zwischen alternativen Zukunftsvisionen und konkurrierenden Machtzentren in der Gesellschaft.

2) *Klimawandel als Rechtfertigung* für die Kommerzialisierung der Atmosphäre und insbesondere für die Kommodifizierung von Kohlendioxid. In diesem Zusammenhang wird Klimawandel als die neueste Begründung für die Umwandlung öffentlicher Güter – in diesem Fall, die globale Atmosphäre – in privatisiertes Kapital gesehen. ›Eigentumsrechte‹ bei der Emission von Kohlendioxid werden den Rechtsträgern zugeteilt oder versteigert. Begleitet wird dies von der Maschinerie des Marktes, die das Wirtschaftsgut monetär bewertet und reguliert.
3) *Klimawandel als Inspiration* für ein globales Netzwerk neuer oder neu belebter gesellschaftlicher Bewegungen. Indem der Klimawandel als eine Manifestation der ruchlosen Praktiken von Globalisierung begriffen wird, erscheint das Hervortreten neuer, elitärer wie populärer Formen von Aktivismus gerechtfertigt. Sie sind nach ihrem Selbstverständnis dazu da, diese Praktiken herauszufordern und den Wandel im politischen, gesellschaftlichen und ökonomischen Verhalten zu katalysieren.
4) *Klimawandel als Bedrohung* für ethnische, nationale und globale Sicherheit. Die damit verbundene Rhetorik vergleicht Klimawandel (leider) mit den Bedrohungen durch internationalen Terrorismus. Damit werden neue Formen der Geo-Diplomatie auf den höchsten Regierungsebenen gerechtfertigt. Dieser Ansatz wurde in den letzten Jahren insbesondere von der britischen Regierung unterstützt und führte im April 2007 zur ersten im Sicherheitsrat der Vereinten Nationen gehaltenen Debatte über Klimawandel.

Diese Beispiele für Schauplätze wissenschaftlicher, ökonomischer, gesellschaftlicher und politischer Konflikte und Neuerungen verdeutlichen, dass die Vorstellung von Klimawandel eine gewisse Dehnbarkeit besitzt – oder zumindest, dass die Vorstellung so konstruiert wurde, um diese Plastizität zu gewährleisten. Diese Eigenschaft erlaubt es, sich das Thema Klimawandel umstandslos für die Unterstützung einer großen Bandbreite ideologischer Projekte anzueignen. Klimawandel kann in vielen unterschiedlichen Weisen eingefasst und geformt werden. Manchmal ergänzen sich diese Sichtweisen, doch häufig scheinen sie sich zu widersprechen.

All dies verdeutlicht, dass die Geschichte von Klimawandel alles andere ist als eine, die mit Ignoranz beginnt und mit Gewissheit endet. Sie ist viel interessanter. Es ist eine Geschichte über das Aufeinandertreffen von *Natur* und *Kultur*[10], darüber, wie Menschen zentrale Akteure dieser beiden Gefilde sind und darüber, wie wir *Natur* und *Kultur* kontinuierlich erschaffen und neu gestalten. Klimawandel ist nicht einfach nur ein ›Fakt‹, der darauf wartet, unter Anwendung wissenschaftlicher Grundsätze entdeckt, nachgewiesen oder widerlegt zu werden. Klimawandel ist auch kein Problem, das auf eine Lösung wartet – ebenso wenig wie das Aufeinanderprallen politischer Ideologien oder Auseinandersetzungen zwischen religiösen Überzeugungen Probleme sind, die auf eine Lösung warten.

Die vollständige Geschichte von Klimawandel ist die, die davon erzählt, wie sich eine Vorstellung entwickelt, und davon, wie diese Vorstellung die Art und Weise verändert, wie wir denken, fühlen und handeln. Klimawandel verändert nicht nur unsere physische Welt; die Vorstellung von Klimawandel verändert vielmehr auch unsere gesellschaftlichen Welten. Und genau diese Vorstellung durchdringt diese sozialen Welten zunehmend tiefer[11]. Statt zu fragen ›Wie können wir das Problem Klimawandel lösen?‹, müssen wir die Frage umdrehen und fragen ›Wie verändert die Vorstellung von Klimawandel die Wege, auf denen wir zu unseren persönlichen Sehnsüchten und kollektiven gesellschaftlichen Zielen gelangen und sie erfüllen?‹ Indem wir verstehen, warum wir über Klimawandel verschiedener Meinung sind, werden wir auch besser verstehen, wie wir auf einem überfüllten, endlichen Planeten – der von einer ›zänkischen Rasse‹ bewohnt wird – nachhaltig leben können.

Die in diesem Buch von mir präsentierte Darstellung von Klimawandel erwächst aus meiner eigenen Begegnung mit diesem Phänomen über mehr als 35 Jahre. Diese Begegnung begann in meiner Studentenzeit, setzte sich während meiner Zeit als Wissenschaftler fort und besteht jüngst auch in meiner Rolle als Professor, Forschungsleiter, Ausbilder und öffentlicher Redner. Um zu verstehen, warum und wie ich dieses Buch geschrieben habe, ist es wichtig, die verschiedenen Stufen dieser Begegnung nachzuvollziehen. Ich ordne im Folgenden meine sich entwickelnde Beziehung zum Thema Klimawandel in sechs Etappen ein. Diese persönlichen und fachlichen Erfahrungen prägten die Art und Weise, wie ich Klimawandel heute sehe. Diese Reise ist auch deshalb eine Erzählung wert, weil der Zeitabschnitt, durch den ich gereist bin – von den späten 1970er-Jahren bis heute –, mit der Transformation von Klimawandel zusammenfällt, im Verlauf derer er sich von einem Gegenstand überwiegend wissenschaftlichen Interesses zu einem Thema des täglichen und weltweiten gesellschaftlichen Diskurses entwickelt hat.

Meine erste Begegnung mit Klimawandel hatte ich in den späten 1970er-Jahren als Geografiestudent in England. Die Vorstellung von Klimawandel schien meine Begeisterung für Geografie und Geschichte zu verkörpern. Das erste Buch, das ich zu dem Thema gelesen habe, war Hubert Lambs *Climate: Present, Past and Future* aus dem Jahr 1977[12]. Damit begann die erste Etappe meiner Reise, die Jahre 1978 bis 1988 umfassend – eine Phase, die ich als ›jugendlichen Idealismus‹ bezeichne. Mein Grundstudium der Geografie an der Universität von Durham führte mich an den Gedanken heran, dass Klima sich auf menschlichen Zeitskalen verändert. Ich erinnere mich noch gut daran, dass zu jener Zeit das Herannahen, ja das unmittelbare Bevorstehen einer Eiszeit gelehrt wurde, was mir damals – ebenso wie heute – als an den Haaren herbeigezogen erschien.

Es war die anschließende Möglichkeit einer Promotion an der Universität von Wales (in der ich neuzeitliche Niederschlagsveränderungen im Sudan untersuchte), die mich davon überzeugte, dass die Erforschung von Klimawandel eine Möglichkeit sein könnte, meinen aus christlichen Überzeugungen geborenen humanitären Idealen zu entsprechen[13]. Im Sudan erlebte ich aus erster Hand die von der Saharadürre in den frühen 1980er-Jahren hervorgerufenen Leiden und Verheerungen und gelangte zu der Erkenntnis, dass ein besseres Verständnis der Variabilität und Wandlungsfähigkeit von Klima helfen könnte, menschliches Leid zu mildern. Das Thema Klimawandel war für mich auch das Tor zu meiner ersten beruflichen Position als Dozent für Geografie an der Universität von Salford im Jahr 1984. Sie wurde zum Sprungbrett, das mir später eine Stelle als Wissenschaftler unter dem inspirierenden Professor Tom Wigley in der Abteilung Climatic Research an der School of Environmental Sciences an der Universität von East Anglia in Norwich, Vereinigtes Königreich, sicherte.

Während meiner Doktorarbeit, und später in Norwich, vertiefte ich mich in die Erforschung von Klimawandel durch die Anwendung quantitativer und insbesondere statistischer Methoden. Das war die zweite Etappe meiner Reise mit dem Klimawandel, die ich als ›quantitative Analyse‹ (1981–1998) beschreibe. Dieser Abschnitt umfasst meinen analytischen Hauptbeitrag zur Wissenschaft von Klimawandel. Ich beschäftigte mich mit weltweiten Klimabeobachtungsdaten, um globale und regionale Veränderungen von Niederschlag zu untersuchen, und arbeitete mit dem kleinen, jedoch wachsenden, internationalen Netzwerk von Klimamodellierungszentren – insbesondere dem Hadley-Zentrum im Vereinigten Königreich – zusammen, um die Leistungsfähigkeit der neuen Generation von Klimamodellen zu bewerten. Während dieser Zeit sah ich Klimawandel als ein physisches Phänomen, das enthüllt und durch quantitative Daten klar umschrieben sowie von Modellen verstanden und vorhergesagt werden kann.

Eingebettet in diese analytische Phase war eine weitere wichtige Etappe meiner Reise, in der ich Klimawandel im Sinne einer ›politischen Ideologie‹ (1984 bis 1990) zu sehen begann. Ich begann, den durch Treibhausgasemissionen verursachten Klimawandel als eine Manifestation einer von freiem Markt, Konsum und Kapitalismus getriebenen Wirtschaft wahrzunehmen – eine Ideologie, die ich nicht teilte. Ich besinne mich nun, dass diese Opposition mein expliziter ideologischer Rahmen war, in dem ich mich bewegte, als ich zwischen 1985 und 1988 Geografiestudenten an der Salford-Universität in meinem Kurs über den aktuellen Klimawandel unterrichtete. Diese Sichtweise von Klimawandel prägte mein politisches Denken (beziehungsweise war ein Spiegelbild dessen) während der Dekade des Thatcher'schen Konservatismus im Vereinigten Königreich. Anschließend trat ich 1990 der britischen Labour-Partei bei.

Meine intellektuelle und emotionale Verbindung mit Klimawandel prägte mich auch auf andere Weise. Nachdem das Thema während des ›Treibhaussommers‹ von 1988 erstmals in das öffentliche Bewusstsein gelangte, begann ich meinen eigenen Beitrag zu den Ursachen von Klimawandel zu prüfen. Dies kennzeichnet die vierte Etappe meiner Reise – die ›Wahl des Lebensstils‹. Ab 1988 war ich motiviert – und bin es noch – persönliche Verpflichtungen zur Minderung meines persönlichen Kohlenstoff- und meines ökologischen Fußabdrucks einzugehen; Verpflichtungen, die mein Verhalten im Bezug auf meinen Energiebedarf sowie die Wahl meiner Behausung und meiner bevorzugten Transportmittel beeinflussten. So kaufte ich im Jahr 2000 einen Toyota Prius, einen Hybridwagen der ersten Generation, der zu unserem Familienauto wurde. Während dieser Zeit begann ich neben meinen Fachvorträgen auch öffentliche Vorträge über Ursachen und Konsequenzen von Klimawandel vor lokalen christlichen und Gemeindegruppen zu halten.

Durch eine Reihe von Forschungsverträgen mit der Europäischen Union, der britischen Regierung und anderen internationalen Förderorganisationen begann in den 1990er-Jahren eine fünfte Etappe meiner Reise: eine Phase, die ich ›Szenarien für die Politik‹ nenne (1993–2002). Diese Verträge führten zur Entwicklung einer Reihe von Klimawandelszenarien – für das Vereinigte Königreich, und auch für Europa (für das zwischenstaatliche Expertengremium für Klimaänderungen IPCC, auch Weltklimarat genannt) sowie für andere Länder und Regionen in Asien und Afrika. Im Rahmen eines Vertrags mit dem britischen Umweltministerium war ich im Jahr 1998 und erneut 2002 für das Versuchsdesign und die Bereitstellung der Daten für die nationalen Klimawandelszenarien verantwortlich. Diese Szenario-Aktivitäten stützten sich auf meine analytische Expertise mit Beobachtungsdaten und meine Erfahrung mit Klimamodellen. Zugleich brachten sie meine berufliche Laufbahn näher in Richtung Politikbewertung und gesellschaftlicher Entscheidungsfindung. Während der späten 1990er- und frühen 2000er-Jahre, in denen die internationale Klimapolitik maßgeblich geformt wurde, begann ich Klimawandel zunehmend als ein Thema staatlicher Tätigkeit und strategischer Entscheidungsfindung zu sehen und weniger als einen Gegenstand isolierter quantitativer wissenschaftlicher Analyse.

Die sechste und letzte Etappe meiner Reise begann im Jahr 1999, als ich gebeten wurde, ein Konsortium britischer Universitäten zu führen, die sich gemeinsam um ein neues nationales Klimaforschungszentrum bewarben – ein Zentrum, das ich später nach John Tyndall benannte, einen irischen Wissenschaftler des 19. Jahrhunderts. Das Tyndall-Zentrum war als interdisziplinäre Plattform geschaffen worden und stützt sich auf die Natur-, Gesellschafts-, Wirtschafts- und Ingenieurswissenschaften, um zu erforschen, auf welchen Wegen die Gesellschaften einem sich verändernden Klima weltweit begegnen können. Ich begann das größere Bild zu sehen, wie Klimawandel ursprünglich als ›Problem‹ der Umweltwissenschaften konstruiert wurde und wie diese Vorstellung von Klimawandel nun zunehmend von verschiedenen gesellschaftlichen Akteuren auf ganz unterschiedliche Weise interpretiert und neu gedeutet wird.

Ich habe vor vielen dieser verschiedenen Organisationen und Interessensgruppen – lokale Behörden, Unternehmensverbände, Bürgergruppen, Staatsbedienstete – öffentliche Vorträge über Klimawandel gehalten und machte Aussagen in parlamentarischen Anhörungen. Weltweit hielt ich Vorträge und nahm an Workshops teil, in Ländern wie den Kaimaninseln, China, Deutschland, Indien, Lettland, Moldawien, der tschechischen Republik, den Vereinigten Staaten, Simbabwe und auch in Zypern. Ich begann zu verstehen, dass Klimawandel für verschiedene Menschen – in Abhängigkeit von ihren politischen, gesellschaftlichen und kulturellen Rahmenbedingungen – sehr verschiedene Bedeutungen hat. Als die öffentlichen Diskurse um Klimawandel sich nach 2005 im Vereinigten Königreich und andernorts vervielfachten und sich breiter auffächerten – ich glaube, dass die Konferenz der britischen Regierung *Avoiding Dangerous Climate Change*, die im Februar 2005 in Exeter stattfand, in dieser Hinsicht einflussreich war –, wurde ich unzufrieden mit meinen früheren Sichtweisen zu Klimawandel. Ich wurde zunehmend von der Dehnbarkeit der Vorstellung von Klimawandel fasziniert, die zur Unterstützung so vieler verschiedener Zwecke genutzt wurde.

Diese Schlussetappe meiner Reise – eine Phase, die ich ›kulturelle Aufklärung‹ nenne – entwickelte sich im Verlauf meines berufsbegleitenden Studiums der Geschichte an meiner Universität. Sie führte mich an einen neuen Bereich intellektueller Traditionen heran: an die Umweltgeschichte, die Geschichte der Weltreiche, an die Zeit der Aufklärung sowie die Wissenschaftsgeschichte und die Wissenschaftssoziologie. *Streitfall Klimawandel* baut auf den Erkenntnissen auf, die ich während meiner Studien zur Geschichte gewonnen habe, basiert auf Einsichten, die ich während meiner mehr als siebenjährigen Leitung des Tyndall-Zentrums gewonnen habe, und kombiniert sie mit den früheren Phasen meiner Wissenschaftskarriere, die bis in die frühen 1980er-Jahre zurückreicht.

Da ich meine persönliche Reise durch die facettenreiche Welt von Klimawandel geschildert habe, sollte ich auch meine eigene Position zu diesem

Phänomen klar darlegen – für den Fall, dass ich missverstanden werde. Ich glaube, dass die Risiken, denen Menschen und Orte durch die physischen Eigenschaften von Klima ausgesetzt sind, greifbar und ernsthaft sind. Sie erfordern stetig zu verbessernde Formen der Intervention und des Managements. Ich glaube, dass sich die physischen Funktionen des globalen Klimas – und damit auch die Kenngrößen lokalen Wetters – verändern und zwar (weitgehend) unter dem Einfluss der sich verändernden Zusammensetzung der Erdatmosphäre, die durch eine Reihe von menschlichen Aktivitäten verursacht wird. Ich glaube weiterhin, dass die Veränderungen innerhalb der Klimarisiken, die durch derartige globalen Klimaveränderungen hervorgerufen werden, ebenso bedeutsam und ernst zu nehmen sind. Wir tun gut daran, diese Risiken zu minimieren, indem wir die Vulnerabilität derjenigen, die diesen Risiken ausgesetzt sind, reduzieren und weitergehende Veränderungen in der Zusammensetzung der Erdatmosphäre minimieren. Dennoch glaube ich nicht, dass die Art und Weise, in der wir diese Ziele gefasst haben – am deutlichsten durch die Klimarahmenkonvention der Vereinten Nationen und das Kyoto-Protokoll –, der einzig mögliche Weg ist. Und ich glaube auch nicht, dass es zwangsläufig der geeignetste Weg ist. Ich fühle mich unwohl dabei, dass von Klimawandel weitgehend in der Sprache von Katastrophen und unmittelbar bevorstehender Gefahren berichtet wird, als ›dem größten Problem, dem die Menschheit gegenübersteht‹, das danach trachtet, alle anderen zu übertrumpfen. Ich glaube, dass eine derartige Berichterstattung nicht nur von dem ablenkt, was die Wissenschaft uns enthüllen kann, sondern auch viele andere Perspektiven von Denken, Fühlen und Wissen über Klimawandel abschwächt, die ebenso essenzielle Bestandteile persönlicher und kollektiver Entscheidungsfindung sind.

Streitfall Klimawandel ist mein Versuch, die Gründe für diese Überzeugungen darzulegen und die Vorstellung von Klimawandel ehrlicher zu positionieren; als Thema eines kreativeren und weniger abwertenden Diskurses. Andererseits ist es ein Bericht, der alle Grenzen eines Buches enthält, das von einer Person über Vorstellungen geschrieben wird, die von Kontext und Perspektive abhängen. In meinen Versuchen zu verstehen, warum Menschen weltweit verschiedene Meinungen gegenüber Klimawandel vertreten, bin ich durch meine eigene Haltung eingeschränkt – durch die Haltung eines zum Geografen ausgebildeten Engländers, angestellt als Universitätsprofessor, der orthodoxe christliche Überzeugungen vertritt, sozialdemokratische politische Präferenzen hat und in einem europäischen Land lebt. Obwohl ich mein Leben lang dem Verständnis, den Beschreibungen und den Erfahrungen von Klimawandel verschiedenster Menschen ausgesetzt war, kann ich doch der Befangenheit durch meine eigene Haltung nicht entkommen. Die Leser sind dazu eingeladen, diese Befangenheiten – die am deutlichsten werden in dem Überhang an Beispielen und Literatur aus dem Vereinigten Königreich – nicht nur wahrzunehmen, sondern auch über sie hinaus zu den darunterliegenden Argumenten zu schauen und diese Argumente nochmals entsprechend ihres eigenen Kontexts und ihrer Überzeugungen zu prüfen. Und zu erkennen, dass Widerspruch eine Art des Lernen ist.

Streitfall Klimawandel ist in zehn Kapitel aufgeteilt. Die beiden ersten Kapitel bereiten die Bühne für den Rest des Buches vor. Kapitel 1 *Was verstehen wir unter Klima?* ergründet, wie verschieden menschliche Gesellschaften im Laufe der Zeit über ›Klima‹ gedacht haben und wie sie sich dabei auf seine physischen Attribute bezogen. Es bietet eine kurze Zusammenfassung einer Klima-Kulturgeschichte. Dabei werden einige der ideologischen Zwecke beleuchtet, wofür die Vorstellung von Klima in letzter Zeit verwendet wurde. Das Kapitel streift auch die verschiedenen Ansätze, in denen die Geschichte vom Aufstieg und Fall menschlicher Zivilisationen auf Klimaveränderungen zurückgeführt wurden. Kapitel 2 *Die Entdeckung von Klimawandel* erläutert, wie nach und nach klar wurde, dass die Menschheit eine aktive Triebkraft für Veränderungen der physischen Eigenschaften von Klima ist; ich bezeichne dies als Reise der wissenschaftlichen Entdeckung. Ich erstelle die wissenschaftliche Genealogie der Vorstellung, dass sich Klimata mit der Zeit verändern und dass die globalen menschlichen Aktivitäten die Funktionsweise des Klimasystems beeinflussen können. Dies stellt die Auffassung des frühen 19. Jahrhunderts, wonach Klimaveränderungen ›natürlich‹ sind und nur in geologischen Zeitskalen auftreten, der neuzeitlicheren Auffassung gegenüber, dass sich Klima in den Zeitskalen menschlicher Generationen verändert und teilweise durch menschliche Aktivitäten geprägt werden kann.

Die folgenden sieben Kapitel untersuchen dann die Vorstellung von Klimawandel aus sieben verschiedenen Perspektiven und begründen damit vielfältig, warum wir über (den) Klimawandel uneins sind. Diese sieben Facetten oder Linsen, durch die ich mich dem Thema nähere, sind: Wissenschaft, Ökonomie, Religion, Psychologie, Medien, Fortschritt und Staatsführung. Kapitel 3 *Was leistet Wissenschaft?* legt dar, dass einer der Gründe, aus dem wir über Klimawandel nicht einer Meinung sind, darin besteht, dass wir Wissenschaft und wissenschaftliches Denken auf verschiedene Weise verstehen. Wissenschaft lebt von Meinungsverschiedenheiten; tatsächlich kann sich Wissenschaft nur durch Uneinigkeit und Herausforderung weiterentwickeln. Jedoch sind Kontroversen, die als Unstimmigkeit über wissenschaftliche Belege, Theorien oder Vorhersagen präsentiert werden, oft in grundsätzlicheren Unterschieden zwischen den Protagonisten verwurzelt. Dies können Unterschiede in der Erkenntnistheorie, in den Werten oder in der Rolle von Wissenschaft im politischen Entscheidungsfindungsprozess sein. Dieses Kapitel ergründet die sich verändernde Natur von Wissenschaft und deren Bedeutung für Kontroversen innerhalb wissenschaftlicher Diskurse über die Existenz, Gründe und Konsequenzen eines menschengemachten Klimawandels.

Kapitel 4 *Welchen Wert haben Werte?* fokussiert auf die Ökonomie und argumentiert, dass einer der Gründe für unsere Uneinigkeit im Bezug auf Klimawandel in unserer unterschiedlichen Wertbeimessung von Dingen liegt. Es gibt viele verschiedene Wege für Individuen und Gesellschaften, bestimmten Aktivitäten, Menschen, Vermögensgegenständen oder Ressourcen Werte zuzuweisen. Dieses Kapitel beleuchtet einige dieser verschiedenen Herangehensweisen und erläutert, warum die Wahl des Bewertungsrahmens eine so große Bedeutung für die Entscheidung hat, wie wir mit Klimawandel umgehen sollen. In Abhängigkeit von dem zugrunde liegenden Wertesystem entstehen radikal unterschiedliche Prognosen für diesen Umgang. Es ist nur ein kleiner Schritt von der Betrachtung der Dinge, die wir wertschätzen und warum wir sie wertschätzen, hin zum Verständnis der Rolle von Ethik, Spiritualität und Theologie in Klimawandeldebatten. Kapitel 5 *Woran wir glauben* legt nahe, dass einer der Gründe für unsere Meinungsverschiedenheiten in Sachen Klimawandel darin liegt, dass wir unterschiedliche Dinge über uns selbst, das Universum und unseren Platz im Universum glauben. Diese Überzeugungen haben einen nachhaltigen Einfluss auf unsere Einstellungen, unsere Verhaltensweisen und unser politisches Handeln. Dieses Kapitel ergründet die verschiedenen Wege, auf denen sich die Hauptreligionen der Welt zu Klimawandel positionieren und zugleich, wie andere große Gesellschaftsbewegungen dem Phänomen spirituelle und nichtmaterielle Dimensionen beimaßen.

Wir sind uns auch über Klimawandel uneins, weil wir uns über verschiedene Dinge sorgen; eine Perspektive, die in Kapitel 6 *Wovor wir uns fürchten* beleuchtet wird. Die Geschichte ist lang, in der sich die Menschen auf das Klima mit eher pathologischen Begriffen bezogen haben. Klimarisiken überraschen und schockieren uns immer wieder. Eine wahrscheinliche, aber nicht vollständig vorhersagbare Veränderung von Klima stellt daher einen fruchtbaren Boden für eine Verstärkung dieser Ängste dar. Dieses Kapitel untersucht die Konstruktion von Risiken, die mit Klimawandel in Verbindung gebracht werden, basierend auf Einsichten von Gesellschafts- und Verhaltenspsychologie, Risikowahrnehmung und Kulturtheorie. Kapitel 7 *Wie kommunizieren wir Risiken?* betrachtet, wie Wissen von den Medien kommuniziert und gestaltet wird. Es legt dar, dass einer der Gründe für unsere Meinungsverschiedenheiten im Bezug auf Klimawandel darin begründet liegt, dass wir multiple und widersprüchliche Botschaften über Klimawandel aufnehmen und diese unterschiedlich interpretieren. Die öffentlichen und politischen Diskurse zu Klimawandel sind stark davon geprägt, wie wissenschaftliche Erkenntnisse dargestellt werden, mit welchen Begriffen von Risiken gesprochen wird und was die berechtigten Interessen der Akteure in dieser Kommunikation sind. Dieses Kapitel untersucht, wie Klimawandel in den Medien sowie durch Organisatoren von Kampagnen und durch Werbeagenturen (re)präsentiert wurde und wird. Es stellt diese Art der Wiedergabe den Konstruktionen und Identifikationen von Klimawandel durch die Wissenschaftsgemeinde gegenüber.

Unsere Ansichten zu Wohlstand und Entwicklung und wie wir über Fortschritt denken, sind mächtige Gestalter von Einstellungen gegenüber Klimawandel. Kapitel 8 *Was ist Fortschritt?* regt an, dass unsere Uneinigkeit unter anderem in unserer unterschiedlichen Priorisierung von Entwicklungszielen liegt. Unsere Definition von Armut und unser Verständnis von den Ungerechtigkeiten in dieser Welt sind ebenso bedeutsam. Dieses Kapitel gibt einen Überblick über einige dieser verschiedenen Sicht- und Herangehensweisen und erläutert, warum das Verständnis von Klimawandel nicht von dem Verständnis von Entwicklung getrennt werden kann. Wir sind uns auch deshalb über Klimawandel uneins, weil sich unsere politischen Ideologien und Ansichten zu den angemessenen Regierungsformen unterscheiden; dies ist Thema von Kapitel 9 *Wer regiert das Klima?*. Klimawandel ist bereits seit den späten 1980er-Jahren ein aktuelles Thema öffentlicher Politik. Das im Jahre 1997 verhandelte Kyoto-Protokoll wurde zum Maßstab internationaler Verträge zur Gestaltung der Ziele von Klimaschutzpolitik (und der Dispute darum). In den letzten Jahren wurde die Aufmerksamkeit verstärkt darauf gelenkt, ob eine neue Art der Anpassungspolitik notwendig und wünschenswert ist. Dieses Kapitel untersucht die verschiedenen Wege, die Regierungen gegangen sind, um ›ihre‹ jeweilige Klimapolitik – auf lokaler, nationaler und internationaler Ebene – zu entwerfen und umzusetzen, und den Aufstieg nichtstaatlicher Akteure.

Das abschließende Kapitel 10 des Buches *Jenseits von Klimawandel* bietet eine Sichtweise auf das Thema Klimawandel, die über die in den vorangegangenen Kapiteln dargelegten Kategorien und Unstimmigkeiten hinausweist. Es wagt einen Blick auf unsere Welt jenseits von Klimawandel. Dieses Kapitel argumentiert, dass Klimawandel kein Problem ist, das in dem Sinne gelöst werden kann, wie dies etwa im Falle des Ozonlochs geschah. Dort wurden technische und politische Ressourcen mobilisiert, um das Problem zu ›lösen‹. Wir müssen die Vorstellung von Klimawandel aus einem anderen Blickwinkel betrachten. Es gilt, die kreative psychologische, spirituelle und ethische Arbeit, die Klimawandel für uns leisten kann und bereits leistet, aufzuzeigen. Durch das Verständnis der vielfältigen Verknüpfungen von Klimawandel mit diesen fundamentalen menschlichen Eigenschaften öffnen wir einen Weg zur Neueinordnung von Kultur und menschlichem Geist im Zentrum unseres Klimaverständnisses. Menschen sind mehr als rein materielle Objekte und Klima ist mehr als ein rein physisches Gebilde. Statt die

Meinungsverschiedenheiten über die Frage, wie, wann und wo wir einem Klimawandel die Stirn bieten sollten, anzuheizen, wäre es klug, die Vorstellung vom Klimawandel als eine Quelle der Kreativität zu nutzen, durch die unsere kollektiven und persönlichen Identitäten und Projekte Form annehmen können und sollen.

Lassen Sie mich mit ein paar Worten zu den Fachbegriffen schließen, die in diesem Buch zur Beschreibung des Phänomens Klimawandel verwendet werden. Die drei am häufigsten benutzten verkürzten Begriffe sind ›Klimawandel‹[14], ›globale Erwärmung‹ und der ›Treibhauseffekt‹. Meine Kollegin an der Universität von East Anglia, Lorraine Withmarsh, hat untersucht, wie und warum diese Begriffe für verschiedene Mitglieder der britischen Öffentlichkeit unterschiedliche Dinge bedeuten[15]. Jeder dieser Begriffe hat eine fachliche Bedeutung (im Falle von ›Klimawandel‹ sogar zwei verschiedene fachliche Bedeutungen!)[16], die von der impliziten oder gefühlsbezogenen allgemeinverständlichen Bedeutung abweichen kann. Und wenn diese Begriffe dann noch über sprachliche und kulturelle Barrieren hinweg übersetzt werden, können sie weitere Nuancen unterschiedlicher Bedeutung, im Vergleich zu den formalen Definitionen der wissenschaftlichen Sprache, annehmen.

Ich nutze den Begriff ›Klimawandel‹[17] mit Bezug auf vergangene, derzeitige oder zukünftige Veränderungen im physikalischen Klima der Erde, mit der Implikation, dass die Hauptursache – wenn auch nicht die einzige Ursache – dieser Veränderungen menschlichen Ursprungs ist. Wo eine genauere Spezifizierung der physikalischen Ursachen und Auswirkungen notwendig ist, stelle ich dem Wort ›Klimawandel‹ die Adjektive ›natürlich‹ und ›menschengemacht‹ bzw. ›anthropogen‹ voran. Dies ist ein Kompromiss zwischen der fachlichen Nutzung des Begriffs durch den Weltklimarat (IPCC) – Klimawandel ist unabhängig von den Ursachen – und der impliziten öffentlichen Wahrnehmung von Klimawandel als ein durch die Emission von Treibhausgasen menschengemachtes Phänomen. Letztere Assoziation wird oft verkürzt als ›globale Erwärmung‹ bezeichnet; eine Praxis, der auch in diesem Buch gefolgt wird. Der Fachbegriff ›Treibhauseffekt‹ (der weniger in der öffentlichen Diskussion auftaucht) behält seine eingeschränktere Bedeutung als Beschreibung des physikalischen Mechanismus der differenzierten strahlungsbedingten Erwärmung der Atmosphäre, wie sie ursprünglich von Joseph Fourier im Jahr 1824 vorgeschlagen und 1859 durch John Tyndall experimentell bestätigt wurde.

Anmerkung der Übersetzer:

Der Begriff ›Klimawandel‹ ist nicht eindeutig definiert, wie Mike Hulme innerhalb des Buches deutlich und vielfach erläutert. Damit ist es ausgeschlossen, von ›dem‹ Klimawandel zu sprechen, da die Begrifflichkeit von unterschiedlichen Lesern mit verschiedenen Bildern ausgefüllt wird. Darum arbeitet dieses Buch in der deutschen Sprache bewusst mit dem unspezifischen Wort ›Klimawandel‹, ohne Artikel. Ein Artikel taucht allein dort auf, wo der Bezug eindeutig ist.

Beerstraten, Jan Abrahamsz: The City Gate of Hoorn (Öl auf Leinwand, 1622–66)
Quelle: Hamburger Kunsthalle / The Bridgeman Art Library.

KAPITEL 1

Was verstehen wir unter Klima?

»Wir sind es gewohnt in unseren poetischen Werken über Sommerhitze zu sprechen, doch erst, wenn eine wirkliche Hitzewelle kommt, bemerken wir, wie selten so etwas ist. In diesem Juli sieht die Landschaft gleichermaßen fremd und vertraut aus. Da ist der Mais reif, als wäre es bereits Mitte August, und die Blätter sind dunkel gefärbt wie im späten Sommer. Doch unsere nördliche Landschaft, obwohl unverändert in ihren Formen und Objekten, wird durch die Farben des Südens umgestaltet. Gewöhnlich sind unsere Morgen und Abende selbst im besten Sommerwetter durch eine nördliche Kühle gekennzeichnet; doch nun wird man selbst am frühen Morgen schon überrascht von der südlichen Pracht der Erde und des Himmels«.

(The Times, 26. Juli 1911)

»Das britische Klima der letzten paar Monate kann man allerhöchstens als heimtückisch bezeichnen. Nach einigen milden Wintern und zwei wunderschönen Sommern einschließlich der schwersten Dürre seit Beginn der Aufzeichnungen vor 250 Jahren, ist das Klima in das andere Extrem getaumelt (…) der Zeitraum von September 1976 bis zum letzten Juni war der nasseste seit über 100 Jahren«.

(The Times, 19. August 1977)

»Was also kann Großbritannien erwarten, wenn sich die Treibhausgaskonzentrationen stetig erhöhen? Als die Temperatur im letzten Sommer an den Rekordwerten kratzte, sagte der meteorologische Dienst, dass wir uns an solche langen Phasen beständigen, trockenen Wetters gewöhnen sollten. Es gibt einen wesentlichen menschlichen Beitrag zu diesen Hitzewellen durch die Kohlendioxidemissionen in den jüngsten Dekaden (...) Dies ist ein Vorzeichen dessen, was noch kommen wird (...) Vor drei Jahren (...) zeigten Wissenschaftler, dass menschliche Treibhausgasemissionen das Risiko rekordebrechender Hitzewellen mehr als verdoppelt haben. Damit meinen sie Hitzewellen wie jene im Jahr 2003, von der man rechnet, dass sie in Europa mehr als 27.000 Menschenleben gekostet hat. Für die 2040er-Jahre wird vorhergesagt, dass einer von zwei Sommern heißer sein wird als derjenige von 2003«.

(Guardian, 21. Mai 2007)

Was ist Klima?

Wir lieben unser Klima – und zugleich fürchten wir es. Wie die drei vorangestellten Interpretationen britischen Klimas enthüllen, sind wir uns nicht ganz sicher, was wir von der Klimavorstellung halten sollen: Wir können seine Macht bewundern, um in uns starke Gefühle wachzurufen. Zugleich können wir über seine Unberechenbarkeit jammern oder sein zukünftiges Verhalten fürchten. Wir erwarten, dass das jeweilige Klima etwas für uns leistet; uns das Wetter bietet, bei dem wir arbeiten und etwas (er)schaffen, in dem wir uns entspannen und erholen können. Doch wir wissen auch, dass Klima »launisch« ist, mit einem »eigenen Willen«. Es bietet uns nicht nur Tage der Gelassenheit und Ruhe, sondern auch Stürme und Gefahren, denen schon unsere Vorfahren über unzählige Jahrhunderte hinweg entgegentraten und die uns auch heute noch plagen.

Klimatische Bedingungen bieten allen menschlichen Kulturen materielle Vorteile: Regen, Wind, Sonne und Wärme schenken unserem Land Wasser, Energie und Nahrung und treiben unsere Maschinen an. Zugleich ist uns unser jeweiliges Klima eine Quelle ästhetischer und spiritueller Vorstellungen. Da sind Wolken und Sonnenuntergänge, die unsere Poesie inspirieren; da sind Jahreszeiten, um die herum wir Rituale entwickeln. Diese Vorteile sind jedoch oft labil und die daraus erwachsende Unsicherheit ist eine mächtige Triebkraft menschlichen Einfallsreichtums. Neue Technologien, Praktiken und Systeme werden geschaffen, um die Gesellschaft widerstandsfähiger gegenüber einem unberechenbaren Klima zu machen; Beständigkeit ist tatsächlich nur selten ein Charakteristikum von Klima. Im Gegenzug wurde seine Wechselhaftigkeit auch als Erklärung für den Niedergang von Zivilisationen heraufbeschworen[18].

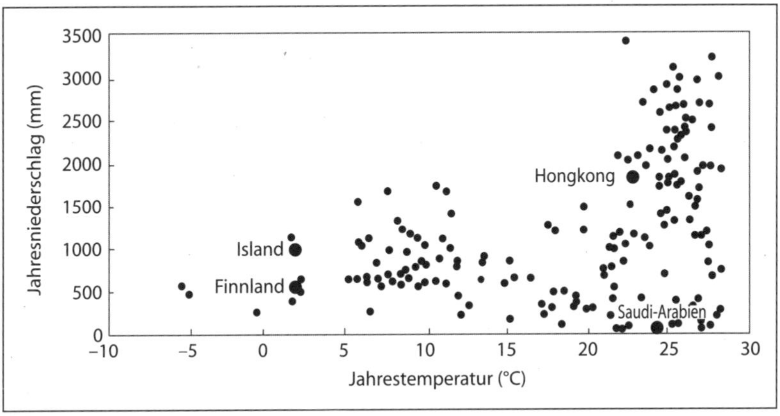

Abbildung 1.1: Die Spannweite ›nationaler Klimata‹, entsprechend der Jahresdurchschnittstemperatur (°C) und der Jahresniederschlagssumme (mm), die für den Zeitraum 1961 bis 1990 statistisch ermittelt wurden. Jeder Punkt repräsentiert das Klima eines Landes.

Datenquelle: Mitchell, T.D.; Hulme, M.; New, M. (2002): Climate data for political areas. Area *34: 109–112.*

Klimastabilität wurde oft als Grundbedingung für die Dauerhaftigkeit menschlicher Kulturen vorausgesetzt. Diese Vorstellung, dass Klimaveränderungen den Zusammenbruch von Gesellschaften hervorrufen, ist jedoch, wie wir später noch sehen werden, in sich selbst nicht stabil.

Es mag ›gute‹ und ›begünstigende‹ Klimata geben und auch ›schlechte‹ und ›gefährliche‹, doch nur in dem Sinne, dass ein Klima diese moralischen Kategorien durch die menschliche Beurteilung erhält – Urteile, die unserer Bequemlichkeit und den uns zur Verfügung stehenden Ressourcen entsprechen. Wir bewerten Klima nicht gegenüber einer festen oder universalen Moral. Ist ein ›gutes‹ Klima ein stabiles oder ein veränderliches? Ist ein ›schlechtes‹ Klima ein unvorhersagbares Klima oder ist es eines, das für unsere Vorlieben zu heiß oder zu kalt ist? Wenn wir uns daran machten, das ideale Klima zu erschaffen, wie würde es aussehen? Jedes Klima ist schwierig und mit Gefahren verbunden, dennoch sind alle Klimata fruchtbar und regen unsere Kreativität an. Auf der Erde gibt es nur wenige Klimata, unter denen Menschen noch nicht gelebt und überlebt haben. Den Menschen steht eine viel größere Bandbreite an Klimazonen offen, als die alten Griechen oder die Vertreter des frühen Mittelalters glaubten. Hochentwickelte menschliche Zivilisationen werden in so grundlegend verschiedenen Klimaten unterstützt, wie jenen des heißen Saudi-Arabiens (24°C mittlere Jahrestemperatur) und des kalten Islands (2°C mittlere Jahrestemperatur; Abbildung 1.1). Es gibt kaum Klimata, die weder Gefahren noch Risiken in sich bergen.

Da wir die nächsten knapp 400 Seiten damit verbringen werden, die Ursachen zu ergründen, warum wir zum Thema Klimawandel unterschiedlicher

Meinung sind, sollten wir zunächst noch eine Weile bei der Vorstellung dessen verweilen, was Klima für uns bedeutet. Wir können ›Klima‹ nicht direkt mit unseren Sinnen erfahren. Im Gegensatz zum Wind, den wir auf unserem Gesicht spüren oder dem Regentropfen, der unser Haar benetzt, ist Klima eine konstruierte Idee. Diese Vorstellung nimmt unsere sensorischen Wahrnehmungen auf und baut sie zu etwas Abstrakterem zusammen. Klima kann auch nicht direkt mit unseren Instrumenten gemessen werden. Wir können die Temperatur an einem bestimmten Ort zu einer bestimmten Zeit messen[19], doch niemand kann direkt das Klima von Paris oder die Temperatur des Planeten messen. Klima ist eine Vorstellung, die eine viel reichhaltigere Bedeutungstradition in sich trägt, als durch die fantasielose Klimadefinition – »Klima ist die Gesamtheit aller an einem Ort möglichen Wetterzustände, einschließlich ihrer typischen Aufeinanderfolge sowie ihrer tages- und jahreszeitlichen Schwankungen«[20] – wiedergegeben wird. Dieses Kapitel ist ein Leitfaden zu all den Bedeutungen, die das Konstrukt Klima für uns trägt, indem es auf geschichtliche, geografische und anthropologische Erkenntnisse zurückgreift.

Klima wird sowohl physikalisch als auch kulturell interpretiert. Es hat eine physikalische Aussagekraft: Es ist nicht zu leugnen, dass das Klima im Amazonas-Tiefland in einem absoluten Sinne feuchter ist als das Klima der Sahara. Doch Klima trägt auch kulturelle Interpretationen in sich: Das Klima der Sahara hat für einen Beduinen eine ganz andere Bedeutung als für einen Berliner. Diese physikalischen und kulturellen Denkansätze über ein Klima werden wir in den nächsten beiden Abschnitten erkunden. Unsere Vorstellungen von Klima können auch bewusstere und stärker etablierte Bedeutungen in sich tragen, die zur Verfolgung politischer und ideologischer Ziele genutzt werden. Vorstellungen von Klima sind stets an eine Zeit und einen Ort gebunden. Klimata können sich nicht nur physikalisch, sondern auch ideologisch ändern. Im vierten Abschnitt dieses Kapitels erkunden wir einige der Möglichkeiten, in denen die Vorstellungen von Klima als Mittel genutzt wurden, um verschiedene Ideologien voranzutreiben. Klima bietet somit verschiedene Möglichkeiten, die Welt zu sehen.

Die Vorstellung von Klimawandel, der sich dieses Buch eingehend widmet, diente schon vielen verschiedenen Zwecken und tut dies weiterhin. Einer der hartnäckigsten Einsatzzwecke ist die Beschreibung der Menschheitsgeschichte in der Sprache von Klimawandel; sie wirft ein Licht auf die Geschichte der menschlichen Entwicklung sowie den Aufstieg und Fall von Zivilisationen. Der vorletzte Abschnitt bietet deshalb einen kurzen Abriss über die verschiedenen Wege, wie über Klimawandel und menschliche Zivilisationen geschrieben wurde[21]. Wir betrachten, wie es uns immer wieder gelungen ist, antagonistische Beziehungen zwischen den Unbeständigkeiten von Klima und dem Schicksal von Nationen und Weltreichen zu konstruieren.

Die Themen dieses Kapitels, die in verschiedener Form später im Buch wieder auftauchen, sind im letzten Abschnitt zusammengefasst.

Die physikalische Dimension von Klima

Die Vorstellung von Klima erhielt zuerst durch die Griechen eine sprachliche Form. Das griechische Wort κλιμα (*klima*)[22] wurde schon 600 Jahre vor Christus von Parmenides, einem Kollegen von Pythagoras, verwendet, um zwischen fünf Zonen auf der Oberfläche einer mutmaßlich kugelförmigen Welt zu differenzieren. Diese direkt durch den Einfallswinkel der Sonnenstrahlen auf die Erdoberfläche verursachten, breitenkreisparallelen Bereiche, reichen von der sengend heißen Zone am Äquator zu den kalten Zonen im fernen Norden. Diese frühesten Ansätze einer Klimaklassifikation enthüllten die Unsicherheit der menschlichen Beziehung gegenüber ›seinem‹ jeweiligen Klima. Während die Griechen die nachsichtige temperierte Klimazone des östlichen Mittelmeerraums bewohnten, schienen Gefahren und Tod das einzige Vermächtnis der kalten Klimata des Nordens und der heißen Klimata des Südens zu sein. Die späteren Griechen entwickelten diese Vorstellung physikalisch bedingter und von der Lage im Gradnetz abhängiger Klimazonen weiter, und Ptolemäus sieben Klimata aus dem 2. Jahrhundert vor Christus hatten als konventioneller Rahmen zur Erklärung verschiedener Klimata bis in die frühe Renaissancezeit hinein Bestand[23].

Klima mit den Breitengraden zu verbinden, also mit dem variierenden Einfallswinkel der Sonnenstrahlung auf die Erdoberfläche, verlieh der Vorstellung von Klima eine gewisse Stetigkeit und Konstanz. Die europäischen Entdecker des 15. und 16. Jahrhunderts begannen dieses starre System zu hinterfragen und warfen damit auch allgemeinere Fragen hinsichtlich der Autorität der klassischen griechischen Wissenschaft auf. So notierte der Geschichtswissenschaftler Craig Martin: »Die gemeinsame Erfahrung derer, die in die Neue Welt reisten (…) (zeigte) (…), dass die Theorie von unbewohnbaren Klimazonen haltlos und demnach die Aristotelische Wissenschaft unvollständig und fehlbar war«[24]. Die Europäer überlebten nicht nur die heißen und tödlichen Klimata um den Äquator, sie begannen im Verlauf ihrer Reisen quer zu den Längengraden auch zu begreifen, dass Breitengrade allein ein schlechter Prädiktor für das jeweilige Klima sind, das sie erfuhren. Durch die Instrumentenrevolution im 17. und 18. Jahrhundert, die Barometer, Thermometer und Regenmesser hervorbrachten, erschlossen sich neue Wege für das Verständnis der physikalischen und geografischen Merkmale von Klima.

Die maßgeblichen Hilfsmittel zur Erfassung der physikalischen Klimaeigenschaften waren meteorologische Messungen[25]. Zunächst bestanden sie aus individuellen Wetterbeobachtungen, die in privaten Tagebüchern niedergeschrieben wurden; später, gegen Ende des 18. Jahrhunderts, wurden sie durch systematische und zentralisierte Messnetzwerke ersetzt. Die Anwendung standardisierter und regulierter Methoden zur Beobachtung der natürlichen Welt – einer der Pfeiler westlichen Aufklärungsdenkens – darauf, was bisher überwiegend Objekt philosophischer Überlegungen oder sinnlicher Wahrnehmung war, eröffnete neue Wege, Klima zu beschreiben und darüber nachzudenken, was dies bedeutet. In dem anscheinend chaotischen Wetter fand sich Ordnung; zunächst durch die lokale Quantifizierung von Wetter an einzelnen Orten und später durch die Konstruktion von statistisch aggregierten Klimata aus Messwerten aus aller Welt. Klima wurde zum ersten Mal ›domestiziert‹. Dies enthüllte, dass etwa das britische Klima »generell an allen Orten gemäßigt, doch von erfrischenden Schwankungen innerhalb eines Tages überlagert«[26], war.

Die Quantifizierung und Standardisierung von Klima eröffnete neue Möglichkeiten zu seiner Interpretation und praktischen Nutzung. Vergleichende Klimaanalysen, die auf numerischen Daten basierten, ersetzten Eindrücke und Gerüchte – ein attraktiver Ausblick für die Kolonisten und Händler des 19. Jahrhunderts, die von nun an einzuschätzen wussten, wie verschieden das Klima Kapstadts von demjenigen Amsterdams war. Von nun an war es möglich, das Klima entlang von Längengraden über verschiedene Zeiten hinweg zu studieren. Von nun an bot sich eine formale Alternative zur Reichweite menschlicher Erinnerungen – und zur Beantwortung der Frage, wie stabil ein Klima wirklich war.

Mit Beginn des 19. Jahrhunderts gewann dieser neue Weg der Beschreibung von Klima mittels der Quantifizierung seiner physikalischen Attribute zunehmend an Bedeutung[27]. Die Standardisierung meteorologischer Messungen erfasste den amerikanischen Doppelkontinent, ja die gesamte tropische Welt. Sie wurde zudem durch wissenschaftliche Entdecker wie Alexander von Humboldt und den amerikanischen Meteorologen Matthew Maury stark vorangetrieben. Ebenso entstanden die ersten systematischen und großräumigen Werke der Klimatologie. 1848 veröffentlichte der preußische Physiker Heinrich Dove die ersten globalen Temperaturkarten, gefolgt von dem monumentalen *Handbuch der Klimatologie* des österreichischen Meteorologen Julius Hann im Jahr 1908. Seine drei Bände umfassten allgemeine, regionale und lokale Klimate. Auch wenn Hann diese Klimate hauptsächlich durch die steigende Anzahl meteorologischer Messungen erfasste, verwendet sein dritter Band zum Lokalklima weiterhin ›Fakten‹ aus dichterischem Schaffen und Augenzeugenberichten. Die direkten sensorischen und imaginierten Auswirkungen physikalischer Klimata auf den menschlichen Verstand wurden immer noch als legitime Quellen von Erkenntnis gesehen.

Der quantitative und naturalistische Ansatz zur Klimakonzeption fand seinen ultimativen Ausdruck in den beiden berühmtesten Produkten der Kli-

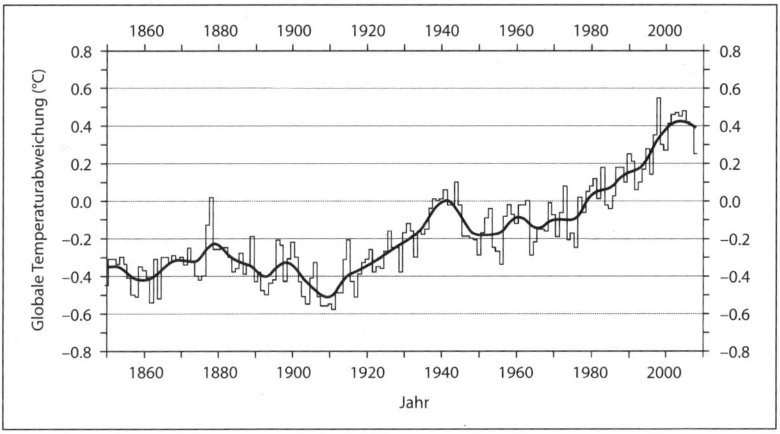

Abbildung 1.2: Global gemittelte Erdoberflächentemperatur (°C) für den Zeitraum 1850 bis 2012, ausgedrückt als Abweichungen vom Mittelwert des Zeitraums 1961 bis 1990. *Quelle: Meteorologischer Dienst von Großbritannien*[29].

matologie des 20. Jahrhunderts. Die heute noch verwendete Köppen-Klassifikation der Weltklimata, die der russische Geograf Wladimir Köppen während der Jahre 1900 bis 1936 entwickelte und verfeinerte, markierte das Ende des Übergangs von der ursprünglich griechischen, auf Breitengraden basierenden Klimaklassifikation[28]. In Köppens Klassifikation wird die geografische Vielfalt regionaler Klimata dargestellt, indem es diejenigen zu Gruppen zusammenfasst, deren statistische Eigenschaften zu ähnlichen natürlichen Vegetationstypen führen. Das Ergebnis war eine unendlich differenzierte Anordnung der physikalischen Klimazonen – weitaus subtiler als Ptolemäus sich dies jemals hatte vorstellen können.

Ein zweites Symbol dieses physikalischen Ansatzes zur Klimabeschreibung wurde erst in den späteren Dekaden des letzten Jahrhunderts entwickelt. Millionen individueller, seit der Mitte des 19. Jahrhunderts weltweit festgehaltener Thermometeraufzeichnungen wurden zusammengestellt und in einen abstrakten Globalklima-Index integriert – die globale Durchschnittstemperatur der Erdoberfläche (siehe Abbildung 1.2). Diese Kenngröße eines Weltklimas – bis 1850 zurück rekonstruiert und heute routinemäßig monatlich aktualisiert – verdeckt und offenbart zugleich. Zum einen verdeckt sie all die Heterogenität des Wetters, wie es lokal von den vor Ort lebenden Menschen wahrgenommen wird. Zum anderen offenbart sie durch das Zusammenfassen all dieser Diversität in eine einzige numerische Kennzahl das Verhalten eines großen und komplexen Systems. Wie wir später sehen werden, hat diese Kennzahl viele Funktionen in den wissenschaftlichen und politischen Diskursen um das Phänomen Klimawandel erfüllt. Am bedeutendsten ist dabei vielleicht die einfache und numerische Verdeutlichung der Vorstellung von Klima (hier als gemessene Temperatur) als eine einem vernetzten und physikalischen globalen System innewohnende Eigenschaft.

Klimatologen und Meteorologen des 19. Jahrhunderts versuchten mutig, Klima greifbarer zu machen. Sie nutzten eine Reihe statistischer Regeln, um Klima erstmals in eine quantitativ beschriebene Größe zu verwandeln, wie sie noch heute in den physikalischen und mathematischen Wissenschaften verwendet wird. Diese quantitative, physikalische Beschreibung eröffnet eine Reihe von Möglichkeiten für die Vorhersage von Zukunft (in diesem physikalischen Sinn). Daher ist es nicht verwunderlich, dass – mit diesen so fest in der Meteorologie verankerten analytischen Wurzeln – das dominierende Allgemeinverständnis von Klima ein numerisches und statistisches bleibt. Daher besteht die Weltorganisation für Meteorologie (WMO) darauf, dass das Klima eines Ortes oder einer Region nur robust definiert werden kann, wenn es aus mindestens 30 Jahre umfassenden meteorologischen Messungen erstellt wurde. Oder, um es etwas plakativer auszudrücken, ›Klima ist das, was du erwartest; Wetter ist das, was du bekommst‹.

Die Unterscheidung zwischen Klima und Wetter bleibt einer der schwerer zu erfassenden Aspekte im öffentlichen Diskurs. Während für den gesellschaftlichen Umgang ein gewisses Maß an sprachlicher Mehrdeutigkeit angemessen ist, wird in den analytischen Anwendungen eine formalere Differenzierung notwendig. Die Abbildung 1.3 zeigt eine Möglichkeit der Visualisierung dieses Unterschieds. Sie benutzt die Zeit als Filter, um zu zeigen, wie wir uns in Abhängigkeit der Beziehung eines entsprechenden Zeitraums zur Gegenwart zwischen der Beschreibung von Klima und Wetter bewegen. Je weiter wir in der Zeit zurückblicken – wir sprechen hier sicher von Zeiträumen, die weiter als drei bis vier Jahrhunderte zurückreichen –, desto mehr stützen sich unsere Rekonstruktionen der Vergangenheit auf Vorstellungen von Klima anstelle von Wetter. Ähnlich beziehen sich unsere Beschreibungen der Zukunft, die über die Mittelfristvorhersage des Wetters hinausgehen, immer mehr auf Klimakategorien, während die Aufdeckung von Wetterereignissen auf die unmittelbare Gegenwart beschränkt bleibt. Auf diesen entfernten Zeitskalen von Vergangenheit und Zukunft bleibt uns das Wetter – die Erfahrungen des Ergebnisses meteorologischer Prozesse von Minute zu Minute, von Tag zu Tag – weitgehend verborgen. Wir nehmen unweigerlich die bequeme Abkürzung und erlauben dem Klima, den Platz des Wetters einzunehmen.

Deshalb haben wir die Vorstellung von Klima bisher in überwiegend physikalischen Begriffen diskutiert. Der etymologische Ursprung des Wortes ›Klima‹ und seine nachfolgende Bindung an eine Vielzahl zusammengetragener meteorologischen Messungen und letztendlich an die vorhersagenden Naturwissenschaften, werden der Subtilität und Mannigfaltigkeit von Bedeu-

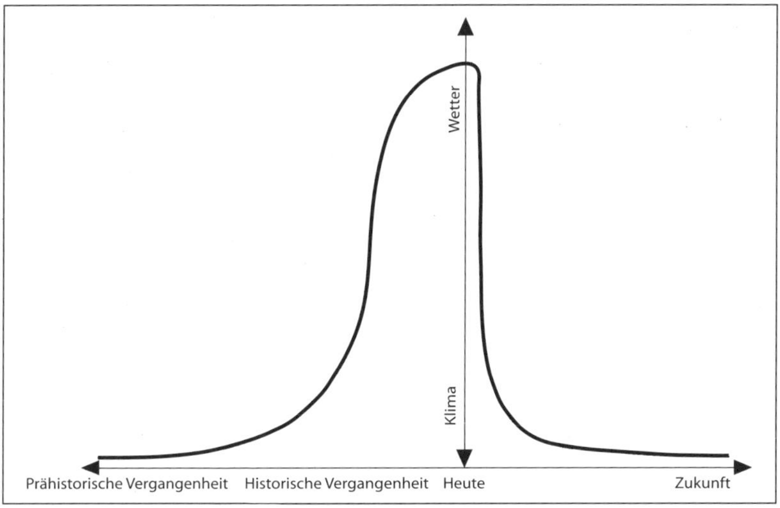

Abbildung 1.3: Diagrammskizze zum Übergang zwischen Wetter und Klima, von der Gegenwart ausgehend. Auf Wetter können wir nur für die unmittelbare Zukunft oder (an wenigen Orten) für die letzten wenigen Jahrhunderte zugreifen.

tungen, mit denen das Wort ›Klima‹ ausgestattet wurde, nur unzureichend gerecht. Es gab viele andere Möglichkeiten, mit der Vorstellung dessen zu arbeiten, was wir Klima nennen. Diese Wege sind oftmals weniger formal als diejenigen, welche von den Meteorologen bevorzugt werden; bisweilen sind sie sogar eher symbolisch. Demnach kann Klima auch »die vorherrschenden Einstellungen, Standards oder Umweltbedingungen einer Gruppe, eines Zeitraums oder eines Ortes«[30] bedeuten; eine qualitative und weniger greifbare Bedeutung als die statistische Definition physikalischen Klimas, wie sie von der Weltorganisation für Meteorologie verwendet wird. Klima kann auch dazu genutzt werden, die vorherrschende Stimmung in Politik, Wirtschaft oder in einer Beziehung zu beschreiben – so sprechen wir von Regionen, die ein ›Klima politischer Unruhen‹ erfahren, über Veränderungen im ›wirtschaftlichen Klima‹ einer Nation – oder wir finden das Klima als literarischen Symbolismus genutzt, wie in Nancy Milfords Roman *Liebe eisgekühlt*.

Diese Doppelbedeutung des Wortes – die meteorologische und die metaphorische – findet sich auch in anderen Sprachen, etwa im Chinesischen, Englischen, Italienischen, Russischen, Spanischen und Thailändischen. In anderen Sprachen ist die über ein Globalklima transportierte Vorstellung sogar noch komplizierter. Der Anthropologe Timothy Leduc hat die Schwierigkeiten bei der Übersetzung des bedeutenden Inuit-Begriffs sila in das Englische erläutert. Die Inuit des nördlichen Kanada nutzen *sila*, um über das Wetter und über das Klima zu reden – die physikalische Meteorologie der Luft. Sie nutzen das gleiche Wort jedoch auch dazu, den »Geist der Luft, eine mystische

Kraft, die alles Existierende durchdringt« zu beschreiben[31]. In den Inuit vergleichbaren Gesellschaften verbietet sich daher die sprachliche Trennung der Vorstellung von Klima in eine physikalische und eine gesellschaftliche Dimension. Dem Geografen David Livingstone zufolge ist dies dadurch zu erklären, dass Klima (das man sich gewöhnlich als einen Bestandteil der natürlichen Ordnung vorstellt) wiederholt auch als kulturelle Kategorie auftauchte[32]. Dieser kulturellen Bedeutungskategorie wenden wir uns nun zu.

Die kulturelle Dimension von Klima

Die Leichtigkeit, mit der wir ›Klima‹ im metaphorischen Sinne verwenden, hilft uns zu verstehen, dass es andere Wege gibt, die Beziehung von Klima mit der physikalischen Welt zu erfassen; nicht allein durch meteorologische Statistiken, wie sie durch die Weltorganisation für Meteorologie gesammelt und kommuniziert werden. Klima hat immer eine tiefere, kniffligere und hintergründigere Bedeutung für uns Menschen gehabt, als die rein prosaische.

Unsere biologische Evolution wurde durch Klimaschwankungen geprägt – durch gefährliche, dem modernen Menschen unbekannte Begegnungen mit Klima. Unsere kulturelle Evolution beinhaltet vielfältige Wege, um die Wirkungsweisen von Klima zu mythologisieren und zu zähmen. Die Spur des Flutmythos zum Beispiel kann über viele frühe Kulturen hinweg nachverfolgt werden, insbesondere in der Geschichte der biblischen Flut, die den monotheistischen Religionen des Juden- und Christentums sowie des Islams gemeinsam ist. Der amerikanische Kulturhistoriker Clarence Glacken beobachtete in seinem Meisterwerk *Traces on a Rhodian Shore*, wie die Vorstellung von Klima im westlichen Gedankengut genutzt wurde, um menschliche Charaktereigenschaften, Aktivitäten und Kulturen zu erklären. Hippokrates war im 4. Jahrhundert vor Christus der Erste, der in seiner Abhandlung über *Lüfte, Wässer und Orte* solche Assoziationen aus dem Zusammenspiel der Geschichte von Medizin, Geografie und Anthropologie entwickelte. In Hippokrates' Vorstellung wirkt die physikalische Ausprägung von Klima als Beschränkung für menschliche Aktivitäten und als Gestalter menschlichen Glücks. Die Enge der Beziehung zwischen Kultur und Klima wird nirgendwo besser illustriert als im Falle Ägyptens und des Nils. Das klimatische Pulsieren des Flusses durch den Jahresgang und den siebenjährigen Zyklus verlieh den Nilkulturen Leben, Nahrung, Form und Bedeutung – und tut dies noch heute.

Die Vorstellung, die wir uns über Klima machen, interagiert auch in einer weniger materiellen, sondern eher imaginativen Weise mit der menschlichen Psyche und mit kulturellen Praktiken. Klima ist häufig ebenfalls ein Bestandteil unserer nationalen Identität und ist auf vielfältige Weise in verschiedene

Bereiche unserer gesellschaftlichen Erinnerung eingebunden. Dagegen dienen Klimaextreme sowohl in modernen als auch in traditionellen Kulturen eher als Anker für persönliche Erinnerungen. Im New Orleans des Augusts 2005 werden wohl die meisten Einwohner bestimmte Ereignisse aus ihrer Lebensgeschichte entweder der Ära vor oder nach Hurrikan Katrina zuordnen können – vermutlich ein Leben lang. Die persönlichen Erfahrungen mit Klima setzen mächtige Emotionen frei, die sowohl beruhigend als auch beängstigend sein können. Verschiedene Studien haben zum Beispiel Zusammenhänge zwischen Klimaschwankungen und der sexuellen Aktivität[33] oder der Häufigkeit von Selbstmorden nachgewiesen[34]. Tatsächlich verläuft durch die menschliche Erfahrungswelt von tatsächlichem Klima und unserer Erwartung an prognostizierte Klimata ein Faden von Besorgnis und Furcht: »Die Geschichte der Menschheit ist von einer endemischen Angst gekennzeichnet (...) es ist, als ob etwas oder jemand ruhelos versucht, die Triebkräfte der Welt zu sabotieren – und insbesondere ihr Klima«[35]. Diese Angst enthüllt sich in der fortwährenden Verwendung visueller Symbole von Gletschern und Palmen, von Eisschilden oder Wüsten, als Anzeiger von Klimagefahren[36].

Wie wir schon früher festgestellt haben, war Klima bis zum 18. Jahrhundert nicht nur nahezu unquantifiziert – es war schlicht und ergreifend auch unquantifizierbar. Wetter und Klima wurden durch qualitative und bildhafte Begriffe beschrieben; sie konnten Schönheit oder Wohlstand ausdrücken, aber auch Gefahr oder Bedrohung, wodurch sie für gewöhnlich eine unheilvolle Bedeutung in sich trugen. Erfahrungen mit extremem Wetter – sowie mit anderen natürlichen Phänomenen wie Erdbeben – wurden durch Individuen und Kulturen lange Zeit als Zeichen eines göttlichen Segens oder Urteils interpretiert. Diese spezifische Lesart von Wetterextremen enthüllt sich zum Beispiel beim Auftreten von Dürreereignissen, wie sie schon in einigen frühen jüdischen heiligen Schriften porträtiert wurden. Eine theologische Interpretation der Unberechenbarkeit von Klima dominierte im westlichen Europa durch das Mittelalter hinweg bis in die frühe moderne Zeit hinein. In vielen traditionellen Kulturen ist dies auch in der heutigen Zeit eine gebräuchliche Vorstellung geblieben[37].

Die durch beispiellose Wetterextreme hervorgerufenen Ängste wurden durch dieses besondere Verständnis der Beziehung zwischen Gott und Natur angeheizt. Das Wetter lag außerhalb menschlicher Einsicht oder Kontrolle und wurde als Hauptwerkzeug für die Ausübung göttlicher Gunst oder Ungnade gegenüber moralisch verwundbaren Bevölkerungsgruppen gesehen. Indem man die Ursachen widriger Klimaerfahrungen dämonisierte, konnten diese Befürchtungen sogar noch weiter gesteigert werden. Aus rationaler Sicht anscheinend vollkommen unbegründet, wurden Klima und Wetter als das Gebiet gesehen, auf dem sowohl göttliche als auch satanische Kräfte am Werk sind. Durch die Verknüpfung von Wetterextremen mit göttlicher Strafe oder

Dämonenlehre, war Klima durch das späte Mittelalter und die frühe Neuzeit hindurch häufig mit Angstgefühlen verbunden.

Auch wenn sich die theologische Sprache verändert haben mag, scheint die Idee der Moralisierung des Klimageschehens auf die westlichen Gesellschaften immer noch eine gewisse Faszination auszuüben – zumindest gilt dies für die Moralisierung der hinter dem Klima liegenden Antriebskräfte. Die vom britischen Wissenschaftler James Lovelock stammende Idee, das biophysikalische Erdsystem durch die Metapher von ›Gaia‹ – der Erdgottheit – zu personifizieren, hat tiefgreifenden Einfluss darauf, wie Wissenschaft und Gesellschaft Klima betrachten und wie sie begonnen haben, darüber zu sprechen. Klima kommt nun nicht mehr die Funktion zu, Gottes Missfallen auszudrücken; eine extreme Ausprägung von Klima kann nunmehr als Gaias Rache an einer moralisch missratenen und aggressiven Menschheit interpretiert werden. Daher fühlt sich der herausragende amerikanische Ozeanograf Wallace S. Broecker auch wohl, wenn er zur Beschreibung von Klimawandel die Metapher einer ›wütenden Bestie‹ verwendet: »Das Klimasystem ist eine wütende Bestie und wir pieken es mit Stöckchen«[38]. Damit erinnert er an viele nichtwestliche Formen der Personifizierung von Natur. Unsere weltlich geprägte Kultur interpretiert damit einen alten menschlichen Instinkt neu.

So wie sich Klima als eine physikalische Realität beschreiben lässt, kann man es auch als eine fantasievolle Idee auffassen – eine Vorstellung, die durch kulturelle Praktiken konstruiert und mit Bedeutung und Werten versehen wird. In dem Maße, wie es der Meteorologie durch quantitative Methoden gelingt, Klimageschichte zu rekonstruieren, lässt sie sich auch in Erinnerung und Verhalten, in Text und Identität ablesen, wie der Wissenschaftshistoriker Jan Golinski in seiner erhellenden Studie über die Einstellung der Briten zu Wetter und Klima im 18. Jahrhundert zeigen konnte: »Diese (…) Wahrnehmung von Klima stand im Einklang mit dem Gefühl nationaler britischer Identität«[39]. Eine kulturelle Lesart von Klima ist ebenso notwendig, um die ursprüngliche Bedeutung solcher Phänomene wie des El Niño im pazifischen Ozean zu verstehen. El Niño – wörtlich ›der Junge‹ oder ›der Kleine‹ – war der Name, den peruanische Fischer römisch-katholischen Glaubens im 19. Jahrhundert einer warmen Küstenmeeresströmung gaben, die sporadisch entlang der Küste von Ecuador und Peru auftrat. Dieses Klimaphänomen wurde mit Jesus Christus assoziiert – eine mit dem Erlöser der Welt verbundene natürliche Segnung. Gründe dafür waren, dass diese warme Strömung gewöhnlich um die Weihnachtszeit herum aufkam, eine willkommene Abwechslung von den gewöhnlich vorherrschenden kalten Wassern bot und die trockenen Küstenwüsten bewässerte.

Ich möchte nahelegen, dass die Trennung von Kulturellem und Physikalischem, die dem heute vorherrschenden Verständnis der Vorstellung von Klima innewohnt, ein charakteristisch westliches Phänomen darstellt. Sie erhielt ihre Vormachtstellung, als sich die Aufklärung in Europa entfaltete und ihre Ausläufer auch fernab des alten Kontinents wahrgenommen werden konnten. Die Trennung von Kultur und Natur, wie wir sie oben in der entweder physikalischen oder kulturellen Auffassung der Vorstellung von Klima illustriert haben, ist den Sozialwissenschaftlern Bruno Latour und Steve Woolgar zufolge einer der Wesenskerne des Modernismus[40]. Ein solcher Dualismus ist in traditionellen nichtwestlichen Kulturen kaum anzutreffen. Dennoch wurde die Art und Weise der Klimawahrnehmung in denjenigen Kulturen geprägt, die der Vernunft der Aufklärung ausgesetzt waren. Die Anthropologin Julie Cruikshank stellt fest: »Die (westliche) Idee, dass eine messbare natürliche Welt aus ihren kulturellen Verankerungen herausgerissen werden kann, ist in Orten und Landschaften, in denen das lokale Verständnis ursprünglich ganz anders formuliert wurde, immer noch spürbar«[41]. In solchen Orten und Landschaften war das traditionelle Verständnis von Klima instinktiv und zutiefst mit kultureller Bedeutung beladen, wie es durch die Beschreibung früher isländischer Kolonisten illustriert wird (siehe Exkurs 1.1). Belege für einen solchen ganzheitlichen Ansatz, über Klima zu denken und mit ihm zu leben, sind heute im Übrigen immer noch anzutreffen, etwa unter afrikanischen Viehhirten und kanadischen Inuit.

Exkurs 1.1
Klima in isländischen Sagen[42]

Die Sagen der Isländer wurden im 13. und 14. Jahrhundert niedergeschrieben. Sie geben Geschichten berühmter isländischer Familien während der frühen Besiedlungsphase Islands durch die Wikinger wieder, die sich um das 10. Jahrhundert nach Christus herum ereigneten. Diese Sagen, ein einzigartiges Genre mittelalterlicher Literatur, reflektieren die Vielfalt, mit der die Isländer über *ihr* Klima und ihre Beziehung dazu dachten und sprachen. Die natürlichen Landschaften und das allgegenwärtige Meer waren so eng mit ihren kulturellen Ausdrucksformen verwoben, dass Natur und Kultur nicht voneinander zu trennen sind. In den mittelalterlichen isländischen Sagen war das Klima wie in den meisten traditionellen oder vormodernen Gesellschaften ein integraler Bestandteil von Kultur. Es ist nicht möglich, Klima leidenschaftslos von außen zu beobachten und zu analysieren, man kann es nur aus der Kultur heraus erfahren und interpretieren.

Die See und das Segeln standen im Mittelpunkt des Lebens dieser Wikinger. Der Schiffsverkehr zwischen Island, Norwegen und Grönland sowie der neuen Welt stellte die Kommunikation sicher und war für ihre Existenz überlebenswichtig. Die Wikinger waren mit dem Ozeanklima – Seeeis, Stürme, Winde – vertraut. Ihre Kenntnisse beruhten auf sorgfältigen Beobachtungen, die von Generation zu Generation weitergegeben wurden. Die verschiedenen Erscheinungsformen des Klimas, denen die Wikinger auf dem offenen Meer begegneten, wurden als empfindungsfähige Wesen respektiert, etwa als Gott Aegir beziehungsweise Hlér, der sowohl als Spender als auch Zerstörer von Leben wirken konnte. Die mittelalterliche, isländische Ökonomie basierte auf Viehwirtschaft; die jährliche Heuernte war für das Überleben von zentraler Bedeutung. Die Sagen enthalten viele Hinweise auf die Häufigkeit der Sommerernten oder die Strenge des Winters. Für die Subsistenzlandwirtschaft und -fischerei in rauen Umwelten war die Verlässlichkeit des Wissens über Klima und die Fähigkeit zur Deutung von Wetterboten oft eine kritische Größe. Intensive Beobachtungen und Respekt für die kulturellen und wirtschaftlichen Zeichen des Wandels standen im Mittelpunkt der isländischen Vorstellungen von Klima.

In den isländischen Sagen wurde Klima auch im metaphorischen Sinne verwendet, um starke menschliche Gefühle auszudrücken. So wurden die dunklen Gedanken des Geistes mit den ›dunklen, aus dem Ozean aufsteigenden Nebeln‹ verbunden, während der Glanz der warmen und sanften Liebe einer Frau mit Sonnenschein und freundlichem Wetter gleichgestellt wurde. Wettererscheinungen wurden dazu genutzt, die in den Erzählungen verborgenen Bedeutungen zu illustrieren. In der Geschichte zweier befreundeter Krieger, Thorgeir und Thormod, wird dem Leser über den Satz ›der Tag war strahlend voller Sonnschein, aber nun begann sich der Himmel zuzuziehen‹ angedeutet, dass auch die Ereignisse in der menschlichen Welt sich zum Ungünstigen wenden können[43].

Die unterschiedliche Herangehensweise an das Phänomen Klima zwischen der westlichen rationalistischen Tradition und derjenigen, die oft in lokalem Umweltwissen implizit enthalten ist, wird in späteren Kapiteln genauer analysiert werden. Nun werden wir uns jedoch zunächst einmal einem weiteren Aspekt zuwenden und ergründen, wie die Vorstellung von Klima mit den menschlichen Kulturen, die mit ihm leben, es erfahren und darüber reden, verwoben ist. Wir müssen verstehen, wie die jeweiligen Vorstellungen von Klima dazu genutzt werden können, Ideologien zu rechtfertigen und zu befördern.

Klima als Ideologie

Die klassische griechische Vorstellung von Klima diente verschiedenen Zwecken. Die Klimate des fernen Nordens waren zu kalt und jene im fernen Süden zu heiß, um eine bedeutsame menschliche Kulturentwicklung zu ermöglichen. Die Klimate der gemäßigten mediterranen Zone waren andererseits perfekt für das Aufblühen menschlicher Kreativität, die sich in Kultur, steigendem Reichtum und Innovationskraft ausdrückte. Dieser Zirkelschluss in der Argumentation war daher eine Möglichkeit, die griechische Vorherrschaft in der klassischen Welt gleichzeitig zu erklären und zu rechtfertigen.

Machen wir einen zeitlichen Sprung nach vorn in unser eigenes Jahrhundert, so bemerken wir, dass die gegenwärtigen Naturwissenschaftler Klima ganz anders wahrnehmen. Statt die Differenziertheit der Klimaausprägung an verschiedenen Orten zu sehen, wird Klima im vorherrschenden intellektuellen Rahmen als global funktionierendes ganzheitliches System betrachtet; als Gesamtheit von Atmosphäre, Hydrosphäre, Biosphäre und Geosphäre mit all ihren Wechselwirkungen. Unter Klima wird nun »weniger das Wetter eines bestimmten Ortes verstanden, als vielmehr etwas, das stärker mit der globalen Umwelt verbunden ist: ein natürliches Objekt, das auf planetaren Skalen verstanden, untersucht und gemanagt werden muss«[44]. Derartige Untersuchungen und ein entsprechendes Management erfordern nun aber explizit die Fähigkeiten planetarer Wissenschaftler. Diese Konzeption von Klima unterscheidet sich von dem griechischen *klimata*, doch das Ergebnis bleibt das gleiche: Klima als Vorstellung erklärt und rechtfertigt – in diesem Falle – zugleich die Vorherrschaft der Erd-(oder Klima-)Systemwissenschaftler.

Die Vorstellung von Klima hat sich mindestens ebenso sehr, wenn nicht sogar stärker verändert, als das physikalische Klima selbst. Klima war in der Vergangenheit ein Träger von Ideologien[45] – und es ist es bis heute geblieben. Wir werden immer wieder auf Belege für verschiedenartige Formen ideologischen Ballasts stoßen, der durch die Klimadiskussion hervorgebracht wurde. Doch widmen wir uns zunächst einmal kurz vier der interessanteren Ideologien, die sich erkennen lassen: Rassismus, Naturbeherrschung, Wildheit der Natur und System(in)stabilität.

Rassismus

Die Vorstellung, dass der Charakter verschiedener Rassen durch das jeweils vorherrschende Klima vorgeformt oder gar vorbestimmt sei, ist eine der beständigeren in der intellektuellen Beschäftigung mit Klima. Wir haben schon erwähnt, wie die griechischen Vorstellungen über das Klima der ägäischen See ihnen ›glücklicherweise‹ das gastlichere Klima der klassischen Ära verliehen haben. Herodot konnte daher im 5. Jahrhundert vor Christus die Unterschiede zwischen Ägyptern und Griechen erklären: »Entsprechend des dort vorherrschenden eigentümlichen Klimas und der Tatsache, dass sich ihr Fluss anders als jeder andere Fluss verhält, sind alle ägyptischen Gebräuche und Praktiken das Gegenteil von den ansonsten üblichen«[46]. Ebenso konnte Hippokrates den Triumph Alexander des Großen über das persische Reich ›erklären‹, indem er die klimabeeinflussten Rassencharakteristika gegenüberstellte; die Energie Europas gewann über den ›weicheren‹ Charakter Asiens[47].

Ähnliche Begründungen finden sich auch in der arabischen Literatur des 14. Jahrhunderts – so beim tunesischen Geografen Ibn Khaldun – und in den Schriften der späten Renaissance sowie bei frühen modernen europäischen Denkern, wie Jean Bodin, Baron Montesquieu und David Hume. Der Vater der Aufklärung, der deutsche Philosoph Immanuel Kant, konnte daher 1775 anmerken: »Einwohner des gemäßigten Erdstrichs, vornehmlich des mittleren Teils desselben, (sind) schöner an Körper, arbeitsamer, scherzhafter, gemäßigter in Leidenschaften, verständiger als irgendeine andere Gattung des Menschen (…) (weshalb sie) zu allen Zeiten die anderen (Völker) belehrt und durch ihre Waffen bezwungen haben«[48].

Die Vorstellung von Klima wurde vielfach zur Unterstützung rassistischer Ideologien benutzt. Die höchstentwickelte Artikulation dieser Argumentation kam von Ellsworth Huntington in den ersten Dekaden des 20. Jahrhunderts. Eine Reihe empirischer Studien untersuchte die Produktivität von Fabrikarbeitern unter verschiedenen Klimabedingungen und sie bestätigte dem amerikanischen Geografen, was schon Hippokrates, Ibn Khaldun und Montesquieu ›wussten‹; »die Bewohner der ›sengend heißen‹ Zone sind langsam und rückständig und es herrscht allgemeine Einigkeit darüber, dass dies mit der feuchten, ständigen Hitze verbunden ist«[49]. Die Ansichten von Huntington und anderen Geografen und Philosophen des frühen 20. Jahrhunderts erscheinen uns heute als naiv, ja sogar gefährlich. Dennoch kann die diesem Denken zugrunde liegende, deterministische Philosophie knapp unter der Oberfläche lauern. Eine Studie zum Zusammenhang zwischen Klimaeigenschaften und politischer Stabilität schlussfolgerte daher im Jahr 1993: »Es wird niemals möglich sein hundertprozentig zu beweisen, dass das milde Klima der mittleren Breiten eine tolerante Gesellschaft fördert. Ebenso sei es nicht nachweisbar, dass ein extremes Klima die Menschen für mehr Intoleranz prädisponiere (…) jedoch sei die Geschichte sehr suggestiv (hinsichtlich einer solchen Verbindung)«[50].

William Meyer prägt in seiner faszinierenden Studie über *Americans and Their Weather* den Begriff »meteorologischer Fundamentalismus«[51]. Damit will er jene zurückweisen, die implizit oder explizit annehmen, dass die Bedeutung von Klima ausschließlich in seinen physikalischen Eigenschaften begründet sei, ohne dabei die kulturelle Konditionierung oder menschliche

Einflussnahme zu berücksichtigen. Spuren eines solchen meteorologischen Fundamentalismus finden sich in der gegenwärtigen Rhetorik, etwa hinsichtlich der Vorstellung, dass Klimaveränderungen Kriege, Konflikte und Flüchtlinge hervorbringen. Viele haben beispielsweise behauptet, dass die Gewalt und der Bürgerkrieg während der letzten Jahre in Darfur, Westsudan, hauptsächlich durch Klimaveränderungen hervorgerufen wurden: »Darfur bleibt ein dramatisches Beispiel dafür, wie eine geringfügige Verschiebung im Klima dramatische und grauenhafte menschliche Konsequenzen haben kann«[52].

Naturbeherrschung

Ellsworth Huntingtons Vermächtnis kann auch auf andere Weise nachgespürt werden. So wurde Klima beispielsweise dazu genutzt, die Ideologie der Herrschaft des Menschen über die Natur beziehungsweise im spezifischeren Sinne sogar die Herrschaft über Klima zu enthüllen und zu propagieren. Huntington beendete sein Buch von 1915 *Civilisation and Climate* mit folgenden Worten »wenn wir das Klima bezwingen können, wird die Welt stärker und nobler werden«[53].

Die Vorstellung von Klima als einer physikalischen Manifestation der natürlichen Welt, die zur ›Eroberung‹ bereitsteht, taucht in der westlichen intellektuellen Geschichte immer wieder auf. Clarence Glackens Überblick über 2000 Jahre westlichen Umweltdenkens[54] übernimmt die Vorstellung der menschlichen Modifikation und Kontrolle von Natur als eines der drei dauerhaften Themen innerhalb dieser Phase westlicher Geschichte. Und das, obwohl die Menschen erst in den vergangenen 200 bis 300 Jahren das volle Ausmaß ihrer Einflussmöglichkeiten – entweder durch Technologie oder durch ihre schiere Anzahl – verwirklichen konnten. Klima war schon oft Gegenstand von ›Eroberungsversuchen‹ – das lokale und regionale ebenso wie das globale Klima, das derzeit im Fokus steht. Der tiefverwurzelte Reiz dieses ideologischen Projekts wird auch durch die verschiedenen kulturellen und politischen Hintergründe, vor denen die Eroberungsversuche erfolgten, verdeutlicht. Exkurs 1.2 liefert Beispiele für eine Reihe ungleicher ideologischer Weggefährten, wie den viktorianischen Imperialismus, den amerikanischen-Kapitalismus und den sowjetischen Kommunismus.

Dieses ideologische Projekt der Kontrolle und Eroberung von Klima zieht sich von der Mikro- zur Makroebene bis in die heutige Zeit hinein. Die meisten modernen Autos werben mit ihrer Fähigkeit der ›Klimakontrolle‹ – die Innenraumtemperatur des Autos lässt sich steuern. Durch Planung und Umsetzung von Luft- und Wärmeaustausch zwischen dem Autoinnenraum und der Umgebung kann das (Mikro-)Klima der menschlichen Kontrolle unterworfen werden. Diese ›Klimakontrolle‹ wird auch in planetarem Maßstab geplant. So wurde eine steigende Zahl sogenannter Geoengineering-Programme vorangetrieben, die auf die Manipulation der physikalischen Funk-

Exkurs 1.2
Die Eroberung von Klima[55]

Viktorianischer Imperialismus

Die viktorianische Vorstellung tropischer Klimate beinhaltete eine Reihe von Gefahren. Ob es nun an Degeneriertheit, Verdorbenheit oder Schwäche lag; die Begegnungen der weißen Siedler mit den unbekannten Klimaten des südlichen Asiens, Afrikas und Südamerikas riefen Ängste und Sorgen über das Klima hervor, die aus der imperialen Ideologie dieser Zeit erwuchsen. Diese Klimata, mit denen man nun erstmals in Berührung kam, nahmen die Rollen an, die ihnen von der vor- und beherrschenden Kultur zugeschrieben wurden. Die moralische Klassifikation der tropischen Klimata als gefährlich und bedrohlich war eng an die Diskussion um die Akklimatisation gebunden – konnten weiße Siedler in den ›lebensfeindlichen‹ Klimaten siedeln, überleben und herrschen? Die Verknüpfung von (tropischem) Klima mit Angst, Gefahr und Sorge war nicht nur eine Folge der imperialen Ideologie jener Zeit, sondern auch der losgelösten ärztlichen oder medizinischen Diagnostik. Im späteren viktorianischen Zeitalter war die Meinung darüber gespalten, ob das unbekannte und abweisende Tropenklima zu fürchten sei oder nicht und ob es demnach der ›Eroberung‹ bedurfte.

Die tropischen Klimate wurden sowohl im wörtlichen als auch im metaphorischen Sinne erobert. Als das europäische imperiale Abenteuer im 20. Jahrhundert seinem Ende zuging, löste sich der psychologische Halt der Pathologie tropischer Klimata in den europäischen Gedanken auf. Man ging jedoch weiter davon aus, dass die nachhaltige Kolonialisierung Indiens durch die Europäer die zeitweise Flucht der Siedler in die kühleren Klimata der indischen Hügel erforderte. Dies trieb den Bau von Bergstationen als weißen Enklaven voran. Spätere Fortschritte in tropischer Medizin und in der Technologie der Klimatisierung beseitigten einige der direkten körperlichen Schrecken, die das tropische Klima für die nicht einheimische Bevölkerung bereithielt. Ein Ergebnis, das sich schon 1915 in Huntingtons Lesart zu jener Zeitepoche erahnen ließ. »In der Zukunft werden wir kaum bezweifeln können, dass auf diese Methode zur Überwindung der teuflischen Effekte des Tropenklimas in großem Maßstab zurückgegriffen werden wird, nicht nur durch Ausländer, sondern auch von der intelligenteren Menge der Einheimischen«[56].

Amerikanischer Kapitalismus

Eine andere Marschroute zur Eroberung von Klima lag in der wissenschaftlichen Wettermodifikation. Diese Praxis wurde zuerst durch die Vereinigten Staaten von Amerika während des 19. Jahrhunderts verfochten. Die Verbrennung großer Forstgebiete zur Beschleunigung regenbildender thermischer Strömungen war eine der ersten Methoden, die 1849 durch den Meteorologen James Espy (auch bekannt als ›Der Sturmkönig‹) erprobt wurde. Der Erfolg blieb jedoch aus. Ein späterer Versuch durch einen abgedankten General des amerikanischen Bürgerkriegs, General Daniel Ruggles, und einen Washingtoner Patentanwalt, Robert St. George Dryenforth, verwendete die sogenannte ›Erschütterungstheorie‹ des Regenmachens, um Regen im texanischen Hinterland zu erzeugen. Der US-Kongress stellte im Jahr 1891 10.000 Dollar für dieses Experiment zur Verfügung. Durch das Auslösen großer Explosionen in der Atmosphäre sollte das Wetter in einem unbeständigen Zustand gehalten werden. Ein lukratives Patent sprang jedoch nicht dabei heraus.

Diese eigentümlich anmutenden Versuche der Eroberung von Klima, indem man das Wetter unter die menschliche Kontrolle brachte, waren Vorboten ernsthafterer und wissenschaftlich fundierter Bemühungen der Niederschlagsmodifikation durch Wolkenimpfen im 20. Jahrhundert[57]. Der wissenschaftliche Unternehmer Irving Langmuir war von dieser Technologie begeistert. Die Impfung von Wolken mit Trockeneis oder Silberjodid eröffnete die Möglichkeiten der Umleitung von Hurrikanen, der Erzeugung künstlicher Schneestürme und der Bewässerung trockener Landstriche in Arizona. Obwohl diese Technologie nicht all das hielt, worauf Langmuir hoffte, zieht sie noch heute Investitionen an. Im Jahr 2007 berichteten Chinesen über erfolgreiche Versuche der Schneeerzeugung über der Stadt von Nagyu in Tibet durch die Impfung von Wolken mit Silberjodid. »Dies beweist, dass es möglich ist, das Wetter auf einer der höchsten Hochebenen der Welt zu verändern«[58].

Sowjetischer Kommunismus

Das Verlangen, Klima zu erobern, erreichte seinen Höhepunkt während der 1960er-Jahre in Sowjetrussland. Stalins großem Plan zur Transformation der Natur folgend, erdachten russische Autoren, Visionäre und Ingenieure unzählige Wege, wie das russische, wenn nicht sogar das Weltklima, unter eine zentralisierte Kontrolle zu bringen sei. Zu den Vorstellungen dieser sowjetischen Akteure gehörten

Entwürfe zum Aufstauen der Beringstraße, um das arktische Eis zu schmelzen und die nördliche russische Küste zu erwärmen; die Überflutung der Qattara-Senke in Ägypten, um Regen in die Sahara zu bringen; oder die Umlenkung des Golfstroms durch einen Damm zwischen Florida und Kuba, um die nordwärts gerichtete warme Meeresströmung zu verstärken. Klima wurde zur Kehrseite des ideologischen Konflikts zwischen West und Ost. So sahen die Kommunisten in der Umleitung des Kongoflusses in die nördlichen Trockengebiete Afrikas einen Weg, der wachsenden wirtschaftlichen Vorherrschaft Amerikas in Afrika entgegenzutreten.

Zum Teil in Reaktion auf diese ideologische Schlacht, kombiniert mit den ersten Anzeichen der weltweiten, durch die ansteigenden Kohlendioxidkonzentrationen in der Atmosphäre verursachten Klimaveränderungen, bekräftigten die Vereinigten Staaten erstmals ihre eigenen Motive für eine großräumige Klimakontrolle. Im Jahre 1965 legte der wissenschaftliche Beratungsausschuss von Präsident Johnson nahe, dass »die Möglichkeiten der bewussten Herbeiführung ausgleichender Klimaveränderungen (…) gründlich untersucht werden müssen«[59]. Mehr als 40 Jahre später wird nun ihr Wunsch erfüllt.

tionalität des Erdsystems abzielen. Die vorgenommene Manipulation soll dabei ein gesetztes Klimaziel erfüllen oder eine befürchtete Klimastörung eingrenzen. Die Injektion von Schwefel in die Stratosphäre, das Hochsaugen von biologisch produktivem, kaltem Wasser aus den Tiefen der Ozeane, die Installation von Maschinen zur Extraktion von Kohlendioxid (CO_2) aus der freien Atmosphäre; all dies sind Vorschläge, welche die jüngsten Versuche illustrieren, Klima zu beherrschen und zu erobern. Dass derartige Vorschläge in Reaktion auf *unsere* unabsichtliche Klimamodifikation vorangetrieben werden und versucht wird, die globale Erwärmung auf irgendein Wunschniveau zu beschränken[60], schwächt das Argument nicht. Der springende Punkt ist, dass die fortbestehende Idee der Klimabeherrschung die ideologische Position enthüllt, wonach Menschen den Wunsch, das Recht und die Möglichkeit haben, die klimatischen Kräfte der Natur zu kontrollieren.

Die Wildheit von Natur

Dies bringt uns zu einem dritten Beispiel, wie Klima als Träger unterschiedlicher Bedeutungen genutzt wurde – der Ideologie von Wildnis. In direktem Gegensatz zu den Behauptungen und Zielen der Beherrschung und Kontrolle von Klima, sieht dieser Diskurs Klima als Quelle des Natürlichen, als etwas, das rein und unberührt und außerhalb des menschlichen Einflussbereichs liegt (oder zumindest sein sollte). Klima wird somit zu etwas Anfälligem, das beschützt oder ›gerettet‹ werden muss, ebenso sehr wie natürliche Landschaften oder Tierarten. Dies sind die Ziele, welche die Romantik-, Wildnis- und Umweltbewegungen der westlichen Aufklärung über mehr als zwei Jahrhunderte angetrieben haben. Natürlich kann man darüber streiten, wann und warum Natur in der menschlichen Vorstellung erstmals zu einer eigenständigen Kategorie wurde, oder ob die Kategorie von Wildnis überhaupt in irgendeinem substanziellen Sinn existiert. Es ist jedoch nicht zu leugnen, dass die Vorstellung von einer Wildnis in den letzten Jahrhunderten Thema eines anhaltenden Diskurses war. Durch den Verlust von Wildnis, sprich durch die Zähmung oder Beherrschung von Natur durch den Menschen, schwächten sich die Menschen nicht nur selbst, sondern möglicherweise auch etwas, das über die Menschheit hinausreicht.

Bill McKibbin verleiht in seinem Buch *Das Ende der Natur* dieser Empfindung im Hinblick auf Klima eine kraftvolle Stimme. Seine Klage über das Ende der Natur erreicht seinen Höhepunkt beim Übergang von einem natürlichen Klima hin zu einem durch menschliche Eingriffe in die globale Atmosphäre modifizierten Klima. Dass »ein Kind niemals einen natürlichen Sommer kennenlernen wird«[61] ist für McKibbin Grund für Traurigkeit und Verlustgefühle. Das globale Klima ist nicht länger sicher vor den belastenden Einflüssen der menschlichen Spezies. Diese Feststellung verdeutlicht symbolisch, wie tiefgreifend die Menschheit in die Vorstellung des Natürlichen eingedrungen ist.

System(in)stabilität

Kommen wir zum vierten Beispiel dafür, wie wir das Thema Klima mit unseren Ideologien beladen haben. Wahrscheinlich ist es die soeben beschriebene Ideologie von Wildnis, die Vorstellung vom Weltklima als dem ultimativen Rückzugsraum des Natürlichen, die das diesem Beispiel zugrunde liegende Denken angetrieben hat. Wenn ein unberührtes Klima, ein reines und natürliches Klima, wertzuschätzen ist, dann kommt der Aufrechterhaltung seiner Stabilität eine wesentliche, ja sogar hochheilige Bedeutung zu. Klima wird demnach mit der Ideologie von Stabilität und Ordnung in der Natur gleichgesetzt; im Gegensatz dazu existieren die Vorstellungen von Veränderung und Chaos.

Die Ideologie von Stabilität passt sehr gut in die moderne wissenschaftliche Vorstellung von Klima als einer äußerlichen physikalischen Manifestation der Wirkungsweise eines globalen Systems: Lokale Klimate entstehen aus der Funktion eines komplizierten planetaren Systems heraus, eines Systems, das auf einer metaphorischen Ebene Empfinden und Teleologie[62] besitzt. James Lovelocks Bild der Erde als selbstregulierender Organismus – als Gaia, Mutter Erde – ist geeignet, Stabilität und Ordnung innerhalb des

Klimasystems wertzuschätzen. Wahrscheinlich ist dies der Grund dafür, dass ein Diskurs über Klimawandel ein stabiles Klima als Gemeingut ansieht. Dieser Sichtweise steht ein Klimachaos gegenüber – das Ergebnis erlaubter Herumpfuscherei der Menschheit mit Gaia: »Das durch eine Menschenplage hervorgerufene Fieber der globalen Erhitzung ist real und tödlich und es mag sich schon außerhalb unserer Kontrolle sowie derjenigen der Erde befinden«[63].

Diese abwertende Phrase – Klimachaos – wurde in den vergangenen Jahren durch viele Klimawandelkämpfer übernommen, obwohl es eigentlich eine ironische Übernahme ist; denn die physikalischen Wissenschaften haben gezeigt, dass die Funktionsweise der Atmosphäre in der Tat chaotisch ist[64]. In dieser Lesart wird Klima – vom lokalen zum globalen – zu einer Instanz, die zum Wohl der Allgemeinheit stabilisiert werden muss. Diese Idee ist in Artikel 2 der 1992 unterzeichneten UN-Rahmenkonvention zu Klimawandel verankert: »Das ultimative Ziel dieser Konvention (…) ist es, eine **Stabilisierung** der Treibhausgaskonzentration in der Atmosphäre zu erreichen« (eigene Hervorhebung). Wandel, Dynamik und Instabilität – grundlegende Merkmale, die in der Funktionsweise der meisten Ökosysteme offenkundig sind – sollen abgefangen werden, falls sie im Klimasystem entdeckt oder erzeugt werden. ›Kipppunkte‹ sind die neue elementare Gefahr, die vermieden werden muss. Die (Wieder)Stabilisierung globaler Klimata – nach den rücksichtslosen Eingriffen der Menschen – muss um jeden Preis erreicht werden.

Diese vier Beispiele dafür – und es gibt noch viele weitere, die angesprochen werden könnten –, wie die Vorstellung von Klima ein Spektrum an ideologischen Projektionen transportieren und befördern kann, wurden hier nur aus einem Grund vorgestellt; dem Leitmotiv dieses Buches. Diese Beispiele sollten ausreichen, um uns davon zu überzeugen, dass es zur Beschreibung von Klima viel mehr bedarf als der reinen Beschreibung einiger physikalischen Merkmale unseres Planeten. Die Vorstellung von Klima existiert ebenso in den menschlichen Gedanken und in den Grundsubstanzen kultureller Praktiken, wie es als eine unabhängige und objektive physikalische Kategorie existiert. Die mannigfaltigen Bedeutungen von Klima und die ideologische Fracht, mit der wir die Interpretationen von Klima und unsere Wechselwirkung damit beladen, spielen eine wesentliche Rolle im Begreifen dessen, was heute um uns herum, in unseren Streitgesprächen über Klimawandel geschieht.

Klima und folglich auch Klimawandel allzu schnell als ein rein physikalisches Phänomen zu verstehen, ermöglicht seinen unkritischen Missbrauch für einen immer größeren Umfang an Ideologien. Dies geht weit über die vier hier vorgestellten Beispiele hinaus. Dazu gehören zum Beispiel Ideologien des grünen Kolonialismus, der Kommerzialisierung von Natur, der nationalen Sicherheit und der Starkultur. Ich möchte mir hier kein Urteil darüber erlauben, ob einzelne dieser Glaubensbekenntnisse wünschenswert sind oder nicht: Vielleicht sind es einige, vielleicht auch nicht. Bedeutsamer ist vielmehr, dass wir es der Vorstellung von Klimawandel erlauben, nahezu unendliche Wandelbarkeit zu erlangen, indem wir das Thema Klima von seinen kulturellen Ausprägungen trennen und es rein physikalisch und global definieren. Von seiner kulturellen Verankerung losgelöst, wird Klimawandel zu einem formbaren Gesandten, der zur Unterstützung zu vieler Herrscher verpflichtet wird.

Bevor wir dieses Kapitel über die gesellschaftlichen Interpretationen von Klima verlassen, müssen wir noch eine letzte wichtige Facette dieser Geschichte um das Thema Klima ergründen. Diese Facette erwächst aus der Erkenntnis der vielfältigen Ideologien, mit denen der Klimabegriff beladen werden kann. Der letzte Abschnitt dieses Kapitels betrachtet, auf welch unterschiedliche Weise die *Veränderungen* im Klima genutzt wurden, um Geschichten über den Aufstieg und Fall menschlicher Zivilisationen zu erzählen.

Klima in der Geschichtsschreibung

Klimaveränderungen wurden häufiger für die Erklärung des Niedergangs von Zivilisationen angeführt, als zur Erklärung ihres Aufstiegs. Edward Gibbons klassischer Bericht vom Niedergang und Fall des Römischen Reiches war der erste systematische Versuch, Klimakenngrößen mit dem verfallenden Schicksal einer bedeutenden Zivilisation zu verknüpfen[65]. Auch wenn es nur ein Teil seiner Geschichte ist, stellte Gibbon die Konfrontation zwischen den Römern und den angreifenden germanischen Horden klimatologisch dar. Er verwies auch auf die klimatischen Ursachen der abnehmenden landwirtschaftlichen Erträge in Roms mediterraner Brotkammer, die die Agrarpfeiler des Imperiums schwächten. Gibbons in der Revolutionszeit zwischen 1776 und 1788 veröffentlichter Bericht war der erste Vertreter eines Genres, das sich in den folgenden beiden Jahrhunderten vervielfachte.

Für Ellsworth Huntington war es nur ein kleiner Schritt von seiner Klimatheorie der rassischen Hierarchie zur klimatischen Begründung des sich verlagernden Schicksals der klassischen Zivilisationen des Nahen Ostens, des mediterranen Gebiets und Zentralamerikas. In demselben Buch von 1915, in dem er die rassische Überlegenheit der Weißen über die Schwarzen ›demonstrierte‹, widmete er zwei Kapitel der Erkundung der Idee, dass das Schicksal von Zivilisationen eng mit Klimaveränderungen verknüpft ist. Seine Schlussfolgerung lautete: »Keine Nation ist zum höchsten Zivilisationsgrad aufgestiegen, wo nicht der Klimastimulus groß ist (…) ein vorteilhaftes Klima ist eine grundlegende Bedingung von Hochkulturen«[66]. Die logische Folge dieser

Argumentation ist, dass, wenn der Klimastimulus begrenzt oder geschwächt wird, unweigerlich der Niedergang folgen wird. Huntingtons intellektuelles Vermächtnis überdauerte viele Jahrzehnte des 20. Jahrhunderts, auch wenn es nicht immer so scharf ausgedrückt wurde. Der britische Klimatologe Charles Brooks griff Huntingtons Logik in Bezug auf den Verfall der Zivilisationen am Indus sowie in Mesopotamien und Ägypten in seinem 1926 erschienenen Werk *Climate through the Ages* auf. Auch Austin Millers Standardlehrbuch *Climatology*, das seit 1931 in neun Auflagen erschien, behauptete im Jahre 1961 immer noch, dass »(zivilisierte) Macht dem Tiefdruckgürtel in sein nördliches Rückzugsgebiet folgte«[67].

Ausgefeiltere und stärker nuancierte Argumente für die Rolle von Klima im Verlauf des Zusammenbruchs von Zivilisationen tauchten in den 1970er-Jahren auf. Reid Bryson und Thomas Murray scheuten in ihrer berühmten Studie *Climates of Hunger* die breite, pauschale Verallgemeinerung von Huntington und Brooks. Stattdessen bevorzugten sie detaillierte Fallstudien darüber, wie anhaltende Dürreepisoden die Gesellschaften von Mykene in Griechenland, die Ureinwohner der amerikanischen Great Plains und des malischen Königreiches in Westafrika schwächten. Ähnlich detaillierte archäologische und paläoklimatische Arbeiten legten nahe, dass der Zusammenbruch der Maya-Kultur um das 9. Jahrhundert n. Chr. herum durch eine schwerwiegende Dürre ausgelöst wurde. Laut dem Archäologen Harvey Weiss gibt es »viele beweiskräftige Anhaltspunkte dafür, dass der Klimaantrieb eine der Hauptursachen für die wiederholten gesellschaftlichen Zusammenbrüche darstellt«[68]. Die kürzlich von Brian Fagan[69] und Jared Diamond[70] erzählten Geschichten setzen diese Tradition fort. Sie sehen das Wirken eines Klimawandels als einen bedeutsamen destabilisierenden Faktor für menschliche Zivilisationen. Auch wenn sich Diamond zum Beispiel nicht unbedingt für eine simple, deterministische Erklärung menschlicher Zivilisationen einsetzt, so präsentiert er den Wandel des Klimas doch als einen seiner fünf Triebkräfte gesellschaftlichen Scheiterns.

Diese Denkweise über gesellschaftliche Gefahren klimatischer Instabilität bleibt vorherrschend. Zivilisationen entwickeln sich unter günstigen Umweltbedingungen. Durch schlechtes Ressourcenmanagement, das oft durch ein sich wandelndes Klima verstärkt wird, erfolgt dann jedoch der gesellschaftliche Zusammenbruch. Seinen wohl extremsten Ausdruck findet dieses Denken in James Lovelocks *Gaias Rache. Warum die Erde sich wehrt*. Lovelock vertritt die Meinung, dass das zukünftige Überleben aller menschlichen Zivilisationen von der Wiederstabilisierung globaler Klimata abhängt. Seiner Auffassung nach sind die gesellschaftlichen Strukturen und Institutionen so eng an das Klima des 20. Jahrhunderts gebunden, dass sich jede andauernde Abweichung von diesem optimalen Klimazustand als fatal erweisen wird: »Wir (Menschen) missbrauchen nun die Erde so sehr, dass sie sich erheben und zurück in den heißen Zustand, in dem sie vor 55 Millionen Jahren war, begeben könnte. Wenn sie dies tut, werden die meisten von uns sowie unserer Nachfahren sterben«[71].

Dennoch hat die Geschichtsschreibung zu den Themen Klimawandel und Zivilisation auch eine entgegengesetzte Seite. Diese bietet eine andere Dynamik oder zumindest eine tiefgründigere Eventualität als die konventionellen Sichtweisen. Die Logik von Huntington, Bryson und Diamond wird umgekehrt, so dass Klimawandel nun als Stimulus **für** Innovation und gesellschaftliche Anpassung fungiert. Klimawandel wird somit zu einem Antrieb, der die Entwicklung neuer komplexer ziviler und sozialer Strukturen beschleunigen kann – statt die Zivilisation zu bedrohen. Der britische Historiker Arnold Toynbee bevorzugte diese Sichtweise. 1930 behauptete er: »Bequemlichkeit ist schädlich für die Zivilisation (…) je größer die Behaglichkeit der Umwelt ist, desto schwächer ist der Stimulus für die Zivilisation«[72].

Diese gegensätzliche (und zugegebenermaßen nur von einer Minderheit vertretene) Sichtweise betrachtet Zivilisationsprozesse als eine Reaktion auf eine Verschlechterung von Klimabedingungen beziehungsweise erhöhtem klimatischen Stress: Günstige oder stabile Klimate würden nicht die notwendige Innovationskraft oder Anpassungsleistung hervorrufen, wodurch neue Gesellschaftsformen entstehen. Statt die soziale Stabilität zu untergraben, können fortdauernde regionale Dürren und zunehmende Trockenheit zum Beispiel als Triebkräfte für eine ansteigende gesellschaftliche Komplexität wirken, die mit einer Verstädterung und Staatenbildung einhergeht[73]. Diese Betrachtung der Beweislage geht auch mit stärker nuancierten Sichtweisen einher. Sie argumentieren, dass das Ergebnis einer jeden gegebenen Verschiebung sehr stark von der Widerstandsfähigkeit und Anpassungsfähigkeit lokaler Gesellschaften und Institutionen abhängt. Eine einfache Kausalität zwischen Klimawandel und dem Schicksal von Zivilisationen besteht nicht.

Dass in einem anderen Kontext – dem der menschlichen biologischen Entwicklung – Klimaschwankungen über Hunderttausende oder Millionen Jahre hinweg als evolutionärer Antrieb wirkten, ist ein weiterer beachtenswerter Aspekt. Zahlreiche Belege stützen die Vorstellung, dass klimagetriebene Veränderungen in der Umwelt über diese evolutionären Zeitskalen hinweg verantwortlich sind für die hominide Artenbildung, eine vergrößerte Schädelkapazität und kulturelle Innovationen[74].

Zusammenfassung

Dieses Kapitel hat Klima als eine Vorstellung eingeführt; als eine Idee, der man sich entweder über physikalische oder kulturelle Wege nähern kann. Doch am besten lässt sich der Begriff Klima als eine Vorstellung verstehen, welche die physikalische Welt mit der kulturellen Vorstellungskraft verbindet. Die Vorstellung von Klima ist tief in der Vergangenheit des Menschen verwurzelt. Um sie herum haben sich unsere Vorstellungen von Natur, Kultur und Geschichte gebildet und umgebildet. Klima ist daher nicht nur eine abstrakte Idee, sondern auch eine, die schwer zu fassen ist. Es ist ein bisschen wie mit der ›Güte‹ – einfacher zu erkennen als zu definieren.

In diesem Kapitel wurden vier Themen vorgestellt; Echos dessen, was später im Buch anzutreffen sein wird, während wir untersuchen, warum wir zum Thema Klimawandel uneins sind. Das erste Thema befasst sich damit, dass Klima sowohl eine physikalische Wirklichkeit als auch eine kulturelle Bedeutung hat. In der Tat kann die Vorstellung von Klima nur dann vollkommen verstanden werden, wenn man diesen physikalischen und kulturellen Dimensionen erlaubt, miteinander zu wirken und sich gegenseitig zu formen. Klima als ein rein physikalisches Wesen zu behandeln, das allein über die Naturwissenschaften zugänglich ist, oder umgekehrt, es dem kulturellem Symbolismus von Klima zu erlauben, sich von sämtlichen physikalischen Verankerungen zu lösen, leugnet einen essenziellen Teil dessen, was die Vorstellung(en) von Klima ausmacht. Daraus folgt das zweite Thema dieses Kapitels – Klima wird oft dazu genutzt, eine Vielzahl ideologischer Annahmen und Projektionen zu tragen und zu übermitteln. Dieser ideologische Ballast mag nicht immer auf den ersten Blick sichtbar sein. Die in diesem Kapitel verwendeten Beispiele demonstrieren, wie Klima genutzt wurde, um unter anderem die Ideologien von Rassismus, menschlicher Herrschaft über die Natur, der Heiligkeit einer unberührten Natur und der Bevorzugung von Stabilität gegenüber Wandel zu unterstützen. Die Vorstellung vom Klima, die das Physikalische und Kulturelle überschreitet und dennoch ihr Wesen aus beidem bezieht, lässt multiple, vielschichtige und sich manchmal widersprechende Lesarten zu. Das dritte Thema ist die Veränderung von Klimaten mit der Zeit – sowohl hinsichtlich der physikalischen Klimata an bestimmten Orten als auch der mit Klima assoziierten Ideologien. Klima kann sich verändern, weil sich seine physikalischen Eigenschaften wandeln oder weil sich sein kultureller Symbolismus wandelt – oder weil beides passiert.

Und letztendlich müssen wir erkennen, dass die Art und Weise, wie die Geschichte von Klimawandel und von menschlichen Zivilisationen erzählt wird, sich ebenfalls mit der Zeit verändert. Der vorherrschende bildliche Ausdruck in diesen Erzählungen verstand Klimawandel als Bedrohung. Dennoch tauchten auch abweichende Stimmen auf, die das kreative Potenzial betonten, das durch Klimaveränderungen für Gesellschaften erwächst. Wir können die Geschichten, die wir über Klima erzählen nicht von jenen loslösen, die wir über die Gesellschaften erzählen. Und wenn dies für Klima zutrifft, dann gilt es umso mehr in Bezug auf seinen Wandel: »Wie (und warum) Klimawandel von Bedeutung ist, wird immer davon abhängen, wie sich eine Gesellschaft entwickelte und sich weiterentwickeln wird. Selbst die Bedeutung jener Aspekte von Klima, die unverändert bleiben, wird davon abhängen«[75]. Unstimmigkeiten über Klimawandel enthüllen gleichermaßen die Konflikte innerhalb und zwischen Gesellschaften hinsichtlich der Ideologien, die wir vertreten und vorantreiben. Diese Ideologien sind beispielsweise auch in den entgegengesetzten Lesarten der wissenschaftlichen Belege hinsichtlich der Verwicklung der Menschheit in den physikalischen Klimawandel verwurzelt.

Als Nächstes müssen wir untersuchen, was diese Belege sind und wie diese sich in den letzten 150 Jahren entwickelt haben. Das wird die Aufgabe von Kapitel 2 *Die Entdeckung von Klimawandel* sein.

Weiterführende Literatur zu Kapitel 1

Behringer, W. (2011): *Kulturgeschichte des Klimas. Von der Eiszeit bis zur globalen Erwärmung.* München: dtv.
Ein launig verfasstes, leicht verdauliches und dennoch anregendes Werk eines Historikers, der Klima- und Kulturgeschichte zusammen sieht.

Boia, L. (2005): *The weather in the imagination.* London: Reaktion Books.
Dieses wunderbare Buch, von einem Fachmann römischer Geschichte verfasst, verfolgt die Kulturgeschichte von Wetter und Klima von der klassischen griechischen Hochkultur bis heute. Vorstellungen von Klima und Klimawandel traten in Religion, Wissenschaft, Gesellschaft und Politik in unterschiedlicher Form und zu unterschiedlichen Zeiten auf. Lucien Boia argumentiert, dass die geistige Vorstellungskraft ebenso wichtig ist wie die physikalische Erfahrung des Körpers.

Glacken, C. (1976): *Traces on a Rhodian Shore: nature and culture in Western thought from ancient times to the end of the eighteenth century.* Berkeley, CA: University of California Press.
Clarence Glackens monumentaler Überblick der Natur- und Kulturgeschichte im westlichen Denken von der Antike bis zum späten 18. Jahrhundert ist ein Klassiker. Kein nachfolgender Text zur Kulturgeschichte der Natur kommt daran vorbei und keine Umweltgeschichte kann dieses Werk ignorieren.

Golinski, J. (2007): *British weather and the climate of enlightenment.* Chicago: University of Chicago Press.
Als Kulturgeschichte der Wissenschaft geschrieben, zeigt Jan Golinskis Buch, dass die Beziehung der Briten zu ihrem Wetter von der Geisteswelt der Aufklärung und der sich wandelnden wissenschaftlichen Praktiken sowie sozialen Ordnungen im 18. Jahrhundert beeinflusst wurden. So entwickelte sich eine neue Wahrnehmung für das nationale Wetter, als die ersten Messungen durchgeführt und sodann in neuer Weise quantitativ analysiert wurden.

Huntington, E. (2001) (orig. 1915): *Civilisation and climate.* Honolulu: University Press of the Pacific.
Dieses Buch ist ein Klassiker seiner Zeit; eine systematische Untersuchung für die Belege für einen deterministischen Ausblick auf das Klima. Ellsworth Huntington führt dabei empirische Beobachtungen und die ideologische Interpretation von Reich und Geschichte zusammen und zeichnet ein Bild, in dem individuelle, rassische und soziale Charakteristiken deutlich vom Klima beeinflusst, wenn nicht gar kontrolliert sind.

Lamb, H.H. (1995): *Climate, history and the modern world.* 2. Aufl. London: Routledge.
Der britische Klimatologe Hubert Lamb verarbeitet einen Großteil seiner Lebenserfahrung in diesem Buch, in dem er darüber berichtet, inwieweit Klimawandel auf menschlichen Zeitskalen bedeutsam ist. Dabei bewegt er sich von den frühesten Zivilisationen bis in das 20. Jahrhundert, wobei er die sich wandelnden Beziehungen zwischen dem physikalischen Klima und menschlichen Gesellschaften untersucht.

Meyer, W.B. (2000): *Americans and their weather.* New York: Oxford University Press USA.
William Meyer ist ein Kulturgeograf, der untersucht, in welch vielfältiger Weise die Amerikaner seit dem 17. Jahrhundert ihr Wetter erlebt und verarbeitet haben. Er zeigt, dass die Bedeutung von Wetter für Amerikaner stets eine Funktion von Kultur, Technologie, Wirtschaft und sogar Politik gewesen ist.

Stehr, N.; von Storch, H. (1999): *Klima, Wetter, Mensch.* München: C.H. Beck Wissen.
Dieses kleine Kompendium, verfasst von einem Soziologen und einem Meteorologen, bietet eine leicht verständliche und hilfreiche Einführung nicht allein in die Differenzierung von Wetter und Klima, sondern zugleich in die Rolle der Gesellschaftswissenschaften bei der Betrachtung von Klima als Zustand und Ressource, Risiko und Bedrohung.

Strauss, S.; Orlove, B. (Hrsg.) (2003): *Weather, climate, culture*. Oxford: Berg.
Dieses Buch umfasst 15 Kapitel, in denen Anthropologen, Historiker und Geografen die verschiedenen Wege untersuchen, auf denen Gesellschaften im Laufe der Geschichte und aus aller Welt sich zu Aspekten von Wetter und Klima verhalten haben. Beispiele stammen aus Brasilien, England, Island, der Schweiz und Tansania.

Junca: The Umbrella Trip (Farblithografie, 19. Jh.), in: Flibustiers Parisiens
Quelle: Musee Carnavalet / Giraudon / The Bridgeman Art Library.

KAPITEL 2

Die Entdeckung von Klimawandel

Einleitung

Im Frühjahr 1845 stach Sir John Franklin im Auftrag der britischen Regierung von England aus in See. Seine Expedition sollte einen Weg durch die Nordwestpassage entdecken und kartieren. Diese berühmte Handelsroute, die den Atlantik mit dem Pazifik durch das Meereis des kanadischen Archipels verbindet, spielte seit dem 16. Jahrhundert eine zentrale Rolle für Großbritanniens Erforschung der Seewege Nordamerikas. Doch niemandem war es bis dahin gelungen, einen Weg durch das Eis zu finden. Auch Franklin war kein Erfolg beschieden. Er und seine gesamte Mannschaft kamen bei dieser Suche um, was zu einer landesweiten Trauer führte und den Sagen heldenhafter britischer Forscher ein weiteres Kapitel hinzufügte.

Mehr als 160 Jahre später bewirken Klimawandel und Rückgang des arktischen Meereises, was Forschungsreisen jahrhundertelang nicht fertigbrachten – sie sorgen für einen schiffbaren Seeweg zwischen den beiden Ozeanen. Im August 2007 erklärte das Norwegische Polarinstitut, dass die Nordwestpassage nun für den regelmäßigen Schiffsverkehr geöffnet sei. Mehrere Schiffe konnten die Durchfahrt passieren, ehe diese vom wachsenden Wintermeereis wieder geschlossen wurde.

Kanada hat neue Marinepatrouillen in der Region eingeführt, um territoriale Ansprüche zu demonstrieren, und erwägt die Gründung einer neuen Militärstation in der Arktis. Russland beansprucht 1.190.000 Quadratkilometer des ressourcenreichen arktischen Gewässers, indem es auf dem Meeresgrund des Nordpols die nationale Flagge hisste. Die Aussicht auf neue Schifffahrtsrouten zwischen dem nördlichen Kanada und Ostasien bietet Kanadas Norden neue wirtschaftliche Chancen. Die kleine Siedlung Churchill an der Hudson-Bucht könnte schon bald zum Zentrum eines neuen Netzwerks internationaler Schifffahrtsrouten werden[76]. Die schmelzende Arktis ist nur ein Beispiel dafür – wenngleich ein dramatisches und sichtbares –, wie Veränderungen im physikalischen Klima sowohl die Umwelt als auch die vom Menschen geschaffene Welt umgestalten: Sie verändern die Geometrie von Land- und Eisverteilung und den Ton unserer politischen Diskurse, sie bewirken aber auch einen Wandel unserer Vorstellungen, indem sie uns dazu bringen, die Bedeutung unserer tradierten Erzählungen über die Vergangenheit zu überdenken.

Es muss für die Expeditionsleiter, die von der britischen Regierung im 19. Jahrhundert mit der Erforschung der Seewege betraut wurden, unvorstellbar gewesen sein, dass Klimaveränderungen sie ihrem langersehnten Ziel näher bringen könnten, die Reichweite der imperialen Handelsmacht ihres Heimatlandes auszudehnen. Doch heute glauben – oder besser gesagt wissen – wir, dass das charakteristische Merkmal physikalischen Klimas in seiner Unbeständigkeit besteht. Die großen Eiszeiten der Erdgeschichte, die von den Entdeckern 1845 nur vage verstanden wurden, sind heute ein etablierter Teil der Naturgeschichte. Die großräumige Veränderung von Landflächen, von der Menschheit teils über viele Jahrhunderte, teils über wenige Jahrzehnte bewirkt, verändert regionale Klimaeigenschaften. Heute scheint eine neue Triebkraft von Klimawandel – die Menschheit selbst – am Werk, wie das Schwinden arktischen Meereises, der Rückgang von Himalaya-Gletschern und der Anstieg der Meeresspiegel vor Augen führen.

Dieses Kapitel berichtet davon, wie wir ›entdeckten‹, dass sich das physikalische Klima verändert und, noch wichtiger, wie wir ›herausfanden‹, dass der Mensch aktiv an diesen Veränderungen beteiligt ist. Der nächste Abschnitt stellt eine einfache Genealogie der Vorstellungen über Klimawandel auf, deren wesentlicher Bestandteil – die revolutionäre Behauptung des frühen 19. Jahrhunderts, dass gewaltige globale Klimaveränderungen bereits weit zurück in der Vergangenheit auftraten – im darauffolgenden Abschnitt behandelt wird. Der Hauptteil des Kapitels zeichnet dann das im 20. Jahrhundert wachsende Verständnis nach, dass die Einflüsse menschlicher Handlungen auf die Atmosphäre in ihrer Gesamtheit ausreichen, um selbst die Funktionsweise des Klimasystems zu verändern: Wetter wird nicht nur lokal, sondern global verändert. Ohne hier zu tief im Detail zu versinken –

die Geschichte wurde bereits viel ausführlicher erzählt[77] – konzentrieren wir uns auf sechs Einzelpersonen und ihre Beiträge zum Wissensstand, die aus heutiger Sicht bewertet werden: John Tyndall, Svante August Arrhenius, Guy Stewart Callendar, Charles David Keeling, Syukoro Manabe und Wallace Smith Broecker. Der kulturelle Kontext, in dem die Forscher ihre Wissenschaft betrieben, wird zu einem ebenso wichtigen Teil der Geschichte von Klimawandel wie ihre fundamentalen Forschungsergebnisse, die zu neuen Sichtweisen von Klima beitrugen. Dieses Kapitel schließt mit einer kurzen Reflexion, wie – und warum – die Idee eines anthropogen beeinflussten Klimawandels derzeit eine solche Bedeutung im wissenschaftlichen, politischen und öffentlichen Diskurs erlangt hat.

Die Genealogie von Klimawandel

In Kapitel 1 *Was verstehen wir unter Klima?* verfolgten wir die Herkunft des Wortes ›Klima‹ bis zurück in die Zeit der altgriechischen Hochkultur. Auch kulturelle Diskurse zu Klimawandel haben eine Geschichte, eine Genealogie, die sich ebenfalls bis zu den Griechen zurückverfolgen lässt. Theophrastus, ein Schüler des Aristoteles, beobachtete und beschrieb bereits im 3. Jahrhundert vor Christus lokale durch Menschen verursachte Klimaveränderungen: Die Trockenlegung von Sümpfen wirkte abkühlend auf das Klima in Thessalien, wohingegen die Rodung von Wäldern bei Philippi es erwärmte[78]. Es stellte sich heraus, dass sich nicht nur das Klima veränderte, sondern dass Eingriffe des Menschen in die Umwelt sogar die Ursache dafür sein könnten. Eine jüngere griechische Theorie zu Klimawandel stützte sich ebenfalls auf wahrnehmbare Klimaveränderungen, allerdings auf solche, die Menschen durch ihre räumliche Mobilität erfuhren – zum Beispiel war in der Antike die Auffassung weit verbreitet, dass sich die Haut von Reisenden aus den Mittelmeerländern am Äquator schwarz färben müsste oder sie anderenfalls stürben. Die Erfahrung, einem ›unerträglichen Klima‹ ausgesetzt zu sein, die bei Reisen in unerforschte Weltregionen gemacht würde, und die Angst vor solchen extremen klimatischen Bedingungen gehören zu einer Vorstellung menschlichen Daseins, die immer wieder auftaucht, seit solche abschreckenden Geschichten zum ersten Mal erzählt wurden.

Die Auseinandersetzungen über Klimawandel konzentrierten sich seit der Zeit der Aufklärung im 17. Jahrhundert vorwiegend auf die Folgen der Waldrodungen. Edward Gibbon, ein Historiker des 18. Jahrhunderts, erkannte den für eine Erwärmung förderlichen Effekt von Waldrodungen, sowohl in den Klimaveränderungen über die Zeit – er behauptete, dass die ›Verbesserung‹ des europäischen Klimas seit der Antike ein Ergebnis des Einschlags ›ungeheurer Waldmassen‹ sei – als auch in geografisch bedingten

Klimaunterschieden. Seiner Überzeugung nach setzten die zeitgenössischen Wälder Kanadas das Land einem Klima aus, das so rau war wie einst das von Germanien.

Auch andere Projekte wurden von Gelehrten der Aufklärung angestoßen; sie begannen zu glauben, dass das regionale Klima dem Willen des Menschen unterworfen werden konnte. Ein Zitat des Philosophen Comte de Buffon spiegelt die um sich greifende Geisteshaltung, dass der Mensch das Klima beherrsche, wider. 1788 hielt er fest, dass »das Pflanzen oder Roden einzelner Wälder in einem Land (durch den Menschen) ausreicht, um die Temperatur zu verändern, (...) sodass er das Klima, in dem er lebt, so lange verändern kann, (...) bis er sich wohl fühlt«[79]. Diese Philosophie wurde in der Neuen Welt erprobt, als die frühen Kolonisatoren Amerikas an der Ostküste riesige Waldflächen rodeten. Hugh Williamson, ein amerikanischer Arzt, konnte deshalb im Jahr 1760 vor seinen Kollegen der American Philosophical Society die Aussage treffen, dass sich das Klima innerhalb der letzten 40 bis 50 Jahre verändert hatte; dass die Winter milder und die Sommer kühler geworden waren[80].

Es bestand der Verdacht, dass sich das Klima auch in anderen Teilen der Welt änderte, und auch hier machte man das Abholzen der Wälder für die Veränderungen verantwortlich, nur dieses Mal wurden sie von europäischen Siedlern in den Tropen verursacht. Dieser tropische Klimawandel zeitigte allerdings andersgeartete Folgen als sein Verwandter in den gemäßigten Breiten, denn man war der Ansicht, dass die Zerstörung tropischer Regenwälder die Dürren verschärfte, welchen sich die frühen Siedler im 18. Jahrhundert in den Subtropen ausgesetzt sahen. Nach dieser Auffassung bedrohte Klimawandel nicht nur Wirtschaft und Wohlergehen einer Kolonie; er gefährdete auch die Unversehrtheit und Gesundheit der Siedler auf den Plantagen[81].

Um die Mitte des 19. Jahrhunderts wurde durch die gemeinsamen Anstrengungen von Geologen und Physikern eine neue Dimension von Klimawandel erkannt, die völlig unabhängig von menschlichen Aktivitäten ablief: die gewaltigen Schwankungen des globalen Klimas durch massive und erdgeschichtlich weit zurückliegende Eiszeiten, worauf im nächsten Abschnitt noch detaillierter eingegangen wird. Parallel zu den aufkommenden radikalen Vorstellungen über das Auftreten von Klimaschwankungen innerhalb bislang unvorstellbarer Zeiträume, rangen die Wissenschaftler noch immer um das Ausmaß, in welchem menschliches Zutun zeitgenössische Klimaverhältnisse gebietsweise verändern konnte. Solche Veränderungen erschienen im Vergleich zum großskaligen Klimawandel durch die neu entdeckten Eiszeiten wenig bedeutsam und die steigende Zahl meteorologischer Daten ließ Zweifel aufkommen, dass der Mensch durch Waldrodungen beträchtlichen Einfluss auf das Klima nahm.

Gleichwohl legten einige Forscher Belege für aktuelle Klimaveränderungen vor. Zum Beispiel schrieb François Arago vom Institut de France im Jahr 1834, dass die Sommer in mehreren Teilen Frankreichs »kälter sind, als sie es früher waren«[82], eine Argumentation, die er auf den Reifezeitpunkt von Trauben stützte und mit der er zugleich den Rückgang des Weinanbaus in England ›seit den ersten schriftlichen Aufzeichnungen‹ erklärte.

Eduard Brückner, ein berühmter österreichischer Geograf, gehörte auch zu der kleinen Riege derer, die an Klimawandel am Ende des 19. und Anfang des 20. Jahrhunderts glaubten. Sie behaupteten, dass man statistische Belege für zeitgenössischen regionalen Klimawandel finden *könnte*. Brückner wies nach, dass sich die mittleren Temperaturen und Niederschläge in zentraleuropäischen und russischen Gebieten, die über einen Zeitraum von 35 Jahren fortlaufend gemessen wurden, deutlich unterschieden. Er war der Ansicht, dass sich solche Klimaveränderungen auf Flüsse, Seen und Ackerbau auswirken würden. Sein Beharren darauf, dass diese Veränderungen real waren und mit der Rodung der Wälder im Zusammenhang standen, brachte ihn dazu, im preußischen Abgeordnetenhaus für einen Gesetzesvorschlag zu plädieren, der sich vielleicht als erster Akt einer modernen Klimapolitik betrachten lässt: die Erhaltung der preußischen Wälder, um Niederschläge und Flusspegelstände des Staates zu kontrollieren[83].

Trotz der Arbeiten von Brückner und einigen anderen, dominierte in der ersten Hälfte des 20. Jahrhunderts die Denkweise, dass das physikalische Klima in Zeiträumen, die für das menschliche Denken und Planen relevant sind, prinzipiell konstant bleibt. Mit dem sich immer weiter vertiefenden Verständnis für Vorgänge tief in der Vergangenheit haben sich die Vorstellungen von Klimawandel jedoch grundlegend geändert.

Natürlicher Klimawandel

Die aufkeimende Erkenntnis, dass die Erde im Laufe ihrer Geschichte mehrere Eiszeiten erlebt hat, spielt eine entscheidende Rolle in der Klimawandelgeschichte. Dass sich das Erdklima so stark verändert hatte, um solch eine gewaltige Zu- und Abnahme der Vereisung herbeizuführen, war eine Theorie, die erst zu Anfang des 19. Jahrhunderts aufkam. Nach der damals vorherrschenden Sichtweise war die Erde jung und ihr Klima stabil; nur gelegentlich von Naturkatastrophen – Erdbeben, Überschwemmungen oder Vulkanausbrüchen – unterbrochen. Mit ihnen ließen sich auch alle geologischen und fossilen Belege für eine dynamische Erde erklären, die damals entdeckt wurden. Während die Naturphilosophen des 18. Jahrhunderts die Vorstellung entwickelten, dass der Mensch kraft seiner Entwicklung und Technik das regionale Klima ändern könnte, kam niemand auf den Gedanken, dass mächtige Naturkräfte in der Lage waren, das globale Klima radikal zu destabilisieren.

Das änderte sich erst in den 1830er-Jahren mit Jean Louis Rodolphe Agassiz. Alpine Gletscher lieferten dem 30-jährigen Schweizer Naturforscher und seinen Kollegen den Beleg und brachten ihn zu der Überzeugung, dass sich das Klima der Erde tatsächlich so stark verändern *könnte*. Eine kleine Zahl von eidgenössischen Wissenschaftlern und Ingenieuren, die sich zum Teil mit den Gefahren des Ausbrechens von Eisstauseen befassten, gelangte zu der Annahme, dass sich die Gletscher einst weit über deren damals bekannte Grenzen hinaus ausgedehnt hatten. Ignace Venetz und Jean de Charpentier, ältere Kollegen von Agassiz, waren es, die den ehrgeizigen jungen Naturforscher von der Plausibilität einer solchen Hypothese überzeugten, doch im Juli 1837 war es Agassiz allein, der erstmals eine schlüssige Eiszeittheorie vor der Schweizerischen Naturforschenden Gesellschaft in Neuchâtel präsentierte. Die Vorstellung, dass Eiszeiten das frühere Erdklima beeinflussten, wurde noch stärker mit Agassiz in Verbindung gebracht, nachdem er sein Buch *Études sur les Glaciers* im Jahr 1840 veröffentlichte[84].

Doch die These, dass das Erdklima so stark und in solch langen Zeiträumen auf Veränderungen reagieren konnte, war für die Forscher des 19. Jahrhunderts nur schwer zu akzeptieren. An der Seite von traditionellen biblischen Interpretationen einer (unveränderlich) geschaffenen Welt und dem Glauben an die wohltätige Hand Gottes, die ein stabiles, für menschliche Besiedlung fruchtbares Klima erhält, verursachte sie Unbehagen. Agassiz' Theorie fand dennoch Anhänger unter den Wissenschaftlern, erst in Europa und nach seiner Übersiedlung in die Vereinigten Staaten in den 1840er-Jahren schließlich auch dort. In den 1860er-Jahren hatte sich Agassiz' Eiszeittheorie schließlich auf beiden Seiten des Atlantiks etabliert. In dieser frühen Stufe der Eiszeitforschung kamen nur die Eiszeiten der letzten 100.000 Jahre ins Gespräch; die Existenz noch älterer Glaziale blieb ungeahnt.

Die Frage, was sie verursachte, bot dennoch weiterhin Stoff für hitzige Diskussionen. Die Eiszeiten konnten offensichtlich nicht mit menschlichem Zutun in Verbindung gebracht werden. Um den anhaltenden Glauben an ein göttliches Einwirken auf das Klimasystem zu verdrängen, wurden verschiedene natürliche Ursachen debattiert. Zur Auswahl standen Sonnenfleckenaktivitäten, Vulkanausbrüche, atmosphärischer Staub, Plattentektonik und Veränderungen von Erdbahn und Erdneigung im Weltraum. Die astronomisch bedingte Eiszeittheorie von James Croll fand in seiner Buchveröffentlichung *Climate and Time* von 1875 besonderen Anklang, doch auch die Alternativen blieben im Gespräch[85]. Die Theorie, dass die Abnahme des atmosphärischen Kohlenstoffdioxidgehalts einen solchen Klimawandel bewirken konnte, wurde unter anderem von John Tyndall vertreten und dies motivierte Svante August Arrhenius in den 1890er-Jahren dazu, erste Berechnungen zur Beziehung zwischen globaler Temperatur und Kohlenstoffdioxidgehalt anzustellen. Crolls astronomische Theorie fand letztendlich ihren Meister in dem serbischen Mathematiker Milutin Milanković, dessen Ausarbeitung von Crolls Thesen 1924 in den folgenden Jahren als Erklärung für Kaltzeiten anerkannt wurde.

Die wechselnden Vorstellungen zur Klimastabilität im 19. Jahrhundert schufen den Rahmen, in dem die wissenschaftlichen Grundlagen für die heutige Theorie zum sogenannten ›anthropogenen Klimawandel‹ gelegt wurden.

Anthropogener Klimawandel

Der Ursprung unseres wissenschaftlichen Verständnisses, wie der Mensch heute das globale Klima verändert, geht auf das Jahr 1824 zurück, als der französische Physiker Jean-Baptiste Joseph Fourier in einem Essay an die Académie Royale des Sciences in Paris seine Thesen zur Regelung der Erdtemperaturen präsentierte. In dem Aufsatz, der noch im selben Jahr veröffentlicht wurde, erkannte Fourier zutreffend, dass sich die Atmosphäre asymmetrisch hinsichtlich der einfallenden Solarstrahlung und der emittierten terrestrischen Strahlung verhält – die Gasbestandteile sind für die Abstrahlung weniger durchlässig als für die einfallende kurzwellige Strahlung. Dieses Phänomen wurde später ›Treibhauseffekt‹ getauft. Die Geschichte wissenschaftlichen Denkens, Forschens und Lehrens, die sich in den vergangenen 190 Jahren mit diesem Effekt beschäftigt hat, ist viel zu lang und komplex, als dass sie hier rekapituliert werden könnte. Um jedoch die Grundlage für spätere Kapitel zu legen, soll sie kurz beleuchtet werden, indem von sechs Wissenschaftlern erzählt wird, die wegweisende Beiträge zum Gesamtverständnis anthropogenen Klimawandels lieferten. Die kurzen Steckbriefe beschreiben, welche Beiträge zum Wissensstand geleistet wurden, den Zusammenhang, in dem sie erarbeitet und aufgenommen wurden, und sie kommentieren die Bedeutung der Forschungsergebnisse heute. Durch diese Geschichten erkennen wir die Besonderheiten von Wissenschaft – wie Kontext, Finanzierung, Förderung, Technologie und Persönlichkeit ihren Teil zu Struktur und Serendipität (dem Zusammentreffen von vorbereitetem Geist und glücklichem Zufall) der Wissensproduktion beitragen.

1859: John Tyndall und die Treibhausgase

Am Mittwoch, dem 18. Mai 1859, nach einem vollen Arbeitstag im Kellerlabor der Royal Institution in London, schrieb der 38-jährige irische Wissenschaftler John Tyndall in sein Tagebuch: »Ich habe den ganzen Tag Experimente durchgeführt; das Problem ist gelöst!«[86]. Tyndall hatte Experimente zu den Absorptionseigenschaften von Gasen durchgeführt, um nachzuweisen, dass verschiedene Gase, die häufig in der Atmosphäre auftreten, unterschiedliche Mengen kurzwelliger und langwelliger Strahlung absorbieren. Fourier hatte diese Theorie 30 Jahre zuvor aufgestellt. Wenn sie stimmen sollte, könnte sie helfen, die Temperaturregulation der Erde zu erklären. Tyndalls Experimente im Mai 1859, die er noch mehrere Jahre danach fortsetzte, zeigten zum ersten Mal, dass die Moleküle von Wasserdampf, Kohlenstoffdioxid, Stickoxid, Methan und Ozon jeweils einzigartige Absorptionseigenschaften für infrarote Strahlung aufweisen; zum Beispiel kann Wasserdampf je Molekül die Infrarotstrahlung 16.000fach besser absorbieren als Sauerstoff. Tyndalls Entdeckungen wurden elementar für das Verständnis des Wärmehaushalts der Atmosphäre. Durch seinen Nachweis, dass diese Gruppe von Gasen, die später als ›Treibhausgase‹ bezeichnet wurden, charakteristische Strahlungseigenschaften besaß, öffnete seine Arbeit der Möglichkeit Tür und Tor, dass der Mensch den Wärmehaushalt der Erde verändern konnte, indem er die Konzentration dieser Gase in der Atmosphäre veränderte. Obwohl Tyndall in den 1860er-Jahren absehen konnte, dass mengenmäßige Veränderungen der strahlungsaktiven Bestandteile der Atmosphäre die Ursache für all die Klimaveränderungen sein konnten, welche die Geologen aufdeckten[87], war er noch weit davon entfernt, eine schlüssige Vorstellung davon zu entwickeln, in welchem Ausmaß menschliches Wirken signifikante Veränderungen des Klimas in relevanten Zeitskalen bewirken konnte.

Tyndalls Forschungsergebnisse wurden Anfang der 1860er-Jahre veröffentlicht, einem Jahrzehnt voll stürmischer intellektueller Auseinandersetzungen. Am 24. November 1859, nur sechs Monate nach Tyndalls ersten Versuchen, erschien Charles Darwins Werk *On the Origin of Species* in London. Die Wissenschaftler der Zeit rangen nicht allein mit Darwins Kampfansage an die vorherrschende orthodoxe Auffassung von einer unveränderlichen biologischen Schöpfung. Sie kämpften auch mit den gleichermaßen revolutionären Implikationen von Louis Agassiz' ›Eiszeittheorie‹. Eine Erklärung für die großen Schwankungen der Eiszeiten innerhalb des Klimas zu finden, war damals keine geringe Herausforderung. Die Theorien von Darwin und Agassiz griffen fundamentale Auffassungen von Zeit und Stabilität in der Biologie- und Klimageschichte an. Tyndall wurde eng in die Debatten eingebunden. Er schloss Freundschaft mit Thomas Huxley und anderen Forschern aus Darwins Kreis. Charles Lyell, der versuchte, Crolls kürzlich veröffentlichte Theorie über die Schwankungen der Erdumlaufbahn zu bewerten, konsultierte Tyndall, um herauszufinden, ob dessen neue Strahlungstheorie zu Klimawandel dazu beitragen konnte, das Rätsel von der Ursache der Eiszeiten zu lösen. Am 1. Juni 1866 erhielt Lyell zur Antwort, dass Veränderungen in den Strahlungseigenschaften allein kaum die Hauptursache der Eiszeiten sein konnten. Tyndall widersprach damit seiner eigenen, oben zitierten Annahme von 1861. Die erst viel später diskutierten Zusammenhänge zwischen natürlichem und anthropogenem Klimawandel kündigten sich in diesem Austausch über Theorien von Klimawandel bereits an.

John Tyndall war eine der herausragenden wissenschaftlichen Persönlichkeiten des viktorianischen Zeitalters und ein leidenschaftlicher Verfechter des wissenschaftlichen Naturalismus, der im späteren viktorianischen England aufblühte. Er besaß eine typisch eklektische Bildung: Nach der Schule arbeitete er bei der Bahnvermessung während der Zeit des Eisenbahnbooms in den 1840er-Jahren, unterrichtete anschließend Mathematik in einer Schule und promovierte in experimenteller Chemie an der Universität Marburg. Den Weg zu einer wissenschaftlichen Laufbahn ebnete ihm Michael Faraday, als er Tyndall im Jahr 1853 zu einer Reihe von Vorlesungen an der Royal Institution in London einlud. Unter Faradays Ägide war Tyndall in der Lage, sein Talent für experimentelle Wissenschaften in einer erstaunlichen Vielfalt von Fachgebieten zu entwickeln und vorzuführen.

Tyndall wird verdientermaßen zugeschrieben, die experimentellen Grundlagen für Fouriers ›Treibhauseffekt‹ gelegt zu haben. Er hat auch die fundamentale Rolle des Wasserdampfs für die Atmosphärendynamik richtig erkannt, als er behauptete, dass es sich dabei um einen wesentlichen Grundbaustein für die Meteorologie handelte[88]. Heute, mehr als 150 Jahre später, haben die differenziellen Absorptionseigenschaften der Treibhausgase, die zuerst von Tyndall untersucht wurden und die heute auch die ihm unbekannten halogenierten Kohlenwasserstoffe beinhalten, nach wie vor die zentrale Bedeutung für anthropogenen Klimawandel. Nachfolgende Arbeiten haben die globalen Erwärmungspotenziale von jedem dieser Gase mit einiger Genauigkeit ermittelt; Berechnungen, die entscheidend sind für die Bemühungen, das Ausmaß des menschlichen Einflusses auf die Erdtemperatur zu quantifizieren.

1896: Svante August Arrhenius und die Klimasensitivität

Ende des 19. Jahrhunderts war man sich weitestgehend über Art und Ausmaß der früheren Eiszeiten der Erde einig; heftig umstritten blieb jedoch die Ursache dieser starken Klimaschwankungen. Crolls Hypothese der astronomischen Schwankungen »erfreute sich der Gunst einiger englischer Geologen«[89]. Andere jedoch bevorzugten die Theorie der Variation des Strahlungshaushalts durch atmosphärischen Dampf und Gase[90], um zu erklären, was die Klimageschichte der Erde beeinflusste. Niemand jedoch hatte Berechnungen durchgeführt, wie empfindlich das Klima der Erde auf eine Veränderung der Atmosphärenzusammensetzung reagierte; ein Konzept, das heute als Klimasensitivität bekannt ist.

Die ersten Berechnungen dieses Parameters wurden von dem 36-jährigen schwedischen Physiker Svante August Arrhenius durchgeführt und seine

Ergebnisse wurden 1895 vor der Stockholmer Physikalischen Gesellschaft präsentiert. Arrhenius war mit Fouriers Konzept des ›Treibhauseffekts‹, den experimentellen Ergebnissen Tyndalls von 1860 und dessen späteren, modifizierten Berechnungen der Absorptionskoeffizienten von Wasserdampf und Kohlenstoffdioxid vertraut. In einer klassischen wissenschaftlichen Syntheseleistung führte Arrhenius die Theorien und Daten zusammen, um zu zeigen, dass eine Halbierung oder Verdopplung der weltweiten atmosphärischen Kohlenstoffdioxidkonzentration zu einer Veränderung der globalen Durchschnittstemperatur um 4 bis 5°C führt.

Arrhenius führte seine Berechnungen von Hand aus, ohne Zuhilfenahme eines Computers, und kommunizierte nur durch das gesprochene und geschriebene Wort, nicht über das Internet. Doch er verfügte über ein beachtliches Netzwerk an wissenschaftlichen Briefpartnern und seine Berechnungen – die zeigten, dass Veränderungen in der Atmosphärenzusammensetzung im Prinzip auch eine Eiszeit einleiten *könnten* – wurden von italienischen, schwedischen und amerikanischen Wissenschaftlern positiv aufgenommen. Der anhaltende Widerstand gegen die astronomische Eiszeittheorie von Croll führte dazu, dass an der Wende vom 19. zum 20. Jahrhundert die Kohlenstoffdioxidtheorie, die globalen Klimawandel auf Veränderungen im Kohlenstoffdioxidgehalt der Atmosphäre zurückführt, weitestgehend akzeptiert wurde[91].

Doch was hat die Schwankungen der atmosphärischen Kohlenstoffdioxidkonzentration in der fernen Vergangenheit verursacht? Und könnten diese Veränderungen auch ein gegenwärtiges Phänomen sein? Arrhenius hatte wenig Interesse an solchen Fragen und überließ es seinen Kollegen aus der Geologie, Arvid Högbom und Thomas Chamberlin, über den Kohlenstoffkreislauf zu debattieren. Obwohl bekannt war, dass weltweit fast eine Milliarde Tonnen Kohle pro Jahr verbrannt wurden, nahm man an, dass nur wenig des freigesetzten Kohlenstoffdioxids in der Atmosphäre verblieb. Auf Drängen räumte Arrhenius ein, dass diese Verbrennungsprozesse wohl ›eine merkliche Steigerung‹ des atmosphärischen Kohlenstoffdioxidgehalts im Laufe von wenigen Jahrhunderten bewirkten könnten, und folgerte, dass diese Erwärmungen für die Menschheit vorteilhaft sein könnten, um die nächste Eiszeit abzuwehren.

Svante Arrhenius ist eine bedeutende Persönlichkeit in der Geschichte von Klimawandel. Wie so oft bei neuen wissenschaftlichen Erkenntnissen interpretierte er manche Dinge richtig und andere falsch. Er war seiner Zeit weit voraus mit der ersten Schätzung der Klimasensitivität – ein Temperaturwert, der beschreibt, wie stark sich die Erde möglicherweise erwärmen würde, wenn sich die Treibhausgaskonzentration in der Atmosphäre verdoppelte. Über 100 Jahre später lautet das Urteil von Wissenschaftlern aus allen Teilen der Welt, dass dieser Wert wahrscheinlich irgendwo zwischen 2 und

4,5°C liegt, obwohl auch niedrigere oder sehr viel höhere Werte nicht gänzlich ausgeschlossen werden können. Die aufwendige manuelle Berechnung von Arrhenius führte zu erstaunlich geringen Fehlern, obwohl er damals nicht hatte ahnen können, wie schwierig die quantitative Bestimmung für spätere Wissenschaftler sein würde. Auf der anderen Seite war der Kohlenstoffkreislauf durch Atmosphäre, Biosphäre und Ozeane um 1900 kaum bekannt und Arrhenius unterschätzte stark die Geschwindigkeit, mit der sich Kohlenstoffdioxid in der Atmosphäre ansammeln konnte. Ein spürbarer Anstieg dieses Treibhausgases brauchte nicht mehrere Jahrhunderte – in kaum 100 Jahren ist die Konzentration um etwa 40 Prozent gestiegen und könnte sich vor dem Ende dieses Jahrhunderts durchaus noch verdoppeln.

Aus Arrhenius Erkenntnissen folgte nicht umstandslos ein besseres Verständnis für die Mechanismen von Klimawandel. Während das 20. Jahrhundert voranschritt, verschwand die Kohlenstoffdioxidtheorie zur Erklärung von Eiszeiten und Klimawandel weitestgehend aus den wissenschaftlichen Debatten. Der schwedische Physiker Knut Ångström behauptete, dass die Absorptionskraft von Kohlenstoffdioxid durch die überlappenden Spektralbänder von Wasserdampf begrenzt sei, unter den Geologen herrschte keine Einigkeit, was die Ursache für die zyklisch steigenden und fallenden Kohlenstoffdioxidkonzentrationen in der Atmosphäre sein könnte, und die Berechnungen von Milanković in den 1920er-Jahren verliehen der astronomischen Eiszeittheorie von Croll neue Glaubwürdigkeit. Doch die weltweite Temperatur begann nun zu steigen und nur wenige Meteorologen registrierten dies.

1938: Guy Stewart Callendar und globale Temperatur

Zwischen 1910 und 1940 gab es viele milde Winter in Europa und Nordamerika, den beiden Regionen auf der Erde, deren meteorologische Beobachtungen am weitesten zurückreichen. Die offiziellen Aufzeichnungen boten sich für eine statistische Analyse an, um die allgemein wahrgenommene Klimaerwärmung aus einer langfristigen Perspektive zu betrachten. James Kincer vom US Weather Bureau vermutete Mitte der 1930er-Jahre, dass den Daten zufolge offenkundig ein längerfristiger Wandel hin zu einem wärmeren Klima stattfindet[92]; doch nutzte er seine Untersuchung vorrangig, um gefühlsmäßige Aussagen zu untermauern, Aussagen der Art, ›dass die Winter früher viel kälter waren und der Schnee viel höher lag‹, wie sie gewöhnlich ältere Menschen von sich geben.

Für eine schlüssige Erklärung, *warum* sich die Gebiete um den Nordatlantik herum erwärmten, bedurfte es eines eigenwilligen britischen Maschinenbauingenieurs. Guy Stewart Callendar besaß Forschergeist, geschult durch seinen Vater, einem Physikprofessor in London. Obwohl seine beruflichen Pflichten als Spezialist für Dampftechnik am Imperial College von ihm verlangten, seinen Beitrag zur internationalen Standardisierung von Dampftabellen zu leisten, war Callendar privat an Arrhenius' Kohlenstoffdioxidtheorie von Klimawandel interessiert, die in den 1930er-Jahren in einer Art Dornröschenschlaf versunken war. Vielleicht bewog ihn seine eigene Wahrnehmung von der Milde britischer Winter, dass er selbst begann, lange Zeitreihen meteorologischer Beobachtungen von Wetterstationen überall auf der Welt zu sammeln. Auf den Spuren von Arrhenius, erstellte er auch einen eigenen Datensatz zur Berechnung des Nettoabsorptionseffekts von Kohlendioxid in der Atmosphäre, nur mit neueren Koeffizienten. Seine Vermutung war: »Weil der Mensch heute die Atmosphärenzusammensetzung in einer Geschwindigkeit verändert, die in geologischen Zeiträumen gemessen sehr außergewöhnlich ist, ist es nur natürlich, die möglichen Auswirkungen einer solchen Veränderung zu suchen«[93]. Für Callendar zeigten sich die Auswirkungen klar in einer Klimaerwärmung, die sich in den Beobachtungen nachweisen ließ.

Callendar schloss seine Arbeit im milden englischen Winter von 1936/1937 ab. Obwohl er kein Meteorologe war, präsentierte er seine Ergebnisse auf einem Londoner Treffen der Royal Meteorological Society im Februar 1938, wenige Wochen vor Hitlers Annexion von Österreich. Im Rückblick kann diese Studie als erster Versuch betrachtet werden, großskaligen Klimawandel nachzuweisen und auf anthropogen bedingte Emissionen von Treibhausgasen zurückzuführen, wie in Exkurs 2.1 dargestellt wird.

Exkurs 2.1
Anthropogenen Klimawandel erkennen und zuordnen

Der Vortrag, den Guy Stewart Callendar am Mittwoch, dem 16. Februar 1938, vor der Royal Meteorological Society hielt, stellte den ersten systematischen Versuch dar, die drei Erklärungsansätze für anthropogenen Klimawandel zu verknüpfen: 1) die physikalische Theorie über den Zusammenhang von Kohlenstoffdioxid und Treibhauseffekt, 2) den steigenden Gehalt an Kohlenstoffdioxid in der Atmosphäre und 3) den Anstieg der Erdtemperatur. Was wir heute als ›Erkennen und Zuordnen des anthropogenen Klimawandels‹ bezeichnen, untersuchte er erstmalig. Wir können Callendars Pionierleistung mit den aktuellen Abschätzungen in den vier Sachstandsberichten des Intergovernmental Panel on Climate Change (IPCC) vergleichen, die zwischen 1990 und 2007 veröffentlicht wurden[94].

Auf Grundlage der physikalischen Theorie und seiner Schätzungen zur Kohlendioxidkonzentration berechnete Callendar, dass ein Anstieg der globalen Temperatur von etwa 0,3°C pro Jahrhundert zum damaligen Zeitpunkt zu erwarten war. Er ergänzte dies mit der kühnen Behauptung, dass die globalen Temperaturen tatsächlich um etwa 0,5°C pro Jahrhundert in den letzten 50 Jahren gestiegen sind[95]. Obwohl sich Callendar sicher war, dass er starke Beweise für eine anthropogen induzierte globale Erwärmung gefunden hatte, blieben viele seiner Zuhörer in London skeptisch. Sir George Simpson, damals Leiter des nationalen Wetterdienstes, hielt die Ergebnisse eher für Zufallsfunde[96]. Auch die fünf anderen Diskussionsteilnehmer im Lesesaal der Society äußerten große Skepsis an Callendars Behauptungen.

Gut 50 Jahre später, im September 1990, wurde der erste IPCC-Sachstandsbericht vor einem etwas größeren Publikum internationaler Medienvertreter in Bracknell nahe des Hauptquartiers des britischen Meteorological Office vorgestellt. Dieser Bericht, der unter der Schirmherrschaft der Vereinten Nationen veröffentlicht wurde, enthielt eine konkrete Aussage zur Frage der Erkennung und Zuordnung anthropogenen Klimawandels: »Wir sind der Meinung, dass die mittlere globale bodennahe Lufttemperatur in den letzten 100 Jahren um 0,3 bis 0,6°C gestiegen ist (…) die Erwärmungsrate korreliert weitestgehend mit den Vorhersagen von Klimamodellen, liegt jedoch in demselben Größenbereich wie die natürliche Klimaschwankung«. Der Bericht ließ mit seiner zurückhaltenden Schlussfolgerung mehr Vorsicht walten als Callendar 1938, gleichwohl löste er die für die kommenden 20 Jahre zentrale wissenschaftliche Frage zu Klimawandel aus: die Erkennung und Zuordnung anthropogenen Klimawandels.

Die folgenden Berichte des Weltklimarates offenbaren, wie durch die wissenschaftliche Bewertung Schritt für Schritt die Überzeugung wuchs, dass eine formale Erkennung und Zuordnung des anthropogenen Einflusses auf das globale Klima gelungen ist. So erklärte der zweite Sachstandsbericht 1996, dass die Auswertung des Materials auf einen spürbaren Einfluss des Menschen auf die globale Klimaveränderung hindeute, während der dritte 2001 feststellte, dass ein Großteil der Erwärmung in den letzten 50 Jahren wahrscheinlich[97] auf den Anstieg von Treibhausgasen in der Atmosphäre zurückzuführen sei. Im vierten Sachstandsbericht, veröffentlicht im Februar 2007, wurde diese Ansicht mit größerer Bestimmtheit vertreten: »Der größte Teil des Anstiegs der mittleren globalen Temperatur seit Mitte des 20. Jahrhunderts geht sehr wahrscheinlich[98] auf die Zunahme der vom Menschen verursachten Treibhausgase in der Atmosphäre zurück«.

Diese fünf Aussagen, die sich über 70 Jahre wissenschaftlicher Anstrengungen verteilen, verraten zwei wesentliche Dinge über Wissenschaft. Sie spiegeln eine der Wissenschaft üblicherweise zugeschriebene Eigenschaft wider, nämlich dass Wissenschaft ein kumulatives Unterfangen ist, in dem Wissen durch frühere Behauptungen und Prämissen geformt und beeinflusst wird, indem auf bereits bekannte Wissensbestände aufgebaut und das Vertrauen darin konsolidiert wird. So folgt einer Zeit des Nichtwissens (vor 1938) eine fundierte Annahme (Callendar 1938) und schließlich ein zunehmenderes Vertrauen in diese Annahme (IPCC zwischen 1990 und 2007), dass sich der menschliche Einfluss auf Klimawandel erkennen lässt. Doch diese Abfolge von Behauptungen stellt eine andere, der Wissenschaft ebenfalls herkömmlich zugeschriebene Eigenschaft in Frage – die objektive und sichere Wahrheit zu erkennen. Die Behauptungen wurden in der Sprache von Glauben und Wahrscheinlichkeit abgefasst. Auf jeder Stufe dieses Prozesses ist beträchtliches Urteilsvermögen seitens der Wissenschaftler gefragt; das Urteil wird eher durch Dialog, Diskussionen und Kompromisse geformt, als dass es auf einer abgehobenen und unvoreingenommenen Wahrheitssuche beruht. Das Wissen über Klimawandel wird nicht voraussetzungslos, sondern kontextbezogen vermittelt; auf dieses Thema kommen wir in Kapitel 3 *Was leistet Wissenschaft?* zurück.

Callendars Arbeit wurde seinerzeit nicht gut aufgenommen. Neben der Skepsis der Meteorologen gab es andere, die seine Schätzungen zur Kohlenstoffdioxidkonzentration in der Atmosphäre und seine Absorptionsberechnungen in Frage stellten. Sein Anliegen wurde nicht gerade befördert durch die Wahrnehmung und den später, in den 1950er- und 1960er-Jahren, erbrachten quantitativen Nachweis, dass die Temperaturen in Europa und Nordamerika zu sinken begonnen hatten. Am Ende seiner Veröffentlichung von 1938 hatte Callendar selbst als eine Verifikation seiner Thesen vorgeschlagen, dass »die globale Temperaturentwicklung in den nächsten 20 Jahren einen wertvollen Nachweis für die Genauigkeit, mit der die Folgen des atmosphärischen Kohlenstoffdioxids berechnet worden sei, liefern würde«[99]. Angesichts der gemessenen Werte und der von ihm selbst aufgestellten Bedingungen widersprach die Wirklichkeit seiner Theorie.

Viele Jahre später, im November 1960, schrieb Callendar in seinen persönlichen Aufzeichnungen über die anhaltende Unbeliebtheit der Kohlenstoffdioxidtheorie zum Klimawandel und führte vier Gründe an, warum sie nicht akzeptiert wurde:

1.) Die Vorstellung, dass ein einzelner Umstand weltweiten Klimawandel verursacht, erscheint für jene unmöglich, die mit dem gewaltigen Komplex an Kräften vertraut sind, von dem jedes Klima abhängt.
2.) Für manche ist es ein abstoßender Gedanke, dass der Mensch überhaupt so stark in ein derart komplexes Gefüge eingreifen könnte.
3.) Die damaligen Autoritäten auf dem Gebiet der Meteorologie hatten sich vor allem aufgrund falscher Beobachtungsdaten zur Absorption des Wasserdampfs gegen seine Theorie ausgesprochen.
4.) Und nicht zuletzt lehnten sie es ab, weil sie nicht selbst auf diese Idee gekommen waren[100].

Callendar starb im Jahr 1964, lange bevor seine Theorie wissenschaftliches Allgemeingut wurde. Es dauerte weitere 22 Jahre, bis die erste Datenreihe zur globalen Temperaturentwicklung der Land- und Meeresoberflächen veröffentlicht wurde und weitere 43 Jahre, bevor der Weltklimarat anerkannte, was Callendar bereits 1938 behauptet hatte: dass der Anstieg der globalen Temperatur sehr wahrscheinlich auf den Anstieg der Kohlenstoffdioxidkonzentration in der Atmosphäre zurückgeht. Doch entbehrt die Geschichte nicht einer tieferen Ironie: Während sich seine physikalische Theorie aus den 1930er-Jahren als weitestgehend richtig erwiesen hat, stimmte seine Interpretation der *Bedeutung* des Sachverhalts nicht mit unserer heutigen Betrachtungsweise von Klimawandel überein. »Die Verbrennung fossiler Brennstoffe (...) wird sich wahrscheinlich in vielerlei Hinsicht als nützlich für den Menschen erweisen, (...) zum Beispiel wird die Erhöhung der mittleren Temperatur einen besseren Anbau in den nördlichen Regionen der Welt ermöglichen und das Wachstum gut angepasster Pflanzen ist direkt proportional zum Kohlendioxiddruck. In jedem Fall wird eine zukünftige tödliche Eiszeit auf unbestimmte Zeit verhindert werden«[101].

1957: Charles David Keeling und der Kohlenstoffkreislauf

Callendars bahnbrechende Entdeckungen in den späten 1930er-Jahren bedurften keiner externen Finanzierung; er forschte daran in den Abendstunden und an Wochenenden, während er tagsüber für das Imperial College arbeitete. Für viele wissenschaftliche Innovationen ist es jedoch oft weitaus schwieriger, eine Finanzierung zur Überprüfung der Theorien zu finden, als das eigentliche Konzept zu entwickeln. Das gilt besonders für lange, kontinuierliche Feldmessungen.

Etwa Mitte der 1950er-Jahre gab es eine kleine Gruppe von Geophysikern, denen klar war, dass die Debatte um die Thesen von Arrhenius und Callendar nicht abgeschlossen werden konnte, solange nicht das Schicksal der in die Atmosphäre eingebrachten Kohlenstoffdioxidmoleküle bekannt war. Wie viel Kohlenstoffdioxid, das während der Verbrennung fossiler

Brennstoffe emittiert wird, konnten die Ozeane absorbieren? Wie schnell reicherte sich der Kohlenstoff in der Atmosphäre an? Es existierten keine genauen oder durchgängigen Messungen von Kohlenstoffdioxidkonzentrationen und es gab erst recht keine standardisierten, historischen Daten, mit denen eine Entwicklung über die Zeit hätte überprüft werden können. Roger Revelle von der Scripps Institution of Oceanography in Kalifornien und Hans Suess von der Universität von Chicago sahen im Internationalen Geophysikalischen Jahr (IGY) 1957/1958 eine günstige Gelegenheit, die benötigten Finanzmittel zur Einrichtung neuer Messstationen zu erhalten. Das Geophysikalische Jahr stellte eine große internationale wissenschaftliche Zusammenarbeit dar, mit dem Ziel, quantitative Daten über den Zustand der Umwelt weltweit zu erheben, obwohl es die Vereinigten Staaten und die Sowjetunion zugleich für ihre eigenen Ziele nutzten, da es einen bequemen Zugang bot, die Reichweite der militärischen Überwachung auszudehnen, und eine gute Übung für die strategische geopolitische Positionierung darstellte.

Revelle, Suess und Charles David Keeling, ein junger Postdoktorand, den sie zur Betreuung der neuen Kohlenstoffdioxidmessstellen eingestellt hatten, waren gleichwohl dankbar für die finanzielle Förderung im Rahmen des Internationalen Geophysikalischen Jahrs. Damit konnten sie ihr wissenschaftliches Ziel verfolgen: eine verlässliche Basislinie der Kohlenstoffdioxidkonzentration zu bestimmen, die sie zehn oder 20 Jahre später überprüfen konnten[102]. Keeling nahm zwei Messstationen in Betrieb, an denen er Routinemessreihen mit einer von ihm perfektionierten Infrarot-Analysetechnik durchführte: am Mauna Lao Observatorium auf Hawaii, auf der Spitze des weltgrößten Vulkans, und an der amerikanischen Forschungsstation am Südpol. Er begann im September 1957 mit der Messung der atmosphärischen Kohlenstoffdioxidkonzentration am Südpol und im März 1958 am Mauna Loa – diese Messungen werden noch heute, mehr als 50 Jahre danach, routinemäßig durchgeführt (siehe Abbildung 2.1).

Keelings Messungen waren erfolgreicher, als er oder Revelle es erwartet hatten. Bereits 18 Monate nach Beginn der Aufzeichnungen konnte Keeling nachweisen, dass die Kohlenstoffdioxidkonzentration an beiden Stationen zwischen 0,5 und 1,3 Teilen pro Million (ppm) pro Jahr ansteigt. Das war der erste unbestreitbare Beleg für den aktuellen Anstieg dieses Treibhausgases, den bereits Callendar abgeschätzt und über den Arrhenius Vermutungen angestellt hatte. Keeling äußerte jedoch Vorbehalte; er fragte sich zum Beispiel, welche unterschiedlichen Rollen Ozeane und Landmassen bei der Modulation der jährlich steigenden Konzentrationen spielten. Dennoch legten seine bahnbrechenden Messungen den Grundstein für alle nachfolgenden Arbeiten zum Verständnis des Kohlenstoffkreislaufs und der Rolle des Menschen, auf ihn verändernd einzuwirken.

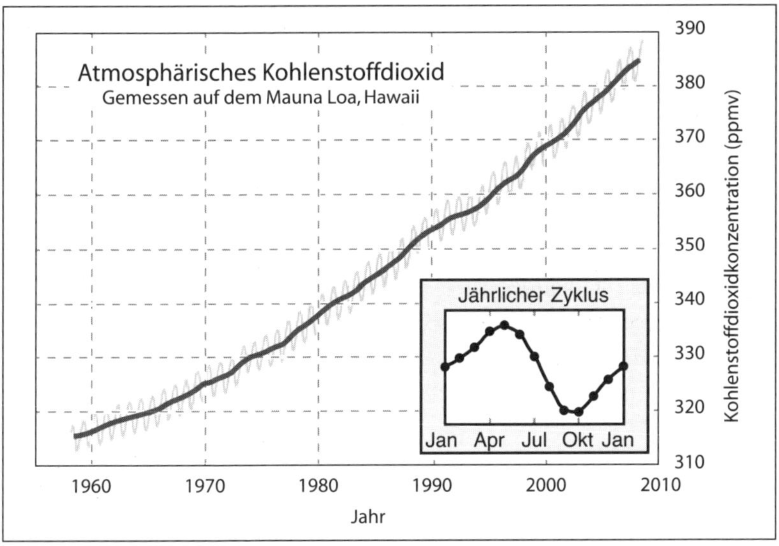

Abbildung 2.1: Messreihe der atmosphärischen Kohlenstoffdioxidkonzentration (Teile pro Million pro Volumen) am Mauna Loa Observatorium auf Hawaii. Die Konzentration ist seit dem Beginn der Beobachtungen von Charles Keeling 1957/1958 um etwa 25 Prozent gestiegen. *Quelle: NOAA/Wikipedia.*

Die Bedeutung dieser Messungen wurde damals gleichwohl nur von wenigen erkannt. Während der gesamten 1960er-Jahre mussten Revelle, Suess und Keeling – und dann später in den 1970er-Jahren Keeling allein – beständig Verhandlungen führen, um die Finanzierung der Routinemessungen sicherzustellen. Sie mussten die Messungen für mehrere Monate in der ersten Hälfte des Jahres 1964 unterbrechen, als ihnen vom US Weather Bureau die Unterstützung entzogen wurde und sogar noch im Jahr 1979 wurde Keeling von Vertretern der US National Science Foundation mitgeteilt, dass sie die routinemäßige Überwachung nicht für unbegrenzte Zeit unterstützen würden. Während all dieser Jahre, und bis zu seinem Tod 2005, hielt Keeling an seiner Überzeugung fest, dass die von ihm vorgenommenen oder überwachten Messungen wichtig waren, noch ehe ihre Bedeutung für alle anderen oder gar für ihn selbst vollständig klar wurden.

1975: Syukuro Manabe und Klimamodelle

Keelings Kohlenstoffdioxidkurve vom Mauna Loa stieg in den 1960er- und 1970er-Jahren weiter an, von 314 Teile pro Million im Jahr 1957 auf 331 Teile pro Million 1975[103]. Obwohl die bodennahen Temperaturen auf der Nordhalbkugel nicht unbedingt mit dem Trend korrelierten, deuteten neuere Erkenntnisse in der Atmosphärenforschung insgesamt darauf hin, dass Callendars Theorie von 1938 zutraf. Die 1896 von Arrhenius gestellte und beantwortete Frage gewann zunehmend an Bedeutung: Wie empfindlich reagierte das Klima wirklich bei einer Verdopplung des atmosphärischen Kohlenstoffdioxidgehalts? Berechnungen in den 1960er- und frühen 1970er-Jahren, die eindimensionale Strahlungs-Konvektions-Modelle verwendeten, ergaben für die Klimasensitivität einen Bereich von 1,9 bis 10°C und mehr. Dieses breite Spektrum spiegelte verschiedene Modellansätze und insbesondere die unterschiedliche Darstellung von Rückkopplungen wider, die mit einem Anstieg des Treibhauseffekts einhergehen. Die Rolle des Wasserdampfs, dessen Bedeutung bereits Tyndall in den Sechzigerjahren des 19. Jahrhunderts erkannt hatte, war besonders problematisch. 1967 führten die Atmosphärenforscher Syukuro Manabe und Richard Wetherald an der Princeton University von New Jersey eine solche Berechnung durch. Sie lieferte eine Klimasensitivität von 2,3°C, doch gab es weder einen Konsens bezüglich dieses Werts noch über den am ehesten geeigneten Modellansatz, um ihn abschätzen zu können.

Die Entwicklungen von Computertechnik und numerischer Wettervorhersagemodelle für Kurzzeitvorhersagen in den frühen 1970er-Jahren brachten neue allgemeine Zirkulationsmodelle der Atmosphäre hervor, mit denen auch Klima simuliert werden konnte. Manabe hatte eines dieser Modelle am Geophysical Fluid Dynamics Laboratory in Princeton entwickelt und führte gemeinsam mit seinem Kollegen Wetherald den ersten Modellversuch durch, um bis ins Einzelne die dreidimensionale Reaktion globalen Klimas auf eine Verdopplung der atmosphärischen Kohlenstoffdioxidkonzentration zu simulieren. Solch ein Modell stellte in vielerlei Hinsicht einen Fortschritt gegenüber den bisherigen Arbeiten dar. Die Wärmetransporte durch großräumige Atmosphärenwirbel wurden in allen Einzelheiten dargestellt, die Wasserdampfrückkopplung wurde simuliert und der Effekt der Eis-Albedo-Rückkopplung konnte erstmals quantifiziert werden.

Die Ergebnisse dieses Modellversuchs haben den nachfolgenden Erkenntnisfortschritten auf dem Gebiet der Physik des Klimasystems und dem Vermögen, es zu modellieren, erstaunlich gut standgehalten. Manabes Modell berechnete eine Klimasensitivität von 2,9°C; höher als viele Werte der besten radiativ-konvektiven Modelle früherer Jahre und eindeutig im Bereich der vom Weltklimarat angegebenen Werte. Das Modell erlaubte auch erstmals eine Bestimmung des Verhaltens der vertikalen und longitudinalen Lufttemperaturgradienten bei Verdopplung des Kohlenstoffdioxidgehalts: Deutlich zeigte sich eine stärkere Erwärmung an den Polen, eine eher mäßige Erwärmung in den Tropen und eine Abkühlung der Stratosphäre; Kennzeichen für die Reaktion des Klimasystems auf erhöhte Treibhausgaskonzentration, die von zentraler Bedeutung blieben für Studien, die auf die Erkennung des menschlichen Fingerabdrucks am globalen Klimawandel ausgerichtet sind.

Manabe und Wetherald waren sich der Grenzen ihres Modells und damit auch der ihrer Ergebnisse bewusst[104]. Die horizontale räumliche Auflösung des Modells betrug etwa 500 Kilometer (was bedeutete, dass Inseln von der Größe Islands für das Modell unsichtbar waren), das Modell integrierte keinen Ozean (sondern nur eine nasse Oberfläche, die 70 Prozent der Erde mit unendlich viel Wasser zur Verdunstung bedeckte) und es gab keine interaktiven Wolken. Damit konnte ein wichtiger Rückkopplungsprozess nicht modelliert werden – die Veränderungen der Wolkenbedeckung. Im Vergleich zu späteren Erdsystemmodellen war diese frühe Version zweifellos wenig ausgereift und Manabe hat mit seiner Aussage nicht übertrieben, »dass man den quantitativen Aspekt der Ergebnisse in dieser Studie nicht zu ernst nehmen sollte«[105].

Trotz dieser Einschränkungen öffneten Manabes bahnbrechende Experimente durch den Einsatz der aufkommenden Hochleistungsrechner die Möglichkeit für viele weitere Modelle zur Klimamodellierung. Solche Modelle sind heute weitverbreitet, um die Auswirkungen steigender Treibhausgaskonzentrationen auf das globale Klima zu erforschen. Vom 21. Jahrhundert aus betrachtet, und aus der Perspektive unserer ›künstlich‹ erwärmten Erde, stellt die Studie von Manabe und Wetherald eine bedeutende Leistung und einen bemerkenswerten Meilenstein in der wissenschaftlichen Erforschung von anthropogenem Klimawandel dar. Gleichwohl bleibt Manabes Warnung zu prüfen, die Ergebnisse einer solchen Studie seien nicht ›zu ernst‹ zu nehmen. In welchem Sinne können Computermodelle die Realität voraussagen? Stellen sie Wahrheit her, die alle glauben können, oder produzieren sie eher Metaphern, die uns helfen, über die Zukunft nachzudenken? Das Wesen der Klimamodelle und ihr Einsatz in der Politik werden in Kapitel 3 *Was leistet Wissenschaft?* besprochen.

1987: Wallace S. Broecker und abrupter Klimawandel

In den 1830er-Jahren lieferte die Oberflächengeologie der Schweiz den Nachweis, dass sich die Gletscher einst weit über die damals bestehenden Grenzen ausgedehnt hatten. Die Befunde überzeugten Louis Agassiz, dass das Klima in prähistorischen Zeiten starken Schwankungen unterlegen war. Etwa 130 Jahre später, in den 1960er-Jahren wurden die ersten Eiskerne aus dem Grönlandeisschild erbohrt, die erste Anhaltspunkte für eine andere Sicht auf die Klimageschichte der Erde lieferten. Der erste Eisbohrkern wurde am Camp Century, einem US-Luftwaffenstützpunkt im Nordwesten von Grönland erschlossen – die Bohrung reichte mit fast 1,4 Kilometer durch die ganze Dicke der Eisschicht – und lieferte durch die im Eis eingeschlossenen Spuren Hinweise für das Klimaverhalten von fast 100.000 Jahren Erdgeschichte. In den 1970er- und 1980er-Jahren folgten Eiskernbohrungen sowohl in der Antarktis als auch auf Grönland. Ihre Untersuchung ergab, dass Übergänge zwischen Eiszeiten und Warmzeiten nicht unbedingt durch Jahrtausende lange sanfte Übergangszeiten geprägt waren. Das Erdklima war vielleicht sogar in der Lage, sich innerhalb viel kürzerer Zeitspannen von ein paar hundert Jahren oder weniger massiv zu verändern.

Von den Wissenschaftlern, die diese neuen Beweise verwerteten, um ein neues Konzept von Klimawandel zu entwickeln, fand der amerikanische Ozeanograph Wallace S. (»Wally«) Broecker die deutlichsten Worte. 1987 stellte er in der Zeitschrift *Nature* den Zusammenhang her zwischen dem Nachweis eines schnellen Klimawandels in der Vergangenheit und der Möglichkeit, dass anthropogener Klimawandel in Zukunft ebenfalls solche abrupten Veränderungen bewirken könnte. Unter der Überschrift *Unpleasant Surprises in the Greenhouse?* argumentierte er: »Wir sind den Modellen kritiklos aufgesessen, die eine langsame Erwärmung innerhalb von 100 Jahren voraussagen (...) doch diese Eiskernaufzeichnungen beweisen, dass das Klima der Erde auch starken Sprüngen mit deutlicher Veränderung des Erdsystems unterliegen kann (...) Ich befürchte, dass uns die Folgen (der Klimaerwärmung) zum großen Teil überraschend treffen werden«[106].

Broecker lenkte die Aufmerksamkeit besonders auf die Möglichkeit, dass die thermohaline Zirkulation, eine großräumige Umwälzbewegung des Ozeans, die den Golfstrom im Nordatlantik antreibt, ein Mechanismus des Erdsystems sein könnte, der durch den Anstieg von Treibhausgaskonzentrationen destabilisiert werden könnte. Wenn das ›globale Förderband‹ abgeschwächt wird oder gar vollständig zum Erliegen kommt, dann könnte sich das Klima im Nordatlantik radikal verändern.

Diese veränderte Sichtweise auf Klimawandel in den späten 1980er-Jahren veranlasste die Wissenschaftler, Klimawandel auf neue Art zu konzipieren, darzustellen und zu modellieren. Es galt, das Klimasystem der Erde als Gesamtpaket zu begreifen – Atmosphäre (einschließlich Stratosphäre), Ozeane, Eiskappen, Wälder, Seen, Landbedeckung – alle Komponenten und deren Wechselwirkungen sind von grundlegender Bedeutung, um das Systemverhalten als Ganzes zu verstehen. Der Mensch selbst wurde jedoch nicht in die Modelle aufgenommen. Vorstellungen wie Schwellenwerte, abrupte und nicht lineare Veränderungen und ›Kipppunkte‹ wurden Teil des neuen Paradigmas der Erdsystemwissenschaften. Sie präsentieren sich uns jedoch nicht durch eindeutig beobachtete Nachweise. So wie die Vorstellung der Griechen von den *klimata*, so stellt Gaia als Metapher für das dynamische System Erde oder die Idee der ›Kipppunkte‹ im Klimasystem nichts anderes dar als Glaubenssätze, ein Angebot, die Welt zu deuten. Die Idee der *klimata* hielt sich über fast 2.000 Jahre. Es bleibt abzuwarten, wie langlebig und leistungsstark die neuen Vorstellungen von Klimawandel, die erstmals durch Broecker und seine Kollegen erkannt wurden, sein werden.

Klimawandel heute

In den beinahe 170 Jahren, seit John Franklin in der kanadischen Arktis verschollen war, hat die Wissenschaft die alte, doch langlebige griechische Vorstellung, dass das Klima eine stabile Eigenschaft der natürlichen Welt sei, erfolgreich überwunden. Der Aphorismus, »Klima ist, was man erwartet; Wetter ist, was man bekommt«, trifft nicht mehr zu, da wir zur Überzeugung gekommen sind, dass sich Klima wie auch Wetter ständig verändern. Auch unsere Erwartungen an das Klima haben sich verändert. Louis Agassiz wandte diese Einsicht auf die längst möglichen Zeitreihen an. Und auch Tyndall, Callendar, Broecker und ihre Kollegen unterbreiten sie uns.

Die während der ersten Hälfte des 20. Jahrhunderts vorherrschende Auffassung – die Hubert Lamb dazu brachte, 1959 zu schreiben: »Es ist nicht lange her, (…) da wurde das Klima als etwas Statisches betrachtet, außer auf der geologischen Zeitskala, und die maßgeblichen Arbeiten über das Klima verschiedener Regionen wurden geschrieben, ohne einen Hinweis auf die Möglichkeit einer Veränderung«[107] – ist so anachronistisch für uns wie die Vorstellung einer flachen Erde. Physikalische Klimate ändern sich auf allen Zeitskalen und wir Menschen sind zu einem aktiven Einflussfaktor dieser Veränderung geworden. Doch ein solcher Umbruch der Perspektive geschieht nicht von heute auf morgen und er wurde nicht allein durch die Wissenschaft angetrieben. Dieses Kapitel schließt mit einer kurzen Reflexion ab, wie und warum die Theorie anthropogenen Klimawandels heute so viel Bedeutung in wissenschaftlichen, politischen und öffentlichen Debatten gewonnen hat. Dabei betrachten wir vier Wendepunkte in den letzten Jahrzehnten; vier Momente der politischen oder kulturellen Geschichte, an denen die Idee von Klimawandel eine neue Bedeutung bekam: 1) das erwachende Umweltbewusstsein in den 1960er-Jahren, 2) die Stockholmer Umweltkonferenz 1972, 3) den ›Treibhaussommer‹ von 1988 und 4) die Singularität der Ereignisse vom 11. September 2001.

Die ersten Vermutungen von Arrhenius um 1900 und Callendar in den 1930er-Jahren über anthropogenen Klimawandel verknüpften damit in der Regel relativ harmlose und sogar positive Folgen für die Gesellschaft. Dies steht im scharfen Kontrast zum aktuellen Diskurs über den Klimawandel, der überwiegend von Gefahren oder gar Katastrophen beherrscht wird (Kapitel 7 *Wie kommunizieren wir Risiken?*). Die Anfänge der Diskussionen über die Gefährlichkeit von Klimawandel gehen auf das erwachende Umweltbewusstsein zu Beginn der 1960er-Jahre in Europa und Nordamerika zurück, zum Teil ausgelöst durch Rachel Carsons Buch *Silent Spring* vom September 1962. Eine erste Assoziation des anthropogenen Klimawandels mit ›Gefahr‹ erfolgte 1963 auf einer wissenschaftlichen Konferenz der New

Yorker Conservation Foundation; dort wurde vor dem »potenziell gefährlichen Anstieg des atmosphärischen Kohlenstoffdioxids«[108] gewarnt. Die Vorstellung einer vom Menschen verursachten Veränderung des globalen Klimas fand Anklang in breiteren intellektuellen Kreisen und führte zur Entstehung einer neuen Umweltbewegung.

Die ersten staatlichen und internationalen Bewertungen über die zu erwartenden Folgen von Klimawandel wurden in dieser Zeit durchgeführt. In den Vereinigten Staaten veröffentlichte 1965 das President's Scientific Advisory Committee einen Bericht zur Wiederherstellung der Umweltqualität, der einen eigenen Abschnitt zu Klimawandel enthielt. 1971 erschien im Auftrag der Schwedischen Akademie der Wissenschaften eine internationale Studie zum Einfluss des Menschen auf das Klima. Doch es war die erste Konferenz der Vereinten Nationen über die Umwelt in Stockholm 1972, die die möglichen Ausmaße anthropogenen Einflusses auf Umwelt und Klima ins breitere öffentliche Bewusstsein hob. Der Bericht *Die Grenzen des Wachstums* an den Club of Rome im selben Jahr und die weltweite Ölkrise 1973 verstärkten die Sorge weiter. Diese ängstliche Stimmung stand hinter dem Aufkommen eines neuen Genres populärer klimawissenschaftlicher Bücher Mitte der 1970er-Jahre – wie zum Beispiel *The Cooling* von Lowell Ponte (1976), *The Genesis Strategy: Climate and Global Survival* von Steve Schneider und Lynne Mesirow (1977) oder *Forecasts, Famines and Freezes* von John Gribbin (1977). Obwohl es erhebliche Auseinandersetzungen darüber gab, ob der Einfluss des Menschen das Klima eher erwärmte oder abkühlte, war die Vorstellung vom Menschen als Klimafaktor fest in den Köpfen verankert.

Zehn Jahre später, gegen Ende der 1980er-Jahre, war die vorherrschende wissenschaftliche Auffassung auf die Prognose einer zukünftigen Erwärmung ausgerichtet. Anthropogener Klimawandel wurde zunehmend zum Gegenstand öffentlichen Interesses und der Politik; die Besorgnis wuchs. Der Begriff ›Klimakatastrophe‹ im Zusammenhang mit anthropogenem Klimawandel erschien erstmals im April 1986 im *Spiegel*. Und in der Folge des ›Treibhaussommers‹ von 1988 (siehe Exkurs 2.2) durchdrang die Idee des Klimawandels die westliche Kultur stärker als alle anderen. Eine breitere geopolitische Resonanz erfuhr der Klimawandel mit der Auflösung der Sowjetunion 1989. Die Angst vor den Zerstörungen des Kalten Krieges wurde durch die Angst vor dem Klimawandel verdrängt, was den Kulturwissenschaftler Andrew Ross zu der Aussage veranlasste: »Die Angst vor der Apokalypse durch weltweite Dürren und schmelzende Polkappen hat die Bedrohung durch einen atomaren Winter infolge eines Nuklearangriffs als am meisten gefürchtetes meteorologisches Desaster verdrängt«[109].

Exkurs 2.2
Was geschah 1988 mit dem Thema Klimawandel?

Im Gegensatz zum Ozonloch, das vom Atmosphärenchemiker Joe Farman 1985 aufgedeckt wurde oder dem steigenden Anstieg der Kohlenstoffdioxidkonzentration in der Atmosphäre nach Keeling 1960, gab es 1988 keine neuen Forschungsergebnisse zu Klimawandelfragen. Und doch war das Thema ›anthropogener Klimawandel‹ in aller Munde durch das einmalige Aufeinandertreffen von Ereignissen, Politik, institutionellen Innovationen und dem Einschreiten prominenter und charismatischer Personen.

Das Jahr begann damit, dass 1987 noch im Januar zum wärmsten Jahr in der 130-jährigen, globalen Temperaturmessreihe der britischen Universität von East Anglia erklärt wurde. Die fünf wärmsten Jahre, die bis dahin aufgezeichnet worden waren, fielen alle in die 1980er-Jahre. Nach dem Vorbild des Vorjahrestreffens zum Schutze der Ozonschicht in Montreal wurde Ende Juni die erste große zwischenstaatliche Konferenz über Veränderungen der Atmosphäre mit Vertretern von 48 Staaten in Toronto abgehalten. Im Schlusscommuniqué der Klimakonferenz *The Changing Atmosphere: Implications for Global Security* wurde eine 20-prozentige Verringerung der Kohlenstoffdioxidemissionen (gemessen an den Werten von 1988) durch die Industrieländer bis zum Jahr 2005 gefordert. Und es war im Jahr 1988, dass die Weltorganisation für Meteorologie (WMO) auf dem 40. Treffen ihres Exekutivausschusses die Einrichtung eines neuen Zwischenstaatlichen Ausschusses für Klimaänderungen (IPCC) formal anerkannte; eine Entscheidung, die vom Umweltprogramm der Vereinten Nationen (UNEP) mitgetragen wurde. Im November hielt der Weltklimarat seine erste Arbeitsgruppensitzung in Genf ab, die zur Veröffentlichung des ersten Sachstandsberichts 1990 führte.

Auch Klimaereignisse verliehen zusätzlichen Schub. Als eine besonders starke Dürre den mittleren Westen der Vereinigten Staaten heimsuchte, hielt der Senat am Dienstag, dem 23. Juni 1988, in Washington eine Anhörung ab, zu der auch Jim Hansen, ein NASA-Wissenschaftler aus New York, geladen war. Seine Worte erlangten eine gewisse Berühmtheit: »Es ist an der Zeit, mit dem Geschwafel aufzuhören, denn es ist offensichtlich, dass uns der Treibhauseffekt erreicht hat«[110]. Ab 1988 lag die Zahl jährlicher Kongressanhörungen zu Klimawandel bei durchschnittlich zehn pro Jahr, verglichen mit jährlich weniger als zwei in der Zeit zuvor (siehe Abbildung 2.2). Das fiel nicht

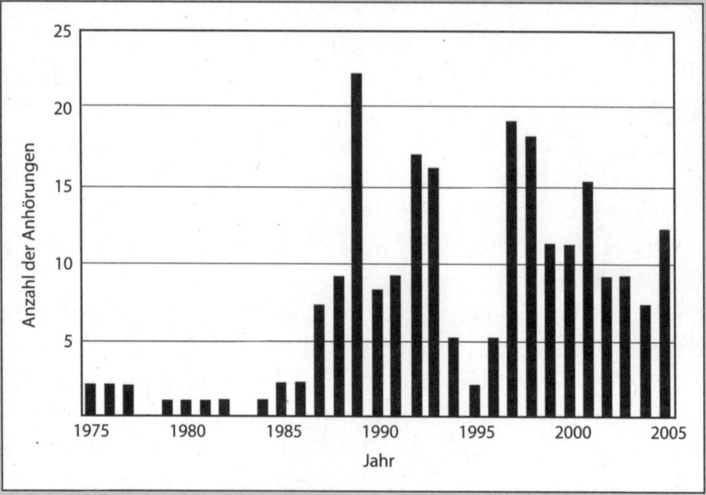

Abbildung 2.2: Jährliche Häufigkeit von US-Kongressanhörungen zum Thema Klimawandel zwischen 1975 und 2005.

Quelle: Anon. (2006): As Earth warms, Congress listens. Science 314: 29.

nur George Bush (sen.) und Michael Dukakis auf – Bush behauptete später bei der Präsidentschaftskandidatur, dass er als ›Umweltpräsident in Erinnerung bleiben würde‹ –, auch Michail Gorbatschow, der Präsident der Sowjetunion, erhob seine Stimme und sorgte erstmals für einen sowjetischen Beitrag in der grünen Debatte. In London hielt Premierministerin Margaret Thatcher im September eine Rede vor der Royal Society und lenkte die Aufmerksamkeit auf die Dringlichkeit der Bekämpfung von Klimawandel: »Es ist möglich, dass (…) wir, ohne es zu wissen, begonnen haben, ein gewaltiges Experiment mit dem Planeten selbst durchzuführen. Wir müssen uns der Folgen für die Politik zur Energieerzeugung, der Effizienz fossiler Brennstoffe und der Wiederaufforstung bewusst werden«[111].

Am Jahresende hatte die Zeitschrift *Time* die Sorge der Öffentlichkeit in der westlichen Welt aufgenommen. Sie präsentierte ihren Lesern auf dem Titel die in eine Plastikfolie gewickelte und mit Stricken gebundene Erde und nominierte ›Die gefährdete Erde‹ zum ›Planeten des Jahres‹, um die prekäre Situation und unseren nachlässigen Umgang damit hervorzuheben. Die Vorstellung, dass der Mensch das Klima nicht nur erwärmen konnte, sondern es definitiv tat, hatte sich über die Grenzen der Wissenschaft hinaus in den Köpfen festgesetzt; unter den internationalen Staatsmännern, den natio-

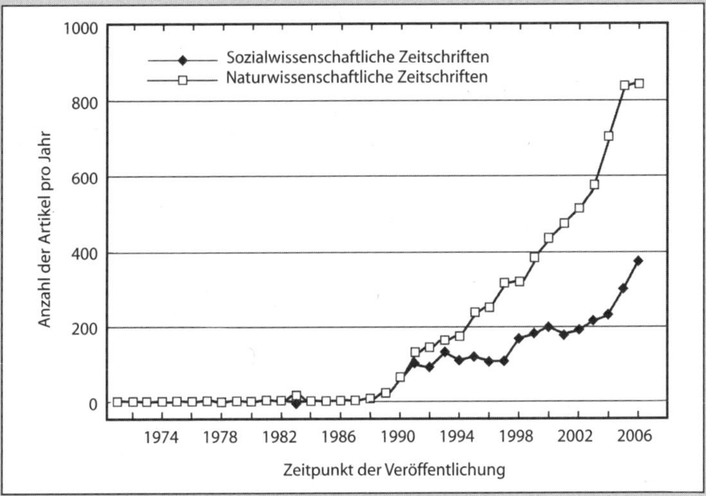

Abbildung 2.3: Zahl von Veröffentlichungen, die pro Jahr zwischen 1970 und 2006 in natur- (weiße Quadrate) und sozialwissenschaftlichen Zeitschriften (schwarze Rauten) zum Thema ›Klimawandel‹ oder ›Globale Erwärmung‹ (nicht ›Verschmutzung‹) publiziert wurden. Die Suche nach den Begriffen erfolgte in Titel, Abstract oder Schlagwort im ISI Web of Knowledge.

Quelle: Goodall, A.H. (2008): Why have the leading journals in management (and other social sciences) failed to respond to climate change? Journal of Management Inquiry 17, 4: 408–420.

nalen Politikern und in den Medien. Für die internationale Forschungsgemeinschaft war 1988 zweifellos das Jahr, in dem das Thema Klimawandel seinen Aufschwung nahm (siehe Abbildung 2.3). Gleichwohl verbreitete sich diese Vorstellung vom Klimawandel geografisch gesehen nicht gleichmäßig. Nur wenige Bewohner aus Indien, China oder Afrika sprachen darüber und dort wie in vielen anderen Staaten war der Klimawandel noch nicht zu einer Frage des öffentlichen Interesses geworden.

Sprache und Metaphern der Angst und der Katastrophe im Hinblick auf Klimawandel sind besonders nach dem 11. September 2001 ausgeschmückt worden. Der ›Krieg gegen den Terror‹ hatte einen neuen Maßstab gesetzt, an dem sich die Gefahren von Klimawandel messen ließen, während sich ein neues sprachliches und metaphorisches Repertoire entwickelte. Simon Retallack vom Institute for Public Policy Research in London hat eine umfangreiche Untersuchung aus den Jahren 2006/2007 zu Diskursen über Klimawandel in britischen Medien und in Äußerungen führender Politiker und

Kommentatoren ausgewertet und reflektierte dabei über die Bedeutung der Sprache: »Panikmache bedient sich einer übertriebenen Sprache, es fallen Begriffe wie ›Katastrophe‹, ›Chaos‹ oder ›Unheil‹ und der Ton ist dabei oft dringlich. Geradezu religiös wird von Untergang, Tod, göttlichem Gericht, Himmel und Hölle geredet. Außerdem nutzt Panikmache Ausdrücke der Beschleunigung, Steigerung, Widerspenstigkeit, Irreversibilität und Wucht«[112].

Zur gleichen Zeit ermöglichten verbesserte Simulationsmodelle neue Szenarien für künftige Klimata, indem sie die drohende Auslösung wesentlicher Veränderungen großräumiger Funktionen des Erdsystems, wie beispielsweise das Abschmelzen des Grönlandeisschildes, die massive Freisetzung von Methanhydraten in den Tundren oder die Umleitung der thermohalinen Ozeanzirkulation, nachbildeten. Diese möglichen Zukünfte, die durch die Computermodelle zur virtuellen Realität werden, wurden häufig in Malcom Gladwells ›Kipppunkt‹-Metapher thematisiert[113] und sorgten in der Debatte um eine globale Klimakatastrophe für weitere Nahrung. Diese Debatten erhalten nicht nur in den Medien Aufmerksamkeit, sondern auch durch eine neue Riege populärwissenschaftlicher Bücher – zum Beispiel *With Speed and Violence: Why Scientists Fear Tipping Points in Climate Change* von Fred Pearce (2007) oder *The Suicidal Planet: How to Prevent Global Climate Catastrophe* von Mayer Hillman (2007).

Im zeitgenössischen Klimadiskurs der Angst, der sich an den sich bedrohlich abzeichnenden apokalyptischen Veränderungen im zukünftigen Klima orientiert, schwingen die Diskurse der Vergangenheit mit. Wie in Kapitel 1 *Was verstehen wir unter Klima?* gezeigt wurde, war die Menschheit schon immer in der Lage, Narrative der Angst durch ihre direkte oder mittelbare Erfahrung mit ›seltsamem‹, unbekanntem oder vorhergesagtem Klima zu erschaffen. Doch diese Diskurse der Angst sind stets in einen Kontext eingebettet – geografisch, historisch oder kulturell. Sie werden nicht von der Natur auferlegt, sondern durch die Kultur hervorgebracht.

Zusammenfassung

Dieses Kapitel half uns zu verstehen, wie die Vorstellung von anthropogenem Klimawandel aufkam und wann und wie sie an Bedeutung gewann. Die Schlüsselrolle einiger herausragender Wissenschaftler in dieser Geschichte und deren Beiträge zum wissenschaftlichen Denken wurden vorgestellt. Doch diese Geschichte ließ sich nicht geradlinig erzählen; Wissenschaft schritt nicht zielgerichtet von seliger Unwissenheit zu sicherem Wissen fort. Wir sahen, wie unterschiedlich Klimawandel an verschiedenen Orten und zu unterschiedlichen Zeiten aufgefasst wurde, vor allem, wie wenig fest umrissen und wie umstritten die Ursachen und Folgen von Klimawandel waren.

Die sechs Jahre, die wir schlaglichtartig beleuchteten – 1859, 1896, 1938, 1957, 1975 und 1987 – und die Beiträge, die die sechs betrachteten Wissenschaftler zum Wissensstand leisteten, lehrten uns auch etwas über die Zusammenhänge und Kontingenzen, die den Fortschritt wissenschaftlicher Erkenntnis prägen.

John Tyndalls Arbeit in seinem Kellerlabor in den späten 1850er-Jahren erfasste die experimentelle Dimension von Wissenschaft, die kontrollierten Bedingungen, unter denen die Natur ablaufen kann, um ›all ihre Geheimnisse zu enthüllen‹. Eine Generation später wurden diese ›Geheimnisse‹ von einem anderen Wissenschaftler genutzt, der eine besondere These aufzeigen wollte: dass die Variationen im atmosphärischen Kohlenstoffdioxidgehalt eine glaubwürdige Erklärung für die neu entdeckten Eiszeiten der Erdgeschichte sein konnten. Arrhenius führte das theoretische Wissen dazu zusammen, wandte es jedoch auf das falsche Problem an, da ihm die Bedeutung, die wir seinen Berechnungen für die Klimasensitivität heute beimessen, größtenteils entging. Die Wissenschaft bedurfte nicht immer großer Finanzierung aus öffentlichen Geldern. Guy Callendars Ein-Mann-Projekt in den späten 1930er-Jahren zeigt, dass auch ein Außenseiter jenseits der disziplinären Grenzen der Wissenschaft, der einer Intuition folgt, einen Beitrag zum Wissensstand leisten kann. 1938 veröffentlichte er die aus heutiger Sicht in der Tat früheste Studie zur Erkennung und Zuordnung anthropogenen Klimawandels; einen konzeptionellen Rahmen, der erst in den letzten 30 Jahren verfeinert wurde. Auch wenn Callendars ›Expertenurteil‹ in den folgenden beiden Jahrzehnten in Frage gestellt wurde, der Vorgang der Urteilsfindung und kollektiven Bewertung von Wissen und Unsicherheit bleibt eine wesentliche Grundlage, um Wissen über Klimawandel zu erlangen.

Wenn tatsächlich große Geldmittel für großangelegte Feldmessungen erforderlich werden, spielt Opportunismus oft eine Rolle. Roger Revelle und Charles Keeling nutzten Gelegenheiten, die der Kalte Krieg und das 1957 abgehaltene Geophysikalische Jahr boten, um kontinuierliche und genaue Messungen des atmosphärischen Kohlenstoffdioxidgehalts einzurichten (die bis heute aufrechterhalten werden) – Messungen, die eine zentrale Rolle im Nachweis anthropogenen Klimawandels einnehmen. Technische Entwicklungen sind ebenfalls eng mit dem Unternehmen Wissenschaft verwoben – wie Rechenleistung oder schwere Maschinen zur Eiskernbohrung. Sie waren besonders wichtig, um zu erklären, wie sich das Wissen zum Klimawandel der letzten Jahre entwickelte. Syukuro Manabe setzte in den 1970er-Jahren die neuen Hochleistungsrechner ein und bereitete so der vorherrschenden Rolle von Computermodellen in der Erforschung von Klimawandel den Weg, während Wally Broecker in den späten 1980er-Jahren neue Erkenntnisse aus tiefen Eisbohrkernen nutzte, um eine neue konzeptionelle Denkweise über Klimawandel einzuführen.

Diese Geschichte erzählt uns bisher wenig von den Beiträgen der Sozial- und Geisteswissenschaften zu den Diskursen über Klimawandel; sie konzentrierte sich vornehmlich auf die privilegierte Position der Naturwissenschaften bei der Gestaltung dieser Geschichte. Wir werden in den folgenden Kapiteln sehen, warum ökonomische, ethische, psychologische und politische Dimensionen von Klimawandel so anspruchsvoll sind. Doch angesichts der nach wie vor herausragenden Position der Naturwissenschaften in dieser Debatte müssen wir zunächst einmal nach der Eigenart solchen Wissens fragen. Wie robust ist unser Wissen über Klimawandel? Wie wird naturwissenschaftliche Forschung dazu finanziert und wie wird sie von der Gesellschaft aufgenommen? Gelingt es diesen Wissensansprüchen, sich über Fachdisziplinen und Kulturgrenzen hinweg unbeschadet zu bewegen? Wir müssen prüfen, ob es stimmt, dass einer der Gründe, warum wir über Klimawandel uneins sind, in unseren divergierenden Auffassungen über das Wesen naturwissenschaftlicher Erkenntnisse und deren Rolle für politische Entscheidungen liegt.

Weiterführende Literatur zu Kapitel 2

Flannery, T. (2007): *Wir Wettermacher. Wie die Menschen das Klima verändern und was das für unser Leben auf der Erde bedeutet*. Frankfurt a. Main: Fischer Taschenbuch Verlag.

Tim Flannerys Buch bietet eine flotte und populistische Erklärung zum Klimawandel und zur Rolle verschiedener Wissenschaftler und ihrer Ideen (sowie zu weiteren Konsequenzen von Klimawandel und Flannerys bevorzugten Lösungsansätzen). Gut verständlich, doch sollte man die Polemik im Schreibstil wahrnehmen.

Fleming, J.R. (1998): *Historical perspectives on climate change*. Oxford und New York: Oxford University Press.

Die bislang genaueste Studie über die verschiedenen Stadien der ›Entdeckung‹ anthropogenen Klimawandels. Sie beginnt mit der Aufklärung und endet in den 1970er-Jahren. Eine zweite Ausgabe von 2005 liegt als Taschenbuch vor.

Fleming, J.R. (2007): *The Callendar effect: the life and work of Guy Stewart Callendar (1898–1964).* Boston, MA: American Meteorological Society.
Dies ist die erste veröffentlichte Biografie von Guy Callendar und ein sehr lesenswertes Werk zu seinem Leben, seiner Arbeit und vor allem zu seinen vorausschauenden Beiträgen zu den Theorien der globalen Erwärmung: Anstieg der Globaltemperatur, Anstieg der Kohlendioxidkonzentration und der infraroten Himmelsstrahlung. Es beinhaltet zudem eine akribische Sammlung von Callendars Veröffentlichungen und Zitaten.

Imbrie, J.; Imbrie, K.P. (1986): *Ice ages: solving the mystery.* Cambridge, MA: Harvard University Press.
Eine gute Einleitung zu Entdeckung und Argumentation über die Eiszeiten im frühen 19. Jahrhundert, auch wenn es einer Ergänzung bedürfte, wie sich unsere Vorstellungen über die Eiszeiten in den letzten 30 Jahren verändert haben.

Schneider, S.H. (1990): *Global warming: are we entering the greenhouse century?* New York: Vintage Books.
Steve Schneider kann auf eine der längsten wissenschaftlichen Karrieren im Bereich von Klimawandel zurückblicken. Dieses Buch weckt Interesse, da es beschreibt, wie Wissenschaft und Politik Klimawandel in den späten 1980er-Jahren verstanden; gerade zu der Zeit, da Politiker ein ernstes Interesse an den Fragen gewannen. Dieses Buch umfasst Wissenschaft, Politik und die Medien, verfasst von einem, der im Zentrum der Debatten stand und heute noch steht.

von Storch, H.; Stehr, N. (2006): *Anthropogenic climate change: a reason for concern since the 18th century and earlier.* Geografiska Annaler 88A, 2: 107–113.
Eine Erinnerung, falls nötig, dass der Klimawandel nicht mit den IPCC-Berichten und dem Kyoto-Protokoll begann. Dieser kurze Artikel zitiert kurz und knapp eine Vielzahl an Diskursen zum Klimawandel vom 17. Jahrhundert bis zu den 1960er-Jahren. Der österreichische Geograf Eduard Brückner aus dem 19. Jahrhundert wird als illustrativer Charakter in der Geschichte genutzt.

Weart, S.R. (2008): *The discovery of global warming.* 2. überarb. u. erw. Aufl. Cambridge, MA: Harvard University Press.
Ein weiterer sorgfältiger Beitrag zur ›Entdeckung‹ der Vorstellung vom anthropogenen Klimawandel mit besonderer Aufmerksamkeit für die amerikanischen Beiträge der 1950er- und 1960er-Jahre. Dieses Werk ist durch weniger Nachweise gedeckt als das Werk von Fleming, doch es wird von einer externen Website unterstützt, die vom American Institute of Physics betrieben wird (www.aip.org/history/climate/ – letzter Zugriff 15.08.2013). Dies erlaubt eine interaktive Suche und umfasst zusätzlich eine sehr große Bibliografie. Eine zweite Auflage von 2008 erschien als Taschenbuch.

Camille Flammarion: Wanderer am Weltenrand (Holzstich, 1888), in: L'Atmosphere: Météorologie Populaire

Quelle: wikimedia commons.

KAPITEL 3

Was leistet Wissenschaft?

Einleitung

Im Februar 2007 veröffentlichten der amerikanische Physiker Fred Singer und der Biologe Dennis Avery in den Vereinigten Staaten mit *Unstoppable Global Warming: Every 1,500 Years* ein Buch über die unaufhaltsame Klimaerwärmung. Die Autoren argumentierten, dass die derzeitige weltweit beobachtete Erwärmung Teil eines natürlichen, 1.500 Jahre andauernden Zyklus der Sonnenenergie sei. Folglich sei der Versuch weitgehend nutzlos, die globale Erwärmung in diesem Jahrhundert durch eine Regulierung der vom Menschen stammenden Treibhausemissionen zu reduzieren. Noch im selben Monat wurde der vierte Sachstandsbericht des Weltklimarates (IPCC) veröffentlicht. Dieser behauptete wiederum: »Der größte Teil des Anstiegs der mittleren globalen Temperatur seit Mitte des 20. Jahrhunderts geht sehr wahrscheinlich (das bedeutet, die Eintrittswahrscheinlichkeit für diese Aussage liegt oberhalb von 90 Prozent) auf die Zunahme der vom Menschen verursachten Treibhausgase in der Atmosphäre zurück«[114].

Unmöglich jedoch können beide Behauptungen zugleich wahr sein: Der Grund für die beobachtete Erwärmung kann nicht hauptsächlich in zyklischen Schwankungen der Sonnenenergie liegen und *zugleich* größtenteils mit den steigenden Treibhausgaskonzentrationen verbunden sein. Beide Behauptungen können zwar falsch, aber nicht beide zugleich richtig sein. Von der Wissenschaft wird für gewöhnlich erwartet, dass sie zwischen solch konkurrierenden Wahrheitsansprüchen entscheiden kann: durch die Suche nach Belegen, deren Prüfung und der Unterscheidung zwischen ›wahr‹ und ›falsch‹.

Im obigen Beispiel geht es um die Fähigkeit von Wissenschaft, den Wahrheitsgehalt der vorgeschlagenen Ursachen von Klimawandel zu beurteilen. Ein weiterer wichtiger Beitrag von Wissenschaft zu den Debatten über Klimawandel ist ihr Versuch, den Wert der sogenannten Klimasensitivität zu ermitteln, die wir im Abschnitt *Anthropogener Klimawandel* in Kapitel 2 definiert haben. Über viele Jahre – seit 1979 und dem ersten Bericht der National Academy of Sciences der Vereinigten Staaten über *Carbon Dioxide and Climate* – legten zahlreiche wissenschaftliche Bewertungen nahe, dass dieser Wert wahrscheinlich im Bereich von 1,5° bis 4,5°C liegt. Schwieriger war es festzustellen, ob die Klimasensitivität eher am unteren oder am oberen Ende dieses Bereichs liegt, oder wie hoch die Wahrscheinlichkeit ist, dass der Wert vollständig außerhalb dieses Bereichs liegt. Der Bericht des Weltklimarates vom Februar 2007 gab an, dass die Klimasensitivität »wahrscheinlich (über 66-prozentige Wahrscheinlichkeit) im Bereich von 2° bis 4,5°C (…) und sehr unwahrscheinlich (Wahrscheinlichkeit von unter zehn Prozent) unter 1,5°C liegt«[115]. Noch eine Aufgabe, die der Wissenschaft herkömmlicherweise zugesprochen wird: Sie sollte in der Lage sein, zuverlässige Aussagen über die Eintrittswahrscheinlichkeit bestimmter zukünftiger physikalischer Ereignisse zu treffen. Denn es spielt eine Rolle, ob die Klimasensitivität 4,5°C oder mehr oder ob sie 1,5°C oder weniger beträgt. Wissenschaft scheint das am besten geeignete Mittel für eine solche Beurteilung zu sein.

Betrachten wir ein drittes Beispiel für mögliche Aufgaben von Wissenschaft: ihre Rolle in Klimaschutzverhandlungen. Im Jahr 2007 schaltete die internationale Hilfsorganisation Christian Aid Anzeigen in Zeitungen und Zeitschriften, um ihre Unterstützer in Großbritannien zu mobilisieren. Sie sollten Druck auf die britische Regierung ausüben, die Bestimmungen des geplanten Klimaschutzgesetzes zu verschärfen. Die Aktivisten wollten durchsetzen, dass im Gesetz für 2050 ein verbindliches nationales Reduktionsziel des Kohlendioxidausstoßes auf 90 Prozent unter den Emissionen von 1990 festgesetzt wird, statt, wie ursprünglich vorgeschlagen, 60 Prozent. Die Anzeigen appellierten an die Autorität der Wissenschaft, indem sie behaupteten: »Wissenschaftler sind zu dem Schluss gekommen, dass die Erde einen durchschnittlichen Temperaturanstieg von 2°C nicht überschreiten darf, ansonsten wäre ein katastrophaler Klimawandel unvermeidlich«[116]. Dem Feldzug einer Interessensgruppe einen Appell an die Wissenschaft zugrunde zu legen, unterstellt, dass Wissenschaft die Autorität besitzt, definitive und allgemeingültige Aussagen darüber zu treffen, was für Menschen und Gesellschaften und letztendlich für unsere ganze Welt bedrohlich oder nicht bedrohlich ist. Wissenschaft wird also nicht nur genutzt, Behauptungen darüber, wie die Welt ist, zu rechtfertigen (sogenannte ›positive‹ Aussagen), sondern auch darüber, was oder was nicht wünschenswert wäre – wie unsere Welt sein *sollte* (›normative‹ Aussagen).

In diesem Kapitel werden wir untersuchen, **ob einer der Gründe, warum wir über Klimawandel uneins sind, darin liegt, dass Wissenschaft nicht leistet, was wir von ihr erwarten oder von ihr verlangen.** Vielleicht sind wir über Klimawandel verschiedener Meinung, weil wir unterschiedliche Erwartungen daran haben, was Wissenschaft leisten kann oder können sollte, oder weil wir unterschiedliche Ansichten hinsichtlich der Autorität wissenschaftlicher Erkenntnisse haben. Die drei oben untersuchten Fragen – Was ist die Ursache von Klimawandel? Wie stark wird sich die Erwärmung voraussichtlich beschleunigen? Welches Niveau der Erwärmung ist gefährlich? – repräsentieren nur drei aus einer ganzen Reihe von umstrittenen oder unsicheren Wissensgebieten zu Klimawandel. Wenn aber Wissenschaft nicht in der Lage ist, ›Wahrheit‹ von ›Irrtum‹ angemessen zu unterscheiden, oder sie keine zuverlässigen Schätzungen über die Wahrscheinlichkeiten zukünftiger klimatischer Phänomene liefern kann, liegt dann das Problem bei der Wissenschaft selbst oder an unseren Erwartungen, was sie für uns leisten kann? Und welche Autorität hat Wissenschaft überhaupt, wenn es darum geht, normative Urteile über individuelle und gesellschaftliche Risiken und Gefahren zu fällen? Ist Wissenschaft – in diesem Falle die Wissenschaft zum Bereich Klimawandel – eine zielgerichtete Tätigkeit zur Entdeckung objektiver Wahrheiten über unsere Welt? Wahrheiten, die anschließend Politikern offenbart werden, so dass sich eine wahrheitsbasierte Politik ergibt? Oder kann man die Fähigkeiten und Rollen von Wissenschaft in der Gesellschaft unterschiedlich verstehen? Hierfür werden wir in diesem Kapitel die Leistungsfähigkeit von Wissenschaft betrachten.

Wissenschaft lebt vom Dissens. Sie kann nur durch Hinterfragen und Infragestellen funktionieren. Sie braucht Skepsis und Auseinandersetzung, um zu gedeihen, so wie wir Sauerstoff zum Atmen benötigen. Tatsächlich war ›organisierter Skeptizismus‹ eine der vier Normen, die der amerikanische Soziologe Robert Merton 1942 in seiner Abhandlung über die Struktur von Wissenschaft vertrat. ›Universalismus‹, ›Kommunalismus‹ und ›Uneigennützigkeit‹ sind die anderen drei moralischen Grundsätze wissenschaftlicher Untersuchungen[117]. Diese Normen haben das Verhalten und das Selbstverständnis von Wissenschaftlern für einen Großteil des letzten halben Jahrhunderts beherrscht. Doch mögen Meinungsverschiedenheiten über Wissensansprüche häufig in viel grundlegenderen Unterschieden zwischen den Protagonisten verwurzelt sein. Streitigkeiten, die sich scheinbar um wissenschaftliche Theorie, Beweismittel oder Vorhersage drehen, sind möglicherweise viel eher Kontroversen darüber, *wie* Wissen geschaffen werden kann

(›Erkenntnistheorie‹), welche Rolle Werte dabei spielen oder welche Rolle Wissenschaft in der Politik spielt. Vielleicht sind wir einfach nur deshalb über Klimawandel uneins, weil wir Wissenschaft in unterschiedlicher Weise verstehen und anwenden.

Um die oben gestellten Fragen beantworten zu können, müssen wir etwas über die Natur wissenschaftlicher Erkenntnis verstehen und darüber, wie dieses Wissen in der Gesellschaft verwendet wird. Wir beginnen im nächsten Abschnitt mit der Erkundung dessen, was wir unter wissenschaftlicher Erkenntnis verstehen. Wir unterscheiden positivistische und konstruktivistische Erkenntniskonzepte[118] und berücksichtigen auch den Zusammenhang zwischen ›universeller‹ wissenschaftlicher Erkenntnis zu Klimawandel und dem sogenannten ›lokalen Umweltwissen‹. Dies führt uns dann im dritten Abschnitt dieses Kapitels zu der Überlegung, wie wissenschaftliche Erkenntnisse überhaupt gewonnen werden und, einmal gewonnen, wie belastbar oder dauerhaft diese dann sind. Damit sind wir mitten in der Diskussion über die Rolle von Expertenansichten und von Konsens bei der Festlegung der Gültigkeit wissenschaftlicher Aussagen; Themen, die den Kern der Klimawandeldebatte bilden.

Ebenso müssen wir im vierten und fünften Abschnitt dieses Kapitels zwei weitere Dimensionen des Wissenschaftsbetriebs untersuchen: wie Wissenschaft gesteuert wird und wie wissenschaftliche Erkenntnisse in der Gesellschaft angewendet werden. Wissenschaft ist ein menschliches Unterfangen, ein sozialer Prozess. Die Praktiken und Verwendungszwecke von Wissenschaft hängen daher immer von der Gesellschaft und Kultur ab, in die sie eingebettet ist. In den folgenden Abschnitten betrachten wir die Institution des Weltklimarates – eines der führenden internationalen Gremien für die Beurteilung wissenschaftlicher Erkenntnisse über Klimawandel – sowie drei verschiedene Vorgehensweisen, wie wissenschaftliche oder Expertenkenntnisse bei Entscheidungsprozessen eingesetzt werden.

Was sind wissenschaftliche Erkenntnisse?

Vorstellungen zu Klima und dessen Stabilität, die im Abschnitt *Klimawandel heute* in Kapitel 2 behandelt wurden, waren nicht die einzigen Dinge, die sich in den Jahrzehnten nach dem Zweiten Weltkrieg änderten. Genau zu der Zeit, als Wissenschaft ihre Reichweite geografisch (durch die Schaffung neuer internationaler wissenschaftlicher Kooperationen und Organisationen) und pädagogisch (durch den massiven Ausbau der Zahl praktizierender Wissenschaftler) ausdehnte, änderte sich auch das Verständnis von Wesen, Ausübung und Zweck von Wissenschaft. In den 1950er-Jahren konnte Wissenschaft noch als eine Tätigkeit betrachtet werden, die mit Sicherheit zu einem besseren Verständnis der Funktionsweise (der meisten) Dinge führte – die Sterne, die Weltmeere, das menschliche Gehirn. Ein solches Vertrauen in das Projekt objektiver Wahrheitsfindung bot eine größere Sicherheit für Vorhersagen über die natürliche Welt und (fast) unbegrenzte Aussichten auf neue Technologien als Belohnung. Technologien, mit denen Natur manipuliert und kontrolliert werden könnte, in dem Bestreben, menschliches Wohlergehen zu verbessern.

50 Jahre später begegnet man solch einem unkomplizierten und bedingungslosen Optimismus gegenüber Wissenschaft nur noch selten. Während Wissenschaft ihren bemerkenswerten Wachstumskurs fortgesetzt hat und, gemessen an den vielen Leistungskriterien, weiterhin als bemerkenswert erfolgreich gilt, ist das öffentliche Vertrauen in die Praktiken und Ziele von Wissenschaftlern derzeit gering. Wissenschaftler selbst – oder zumindest jene, die über ihre Wissenschaft nachdenken statt sie nur durchzuführen, und jene, die Wissenschaft verwalten und finanzieren – reflektieren ihr Vorhaben oft intensiver. Wissenschaft muss stärker auf die Stimmungen und Meinungen der Öffentlichkeit eingehen. Im Jahr 1962 konnte der angesehene britische Philosoph Michael Polanyi kühn behaupten: »Ich schätze die noblen Empfindungen, die das Streben (der Gesellschaft) auslösen, wissenschaftlichen Fortschritt in gesellschaftlich wohltätige Kanäle zu leiten, aber ich halte (dieses Streben) für unerreichbar und wahrlich unsinnig«[119]. Weniger als 50 Jahre später hat sich der Rahmen wissenschaftlicher Forschung so radikal verändert, dass zwei wissenschaftspolitische Analysten ohne Rechtfertigungsdruck behaupten konnten, dass »der Großteil wissenschaftlicher Forschung, egal ob durch öffentliche oder private Gelder finanziert, der Unterstützung, Förderung oder Erreichung eines außerhalb von Wissenschaft liegenden Zieles dient (...) für die Gesellschaft nutzbringende Ergebnisse zu erzielen«[120].

Man kann Wissenschaft nicht länger in der autonomen, selbst verwalteten Weise betrachten, wie Polanyi sie 1962 in seinem Artikel über die Wissenschaftsrepublik idealisierte. Ebenso ist es unmöglich, wissenschaftliche Erkenntnisse einfach als ein neutrales Ergebnis eines stetig voranschreitenden Strebens nach einer objektiven und allgemeingültigen Wahrheit zu betrachten. Der amerikanische Wissenschaftstheoretiker Thomas Kuhn forderte diese traditionelle Sichtweise von Wissenschaft am stärksten heraus[121]. Seine Arbeit in den 1960er-Jahren über die Struktur wissenschaftlicher Revolutionen war viel mehr als nur eine (berühmte) Einführung des Begriffs ›Paradigmenwechsel‹ in die Wissenschaftsgeschichte. Sie öffnete späteren Soziologen und Philosophen den Weg zum Verständnis der menschlichen Dimensionen wissenschaftlicher Praxis und der verschiedenen sozialen und kulturellen Kontexte, in denen Wissenschaft durchgeführt wird. Wo Wissenschaft praktiziert wird, von wem und in welcher Ära, wirkt sich auf die resultierenden wissenschaftlichen Erkenntnisse aus. Wissenschaft hat nicht nur eine Methodik, sie hat auch eine Geschichte, eine Geografie und eine Soziologie.

Dieses sich wandelnde Verständnis von Wissenschaft und ihrer Rolle in der Gesellschaft ist besonders in den Umweltwissenschaften deutlich geworden. Wie wir noch sehen werden, ist es essenziell, die Bedeutsamkeit dieses Wandels zu begreifen, wenn wir verstehen wollen, was Wissenschaft über Klimawandel sagt. Von Wissenschaft wird mehr gefordert als allein eine Antwort auf die Frage: ›Erwärmt sich die Erde?‹, und wenn ja, ›Warum?‹. Diese Fragen sind schwer genug zu beantworten und strapazieren die Beobachtungssysteme, Routinemessungen, physikalische Theorien und Computermodelle der konventionellen Wissenschaft. Klimawandel jedoch hat sich als ein Phänomen herausgestellt, das noch viel anspruchsvollere Fragen stellt. Klimawandel ist ein Umweltrisiko globalen Ausmaßes, bei dem der Mensch sowohl Täter als auch Opfer ist und das nach politischen Entscheidungen verlangt. Klimawandel hat sich als ein klassisches Beispiel dafür erwiesen, was die Wissenschaftstheoretiker Silvio Funtowicz und Jerry Ravetz ›post-normale Wissenschaft‹ genannt haben: die Anwendung von Wissenschaft auf öffentliche Fragen, bei denen »die Tatsachen unsicher, die Werte umstritten, die Einsätze hoch und die Entscheidungen dringlich sind«[122] (siehe Abbildung 3.1). Normale Wissenschaft, deren wissenschaftliche Praxis durch Mertons vier klassische Normen bestimmt wird – Skeptizismus, Universalismus, Kommunalismus, Uneigennützigkeit –, ist für diesen Zweck nicht länger geeignet.

In Fällen wie bei Klimawandelfragen muss Wissenschaft also eine andere Form annehmen. So, wie sie versuchen muss, zu beobachten, zu theoretisieren und zu modellieren, um ›Fakten‹ zu schaffen – um das, was bekannt ist, zu formulieren –, muss sie mit einem ungleich höheren Aufwand an Aufmerksamkeit das ermitteln und kommunizieren, was noch unbekannt oder bestenfalls unsicher ist. Zusätzlich zu dem Bestreben, Voreingenommenheit und Vorurteile aus der wissenschaftlichen Praxis zu eliminieren – um Mertons Norm der ›Uneigennützigkeit‹ einzuhalten – müssen Wissenschaftler auch ihre eigenen Werte und die kollektiven Werte ihrer Kollegen erkennen und reflektieren. Diese Werte und Weltanschauungen fließen kontinuierlich in ihre Tätigkeit als Wissenschaftler ein und beeinflussen das gewonnene Wissen. Das Ziel der ›Uneigennützigkeit‹ kann noch immer angestrebt werden, solange gleichzeitig und kritisch anerkannt wird, dass bei Verfehlen dieses Ziels die wissenschaftliche Erkenntnis unweigerlich einen anderen Charakter annehmen wird.

Funtowicz und Ravetz nennen zwei weitere Merkmale der ›post-normalen‹ Wissenschaft: hohe Einsätze und drängende Entscheidungen. Da die Einsätze bei Klimawandel hoch sind, muss Wissenschaft erkennen, dass ihre Prozesse der Wissensgewinnung offen für öffentliche Kontrolle und Dialog sein müssen. Und da politische Entscheidungen über Klimawandel jetzt getroffen werden und dies kontinuierlich geschieht, muss auch die Art und Weise neu überdacht werden, in der Wissen komprimiert, verpackt und in

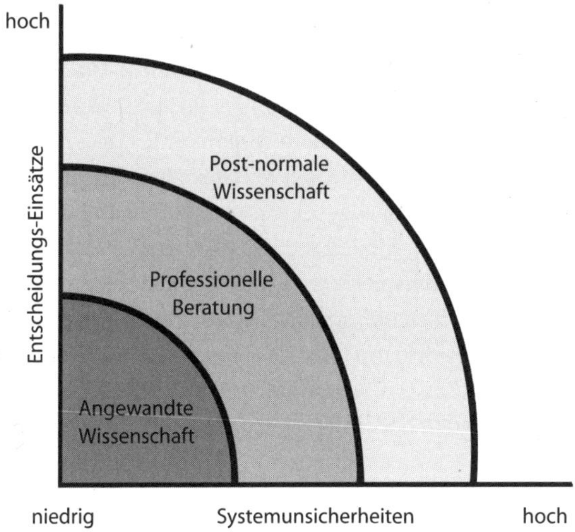

Abbildung 3.1: Schematische Darstellung der ›post-normalen‹ Wissenschaft in Bezug zu herkömmlichen Strategien der Problemlösung. Steigen die ›Systemunsicherheiten‹ und ›Entscheidungs-Einsätze‹ (*decision stakes*), bewegt man sich vom Bereich der ›normalen‹ angewandten Wissenschaft, wo Fachwissen voll wirksam ist, über die professionelle Beratung, wo Geschicklichkeit, Urteilsvermögen und manchmal sogar Mut erforderlich sind, zu dem Fall, in dem Risiken nicht quantifiziert werden können oder mögliche Schäden irreversibel sind. Letzterer Bereich erfordert post-normale Wissenschaft.

Quelle: Funtowicz, S.O.; Ravetz, J.R. (1993): Science for a post-normal age. Futures 25: 739–755.

den gesellschaftlichen Diskurs eingespeist wird. Inwieweit Wissenschaft zu Klimawandel bei diesen Anpassungen erfolgreich war – Unsicherheit anzuerkennen, Werte offenzulegen, Vertrauen zu gewinnen und den Dialog mit der Gesellschaft zu führen –, wird später in diesem Kapitel untersucht.

Ein weiteres Zugeständnis, dass Polanyis ›Wissenschaftsrepublik‹ in Bezug auf Klimawandel zu machen hat, bezieht sich auf das Fachwissen. Der ›post-normale‹ Charakter von Klimawandel erfordert, dass ein breiteres Spektrum an Expertenmeinungen in der Öffentlichkeit Gehör finden muss. Das Expertenwissen von Wissenschaftlern und die wissenschaftlichen Erkenntnisansprüche sind nicht die einzigen Quellen von Fachwissen und Autorität, an die sich die Gesellschaft auf ihrer Suche nach Orientierung für die zu treffenden Entscheidungen wendet. Wir werden dies in späteren Kapiteln in Bezug auf Werte, Überzeugungen und politische Ideologien betrachten. Hier jedoch – in Bezug auf die Rolle von Wissenschaft – gibt es zwei Erkenntnisse, die dargelegt werden müssen.

Die Festlegung, wer bei der Erstellung, Handhabung und Vermittlung wissenschaftlicher Erkenntnisse als Experte gilt, bedarf einer sorgfältigen Prüfung. Oder, wie es der Wissenschaftstheoretiker Harry Collins ausdrückt, wie unterscheiden wir zwischen »denen, die wissen, wovon sie reden« und jenen, die es nicht tun[123]. Die wissenschaftlichen Akademien steuern ihre Mitgliedschaft und ihre internen Debatten sorgfältig durch Übereinkünfte zu formalen Qualifikationen, die Wahl in Fachgesellschaften und durch ein funktionierendes Fachgutachtersystem (sogenanntes *peer-review*). Aber wer bestimmt die Fragestellungen, die von Wissenschaft bearbeitet werden sollen, wer bewertet den Nutzen abgeschlossener Forschung und wer wählt die Experten, die in der Öffentlichkeit sprechen sollen?

Wenn Al Gore zum Beispiel wissenschaftliche Behauptungen zu Klimawandel in seinem Film *Eine unbequeme Wahrheit* präsentiert, spricht er dann als Politiker, als Laienfachmann oder als Sprecher von Wissenschaft? Macht es dabei etwas aus, ob er, wie behauptet wurde[124], einige wissenschaftliche Aspekte falsch verstanden hat? In den letzten Jahren entwickelten sich solche Fragen über das Fachwissen zu Klimawandel immer mehr zu Streitpunkten, allein schon aufgrund der ›hohen Einsätze‹ und der ›dringenden Entscheidungen‹, die post-normale Wissenschaft charakterisieren. Um Wissenschaft zu demokratisieren und die Glaubwürdigkeit des Vertrags zwischen Wissenschaft und Gesellschaft zu stärken, befürworteten einige die Mitarbeit von mehr Laienfachleuten in der Steuerung von Wissenschaft. Es wird unterstellt, dass durch die Einbindung von Laienfachwissen im Wissenschaftsmanagement »gewährleistet wird, dass Forscher sich mit den richtigen Fragestellungen befassen, das Wissen nichtakademischer Experten in die Analyse miteinbezogen und die Validität und Praktikabilität aller von Wissenschaftlern vorgeschlagenen Vorschriften geprüft wird«[125]. Dies ist weit entfernt von Polanyis sich selbst verwaltender Republik.

Wissenschaft muss nicht nur einen Teil ihrer Steuerung der breiteren Öffentlichkeit überlassen, sie muss auch andere Formen von Wissen zulassen. Wie wir in Kapitel 1 *Was verstehen wir unter Klima?* gesehen haben, gibt es auch andere Sichtweisen, die Klima nicht als ein globales, physikalisches Phänomen verstehen, das durch wissenschaftliche Messungen beobachtet und in Computermodellen gesteuert werden kann. Als sich die Diskurse über Klimawandel geografisch und kulturell ausbreiteten, begann man den Wert und die Rolle ›lokalen Umweltwissens‹ über das Klima zu erkennen. Solch lokales Wissen – manchmal auch indigenes oder traditionelles Wissen genannt – etablierte sich häufig über Jahrhunderte der Besiedlung hinweg und ist oft einzigartig für eine bestimmte Gemeinschaft oder ethnische Gruppe.

Solch lokales und implizites Wissen könnten auf das Klimathema bezogen zum Beispiel einheimische Strategien zum Umgang mit Dürren, eine lokale Überwachung von Umweltveränderungen oder traditionelle Formen von Wettervorhersage mit sich bringen. Auch wenn lokales Umweltwissen gewöhnlich nicht als wissenschaftliche Erkenntnis eingestuft wird, gab es in den vergangenen Jahren mehrfach Versuche, die unterschiedlichen wissenschaftlichen und indigenen Auffassungen von der natürlichen Welt und von Klimawandel zu kombinieren. Dies trifft insbesondere auf Lebensgemeinschaften im Norden der Arktis und in afrikanischen Trockengebieten zu. Lokales Umweltwissen fordert eine weitere Merton-Norm heraus – jene des ›Universalismus‹. Sie hinterfragt die instinktive Reaktion vieler westlicher Gesellschaften, Fachwissen automatisch mit der Forschergemeinschaft zu verbinden.

Da Wissenschaft ein menschliches Unterfangen ist, hat sie ihre ganz eigenen Regeln, Verfahren und Normen, ihre ganz eigenen Wege, um Wissen zu erlangen. Diese Regeln können sich im Laufe der Zeit ändern und haben dies, wie wir gesehen haben, auch getan. Wie die Sozialwissenschaftler Bruno Latour und Steve Woolgar in ihrem bahnbrechenden Buch *Laboratory Life: The Social Construction of Scientific Facts* von 1979 zeigten, können Wissenschaft und die Gemeinschaft der Wissenschaftler in der gleichen Weise *studiert* werden, wie Anthropologen die Normen und Praktiken verschiedener Volksgruppen untersuchen. Auch die Beziehung zwischen Wissenschaft und Gesellschaft hat sich in den letzten Jahren stark verändert. Sowohl unter Wissenschaftlern als auch in der Öffentlichkeit werden zunehmend kontingente Faktoren, wie persönliche Überzeugungen, kultureller Kontext und institutionelle Rahmenbedingungen, anerkannt, die auf die Art und Weise, wie wissenschaftliche Erkenntnisse geschaffen werden, Einfluss nehmen. Irgendwo zwischen einer erhabenen, die absolute Wahrheit aufdeckenden Wissenschaft – einem rein positivistischen Verständnis – und Wissenschaft als hoffnungslos subjektiver Tätigkeit – einer rein konstruktivistischen Einstellung – liegt das differenziertere Verständnis dessen, was Wissenschaft leisten kann und was nicht, ein tieferes Verständnis für die Natur wissenschaftlicher Erkenntnis. Wesentlich für dieses neue Verständnis ist es, wissenschaftliche Unsicherheit anzuerkennen. Da Wissenschaft – insbesondere zum Thema Klimawandel – weit davon entfernt ist, diese Unsicherheit beseitigen zu können, ist sie für die Gesellschaft dann besonders nützlich, wenn sie geeignete Mittel findet, Unsicherheiten zu erkennen, zu handhaben und zu kommunizieren.

Wie robust sind wissenschaftliche Erkenntnisse?

Unsicherheit durchzieht alle wissenschaftlichen Prognosen zukünftiger Entwicklung globaler und regionaler Klimata. Wenn man alle Folgen berücksichtigt, die aus solchen Klimaveränderungen resultieren könnten, vermehren sich diese Unsicherheiten noch. Einige der Unsicherheiten erwachsen aus dem unvollständigen Verständnis der Funktion des physikalischen Klimasystems. Das betrifft zum Beispiel die Auswirkungen von Aerosolen[126] auf Wolken oder den Einfluss des tiefen Ozeans auf den Wärmeaustausch an der Meeresoberfläche. Prinzipiell können viele dieser Unsicherheiten mit der Zeit verringert oder zumindest formal quantifiziert werden. Weitere Unsicherheiten entstammen der Unvorhersagbarkeit großer, komplexer und chaotischer Systeme wie der Erdatmosphäre und dem Ozean. Im besten Fall können wir eine gewisse Eintrittswahrscheinlichkeit eines bestimmten zukünftigen Klimaergebnisses abschätzen – so wie es routinemäßig für Wettervorhersagen geschieht. Eine dritte Kategorie von Unsicherheit hat ihren Ursprung darin, dass der Mensch Teil der prognostizierten Zukunft ist. Individuelle und kollektive menschliche Entscheidungen über fünf, 20 oder 50 Jahre in die Zukunft vorherzusagen, ist aus wissenschaftlicher Sicht in jeder Hinsicht unmöglich. Das Beste, was hier getan werden kann, ist, mit einer Reihe breit angelegter Szenarien zu arbeiten – einer Bandbreite möglicher Zukünfte.

Zusammengenommen stellen diese Unsicherheiten schwerwiegende Herausforderungen für Politiker sowie für politische und strategische Entscheidungsträger dar, die Risiken künftigen Klimawandels schon heute in ihren Entscheidungen abwägen müssen. Mögen sich wissenschaftliche Prognosen zu obskuren oder lediglich philosophischen Fragestellungen einen lässigen Umgang mit Unsicherheiten leisten können, politische Entscheidungsträger können sich aufgrund der Eigenschaften von Klimawandel – ›hohe Einsätze und dringende Entscheidungen‹ – diesem Luxus nicht hingeben. Sie stehen vor dem Problem, angesichts ungewisser Risiken von morgen schon heute vernünftige Entscheidungen treffen zu müssen. Es besteht Bedarf an Wissen: über künftige Klimarisiken und über Kosten und Nutzen verschiedener Handlungsoptionen für die Wirtschaft, natürliche Ressourcen und gesellschaftliches Wohlergehen.

Das Merkwürdige an der aktuellen Beziehung zwischen Klimaforschung, Erkenntnis und Entscheidungsfindung ist gleichwohl, dass es nicht ›Sicherheit‹, sondern gerade ›Unsicherheit‹ sein sollte, die als anormal wahrgenommen wird. Es scheint die Annahme vorzuherrschen, dass Sicherheit ein erreichbarer Wissensstand sei, obwohl wir bewiesenermaßen über weite Teile der Menschheitsgeschichte hinweg akzeptiert haben, dass das *Fehlen* von Sicherheit unser natürliches Los ist. Die Wissenschaftssoziologin Sheila Jasanoff erklärt dazu: »Unsicherheit wurde zu einer Bedrohung des kollektiven Handelns; die Krankheit, die durch Wissen geheilt werden muss. Sie ist ein Zustand, der ein grausames Dilemma für die Entscheidungsträger darstellt; die unter allen Umständen reduziert werden muss; die mit Szenarien und Gutachten gezähmt wird; und die den Rausch nach neuem – vor allem wissenschaftlichem – Wissen nährt«[127].

Da Wissenschaft uns Menschen zum ersten Mal die Möglichkeit eröffnet hat, etwas über eine langfristige Klimazukunft zu erfahren, ist sie selbst mitverantwortlich für diese veränderte Erwartungshaltung gegenüber Klimawandel – nämlich die neue Vorstellung, dass Sicherheit erreichbar sei. Vor diesem Hintergrund wird es Wissenschaftlern zur Pflicht, tatsächlich zu versuchen, die Unsicherheiten zu ›zähmen‹, die ihre Vorhersagen zur klimatischen Zukunft plagen. Wir werden hier zwei Möglichkeiten untersuchen, mit denen Wissenschaftler versuchen, dies umzusetzen: einmal, indem sie anerkennen, dass Subjektivität bei der Bildung wissenschaftlichen Wissens von Bedeutung ist, zum Beispiel durch die Anwendung der sogenannten Bayes'schen Überzeugungen, und zum anderen, indem sie Konsensbildung als ein Mittel zur Generierung wissenschaftlicher Erkenntnis akzeptieren. In beiden Fällen stellt der Versuch, Unsicherheit offenzulegen und zu bewältigen, Mertons Normen des ›Universalismus‹, der ›Selbstlosigkeit‹ und des ›organisierten Skeptizismus‹ in Frage. Dabei wurden diese Normen über lange Zeit als die herausragenden Kennzeichen eines Wissenschaftlers angesehen und werden dies gewöhnlich noch heute.

Bayes'sche Überzeugungen

Wenn das Wissen über die Prozesse, die ein zukünftiges Ergebnis bestimmen, unsicher ist und folglich auch die Eintrittswahrscheinlichkeit dieses Ergebnisses unsicher ist, dann ist es legitim, wenn Wissenschaftler ihren subjektiven Grad an Vertrauen für ein bestimmtes Ergebnis ausdrücken. Mit anderen Worten, es ist legitim, dass sie zeigen, bis zu welchem Grad sie glauben, dass sich eine Vorhersage als richtig erweisen wird. Falls das Eintreten eines Ereignisses unsicher ist, muss dieses Fehlen sicherer Erkenntnisse durch etwas anderes ersetzt werden. Ansonsten bestünde die einzige Alternative darin zuzugeben, dass absolut nichts bekannt und keine Aussage möglich ist. Aussagen zu subjektiven Wahrscheinlichkeiten oder Überzeugungen werden als Bayes'sch bezeichnet, nach dem im 18. Jahrhundert lebenden schottischen Mathematiker und presbyterianischen Geistlichen Thomas Bayes, der das erste moderne Verständnis von Wahrscheinlichkeit entwickelte. Bayes'sche Wahrscheinlichkeiten des Auftretens eines Ereignisses sind praktisch Einschätzungen von Individuen (oder einer Gruppe von Individuen), die ihr Vertrauen oder ihre subjektive Beurteilung auf wissenschaftliche Beweise und Erfahrungen aufbauen, mit welcher Wahrscheinlichkeit dieses Ereignis eintritt.

In gewissem Sinne sind Bayes'sche Aussagen nicht mehr und nicht weniger als fundierte Urteile über Wahrscheinlichkeiten, so wie sie jeder von uns in Bezug auf die Gewinnchance unserer eigenen Fußballnationalmannschaft in der nächsten Weltmeisterschaft machen könnte. Die Zuverlässigkeit oder Robustheit dieser (Wissens-)Aussagen über die Ergebnisse hängt von zwei Hauptfaktoren ab: erstens, wie sehr das Ergebnis durch bekannte Ursache-Wirkungs-Prozesse festgelegt ist – Wissen, auf das wir mit gutem Grund unser Vertrauen setzen können; zweitens, wie qualifiziert die Person ist, die diese Bayes'sche Aussage macht, um den Ablauf dieser bekannten Prozesse im Einzelfall zu verstehen. Diese beiden Dimensionen des subjektiven Wissens sollen kurz illustriert werden.

Die Wahrscheinlichkeit, dass die Sonne morgen früh aufgeht, ist durch eine Reihe physikalischer Prozesse festgelegt, in deren Verständnis ich großes Vertrauen lege. Im Gegensatz dazu gibt es zu viele Faktoren (über die ich sehr wenig weiß), die beeinflussen werden, ob England die nächste Fußballweltmeisterschaft gewinnt oder nicht. Mein Bayes'scher Glaube an die aufgehende Sonne – nahezu sicher – offenbart ein viel höheres Vertrauen als mein Glaube an einen englischen Sieg der Fußballweltmeisterschaft – höchst unsicher. Es kommt also wirklich auf das wissenschaftliche Verständnis von physikalischer Ursache und Wirkung an.

Betrachten wir die zweite Dimension Bayes'scher Überzeugungen an einem anderen Beispiel. Obwohl der Erfolg bestimmter mir verschriebener Arzneimittel recht gut durch biophysikalische Prozesse festgelegt sein mag – worüber Mitglieder der Ärzteschaft beträchtliche Kenntnisse haben –, würde ich viel mehr Vertrauen in die Überzeugung meines Arztes legen, dass ein bestimmtes Medikament mich heilen wird, als in meine eigene, dass die Behandlung wirksam sein wird. Es kommt also auf das entsprechende Fachwissen an.

Für viele Aspekte zukünftiger Klimate und Folgen dieser Klimazukünfte bleibt Wissenschaftlern nichts anderes übrig, als ihr Wissen in einem Bayes'schen System zum Ausdruck zu bringen. Es ist entscheidend, dass die Ereignisse, die sie beschreiben – die Wahrscheinlichkeit, dass Hitzewellen doppelt so häufig auftreten oder die Heftigkeit von Wirbelstürmen zunimmt –, auch durch physikalische Prozesse festgelegt sind, die mittels grundlegender Gesetzmäßigkeiten der Physik verstanden werden können. Es ist außerdem entscheidend, dass die Menschen, die diese Urteile abgeben, Experten für Hitzewellen oder für Wirbelstürme sind. So folgerte der vierte Sachstandsbericht des Weltklimarates, dass Hitzewellen in diesem Jahrhundert mit einer über 90-prozentigen Wahrscheinlichkeit häufiger auftreten werden und Hurrikane mit einer mehr als 66-prozentigen Wahrscheinlichkeit intensiver werden. Diese Bayes'schen Aussagen sind Aussagen über den Grad der Überzeugung, die Experten haben, basierend auf ihnen derzeit verfügbaren Beobachtungen, physikalischen Theorien und Modellergebnissen hinsichtlich des Eintretens eines Ereignisses.

Wissenschaft hat eine Reihe formaler Methoden und Regeln aufgestellt, um sicherzustellen, dass dieser ›organisierte subjektive‹ Umgang mit Wissen und Unsicherheit gut funktioniert. Eine dieser Methoden ist jene der Expertenumfrage. Eine solche Erhebung dient weniger der Darlegung einzelner Experteneinschätzungen zu einem bestimmten Ereignis. Sie erlaubt es vielmehr mehreren Experten – in der Regel zehn oder mehr –, ihre Überzeugungen zur Eintrittswahrscheinlichkeit eines Ergebnisses systematisch zu quantifizieren. Dieser Ansatz der Expertenerhebung wurde zum ersten Mal im Jahr 1978 in Bezug auf Klimawandel genutzt, als von der National Defense University (NDU) in Washington, D.C. ein Bericht über *Climate Change to the Year 2000* veröffentlicht wurde. 19 Diskussionsteilnehmer äußerten ihre Überzeugungen darüber, ob die globale Temperatur bis zum Jahr 2000 zunehmen, abnehmen oder gleich bleiben würde. Bei derartigen Erhebungen sollten strenge Vorschriften gelten und die resultierenden Überzeugungen können als Wertebereich und/oder als Mittelwert dargestellt werden. In der oben erwähnten NDU-Studie wurde nicht der Versuch unternommen, über Konsensbildung im gemeinsamen Dialog zu einem Urteil zu gelangen. Stattdessen wurden die Expertenmeinungen statistisch zu einem einzigen konsolidierten Urteil zusammengefasst: Bis zum Ende des Jahrhunderts sei »ein Klima, das dem Durchschnitt der letzten 30 Jahre ähnelt«[128], am wahrscheinlichsten. Später wurde die NDU-Studie kritisiert, da sie nicht genügend auf die Gründe der Meinungsverschiedenheiten der einzelnen Sachverständigen eingegangen war. Und als sich im Laufe der folgenden zwei Jahrzehnte zeigte, wie die klimatische Entwicklung abgelaufen war, stellte sich das Urteil der Studie als falsch heraus.

Das bringt uns zur zweiten Möglichkeit, mit der unsicheres Wissen gehandhabt und kommuniziert werden kann – durch Konsens.

Konsens in der Wissenschaft

Auf den ersten Blick scheint, sich eines Konsenses – ›einer Meinung oder Sichtweise, zu der eine Gruppe als Ganzes kommt, in der Regel durch Mehrheitsentscheide‹ – als Mittel zur Schaffung wissenschaftlicher Erkenntnisse zu bedienen, im Widerspruch zu dem zu stehen, was Wissenschaft von sich selbst behauptet, gut zu können. Von der Auffassung, dass Wissenschaft als objektiver Schiedsrichter zwischen ›wahr‹ und ›falsch‹ fungiert, scheint die Konsensmethode weit entfernt zu sein. Aber, wie wir bei den Bayes'schen Überzeugungen gesehen haben, ist die Anwendung von Konsens lediglich eine (strukturierte) Möglichkeit, um aus wissenschaftlichen Belegen – die mehrdeutig, unvollständig oder widersprüchlich sein können oder die Spielräume für echte Unterschiede in der Auslegung zulassen – eine allgemein anerkannte Aussage zu einem Thema von wissenschaftlicher oder öffentlicher Bedeutung zu destillieren.

In der Wissenschaft wird Konsens in der Regel durch den Austausch auf Konferenzen, Prozesse der gegenseitigen Begutachtung (*peer-reviews*) und Veröffentlichungen erreicht. Wissenschaftliche Institutionen oder Fachverbände können konsensbasierte Stellungnahmen herausgeben, um einem breiteren Publikum eine Zusammenfassung der akzeptierten wissenschaftlichen Erkenntnisse zu übermitteln. Die American Meteorological Society hat zum Beispiel im Februar 2007 ein abgestimmtes Informationsblatt zu Klimawandel formal verabschiedet, um ›eine vertrauenswürdige, objektive und wissenschaftlich aktuelle Erklärung wissenschaftlicher Fragestellungen, welche die breite Öffentlichkeit angehen‹, anzubieten. In Fällen, in denen es wenig Streit über das untersuchte Thema gibt, kann es ganz einfach sein, wissenschaftlichen Konsens zu erlangen. In anderen Fällen – zum Beispiel bei Klimawandel – kann das Finden eines Konsenses viel komplizierter sein. Die größte internationale wissenschaftliche Bewertung von Klimawandel – die des Weltklimarates – hat mehrfach ein Konsensverfahren zum Aufbau und zur Vermittlung von Wissen angewendet. Diese Konsenserklärungen waren nicht immer unumstritten und brachten Anschuldigungen mit sich, man sei sowohl zu radikal bei wissenschaftlichen Aspekten als auch zu vorsichtig bei der Einschätzung von Risiken gewesen (Beispiel im Exkurs 3.1).

Exkurs 3.1
Konsens und dessen Grenzen: der Weltklimarat und der grönländische Eisschild

Die Reaktion des grönländischen Eisschildes auf Klimaveränderungen ist vor allem aus zwei Gründen wichtig. Die Eisdecke enthält genügend Wasser, um das mittlere Niveau der Weltmeere um etwa sechs Meter zu erhöhen, falls sie schmelzen oder vollständig in die nördlichen Meere abfließen würde. Darüber hinaus könnte das Einspeisen solch großer Mengen von Süßwasser in die dortigen salzhaltigen Gewässer zu einer Schwächung der thermohalinen ozeanischen Zirkulation beitragen; eine Zirkulation, die derzeit den warmen Golfstrom in die nordwesteuropäischen Gewässer befördert, wodurch das regionale Klima milder ausfällt.

Im vierten Sachstandsbericht des IPCC stimmten die Fachwissenschaftler, die das Verhalten des grönländischen Eisschildes untersuchten, darin überein, dass eine Klimaerwärmung über das kommende Jahrhundert hinweg zu einem Verlust von Eismassen an die Ozeane führen würde. Die genauen Mechanismen, durch die dieser Eisverlust *erheblich* beschleunigt werden könnte, waren jedoch nicht gut genug verstanden, um in Computermodellen die Eisschild-Dynamik hinreichend simulieren zu können. Diese Mechanismen umfassen zum Beispiel das Abschmelzen der Eisoberflächen und die beschleunigte Fließbewegung von Gletschern, verursacht durch die Abtragung des stabilisierend wirkenden Schelfeises oder das Schmelzen der Gletscherunterseite. Der allgemeine Konsens des vierten Sachstandsberichts war, dass die Wahrscheinlichkeit eines Anstiegs des globalen

Meeresspiegels um mehr als 59 Zentimeter weniger als 1:20 sei, wozu der Grönlandeisschild etwa maximal zehn Zentimeter beitragen würde. Anstatt die Folgen einer *beschleunigten* grönländischen Eisschmelze zu beziffern, sagten die IPCC-Experten, dass »das Verständnis dieser Effekte zu begrenzt sei, um ihre Wahrscheinlichkeit zu beurteilen oder eine gute Schätzung abgeben zu können«[129].

Nach der Veröffentlichung des Berichts kommentierten eine ganze Reihe von Klimaforschern diese Schlussfolgerung, von denen einige selbst Teil des Autorenteams des Weltklimarates gewesen waren. Sie brachten darin ihre Besorgnis über die Art und Weise zum Ausdruck, wie diese Konsensposition erreicht wurde. Die Bandbreite des vom Weltklimarat projizierten globalen Meeresspiegelanstiegs bis 2100 hatte sich von 04 bis 88 Zentimeter im sechs Jahre zuvor (2001) erschienenen dritten Sachstandbericht auf 18 bis 59 Zentimeter im vierten Sachstandsbericht verengt. Der Weltklimarat begründete diese verringerte Bandbreite mit dem verbesserten Verständnis einiger, die künftige Meeresspiegelhöhe bestimmenden Unsicherheiten. Die Kritiker des Weltklimarates wiesen jedoch darauf hin, dass die bedeutendste Unsicherheit hinsichtlich des grönländischen Eisschildes und dessen Beitrag zum Meeresspiegelanstieg – beschleunigter Eisstrom durch sub-glaziale (unterhalb des Gletschers stattfindende) dynamische Prozesse – *nicht* quantifiziert und daher von den berechneten Schätzungen ausgeschlossen wurde. Sie argumentierten, dass der vom Weltklimarat angegebene Konsensbereich von 18 bis 59 Zentimeter Meeresspiegelanstieg bis 2100 den politischen Entscheidungsträgern und der Öffentlichkeit nicht das gesamte Spektrum der Unsicherheiten übermittelte, das die wissenschaftliche Forschung enthüllt hatte.

Dieses Beispiel illustriert sehr gut die Schwierigkeiten, denen Wissenschaftler bei der Erstellung einer auf Expertenwissen basierenden und für die Öffentlichkeit bestimmten Konsenserklärung gegenüberstehen. Solche Erklärungen müssen mit ausreichend Beweisen gestützt sein, um die Autorität wissenschaftlicher Experten zu tragen und die Spannung zwischen dem Bekannten – als wahrscheinlich Geltendem und Quantifizierbarem – und dem Unbekannten – als nur möglich Geltendem und nur qualitativ Beschreibbarem – auszugleichen. In diesem Fall tendierte der vierte Sachstandsbericht dazu, das Hauptgewicht auf die quantitativen Ergebnisse der Modellrechnungen des grönländischen Eisschildes zu legen. Damit argumentiert er implizit, dass solche Modelle das vorhandene Wissen am besten erfassen und dieses Wissen somit sowohl robust als auch quantitativ gesichert sei. So behauptete ein Experte: »Wir haben einfach nicht die Kapazität (diese Art des Eisschild-Verhaltens) zu quantifizieren (...) das Beste, was Sie tun können, ist, Warnhinweise zu geben (...) die Sprache des IPCC tut genau das«[130].

Wenn diese physikalisch basierten Modelle jedoch vermutlich relevante und komplexe Prozesse der Eisdecke vernachlässigen, unterschätzen die quantitativen Ergebnisse möglicherweise den zukünftigen Anstieg der Eisschmelze. In den Augen einiger wissenschaftlicher Kritiker fehlt dem Konsensprozess des Weltklimarates mit Sicherheit etwas: »Es gibt Einschränkungen bei diesem Prozess. Jeder in der (Meeresspiegel-)Forschung ist viel mehr in Sorge als noch vor sechs oder sieben Jahren (...) es gibt zusätzliche Aspekte«[131]. Eine Möglichkeit wäre es, eine stärker formalisierte Expertenerhebung zu etablieren, in der die Bayes'schen Überzeugungen dargelegt und verglichen würden. Solch ein Weg zur Abschätzung künftiger Klimarisiken würde sich mehr auf die formal ausgedrückten qualitativen Urteile der Experten als auf die quantifizierten Ergebnisse der numerischen Modelle stützen. Wie Risiken ermittelt, wahrgenommen und kommuniziert werden – sowohl von Experten als auch von Laien –, werden wir in Kapitel 6 *Wovor wir uns fürchten* betrachten.

Am Beispiel des grönländischen Eisschildes wird deutlich, dass selbst Experten sich über Klimawandel uneinig sein und sich über die Risiken von Klimawandel streiten können. Dies mag an Unterschieden in der Art und Weise, wie Belege interpretiert werden, liegen und darin, wie das Vertrauen in die verfügbaren Beweise – Modelle, Theorien oder Beobachtungen – die Urteile einzelner Wissenschaftler beeinflusst. Es wird somit deutlich, dass wissenschaftliches Wissen auch von anderen Faktoren abhängt, zwangsläufig subjektive Elemente enthalten und sich wie Überzeugungen (zum Beispiel von der Glaubwürdigkeit der Beweise) ändern kann. Dabei ist es egal, ob das Wissen über den Bayes'schen Ansatz oder im Konsens erlangt wurde. Vor diesem Hintergrund kann es in manchen Situationen gefährlich sein, wenn politische Entscheidungsträger den wissenschaftlichen ›Konsens des Tages‹ akzeptieren, zum Beispiel dann, wenn ihre inhaltlichen Entscheidungen auf Theorien oder Risikobewertungen beruhen, die sich später als falsch herausstellen. So basierte beispielsweise die Zwangssterilisation Tausender psychisch Kranker in den Vereinigten Staaten in den 1920er- und 1930er-Jahren auf der falschen (Konsens-)Vorstellung, dass diese Maßnahme Geisteskrankheit beseitigen würde[132]. Zudem macht es die diesen Methoden innewohnende flexible Beziehung zwischen Wissen und Beurteilung Kritikern einfach, die subjektive Natur von Wissen im Allgemeinen herauszustellen und zu argumentieren, dass Wissenschaft benutzt wird, um vorgefertigte Meinungen zu rechtfertigen.

Auf der anderen Seite muss, wenn die Einsätze hoch und Entscheidungen drängend sind, ein Weg gefunden werden, um wissenschaftliche Erkenntnisse in den politischen Entscheidungsprozess zu tragen, selbst wenn Unsicherheiten bestehen bleiben und sogar dann, wenn sich die wissenschaftlichen Experten nicht einig sind. Unter solchen Umständen sind Expertenerhebungen und/oder große konsensgetragene wissenschaftliche Gutachten wahrscheinlich das geringste Übel. Ein Konsens ermöglicht die Anerkennung einer Reihe verschiedener Überzeugungen und Urteile. In der Tat impliziert Konsensfindung per Definition, dass verschiedene Ansichten existieren und zum Ausdruck gebracht werden. Kritiker des IPCC, aus welcher Ecke sie auch kommen mögen, haben Recht, wenn sie sagen, dass der bloße Konsens nicht ›die Fakten‹ klarstellt oder ›die Wahrheit‹ bestätigt. Ebenso wenig ist ein Konsens die Garantie dafür, dass die Beurteilung zukünftiger Risiken unveränderlich ist; der Konsens darüber, was als wahr erachtet wird, kann sich im Laufe der Zeit verändern, auch wenn sich die ›*Wahrheit*‹ in ihrem gewissermaßen absoluten Sinne nicht ändert. Doch wenn der Prozess der Konsensbildung offen, transparent und gut geregelt ist; wenn er versucht, zu den vielen bestehenbleibenden Unsicherheiten zu stehen, dann kann der Konsens der Politik das Beste liefern, was Wissenschaft zu bieten hat. Und, wie wir im übernächsten Abschnitt sehen werden, der Nachweis der Legitimität eines beliebigen wissenschaftlichen Erkenntnisanspruchs hat nicht zwingend Folgen für die nachfolgenden Verhandlungen und die Übernahme einer bestimmten Politik.

Für Autorität und Relevanz von Konsenswissen in der Öffentlichkeit und in den Beratungen von Entscheidungsträgern sind folglich Steuerungsprozesse unerlässlich. Durch diese Steuerungsmechanismen wird der Konsens gefestigt und werden Kontroversen – Mertons ›organisierter Skeptizismus‹ – geregelt. Diesen Aspekten der Steuerung wollen wir uns nun zuwenden.

Wie wird Wissenschaft gesteuert?

Wir haben bereits gesehen, wie der veränderte Charakter von Wissenschaft und ihr verändertes Verhältnis zur Gesellschaft Polanyis sich selbst verwaltende Republik der Wissenschaft etwas schutzlos hinterlassen hat. Die Grenzen von Wissenschaft sind porös geworden, auch wenn im Herzen der Republik weiterhin die Normen und Praktiken der fachlichen Begutachtung (*peer-review*) und uneigennütziger Forschung angestrebt werden. Neue komplexe Phänomene wie Klimawandel und die Rolle, die wissenschaftlichen Erkenntnissen in öffentlichen Klimadebatten zugeschrieben wird, erfordern eine Anpassung, wie Wissenschaft gesteuert wird und wie ihre Erkenntnisse überwacht werden.

In Bezug auf Klimawandel ist die Einrichtung des Weltklimarats das Ergebnis dieses neuen Wirkungsumfeldes von Wissenschaft. Man könnte auch sagen, der IPCC ist der Versuch, eine neue Schnittstelle zwischen Wissenschaft und Politik zu schaffen, die geeignet ist, das Betreiben einer ›post-normalen‹ Wissenschaft zu ermöglichen. Was genau der Weltklimarat ist, wie er gesteuert wird, welches Wissen er schafft und mit welcher Autorität es ausgestattet ist, bleibt gleichwohl ambivalent, wie der nachfolgende Exkurs 3.2 beispielhaft veranschaulicht.

Exkurs 3.2
Die Royal Society und ExxonMobil

Am 4. September 2006 schrieb die Royal Society, die nationale britische Wissenschaftsakademie und älteste wissenschaftliche Akademie der Welt, einen Brief an ExxonMobil, das weltweit reichste Unternehmen. In diesem Brief stellte die Royal Society die Ansichten des Unternehmens zu Klimawandel und seine finanzielle Unterstützung einiger wissenschaftlicher Institutionen in Frage. Dieser Briefwechsel wurde öffentlich gemacht und entfachte eine Flut von Medienberichten in Großbritannien und darüber hinaus. Der Meinungsaustausch veranschaulicht gut, in welcher Weise verschiedene Lesarten wissenschaftlicher Erkenntnisse zu Meinungsverschiedenheiten über Klimawandel führen.

Der Brief der Royal Society focht Exxons Interpretation zu Status und Robustheit der IPCC-Schlussfolgerung an, der zufolge ›zunehmendes Vertrauen‹ in die Zuschreibung der jüngsten Erwärmung zu den Treibhausgasen gelegt werden könne. In seinem Jahresbericht hatte Exxon behauptet, diese IPCC-Schlussfolgerung beruhe eher ›auf einem Expertenurteil anstatt auf objektiven, reproduzierbaren statistischen Methoden‹ und dass es folglich sehr schwierig sei, objektiv zu bestimmen, in welchem Umfang rezenter Klimawandel das Ergebnis menschlichen Handelns ist.

Der Einwand der Royal Society konzentrierte sich auf die Auslegung der Autorität der wissenschaftlichen Einschätzungen des IPCC. In ihrem Schreiben an Exxon behauptete die Royal Society, »dass Exxons Aussagen irreführend seien und dass ›das Expertenurteil‹ (Anführungszeichen im Original) tatsächlich auf objektiven und quantitativen Analysen und Methoden beruhe (…) die unabhängig voneinander reproduziert wurden«[133]. In seiner Antwort ein paar Wochen später gab Exxon an, dass seine Ansichten durch die Royal Society fehlinterpretiert wurden. Ihr Jahresbericht lege dar, »auch wenn große Unsicherheiten bestehen: das Risiko, dass die Treibhausgasemissionen schwerwiegende Auswirkungen haben könnten, rechtfertigt das Ergreifen von Maßnahmen«[134]. Exxon wehrte sich auch gegen den Vorwurf, dass von den 64 Organisationen, die sie ›zur Information der Öffentlichkeit und für Politikforschung‹ finanziell gefördert hatten, 39 auf ihren Webseiten Informationen darboten, die laut der Royal Society ›die Wissenschaft zum Klimawandel falsch darstellten‹.

Dieser Streit über den Status von Wissen zu Klimawandel drehte sich um die unterschiedliche Beurteilung der Autorität von Expertenmeinungen in den IPCC-Berichten. Exxon behauptete, dass Expertenurteile schlechter seien als die Verwendung ›objektiver Methoden‹, und suggerierte dadurch, dass Expertenurteile als Wissensgrundlage unzureichend seien. Die Royal Society hingegen behauptete, dass die Expertenmeinungen tatsächlich auf reproduzierbaren ›objektiven Methoden‹ beruhen und deshalb zwischen diesen beiden Ansätzen kein Unterschied bestehe (vermutlich war dies der Grund, warum die Society den Begriff ›Expertenurteil‹ in Anführungszeichen setzte).

Zwei Dinge sind an diesem Schlagabtausch besonders interessant. Erstens haben diese zwei großen und mächtigen Organisationen sich entschieden, einen Kampf um Standpunkte zu führen, wie Bedeutung und Legitimität des ›Expertenurteils‹ im wissenschaftlichen Erkenntnisprozess zu interpretieren seien; ein Kampf, der am Ende in der Öffentlichkeit geführt wurde. Exxon suggerierte, dass das Expertenurteil den ›objektiven Methoden‹ als Weg zur Erlangung und Darstellung von Wissen unterlegen sei. Dem stimmte die Society indirekt zu, indem sie ihre ultimative Verteidigung der Expertenmeinung auch auf ›objektive Methoden‹ stützte. Beide Organisationen gründeten daher im Endeffekt ihre Erkenntnisansprüche auf ›objektiven Methoden‹. Jedoch sahen wir im Haupttext, dass bei komplexen und unsicheren Wissensgebieten ›objektive Methoden‹ allein selten ausreichen, um festzulegen, was bekannt ist. Beide Organisationen scheinen sich nur darüber uneinig zu sein, in welcher Weise die Ergebnisse dieser ›objektiven Methoden‹ herauskristallisiert, in Worte gefasst und einem breiteren Publikum bereitgestellt wurden. Wenn dies nicht durch ein Expertenurteil geschehen soll, so fragt man sich, wie Exxon dies lieber erreicht hätte?

Der zweite interessante Punkt ist hier die Rolle, welche die Royal Society scheinbar angenommen hat. Sie agiert als vollziehende Instanz im Namen des Weltklimarates und der Wissenschaftler, die an der Erstellung der Berichte beteiligt sind. Die Royal Society bat Exxon anzugeben, ob das Unternehmen weiterhin Ansichten äußern würde, die ›unvereinbar mit den Ergebnissen der Arbeit‹ von Mitgliedern der Royal Society seien. Sie machte dabei jedoch nicht klar, was genau sie mit diesem Wunsch erreichen wollte. Die Frage, die sich hier stellt, ist, wer für die Wissenschaft spricht und wessen Aufgabe es ist, ›Fehlinterpretationen‹ zu korrigieren. Sollen dies die einzelnen Wissenschaftler tun oder die Royal Society als Vereinigung hochrangiger Wissenschaftler (als eine Art Gewerkschaft) oder der Weltklimarat, der im Grunde genommen an erster Stelle verantwortlich für die Beauftragung des Expertenurteils war? Die Darstellung wissenschaftlicher Erkenntnisse zu überwachen, ist eine umstrittene Tätigkeit.

Das IPCC wurde 1988 gegründet. Die Schirmherrschaft übernahm zunächst die Weltorganisation für Meteorologie (WMO) allein, doch bald gemeinsam mit dem Umweltprogramm der Vereinten Nationen (UNEP). Der Weltklimarat wurde von der Generalversammlung der Vereinten Nationen beauftragt, wissenschaftliche Erkenntnisse über Klimawandel international zu begutachten sowie die Auswirkungen von Klimawandel und die Bandbreite möglicher Antwortstrategien einzuschätzen. Ein Büro, bestehend aus ausgewählten Regierungsvertretern, sollte das IPCC steuern. Damit sollte sichergestellt werden, dass die Arbeit des Gremiums klar erkennbar den Bedürfnissen von Regierung und Politik dient. Das Gremium war nicht als sich selbst verwaltende Gesellschaft unabhängiger Wissenschaftler gedacht.

Von Anfang an wirkte das IPCC als ein Hybrid oder eine ›Grenz‹-Organisation, die zwischen den Welten der Wissenschaft, des öffentlichen Diskurses und der Politik agiert. Das Gremium wurde mit der Erstellung politikrelevanter Einschätzungen des Kenntnisstands beauftragt, ohne jedoch politische Vorgaben zu liefern. Laut Mandat ›empfiehlt das IPCC kein politisches Handeln‹. Seine Aufgabe sollte Beratung und nicht Gestaltung sein; es sollte eine klare Trennung zwischen den Welten von Wissenschaft und Politik zu erhalten suchen. So »trugen all diese (ausgewiesenen) Tätigkeiten in hohem Maße dazu bei, den institutionellen Apparat des Gremiums auf die zunehmend akzeptierte Sichtweise der Organisation auszurichten, als technischer Beratungsausschuss bei der Entwicklung einer globalen Politik zu fungieren«[135].

Es erwies sich jedoch als schwierig, diese klare Grenze zwischen Wissenschaft und Politik aufrechtzuerhalten und zu kontrollieren. Da die Grenze häufig fließend ist, fühlten sich verschiedene Akteure und Fürsprecher in den öffentlichen Debatten zum Thema Klimawandel berechtigt, unterschiedliche und sich widersprechende Behauptungen über die Natur und die Autorität der Äußerungen des IPCC abzugeben. Bietet der Weltklimarat unabhängige Wissenschaft oder gestaltet er Politik? Spiegelt er die Ansichten der beteiligten Wissenschaftler wider oder die Ansichten der Regierungsvertreter, die seine Berichte genehmigen müssen? Einige Meinungsverschiedenheiten zu Klimawandel lassen sich auf die unterschiedliche Interpretation der Autorität des IPCC zurückführen. Wir werden uns drei der offensichtlicheren Streitpunkte widmen: der Validität von Konsens, der Legitimität von Experten und der Neutralität von Beratung.

Wir haben uns bereits damit auseinandergesetzt, warum konsensbildende Prozesse für die Wissenschaft oft ein notwendiges Mittel der Konsolidierung von Wissen darstellen, wenn es politisch nutzbar sein soll. Konsenswissen lässt aufgrund seiner Interpretierbarkeit jederzeit den Widerspruch der Experten zu; mit kenntnisreichen Standpunkten auf beiden Seiten, wie Exkurs 3.1 illustriert. Solch ein wissenschaftlicher Konsens ist nicht die ultimative ›Wahrheit‹ und kann sich gelegentlich als falsch herausstellen. Doch dass die Alternativen zur Konsensbildung durch den Weltklimarat Autorität erlangen können in der Welt der Wissenschaft und der Politik, ist noch unwahrscheinlicher. »Erheblich besser (als das willkürliche Einwerben von Ansichten) ist die Arbeit von Gruppen wie dem IPCC (…) die, obwohl sie langsam, abwägend, manchmal elitär und gelegentlich von starken Persönlichkeiten geprägt sind, dennoch die derzeitige allgemeine Auffassung der Wissenschaft am besten widerspiegeln«[136]. Es wird auch behauptet, dass Konsensbildung tendenziell zu konservativen Ergebnissen führt, um sich gegen die doppelte Gefahr abzusichern, vor einem Risiko zu warnen, das es gar nicht gibt, und ein Risiko zu ignorieren, obwohl es besteht. Diese Einschränkungen zu Konsenswissen müssen offen ausgesprochen und in der Kommunikation über das Verhältnis von Wissenschaft und Klimawandel dargestellt werden. Wie dies geschieht, ist gleichwohl selbst Anlass von Auseinandersetzungen. Diesem Thema werden wir uns in Kapitel 7 *Wie kommunizieren wir Risiken?* zuwenden.

Der zweite strittige Punkt betrifft das Know-how der am IPCC Beteiligten. Bei der Bildung von Konsenswissen wird großes Gewicht auf die Auswahl der Experten gelegt, die beauftragt werden, den Konsens auszuhandeln. Beim Weltklimarat betrifft dies die Experten, die eingeladen werden, dieses Wissen während seiner Entstehung zu begutachten und zu kritisieren. Auch hier muss sich der IPCC durch eine komplizierte Reihe von Verfahren und Beurteilungen navigieren. Kritisiert wird: erstens, dass diese Experten nicht unabhängig sind, da sie von den Regierungen nominiert werden. Zweitens, dass sie die wissenschaftlich führenden Nationen des Nordens und Westens bevorzugen. Drittens, dass einige Formen von Sachverstand – wie lokales Umweltwissen oder bestimmte wissenschaftliche Disziplinen wie Soziologie oder Anthropologie – ausgeschlossen sind. Viertens, dass die wissenschaftlichen Gutachter der IPCC-Textentwürfe Regierungs-, Wirtschafts- oder Umweltschutzinteressen vertreten und daher keine Experten sind.

Jeder dieser Kritikpunkte fällt ins Gewicht. Augenscheinlich gibt es nicht die ›eine‹ Gruppe von ›internationalen Klimaexperten‹. Wer oder wer nicht zum Weltklimarat gehört, ist oft nicht klar festgelegt und ändert sich ständig[137]. Sozialwissenschaftler sind im Allgemeinen unter den nominierten Experten in der Tat nur schwach vertreten und die Auslese erfolgt eindeutig nach Zugehörigkeit und Mitwirkung. Jedoch legen die Regeln und Verfahren der Einbindung sowie die Transparenz dieser Regeln und Verfahren die Vermutung nahe, dass das IPCC – wie Winston Churchill es in seinem berühmtem Aphorismus über die Demokratie als Regierungsform ausgedrückt hat – die schlechteste aller Möglichkeiten zur Bewertung des Wissens über Klimawandel ist … abgesehen von all den anderen. Nichtsdestotrotz macht die schwankende Anzahl an Mitgliedern in den Autoren- und Gutachterteams des Weltklimarates es nahezu unmöglich, zu wissen, wer denn nun genau den Friedensnobelpreis 2007 gewann[138].

Der dritte umstrittene Bereich betrifft die Unterscheidung zwischen wissenschaftlichen Erkenntnissen, die politikneutral und jenen, die politikvorschreibend sind. Nach Mertons klassischer Norm der wissenschaftlichen ›Uneigennützigkeit‹ kann leicht die Vorstellung entstehen, dass eine solch klare Trennung aufrechterhalten werden kann. Doch bei zwischenstaatlichen Bewertungen, wie jenen des Weltklimarates, ist es schwierig, diese klare Unterscheidung – selbst wenn sie kontrollierbar wäre – immer zu erkennen. Der amerikanische Politikanalyst Roger Pielke Jr. hat vier Rollen identifiziert, die Wissenschaftler bei politischen Entscheidungen einnehmen: als reiner Wissenschaftler (Mertons ›uneigennützige‹ Wissenschaftler), Wissenschafts-Schiedsrichter, Interessenvertreter und ehrlicher Makler[139]. Es kann sehr schwierig sein, stets in der Rolle des ehrenhaften Vermittlers zu handeln – ›die Auswahl an Optionen für die Politik zu erweitern‹ – und nicht als Interessenverfechter – ›die Wissenschaft für die Förderung einer bestimmten Politik einzusetzen‹. Es kann sogar noch schwieriger sein, in der Vermittlerrolle auch *wahrgenommen* zu werden. Manche Kritik am IPCC – und gleichzeitig Grund für unseren Dissens über Klimawandel – ist zum Beispiel mit der Wahrnehmung verbunden, dass der Weltklimarat das politische Ziel der Europäischen Union befürwortet, die Erderwärmung auf höchstens 2°C über dem vorindustriellen Niveau zu begrenzen oder dass er das Kyoto-Protokoll als einzigen Rahmen für die Gestaltung internationaler Politik gutheißt. Obwohl eine sorgfältige Lektüre der IPCC-Berichte solch eine Wahrnehmung nicht unterstützen würde, ist die Versuchung groß, dass einzelne an den IPCC-Berichten Mitwirkende oder sie Kommentierende solche Fürsprachepositionen einnehmen. Aus der Sicht der Öffentlichkeit sind solche feinen Unterscheidungen möglicherweise oft schwer nachzuvollziehen.

Wie wird wissenschaftliche Erkenntnis in der Gesellschaft genutzt?

Im vorangegangenen Abschnitt haben wir veranschaulicht, wie der Weltklimarat wissenschaftliches Wissen über Klimawandel schafft und wie solches Wissen in der breiteren Gesellschaft wahrgenommen wird. Deutlich wurde, wie schwer es ist, durch die gefährlichen Gewässer zu navigieren, welche die Grenzen der Wissenschaftsrepublik umgeben. Viel einfacher wäre es für Wissenschaft, sich aus solchen Schwierigkeiten herauszuhalten und in ihrem exklusiven und autonomen Kerngebiet zu bleiben. Doch diese Zeiten sind für Wissenschaft – insbesondere für Klimaforschung – längst vorbei. Wissenschaft ist regelrecht aufgerufen, in öffentlichen und politischen Debatten über Klimawandel zu sprechen und einen Beitrag zu liefern, während sie zugleich darum ringt, neue institutionelle Formen und Prozesse zu finden, um das Wissen in verwendbare Form zu bringen. Indem Wissenschaft diese Herausforderung annimmt, sieht sie sich auch neuen Kräften ausgesetzt, die ihre Erkenntnisse umgestalten und deren Charakter verändern können. Da die Gesellschaft sich der Klimawissenschaft bewusster wird, verändert sich das Wesen wissenschaftlichen Wissens über Klimawandel. Und so wie spezifische klimapolitische Antworten vorgeschlagen, in Frage gestellt und national und international verhandelt werden, so ändert sich auch die Sichtweise der Gesellschaft auf wissenschaftliches Wissen.

Ein Teil der Verwirrung, die ursächlich zu unserem Dissens über Klimawandel beiträgt, beruht auf der Vielzahl unterschiedlicher Modellvorstellungen, wie Wissenschaft bei der Entwicklung von politischen Strategien angewendet wird (oder werden sollte). Diese Unterschiede werden im öffentlichen Diskurs oft nicht deutlich gemacht; ja vielleicht sind sich die Protagonisten selbst nicht einmal der Modellvorstellungen bewusst, an denen sie sich orientieren. Innerhalb und zwischen den Forschergruppen, den Kadern nationaler politischer Entscheidungsträger, den Mitgliedern der Agora (Räume für öffentliche Debatten) und den zivilgesellschaftlichen Kulturen der Nationalstaaten befinden sich unterschiedliche Modelle in der Anwendung. Diese unterschiedlichen Modelle zur Wechselwirkung zwischen Wissenschaft und Politik zu verstehen und zu erkennen, ist entscheidend, wenn wir verstehen wollen, warum verschiedene Interessenvertreter die Wissensansprüche des IPCC unterschiedlich interpretieren und damit letztlich auch, warum wir unterschiedlicher Meinung über Klimawandel sind. Ich werde hier drei der gängigsten Modelle des Zusammenspiels von Wissenschaft und Politik zusammenfassen und erläutern, welche Bedeutung sie für die Frage haben, was einen ›gefährlichen Klimawandel‹ und die entsprechenden politischen Konsequenzen darstellt.

Das ›dezisionistische‹ Modell

Eine Ansicht über das Verhältnis von Wissen zur Politik – mit der wahrscheinlich längsten Tradition – geht auf den deutschen Soziologen Max Weber zurück, der dafür den Begriff ›dezisionistisches Modell‹ prägte[140]. Nach diesem Modell kann Politik niemals von ›Tatsachen‹ allein bestimmt werden. Es liegt in der Verantwortung der (gewählten oder ernannten) Politiker, die Ziele der Politik zu ermitteln, und dann in der der Experten, die verschiedenen für die Erreichung dieser Ziele zur Verfügung stehenden *Mittel* zu prüfen und zu bewerten (siehe Abbildung 3.2a). Die Erwägungen und Entscheidungen der wissenschaftlichen oder technischen Experten leiten sich aus den Entscheidungen der Politiker ab. Die Politiker sind gegenüber der Wählerschaft rechenschaftspflichtig, die Experten gegenüber den Ministern, die sie in die Fachausschüsse berufen haben.

Nach diesem Modell läge es in den Händen von Regierungen, vielleicht bei den Vereinten Nationen, festzulegen, welches Ausmaß von Klimawandel als gefährlich betrachtet wird. Wissenschaftler und andere Experten würden dann das Potenzial und die Effizienz verschiedener Politikpfade bewerten, die zur Erreichung des Ziels, Klimawandel auf dieses Niveau zu begrenzen, eingesetzt werden sollen. In gewisser Weise orientierte sich die Europäische Union am dezisionistischen Modell, als sie 1996 beschloss, die Begrenzung der Erderwärmung auf maximal 2°C über dem vorindustriellen Niveau zum politischen Ziel zu erheben. Die Entscheidung war vor allem politisch motiviert. Seitdem sind viele EU-Experten aufgefordert worden, verschiedene politische Maßnahmenpakete zu formulieren und zu evaluieren, die das Ziel durchsetzen könnten.

Das ›technokratische‹ Modell

Es wird davon ausgegangen, dass das ›dezisionistische‹ Modell ursprünglich in den Industriegesellschaften des 19. Jahrhunderts aufkam, als Fragen der öffentlichen Ordnung noch relativ einfach und wissenschaftliche Erkenntnisse noch relativ unkompliziert waren. Als Wissenschaft jedoch im Lauf des 20. Jahrhunderts zunehmend die Komplexität vielfältiger Wirkungszusammenhänge hinter vielen öffentlichen Risiken aufdeckte, setzte sich eine andere Modellvorstellung zur Beziehung von Wissen und Politik durch – die Idee der ›Technokratie‹ (siehe Abbildung 3.2b). In einer Technokratie wird der Politiker bei der Festlegung politischer Ziele zunehmend von den Experten abhängig. Ihren Niederschlag findet diese Sichtweise in der Forderung, dass Politik auf einer ›soliden wissenschaftlichen Basis‹ beruhen sollte. Eine Auffassung, die 1990 auch US-Präsident George H. Bush vertrat: »Wissenschaft stützt sich, wie alle anderen Betätigungsfelder auch, auf die Freiheit der Forschung, und ein Markenzeichen dieser Freiheit ist die Objektivität. Bei Themen wie Klimawandel und AIDS-Forschung (...) verlässt sich die Regierung

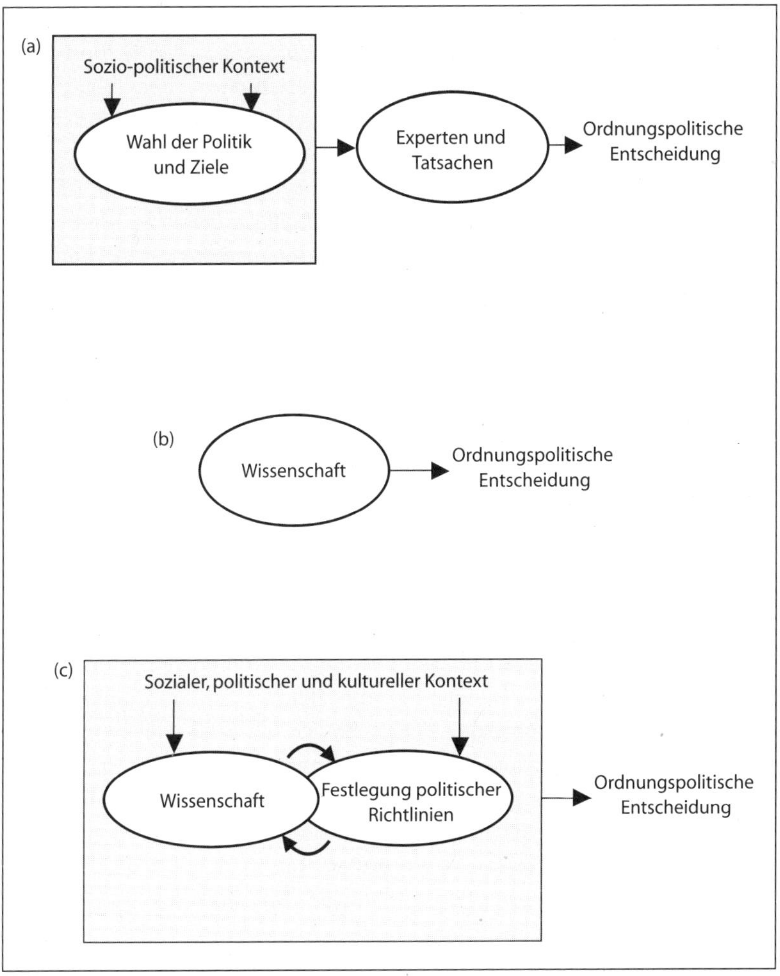

Abbildung 3.2: Drei Modelle zur Interaktion von Wissenschaft und Politik illustrieren die unterschiedlichen Beziehungen zwischen Experten- (wissenschaftlichem) Wissen und ordnungspolitischer Entscheidungsfindung: a) ›dezisionistisches‹ Modell; b) ›technokratisches‹ Modell; c) Modell der ›Koproduktion‹.

Quelle: nach Millstone, E. (2005): Analysing the role of science in public policy-making. In: van Zwanenberg, P.; Millstone, E. (Hrsg.): BSE: risk, science and governance. Oxford: Oxford University Press. 11–38.

bei der Beratung mehr denn je auf die unparteiische Perspektive der Wissenschaft«[141].

Das technokratische Modell wissenschaftlicher Politikberatung – heute von Öffentlichkeit, Politikern und Wissenschaftlern weithin akzeptiert – gründet sich auf der klassischen Sicht feststellbarer und objektiver wissenschaftlicher ›Fakten‹, die gesellschaftlich und politisch neutral sind, sowie auf der Überzeugung, dass alle relevanten Fakten durch Wissenschaft ans Tageslicht kommen. Es erfordert eine qualifizierte und willfährige Technokratie, die politischen Entscheidungsträgern ihre unparteiischen wissenschaftlichen Erkenntnisse anbietet. Den Kern des Modells beschreibt der Sinnspruch ›Möge die Wahrheit zu den Mächtigen sprechen‹. In unserem Beispiel würde das technokratische Modell annehmen, dass der Schwellenwert für gefährlichen Klimawandel von Wissenschaftlern entdeckt werden kann; wenn nicht im Rahmen dezidierter wissenschaftlicher Forschungsprogramme, dann zumindest indirekt durch eine internationale wissenschaftliche Bewertung wie jener durch das IPCC. Einmal entdeckt, geht die Verantwortung dann auf die politischen Entscheidungsträger über, die politische Strategien und Vorschriften entwickeln und umsetzen, um sicherzustellen, dass der entdeckte ›wissenschaftlich begründete‹ Schwellenwert nicht überschritten wird. Solche technokratischen Modelle der Wissensbereitstellung für die Politik können für Politiker sehr attraktiv sein, da die oberste Verantwortung für das politische Ziel bei den Fachberatern, den Wissenschaftlern, liegt und nicht im Urteil des Politikers.

Ganz im Sinn des technokratischen Modells hatte die britische Regierung im Februar 2005 eine internationale wissenschaftliche Konferenz zum Thema *Avoiding Dangerous Climate Change* einberufen, die von Premierminister Tony Blair den Auftrag erhielt, ›zu identifizieren, welche Konzentration an Treibhausgasen in der Atmosphäre ganz offensichtlich zu viel ist‹. Der Wunsch: Die Wissenschaftler würden sprechen, die Gefahr würde aufgedeckt werden und die Politik würde sich anschließen. Dasselbe Modell machte sich auch die anfangs zitierte Werbekampagne der Organisation Christian Aid zu eigen: Die Wissenschaftler haben eine Aussage getroffen, welches Ausmaß an Klimawandel vermieden werden muss, und die Politik hat zuverlässig zu folgen. Ein technokratisches Modell zur Beziehung von Wissenschaft und Politik legt großen Wert auf die Vertrauenswürdigkeit der Wissenschaftler und ihr Vermögen, die Wahrheit zu enthüllen. Aktivisten, die sich im Rahmen dieses Modells bewegen, werden sich deshalb beschweren, wenn sie spüren, dass Wissenschaftler sie übergehen. Der öffentliche Appell des britischen Umweltschützers George Monbiot und vier weiterer führender Umweltaktivisten im Jahr 2005 macht dies deutlich: »Wir verlangen nicht, dass Sie (die Wissenschaftler) Aktivisten werden oder Ihre Unabhängigkeit gefährden. Aber wir würden uns wünschen, dass Sie wie alle anderen Experten auch Ihren Berufsstand (vor den Angriffen von Skeptikern) verteidigen würden (...) ist es nicht an der Zeit, dass Sie anfangen sollten, für Ihre Wissenschaft zu kämpfen?«[142].

Wissenschaft wird somit zum Schlachtfeld, um das die verschiedenen Interessengruppen kämpfen werden. Denn wer im Kampf um Wissenschaft den Sieg davonträgt, hat im technokratischen Modell auch den Kampf um Politik gewonnen. Die Einsätze werden sehr hoch sein.

Das Modell der ›Koproduktion‹

Weder ein ›dezisionistisches‹ Modell – Ziele werden von Politikern gesetzt – noch ein ›technokratisches‹ Modell – Ziele werden von Experten gesetzt – wird der wachsenden Komplexität der Beziehungen zwischen Politikern, Bürgern und Wissenschaftlern gerecht – vor allem nicht im Angesicht unlösbarer und allgegenwärtiger Risiken wie Klimawandel. Obwohl die Auffassung weit verbreitet ist, ist eine saubere Trennung zwischen wissenschaftlichen Fakten und politischem Urteil, egal ob im ›dezisionistischen‹ oder ›technokratischen‹ Rahmen, kaum mehr vertretbar. Politische Entscheidungen stellen ganz offensichtlich ein Ergebnis aus wissenschaftlichen und politischen Beurteilungen dar, unter dem prüfenden Blick einer zunehmend aktiven und lautstarken Bürgerschaft, die wichtige Entscheidungen über die öffentliche Sicherheit ungern allein Politikern oder Experten oder beiden überlässt. So stellt Sheila Jasanoff fest: »Die Studien wissenschaftlicher Berater zerschlagen die Vorstellung, dass es in der Praxis möglich ist, den Beratungsprozess auf technische Fragen zu beschränken oder dass die subjektiven Wertvorstellungen der Wissenschaftler irrelevant für die Entscheidungsfindung sind«[143].

Im Modell der ›Koproduktion‹ von Wissen und Politik wird anerkannt, dass sowohl die politischen Ziele als auch die Mittel zur Sicherung dieser Ziele gleichermaßen aus wissenschaftlichen und nicht wissenschaftlichen (das heißt politischen oder wertorientierten) Überlegungen entstehen (siehe Abbildung 3.2c). Unter diesem Wechselwirkungsmodell von Wissenschaft und Politik würde die Bewertung eines gefährlichen Klimawandels durch Eröffnung eines öffentlichen Dialogs quer durch die Gesellschaft erfolgen, um zu diskutieren, welche Dimensionen von Risiko für die Öffentlichkeit tatsächlich relevant sind. Dabei würden Experten eingeladen, bekannte Risiken zu bewerten und darzulegen, die mit verschiedenen Ausmaßen von Klimawandel verbunden sind. Von den Politikern und politischen Entscheidungsträgern würde verlangt, öffentlich über die untolerierbaren Risiken zu diskutieren und zu verhandeln und eine entsprechende Politik festzulegen. Ein solches Koproduktionsmodell erleichtert es, Wissen unter Einbeziehung von Risiken zu fassen, so dass auch die Unsicherheiten ein Teil und sichtbar sind. Es erkennt auch an, dass, sich auf die Bayes'schen Überzeugungen hinsichtlich der Glaubwürdigkeit von Erkenntnissen berufend, Expertenbeurteilung ein integraler Bestandteil der Gestaltung wissenschaftlicher Erkenntnisse ist, die zum kollektiven Prozess der politischen Entscheidungsfindung beitragen können.

Diese drei unterschiedlichen Möglichkeiten, Wissenschaft für die Politik zu nutzen, können innerhalb der gleichen Nation sowie zeitgleich koexistieren. Verschiedene Akteure, Organisationen und Institutionen können unter verschiedenen Modellen agieren. Die Beziehung zwischen Wissenschaft und Politik ändert sich zweifellos im Laufe der Zeit und unterscheidet sich gewiss in verschiedenen Nationen. Zum Beispiel spielt die Wissenschaft in der amerikanischen Politikkultur eine ganz andere Rolle als in Großbritannien oder in Europa, die sich wiederum von der in China unterscheidet. Das hat Auswirkungen auf die Klimaforschung. Selbst wenn das IPCC allgemein anerkannte Einschätzungen und endgültig sicheres Wissen über Klimawandel veröffentlichen würde – und wir haben gezeigt, dass solch universalen Behauptungen Grenzen gesetzt sind –, würde sich die Art und Weise, wie diese Kenntnisse politische Debatten und Politikgestaltung in den verschiedenen Ländern prägen, unterscheiden. Gleiches gilt für die Autorität, die wissenschaftlichen Aussagen in den verschiedenen Kulturen zugestanden wird.

Zusammenfassung

Warum also sind wir über Klimawandel uneins? Viele der beobachteten Auseinandersetzungen drehen sich nicht wirklich um die Belege, auf denen unsere wissenschaftlichen Erkenntnisse zu Klimawandel beruhen. Wir streiten nicht über die von John Tyndall dargelegte physikalische Theorie der Treibhausgasabsorption, über die erste Sammlung weltweiter Temperaturaufzeichnungen durch Guy Callendar oder über die von Wally Broecker formulierte Möglichkeit nicht linearer Instabilitäten in den Ozeanen. Wir streiten über Wissenschaft, weil wir unterschiedlicher Auffassungen sind, welche Beziehungen wissenschaftliche Erkenntnisse zu anderen Dinge haben: dazu, was wir als ultimative ›Wahrheit‹ betrachten, dazu, wie wir Unsicherheit und Risiken verknüpfen und dazu, was wir als legitime Rolle von Wissen im Politikprozess betrachten. Um unsere Diskussionen über Klimawandel voranzubringen und um wissenschaftliche Erkenntnisse in solche Diskussionen einfließen zu lassen, müssen wir die Grenzen wissenschaftlicher Erkenntnis anerkennen. Und wir müssen uns darüber bewusst sein, dass solche Erkenntnisse, sobald sie das Labor verlassen und in die soziale Welt eintreten, transformiert werden können (ja dies vielleicht ganz zwangsläufig geschieht).

Wissenschaft sind drei Grenzen gesetzt, die wir anerkennen müssen. Erstens, dass wissenschaftliche Erkenntnisse über Klimawandel immer unvollständig und mit Unsicherheiten verbunden bleiben werden. Wissenschaftliche Aussagen sind immer an bestimmte Bedingungen geknüpft, zumindest diejenigen guter Wissenschaft. Der Glaube an die Macht von Wissenschaft erfordert gleichzeitig, an der letzten und ultimativen Angemessenheit jeglicher wissenschaftlicher Erkenntnisansprüche zu zweifeln. Wir müssen erkennen, dass Unsicherheit und Bescheidenheit immer wesentliche Merkmale einer öffentlichen politischen Debatte sein sollten, die Wissenschaft einbezieht. Dies gilt uneingeschränkt für Wissenschaft zu Klimawandel. Unsicherheit ist der für die Menschheit normale Zustand, nicht Sicherheit.

Zweitens müssen wir erkennen, dass Wissen als öffentliches Gut über solch ›normale‹ wissenschaftliche Unsicherheit hinaus immer bis zu einem gewissen Grad durch die Prozesse geprägt wird, durch die es in die soziale Welt gelangt, wo es anschließend zirkuliert. Das, was am Ende als wissenschaftliche Erkenntnis für die öffentliche Entscheidungsfindung gelten wird, ist nicht unbedingt das gleiche Wissen, das zunächst im Labor entstanden ist. In der Erzeugung, oder besser noch in der Gemeinschaftsproduktion von Klimawandelwissen für die öffentliche Ordnung sind das Vertrauen in die Prozesse von Wissenschaft sowie die Teilnahme an den gesellschaftlichen Prozessen gemeinschaftlicher Erzeugung unerlässlich. Ohne Vertrauen und/oder Beteiligung sind wissenschaftliche Erkenntnisse über Klimawandel wahrscheinlich nicht robust genug, um wirklich nützlich zu sein. Wissen über Klimawandel von der Politik zu Klimawandel zu trennen – ein Prozess, der als ›Reinigung‹ beschrieben wurde –, ist nicht länger möglich, falls es das überhaupt jemals war. Je breiter dies anerkannt wird, desto besser.

Drittens müssen wir ehrlicher und transparenter damit sein, was Wissenschaft uns sagen kann und was nicht. Wir sollten uns nicht hinter Wissenschaft verstecken, wenn schwierige ethische Entscheidungen anstehen. Wir müssen nicht auf ›Wissenschaft‹ oder die ›Stimmen der Wissenschaftler‹ verweisen, wenn wir Entscheidungen darüber treffen müssen, was zu tun ist. Diese Entscheidungen bringen in Bezug auf Klimawandel stets Urteile mit sich, die außerhalb der Reichweite von Wissenschaft stehen.

Alles oben Genannte wird uns helfen, ehrlichere und offenere Debatten darüber zu führen, was Klimawandel für uns bedeutet und was wir dagegen unternehmen sollten. Das bedeutet, falls wir *wirklich* über die Wissenschaft zu Klimawandel streiten, dann können wir diese Meinungsverschiedenheiten auf legitime Ursachen für die Abweichungen zurückführen und bedürfen keiner fadenscheinigen Gründe. Doch das sind nicht annähernd alle Gründe, warum wir über Klimawandel uneins sind. Gelegentlich wird es scheinen, als würden wir über die Wissenschaft zu Klimawandel streiten, obwohl wir in Wirklichkeit über Dinge streiten, die wenig oder überhaupt nichts mit Wissenschaft zu tun haben. Die Ausmaße sind sehr viel größer und beschränken sich nicht auf wissenschaftliche Leistungen. Im nächsten Kapitel werden wir eine weitere davon untersuchen: die unterschiedlichen Arten, in denen wir Dinge wertschätzen, sowohl materielle als auch nicht materielle. Wir werden betrachten, wie wir diese verschiedenen Möglichkeiten der Wertschätzung in unsere individuelle und kollektive Entscheidungsfindung einbringen.

Weiterführende Literatur zu Kapitel 3

Collins, H.; Evans, R. (2007): *Rethinking expertise.* Chicago: University of Chicago Press.
Dieses Buch beantwortet die Frage ›Was bedeutet es, ein Experte zu sein?‹. Sein einleitendes Kapitel skizziert die Dilemmata, denen wir als Gesellschaft gegenüberstehen, darüber, wie man zwischen Experten- und Nicht-Expertenwissen unterscheiden kann. Insgesamt ist es wahrscheinlich eher für jene geeignet, welche die Natur wissenschaftlicher Erkenntnisgewinnung auf einem fortgeschritteneren Niveau erkunden möchten. Das Buch reflektiert auch über die Natur wissenschaftlicher Autorität und wie wir ›gute‹ Wissenschaft vom ›Ausschuss‹ unterscheiden können.

Funtowicz, S.O.; Ravet, J.R. (1993): *Science for a post-normal age.* Futures 25: 739–755.
Dieser kurze Artikel ist die beste und früheste Beschreibung der Idee postnormaler Wissenschaft, die ihre Inspiration aus den Ideen über die sich verändernde Rolle der Wissenschaft in einer Risikogesellschaft bezieht; einer Gesellschaft, in der Wissen unsicher ist und dennoch der Bedarf nach politischen Interventionen besteht. Auch wenn diese Theorie nicht spezifisch für den Klimawandel entwickelt wurde, so passt die Wissenschaft zu Klimawandel sehr gut in ihre Beschreibung von ›post-normaler‹ Wissenschaft.

Miller, C.A.; Edwards, P.N. (Hrsg.) (2001): *Changing the atmosphere: expert knowledge and environmental governance.* Cambridge, MA: MIT Press.
Dieser Herausgeberband präsentiert eine Reihe detaillierter empirischer Studien zu der Beziehung zwischen der Klimawandelwissenschaft und der Art und Weise, wie Klimawandelpolitiken entwickelt, debattiert und implementiert werden. Unter Nutzung der Perspektiven von Geschichtswissenschaft, Soziologie und Philosophie behandeln die Kapitel Aspekte der Finanzierung von Klimawandelforschung, der Rolle von Experten und der Gründung und Steuerung des IPCC.

Millstone, E. (2005): *Analysing the role of science in public policy-making.* In: van Zwanenberg, P.; Millstone, E. (Hrsg.): *BSE: risk, science and governance.* Oxford: Oxford University Press. 11–38.
Dieses Buchkapitel bespricht die unterschiedlichen Vorstellungen hinsichtlich der Beziehung zwischen Wissenschaft und Politik und die Implikationen einer jeden Sichtweise. Es werden eine Reihe unterschiedlicher Entscheidungsmodelle umrissen, von denen jedes unterschiedliche Implikationen für Wissenschaft und ihre Rolle in der Beeinflussung von Politik hat.

Pielke, R. Jr. (2007): *The honest broker: making sense of science in policy and politics.* Cambridge, UK: Cambridge University Press.
Dieses präzise und zugängliche Buch ist eine gute allgemeine Einführung in die Wege, auf denen Wissenschaft in der Politik genutzt werden kann. Pielke schlägt vier Rollen vor, die Wissenschaftler einnehmen können: als reine Wissenschaftler agierend, als Schiedsleute von Wissenschaft, als Verfechter bestimmter Themen oder als ehrliche Makler. Seiner persönlichen Sichtweise nach ist letztere Rolle die angemessenste, aber er fordert die Wissenschaftler grundsätzlich dazu auf, sich über ihre Rolle sich selbst und anderen gegenüber klar zu werden.

Dubreuil, Victor: Barrels of Money (Öl auf Leinwand, 1893); © Christie's Images (Foto)
Quelle: Private Collection / The Bridgeman Art Library.

KAPITEL 4

Welchen Wert haben Werte?

Einleitung

Innerhalb weniger Monate, nachdem im Januar 2001 George W. Bush Jr. sein Amt als Präsident der Vereinigten Staaten von Amerika angetreten hatte, wurde unmissverständlich deutlich, dass die Wirtschaft im Zentrum des Disputs um die Klimawandelpolitik stand. Im März schrieb Bush an den republikanischen Senator Chuck Hagel und seine republikanischen Amtskollegen: »Wie Sie wissen, lehne ich das Kyoto-Protokoll ab, weil es (…) der Wirtschaft der Vereinigten Staaten ernsthaft schaden würde. Die Abstimmung des Senats von 95:0 zeigt, dass es einen klaren Konsens gibt: Das Kyoto-Protokoll ist ein unfaires und ineffektives Mittel, um globalen Problemen des Klimawandels zu begegnen«[144]. Später in jenem Frühjahr sagte Bush in einer Presseerklärung des Weißen Hauses: »Eine Zustimmung zu jenen (Kyoto-)Mandaten würde die amerikanische Wirtschaft negativ beeinflussen, verbunden mit Entlassungen von Arbeitskräften und Preiserhöhungen für Verbraucher. Wägt man all diese Mängel ab, dann werden die meisten vernünftigen Menschen verstehen, dass dies kein kluges Regierungshandeln wäre«[145].

Der von Bush genannte Grund für die Ablehnung des Kyoto-Protokolls durch die Vereinigten Staaten lag – zumindest für das inländische Publikum – offensichtlich eher in den negativen Auswirkungen, die für die amerikanische

Wirtschaft und deren Arbeitskräfte befürchtet wurden, als in der Unsicherheit oder Unvollständigkeit wissenschaftlicher Erkenntnisse zu Klimawandel.

Wenige Jahre später kam ein anderer Aspekt in der Argumentation zu Klimawandel zum Vorschein; Sprache und Analysen der Wirtschaft standen auch hier wiederum im Mittelpunkt. Im Jahr 2004 veröffentlichte das Copenhagen Consensus Center in Dänemark die Ergebnisse einer Studie, die von dem dänischen Statistiker Bjørn Lomborg initiiert und geleitet und von der internationalen Zeitschrift *The Economist* finanziell unterstützt worden war. Ihr Ziel: Prioritäten zu setzen, um einigen der größten weltweiten Herausforderungen zu begegnen. Ein Gremium von acht Wirtschaftsnobelpreisträgern widmete sich der Frage: »Was wäre der beste Weg, um den globalen Wohlstand zu steigern (…) unter der Annahme, dass den Regierungen zusätzliche finanzielle Mittel in Höhe von 50 Milliarden Dollar zur Verfügung stünden?«

Primär an einer ökonomischen Kosten-Nutzen-Analyse orientiert, erstellte das Gremium eine Rangfolge von 17 politischen Maßnahmen nach deren Effektivität, menschlichen Wohlstand zu steigern[146]. Die Kontrolle über HIV/AIDS und das Bekämpfen von Hunger durch die Bereitstellung von Mikronährstoffen waren die beiden Maßnahmen, die das Gremium am meisten favorisierte. Bei der Veröffentlichung der Ergebnisse im Mai 2004 wurden jedoch drei Strategien am Ende der Liste Gegenstand vieler Kommentare aus Medien und Politik: die politischen Maßnahmen des Kyoto-Protokolls zum Klimawandel sowie zwei Varianten, Kohlenstoff zu besteuern. Der Kopenhagener Konsens stimmte darin überein, dass globaler Klimawandel eine wichtige Herausforderung für die Welt darstelle und weitere Forschung zu bezahlbaren Technologien der Kohlenstoffverminderung nötig mache. Innerhalb des von den Gremienmitgliedern betrachteten ökonomischen Rahmens wurden die vorgeschlagenen klimapolitischen Maßnahmen jedoch als unzureichend beurteilt. Zur Begründung gab das Gremium an, dass sich jene Maßnahmen nicht ausreichend für den menschlichen Wohlstand bezahlt machten, als dass man etwas von den (hypothetischen) 50 Milliarden Dollar für sie zur Verfügung stellen würde.

Die Weigerung der Vereinigten Staaten, das Kyoto-Protokoll zu ratifizieren – aus ähnlichen wirtschaftlichen Gründen widersetzte sich auch Australien bis Ende 2007 einer Unterzeichnung des Abkommens – sowie die lautstarken Auseinandersetzungen über die Rechtmäßigkeit wirtschaftlicher Analysen, wie sie von den Kopenhagener Ökonomen angewandt wurden, veranschaulichen zwei wichtige Aspekte von Wirtschaft und Klimawandel. Erstens: Ökonomische Argumente besitzen ein beträchtliches Gewicht bei politischen Entscheidungen zu Klimawandelfragen. Und zweitens: Wirtschaftliche Analysen können offenbar zu sehr verschiedenen Aussagen führen, auf denen jene politischen Entscheidungen basieren. Die ökonomischen Analysen, auf die George W. Bush Jr. sich stützte, um die Ablehnung des Kyoto-Protokolls durch die Vereinigten Staaten zu rechtfertigen, wurden völlig anders formuliert und interpretiert als die Analysen, die die Mitgliedstaaten der Europäischen Union für ihre Entscheidung heranzogen, die Implementierung des Protokolls zu einem festen Bestandteil europäischer Wirtschaftspolitik zu machen. Zwei Jahre nachdem sich der Kopenhagener Konsens gegen eine schnelle Intervention zur Bekämpfung von Klimawandel ausgesprochen hatte, erschien der Stern-Report über die wirtschaftlichen Auswirkungen von Klimawandel, veröffentlicht von der britischen Regierung im Oktober 2006 mit einem komplett gegenteiligen Ergebnis: Die (hohen) Kosten des Nichthandelns überwiegen bei Weitem die (bescheidenen) Kosten früh ergriffener Initiativen, um Klimawandel zu bewältigen und die Erwärmungsrate zu verlangsamen[147].

Wie wir in Kapitel 3 *Was leistet Wissenschaft?* sahen, werden konventionelle Erwartungen an Wissenschaft, die objektive ›Wahrheit‹, wie die Welt funktioniert, zu entdecken und verlässliche Vorhersagen der Zukunft zu treffen, durch die Komplexität von Klimawandel in Frage gestellt. Die Erwartungen an die Ökonomie – eine Disziplin, die von Thomas Carlyle im 19. Jahrhundert so provozierend als ›die trostlose Wissenschaft‹ beschrieben wurde – waren vermutlich niemals so hoch. Die Liste falscher Vorhersagen ist in den Wirtschaftswissenschaften gewiss länger als in den meisten anderen Bereichen wissenschaftlicher Prognosen. Gleichwohl bleibt die Ökonomie ein sowohl unerlässliches als auch leistungsfähiges Mittel zur Sondierung und Informierung all der vielfältigen Entscheidungen, die wir treffen müssen, zum Beispiel als Individuen über unser Konsumverhalten, als Gesellschaften über die Investitionen in das Gesundheitswesen oder auch global im Hinblick auf Klimawandel. Aber wenn schon das einheitliche Vorgehen von Wissenschaft durch die aktuellen Anforderungen ›post-normaler‹ Umweltprobleme aufgebrochen wurde, dann haben sich nun erst recht die Möglichkeiten, wie ökonomische Analysen durchgeführt werden können, vervielfacht.

Individuen und Gesellschaften messen auf viele verschiedene Weisen Aktivitäten, Vermögen, Konstrukten sowie Ressourcen Wert bei. **Einer der Gründe, warum wir über Klimawandel uneins sind, liegt in unserer unterschiedlichen Beurteilung dieser Werte.** Dieses Kapitel untersucht einige der verschiedenen ökonomischen Bezugssysteme, die in den Debatten über Klimawandel angewendet werden, und erklärt, warum die Wahl des Bewertungsrahmens so wichtig ist, wenn es um Entscheidungen darüber geht, was zur Bewältigung von Klimawandel zu tun ist. Einige der zentralen wirtschaftlichen Konzepte und ihr Verhältnis zu Klimawandel werden im nächsten Abschnitt betrachtet, wie das Bruttoinlandsprodukt als Wohlstandsindex, die Kosten-Nutzen-Analyse und ihre Anwendung in der Wohlfahrtsökonomie sowie die Wichtigkeit der Diskontsätze in sämtlichen wirtschaftlichen Analysen.

Die meistzitierte wirtschaftliche Einschätzung der Folgen von Klimawandel in den vergangenen Jahren ist der Stern-Report. Er verwendet viele dieser

Konzepte bei der Formulierung seines starken wirtschaftlichen Plädoyers für entschiedene globale Klimastrategien. Im dritten Abschnitt dieses Kapitels beleuchten wir den Rahmen, die Annahmen und Werturteile aus dem Stern-Report und stellen dann zwei Argumentationslinien vor, die behaupten, dass der dem Stern-Report zugrunde gelegte Rahmen zu konservativ beziehungsweise zu radikal sei. Ein Vergleich dieser Kritiken legt offen, dass viele der ökonomischen Gründe, warum wir uns über Maßnahmen gegen Klimawandel uneinig sind, ihren Ursprung haben in der unterschiedlichen Wahl von Analyserahmen, in unterschiedlichen ethischen Standpunkten zu unserer Verantwortung für die zukünftige Welt sowie in verschiedenen Einstellungen zu Risiken. Diese verschiedenen Dimensionen, wie und warum wir Dingen Werte beimessen, sind im vorletzten Abschnitt ausgeführt. Abhängig vom jeweiligen Wertesystem ergeben sich daher radikal unterschiedliche Prognosen, wie Klimawandel zu begegnen sei.

Beispiele für die Anwendung ökonomischer Schlüsselkonzepte

Die Wirtschaftswissenschaften untersuchen, wie Menschen Ressourcen nutzen und verteilen. Ressourcen umfassen Zeit und Talente von Menschen, natürliche Ressourcen wie Land, Luft und Wasser, vorhandene Infrastruktur sowie das Wissen, wie man diese Ressourcen kombinieren kann, um nützliche Produkte und Dienstleistungen zu entwickeln. Wirtschaftswissenschaftler kennen eine Vielzahl von Möglichkeiten, um Produktion, Allokation und Nutzen solcher Waren und Dienstleistungen zu analysieren. Unverändert bildet die neoklassizistische Wohlfahrtsökonomie den vorherrschenden Rahmen. Diese ist eng mit der Auffassung verbunden, dass das Individuum ein rationaler Verbraucher und der Markt das vorherrschende Mittel zur Wertfeststellung sei. Andere Bezugssysteme stellen die marxistische Wirtschaftslehre, die neue Institutionenökonomik und die ökologische Ökonomie (Umweltökonomie) dar. Im Kontext von Klimawandel würde die Marx'sche Wirtschaftslehre auf den unterschiedlichen Zugang zu Macht und Ressourcen zwischen Arm und Reich fokussieren; mit Ersteren als die machtlosen Opfer von Klimawandel. In der neuen Institutionenökonomik würden die institutionellen Gründe, weshalb Klimawandel auftritt, untersucht und dabei Transaktionskosten, Organisationshierarchien, Steuerungsmechanismen und soziales Kapital näher beleuchtet. Die Umweltökonomie befasste sich mit der gesamten Bandbreite von ökologischen Gütern und Dienstleistungen, die durch Klima bereitgestellt werden und durch Klimawandel bedroht sind. Hierbei werden auch jene Güter und Dienstleistungen erfasst, für die gegenwärtig kein Markt existiert und wofür die Umweltökonomen Wege finden müssten, um ihren Wert in die Analyse einzubeziehen.

Keines dieser Bezugssysteme ist jedoch besonders gut dafür geeignet, die Ökonomie von Klimawandel zu analysieren. Welcher Rahmen auch ausgewählt wird, stets treten signifikante Schwierigkeiten auf, wenn dieser auf die vielen neuartigen ökonomischen Fragen angewendet wird, die im Kontext von Klimawandel gestellt werden. Dazu gehören Fragen wie: 1) Was sind die Kosten einer Begrenzung der CO_2-Konzentration in der Atmosphäre auf 450 Teile pro Million? 2) Welcher Nutzen resultiert aus einer Begrenzung der globalen Erwärmung auf 2°C statt auf 3°C über der vorindustriellen Temperatur? 3) Was wären die Auswirkungen auf die Wirtschaft Europas, wenn eine Kohlenstoffsteuer von beispielsweise 50 Euro pro Tonne Kohlenstoff eingeführt würde? Um die Umstrittenheit der ökonomischen Antworten auf solche Fragen zu verstehen, müssen wir zunächst einige wirtschaftswissenschaftliche Schlüsselkonzepte, angewandt auf Klimawandel, verstehen: 1) Woran messen wir Wohlstand? 2) Wie vergleichen wir Kosten und Vorteile verschiedener politischer Strategien zu Klimawandel? 3) Wie sollten wir die Zukunft in solchen Vergleichen gewichten? und 4) Wie betreiben wir Ökonomie, wenn wir nicht genau wissen, was die mit Klimawandel verbundenen Risiken sind?

Messgrößen für Wohlstand

Der meistverbreitete Index zur Messung wirtschaftlicher Leistung ist das Bruttoinlandsprodukt (BIP). Das BIP einer Nation ist definiert als der Gesamtmarktwert aller Endprodukte und Dienstleistungen, die innerhalb eines Landes in einem gegebenen Zeitraum hergestellt beziehungsweise erbracht werden. Das BIP stellt somit eine Möglichkeit dar, die Größe der Wirtschaft eines Landes zu messen. Doch das BIP ist auf Güter und Dienstleistungen beschränkt, die einen Marktwert besitzen. Als Gesamtindikator für Wohlstand, für menschlichen und ökologischen Reichtum, ist das BIP daher völlig ungeeignet. Die Verwendung des BIP als einzige Messgröße für Wirtschaftswachstum, und somit implizit für sozialen ›Fortschritt‹, führt zu Verzerrungen in der öffentlichen Politik. Dies wurde durch den amerikanischen Ökonomen Herman Daly, einem der Begründer der Umweltökonomie in den 1970er-Jahren, wie folgt kommentiert: »Gegenwärtiges Wirtschaftswachstum (gemessen am BIP) hat sich selbst von der Welt abgekoppelt und ist irrelevant geworden. Schlimmer noch, es ist zu einem blinden Wegweiser geworden«[148]. Zur selben zentralen Erkenntnis kam der Bericht der Brundtland Kommission von 1987 *Our Common Future*, den wir eingehender in Kapitel 8 *Was ist Fortschritt?* betrachten.

Wenn wir die Ökonomie von Klimawandel betrachten, dann ist es oft nötig, Kosten und Nutzen zu bedenken, die das BIP nicht erfasst; Güter und Dienstleistungen einzuschließen, die für uns von (großer) Bedeutung sind, jedoch keinen Marktwert besitzen. Wir brauchen unbedingt Wege, um in unserer Analyse Dingen, die uns durch Klima zur Verfügung gestellt werden, Werte zuzuordnen: Werte, die durch Klimawandel verringert oder vergrößert werden können, die jedoch nicht als Güter am Markt erscheinen oder sich in den Produktionsfluss einreihen, der durch das BIP erfasst ist.

Zwei der wichtigsten dieser Kategorien sind natürliches Kapital und ästhetischer Wert. Natürliches Kapital umfasst die von Ökosystemen bereitgestellten erneuerbaren und nicht erneuerbaren Güter und Dienstleistungen. Ästhetische Werte schließen diejenigen Werte ein, die sich aus Landschaften und Himmelslandschaften, heiligen Orten und spirituellen Bedeutungen ableiten lassen (siehe Exkurs 4.2 für Beispiele). Welcher Rahmen auch immer verwendet wird, eine ökonomische Klimawandelanalyse, die Betrachtungen von natürlichem Kapital und der Ästhetik des Klimas ausschließt – oder annimmt, der Verlust solcher Werte könne durch monetäre Transfers oder Bezahlungen kompensiert werden – wird eine vollkommen andere Prognose liefern, als eine Analyse, die solche Betrachtungen einschließt. Wir werden später in diesem Kapitel sehen, welchen entscheidenden Unterschied dies bewirkt.

Kosten-Nutzen-Analyse

Die am häufigsten verwendete Methode, um die Ökonomie von Klimapolitik zu erforschen, ist die Kosten-Nutzen-Analyse. Dieser Ansatz ermöglicht den Vergleich von Kosten einer Verminderung der Emission von Treibhausgasen in die Atmosphäre mit dem daraus resultierenden Nutzen. Die Vorteile einer Reduktion von Treibhausgasemissionen werden für gewöhnlich als die durch die Abschwächung von Klimawandel vermiedenen Schäden abgeschätzt. Um in einer vergleichenden Analyse verwendet werden zu können, müssen sowohl die durch Klimawandel entstehenden Schäden als auch die Mitigationskosten (Klimaschutz) als monetärer Betrag ausgedrückt werden, meist als Dollar- (oder Euro-)Wert pro Tonne Kohlenstoffdioxid, entweder emittiert oder vermieden –, was als ›soziale Kosten von Kohlenstoff‹ bezeichnet wird. Es ist wesentlich schwieriger, den vermiedenen Schaden aus diesen zwei Mengen zu berechnen als die Kosten für eine Verminderung von Treibhausgasemissionen zu kalkulieren. Die Gründe dafür sind im Exkurs 4.1 aufgeführt.

Das ökonomische Prinzip der Kosten-Nutzen-Analyse ist einfach auszudrücken, jedoch im Fall von Klimawandel schwierig zu verwirklichen. Im Prinzip gilt: Wenn die Kosten zur Vermeidung der Emission einer Tonne Kohlenstoffdioxid geringer sind[149] als der entstandene Schaden durch die Emission dieser Menge in die Atmosphäre, dann sollten politische Anstrengungen darauf abzielen, diese Emission zu vermeiden. Derartige politische Maßnahmen sollten weitergeführt werden bis zu dem Zeitpunkt, an dem die Kosten der Vermeidung beginnen, den ›Nutzen‹ zu übersteigen, der sich aus der so erzielten Abschwächung von Klimawandel ergäbe. Es ist also so lange sinnvoll, Emissionen zu reduzieren, wie der daraus resultierende Nutzen die Kosten übersteigt. Die Kosten-Nutzen-Analyse versucht durch die Verwendung expliziter monetärer Kriterien, politisches Handeln zu optimieren, und wird vielfältig bei privaten und öffentlichen Politikfragen angewandt; beispielsweise bei der Entscheidung über großskalige Gebäude- oder Transportprojekte wie einem städtischen U-Bahnsystem.

Dennoch erschweren viele der Charakteristiken von Klimawandel die standardmäßige Anwendung der Kosten-Nutzen-Analyse als ökonomisches Werkzeug, das die Entscheidungsfindung unterstützt. Weil klimatische Veränderungen alle Regionen umfassen, müssen Kosten und Nutzen auf einer globalen Skala betrachtet werden. Dies ist in jeglichem politischen Kontext kaum erreichbar. Weil der potenziell durch Klimawandel verursachte Schaden viele Dinge einschließt, die keinen Marktwert besitzen, sind Nutzenabschätzungen vermiedener Treibhausgasemissionen und der Ausdruck dieses Nutzens als Geldbetrag äußerst schwierig. Weil wir uns über viele Risiken, die Klimawandel verursachen könnte, im Unklaren sind, fällt es schwer, den Konsequenzen dieser Risiken Zahlen zuzuordnen; selbst für Vermögenswerte. Zum Beispiel reichen die Schätzungen für die sozialen Kosten von Kohlenstoff von null Dollar pro Tonne Kohlenstoff bis zu über 2.000 Dollar pro Tonne Kohlenstoff (siehe Exkurs 4.1). Letztendlich ist Klimawandel ein Langzeitphänomen, das über Jahrzehnte, Generationen und Jahrhunderte hinaus wirksam ist. Darum wird es von entscheidender Bedeutung sein, wie wir die entfernte Zukunft wertschätzen; darin liegt die vielleicht bedeutendste Komponente der auf Klimawandel bezogenen Kosten-Nutzen-Analyse.

Aus all diesen Gründen – einem globalen Phänomen, das die entfernte Zukunft beeinflusst, und dies mit unsicheren Konsequenzen, von denen viele keinen Marktwert besitzen – wird die Anwendung einer konventionellen Kosten-Nutzen-Analyse in der Klimawandelpolitik bestenfalls sehr schwierig und schlimmstenfalls unmöglich. Kosten-Nutzen-Analysen mögen als ökonomischer Leitfaden für relativ klar umrissene Entscheidungsfragen sehr effektiv sein und bei Zeitspannen von zwei oder drei Dekaden in die Zukunft, für die Kosten und Nutzen ausreichend gut abgeschätzt werden können. Doch viele betrachten sie im Hinblick auf Klimawandel als ungeeignetes Werkzeug. Und so wird die Kosten-Nutzen-Analyse selbst zum Stein des Anstoßes im Dissens zu Klimawandel.

Exkurs 4.1
Die sozialen Kosten von Kohlenstoff

Für eine Kosten-Nutzen-Analyse von Klimawandel ist es notwendig, den weltweiten und schrittweise entstehenden Schaden abzuschätzen, der durch die Emission einer Tonne CO_2 (oder der äquivalenten Menge anderer Treibhausgase) zu einem beliebigen Zeitpunkt verursacht würde. Zudem muss dieser Schaden als Geldbetrag ausgedrückt werden. Das ist mit dem Ausdruck ›soziale Kosten von Kohlenstoff‹ gemeint. Alternativ können die sozialen Kosten von Kohlenstoff als marginaler Nutzen oder vermiedener Schaden ausgedrückt werden, der aus der Vermeidung der Emission einer Tonne Kohlenstoff in die Atmosphäre resultiert. Nutzen und vermiedene Schäden können dann in einer Kosten-Nutzen-Analyse den Kosten einer solchen Vermeidung gegenübergestellt werden.

Die sozialen Kosten von Kohlenstoff abzuschätzen, ist keineswegs einfach und bringt eine Vielzahl wichtiger Annahmen und Werturteile über die Zukunft ins Spiel. Am einfachsten können wir die Bestandteile der sozialen Kosten von Kohlenstoff (SKK) in der folgenden Funktion (f) ausdrücken:

SKK ≈ f (Schaden, Anpassungsvermögen, Diskontsatz, Gleichgewichtung)

Jeder einzelne dieser Bestandteile ist an sich problematisch. Eine Abschätzung des potenziell durch Klimawandel verursachten Schadens und dessen Ausdruck als Geldbetrag umfasst mindestens drei separate Elemente. So kann der Schadensterm in folgender Funktion (f) dargestellt werden:

Schaden ≈ f (Marktkosten, Nicht-Marktkosten, Risiko eines abrupten Klimawandels)

Die Nettomarktkosten[150] für unterschiedliche Größenordnungen von Klimawandel müssen weltweit und für sämtliche ökonomische Sektoren zusammengefasst betrachtet werden. Einige Sektoren sind dabei einfacher zu analysieren als andere. Zum Beispiel ist es relativ einfach abzuschätzen, wie sich die bauliche Nachfrage für Heiz- und Kühlsysteme in verschiedenen Regionen unter unterschiedlichen Größenordnungen der Erwärmung verändern wird. Diese Abschätzung einer veränderten Nachfrage kann dann in die ökonomischen Nettokosten umgewandelt werden, die aus entsprechenden Veränderungen der Energienachfrage resultieren. Im Gegensatz dazu ist es äußerst schwierig, Änderungen in der Tourismuswirtschaft aufgrund von Klimawandel in verschiedenen Teilen der Welt einzuschätzen und Zugewinne gegenüber Verlusten an ökonomischer Aktivität abzuschätzen, die sich in der jeweiligen Region ergäben.

Die Probleme vervielfältigen sich für Aspekte unseres Lebens, die wir wertschätzen und die mit Klimawandel in Verbindung stehen, für die es jedoch keinen Markt gibt. Wenn beispielsweise ein Brutgebiet für eine seltene Zugvogelart in einem Land aufgrund des Meeresspiegelanstiegs verloren ginge, jedoch in einem anderen Land ein Brutgebiet entstünde, wie schätzen wir die monetären Kosten dieses Ortswechsels ab? Wird ein Verlust der Tierwelt in einem Land durch einen Zugewinn in einem anderen Land ausgeglichen? Oder, wenn es aufgrund von Klimawandel in einem Land der mittleren Breiten keine Winter mit Schnee mehr gäbe. Was wäre der (verlorene) Geldwert für die kindlichen Erfahrungen, im Schnee zu spielen? Und was ist mit dem Schaden, der durch eine tiefgreifende Störung von Besonderheiten des Klimasystems, wie etwa eine unumkehrbare Veränderung des südasiatischen Monsuns, verursacht werden könnte: Wie berücksichtigen wir dann die (vermutlich) hohen, jedoch unbekannten sozialen Kosten, die durch eine solche (vermutlich) unwahrscheinliche Änderung entstehen?

Wie die Gleichung oben zeigt, ist das Abschätzen der (monetären) Nettoschäden von Klimawandel nur ein Teil des Problems, die sozialen Kosten von Kohlenstoff einzuschätzen. Zu bedenken ist auch die Bedeutung von Klimawandelanpassung. Es besteht offensichtlich die Möglichkeit, einige der oben genannten ›Schäden‹ durch geplante oder reaktive Anpassung zu vermeiden. Einzelne Unternehmen, Organisationen, Gemeinschaften und Gesellschaften sind reagierende und innovative Gebilde und werden angesichts von Klimawandel nicht untätig bleiben. Anpassung bietet die Möglichkeit, die offensichtlichen Kosten von Klimawandel zu vermindern oder sogar Vorteile zu erreichen, wenn auch für einige Anpassungsmaßnahmen selbst Kosten anfallen werden. Der Weitblick, um all diese Auswirkungen und Rückkopplungen zweiter oder dritter Ordnung abschätzen zu können, fehlt uns jedoch weitestgehend.

Die letzten beiden Elemente der sozialen Kosten von Kohlenstoff umfassen äußerst wichtige ethische Betrachtungen: Wie gewichten wir zukünftige Generationen (Diskontsatz) und wie gewichten wir die Leben von Menschen, die reicher oder ärmer als wir selbst sind (Gleichgewichtung)? Der Diskontsatz wird im nachfolgenden Haupttext ausführlicher diskutiert; doch die Gleichgewichtung ist von ebensolcher Bedeutung. Wenn beispielsweise Schätzungen von Todes- und Krankheitsfällen in Folge von Klimawandel in Geldbeträgen ausgedrückt werden sollen, wie hoch setzen wir dann den Wert eines chinesischen Lebens im Vergleich zu einem norwegischen Leben an?

Traditionelle neoklassizistische Ökonomen würden diesen beiden Leben einen unterschiedlichen Geldwert zuordnen, basierend auf offensichtlichen Kosten[151]. Eine andere Argumentation, basierend auf ethischen Überlegungen, würde hingegen fordern, dass beide Leben gleich gewichtet werden müssen.

Die vorangegangene Diskussion ließ anklingen, welche Schwierigkeiten mit der Abschätzung der sozialen Kosten von Kohlenstoff verbunden sind. Zudem hat sie verdeutlicht, warum verschiedene Analysten in verschiedenen Ländern, von unterschiedlichen Annahmen und ethischen Prinzipien geleitet, zu unterschiedlichen Schätzungsergebnissen gelangen. Es ist daher nicht verwunderlich, dass die veröffentlichten Schätzungen für die sozialen Kosten von Kohlenstoff von null Dollar pro Tonne Kohlenstoff bis zu über 2.000 Dollar pro Tonne Kohlenstoff reichen, mit einem mittleren Schätzwert von circa 90 Dollar pro Tonne Kohlenstoff[152]. Sogar innerhalb eines Landes können gravierende Meinungsverschiedenheiten über die angemessenen sozialen Kosten von Kohlenstoff auftreten. So gab es in Großbritannien eine langwährende Auseinandersetzung darüber, ob die der Regierungspolitik zugrunde gelegten sozialen Kosten von Kohlenstoff näher an 14 Dollar pro Tonne Kohlenstoff oder 140 Dollar pro Tonne Kohlenstoff liegen sollten; ein Unterschied um den Faktor zehn! Ohne Frage, wenn wir uns nicht über die möglichen klimawandelbedingten Schäden in der Zukunft einig werden können, dann wird es uns umso schwerer fallen, ein Einvernehmen über die übergeordneten Ziele und die Dringlichkeit der Klimawandelpolitik zu erzielen.

Die Abzinsung der Zukunft

Grundlage aller Kosten-Nutzen-Analysen, die in Entscheidungen mit langjährigen Auswirkungen einfließen, ist die Auswahl eines angemessenen sozialen Diskontsatzes. Im Fall von Klimawandel, dessen Effekte vielleicht über mehrere Generationen, wenn nicht gar über Jahrhunderte hinweg spürbar sein können, beeinflusst die Wahl des Diskontsatzes maßgeblich die Ergebnisse jeglicher Kosten-Nutzen-Analyse und damit auch jeglichen Versuch, ökonomische Analysemethoden bei der Entscheidungsfindung, wie Klimawandel zu begegnen sei, einzusetzen.

Fragen nach dem sozialen Diskontsatz in der Ökonomie sind innerhalb gesellschaftlicher Entscheidungen Fragen nach der relativen Bedeutung, die dem Wohlstand künftiger Generationen im Vergleich zum Wohlstand gegenwärtiger Generationen beigemessen wird. Im Allgemeinen basiert in jeder

Analyse die Wahl eines Diskontsatzes – genauer: der ›reinen Zeitpräferenzrate‹ oder Zeit-Diskontsatz – entweder auf beschreibenden (empirischen) Erwägungen oder auf vordefinierten (ethischen) Überlegungen. Deskriptive Ansätze führen allgemein zu höheren Diskontsätzen (beispielsweise vier Prozent pro Jahr oder mehr). Präskriptive Ansätze hingegen ergeben gewöhnlich niedrigere Diskontsätze (unter drei Prozent oder in einigen Fällen sogar null). Im Kontext von Klimawandel kommt die Debatte über Diskontsätze auf, weil die Vorteile (das heißt vermiedene Schäden) gegenwärtiger Investitionen in Klimawandelmitigation (das heißt Investitionen zur Verringerung der Emission von Treibhausgasen) erst für zukünftige Generationen spürbar werden[153]. Wählen wir einen Diskontsatz, so müssen wir uns zwischen einer empirisch beobachteten Rate oder einer vorab definierten Rate entscheiden – und im letzteren Fall auch, welche präskriptive Rate wir wählen. Ob nun deskriptiv oder präskriptiv, in beiden Fällen muss der Analyst eine ethische Beurteilung vornehmen, wie groß die relative Bedeutung zukünftiger Generationen im Vergleich zu unserer heutigen Generation ist.

Die Argumentation *für* einen niedrigen Diskontsatz ist im Wesentlichen ethisch begründet: Der Wohlstand einer in der Zukunft lebenden Person sollte für uns von ebenso hoher Bedeutung sein wie das Wohlergehen eines gegenwärtig lebenden Menschen. Es sollte keine Diskriminierung gegenüber Ungeborenen geben, nur weil sie noch nicht geboren wurden. Auf Klimawandel angewendet, lautet die Argumentation folgendermaßen: Jeglicher durch Klimawandel verursachte Schaden wird zunehmend von zukünftigen Generationen getragen werden. Könnten diese Menschen heute mit uns sprechen, so würden sie uns bitten, auf einen Teil unseres Konsums zu verzichten, damit sie in den Genuss der zukünftigen Vorteile eines verringerten Klimawandels kommen können. Mit anderen Worten: Sie würden uns bitten, heute in Klimaschutz zu investieren, um in gewissem Umfang zukünftige Schäden von Klimawandel zu mindern. Diese präskriptive Herangehensweise an Diskontsätze wurde im Stern-Report angewandt, wie im nächsten Abschnitt gezeigt wird.

Gegen eine sehr niedrige Diskontrate werden zwei Argumente in Feld geführt. Erfahrungsgemäß zeigt unser Konsumverhalten, dass wir dem Wohlstand zukünftiger Generationen *weniger* Gewicht beimessen als unserem eigenen Wohlstand. Unser Ausgabeverhalten verrät, dass wir lieber heute konsumieren, als morgen die Vorteile eines eingeschränkten Konsums zu genießen, egal ob wir selbst oder unsere Nachkommen Nutznießer sind. Der zweite Teil der Argumentation gegen einen niedrigen Diskontsatz leitet sich aus der Annahme ab, dass zukünftige Generationen vermutlich deutlich reicher sein werden als wir es heute sind[154]. Falls dies der Fall ist, dann werden sie eine höhere Kaufkraft besitzen als wir heute, um mit jeglichen zukünftigen Folgen von Klimawandel zurechtzukommen oder sich daran anzupassen. In diesem Fall sollten die Interessen zukünftiger Generationen nicht stärker gewichtet werden (wie durch einen niedrigen Diskontsatz). Statt heute in die Mitigation zukünftigen Klimawandels zu investieren, fänden die Mittel eine sinnvollere Verwendung, wenn sie eingesetzt würden, um die Vulnerabilität der heute Armen gegenüber Klimarisiken zu senken. Wie der britische Ökonom David Pearce erklärt, könnte ein niedriger Diskontsatz dazu führen, dass »ein Ressourcenverzicht in der Gegenwart (…) zu Lasten einer Einkommensübertragung an die Armen heute geht. Wenn dem so ist, würden die Armen der Gegenwart das Opfer tragen und auf Vorteile verzichten zugunsten ihrer reicheren Nachkommen«[155]. Oder, rundheraus gesagt: Wir sollten uns nicht zu sehr verpflichtet fühlen, heute Opfer zu bringen, die zukünftige Generationen noch reicher machen als sie bereits sein werden, so wenig wie beispielsweise unsere Eltern ihr *einziges* Auto hätten aufgeben müssen, um uns den Kauf eines *zweiten* Autos für unseren Haushalt zu ermöglichen.

Es gibt für beide dieser Positionen Argumente. Die Wahl eines Diskontsatzes muss letzten Endes anhand deutlich umfassenderer Erwägungen getroffen werden, als nur anhand wirtschaftlicher Betrachtungen. Sowohl unsere Einstellung gegenüber zukünftigen Generationen als auch unsere Vorstellung von deren Reichtum sind für die Wahl des Diskontsatzes ausschlaggebend. Ebenso zentral muss es für unsere Entscheidung sein, was wir über die Konsequenzen von Klimawandel denken. Glauben wir, dass einige dieser Konsequenzen so enorm sein werden, dass sie entweder nicht rückgängig gemacht werden können oder wir uns nicht daran anpassen können? Oder dass natürliches Kapital oder ästhetische Werte verloren gehen werden, die durch einen Geldtransfer unwiederbringlich sind? Damit sind wir bei der Frage nach unseren Einstellungen zu Risiko, Gefahr und Vorsorge angelangt – und wie wir uns in diesen Einstellungen unterscheiden.

Unsicherheit, Risiko und Vorsorge

Wir nehmen Risiken ungleich wahr und beurteilen sie unterschiedlich. Unsere individuellen oder gemeinschaftlichen Entscheidungen basieren daher meist auf sehr verschiedenen Einstellungen zu Risiken. Das können recht alltägliche Entscheidungen sein, zum Beispiel ob wir eine Versicherung abschließen, die uns gegen Konsequenzen einer Fehlfunktion unseres neuen Herds schützt. Oder, schon wesentlicher, wie streng wir die Sicherheitsrichtlinien auf Flughäfen in Anbetracht möglicher Terroranschläge gestalten. Es ist offensichtlich, dass es unter uns Risikofreudige und Risikoscheue gibt. Wir werden diese Einstellungen ausführlicher in Kapitel 6 *Wovor wir uns fürchten* erkunden.

Gerade, wenn wir die Wahrscheinlichkeit und den Schweregrad zukünftiger Klimarisiken sowie unseren Glauben an diese Wahrscheinlichkeiten betrachten, zeigt sich uns eine weitere Grenze konventioneller ökonomischer Analysen von Klimawandel. Wir haben oben gesehen, wie unsere Einschätzung von Unsicherheit gegenüber zukünftigen großen Klimarisiken das Abschätzen der sozialen Kosten von Kohlenstoff beeinflusst (siehe Exkurs 4.1) und wie entscheidend ethische Betrachtungen für die Wahl eines Diskontsatzes sind. Angenommen, diese Risiken erschienen uns sehr groß und sie deuteten auf Klimaveränderungen hin, von denen wir glauben, dass sich keine zukünftige Generation daran anpassen kann, dann könnten die Ergebnisse jeglicher formaler Kosten-Nutzen-Analyse von der Anwendung des Vorsorgeprinzips übertrumpft werden.

Das Vorsorgeprinzip wird durch den Aphorismus zusammengefasst: ›Vorsicht ist besser als Nachsicht‹. Das besagt, dass *wenn* eine Handlung *möglicherweise* ernsthafte oder unumkehrbare Schäden verursachen könnte, so läge die Beweislast im Falle eines fehlenden wissenschaftlichen Konsenses über die *Unbedenklichkeit* der Handlung bei den Befürwortern der Maßnahme. Auf Klimawandel angewendet bedeutet dies: Sofern es augenscheinliche Belege dafür gibt, dass eine Klimaveränderung (eventuell großen) Schaden verursacht, dann müssen diejenigen, die sich Anstrengungen zur Verminderung erhöhter Treibhausgasemissionen widersetzen, nachweisen, dass jene vermeidbaren Emissionen ungefährlich sind.

Wie wir anhand der nachfolgenden Debatte über den Stern-Report sehen werden, haben einige der Unterschiede in der Auslegung wirtschaftlicher Analysen zu Klimawandel nichts mit Ökonomie zu tun. Es geht nicht darum, ob uns eine Kosten-Nutzen-Analyse mit all den Annahmen und Beurteilungen, die ihren Zahlen zugrunde liegen, sagt, dass wir handeln sollten, ob schnell oder langsam und zu welchem Preis. Vielmehr geht es darum, ob wir die (größtenteils unbekannten) Risiken in Folge von Klimawandel als potenziell so groß und unerwünscht einschätzen, dass wir *jeglicher* Kosten-Nutzen-Analyse misstrauen, egal auf welchen Annahmen sie beruht. In diesem Fall würden einige feststellen, dass das Vorsorgeprinzip von uns verlangt, sofort alles in unserer Macht Stehende zu tun, um diesen Klimawandel abzuschwächen. Sich auf das Vorsorgeprinzip zu berufen, entzieht das Thema Klimawandel dem Zuständigkeitsbereich der Ökonomie und platziert es fest innerhalb der Kategorien von Ethik und Risikobewertung. Diese beiden Dimensionen betrachten wir jeweils eingehender in Kapitel 5 *Woran wir glauben* beziehungsweise Kapitel 6 *Wovor wir uns fürchten.*

Der Stern-Report und seine Kritiker

Der Boden ist nun bereitet, um die ökonomischen Argumente des Stern-Reports näher zu prüfen. Doch wichtiger noch ist, dass wir verstehen, warum andere mit Klimawandel befasste Ökonomen und Kommentatoren kritisierten, dass die Schlussfolgerungen des Stern-Reports zu radikal beziehungsweise zu konservativ seien. All jene, die meinten, dass eine verbindliche ökonomische

Analyse zu den Folgen von Klimawandel die wissenschaftlichen Unsicherheiten zu Klimawandel elegant umschiffen und einige klare und akzeptierte soziale und politische Handlungsanweisungen festschreiben würde, lagen falsch.

Die Kernaussagen des Stern-Reports

Der Stern-Report über die wirtschaftlichen Folgen von Klimawandel wurde im Zeitraum von 2005 bis 2006 vom Finanzministerium der britischen Regierung erstellt. Vorsitzender des Komitees war der ehemalige Chefökonom der Weltbank Nicholas Stern, nach dem der Bericht benannt wurde. Zu seiner Veröffentlichung in London am 30. Oktober 2006 verkündete der britische Premierminister Tony Blair: »Dies ist der wichtigste Bericht über die Zukunft, der in unserer Amtszeit von der Regierung veröffentlicht wurde (…). Der Stern-Report zeigt, wie die wirtschaftlichen Vorteile eines entschiedenen frühzeitigen Handelns jegliche Kosten ohne Weiteres kompensieren können. Er beweist, dass die Bekämpfung von Klimawandel eine wachstumsfreundliche Strategie ist«[156].

Die griffigen Medientitel waren gewiss fesselnd – »Wirtschaftswissenschaftler warnen, dass der Klimawandel Billionen kosten wird, falls die Regierungen es versäumen zu handeln«, »Wir wurden gewarnt: Nun sollte jeder verstehen, weshalb wir den Klimawandel bekämpfen müssen«, »Erwärmung, (eine) Gefahr für (die) globale Wirtschaft«[157]. Die Hauptempfehlung des Stern-Reports, aus ökonomischen Argumenten abgeleitet, war eine dringende, sofortige und strenge Verminderung der Treibhausgasemissionen mit dem Ziel der Stabilisierung von CO_2-Äquivalenten in der Atmosphäre auf Konzentrationen zwischen 450 und 550 Teilen pro Million.

Für die Schlussfolgerung, dass im Bereich Klimawandel die Kosten des Nichthandelns die Kosten eines frühen und unverzüglichen Handelns deutlich übersteigen, griff der Stern-Report auf verschiedene ökonomische Konzepte und Bezugsrahmen zurück. Obwohl der Bericht von einer herkömmlichen Kosten-Nutzen-Analyse ausging, räumte er Fragen nach Unsicherheit, Risiko und Gleichheit bedeutend mehr Aufmerksamkeit ein, als es in einer konventionellen Kosten-Nutzen-Analyse üblich ist. Mit der Behauptung, ›Klimawandel ist das größte Marktversagen, dass die Welt je gesehen hat‹, nahm der Stern-Report eindeutig eine eher konventionelle wohlfahrtsökonomische Perspektive ein. Andererseits gingen einige seiner Annahmen und ethischen Beurteilungen über die konventionelle Ökonomie hinaus. Ein sehr niedriger Zeit-Diskontsatz von effektiv Null[158] in Kombination mit einer Pro-Kopf-Wachstumsrate von 1,3 Prozent führte insgesamt zu einem sozialen Diskontsatz von 1,4 Prozent; wesentlich geringer als die herkömmlicherweise angesetzte Spanne von drei bis sechs Prozent. Der Stern-Report schätzte ebenso die sozialen Kosten von Kohlenstoff mit 300 Dollar pro Tonne Kohlenstoff hoch ein, wiederum basierend auf einem breiteren Spektrum von Betrachtungen als konventionelle Wohlfahrtsmetriken.

Seit seiner Veröffentlichung wurde der Stern-Report in Debatten über Klimawandelpolitik oft zitiert. Obwohl er vom britischen Finanzministerium in Auftrag gegeben wurde und nicht von den Vereinten Nationen autorisiert war, scheint der Stern-Report zeitweise beinahe die Autorität eines IPCC-Berichts erlangt zu haben. Er bildete eine Hauptstütze der Klimawandeldiplomatie der britischen Regierung 2007 und in den Jahren danach. Zudem stellt der Stern-Report eine mühelos zitierbare Quelle für Argumente dar, die für ein entschiedenes und frühzeitiges Handeln sprechen, um die Folgen von Klimawandel abzumildern. Aber seine ökonomische Diagnose von Klimawandel und seine Prognose für die Klimapolitik blieben nicht unangefochten. Es gibt andere Ansätze, um an die Ökonomie von Klimawandel heranzugehen. Ansätze, aus denen entweder konservativere oder radikalere Handlungsempfehlungen resultieren. Wir werden zunächst die Gegenargumente vom konservativeren Ende des Spektrums näher betrachten.

Konservativere Analysen

Ein Teil der Kritik am Stern-Report bewegt sich ebenfalls im Rahmen der Kosten-Nutzen-Analyse. Jedoch fechten diese Stimmen die Annahmen im Stern-Report an, die für Diskontsätze, Schadenskosten und das Risiko von Katastrophen getroffen wurden. Im Wesentlichen stellen diese Kritiker die Hauptaussage des Stern-Reports in Frage, dass die Kosten eines ungemilderten Klimawandels ›jedes Jahr zwischen fünf und 20 Prozent des globalen BIP, jetzt und für immer‹ betragen werden. Diese Kritiker bestreiten nicht zwangsläufig, dass eine ökonomische Analyse zu dem Ergebnis kommen könnte, dass bezüglich Klimawandel gehandelt werden müsste, sie legen jedoch nahe, dass weniger drastische oder spätere Eingriffe gerechtfertigt sind.

Eine genauere Hinterfragung dieses Standpunkts fördert unser Verständnis, weshalb Ökonomen über Maßnahmen gegen Klimawandel uneins sind. Die verschiedenen Argumente lassen sich im Kern auf drei reduzieren: 1) Was ist der angemessene Diskontsatz? 2) Wie hoch sind die Schadenskosten von Klimawandel? und 3) Wie wahrscheinlich sind die meisten der resultierenden katastrophalen Folgen? Bei jeder dieser Fragen geht es um Beurteilungen, die uns weitab von den beobachtbaren und vorhersagbaren Tatsachen führen und worüber Wissenschaft deshalb entweder schweigt oder zutiefst unsicher ist.

Der erfahrene amerikanische Ökonom William Nordhaus focht am vehementesten die Wahl eines sehr niedrigen Diskontsatzes im Stern-Report an. Anstatt einer ›extrem präskriptiven‹ Herangehensweise an die Wahl eines Diskontsatzes favorisiert Nordhaus eine Herangehensweise, die zwar ethische Beurteilungen einschließt, jedoch stärker an das empirische Verhalten von Märkten und an individuelles wirtschaftliches Verhalten gebunden ist. Der von Nordhaus vertretene Ansatz würde den Schaden eines unverminderten

Klimawandels auf lediglich 0,5 bis zwei Prozent des jährlichen weltweiten BIP schätzen, eine volle Größenordnung niedriger als der Stern-Report.

Die Geister scheiden sich daran, wie wichtig uns der Wohlstand zukünftiger Generationen im Verhältnis zum Wohlstand unserer eigenen Generation ist. Wären wir der Meinung, dass alle nachfolgenden Generationen als ebenso wichtig wie unsere Generation in unseren Entscheidungen betrachtet werden sollten – ungeachtet dessen, ob diese zukünftigen Generationen reicher oder ärmer als wir selbst sind –, dann stellte sich Klimawandel als ein dringenderes Problem dar, in das wir heute investieren müssen. Wir sollten einen Diskontsatz von oder nahe null wählen; so die Position des Stern-Reports. Andererseits – so das Argument von Nordhaus und einigen anderen Ökonomen – wenn unsere Verhaltensweisen und Entscheidungen in anderen Bereichen des Wirtschaftslebens heutzutage zeigen, dass wir die Interessen aller zukünftigen Generationen nicht als gleichwertig zu unseren Interessen ansehen, dann sollten wir einen höheren Diskontsatz ansetzen. In diesem Fall lasten die zukünftigen Schäden von Klimawandel weniger auf unserem Gewissen, wenn wir heute Entscheidungen über unsere Investitionsmöglichkeiten treffen. Weder Wissenschaft noch ökonomische Grundsätze können zwischen diesen beiden Positionen vermitteln. Weitläufigere ethische und moralische Betrachtungen müssen in die Debatte mit einbezogen werden, wie wir in Kapitel 5 *Woran wir glauben* sehen werden.

Bleibt der angemessene Diskontsatz, der bei der Klimawandelanalyse zu verwenden ist, von Ökonomen unbeantwortet, dann sind der physische (und demnach ebenfalls der wirtschaftliche) Schaden als Folge von Klimawandel und die Risiken katastrophaler Veränderungen nur unzureichend von der Wissenschaft verstanden. Wir betrachteten bereits einige der Gründe dafür in der Diskussion über die sozialen Kosten von Kohlenstoff (siehe Exkurs 4.1). Der Stern-Report übernahm für die sozialen Kosten von Kohlenstoff einen Wert von 310 Dollar pro Tonne Kohlenstoff und entschied sich damit für eine Schätzung, die am oberen Ende der veröffentlichten Spannbreite angesiedelt ist. Andere Ökonomen, die sich auf denselben wohlfahrtsökonomischen analytischen Rahmen stützen wie Stern, argumentierten, dass dessen Schätzung zu hoch sei und demzufolge die Dringlichkeit des Problems, wie es der Stern-Report darstelle, übertrieben sei. Die Fragen, die hier in Wirklichkeit zur Debatte stehen, sind die Interpretation wissenschaftlicher Unsicherheiten sowie das Ausmaß, in dem zukünftige Generationen in der Lage sein werden, sich erfolgreich an die bevorstehenden Veränderungen des physikalischen Klimas anzupassen.

Zur Veranschaulichung dieser Streitfragen – und der zugrunde liegenden unterschiedlichen Auffassungen – untersuchen wir, wie ›Ökonomische Schadensfunktionen‹ von Wirtschaftswissenschaftlern aufgestellt werden. Für gewöhnlich drückt eine Schadensfunktion den Verlust an globaler (ökonomischer) Weltproduktion (GWP) aus, in Abhängigkeit von jedem Grad Celsius durchschnittlicher globaler Erwärmung. Die wissenschaftliche Literatur zu Schadensfunktionen ist nicht umfangreich, doch legen die publizierten Ergebnisse nahe, dass bis zu einer Erwärmung von rund 2,5°C etwa ein Prozent (zwischen null und zwei Prozent) des GWP eingebüßt werden könnte. Jenseits dieser Temperatur müssen Vermutungen über die Gestalt der Schadenskurve angestellt werden. Verläuft sie linear (zum Beispiel zwei Prozent Verlust bei 5°C, drei Prozent Verlust bei 7,5°C etc.) oder beginnt sie steiler zu verlaufen? Falls die Schadenskurve nicht linear ist, dann, wie nicht linear genau – verläuft sie sehr steil oder weniger steil (siehe Abbildung 4.1)?

Eine weitere Frage zu solchen Schadensfunktionen lautet: Wie bilden sie ökonomische Schäden ab, die mit möglichen, jedoch unwahrscheinlichen, ›katastrophalen‹ Klimaauswirkungen verbunden sind (zum Beispiel den Kollaps des westantarktischen Eisschildes)? Für derartige Annahmen fehlen uns wissenschaftliche Untersuchungen. Es ist in der Tat nicht einmal klar, wie wir so eine Studie gestützt auf Beobachtungen und/oder Theorie anlegen sollten, um eine solche Frage zu beantworten.

Im Ergebnis führen diese Ungewissheiten dazu, dass der Verlauf der Schadensfunktionen in ökonomischen Analysen größtenteils lediglich auf Annahmen statt auf empirischen oder theoretischen Belegen beruht. Verschiedene Wirtschaftsanalytiker verwenden unterschiedlich verlaufende Kurven, demzufolge liefern verschiedene ökonomische Analysen unterschiedliche Diagnosen für das Ausmaß von Klimawandel. Bei gleichen ethischen Prinzipien und analytischem Bezugssystem wie der Stern-Report, doch verändertem Kurvenverlauf der Schadensfunktion, könnte eine andere Analyse ein vollkommen anderes Ergebnis liefern, wie mit Klimawandel umzugehen sei. Die Kosten-Nutzen-Analysen von Ökonomen wie Nordhaus oder des niederländischen Wirtschaftswissenschaftlers Richard Tol schätzen die sozialen Kosten von Kohlenstoff beispielsweise auf zwischen 40 Dollar und 120 Dollar pro Tonne Kohlenstoff – deutlich unter den 310 Dollar des Stern-Reports.

In diesem Abschnitt haben wir gesehen, wie verschiedene wirtschaftswissenschaftliche Analysen mit konventionellen wohlfahrtsökonomischen Ansätzen zu völlig unterschiedlichen ökonomischen Diagnosen des Klimawandelproblems gelangen können. Werden konservativere Annahmen als im Stern-Report getroffen, führte Klimawandel nicht, wie behauptet, zu einem zukünftigen globalen BIP-Verlust zwischen fünf und 20 Prozent. Die wirtschaftlichen Argumente zu Klimawandel sind jedoch noch weitaus vielfältiger als die hier vorgestellten. Als Nächstes werden wir die gleichermaßen werturteilsbeladene Sichtweise der Umweltökonomen untersuchen. Diese Ökonomen würden eine Kosten-Nutzen-Analyse vollständig ablehnen – selbst die abgewandelte Version im Stern-Report. Stattdessen würden sie ein radikaleres Vorsorgeprinzip bevorzugen, um globale Klimapolitik zu gestalten.

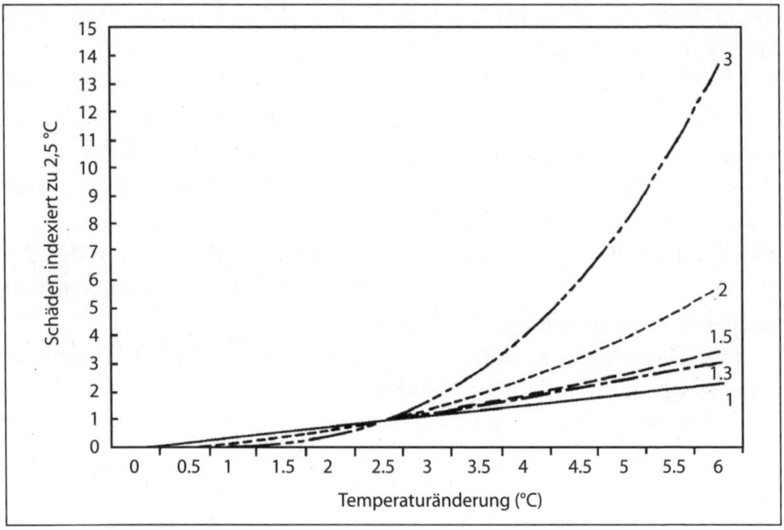

Abbildung 4.1: Einige mögliche Schadensfunktionen von Klimawandel, ausgedrückt als geschätzter globaler wirtschaftlicher Schaden in Folge einer durchschnittlichen globalen Erwärmung von 2,5°C (das heißt Indexwert = 1) gegen die Temperaturänderung in Grad Celsius. Die verschiedenen Kurven spiegeln verschiedene gewählte Exponenten für die Schadensfunktionen wider (Wert ist für jede Kurve angegeben; zum Beispiel 1,3 Prozent).
Quelle: Dietz, S.; Hope, C.; Patmore, N. (2007): Some economics of ›dangerous‹ climate change: reflections on the Stern Review. Global Environmental Change 17, 3–4: 311–325.

Radikalere Analysen

Während die Schlussfolgerungen des Stern-Reports dem Mainstream der Wohlfahrtsökonomen Unbehagen bereiteten, kritisierten andere Stimmen, die dem Lager der Umweltökonomie zuzurechnen sind, auch die dort vorgestellte Analyse selbst. Sie lenkten die Debatte nicht auf die angemessenen Werte für die Schlüsselparameter im Stern-Report – den Diskontsatz und die sozialen Kosten von Kohlenstoff, sondern stellten den zugrunde liegenden wohlfahrtsökonomischen Rahmen insgesamt in Frage. Das Herzstück dieser Kritik bildet die Ansicht, dass solche Analyserahmen die fundamentalen Werte, die im Zusammenhang mit Klimawandel gefährdet sind, nicht erfassen können; oder wie sich der Umweltökonom Clive Spash ausdrückt: »Die (Stern-)Autoren bleiben einer ökonomischen Orthodoxie treu, die den vorherrschenden politischen Mythos aufrechterhält, dass traditionelles wirtschaftliches Wachstum sowohl nachhaltig sein kann als auch eine Antwort auf all unsere Probleme ist«[159].

Ökologische Ökonomen lehnen Wohlfahrtsökonomie als Grundlage der Entscheidungsfindung im Bereich Klimawandel ab, oftmals mit dem Hinweis auf die »unumkehrbaren und nicht ersetzbaren Schäden an sowie den Verlust von natürlichem Kapital«[160]. Damit ist gemeint, dass einige der Veränderungen auf der Welt aufgrund physikalischer Klimaveränderungen nicht durch höheren Konsum oder Geldtransfer aufgewogen werden können, wie zum Beispiel der Verlust von Arten, das Sterben von Korallenriffen, das Schmelzen von Gletschern oder der Verlust von Küstengebieten durch einen starken Meeresspiegelanstieg. Solche Veränderungen stellen absolute und unwiederbringliche Verluste von natürlichem Reichtum oder natürlichen Funktionen dar, die für uns von großem Wert sind und deren Wert nicht über den Markt bestimmt werden kann. Von diesem Standpunkt aus ist es wenig sinnvoll, darüber zu streiten, ob ein solcher Verlust ein Prozent oder 20 Prozent des globalen BIP ausmacht. Genauso wenig sinnvoll ist es, eine detaillierte ökonomische Debatte darüber zu beginnen, ob solche Verluste durch ökonomische Wachstumsraten von einem oder zwei Prozent pro Jahr ausgeglichen werden können, mit einem Diskontsatz von 0,1 oder sechs Prozent. Die Grundlage ihrer Argumentation liegt jenseits der klassischen Ökonomie: »Klimawandel, zumindest oberhalb eines bestimmten Temperaturanstiegs, verletzt die grundsätzlichen Prinzipien nachhaltiger Entwicklung, intergenerationeller Verantwortung und Gerechtigkeit und missachtet deshalb die unbestreitbaren Rechte zukünftiger Generationen«[161].

Umweltökonomen entziehen das Thema Klimawandel somit dem Geltungsbereich utilitaristischer oder herkömmlicher wohlstandsbasierter Berechnungen. Sie behaupten, dass stattdessen ein Bewertungsansatz Anlass zum Handeln gibt, der auf Rechten basiert, nämlich dem Recht zukünftiger Generationen, die gleichen elementaren Naturreichtümer und natürlichen Funktionen zu genießen und von ihnen zu profitieren, wie es unsere Generation tut. Ihre Kritik am Stern-Report und an anderen, ähnlichen ökonomischen Analysen ist nicht, dass eine Reihe unkonventioneller ethischer Beurteilungen getroffen wurde, sondern, dass der Stern-Report nicht in ausreichendem Maße seiner eigenen Logik gefolgt ist, die Ökonomie von Klimawandel als maßgeblich abhängig von Ethik, Risiko und Unsicherheit darzustellen. Denn hätte er das getan, dann stünden eher die Rechte zukünftiger Generationen im Mittelpunkt der Debatte, statt der Frage, wie viele Prozentpunkte des weltweiten BIP verloren gehen werden. Immerhin, angesichts des im Stern-Report angenommenen anhaltenden Wirtschaftswachstums von 1,3 Prozent für die nächsten 200 Jahre, kann stets behauptet werden, dass zukünftige Generationen zwei-, vier- oder sechsmal reicher sein werden als gegenwärtige Generationen. Falls dem so ist, wären die zukünftigen Generationen in der Lage, die (selbst recht extremen) durch den Stern-Report postulierten Verluste zu tragen.

Nach Meinung dieser Umweltökonomen muss Klimawandel als Problem der Notwendigkeit, Vorsichtsmaßnahmen zur Vermeidung einer Katastrophe zu treffen, betrachtet werden, denn als eines, wie anhaltend Gewinne aus einer Investition gesichert werden können. Die Sichtweise der radikalen Tiefenökologen stellt eine Herausforderung dar für die Art, wie konventionelle Investitionen getätigt werden, wie Geschäfte betrieben werden und wie Märkte funktionieren. Sie passt nicht richtig zur vorherrschenden wirtschaftlichen Denkweise. Darauf kommen wir in Kapitel 8 *Was ist Fortschritt?* zurück.

Das Offenlegen von Werten in der Ökonomie

Der Stern-Report hatte gewiss den Effekt, die Debatte auf der ganzen Welt darüber anzuheizen, ob wir Klimawandel unter ökonomischen Aspekten betrachten sollten und wenn ja, wie. Eine unangefochtene Anweisung, was im Hinblick auf Klimawandel getan werden muss, hat der Bericht nicht bereitgestellt, so wenig wie die verschiedenen Sachstandsberichte des Weltklimarats. Schlussendlich überschreiten Bewertungs-, ethische und philosophische Uneinigkeiten zu Klimawandel die Grenzen physikalischer Wissenschaft und die Leistungsfähigkeit der Ökonomie. Verschiedene Glaubenssysteme und unterschiedliche soziale Werte müssen klar dargestellt und diskutiert werden. Wir werden einige dieser Glaubenssysteme im nächsten Kapitel ergründen. Doch jetzt wollen wir die Fragen, wie Werte bestimmt werden, klären und zuspitzen, die unsere Reise durch die Ökonomie aufgeworfen haben.

Am Anfang dieser Fragen steht, welches Gewicht wir dem Wohlstand zukünftiger ungeborener Generationen beimessen, verglichen mit dem Wohlstand unserer eigenen Generation. Oder, plumper ausgedrückt, wie sehr sorgen wir uns um unser eigenes Wohlergehen (sprich, Konsumverhalten) im Vergleich zu dem Wohlergehen anderer (sprich, Konsumverzicht)? An dieser Stelle gibt es zwei Argumentationslinien. Der erste Streitpunkt existiert zwischen jenen, die diese relativen Gewichtungen aus unserem gegenwärtigen Verhalten ableiten (ein deskriptiver Ansatz) und denen, die argumentieren, dass unsere gelebten Präferenzen offenbar nicht mit den von uns geäußerten Vorlieben und ethischen Normen vereinbar sind (ein präskriptiver Ansatz). Letztere Gruppe glaubt, dass diese ethischen Betrachtungen Vorrang haben sollten, weil wir Menschen dazu neigen, unsere höhere Wertschätzung von Gleichbehandlung eher mit Worten auszudrücken als durch Taten. Die zweite Argumentationslinie betrifft das Gewicht, das wir dem Wohlstand zukünftiger Generationen im Verhältnis zu unserem eigenen Wohlstand beimessen. Zum einen gibt es solche, die unsere Pflicht betonen, zukünftigen Generationen keine klimatischen Risiken zu hinterlassen; Risiken, die ihre Lebensqualität verringern oder gar ihr Überleben gefährden könnten. Zum anderen gibt es jene, die dem Wohlergehen der heute Lebenden (einschließlich ihren Lebenschancen) eine höhere Priorität beimessen.

Alle diese unterschiedlichen Beurteilungen sind durch die beiden Schlüsselparameter Zeitdiskontsatz und Gleichgewichtungsfaktor erfasst. Beide

Parameter bestimmen größtenteils den sozialen Diskontsatz, der in die Kosten-Nutzen-Analyse eingeht (siehe Exkurs 4.1). Beurteilungen, aus denen wie im Stern-Report ein sehr niedriger Diskontsatz resultiert, stehen im direkten Gegensatz zu den Beurteilungen von Präsident Bush Jr. und dem Kopenhagener Konsens, die als Beispiele in der Einleitung dieses Kapitels zitiert wurden. Die Nobelpreisträger des Kopenhagener Konsenses versuchten, den Wohlstand der heute lebenden Menschen zu maximieren. Zudem glaubten sie, wären zukünftige Generationen, die reicher seien als wir heute, im Allgemeinen in der Lage, Klimawandel zu bewältigen oder sich daran anzupassen. Auf der Basis dieser und zwar nur dieser Annahmen ist es ökonomisch sinnvoll – sowohl hinsichtlich der Effizienz als auch aus Gründen der Gleichheit –, heute massiv in Sachkapital und menschliches Kapital zu investieren, insbesondere in armen Ländern, und erst zu einem späteren Zeitpunkt große finanzielle Summen in die Bekämpfung von Klimawandel fließen zu lassen.

Ein zweites grundlegendes Dilemma, dem wir gegenüberstehen, liegt darin, die Werte aller uns wichtigen Dinge feststellen zu können und sie dann durch eine universelle Messgröße anzugeben, für gewöhnlich in Form eines Geldbetrags. Hier spalten sich die Argumentationslinien auf in jene, die glauben, dass solche Werte, zumindest in erster Näherung, festgestellt und ausgedrückt werden können, und diejenigen, die meinen, dass dies nicht möglich ist. Folglich zeigt sich uns hier der Gegensatz zwischen den Behauptungen des Stern-Reports, dass Klimawandel das ›größte Marktversagen‹ sei, das die Welt je gesehen hat, und der Behauptung überzeugter Ökologen, dass Klimawandel eine Bedrohung unvorstellbaren Ausmaßes für das elementare Funktionieren unseres Planeten und das natürliche Kapital darstellt, von denen unser Überleben abhängt. Im erstgenannten Fall werden Lösungen bezüglich Klimawandel exakt in der Sprache von Marktpreisen und externen Effekten formuliert. Dies steht im direkten Gegensatz zum Argument der Ökologen, dass der Markt nicht als Korrektiv wirken kann, um das Problem Klimawandel zu ›lösen‹. Ökonom Frank Ackerman, Autor für Freunde der Erde, formulierte diesen Standpunkt wie folgt: »Die Tiefe menschlichen und ökologischen Verlusts, die die Klimawandelszenarien an die Wand malen – insbesondere wenn die Temperaturen stark steigen –, wird nur klein und billig gemacht, wenn wir so tun, als ob all dies einen Preis hätte«[162].

Problematisch gestaltet sich bei beiden Positionen, wie denn ›tiefgründende Werte‹ begründet werden, die wir oben ästhetische Werte genannt haben und die in anderen Zusammenhängen auch als ›heilige Werte‹ bezeichnet werden[163]; Werte, die für gewöhnlich nicht über Marktpreise ausgedrückt werden. Der Stern-Report musste wohlfahrtsökonomisch einige kühne Annahmen treffen zum monetären Verlust in Folge von Ereignissen wie dem Absterben von Korallenriffen, Verlust von Biodiversität und der Möglichkeit von Klimakatastrophen. Doch auch die überzeugten Ökologen sehen sich

Problemen gegenüber. Vom Standpunkt des Vorsorgeprinzips aus müssen sie zwar den Wert eines Singvogels oder Eisschilds nicht in Geld ausdrücken, oder anders gesagt, sie müssen Klimapolitik nicht mit engstirnigen Wohlfahrtsüberlegungen rechtfertigen, doch sie *müssen* rationale Argumente finden für den inhärenten spirituellen, heiligen oder Erhaltungswert von Dingen, die uns Klima bietet.

Diese Werte unterscheiden sich nicht nur zwischen Kulturen (siehe Exkurs 4.2), sondern sie verändern sich auch mit der Zeit und, bedeutsam für Analysen langfristiger Problemfragen wie dem Klimawandel, sie müssen für zukünftig existierende Kulturen angenommen werden. Wie die kulturellen Dienstleistungen und Funktionen des physikalischen Klimas wertgeschätzt werden, verändert sich von Generation zu Generation. Unsere Wertschätzungen sind sowohl individuell als auch gemeinschaftlich instabil. Wind, zum Beispiel, war eine hochgeschätzte Energiequelle im internationalen Seehandel vor den 1850er-Jahren, bevor er nahezu seinen gesamten Wert an die auf fossilen Energien basierende Wirtschaft des späten 20. Jahrhunderts verlor. Dennoch erlangt Wind heute wieder einen neuen, ungeahnten Wert in solchen Volkswirtschaften, wo Windenergie bei der Energieerzeugung an die Stelle von Kohle, Öl oder Gas tritt. Wie wir in Kapitel 1 *Was verstehen wir unter Klima?* gesehen haben, verändert sich nicht nur das physikalische Klima mit der Zeit, sondern mit ihm auch die kulturellen Werte, die wir dem Klima beimessen. Wiederum müssen kühne Annahmen getroffen werden, wie sich diese Werte langfristig mit der Zukunft verändern werden.

Exkurs 4.2
Die kulturellen Werte von Klima[164]

Wie messen wir unserem physikalischen Klima Werte bei und welche dieser Werte werden durch Klimawandel bedroht? Wie könnte Klimawandel neue Möglichkeiten für eine wertgeschätzte kulturelle Symbolik bieten? Besteht die einzige sinnvolle Möglichkeit darin, solche Werte in Geld auszudrücken?

Nur wenige Versuche wurden unternommen, um in vollem Umfang die ästhetischen, symbolischen und spirituellen Werte zu erforschen, die wir von unserem Klima ableiten – was sich eher als kulturelle denn als physikalische Bedeutung von Klima bezeichnen ließe, wie wir in Kapitel 1 *Was verstehen wir unter Klima?* dargelegt haben. Und doch, um wirklich zu verstehen, was uns zum Handeln ermutigt, um Klimawandel einzeln oder gemeinschaftlich einzudämmen, brauchen wir ein umfassenderes Verständnis dieser Werte, welche die Reichweite des Markts überschreiten. Wir wollen einige Beispiele betrachten.

Die Inuit in Nord-Kanada entwickelten eine komplexe Kultur und Ökonomie, die sich aus der Ausprägung von Landschaften, Ressourcen und Rhythmen ableiten lässt, die durch ein bestimmtes Klima geschaffen wurden. Meereis fungiert als unabdingbare Plattform für die Jagd auf Walrosse, Robben und Eisbären. Die gefrorene Wasseroberfläche des Ozeans stellt einen wichtigen Transportweg dar, der die Inseln verbindet. Die arktischen Landschaften und die starken jahreszeitlichen Schwankungen dieser Region bieten sich an, um unverwechselbare Geschichten zu erzählen und zu poetischen Ausdrucksformen der Fantasie. Deshalb birgt das besondere Klima dieser nördlichen Gefilde physische Dienstleistungen und tiefere spirituelle Bedeutungen, die nicht durch übliche Tauschmechanismen des Marktes dargestellt oder wertgeschätzt werden.

Zudem haben die Inuit ein mannigfaltiges Erbe kultureller Anpassung aufgebaut, um mit einer Bandbreite von Umweltveränderungen sowie sozialen Veränderungen zurechtzukommen. Lokales Umweltwissen ist eine wichtige Ressource, die Anpassung an Klimawandel leitet. Dies zeigte sich jüngst zum Beispiel in Form eines veränderten Mobilitätsverhaltens der Inuit auf Grund des dünner werdenden Meereises. Die Inuitkultur ist in der Lage, von Störeinflüssen zu lernen, ihre flexiblen institutionellen Strukturen anzupassen und Werte in unserer sich wandelnden Welt neu zu erfinden. Es ist unmöglich, die ›ökonomischen Netto-Kosten‹ solcher Veränderungen festzulegen.

Ein anderes Beispiel, wie Klima und kulturelle Werte eng miteinander verflochten sind und eben nicht durch ökonomische Analysen erfasst werden können, stammt vom Ihanzu-Stamm im mittleren Norden Tansanias. Riten und Glauben, die sich um das Regenmachen ranken, sind seit sehr langer Zeit ein Hauptbestandteil vieler traditioneller afrikanischer Kulturen. Für die Ihanzu beispielsweise bedeutet Regen Fruchtbarkeit und Leben; ohne Regen können Menschen, Pflanzen und Tiere nicht überleben. Das Regenmachen, oder sein Gegenteil, den Regen zu stoppen, sind deshalb zentrale Bestandteile der Kultur und des wirtschaftlichen Lebens dieser Gemeinschaften. Ihre Riten und Rituale werden durch uraltes, über Generationen verfeinertes Wissen über das jahreszeitliche Verhalten von Regenfällen in diesem halbtrockenen Teil Afrikas bestimmt. Zudem bestimmen auch soziale Konventionen von Geschlecht und sexueller Fortpflanzung die traditionellen Riten und Bräuche dieser Menschen.

Klima und der ununterbrochene Umgang mit einem ›vertrauten und verstandenen‹ Klima haben deshalb einen tiefen symbolischen und wirtschaftlichen Wert für die Ihanzu. Veränderungen in der Verteilung oder Verlässlichkeit von Regenfällen in Ostafrika würden diese bodenständigen Werte bedrohen oder entwerten. Dennoch besteht aufgrund der engen Verbindung der Ihanzu zu ihrem Klima, die so tief in die aufgestellten Konventionen verwoben ist, stets die Möglichkeit für Neuerfindung und Anpassung an veränderte Bedingungen. Doch Gemeinschaften wie die der Ihanzu werden Veränderungen aufgezwungen. Dies geschieht, indem diese Gemeinschaften weitreichenden nationalen oder sogar globalen kulturellen Normen und Praktiken ausgesetzt sind, oder durch Veränderungen in ökonomischen Abhängigkeiten. Klimaveränderungen sind in diese größeren veränderten Umstände eingebettet, in denen Rituale, Überzeugungen und spirituelle Bedeutungen stetig ihre Gestalt verändern. Die Darstellung dieser tiefen ästhetischen oder spirituellen Werte, die Klima bietet, sowie ihrer Veränderung über die Zeit kann Ökonomie nicht leisten.

Ökonomische Analysen von Klimawandel sind mit Werturteilen gesättigt und können der Sprache der Ethik nicht entfliehen. Dies soll nicht bedeuten, dass jemand alles, was er möchte, über Klimawandel und dessen wirtschaftliche Auswirkungen äußern kann. Wie in der Wissenschaft ganz allgemein, erlaubt nur die strenge Anwendung formaler Konzepte und Analysen auf Fragen zu Klimawandel – in diesem Fall ökonomische Konzepte und Analysen – wirkliche Einblicke in alternative Vorgehensweisen. Sie kann auch die kritischen Stellen zum Vorschein bringen, an denen ethische Beurteilungen getroffen werden müssen. Doch, wie es der Ökonom und Experte für internationale Beziehungen, Michael Toman, erklärt, kann ein verbessertes wissenschaftliches und ökonomisches Verständnis von Klimawandel »tiefgreifendere und komplexere Auseinandersetzungen über soziale Werte verdecken. Weder die Wissenschaft im Allgemeinen noch die Ökonomie im Besonderen können die grundlegenden moralischen Fragen lösen, die Klimawandel aufwirft«[165].

Wir müssen uns deshalb darüber bewusst werden, dass andere Herangehensweisen notwendig sind, um bezüglich Klimawandel Maßnahmen vorzuschlagen, zu verhandeln und zu treffen – Appelle an die wissenschaftliche Kompetenz des Weltklimarates oder an die wirtschaftlichen Argumente des Stern-Reports sind für sich genommen weit entfernt von einer angemessenen Grundlage, um sich auf individuelles, kommunales, nationales oder globales Handeln zu einigen.

Zusammenfassung

Warum also sind wir über Klimawandel uneins? Zu Beginn dieses Kapitels wurde veranschaulicht, wie verschiedene ökonomische Analysen von Klimawandel oder unterschiedliche Interpretationen solcher Analysen verwendet wurden, um äußerst heterogene politische Programme zu unterstützen. Meinungsverschiedenheiten umfassen das Befürworten des Kyoto-Protokolls oder dessen Ablehnung; aggressive politische Maßnahmen zur Verminderung des Ausstoßes von Treibhausgasen innerhalb eines Jahrzehnts oder graduelle und vergleichsweise entspannte Einstellungen zur Mitigation von Klimawandel; die Verwendung einer Kosten-Nutzen-Analyse, um politische Entscheidungen zu unterstützen oder das Ablehnen dieser Analysen, weil sie das Wesentliche nicht erkennen, wofür Klimawandel steht.

Aufgrund vieler verschiedener ökonomischer Analysen existiert ein allgemeines Bewusstsein, dass die Kosten für die globale Wirtschaft recht bescheiden sind, um CO_2-Emissionen so zu reduzieren, dass Konzentrationen von 550 Teilen pro Million oder sogar 450 Teilen pro Million erreicht werden – diese Kosten entsprechen dem Jahreswert des globalen Wirtschaftswachstums oder möglicherweise im Höchstfall zwei Jahreswerten. Doch wie wir unsere Emissionen am besten reduzieren können und wer die wirtschaftlichen und politischen Gewinner und Verlierer sein werden, ist noch längst nicht geklärt. Und wenn es um die Bestimmung der Schadenskosten von Klimawandel geht, so liefern ökonomische Analysen Antworten, die mit Sicherheit eine, wenn nicht gar zwei Größenordnungen auseinanderliegen. Deshalb sind wir uns weder über die grundlegenden Gründe zum Handeln einig noch über die Dringlichkeit, mit der wir handeln sollten. Ist dies so, weil wir unseren wirtschaftlichen Wohlstand maximieren wollen? Weil wir uns vor einer globalen Klimakatastrophe fürchten und einen Versicherungsvertrag abschließen wollen? Oder sagt uns ein tieferer moralischer Instinkt, dass wir die Lebensqualität nachfolgender Generationen verschlechtern, wenn wir nichts unternehmen, um jetzt die Geschwindigkeit von Klimawandel zu verringern?

Wir haben uns in diesem Kapitel mit einigen der wichtigsten Gründe auseinandergesetzt, warum die Ökonomie von Klimawandel und ihr Bezug zur öffentlichen Politik umstritten bleibt. Wir sind über Klimawandel uneins, weil wir unterschiedlicher Meinung über unsere Verantwortung gegenüber zukünftigen Generationen sind; weil wir Menschen und Natur in unterschiedlicher Weise wertschätzen und weil wir verschiedene Einstellungen zu Klimarisiken haben. Zusätzliche ökonomische Analysen mit einer Reihe neuer Zahlen werden diese Unterschiede wohl kaum ausgleichen können. Im Wesentlichen streiten wir uns über Klimawandel, weil wir unterschiedliche

Glaubenssysteme haben und weil sich die Werte, die wir bekunden, oft von unserem Handeln unterscheiden. In Kapitel 6 *Wovor wir uns fürchten* werden wir die Fragen nach Risiken und welche Einstellung wir dazu haben eingehender betrachten. Doch zunächst werden wir im nächsten Kapitel Fragen zu unseren Glaubenssystemen nachgehen: Woher kommen sie, wie unterscheiden sie sich und inwiefern weisen sie Gemeinsamkeiten auf?

Bevor wir dies tun, wollen wir eine letzte gemeinsame Beobachtung zu Wirtschaft, Klimawandel und Zukunft machen. Es gibt ein Paradoxon im Kern aller ökonomischen Analysen zu Klimawandel. Dieses Paradoxon finden wir im Stern-Report und in den Wirtschaftsszenarien des Weltklimarats. Es ist die Annahme von andauerndem Wirtschaftswachstum, wie es durch das herkömmliche BIP gemessen wird. Der Stern-Report geht von einer anhaltenden jährlichen ökonomischen Wachstumsrate von 1,3 Prozent pro Jahr aus; die Szenarien des Weltklimarats fassen jährliche Wachstumsraten zwischen 2,3 und 3,6 Prozent ins Auge. In Abhängigkeit von den angenommenen Szenarien wird sich die Weltwirtschaft, im Vergleich zu heute, bis zum Jahre 2050 um 70 bis 600 Prozent vergrößern und die Menschen werden effektiv etwa um das Doppelte bis Sechsfache reicher sein. Ist eine solch optimistische Wachstumsprognose für die Zukunft angemessen, wenn wir an die Berichte über die Erschöpfung von natürlichem Kapital und über mögliche Klimarisiken für zukünftige Generationen denken? Was ist der Zweck eines solchen endlosen Wirtschaftswachstums? Und weshalb ist es die grundlegende Annahme aller Analysen, die über die Zukunft erstellt werden?

Dies sind Fragen, die sich Menschen mit und ohne religiösen Glauben stellen. Der Umweltökonom Clive Spash drückt dies so aus: »Die traditionelle Wachstumspolitik versäumt es, die wirklichen Probleme anzugehen, denen die Menschheit gegenübersteht; den notwendigen Übergang oder die Art der umfassenden Umweltveränderungen, die wir vornehmen. All das wirft die Frage auf, ›wofür‹ unsere Wirtschaftstätigkeit gut ist«[166].

Nachdem wir betrachtet haben, was uns Wissenschaft und Ökonomie über den Klimawandel sagen können und warum ihre mächtigen und dennoch bruchstückhaften Geschichten nicht zu einem einvernehmlichen Vorgehen führen, werden wir in Kapitel 5 *Woran wir glauben* der Frage nachgehen, was uns religiöse und andere Glaubenssysteme sagen können. Sie befassen sich häufig mit weitreichenden und übergeordneten Fragen zu unserem menschlichen Geist oder dem Sinn unseres Lebens. Dies bietet einen Gegenentwurf zum ewigen Wachstum materiellen Konsums, der oben kritisiert wurde. Doch wir werden entdecken, dass Glaubenssysteme es nicht zwangsläufig einfacher machen, sich auf ein gemeinsames Handeln zu Klimawandel zu einigen.

Weiterführende Literatur zu Kapitel 4

Porritt, J. (2007): *Capitalism: as if the world matters.* 2. überarb. Aufl. London: Routledge.

Jonathan Porritt betont die Notwendigkeit einer neuen Entwicklung des globalen Kapitalismus; eines Kapitalismus, der die Prinzipien einer nachhaltigen Entwicklung in seinen Mittelpunkt stellt. Porritt stellt eine neue Ökonomie vor, durch die seiner Meinung nach Wohlstand, Gleichheit und ökologische Integrität verwirklicht werden können.

Spash, C.L. (2005): *Greenhouse economics: values and ethics.* Routledge Explorations in Environmental Economics. London: Routledge.

Dieses Buch stellt detailliert und dennoch zugänglich die wirtschaftlichen Grundprinzipien vor, die sich auf Klimawandel beziehen lassen. Geschrieben von einem ökologischen Ökonomen, umfasst dieses Buch die Grundlagen der Verflechtung von Wirtschaft und Ethik in Debatten über Klimawandel in einer recht undogmatischen Art und Weise.

Stern, N. (2006): *The economics of climate change: the Stern Review.* Cambridge, UK: Cambridge University Press.

Dieser Bericht über die Ökonomie von Klimawandel entstand als Kommissionsbericht für das Finanzministerium der britischen Regierung. Er ist möglicherweise der bislang umfassendste Bericht seiner Art. Keine Diskussion über Klimawandel und Ökonomie kann es sich leisten, ihn zu ignorieren. Das Buch begutachtet einige Grundprinzipien der Ökonomie, veranschaulicht, wie sie auf Fragestellungen zu Klimawandel angewendet werden können, und erstellt seine eigene quantitative Analyse unter Verwendung eines integrierten Bewertungsmodells.

Toman, M.A. (2005): *Climate change mitigation: passing through the eye of the needle?* In: Sinnott-Armstrong, W.; Howarth, R.B. (Hrsg.): *Perspectives on climate change: science, economics, politics and ethics.* Amsterdam: Elsevier. S. 75–98.

Dieses Buchkapitel in einem interdisziplinären Sammelband zu Klimawandel bietet eine knappe Zusammenfassung einiger Dilemmata, die mit einer ökonomischen Analyse von Klimawandel einhergehen. Das Kapitel argumentiert für eine pluralistische Herangehensweise an die Entscheidungsfindung im Kontext von Klimawandel, wobei Ethik und Gerechtigkeit essenziell für die Anwendung ökonomischer Werkzeuge und Rahmen werden.

Field, Erastus Salisbury: The Garden of Eden (Öl auf Leinwand, um 1860)

Quelle: Museum of Fine Arts, Boston (Schenkung von Maxim Karolik an die Karolik Collection of American Paintings) The Bridgeman Art Library.

KAPITEL 5

Woran wir glauben

Einleitung

Im September 2007 fand in den Eisfeldern des Ilulissat-Eisfjords in Grönland eine ungewöhnliche Tagung statt. Etwa 200 Priester, Wissenschaftler und Regierungsvertreter trafen sich unter Federführung der Organisation Religion, Science and the Environment (RSE), einer wohltätigen Vereinigung der orthodoxen Kirche, eine Woche lang im westlichen Grönland. Sie wollten dort über die sich verändernde Umwelt der Arktis und die Möglichkeiten nachdenken, wie die Menschheit darauf reagieren könnte. Religiöse Oberhäupter von Christen, Juden und Moslems waren vertreten und der Papst übermittelte eine persönliche Videobotschaft aus dem Vatikan. Der Tagungsort – am Fuß des größten grönländischen Gletschers – wurde wegen seines starken Symbolgehalts gewählt: für die physikalischen Klimaveränderungen und die Risiken, die mit steigendem Meeresspiegel verbunden sind.

Die Tagung steht beispielhaft für die zunehmende Zahl von Initiativen, in denen Oberhäupter einer oder mehrerer weltweit anerkannter religiöser Traditionen Bündnisse – über religiöse Grenzen hinweg oder zwischen religiösen und wissenschaftlichen oder weltlichen Vereinigungen – schmieden, um zum Handeln aufzurufen und um die Zerstörung aufzuhalten, die der Mensch und sein Tun Natur und Klima zufügen. Während die Stellungnahmen unterschiedliche Herangehensweisen und deren Beweggründe anerkennen, betonen sie oft, dass ›wir uns einig sind im Glauben daran‹, dass die Menschen einen Weg finden müssen, weniger schwer auf der Erde zu lasten. Auch stimmen sie in der tiefen moralischen Pflicht überein, das Leben auf der Erde zu schützen. Kardinal Thomas McCarrick zum Beispiel, Vertreter des Papstes auf der Sitzung in den grönländischen Eisfeldern, führte stille Gebete für den Planeten und rief jeden dazu auf, den Einfluss der Menschheit auf das Weltklima anzusprechen. »Ich denke nicht, dass wir uns darüber irgendwie uneinig sind (…) jede Religion versteht, dass diese Welt ein Geschenk Gottes ist und dass wir sie bewahren müssen«[167].

Doch ist das wahr? Gibt es keine Unterschiede zwischen den religiösen Traditionen der Welt, wenn es um Klimawandel geht, seine Bedeutung und die notwendigen Maßnahmen? Und von noch größerer Bedeutung: Gibt es keine Unterschiede zwischen den Glaubensvorstellungen und spirituellen Auffassungen der vielen Bürger auf der Welt, die sich keiner der institutionalisierten religiösen Tradition anschließen würden? Von der Betrachtung der Ökonomie – welche Dinge wir wertschätzen und warum – ist es nur ein kleiner Schritt zur Untersuchung der Funktion von Ethik, Spiritualität und Theologie in den Debatten um Klimawandel. Glaubensgemeinschaften spielen dabei eine zentrale Rolle, wie viele Kommentatoren und auch Politiker anerkennen, so etwa der britische Außenminister David Miliband: »Klimawandel ist nicht nur ein Umwelt- oder Wirtschaftsproblem, es ist auch ein moralisches und ethisches Problem. Es ist nicht nur ein Problem für Politiker und Wirtschaftsvertreter, es ist auch ein Problem für die Glaubensgemeinschaften der Welt«.[168]

Unsere Glaubensvorstellungen haben einen tiefen Einfluss auf unsere Ansichten, unser Verhalten und unsere Politik. Sie bestimmen, welche Welt wir uns für die Zukunft ausmalen, sowohl die Welt, die wir bewohnen wollen als auch jene, von der wir denken, dass wir sie am wahrscheinlichsten bewohnen werden. Während Kardinal McCarrick auf einer Ebene Recht hat – ein elementarer Respekt für Menschenleben und die Schöpfung steht im Zentrum aller Religionen –, führt das mitnichten zu einem gemeinsamen Aktionsplan. Selbst wenn es über das moralische Gebot ›Klima zu schützen‹ eine gewisse Annäherung gibt, können die Allianzen leicht zerbrechen, wenn es an die Zuweisung von Verantwortung für Klimawandel geht, und erst recht wenn es um die Dringlichkeit, Gerechtigkeit und Sittlichkeit möglicher Antworten auf Klimawandel geht. **Einer der Gründe, warum wir über Klimawandel uneins sind, liegt in unseren unterschiedlichen Glaubensvorstellungen davon, was unsere Pflicht gegenüber anderen, der Natur und unseren Gottheiten ist.**

Dieses Kapitel untersucht, wie die Weltreligionen auf den aktuellen Klimawandel reagiert haben. Wir betrachten auch, wie sich andere weit verbreitete Massenbewegungen, die geistige oder immaterielle Dimensionen von Wirklichkeit anerkennen wie zum Beispiel Tiefenökologen, Ökosozialisten und religiöse Humanisten, mit Klimawandel auseinandergesetzt haben. Unsere Glaubensansichten über Menschenwürde und Verantwortlichkeit, über den Wert der nicht menschlichen Welt und über die eigentliche Bestimmung und das Schicksal der Menschheit, sind oft entscheidend dafür, wie wir das Thema Klimawandel fassen. Diese grundlegenden Glaubensvorstellungen steuern, in welchen Kategorien wir Lösungen denken und welche wir in die Debatte ein- und an den Verhandlungstisch mitbringen. Gleichwohl decken solche ethischen Dimensionen menschlicher Erfahrung tiefe soziale, kulturelle und religiöse Klüfte in unserer Welt auf; Klüfte, die oft andere, offensichtlichere, jedoch auch oberflächlichere Gründe hervorbringen können, warum wir über Klimawandel unterschiedlicher Meinung sind.

Dies ist nicht einfach eine Übung, um die Positionen großer Weltreligionen – Buddhismus, Christentum (mit seinen protestantischen, katholischen und orthodoxen Glaubensrichtungen), Hinduismus, Islam, Judentum, und so weiter – zu Klimawandel zu untersuchen. Dennoch wird das ein aufschlussreicher Teil unserer Untersuchung sein. Verschiedene Glaubensrichtungen und verschiedene Traditionen innerhalb jeden Glaubens haben sich in unterschiedlichem Tempo mit Klimawandel befasst; dabei zeigen uns die Vorreiter und Nachzügler viel über die institutionelle Kraft und den Einfluss, die diese Religionen unter verschiedenen nationalen und kulturellen Rahmenbedingungen behalten haben. Solch eine vergleichende Klimatheologie hat 2006 das Climate Institute in Australien unter Leitung seines Direktors Corin Millais durchgeführt. Das interessante Unterfangen fand seinen Niederschlag in der Veröffentlichung *Common Belief: Australia's Faith Communities on Climate Change*[169], in der 15 verschiedene Religionen ihre Positionen zum Klimawandel zusammenfassten.

In diesem Kapitel werden auch die spirituellen, moralischen und ethischen Dimensionen von Antworten untersucht, die in weniger institutionellen Bereichen, vor allem im Kontext traditioneller Kulturen, weltlicher Gerechtigkeitsbewegungen und der neuen Umwelttheologien, auf Klimawandel gegeben werden. Diese Dimensionen werden in vier verschiedenen Bereichen untersucht. Im folgenden zweiten Abschnitt erkunden wir zunächst, warum wir uns Gedanken über Klimawandel machen sollten oder, wie der amerikanische Umweltphilosoph Dale Jamieson fragt: ›Wo ist das Problem mit dem Klimawandel?‹ Hier können ziemlich unterschiedliche theologische und ethische Argumente angebracht werden, die von deontologischen (unser Sinn für verinnerlichte moralische Pflichten und Rechte) bis zu rein pragmatischen oder utilitaristischen (was scheint am besten zu funktionieren, um unsere Bedürfnisse zu befriedigen) reichen. In welchem Ausmaß sind verschiedene religiöse oder weltliche Traditionen auf den Menschen fixiert, im Gegensatz zu einem Fokus auf unseren Planeten oder das Universum? Laut einigen Interpretationen einer bestimmten theologischen Strömung – des Prämilleniarismus in der christlichen Tradition – brauchen wir uns überhaupt keine Gedanken über das Schicksal des Planeten und seines Klimas zu machen.

Im dritten Abschnitt betrachten wir, wie unsere Glaubensvorstellungen die unterschiedlichen Arten abbilden, Verantwortung für Klimawandel zuzuteilen. Selbst wenn wir alle darin übereinstimmen, dass anthropogene Treibhausgasemissionen Klimata verändern und dass wir die Pflicht haben, die Schöpfung zu bewahren, bringen wir unterschiedliche moralische Kategorien zur Geltung, wenn wir Schuld zuteilen. Einige von uns geben sich selbst die Schuld an den Klimamissständen. Andere beschuldigen die Reichen, die moralisch Verkommenen, das kapitalistische System oder unsere materialistische Gesellschaft. Wir beobachten auch, dass Glaubenssysteme tiefgreifend auf Lösungskategorien Einfluss nehmen, die als Antwort auf Klimawandel befürwortet werden; eine Beziehung, die im vierten Abschnitt beleuchtet wird. Appelle an den Markt, an das Naturrecht und an gesellschaftliche Transformation als mögliche Lösungswege können allesamt Gehör finden. Es hängt nur davon ab, welche spezifischen Glaubenssätze die aufnahmebereite Zuhörerschaft vertritt und verficht.

Eine spezielle Lösungskategorie wird im vorletzten Abschnitt weiterentwickelt. Sie schöpft ihre Kraft aus dem Gefühl der Gegenkultur und ist eher in einer spirituellen als in einer materiellen Ethik verwurzelt. Wir sprechen hier von einer Bewegung hin zu einer einfacheren Lebensführung, die deshalb wesentliche Grundsätze der vorherrschenden materialistischen und konsumgesteuerten Lebensweise ablehnt. Eine Vielzahl verschiedener Glaubens- und spiritueller Traditionen, wie die Amischen (als ein Extremfall) oder die Tiefenökologiebewegung, bringen diese Haltung zum Ausdruck. Im letzten Abschnitt wird dieses Kapitel zusammengefasst. Es ist kaum wahrscheinlich, dass eine Orientierung an religiösen Glaubensvorstellungen und die Suche nach einer universalen Ethik, die bei der Entwicklung einer einmütigen globalen Antwort auf Klimawandel als Leitlinie dienen könnten, die notwendige Kraft ausüben, um Einigkeit zu erzielen, wie wir mit Klimawandel umgehen sollten – so wichtig eine solche Perspektive auch wäre.

Wo ist das Problem mit dem Klimawandel?

Warum machen wir uns Sorgen um Klimawandel? Warum kümmert es uns? Nach den meisten Meinungsumfragen spricht sich die Mehrheit der Bürger in vielen Ländern der Welt dafür aus, etwas zu unternehmen, um das Tempo von Klimawandel zu verringern. Die Menschen nehmen die voraussichtlichen Klimaveränderungen ernst, die von unserem menschlichen Handeln verursacht wurden. Doch warum? Wo ist das Problem mit dem Klimawandel?

Auf einer pragmatischen Ebene sind Einzelne möglicherweise besorgt, wenn sie sich auf irgendeine Art als benachteiligt wahrnehmen. Vielleicht sehen sie sich in Gefahr, zunehmend (Klima-)Katastrophen ausgesetzt zu sein, oder sehen ihre Gesundheit, ihren Wohlstand oder ihre Lebensweise durch physikalische Klimaveränderungen bedroht. Auf nationalstaatlicher Ebene nehmen Regierungen Klimawandel vielleicht ernst, weil sie die damit verbundenen Gefahren als zu groß einschätzen, um sie sicher bewältigen zu können, oder weil die geballte wirtschaftliche Wirkung von Klimawandel ihre Verpflichtung zu nachhaltigem Wirtschaftswachstum bedroht. Diese Argumentation verfolgte im Wesentlichen der Stern-Report, den wir in Kapitel 4 *Welchen Wert haben Werte?* betrachtet haben. In Kapitel 6 *Wovor wir uns fürchten* werden wir die psychologischen Dimensionen von Angst und Sorge näher untersuchen.

Klimawandel könnte jedoch auch aus einer breiten Perspektive ethischer Betrachtungen als ›unrecht‹ angesehen werden: Er könnte den von uns aufgestellten Menschenrechten widersprechen. Klimawandel könnte – insbesondere bei Menschen, die schon jetzt leicht von der Gesellschaft ausgeschlossen werden – die elementaren Rechte auf Leben, Freiheit, Sicherheit, Mobilität und Nachkommenschaft verletzen, die 1948 von den Vereinten Nationen als allgemeingültig erklärt wurden. Die Behauptung, Klimawandel müsse wegen der ihm innewohnenden Ungerechtigkeit ernst genommen werden, manifestiert sich sowohl auf der Ebene des Individuums als auch auf der von Nationalstaaten. Demnach könnte eine durch globale Erwärmung verschärfte Klimagefährdung den Tod Einzelner – die größtmögliche Verletzung ihrer Rechte – verursachen und könnte Klimawandel, noch heimtückischer, sogar zum Untergang ganzer Nationalstaaten führen. Diese letztere Perspektive war sicherlich das Hauptargument, das von der Vereinigung der Kleinen Inselstaaten (Alliance of Small Island States, AOSIS) benutzt wurde, als sie im Vorfeld der Weltklimaverhandlungen ihre Klage zur Klimagerechtigkeit vorbrachten.

Die angeführten Beispiele – persönliche Gefährdung, wirtschaftliche Verluste und die Verletzung von Menschenrechten oder nationalstaatlicher Souveränität – decken nicht alle Gründe ab, die von Menschen vorgebracht werden, die Klimawandel als ›unrecht‹ betrachten. Wir müssen tiefer nach den Ursprüngen der Werte graben, die Menschen wichtig sind, nach den Gründen, warum manche Dinge von Bedeutung sind und andere nicht. Genau an diesem Punkt werden religiöse Traditionen und andere Formen der Spiritualität besonders wichtig. Wenn es wahr ist, dass Klimawandel ein ethisches Problem ist – und nur wenige würden das verneinen –, dann müssen wir uns mit den Quellen von Moral und Spiritualität beschäftigen. Wir müssen uns genau anhören, was die religiösen Traditionen zu Klimawandel sagen, und wir müssen verstehen, ob und warum Menschen darauf reagieren. Wenn Dale Jamieson und andere Ethiker richtig liegen mit ihrer Behauptung, dass hier eine grundlegende moralische Intuition am Werk ist – »dass der Mensch einfach unrecht tut, natürliche Systeme derart tiefgreifend zu beeinflussen«[170] –, dann müssen wir untersuchen, woher diese Intuition stammt und wie universell sie für die Menschheit ist. Treibt sie lediglich die an, die an die Existenz irgendeiner transzendenten Göttlich- oder Wirklichkeit glauben, oder ist sie auch in den ethischen Bewertungen der Materialisten und Säkularen Humanisten erkennbar?

Religiöse Traditionen

Alle institutionalisierten religiösen Glaubensrichtungen fühlen sich der Bewahrung der Schöpfung tief verpflichtet. Es gibt eine Ehrfurcht vor dem Leben – eine Heiligkeit –, die für fast alle religiösen Schriften zentral ist, selbst wenn dies unterschiedlich ausgedrückt wird. Ebenso besteht ein Glaube an den inhärenten Wert der gesamten erschaffenen Ordnung, des materiellen Universums, das als Ausdruck des schöpferischen Willens Gottes oder der Götter ins Dasein gerufen wurde. Diese beiden Grundsätze des Glaubens spiegeln sich im Allgemeinen in der Idee der ›Treuhänderschaft‹ wider, der Vorstellung, Angelegenheiten oder den Besitz einer anderen Person zu verwalten. Vizekönige[171] oder Gouverneure sind Verantwortungsträger, die sich letztendlich nur vor dem Göttlichen verantworten und Rechenschaft ablegen müssen. Das Prinzip der Treuhänderschaft ist beispielsweise den islamischen, christlichen, hinduistischen, sikhistischen, jüdischen und buddhistischen Überlieferungen gemein: »Wir besitzen die Welt nicht, und ihre Reichtümer sind nicht die unseren, um darüber frei zu verfügen. Zeige eine liebende Rücksicht für alle Lebewesen, und sei bestrebt, die Schönheit und Vielfalt der Welt zu erhalten. Arbeite, um sicherzustellen, dass unsere wachsende Macht über die Natur verantwortungsvoll, mit Ehrfurcht vor dem Leben, gebraucht wird. Frohlocke im Glanz Gottes fortwährender Schöpfung«[172].

Diese Pflicht zur Bewahrung der geschaffenen Ordnung, die unter dem wachsamen Auge des göttlichen Erschaffers übernommen wird, erstreckt sich am stärksten auf die Fürsorge für andere Menschen. Es gibt eine Heiligkeit allen menschlichen Lebens, einen Aufruf zu Respekt, Würde und Wertschätzung als leitende Grundsätze für den Umgang der Menschen miteinander. Der Dalai Lama drückt es in der Sprache der buddhistischen Tradition aus: »Wir sind dazu bestimmt, uns diesen Planeten zu teilen. Da die Welt enger zusammenwächst, brauchen wir einander mehr als in der Vergangenheit. Aber (…) es ist schwer, einen Geist aufrichtiger Zusammenarbeit zu finden, solange die Menschen gleichgültig gegenüber den Gefühlen und Freuden der anderen bleiben. Was man braucht, ist ein freundliches Herz und ein Gemeinschaftssinn, den ich universelle Verantwortung nenne«[173].

Wenn es um Klimawandel geht, haben Religionsführer diese grundlegenden Glaubensvorstellungen oft angerufen, um eine größere, stärker kollektive Vision zu erwecken von unserem Platz auf der Welt und unserer Verantwortung, sie zu schützen. So hören wir, dass die katholische Kirche in den Vereinigten Staaten behauptet, dass »der globale Klimawandel seiner Natur nach Teil des planetaren Gemeingutes ist; die Erdatmosphäre umschließt alle Menschen, Kreaturen und Lebensräume«[174]. Die Behauptung schwingt auch im Aufruf von Papst Benedikt XVI. mit: »Ein entschlossenes ›Ja‹ zur Bewahrung der Schöpfung und ein starker Einsatz sind notwendig, um jene Tendenzen umzukehren, die in eine Situation unumkehrbaren Niedergangs zu führen drohen«[175]. Viele Religionsführer behaupten, dass sich die moralische Dimension von Klimawandel über unsere Verantwortung gegenüber den heute lebenden Menschen und Wesen hinaus erstreckt und diejenigen einschließt, die noch sein werden, wie der Erzbischof von Canterbury, Dr. Rowan Williams, sagte: »Wir sind an einem offenkundig ungerechten Zustand beteiligt, in dem jene, die derzeit leben, die Ressourcen der riesigen zukünftigen Gemeinschaft, die ihrer bedarf, um in einer bewohnbaren und gerechten Welt zu leben, abschöpfen«[176].

Sind dies einige der religiösen Glaubensvorstellungen, die in Aufrufen, sich Klimawandel zu widersetzen, zum Einsatz kommen können oder die Wurzel für unsere ›intuitive Empörung‹ gegen Klimawandel sein können? Gibt es dann auch entsprechende weltliche Glaubensvorstellungen, die ähnlich inspirieren könnten und eine Einigung auf ein gemeinsames Vorgehen gegen Klimawandel in Aussicht stellen? Der vielversprechendste Ort, um außerhalb der etablierten Religionen danach zu suchen, liegt in der Umweltbewegung und in traditionellen Kulturen.

Weltliche und traditionelle Glaubensvorstellungen

Viele Autoren, darunter vor allem der Umwelthistoriker Thomas Dunlap, haben untersucht, wie das Zusammentreffen von Religion, Wissenschaft und Natur und deren Vermischung das Umweltbewusstsein geprägt hat. In seinem Buch *Faith in Nature: Environmentalism as Religious Quest*[177] behauptet Dunlap, dass es für die Zukunft der Welt von großem Nutzen ist, wenn Umweltschutz als aufkommende religiöse Tradition begriffen wird. Während viele ein solches Etikett ablehnen mögen, zeigt Thomas Dunlap, dass Umweltschutz im Kern vieles imitiert, was bei etablierten Religionen gefunden werden kann. Drei der wichtigsten Prinzipien, die er näher ausarbeitet, sind: der Fokus auf die Beziehungen zwischen Mensch und Natur, die Anerkennung geistiger und transzendenter Dimensionen menschlicher Naturerfahrung und eine ganzheitliche Weltsicht, die die Macht der Wissenschaft vereinnahmt, ohne ihr zuzugestehen, dass sie alles, was von Bedeutung ist, erkennen kann.

James Lovelock bewegen ähnliche Empfindungen, wenn er die Wissenschaft auffordert, den religiösen Gedanken des ›Unaussprechlichen‹ aufzunehmen, etwas, worüber nicht gesprochen werden darf, weil es heilig und unbeschreiblich ist. In Lovelocks weltlicher Religion muss das Vertrauen auf Gaia gesetzt werden und die Ethik muss in der natürlichen Welt wurzeln, die »einen Wert für und in sich selbst besitzt«[178]. Er fordert ein neues ›heiliges Buch‹, das dem menschlichen Verhalten zum Schutz der planetaren Gesundheit Grenzen setzt.

Geht es um Klimawandel, dann deuten diese säkularen Prinzipien der Umweltsorge an, dass es möglich ist, Brücken zwischen den verschiedenen Traditionen von Religion und Umweltschutz zu schlagen. Wenn Christen fordern, Gottes Welt zu achten, dann erkennen auch Umweltschützer die Notwendigkeit eines achtsamen Umgangs an. Erkennen Umweltschützer klar die Grenzen von Wissenschaft bei der Ermittlung unserer richtigen Antwort auf Klimawandel, dann pflichten Buddhisten bei, dass solche Grenzen existieren und empfehlen, anderenorts Hilfe bei der Orientierung zu suchen. Und wie wir in Kapitel 1 *Was verstehen wir unter Klima?* gesehen haben, deutet eine romantische Weltanschauung Klima als etwas Zerbrechliches und Wertvolles, das vor Schändung und Zerstörung ›geschützt‹ werden muss. Diese Sprache und Auffassung deckt sich widerspruchsfrei mit vielen religiösen Überlieferungen, wie zwei Beispiele aus dem Katholizismus und aus Glaubensvorstellungen australischer Ureinwohner zeigen:

> *»Unser unmittelbarer Kontakt zur Natur besitzt eine tief heilende Kraft – die Betrachtung ihrer Großartigkeit schenkt Frieden und Gelassenheit (...) die Beziehung zwischen einer angemessenen ästhetischen Bildung und der Erhaltung einer gesunden Umwelt darf nicht außer Acht gelassen werden«*[179].

> *»Wenn das Gleichgewicht, das zwischen der Erde und den Menschen besteht, die mit ihrer Pflege und Schutz betraut sind, gestört wird (...) wird das für unsere Gesellschaft Folgen haben, die zwangsläufig zu unserem Untergang führen werden (...) wir müssen die Geschenke der Schöpfung unbedingt erhalten und fördern«*[180].

Uneinigkeiten

Legt dieser kurze Überblick also nahe, dass Kardinal McCormick mit seiner Erklärung in Grönland recht hatte, dass es keine Unterschiede zwischen unseren Glaubensvorstellungen gibt und dass ›jede Religion versteht, dass die Welt ein Geschenk Gottes ist und dass wir sie bewahren müssen‹? Liefert der Weltklimarat der Gesellschaft seinen überzeugendsten Konsens aus der wissenschaftlichen Deutung von Klimawandel, bieten uns dann die Weltreligionen aus einer ethischen oder geistigen Perspektive einen vergleichbaren Konsens? Oder, weniger ehrgeizig, könnten sie es? Obwohl es noch einfach ist, die heiligen Schriften der großen Weltreligionen nach gemeinsamen Prinzipien zu durchsuchen, ist es leider schon schwieriger, daraus eine gemeinsame Handlungsgrundlage herzustellen, und fällt es Einzelpersonen oder Gesellschaften noch schwerer, nach einem gemeinsamen Prinzip von Fürsorge zu leben. Wenige Beispiele genügen, um die Bandbreite an möglichen Meinungsverschiedenheiten zu zeigen.

Der amerikanische Historiker Lynn White behauptete 1967 in einem kurzen Artikel in der Zeitschrift *Science*, dass die monotheistischen Religionen, insbesondere das Christentum, verantwortlich sind für die Förderung einer naturfeindlichen Weltanschauung, die das Naturverhältnis der westlichen Welt während der Industriellen Revolution und danach durchdrungen hat[181]. Im Mittelpunkt seiner Argumentation stand der ›Herrschafts‹-Begriff im biblischen Buch Genesis und der Auftrag, die Natur zu erobern. Theologen, Umweltschützer und Historiker haben in den folgenden Jahrzehnten Whites These sowohl unterstützt als auch angegriffen. Sie stellt für die verschiedenen Positionen, die der Religion eine Funktion in der Bewirtschaftung der Umwelt zusprechen, weiterhin eine mächtige Waffe dar und sie erfüllt zugleich viele eher mit Skepsis, sich auf bestimmte religiöse Traditionen einzulassen. Die Umweltzerstörung in Asien hat ähnliche Bedenken und Äußerungen über die Rolle östlicher Religionen bei der Ausbildung bestimmter Einstellungen zu Natur hervorgerufen[182].

Von diesem Disput nicht gänzlich losgelöst sind Wert und Status, die der nicht menschlichen Welt in verschiedenen religiösen Traditionen verliehen werden. Wie wir Seinsformen wie Tierarten oder ganzen Ökosystemen Wert beimessen, vor Augen geführt in Kapitel 4 *Welchen Wert haben Werte?*, kann in keiner Diskussion über die ökonomischen Folgen von Klimawandel vermieden werden. Man muss nur die religiöse Bedeutung einer Kuh im Hinduismus mit, sagen wir, der im Christentum vergleichen, um die Bedeutung dieser Frage zu verstehen. Ein drittes Beispiel, das einen günstigen Nährboden für Auseinandersetzungen bietet, betrifft eher die Glaubenslehre und hier die Eschatologie, die die ›letzten Dinge‹ Tod, Gerechtigkeit und Weltuntergang betrachtet. Einstellungen zu Klimawandel können davon deutlich beeinflusst werden, je nachdem, ob jemand, in der christlichen Tradition etwa, ein Amillenialist oder Prämillenialist ist, wie Exkurs 5.1 veranschaulicht.

Exkurs 5.1
Evangelikale Christen in den Vereinigten Staaten und Klimaschutz

In den Vereinigten Staaten sind evangelikale Christen eine starke soziale und politische Kraft. Die führende christliche Vereinigung – die Nationale Vereinigung der Evangelikalen – zählt 30 Millionen Mitglieder; das entspricht zehn bis 15 Prozent aller wahlberechtigten Amerikaner.

Im Februar 2006 wurde aus den Reihen der Nationalen Vereinigung eine Initiative ins Leben gerufen, um evangelikale Prinzipien in Fragen zum Thema Klimawandel einzubringen. Die Evangelikale Klimainitiative und ihre ursprünglich 68 Unterzeichner gestanden ihre traditionelle Zurückhaltung, sich in Umweltfragen zu engagieren, selbstbewusst ein, erklärten jedoch, dass sie Klimawandel jetzt als moralisches Problem betrachteten, dem Beachtung zu schenken die amerikanischen Evangelikalen eine besondere Verantwortung hätten. »Menschliche Aktivität vermehrt die Treibhausgase in der Atmosphäre und die Wirkung auf Gottes Schöpfung und sein Volk wird dramatisch sein. Dies zu ignorieren, ist undenkbar. Das Problem mit Vertrauen und Mut und mit amerikanischer Erfindungsgabe und Tugend im Rücken anzupacken, ist moralisch richtig und unserer Ansicht nach treu gegenüber Gott, unserem Schöpfer«[183].

Die Initiative war in den Vereinigten Staaten sehr wirkungsvoll. Washington nahm auf ihre Einflussnahme hin neue Klimainitiativen auf, Wissenschafts- und Wirtschaftsvereinigungen, die sich ähnlich eine stärkere Positionierung der Vereinigten Staaten zu Klimawandel wünschen, begrüßten sie und sie eröffnete die Möglichkeit, religionsüberschreitende Dialoge zu Klimawandel mit anderen religiösen Traditionen zu führen.

Eine solche Bewegung zeigt die Macht bestimmter institutionalisierter religiöser Gemeinschaften, formell zu Klimawandel Stellung zu nehmen. Die Evangelikale Klimainitiative geht sogar so weit, der US-Regierung bestimmte Prinzipien als Grundlage für ihre Klimapolitik zu empfehlen: Schwerpunkt auf marktwirtschaftlichen Lösungansätzen und Schutz der Eigentumsrechte. Gleichwohl werden selbst bei einer so exponierten Initiative wie dieser, die zudem aus einer theoretisch so starr an ihren Glaubenssätzen festhaltenden religiösen Tradition wie dem amerikanischen Evangelikalismus kommt, deutliche Widersprüche innerhalb der Bewegung offenkundig. Bis es zur Gründung kam, vergingen sechs Jahre. Die Initiatoren steuerten ihren Kurs feinfühlig durch interne theologische und politische Debatten. Eine bedeutende Anzahl von Führern der amerikanischen Evangelikalen lehnte es dennoch ab, die Erklärung zu unterschreiben. Einige dieser Kirchenführer haben die Nationale Vereinigung der Evangelikalen gedrängt, sich aus der Klimawandeldebatte herauszuhalten und erklärten, dass »es Raum für bibelgläubige Evangelikale geben sollte, die anderslautende Meinungen über Ursache, Bedeutung und Lösungen zur Erderwärmungsthematik vertreten«[184].

Ein Teil dieser Uneinigkeit bleibt zweifellos theologisch begründet. So übt zum Beispiel die Lehrmeinung von der ›Herrschaft über die Natur‹, die Lynn White 1967 in seinem oben erwähnten *Science*-Artikel thematisierte, weiterhin großen Einfluss in Teilen der evangelikalen Bewegung aus. Noch ausgeprägter ist die besondere Form der millenialistischen Theologie, die als ›Prämillenialismus‹ bezeichnet wird; der Glaube, das Ende der Welt sei nahe und ein Zeitalter direkter göttlicher Herrschaft folge. Wenn dieses Zeitalter naht, wird der Niedergang von Umwelt- und sozialen Bedingungen erwartet, gefolgt von entsprechenden politischen Turbulenzen. Dieser Glauben wird – im Gegensatz zur weniger apokalyptischen amillenialen Position – in den Vereinigten Staaten häufig im konservativeren Teil des evangelikal christlichen Spektrums gelehrt. Jene, die an den Prämillenialismus glauben, interpretieren die Vorhersagen zu Klimawandel – insbesondere eines katastrophalen Klimawandels – als ein Zeichen, dass sich die Zeitenwende nähert. Solche Vorboten eines Zeitalters direkter göttlicher Herrschaft werden wohl kaum ein Verlangen und Verhalten fördern, mit dem sich ein solches Resultat vermeiden ließe.

In einem nächsten Schritt ist es notwendig, die Rolle von Glauben in Klimawandeldebatten breiter zu untersuchen, insbesondere wie sich diese fundamentalen Glaubensvorstellungen im Alltagshandeln und in der Politik globalen Klimawandels manifestieren. Es ist zu zeigen, wie die Konvergenz erhabener moralischer Prinzipien in sich zerfällt, wenn sie mit der Tiefe und Komplexität der Probleme konfrontiert wird, die Klimawandel aufwirft. Religiöse Glaubensvorstellungen üben oftmals nicht die Macht aus, um unsere unterschiedlichen Ansichten zu Wissenschaft, Wirtschaft und – wie in Kapitel 9 *Wer regiert das Klima?* dargestellt – Politik zu überbrücken.

Theologien der Schuld

Weil die Ethik in allen Debatten darüber, wie wir auf Klimawandel reagieren, eine zentrale Rolle spielt, stellt sich unvermeidlich die Frage, wer für Klimawandel verantwortlich ist. Angemessene Vorschläge, wie dem Klimawandel zu begegnen ist, dem prüfenden Blick der Öffentlichkeit vorzulegen, erfordert, dass wir ein funktionierendes Bezugssystems für Verantwortung und Rechenschaftspflicht haben: Nur von einer vereinbarten Grundlage der Haftbarkeit aus können die Vorschläge als angemessen und gerecht bewertet werden. Beispielsweise wird unsere Antwort auf die Frage ›Wer ist für die Treibhausgasemissionen verantwortlich?‹ die Mitigationsvarianten beeinflussen, die wir befürworten. Ähnlich wird unsere Antwort auf die Frage ›Warum sind manche Menschen mehr durch Klimawandel gefährdet als andere?‹ die verschiedenen Anpassungsempfehlungen, die wir vorschlagen, beeinflussen.

Wie wir uns solchen Fragen nähern, wird stark von unseren grundlegenden Glaubensvorstellungen geleitet. Religiöse und einige weltliche Überlieferungen mögen, wie wir gesehen haben, in der elementaren Sorgfaltspflicht für die ›Schöpfung‹ übereinstimmen; was jedoch nicht unbedingt zu einer allgemein vereinbarten Zuteilung von Schuld und Verantwortung bei *mangelnder* Fürsorge führt. Geht es um Klimawandel, gilt es eine Anfangshürde zu überwinden: Glauben wir, dass Menschen Klima beeinflussen können? Der kanadische Geograf Simon Donner legte dar, dass viele traditionelle Glaubenssysteme, unabhängig davon, ob monotheistisch oder polytheistisch, lange daran festhielten, dass der Himmel der »Herrschaftsbereich der Götter« ist, mit anderen Worten, dass Wetter und Klima außerhalb der Reichweite und des Einflusses von Menschen liegen.[185] Wetterereignisse, speziell extremer Natur, werden nach wie vor in Versicherungspolicen und im öffentlichen Diskurs als ›Höhere Gewalt‹ angesehen. Nach Simon Donner ergab eine Umfrage unter Amerikanern nach dem Hurrikan Katrina im August 2005, dass 23 Prozent den Hurrikan für einen Akt Gottes hielten, während ihn 39 Prozent auf anthropogene Treibhausgasemissionen zurückführten.

Wenn wir jedoch davon ausgehen, dass unsere Glaubensvorstellungen die Idee einer direkten Beeinflussung von Klima durch den Menschen zulassen, welche Verantwortungsrahmen können dann die Religionen bieten? Ganz grundsätzlich können theologische Analysen und spirituelle Traditionen danach unterschieden werden, ob sie Unrecht und moralisches Versagen eher auf individuelle oder eher auf strukturelle Ursachen zurückführen. Obwohl das Spektrum von Ansichten jeweils innerhalb dieser beiden Kategorien individuellen Handelns und gesellschaftlicher Struktur offensichtlich breit ist, können wir diese einfache Dichotomie nutzen, um den springenden

Punkt unserer Erörterung zu illustrieren. Die Unterschiede zwischen den theologischen Auslegungen oder spirituellen Einsichten über den Verantwortungszusammenhang zwischen Gott/Göttern, Gesellschaft, Mensch und Natur – mit anderen Worten, die Unterschiede in unseren fundamentalen Glaubensvorstellungen – lassen beträchtliche Unterschiede bei unseren Reaktionen zu, die wir gegenüber Klimawandel für angemessen oder notwendig halten.

Verantwortung des Einzelnen

Die meisten etablierten Religionen halten in ihren Lehren offen eine Spannung zwischen individuellen (beziehungsweise persönlichen) und systemischen (beziehungsweise strukturellen) Ursachen moralischen Versagens aufrecht. Dieses Versagen mag in die Sprache der Sünde, des Unrechts, der Disharmonie oder des Bösen gekleidet sein, allen gemeinsam ist die Feststellung, dass die erfahrbare Welt, einschließlich unserer Selbsterfahrung, nicht damit im Einklang steht, wie wir sie unbewusst gern hätten. Unsere Wunschvorstellungen und unsere Erfahrungen stehen nicht im Einklang miteinander; so beschrieb Buddha »das menschliche Dasein mit dem sinnträchtigen Wort *duka* – das bedeutet Leiden oder Unbefriedigtsein oder vielleicht auch Mangel; das Gefühl, dass die Dinge nicht ganz richtig sind«.[186]

Diese Spannung zwischen den individuellen und systemischen Ursachen von ›Sünde‹ zeigt sich im christlichen und jüdischen Glauben, zum Beispiel eingebettet in den vielen Geschichten über moralisches Versagen und Ungerechtigkeit, die im Alten Testament der Bibel nacherzählt werden. König Ahab wird wegen seiner illegalen Aneignung des nachbarlichen Weinberges für persönlich schuldig gehalten; der Prophet Amos wettert jedoch gegen das korrupte System und die Ausbeutung der Armen durch die Eliten der israelitischen Gesellschaft. Zu verschiedenen Zeiten und in verschiedenen Kulturen erleben wir immer wieder, dass eine dieser Dimensionen der Verantwortung für Versagen über die andere gestellt wird, entweder gezielt durch die religiösen Wortführer vermittelt oder einfach durch persönliche Vorliebe.

Im Hinblick auf Klimawandel gibt es viele Beispiele der theologischen Betonung individueller Verantwortung; entweder wegen einer generell gleichgültigen Haltung gegenüber der Natur, oder spezifischer wegen des Ausstoßes gefährlicher Treibhausgase. Das ehemalige Oberhaupt der katholischen Kirche, Papst Johannes Paul II., erklärte am Weltfriedenstag 1990 eindeutig, dass jeder Mensch für seinen ökologischen Fußabdruck die moralische Schuld trage: »Es gibt im Universum eine Ordnung, die respektiert werden muss, und der Mensch, begabt mit der Fähigkeit des freien Willens, trägt die schwere Verantwortung, diese Ordnung zum Wohl zukünftiger Generationen zu erhalten. Die ökologische Krise – ich wiederhole es noch einmal – ist ein moralisches Problem«.[187] Und vom orthodoxen Zweig der christlichen Kirche wird 1997, aus dem Mund von Bartholomäus I., dem ökumenischen Patriarchen von Konstantinopel, das sündige persönliche Verhalten im Hinblick auf Klimawandel noch deutlicher angeklagt: »Es sind die Sünden der Menschen, wenn sie Anlass für die Ausrottung der Arten sind, die biologische Vielfalt von Gottes Schöpfung zerstören (…) und die Unversehrtheit der Erde durch Klimawandel gefährden«.[188]

In anderen Glaubenslehren können solche Sünden sehr genau als die Sünden Einzelner bestimmt werden, statt nur als allgemeine Sünden der Gesellschaft. Daher behauptete der anglikanische Bischof Londons, Richard Chartres, im Jahr 2006, dass »es ein Zeichen der Sünde ist, selbstsüchtige Entscheidungen zu treffen, wie in den Urlaub zu fliegen oder große Autos zu kaufen«.[189]

Eine Vielzahl sowohl weltlicher als auch religiöser Kommentatoren von Klimawandel haben diese Sichtweise, dass der Einzelne durch den Ausstoß von Kohlendioxid moralisch Schuld auf sich lädt, in den letzten Jahren angenommen. Einzelne werden für ihre Handlungen zur Rechenschaft gezogen und die Dienste von Unternehmen, die Kohlenstoffkompensationen anbieten, werden in einem metaphorischen Sinn als gleichwertig zum Ablasshandel und Straferlass für individuelle Sünden betrachtet. »Genauso wie Du im 15. und 16. Jahrhundert ohne Furcht vor der ewigen Verdammnis mit Deiner Schwester schlafen, töten und lügen konntest, so kannst Du heute (…) fahren und fliegen ohne das Klima zu gefährden, so lange Du Deine Dukaten einer der Firmen gibst, die (Kohlenstoff)Ablässe verkaufen«.[190]

Systemische Verantwortung

Sich allein auf den Einzelnen und seine Verantwortung für Klimawandel zu fokussieren, wird sowohl von religiösen als auch weltlichen Sichtweisen hinterfragt. Zumindest sollten nicht alle in gleichem Maße für ihre Emissionen zur Rechenschaft gezogen werden, wie die indischen Sozialwissenschaftler Anil Agarwal und Sunita Narain in ihrer schlagkräftigen Streitschrift *Global Warming in an Unequal World* von 1991 argumentierten[191]. Sie unterschieden zwischen ›Luxusemissionen‹ und ›Überlebensemissionen‹, um darzulegen, dass eine Kohlendioxideinheit, die von einem indischen Kleinbauern ausgestoßen wird und überlebenswichtig für die Selbstversorgung ist, ein anderes moralisches Gewicht besitzt als eine Kohlendioxideinheit, die ein amerikanischer Tourist freisetzt, der auf die Bahamas fliegt. Das Maß an Schuld unterscheidet sich in beiden Fällen gewaltig. Solch eine moralische Beweisführung endet schnell bei Betrachtungen wirtschaftlicher, sozialer und politischer Strukturen, in denen die Einzelnen leben. Viele Menschen fühlen sich hilflos, absolut frei eine Entscheidung über ihren Lebensstil und (den Mangel an) Konsumalternativen zu treffen. So mag der amerikanische

Tourist genauso im Netz des Konsums gefangen sein, wie der indische Bauer in einer Spirale der Armut gefangen ist; beide sind sie gefangen in einem größeren System, in dem gesellschaftliche Zwänge den individuellen Konsum bedingen.

Die meisten religiösen Traditionen verstehen sich ebenso gut auf diese systemischen und strukturellen Ungerechtigkeiten, die zu sozialen Missständen führen können und das moralische Versagen des Einzelnen bedingen. Wiederum mangelt es nicht an Stimmen, die nach einer dahingehenden Analyse der Ursachen von Klimawandel den übergeordneten politischen und wirtschaftlichen Strukturen der Welt die Schuld zuweisen. Daher behauptet der christliche Theologe Michael Northcott, weit entfernt davon, die Schuld für die Klimakrise den Einzelnen zu geben, dass »die Erderwärmung das Urteil der Erde über die Macht des globalen Marktes und über den rücksichtslosen Konsum ist, den er fördert (…). Darstellungen der Klimaerwärmung, die den fundamentalen Konflikt zwischen der imperialistischen Weltwirtschaft und der Gesundheit der Biosphäre verwerfen (…) können den wahren Ursachen des Problems nicht gerecht werden«[192]. Ähnlich äußert sich James Lovelock, wenn er auch für keine spezifische religiöse Überlieferung spricht, sondern an sein eigenes metaphorisches Gebilde Gaia glaubt. Er betrachtet Klimawandel als das Ergebnis eines systemischen Versagens der Menschheit, innerhalb der Grenzen von Mutter Erde zu leben. »Wenn wir scheitern, für die Erde zu sorgen, wird sie sicherlich für sich selbst sorgen, indem sie uns nicht länger willkommen sein lässt. Jene, die glauben, sollten unser irdisches Heim abermals betrachten und es als heiligen Platz ansehen, als Teil von Gottes Schöpfung, doch als etwas, das wir entweiht haben«[193].

Kapitalismus in seinen vielen Spielarten ist seit Langem Gegenstand theologischer Kritiken, die ihn tadeln, die Prinzipien der göttlichen Liebe, der Gerechtigkeit und der Harmonie zu untergraben. Die Befreiungstheologie innerhalb der katholischen Kirche verkörpert eine solche Tradition. Die Schuld für Klimawandel dem wild wuchernden neoliberalen Kapitalismus zuzuweisen, wie Northcott und andere es tun, steht ganz im Einklang mit dieser Tradition. Neuere Umwelttheologien – für die zum Beispiel der postmoderne Theologe Matthew Fox und der kolumbianische Missionar Pater Sean McDonaugh eintreten – erweitern die Einsichten der Befreiungstheologen. Nicht allein sind arme und unterdrückte Menschen Opfer eines launischen Klimas, sondern die nichtmenschliche Welt, die Schöpfung selbst, ist ebenso Opfer unterdrückender und zerstörerischer menschlicher Strukturen und Neigungen.

Die spirituellen Deutungen kollektiver oder systemischer Ursachen von Klimawandel können auch andere Ausdrucksformen annehmen. Obwohl diese Diagnosen, wo die Verantwortung für Klimawandel liegt, einer ähnlichen Einschätzung der moralischen Dimensionen der Beziehung zwischen Gesellschaft, Natur und Gott entspringen, können sie zu divergierenden, wenn nicht gar widersprüchlichen politischen Antworten führen. Sie legen den Keim für spätere Meinungsverschiedenheiten. Deshalb vermeidet die Evangelikale Klimainitiative in den Vereinigten Staaten (siehe Exkurs 5.1) sorgfältig jede Kritik am neoliberalen Kapitalismus und räumt stattdessen ein, dass »Klimawandel der jüngste Beweis für unser Scheitern ist, unsere Treuhänderschaft ordnungsgemäß auszuüben; doch er stellt eine wesentliche Möglichkeit dar, es besser zu machen«[194]. Hierbei bleibt offen, ob sich ›unser‹ und ›uns‹ auf die amerikanischen Evangelikalen, die Amerikaner im Allgemeinen oder auf die gesamte Menschheit bezieht.

Ein wiederum anderer Blickwinkel wird von jenen Religionsführern eingenommen, die ihre Analyse erweitern und bestimmte Extremwetterereignisse als Urteil Gottes über die Sittenlosigkeit und Gier der modernen Gesellschaft sehen – in Anlehnung an den, oben von Donner angesprochenen, traditionellen Rahmen von moralischer Ursache und Wirkung. So behauptete zum Beispiel Seine Exzellenz Graham Dow, der anglikanische Bischof von Carlisle in England, dass die schweren Überschwemmungen in England im Juni und Juli 2007 ein »starkes und eindeutiges Urteil Gottes waren (...) Wir ernten die Folgen unseres moralischen Verfalls (...) bei dem jetzt jede Lebensart als rechtmäßig betrachtet wird (...) und bei dem die Wirtschaftsstrukturen auf Gier gebaut sind. Wir sind in einer Situation, in der wir Gottes Urteilsspruch unterworfen sind, der uns zur Buße auffordert«[195].

Gerechte Lösungen

Unsere Glaubensvorstellungen über das Göttliche, das Spirituelle und das Transzendente und über unsere Aufgabe in der Welt als moralisch Handelnde prägt unser Pflicht- und Verantwortungsbewusstsein für andere und für die Natur. Sie beeinflussen, wie wir Klimawandel verstehen und wie wir unsere Rolle bei Klimaveränderungen deuten. Wir haben auch grundlegende Glaubensvorstellungen über die Moral bestimmter Handlungsweisen und darüber, wer Täter und wer Opfer ist, wer Unrecht begeht und wen es trifft. Doch sehen wir die Welt und unsere Beziehung zu ihr nicht im gleichen Licht. Wir weisen Schuld unterschiedlich zu. Angesichts dessen, dass unsere grundlegenden Glaubensvorstellungen nicht immer zusammengehen, ist der Befund nicht überraschend, dass dies auch für unsere Einstellungen zu und Antworten auf Klimawandel gilt. Die Kategorien für Eingriffe, Anpassungen und Lösungen, die im Umgang mit Klimawandel befürwortet werden, wurzeln oft in Glaubensvorstellungen, die für wissenschaftliche Behauptungen, ökonomische Analyse und politische Rhetorik kaum zugänglich sind.

Um diese Aussage zu illustrieren, untersuchen wir, wie der von uns beleuchtete komplexe Bereich von Glauben und Moralität sich auf drei weitgefassten Kategorien möglicher Reaktionen auf Klimawandel abbilden lässt: die Korrektur der Märkte, die Herstellung von Gerechtigkeit und die Transformation der Gesellschaft.

Marktkorrektur

Eines der zentralen Paradigmen bei der Klimawandeldiskussion ist die Kohlenstoffwirtschaft. Um die Idee unter politischen Entscheidungsträgern und anderen gesellschaftlichen Akteuren voranzutreiben, müssen Kohlenstoffausstoß und Informationen über Emissionen als Wirtschaftsgüter behandelt werden. Märkte für handelbare Kohlenstoffemissionsrechte und freiwillige Kohlenstoffkompensation müssen aufgebaut werden. Damit verbunden ist die Idee der Kohlenstoffbesteuerung, um in einer Marktwirtschaft die externen Effekte von Klimawandel zu internalisieren. Dieser paradigmatische Ansatz, um Klimawandel anzugehen, ist eine Begleiterscheinung der Beschreibung von Klimawandel als »größtes Beispiel eines Marktversagens, das die Welt jemals gesehen hat«, wie es der Stern-Report behauptet[196].

Diese weitreichenden Ideen, Kohlenstoff zu einem Wirtschaftsgut zu machen und seinen Absatzmarkt entweder durch Abgaben oder regulierten Handel zu globalisieren, lassen sich nur schwerlich mit vielen der religiösen und anderen spirituellen Glaubensvorstellungen in Einklang bringen. Betrachtet man die Hauptursache von Klimawandel als eine Folge anmaßenden und unmoralischen neoliberalen Wirtschaftens, dann scheint eine weitere Ausdehnung von Reichweite und Macht des Marktes durch den Emissionshandel nur noch mehr davon zu bieten. Wenn Klimawandel eine Folge von nicht nachhaltigem Konsum ist, von einem, wie der Psychologe Oliver James sagt, ›selbstsüchtigen Kapitalismus‹, dann wird etwas Tiefergreifendes benötigt als bloß die Manipulation von Parametern, die einen solchen Konsum unberührt lassen, auch wenn dieser modifiziert würde. Wie der westliche buddhistische Kommentator Vishvapani es ausdrückt: »Klimawandel (…) erfordert eine grundlegende Veränderung der Gesellschaft (…) der Umfang dieser Veränderung stellt das Modell des stets wachsenden Wohlstands in Frage, auf dem unsere Gesellschaft aufgebaut ist. Wir brauchen Hilfe dabei, uns eine sinnvolle und gesunde Gesellschaft vorzustellen, die nicht auf Konsum basiert. Das ist vielleicht der Punkt, wo die Religionen ins Spiel kommen«[197].

Weltliche Kritik am marktorientierten Konsum kann an einem ähnlichen Punkt enden. Ein aktueller Bericht des britischen World Wide Fund for Nature (WWF), der sich auf die Umweltbewegung am Scheideweg bezieht, legt nahe, dass es inhärente Widersprüche dabei gibt, wenn man »versucht, weniger konsumierende Lebensstile zu vermarkten, indem man Techniken propagiert, die dazu entwickelt wurden, um Produkte und Dienstleistungen zu verkaufen«. Ein Anreiz zu weniger verbrauchenden Lebensstilen »wird eher unwahrscheinlich aus einer Abhängigkeit von materiellen Werten entstehen«[198]. Die Macht eines (veränderten) Marktes zu erweitern, mag bei bestimmten theologischen und weltlichen Klimawandelkritiken auf Akzeptanz stoßen, aber keinesfalls bei allen.

Gerechtigkeit herstellen

Eine zweite Kategorie von Reaktionen auf Klimawandel wurzelt in Gerechtigkeitsvorstellungen, eine Grundsatzposition, die bei religiösen Glaubensvorstellungen verschiedener Traditionen voraussichtlich mehr Zustimmung findet. Für viele institutionalisierte und alte Traditionen ist Gerechtigkeit keine menschliche Erfindung, sondern spiegelt eine göttliche Eigenschaft wider, die in die Schöpfung eingebettet ist. So fordert zum Beispiel die hebräische Schrift Israel dazu auf: »Haltet Gottes Wort, übt Barmherzigkeit und seid demütig vor Eurem Gott«[199]. Und die Anhänger des Bahá'i-Glaubens werden dazu aufgerufen, »das für Deinen Nachbarn zu wählen, was Du für Dich wählst, wenn Deine Augen auf die Gerechtigkeit gerichtet sind«[200]. Der Islam kennt ähnlich leidenschaftliche Aufrufe zur Gerechtigkeit: »O Ihr, die Ihr glaubt! Tretet standhaft für die Gerechtigkeit ein (...) sogar gegen Euch selbst, oder Eure Eltern, oder Euer Blut und egal, ob gegen reich oder arm«[201].

Dennoch kann es in verschiedene Richtungen führen, wenn die Grundsätze der Gerechtigkeit in Bezug auf Klimawandel operationalisiert werden. Es scheint ein Erfordernis von Gerechtigkeit, dass diejenigen, die für Klimawandel und die damit verbundenen Folgeschäden verantwortlich sind, dafür zur Rechenschaft gezogen werden. Dieser Grundsatz stützt einen Teil der UN-Rahmenkonvention zum Klimawandel, wobei viel Raum für Debatten über die genaue Zuteilung der Haftbarkeit zwischen früheren und heutigen Generationen bleibt, und ob Einzelne, Unternehmen oder Nationalstaaten zur Rechenschaft gezogen werden sollen. Andere Möglichkeiten, wie Gerechtigkeit durchgesetzt werden könnte, unterstreichen die verfahrensorientierte beziehungsweise die Verteilungsgerechtigkeit – Erstere stellt sicher, dass Entscheidungen zu Klimawandel gerecht sind, und Letztere steht dafür, dass die Handlungen zum Ausgleich und Vorteil derer sind, die am stärksten durch Klimawandel benachteiligt sind. Klimagerechtigkeit scheint viel für sich zu haben, doch ob sie ein hinreichend klares und eindeutiges Konzept ist, aus dem sich eine gemeinsame Vorgehensweise herausbilden wird, bleibt zweifelhaft. Der britische Sozialwissenschaftler Neil Adger fasst das Problem so zusammen: »Es ist nicht überraschend, dass Klimagerechtigkeit angefochten, und dass sie für verschiedene Akteure, von Parteien bis zur (UN-Rahmen)Konvention und zu nationalen Wählern und anderen Stakeholdern, Verschiedenes bedeutet«[202].

›Kontraktion und Konvergenz‹ ist ein breit diskutiertes und empfohlenes Konzept, um Klimawandel in den Griff zu bekommen. Es ist in Ideen von Gerechtigkeit fest verankert, wie im Exkurs 5.2 näher erläutert wird[203]. Von Organisationen wie dem Internationalen Verhandlungsbündnis, der Afrikagruppe, der Kirche Englands und von Einzelpersonen wie der deutschen Kanzlerin Angela Merkel fand dieses Konzept breite Billigung. Trotz seiner verlockenden Logik und seiner Berufung auf die Grundsätze von Gleichheit und Gerechtigkeit, bleibt das Konzept gleichwohl nur eine Randerscheinung bei den internationalen Verhandlungen zu Klimawandel.

Exkurs 5.2
Kontraktion und Konvergenz: Wer glaubt daran?

Die Idee von Kontraktion und Konvergenz wurde erstmals 1990 von Aubrey Meyer, einem in England lebenden südafrikanischen Musiker, Autor und Gründer des Global Commons Institute (GCI), propagiert. Das Konzept bietet einen einfachen Rahmen für eine internationale Übereinkunft zu Klimawandel; sein Grundprinzip lautet: Alle Erdenbürger haben dem Grundsatz nach ein gleiches Recht, Treibhausgase auszustoßen. Dieses Recht sollte zu einem bestimmten zukünftigen Datum gewährt werden, wobei eine pauschale individuelle Erlaubnis zur Treibhausgasemission für jeden Bürger aus einer einvernehmlich vereinbarten Zielvorgabe für die weltweite Treibhausgaskonzentration abgeleitet werden sollte (von Meyer und anderen oft mit circa 450 Teilen pro Million CO_2-Äquivalenten angegeben).

Die Strategie von Kontraktion und Konvergenz besteht darin, den weltweiten Treibhausgasausstoß zu verringern, um das Zielniveau zu sichern (also ›Kontraktion‹); ein Ziel, das erreicht wird, weil jedes Land seinen Pro-Kopf-Ausstoß auf ein Niveau bringt, das schließlich für alle Länder gleich ist (also ›Konvergenz‹). Zu Beginn würden diese Berechtigungen die aktuelle Emissionsverteilung über alle Nationen widerspiegeln, doch sie liefen schließlich an einem Datum zusammen, das durch Verhandlungen beschlossen wird (oft wird 2050 empfohlen). Um diese Pro-Kopf-Ziele zu erreichen, wären die Staaten berechtigt, Genehmigungen zu handeln und somit den Geldfluss von den höher emittierenden Ländern zu den weniger emittierenden zu erleichtern. Ein typisches Beispiel von Kohlenstoffemissionsprofilen der Kontraktion und Konvergenz zeigt die Abbildung 5.1.

Kontraktion und Konvergenz haben eine Vielzahl philosophischer und praktischer Schwierigkeiten, die in den letzten Jahren häu-

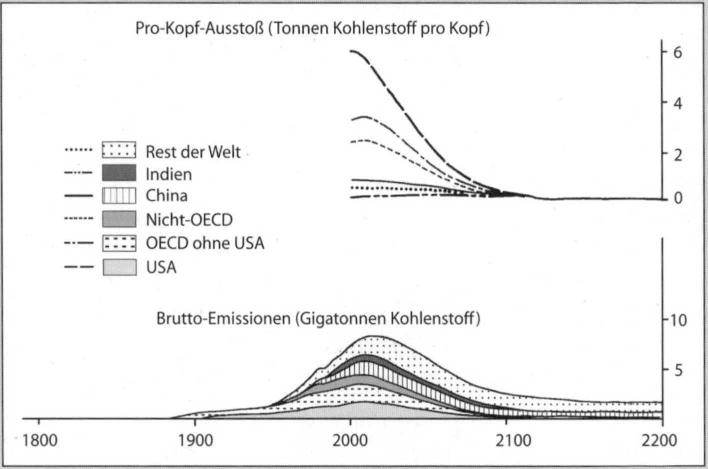

Abbildung 5.1: Vereinfachtes Modell, das die zwei Hauptprinzipien von Kontraktion und Konvergenz (K&K) zeigt: konvergierende Pro-Kopf-Emission in verschiedenen Weltregionen (oben) und kontraktierende globale Brutto-Emissionen (unten). *Quelle: nach Global Commons Institute (GCI)*[205].

fig diskutiert wurden[204]. Im Zentrum dieser Schwierigkeiten steht die Frage, wie genau die ›gleich hohe Zuteilung‹ von Emissionsrechten festgelegt werden sollte: Sollten historische Emissionen in der Aufteilungsformel mitgewertet werden? Sollte die Erlaubnis auf Pro-Kopf-Emission oder auf Produktionseinheiten festgelegt werden? Sollten Emissionen aus (Veränderung) der Flächennutzung berücksichtigt werden? Andere haben Kontraktion und Konvergenz für den ihnen innewohnenden Anreiz für weiteres Bevölkerungswachstum kritisiert – die nationalen Emissionsquoten wüchsen mit der Bevölkerungszunahme. Dieser Ansatz bietet auch nur wenig Hilfreiches, um die beiden Schlüsselziele des Rahmens auszuhandeln: die gemeinsam vereinbarte Höhe an Treibhausgasemissionen in die Atmosphäre und das Datum, zu dem die Konvergenz erreicht werden soll.

Die Bedeutung von Kontraktion und Konvergenz für unsere Diskussion hier liegt darin, dass das Konzept im Grundsatz der Gleichheit aller Menschen wurzelt, was in allen religiösen Traditionen mitschwingen sollte. Es ist ein auf den Menschenrechten basierender Ansatz zur Regulation von Klimawandel. Deshalb hat Kontraktion und Konvergenz bedeutenden Zuspruch aus dem religiösen Spektrum sowie von einer bunten Mischung anderer Regierungs- und weltlicher Körperschaften erhalten. Und dennoch, trotz seines Anspruchs auf ›selbstverständlichen‹ und allgemein geteilten Grundsätzen von Gerechtigkeit und Gleichheit zu beruhen, hat es das Konzept von Kontraktion und Konvergenz schwer gehabt, in einen operationellen Rahmen für eine nationale Politik oder für ein internationales Abkommen überführt zu werden. Noch hat es die Blockade bei den internationalen Verhandlungen zu einer globalen Klimapolitik nicht aus dem Weg geräumt, wie wir in Kapitel 9 *Wer regiert das Klima?* sehen werden.

Gesellschaftliche Transformation

Reaktionen auf Klimawandel lassen sich noch in eine dritte Kategorie einordnen – jenseits der von Marktkorrektur und der Anrufung von Gerechtigkeitsprinzipien. Sie fußt auf der Idee gesellschaftlicher Transformation, die aus weitreichenderen und radikaleren Diagnosen der Ursachen von Klimawandel hervorgeht. Viele dieser Diagnosen wurzeln wiederum in religiösen und anderen geistigen Schriften – zum Beispiel von Henry David Thoreau, Ronald Sider und Bill McKibbin –, die ein tiefes Unbehagen mit dem unersättlichen materiellen Konsum der gegenwärtigen Gesellschaft teilen. Klimawandel ist in dieser Tradition nicht einfach Ergebnis eines Marktfehlers oder eines mangelnden Gefühls für Gerechtigkeit. »Im Grunde ist die Klimakrise eben nicht politisch, wirtschaftlich oder gar umweltbedingt; sie ist geistiger Natur (…) ein einfacheres Leben, das frei von zwanghafter Zerstreuung ist, eröffnet Raum für Achtsamkeit, Freundschaft und tiefere Betrachtungen«[206].

In ihrer mildesten Form fügt sich diese Antwort auf Klimawandel harmonisch in die auf Reformen dringenden neuen Forderungen nach Nachhaltigkeit ein – Forderungen, die am deutlichsten von der Brundtland-Kommission angestoßen wurden und in Kapitel 8 *Was ist Fortschritt?* diskutiert werden[207]. Die ›Theologie‹ einer nachhaltigen Entwicklung hat viele ihrer Wurzeln in religiösen Bewegungen und spirituellem Denken, so etwa in den Schriften des Philosophen Ernst Friedrich Schumacher aus den 1970er-Jahren und in den Erklärungen des Ökumenischen Rates der Kirchen im gleichen Zeitraum. Der Weltkirchenrat behauptete zum Beispiel, dass »eine nachhaltige Gesellschaft, die ungerecht ist, es kaum wert ist aufrechterhalten zu werden. Eine gerechte Gesellschaft, die nicht nachhaltig ist, ist sinnlos. Die Menschheit hat jetzt die Verantwortung, einen wohlüberlegten Übergang zu einer gerechten und nachhaltigen Gesellschaft zu vollziehen«[208]. Die gesellschaftliche Transformation, die diese Forderungen unterstellen, geht weit darüber hinaus, Kohlenstoff zu bepreisen oder eindeutige Gerechtigkeitsgrundsätze in internationalen Handel und Diplomatie einzuführen. Übernehmen wir Northcotts Klimawandelanalyse aus christlicher Sicht, dann wird weitaus mehr gefordert: die Reform des globalen Kapitalismus durch »eine Politik (...) die jeden Bürger und Haushalt, jede Körperschaft und Organisation verpflichten muss«[209].

Das ist die Art von Vision – grundlegend von unten nach oben umgestaltend –, die auch der Schriftsteller und Unternehmer Paul Hawken anspricht. In seinem 2007 erschienenen Buch *Blessed Unrest* stellt er dar, »wie die größte Bewegung der Welt entstand und wie niemand sie kommen sah«[210]. Hawken behauptet, dass sich die eigenwilligen Gründer dieser neuen Netzwerke sozialer Bewegungen im übertragenen Sinne bis zu den Heilern, Priesterinnen, Philosophen, Mönchen und Dichtern früherer Epochen zurückverfolgen lassen. Diese Bewegung stellt eine Konfrontation zwischen der von der gesellschaftlichen Basis ausgehenden Gemeinschaftsgewalt (*bottom-up*) und der hierarchisch privilegierten Macht übergeordneter Personen (*top-down*) dar; denn Klimawandel verlangt etwas, dass weder der Markt noch die Politiker, Diplomaten und Prominenten bieten können. Im nächsten Abschnitt werden wir eine der Quellen dieser Transformation betrachten.

Wir beenden diesen Abschnitt mit der Beobachtung, wie zersplittert und gegenläufig die drei hier untersuchten Antwortkategorien zum Thema Klimawandel sind – Märkte, Gerechtigkeit, Lebensweisen – und doch kann jede einzelne für sich in Anspruch nehmen, in Glaubensgrundsätzen und religiösen Gefühlen zu wurzeln.

Persönliche Transformation

Im dritten Abschnitt dieses Kapitels sahen wir, wie verschiedene religiöse gedankliche Konzepte die Schuld an Klimawandel dem Verhalten Einzelner oder den allgemeinen Strukturen der Welt unterschiedlich zuschreiben, unabhängig davon, ob diese wirtschaftlicher, politischer oder sozialer Natur sind. Besteht die Überzeugung, dass das Individuum die moralische Verantwortung für Klimawandel trägt, liegt die Vermutung nahe, dass eine angemessene Antwort auf Klimawandel zumindest eine Änderung im Verhalten des Einzelnen beinhalten muss. Diese Haltung deckt sich teilweise mit jenen Stimmen, die eine Umstrukturierung der Gesellschaft fordern, um die Treiber von Klimawandel zu schwächen. Sie stellt das Geistige über das Materielle, die Gemeinschaft über den Verbraucher und vollkommene Gleichheit über das Hierarchische. Da zu diesen Bereichen oft auch religiöse und spirituelle Traditionen etwas zu sagen haben, lässt sich fragen, ob diese Antwort auf Klimawandel eine gemeinsame Grundlage für eine Einigung bietet. Wir wollen zwei Aspekte dieses Weges zur persönlichen Transformation untersuchen:

die Idee von – oder die Suche nach – innerer Zufriedenheit oder Wohlbefinden und die Umsetzung dieser Suche in Modellgemeinschaften.

Wohlbefinden

Die meisten religiösen Traditionen sagen sehr klar, dass Zufriedenheit und menschliches Wohlbefinden im Kern eher in ideellen Werten zu suchen sind als in materiellem Konsum. Deshalb ist sowohl im von Jesus Christus auferlegten Gebot »Trachtet zuerst nach dem Reich Gottes und nach seiner Gerechtigkeit, so wird euch das alles zufallen«[211] als auch in der islamischen Idee der Fitra[212] – der Menschheit natürlicher, doch jetzt verlorener, Zustand der Zufriedenheit – von solchen Werten die Rede.

Diese alten Weisheiten waren in den letzten Jahren Gegenstand empirischer sozialwissenschaftlicher Forschung. Ihr Ergebnis: Die Weisheiten stimmen gut mit beobachtbaren und gelebten Erfahrungen überein. Psychologen bezeichnen solche ideellen Werte als ›intrinsisch‹ im Gegensatz zu ›extrinsisch‹ – etwa persönliche Entwicklung, gesellschaftliches Engagement und persönliche Beziehungen im Gegensatz zu Reichtum, Status und Macht. So kann zum Beispiel auf der Ebene der Bevölkerung ein Zusammenhang zwischen dem Bruttosozialprodukt (BSP) pro Kopf und der Lebenszufriedenheit nur bis zu einem bestimmten Niveau materiellen Konsums festgestellt werden. Darüber hinaus hat ein weiteres Pro-Kopf-Wachstum des Bruttosozialprodukts keinen statistisch signifikanten Einfluss auf die Indikatoren subjektiven Wohlbefindens – mit anderen Worten: auf das ›Glück‹ (siehe Abbildung 5.2). Die Unterstützung durch Familie, Freunde und Gemeinschaft, eine sinnvolle Aufgabe im Leben und grundlegende religiöse und politische Freiheiten scheinen oberhalb eines gewissen – ziemlich bescheidenen – Niveaus materiellen Konsums viel wichtigere Bestimmungsgrößen für subjektives Wohlbefinden zu sein.

Diese irrige Annahme, dass demonstrativer und steigender materieller Konsum mit Wohlbefinden gleichzusetzen sei, zu entlarven, machten sich vielfach jene zu Nutze, die dafür plädieren, dass sowohl die Diagnose von als auch die Lösungsansätze für Klimawandel auf der Wahl von Lebensweisen, menschlichen Werten und dem Spirituellen fußen. Geistliche Führer lehren weiterhin solche Weisheiten und viele gesellschaftliche Kommentatoren haben die Aufmerksamkeit auf diese Gegebenheiten gelenkt – so zum Beispiel Oliver James in seinem 2007 erschienenen Bestseller *Affluenza: How to Be Successful and Stay Sane*[213]. Dennoch vertragen sich diese Einsichten in die Zulänglichkeit ›intrinsischer‹ Werte schlecht mit den damit unvereinbaren ›extrinsischen‹ Werten, die (ob stillschweigend oder ausdrücklich) von der klassischen Ökonomie, dem kommerziellen Marketing und der politischen Rhetorik gefordert werden. Solche altbewährten Weisheiten scheinen den von uns gelebten Werten, wie das allgemeine menschliche Betragen zeigt, entgegenzustehen.

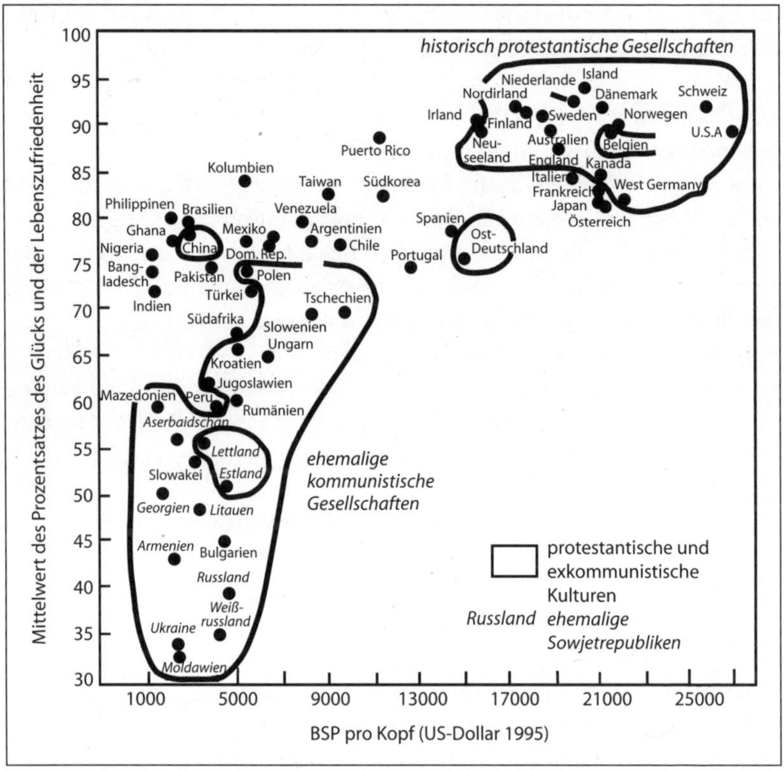

Abbildung 5.2: Wirtschaftliche Entwicklung (gemessen am Bruttosozialprodukt pro Kopf) und subjektives Wohlbefinden für verschiedene Länder. Bei den Ländern werden zwei Untergruppen ausgewiesen: protestantische Kulturen und exkommunistische Kulturen. Die Daten stammen aus den 1990er-Jahren.

Quelle: Inglehart, R.; Klingemann, H.D. (2000): Genes, culture, democracy and happiness. In: Diener, E.; Suh, E.M. (Hrsg.): Culture and subjective well-being. *Cambridge, MA: MIT Press. 165–183.*

Diejenigen (insbesondere) im Westen, die danach streben, ein klimafreundliches häusliches Leben zu führen – Energiesparlampen, Lebensmittel aus der Region, Hybridautos – dabei jedoch zwei- oder dreimal im Jahr Urlaub an Zielen machen, die am Ende internationaler oder interkontinentaler Flugstrecken liegen, zeigen die psychologische Spannung, zu der dieser Wertekonflikt führen kann. Ist die Minderung von Klimawandel eine Frage der Verringerung des Kohlenstoffausstoßes, während die meisten anderen Aspekte unserer Lebensführung unberührt bleiben, oder ist sie, wie diese alten Weisheiten wohl behaupten würden, eine Frage der Auslöschung eines tieferen Verlangens nach verschwenderischem und nicht nachhaltigem Konsum? Eamon O'Hara, ein irischer Politikberater in Brüssel, behauptet Letzteres und drückt es so aus: »Wie viele Menschen sind des modernen Lebens müde und überdrüssig? Der endlose Kreislauf von Erwerb und Konsum kann kraftraubend sein und führt nicht unbedingt zu Zufriedenheit und Erfüllung. Können wir es anders oder besser machen? Wenn wir es nicht können, dann steuern wir auf eine sichere Katastrophe zu, egal ob wir es schaffen, unsere Emissionen zu reduzieren oder nicht«[214]. Gerade diese Spannung zwischen Konsum und Zufriedenheit, die viele Einzelne erfahren, führt einige dazu, für radikalere gemeinschaftliche Formen der Lebensführung einzutreten als Lösungskonzepte für Klimawandel.

Modellgemeinschaften

Der höchste Ausdruck für eine Lebensgemeinschaft, die Klima und die physische Welt wenig belastet und die einer tieferen geistigen Philosophie entspringt, kann bei einigen religiösen und weltlichen Gemeinschaften gefunden werden. Die christlich-mennonitische Tradition ist eine davon, in der es heißt:

> *»Wenn wir jemals in der Lage sind, aufzuhören, unsere Umwelt zu zerstören, wird es geschehen, weil sich jeder von uns dafür entscheidet (...) sich von Gier und Materialismus abzuwenden. Es wird geschehen, weil wir lernen, dass Freude und Erfüllung durch eine richtige Beziehung zu Gott, zu Nachbarn und Erde entstehen, und nicht durch eine sich immer höher schraubende Nachfrage nach immer mehr materialistischem Konsum. Nirgends ist das einfacher möglich als in örtlichen Kirchengemeinden, die Gebet und Tat, Anbetung und Analyse, tiefe persönliche Liebe zum Schöpfer und zu des Schöpfers Garten verbinden«*[215].

Andere Glaubensgemeinschaften sind die Amischen, die Hutterer sowie die Franziskaner- und Benediktinerorden. Zu unterschiedlichen Zeiten über die letzten Jahrhunderte aus einer breiten christlichen Tradition entstanden, praktizieren sie jetzt ein gemeinschaftliches Leben mit niedrigem materiellem Konsum und kleinen ökologischen oder Kohlenstofffußabdrücken[216]. Die Werte der Amischen zum Beispiel setzen sich in einen einfachen Lebensstil um: kleinbäuerliche Landwirtschaft, Abgeschiedenheit von der Welt, Pazifismus und eine starke Arbeitsethik; Werte, die im radikalen Protestantismus des frühen 16. Jahrhunderts wurzeln. Ihr Einsatz von Transport und Energie sowie (am wichtigsten) ihre Landwirtschaft zeigen eine radikale Nachhaltigkeit und ein Klimaverständnis, die im starken Gegensatz zur herrschenden westlichen Kultur und ihren Werten stehen.

Die angeführten Beispiele sollen darlegen, dass gemeinsame Glaubensvorstellungen, die religiöser oder weltlicher Spiritualität entspringen, zu stark abweichenden Erlösungsaussichten führen können, wenn sie bei der Entwicklung von Antworten zum Thema Klimawandel eingesetzt werden. Manche vertreten die Auffassung, dass die wachsende Beschäftigung religiöser Führer und Gemeinschaften mit Klimawandel Möglichkeiten bietet, gemeinsame Lösungen zu finden – in dem Sinn, dass »ein alle vereinender Geist vorherrscht, über Differenzen hinwegzusehen, auf alle Glaubensgemeinschaften zuzugehen und sich zu erheben, um gemeinsame Ziele zu verwirklichen«[217]. Meiner Ansicht nach jedoch bietet die Diskrepanz zwischen gemeinsamen Prinzipien und Perspektiven einerseits und der befürworteten Strategie und tatsächlichem Verhalten andererseits genauso viele Gelegenheiten zu Uneinigkeit wie zu Einigkeit beim Thema Klimawandel.

Zusammenfassung

Warum also sind wir uneins über das Thema Klimawandel? Das Thema wird zunehmend in einer Sprache diskutiert, die Religion, Theologie und Moral entlehnt ist. Im Westen hört man von ›Buße‹ für die ›Kohlenstoffsünden‹, die durch die Kompensation von Emissionen zu leisten ist, liest man von persönlicher ›Schuld‹, die mit dem Fliegen verbunden ist, und wird aufgefordert, seinen verschwenderischen Konsum zu ›bereuen‹ und sich zu einem kohlenstoffarmen Lebensstil zu ›bekehren‹ Es gibt sogar eine neue missionarische Bewegung von Kommunikatoren und Fürsprechern, die im Nachgang zu Al Gores evangelikalem Film *Eine unbequeme Wahrheit* in Dienst gestellt wurden[218]. Weil das Bewusstsein für Klimawandel immer tiefer in das soziale und kulturelle Leben rund um den Erdball eindringt, wird es immer wichtiger werden, wie Glaubenssysteme und Ethik die öffentliche Diskussion über Klimawandel und unsere Antworten einfärben.

Weit davon entfernt, für Wissenschaft (Kapitel 3 *Was leistet Wissenschaft?*) oder Ökonomie (Kapitel 4 *Welchen Wert haben Werte?*) ein einfaches Problem zu sein, wächst zunehmend das Verständnis, dass sich Klimawandel – sowohl wie wir das Thema als auch die Antworten dazu formulieren – nur begreifen lässt, wenn seine ethische Reichweite gewürdigt wird. David Atkinson, der anglikanische Bischof von Thetford, hat dies treffend formuliert: »Klimawandel (...) konfrontiert uns immer mehr (...) mit neuen Fragen nach dem menschlichen Leben und Schicksal, nach unserer Beziehung zum Planeten und zu unseren Mitmenschen, zu Selbstlosigkeit und Eigennutz, zum Platz einer technischen Geisteshaltung in unserer Haltung gegenüber der Welt, nach unseren Werten, Hoffnungen und Zielen, und zu unseren Pflichten gegenüber Gegenwart und Zukunft. Dies sind moralische und geistige und deshalb theologische Fragen«[219]. Während der zehnten Vertragsstaatenkonferenz in Buenos Aires im Dezember 2004 (COP 10) wurden diese ethischen Dimensionen in der *Erklärung von Buenos Aires zu ethischen Dimensionen des Klimawandels* zum Ausdruck gebracht.

Aber es ist, salopp gesagt, nur die Hälfte der Miete, den unausweichlichen ethischen Charakter von Klimawandeldebatten zu erkennen. Es bedarf ganz anderer Anstrengungen, um offensichtlich widersprüchliche ethische Einstellungen, die selbst wiederum auf divergierenden Interpretationen religiöser Überzeugungen und spiritueller Eingebungen beruhen, zu versöhnen. Wie wir in den vorangegangenen Kapiteln gesehen haben, hilft es nur bedingt, sich für moralische Autorität oder Orientierung auf Wissenschaft oder Wirtschaft zu berufen, selbst wenn einige dieser ethisch aufgeladenen Fragen in wissenschaftlichem (etwa ›Was ist gefährlicher Klimawandel?‹) oder wirtschaftlichem (etwa ›Wie viel ist ein Menschenleben wert?‹) Gewand erscheinen. Dieses Kapitel hat gezeigt, dass auch ein Anrufen der Religion – der wohl, oder hoffentlich, gemeinsamen geistigen und menschlichen Werte – möglicherweise weit davon entfernt ist, eine zersplitterte und streitsüchtige Welt unter einen Hut zu bringen.

Diejenigen, die behaupten, dass uns Klimawandel eine einmalige Gelegenheit bietet, eine gemeinsame Ethik in einer vernetzten Welt zu finden und diese dann global anzuwenden, um unsere Furcht vor Klimawandel zu zerstreuen, meinen es gut. Doch ich befürchte, dass die sich rasch auftuenden Risse und Schluchten, wenn wir von den hohen und erhabenen Gipfeln religiöser Empfindungen, ›der Bewahrung der Schöpfung‹ und ›dem Respekt vor dem Leben‹, herabsteigen, nicht einfach zu überbrücken sind. Diese Fürsprecher müssen auf die folgenden Fragen positive Antworten finden, nicht allein Absichtserklärungen abgeben, sondern nennenswerte Erfolge bei der Neuausrichtung gesellschaftlicher Eigendynamik vorweisen: Werden eher die Vereinigungen von Aktivisten, die sich am Glauben ausrichten, oder die säkularen Bewegungen die kulturelle und wirtschaftliche Kluft zwischen Ost und West oder zwischen Nord und Süd überbrücken? Können evangelikale Christen mit liberalen Umweltschützern zusammenarbeiten, um klimastrategische Ziele sicherzustellen? Wissenschaft hat erfolgreich die physikalische Wirklichkeit von Klimaveränderungen erkannt, doch kann sich Wissenschaft mit Glaubensgemeinschaften und anderen ethischen Bewegungen verbünden, um ein gemeinsames Forum zu schaffen, das effektive Antworten möglich macht?

Diejenigen, die aufgrund ihrer Überzeugungen eine streng materialistische Sicht der Wirklichkeit vorschlagen, müssen wahrscheinlich noch weiter gehen auf der Suche nach einer mechanistischen Erklärung, wie sich eine universelle Moral herausbilden kann, die uns durch ein Jahrhundert der Klimaveränderungen geleitet. Dennoch können die Einsichten von Evolutionsbiologen und Psychologen hier wichtig sein. Sie bieten eine glaubhafte, wenn auch unvollständige, materialistische Erklärung der kulturellen Evolution und des moralischen Gespürs sowie dessen sozialer Funktionen. Der amerikanische Psychologe Jonathan Haidt behauptete optimistisch: »Weil die

Moral ebenso gut ein Produkt der kulturellen Evolution wie der genetischen Evolution sein kann, ist sie in der Lage, sich in ein oder zwei Generationen wesentlich zu ändern (…) da uns der technische Fortschritt das Los von Menschen in fernen Ländern stärker bewusst macht, wächst unsere Sorge und wir wünschen immer mehr, dass sich Frieden, Anstand und Zusammenarbeit in anderen Gruppen und der Menschheit überhaupt durchsetzt«[220].

Die jüngste Menschheitsgeschichte ist in dieser Hinsicht jedoch nicht sonderlich vielversprechend und für den unterbreiteten Weg zu einer neuen Ethik für die Klimanachhaltigkeit werden Haidt und seinesgleichen ihren Glauben ein wenig länger verteidigen müssen.

Wir haben die Angebote der drei großen menschlichen Handlungsfelder – Wissenschaft, Wirtschaft und Religion – zum Thema Klimawandel untersucht. Wir haben dargelegt, dass jedes dieser drei Unterfangen Schwächen in der Logik oder in der Umsetzung hat, die dessen Fähigkeit mindern, zwischen uns eine Einigung darüber zu erreichen, was gegen Klimawandel zu tun ist. So gehen wir nun in eine zweite Untersuchungsrunde, warum wir über Klimawandel uneins sind. Wir beginnen mit den Vorstellungen zu Risiko und Furcht und betrachten, inwieweit wir das Problem Klimawandel unabsichtlich schlimmer als es sein müsste auffassen. Die Psychologen werden bei diesen Untersuchungen unsere ersten Begleiter sein.

Weiterführende Literatur zu Kapitel 5

Dunlap, T.R. (2004): *Faith in nature: environmentalism as religious quest.* Seattle, WA: University of Washington Press.

Dieser wunderbar geschriebene Essay erforscht die Anfänge der Umweltbewegung in den Vereinigten Staaten und zeigt die Parallelen auf zwischen deren Prinzipien, Eigenschaften und Zielen und jenen der institutionalisierten Religionen. Dunlaps Einsichten lassen sich von der Umweltschutzbewegung direkt auf die Debatten zu Klimawandel übertragen, in denen sich Wissenschaft, Werte, Glauben und Handlungen auf gleiche Weise verschränken. Sein Argument lautet, dass die Erkenntnis dieser Verstrickungen zu einer Lösung beiträgt.

Millais, C. (Hrsg.) (2006): *Common belief: Australia's faith communities on climate change.* Sydney: The Climate Institute. www.arcworld.org/downloads/COMMON%20BELIEF%20-%20Australian%20statements.pdf (Letzter Zugriff am 16.08.2013).
Eine kurze Einführung zu den Stellungnahmen der australischen Führer von 15 unabhängigen religiösen Glaubensrichtungen beziehungsweise Überlieferungen über das Wesen von Klimawandel und ihre Vorschläge für persönliche und gesellschaftliche Antworten. Die Glaubensrichtungen umfassen Aborigines, Christen, Buddhisten, Hindus, Moslems, Sikhs und Juden. Dies ist ein sehr nützlicher Anfang für einen Dialog und für gemeinsamen Respekt zwischen den Glaubensgemeinschaften. Es zeigt jedoch auch, dass es bis zu einer religiösen Synthese oder einem religiösen Zusammenschluss zum Thema Klimawandel und der Entwicklung einer von vielen geteilten ethischen Haltung noch ein weiter Weg ist.

Northcott, M.S. (2007): *A moral climate: the ethics of global warming.* London: Dartman, Longman und Todd.
Von einem Ethiker, Theologen und episkopalischen Priester verfasst, untersucht dieses Buch die wissenschaftlichen, politischen und ökonomischen Grundlagen von Klimawandel sowie insbesondere eine Reihe von theologischen und ethischen Reaktionen zu den aufgeworfenen Dilemmata. Northcotts Diagnose zu Klimawandel ist schonungslos und direkt. Seine Aufforderungen zu Maßnahmen der Abhilfe sind ebenso unverblümt. Sie zeigen seine starke christliche Überzeugung, dass sich Lehre und Praxis nicht trennen lassen, was dem Buch stellenweise einen Charakter priesterlicher Polemik verleiht.

Taylor, B. (Hrsg.) (2008): *Encyclopedia of religion and nature.* London und New York: Thoemmes Continuum.
Dies ist eine umfangreiche Enzyklopädie, die ein enormes Spektrum von Gedanken, Gelehrsamkeit und Handlungen über die Beziehung von Religion und Natur abdeckt. Dem Werk ist ein herausragendes 20-Seiten-Essay des Herausgebers Bron Taylor vorangestellt. Darin stellt Taylor die Eigenheiten von Religion(en) vor, ihre Beziehungen zu Natur und die sich wandelnden Vorstellungen von Natur. Die Einführung bietet einen guten schnellen Überblick über deren Entwicklung in den jüngsten Jahrhunderten. Natürlich gibt es viele weitere Fachbeiträge in diesem Werk, deren Lektüre ebenfalls hilfreich ist.

Füssli, Heinrich: Der Nachtmahr (1802)
Quelle: wikimedia commons.

KAPITEL 6

Wovor wir uns fürchten

Einleitung

»Uns läuft die Zeit davon und das sehr schnell. Steigende CO_2-Werte und erhöhte Temperaturen werden bald katastrophale Veränderungen herbeiführen, die sich erst in Hunderten oder gar Millionen von Jahren wieder umkehren lassen«[221].

So wurde im britischen Wissenschaftsmagazin *New Scientist* über den Ausgang einer internationalen Konferenz berichtet, die im Februar 2005 im britischen Exeter stattfand und sich mit der Verhinderung gefährlicher Klimaveränderungen befasste. Unter Schlagzeilen wie »Am Rand des Abgrunds« oder »Handelt jetzt, bevor es zu spät ist«[222] fanden die dort vorgestellten wissenschaftlichen Ergebnisse bald ihren Weg in die Welt und in die Hinterzimmer der Regierungen, in die Vorstandsräume von Unternehmen und in jedes Wohnzimmer. Einige Wochen später erschien das amerikanische Wochenmagazin *Time* mit einer Titelgeschichte zur globalen Erderwärmung, die einen ähnlich einschüchternden Titel trug: »Klimawandel: Seid besorgt, seid sehr besorgt«[223].

Die Exeter Konferenz signalisiert eine sprunghafte Veränderung, wie Klimawandelrisiken in der Öffentlichkeit verstanden, dargestellt und diskutiert wurden. Vorher wurde Klimawandel meist im Hinblick auf inkrementelle Veränderungen mittlerer Klimazustände diskutiert; Änderungen, an die eine Anpassung – zumindest in einigen Regionen und mit gewisser Voraussicht – eventuell möglich war. Auch Veränderungen in der Eintrittswahrscheinlichkeit von Wetterextremen hatten Beachtung gefunden. Da sich die mittleren Klimazustände veränderten, ist es möglich, dass die Wahrscheinlichkeit von Wetterextremen, wie Hitzewellen, Stürmen oder starken Regenfällen – und im Gefolge davon die Risiken für die Gesellschaft – überproportional ansteigt. Doch die Exeter Konferenz machte vor der breiten Öffentlichkeit noch eine dritte Kategorie von Klimawandelrisiken auf: unerwartete oder rasche Veränderungen im Klima, vom *New Scientist* unheilvoll umschrieben als ›das Aufwecken der schlafenden Riesen‹, des Erdsystems, womit beispielsweise das Schmelzen der Polkappen, das Versiegen des Golfstroms (Teil der thermohalinen Zirkulation im Atlantik) und das Ausströmen von Methanblasen aus der gefrorenen Tundra gemeint war.

Die Exeter Konferenz wurde vom britischen Premierminister Tony Blair im Oktober 2004 als Teil der Vorbereitungen zum G8-Gipfel einberufen, den er im Juli 2005 im schottischen Gleneagles ausrichten sollte. Blair forderte die Klimawissenschaftler der Welt auf, zu ›identifizieren, welche (Konzentration) von Treibhausgasen in der Atmosphäre ganz offensichtlich zu hoch sei‹; eine Interpretation des Artikels 2 des Rahmenübereinkommens der Vereinten Nationen über Klimaänderungen (UNFCCC), der als Ziel festsetzte, eine gefährliche anthropogene Störung des Klimasystems zu verhindern. Eine solche Konzentration in einem internationalen wissenschaftlichen Umfeld zu bestimmen, würde, so die Hoffnung, helfen, die Aufmerksamkeit der G8-Führer darauf zu richten, was zum Thema Klimawandel zu tun ist. Während die Wissenschaftler in Exeter keine formale ›Grenze‹ als gefährlich verabschiedeten, lief der informelle Austausch während der Konferenz auf eine Treibhausgaskonzentration hinaus, die mit hoher Wahrscheinlichkeit eine Begrenzung der globalen Erderwärmung auf nicht mehr als 2°C über der Temperatur vor der Industrialisierung erlaubt[224]. Wie Hans-Joachim Schellnhuber, einer der Wissenschaftler, die zu der Konferenz eingeladen hatten, sagte: »Sollten wir 2°C überschreiten, wird die Hölle losbrechen«[225]. Frühere Einschätzungen relativierend, waren die auf der Konferenz diskutierten Risiken ›ernsthafter als bislang angenommen‹.

Wie wir in Kapitel 1 *Was verstehen wir unter Klima?* sahen, ist die Beziehung zwischen Menschen und Klima von jeher nicht einfach. Eine zukünftige, und nicht völlig vorhersehbare Klimaänderung bietet einen fruchtbaren Boden, um entsprechende Ängste zu verstärken. Die jüngsten Geschichten zu Klimawandel scheinen Teil dieser Historie zu sein. Klimarisiken überraschen und schockieren uns: sowohl die heute gesehenen und erlebten als auch die zukünftigen, die wir nach Aussagen der Wissenschaftler entweder abwenden oder gegen die wir uns wappnen müssen. In den letzten Jahren wurden zunehmend Ausdrücke wie Unglück, Katastrophe und Terror gewählt, um über die Risiken künftig drohender Klimaänderungen zu berichten, wie die folgenden Zitate von Politikern, Aktivisten, Wissenschaftlern und Kommentatoren illustrieren:

> *»Der Klimawandel in den nächsten 20 Jahren könnte in einer globalen Katastrophe enden, die Millionen von Menschen durch Kriege und Naturkatastrophen das Leben kosten könnte«*[226].

> *»Wenn man vor etwas Angst haben sollte, dann vor den Folgen des Klimawandels. Diese sind schon besorgniserregend für unsere Generation und noch besorgniserregender für die nachfolgende«*[227].

> *»Die Auswirkungen von Terrorismus betreffen Hunderte, Tausende oder vielleicht, wenn sie wirklich erfolgreich sind, Millionen von Menschen. Doch das Ergebnis, die Wahrscheinlichkeit und die Auswirkungen des Klimawandels, sind gewaltiger«*[228].

> *»Der Terrorismus tötet Hunderte oder Tausende von Menschen. Die globale Erderwärmung könnte Millionen Menschen das Leben kosten. Wir sollten eher einen Krieg gegen die globale Erderwärmung führen und nicht gegen den Terrorismus«*[229].

Dieses Kapitel beschäftigt sich mit der Deutung von Risiko und dessen Bedeutung in den Diskursen über Klimawandel. Dabei greifen wir auf Vorstellungen aus der Sozialpsychologie, Verhaltenspsychologie, Risikowahrnehmung und Kulturtheorie zurück. Am einfachsten lässt sich das Risiko eines Ereignisses als Funktion aus dessen Eintrittswahrscheinlichkeit und dem Ausmaß seiner Auswirkung beschreiben. Wie wir in Kapitel 3 *Was leistet Wissenschaft?* gesehen haben, ist keine dieser numerischen Größen einfach zu bestimmen. Die Bedeutung von Risiko für die Gestaltung staatlicher Politik wird durch eine dritte Komponente in der Gleichung weiter erschwert: die individuelle und kollektive *Wahrnehmung* eines bestimmten Risikos. Zwei Menschen müssen nicht unbedingt ein bestimmtes Risiko gleich wahrnehmen und bewerten – und mit Sicherheit nicht dessen Tragweite für individuelles und kollektives Verhalten. Das Gesamtkonzept von ›Risiko‹ wird also von einer Reihe von Überlegungen beeinflusst, die uns weit forttragen von den Verlautbarungen der Wissenschaftler in Exeter zur Wahrscheinlichkeit, ›schlafende Riesen‹ aufzuwecken. **Einer der Gründe, warum wir über Klimawandel uneins sind, liegt in unserer unterschiedlichen Bewertung von Risiko.**

Wir beginnen dieses Kapitel mit einer Untersuchung, wie Risiko unterschiedlich konstruiert wird und welche diversen Einflüsse darauf einwirken. Wir untersuchen die besonderen Risikocharakteristiken von Klimawandel und vergleichen die beiden Vorstellungen, dass die Konstruktion von Risiko auf mentalen Prozessen oder kulturellen Einflüssen beruht. Jenseits der wissenschaftlichen Elemente, welche der Weltklimarat als Basis für die Beschreibung und Bewertung von Klimarisiken offeriert, spielen persönliche Erfahrungen, Werte und Weltanschauungen eine wichtige Rolle, wenn Risiken Bedeutung zugeschrieben wird.

Im Zentrum der Debatten über Klimawandel steht die Vorstellung von ›gefährlichem Klimawandel‹. Im dritten Abschnitt werden mögliche Bedeutungen dieser Vorstellung untersucht und ihr Zusammenhang mit den verschiedenen Konzepten, wie Risiko konstruiert wird. Wer definiert Gefahr? Kann gefährlicher Klimawandel von Wissenschaft entdeckt oder nur durch Erfahrung erlebt werden? Diese Fragen leiten dazu über, uns selbst zu betrachten und im vierten Abschnitt zu reflektieren, wie wir über unsere Verwundbarkeit beziehungsweise Widerstandsfähigkeit gegenüber Klimarisiken denken. Wir untersuchen unterschiedliche Wahrnehmungen und Analysen von Klimarisiken durch Individuen, soziale Gruppen und nationale Öffentlichkeiten. Dies hilft uns vielleicht zu verstehen, warum wir Klimawandel unterschiedlich interpretieren. Möglicherweise hilft es uns auch zu verstehen, warum es (manchmal sehr große) Lücken gibt zwischen dem offensichtlichen Kenntnisstand zu Klimawandelrisiken und unserem Verhalten, solche Risiken zu mindern.

Aufbauend auf der Vorstellung, dass Risiko ein soziales Konstrukt ist, betrachten wir im vorletzten Abschnitt, wie Klimarisiken innerhalb einer Gesellschaft dramatisiert (oder verharmlost) werden. Verschiedene Interessensgruppen, verschiedene Medien und verschiedene politische Stimmen spielen eine wichtige Rolle, wenn man verstehen will, warum einige Risiken größer erscheinen als andere und warum sich Regierungen eher um die einen als um die anderen kümmern. Zentral ist in allen diesen Fragen die Kommunikation von Risiken und letztendlich die Kommunikation des wissenschaftlichen Wissens, das zur Wahrnehmung von Risiken beiträgt. Das führt uns zu Kapitel 7 *Wie kommunizieren wir Risiken?*.

Risikokulturen

›Können wir die Risiken kennen, denen wir gegenüberstehen beziehungsweise gegenüberstehen werden? Verschlimmern sich die Gefahren oder haben wir (nur) mehr Angst?‹ Diese zwei Fragen warfen die Anthropologen Mary Douglas und Aaron Wildavsky am Anfang von *Risk and Culture* auf. In ihrer Veröffentlichung von 1982 stellen sie eine kulturelle Theorie der Risikowahrnehmung vor[230]. Die Autoren hinterfragen die unterstellte wissenschaftliche Objektivität von Einschätzungen des Umweltrisikos. Stattdessen zeigen sie, dass kulturelle, politische und psychologische Faktoren eine dominierende Rolle bei Konstruktion, Wahrnehmung und Priorisierung von Risiken in einer Gesellschaft spielen. Obwohl sie ihr Buch lange vor der Zeit schrieben, da Klimawandel zu einem großen öffentlichen Thema von Risiko und Sicherheit wurde, sind ihre Einsichten, wie Individuen Risiken wahrnehmen, essenziell für unser Verständnis, warum wir unterschiedliche Befürchtungen zum Thema Klimawandel hegen.

›Risiko‹ wird herkömmlich definiert als ein Produkt aus der Wahrscheinlichkeit des Ereigniseintritts und seines Umfangs beziehungsweise seiner Auswirkungen. Prinzipiell könnten diese zwei Elemente der Risikogleichung – Eintrittswahrscheinlichkeit und -ausmaß – mit wissenschaftlichen oder ökonomischen Hilfsmitteln quantifiziert werden. So lässt sich beispielsweise das Risiko eines Wirbelsturms mit dem einer Hitzewelle vergleichen. Meteorologen werden beauftragt, die Eintrittswahrscheinlichkeit von Ereignissen einer bestimmten Größenordnung zu berechnen, und Ökonomen sollen den möglichen Schaden für die Gesellschaft bestimmen. Multipliziert man die beiden Größen, so erhält man eine Abschätzung des ›objektiven‹ Risikos. Doch sahen wir in den vorangegangenen Kapiteln, warum dies bei Klimawandel nicht so einfach ist. Meteorologen ringen mit der großen Ungenauigkeit ihrer Prognosen zu zukünftigem Klimawandel und Ökonomen kämpfen mit Werturteilen und ethischen Überlegungen. Selbst bei einer so einfachen Risikoformel treffen wir auf ernsthafte Probleme, wenn wir konkrete Zahlen einsetzen wollen.

Gleichwohl – wir haben es bereits angesprochen – hat der Weltklimarat versucht, die Unsicherheiten bei künftigen Klimaereignissen einzugrenzen, während Ökonomen, wie zum Beispiel die Autoren des Stern-Reports, versucht haben, den Schaden bei deren Eintreten zu quantifizieren. Betrachten wir die Ansätze der Klimawissenschaftler und Ökonomen zusammen, dann scheinen die Risiken von Klimawandel erheblich, umfangreich und halbwegs gut erkannt. Rechnen wir noch das Engagement der Regierungen weltweit hinzu, würde dies zusammen mit der Unterstützung durch die Vereinten Nationen sicher suggerieren, dass sich eine große Mehrheit der Weltbevölkerung der Risiken eines sich wandelnden Klimas vollkommen bewusst sein und dementsprechend verhalten sollte. Doch ist das tatsächlich alles, was es über Risiko zu verstehen gilt? Reicht es wirklich aus, das Risiko zu quantifizieren, das Ergebnis der Einschätzung klar und weithin bekannt zu machen und dadurch ein gemeinsames und universelles Verständnis der uns drohenden Gefahren zu erreichen?

Hier kommt eine dritte Frage ins Spiel, die Douglas und Wildavsky 1982 stellten: ›Wie entscheiden Menschen, welche Risiken sie eingehen (oder – in unserem Fall – mildern) und welche sie ignorieren?‹ Wenn die Vorstellung von Risiko so eingängig wäre, wie die oben aufgestellte Formel suggeriert, dann würden wir alle zusammen Risiken, denen wir uns gegenübersehen, gleich einstufen. Durch unser Verhalten versuchten wir dann, die bedrohlichsten Risiken zu vermeiden oder abzumildern, während wir andererseits die weniger dramatischen Risiken akzeptierten.

Was wir dabei jedoch nicht beachtet hätten, und was Douglas und Wildavsky in ihrem Buch sorgfältig ausgearbeitet haben, sind die vielfältigen kulturellen und psychologischen Zusammenhänge, die den Einzelnen in seiner Wahrnehmung bestimmter Risiken beeinflussen. Risikobewertung oder -quantifizierung sind nicht die alleinige Domäne von Experten und Wissenschaftlern. Solche Analysten mögen spezielles Wissen und technische Fähigkeiten haben, die der Bevölkerungsmehrheit nicht zugänglich sind und vielleicht sind sie auch in der Lage, verschiedene Arten von Risiko zu beurteilen, doch am Ende sind es stets Individuen, die das letzte Wort bei einer Risikobewertung haben. In der unterschiedlichen Risiko*wahrnehmung* liegt letztlich der Spielraum für die entstehenden Meinungsverschiedenheiten. Kulturelle, soziale und psychologische Konditionierung haben den größten Einfluss auf die individuelle Risikobewertung.

Gefahren oder Verhalten, die Vermögenswerte oder den Lebensstil bedrohen, werden von einer Gesellschaft beziehungsweise einer Kultur als besonders riskant angesehen. Doch da jede Kultur andere Besitztümer und andere Lebensstile für wertvoll erachtet, werden verschiedene Risiken auch unterschiedlich gewichtet. Jede Gesellschaft, jede soziale Gruppe in einer Gesellschaft und selbst jedes Individuum in einer sozialen Gruppe entscheidet möglicherweise ziemlich unterschiedlich, welche Risiken es zu vermeiden gilt und mit welchen man leben kann. Ob zum Beispiel eine sommerliche Hitzewelle als persönliches Risiko betrachtet wird, hängt vielleicht nicht nur von Alter und Physiologie ab, sondern auch von der Beschäftigung, der Freizeitauffassung oder dem Glauben daran, dass es zu gefährlich ist, einer erhöhten UV-Strahlung ausgesetzt zu sein.

Einige behaupten, dass wirtschaftlicher Reichtum die wohl wesentlichste Einflussgröße auf die Wahrnehmung von Umweltrisiken – und auch der Gefahren von Klimawandel – ist. Der amerikanische Politikwissenschaftler Ronald Inglehart hat durch seine Idee der »post-materialistischen Werte«[231] viel dazu beigetragen, diesen Standpunkt voranzubringen. Er regte an, Sorge um die Umwelt als ein Luxusgut zu interpretieren; eines, das man erst ›erwirbt‹, wenn andere grundlegende Bedürfnisse befriedigt worden sind. Gemäß seiner Hypothese müssten Klimarisiken in den reichen Nationen im Norden ernster genommen werden, und in diesen Nationen am meisten von jenen mit dem höchsten Lebensstandard.

Doch eine unterschiedliche Risikowahrnehmung lässt sich kaum so einfach erklären. Douglas und Wildavsky entwickelten einen wesentlich weitergefassten Bezugsrahmen, den der Anthropologe Michael Thompson später um die Gründe erweiterte, die das Verhalten der Menschen bei der Beurteilung von Risiken erklären. Das Bezugssystem, das heute als kulturalistische Risikotheorie (vereinfacht Kulturtheorie) bezeichnet wird, geht deutlich über oberflächliche Kategorien von reich und arm oder politisch links gegen rechts hinaus. Stattdessen wird die Risikowahrnehmung und -einstufung als eine Funktion der Selbstwahrnehmung von Individuen im Verhältnis zur Gesellschaft interpretiert, und beeinflusst wiederum selbst deren Weltanschauung, Werte und Lebensweisen.

Das Konzept der Kulturtheorie bietet eine vierteilige Klassifikation, in die Individuen, soziale Gruppen oder komplette Gesellschaften eingeteilt werden können. Diese Klassifikation stützt sich auf zwei grundsätzliche Dimensionen: wie sehr sich Menschen an Gruppen orientieren oder eher Einzelgänger sind und wie sehr sie glauben, dass es vieler oder nur weniger Regeln bedarf, um Verhalten zu kontrollieren. Wie Abbildung 6.1 veranschaulicht, teilen nach dieser Systematik die Anhänger hierarchischer Ordnungen und die des Egalitarismus einen gemeinsamen Sinn für Solidarität als Mitglieder der Gesellschaft. Sie sind stark gruppenorientiert und fühlen sich großen sozialen Gruppen sehr verbunden. Sie unterscheiden sich allerdings in ihrer Sichtweise, ob die sozialen Bindungen eher vertikal (Anhänger hierarchischer Ordnungen) oder horizontal (Anhänger des Egalitarismus) verlaufen. Anhänger hierarchischer Ordnungen sehen eine starke soziale Struktur von Rang, Rolle und Stellung, bei der die soziale Interaktion durch verschiedene Regeln vorgeschrieben wird. Die Anhänger des Egalitarismus dagegen sehen jeden als grundsätzlich gleich an, verbunden durch freiwillige Bindungen mit wenigen Regeln.

Die beiden anderen Kategorien – ›Individualisten‹ und ›Fatalisten‹ – haben eine andere und weniger gruppenorientierte Sicht auf die Gesellschaft. Für beide bestehen keine oder nur schwache soziale Bindungen in der Gesellschaft. Darüber hinaus sehen die Individualisten wenig Bedarf für Konventionen oder Regeln, um soziale Beziehungen zu organisieren, während die Fatalisten ihre Stellung als isolierte Individuen akzeptieren, wenngleich in einer geschichteten und regelgebundenen Gesellschaft.

Douglas und Wildavsky behaupten, dass diese vier ›Lebensweisen‹ – diese unterschiedlichen Sichtweisen auf das Verhältnis von Individuum und Gesellschaft – wesentlich tiefere Einsichten bieten, wie und warum verschiedene Menschen in unterschiedlichen Kulturen Risiken unterschiedlich wahrnehmen. Indem sie kulturelle und psychologische Erkenntnisse auf die Frage der Risikowahrnehmung anwenden, verlagern sie die Argumentation weg von der objektiven Risikoanalyse oder in der Tat von Ingleharts rein ökonomisch motivierter Behauptung, dass materieller Wohlstand die unterschiedlichen Risikowahrnehmungen erklären kann. Und, wie der Exkurs 6.1 zeigt, lässt

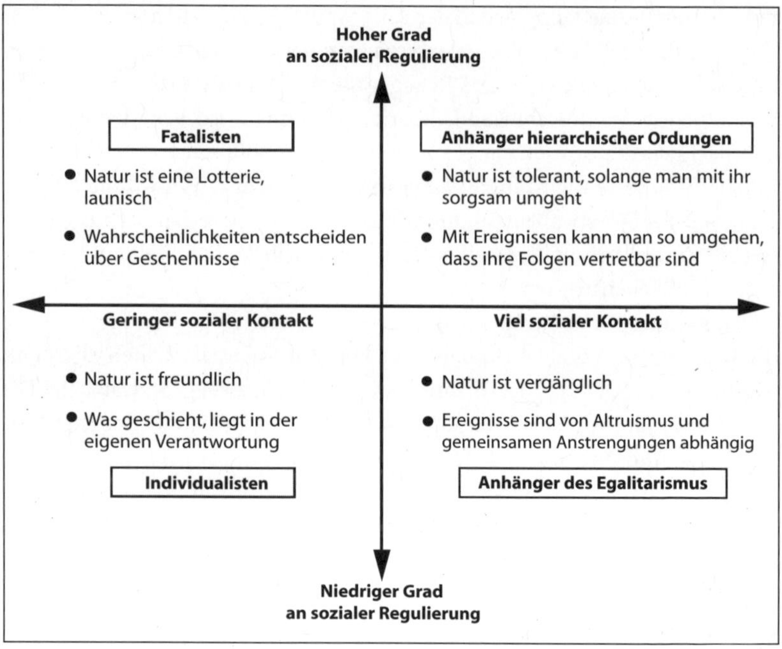

Abbildung 6.1: Die vier ›Lebensweisen‹ nach der ›Kulturtheorie‹ von Douglas und Wildavsky 1982.

Quelle: angepasst nach O'Riordan, T.; Jordan, A. (1999): Institutions, climate change and cultural theory: towards a common analytical framework. Global Environmental Change *9: 81–94.*

sich die kulturalistische Risikotheorie auf verschiedene Naturauffassungen übertragen – das heißt, ob die Natur als freundlich, vergänglich, feindlich/tolerant oder launisch beziehungsweise unberechenbar gesehen wird. Diese Erkenntnisse können wiederum genutzt werden, um zu untersuchen, wie die mit Klimawandel assoziierten Risiken wahrgenommen und kommuniziert werden. Sie tragen möglicherweise auch zum Verständnis bei, weshalb manche Reaktionen auf Klimawandel anderen gegenüber bevorzugt werden. So wird zum Beispiel, wenn über Klimawandelstrategien nachgedacht wird, das Prinzip der Vorsorge, das wir in Kapitel 4 *Welchen Wert haben Werte?* eingeführt haben, als Bezugssystem vermutlich größeren Anklang bei den Anhängern des Egalitarismus finden, die die Natur als vergänglich oder gefährdet betrachten, als bei den Individualisten, die die Natur als freundlich oder widerstandsfähig ansehen.

Solche Kategorien können natürlich nur näherungsweise beschreiben, wie Menschen in Bezug auf Klimawandel denken, reden und handeln. Der Kulturtheorie wurde vorgeworfen, zu stark zu vereinfachen, um komplexe soziale und persönliche Sachverhalte zu erfassen, und nicht genügend empirisch abgesichert zu sein durch Belege aus verschiedenen Gesellschaftsformen. Wenige Indivi-

Exkurs 6.1 Naturmythen und Risikowahrnehmung

Die Vorstellung, dass die Wahrnehmung von Klimawandelrisiken davon beeinflusst wird, wo die Menschen in Douglas und Wildavskys Schema des kulturellen Raumes angesiedelt sind, wird auch durch die Ergebnisse in anderen Forschungsbereichen gestützt. In Kapitel 1 *Was verstehen wir unter Klima?* untersuchten wir, wie sich Gesellschaften in der Vergangenheit und Individuen heute Klimawandel vorgestellt haben und wie bestimmte Sichtweisen der Natur möglicherweise Einfluss auf diese Auffassungen nehmen. In den 1980er-Jahren bemühte sich der Ökologe Buzz Holling, die unterschiedlichen, impliziten Ansichten, die kanadische Förster von der Natur haben, zu klassifizieren und sie in Beziehung zu setzen mit allgemeineren Auffassungen von der Stabilität oder Instabilität der Erde. Er bezeichnete diese impliziten Ansichten als die ›Mythen der Natur‹. Seine drei Mythen – denen später Michael Thompson eine vierte hinzufügte – lassen sich auf die vier erstmals von Douglas und Wildavsky (1982) vorgeschlagenen ›bevorzugten Lebensweisen‹ übertragen. Diese Mythen, oder Weltanschauungen, helfen uns auch bei der Einordnung der verschiedenen Antworten, die Menschen zum Thema Klimawandel haben, der mit Klimawandel verbundenen Risiken für die Menschheit sowie der Mittel und der Dringlichkeit, um Klimawandel zu begegnen.

Holling bediente sich einer Kugel in einer stilisierten Landschaft, um seine Naturmythen bildlich darzustellen (siehe Abbildung 6.2). Im Folgenden wird kurz beschrieben, wie sich diese verschiedenen Weltanschauungen und Naturmythen den verschiedenen Wahrnehmungen von Klimawandelrisiken zuordnen lassen[232]. Die illustrativen, formelhaften Zitate jeweils am Ende der vier Mythen sind der Auswertung des sprachlichen Repertoires entnommen, das sich in den britischen Printmedien zwischen 2005 und 2007 zum Thema Klimawandel findet[233].

Freundliche Natur

Dieser Mythos wird von den ›Individualisten‹ bevorzugt. Danach steht das Klimasystem der Menschheit positiv gegenüber, zumindest innerhalb großzügig abgesteckter Grenzen. Jegliche durch Klimawandel hervorgerufene Risiken werden als beherrschbar angesehen und trotz der Veränderung der Erdatmosphäre durch menschliche Einflussnahme werde sich das globale Klima wieder auf einem erträglichen

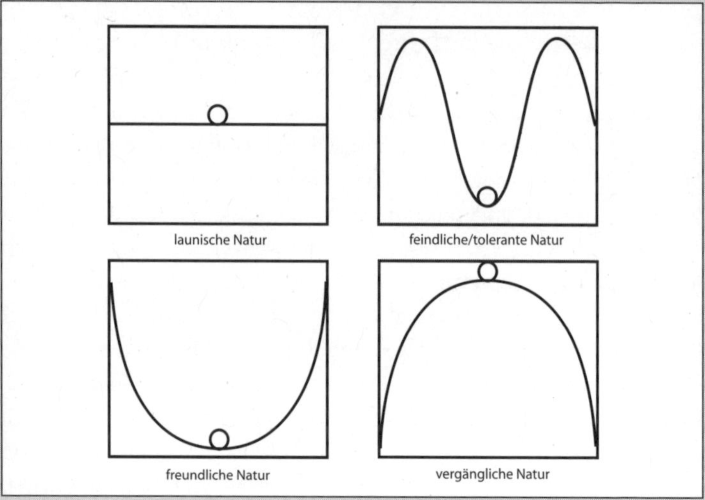

Abbildung 6.2: Schematische Darstellung der vier Mythen der Natur nach Buzz Holling. *Quelle: angepasst nach Holling, C.S. (1986): The resilience of terrestrial ecosystems: local surprise and global change. In: Clark, W.C., Mann, R.E. (Hrsg.):* Sustainable development of the biosphere. *Cambridge, UK: Cambridge University Press. S. 217–232.*

und ungefährlichen Niveau einpendeln. Der Kommentar eines solchen Individualisten könnte lauten: ›Wir werden uns anpassen, indem wir uns bereitwillig auf die (klimatische) Zukunft einstellen, statt die Uhren des technischen Fortschritts zurückzudrehen‹.

Vergängliche Natur

Dieser Mythos wird von den ›Anhängern des Egalitarismus‹ bevorzugt. Im Gegensatz zur Betrachtung der Natur als freundlich, befindet sich das Klimasystem nach dieser Auffassung in einem labilen und störungsanfälligen Gleichgewichtszustand. Die kleinste Störung durch den Menschen kann den Kollaps des Systems hervorrufen. Die Risiken von Klimawandel sind beängstigend und geraten möglicherweise außer Kontrolle. Der Kommentar eines solchen Anhängers des Egalitarismus könnte lauten: ›Steigt der Verbrauch fossiler Brennstoffe, bricht die Zivilisation zusammen.‹

Feindliche/tolerante Natur

Dieser Mythos wird von den ›Anhängern hierarchischer Ordnungen‹ bevorzugt. Hier wird angenommen, dass das Klimasystem in gewissem Maße nicht beherrschbar, aber tatsächlich recht resilient ist, wenn es auf geeignete Weise gesteuert wird. Die Risiken von Klimawandel sind nicht trivial, doch um sicher mit ihnen umgehen zu können, bedarf es weiterer Kenntnisse über das Klimasystem und höherer Prognosegenauigkeit. Der Kommentar eines solchen Anhängers hierarchischer Ordnungen könnte lauten: ›Berechnungen zeigen, dass eine Erhöhung des planetaren Reflexionsvermögens um nur drei Prozent einen Kühlungseffekt erzeugt, der die globale Erwärmung durch Kohlendioxid kompensiert‹.

Launische Natur

Dieser Mythos wird von den ›Fatalisten‹ bevorzugt. Nach dieser Auffassung ist das Klimasystem im Grunde unvorhersehbar und wird von zahlreichen Kenngrößen beeinflusst, unter denen der Mensch nur eine ist. Klima hielt schon immer Risiken für die Menschheit bereit und daran wird sich auch in Zukunft nichts ändern. Mit einigen werden wir umgehen können, mit anderen nicht. Der Kommentar eines solchen Fatalisten könnte lauten: ›Selbst wenn wir jedes konventionelle Kraftwerk schließen, jedes Auto verschrotten und jedes Flugzeug am Boden lassen, würde sich das Klima trotzdem weiterhin ändern‹.

duen werden genau einer dieser extremen Positionen anhängen und keiner wird dies beständig tun. Die verschiedenen, hier beschriebenen Kategorien sollten eher als archetypische ›Stimmen‹ verstanden werden, die in öffentlichen Diskussionen zu hören sind. Daher sollte die Kulturtheorie nur als Bezugssystem gesehen werden, das die verschiedenen Einflüsse aufzeigt, denen Menschen ausgesetzt sind, wenn sie für sich selber beurteilen, welche Bedeutung Klimawandelrisiken für sie haben. (Wir kommen auf die Kulturtheorie in den Kapiteln 8, 9 und 10 noch einmal zurück, um uns zwischen den verschiedenen ›Stimmen‹ zu Klimawandel zurechtzufinden.) Unabhängig davon, wie einig sich Wissenschaftler über zukünftige Klimawandelrisiken sein mögen oder wie überzeugend die ›objektive‹ Risikoanalyse von Experten ist – wie Menschen solche Risiken in ihrem Leben wahrnehmen, einstufen und priorisieren, ist eine Funktion vieler Aspekte, die in solch eng definierten Risikobewertungen nicht erfasst sind. Das Wissen, die Werte und die religiösen Überzeugungen, die wir in den Kapiteln 3, 4 und 5 untersuchten, sind nun angereichert durch die Verquickung mit den breiteren kulturellen und psychologischen Bedingungsfaktoren.

Mit diesen Einsichten ausgestattet, können wir nun gezielter untersuchen, wie Klimawandelrisiken bestimmt, kommuniziert, wahrgenommen und für wahr gehalten werden. Wir beginnen mit der Vorstellung von gefährlichem Klimawandel.

Welche Klimaveränderungen sind gefährlich und woher wissen wir das?

Wenn Gefahr ein Zustand ist, in dem jemand Risiken ausgesetzt sein oder Schaden erleiden kann, dann gehören Risikobewertung und -wahrnehmung zum Kern der Vorstellung von ›gefährlichem Klimawandel‹. Dass anthropogener Klimawandel gefährlich sein könnte, wurde von Wissenschaftlern erstmals in den 1950er- und 1960er-Jahren ernsthaft in Erwägung gezogen. Doch erst das Rahmenübereinkommen der Vereinten Nationen über Klimaänderungen im Jahr 1992 verankerte diese Vorstellung unwiderruflich in den Debatten über Klimastrategien. Artikel 2 besagt, dass es das Endziel des Übereinkommens sei, ›eine gefährliche anthropogene Störung des Klimasystems zu verhindern‹, ein Ziel, das weitgehend darauf verkürzt wurde, gefährlichen Klimawandel zu verhindern[234]. Die Quantifizierung von Gefahr im Zusammenhang mit globalem Klimawandel ist jedoch bekanntlich schwierig. Die Probleme lassen sich in drei Gruppen einteilen.

Erstens, ›Gefahr‹ als eine Folge künftigen (anthropogenen) Klimawandels zu fassen, schmälert die permanent für die Menschen auf der Erde existierenden Gefahren durch anhaltende und natürlich auftretende Klimarisiken. Ein solches Vorgehen verlangt, zwischen natürlichen und anthropogenen Klimarisiken unterscheiden zu können. Diese Unterscheidung ist schwierig, da alle meteorologischen Risiken mittlerweile Folgen eines globalen Systems sind, das nur mehr halbnatürlich ist.

Zweitens lässt die Formulierung von Artikel 2 die Frage unbeantwortet, welche Gefahrenkategorien überhaupt gezählt werden sollten. Als Metrik einer Gefahrenquantifizierung könnte man Geld einsetzen (verursachter ökonomischer Schaden), Leben (Menschen, die getötet oder zu Invaliden wurden), Spezies (Ausmaß der Artenvielfalt) oder sogar Nationen (überflutete Atolle und Inselstaaten, die nicht mehr existieren). Gefahr könnte als Gesamtsumme (zum Beispiel die Summe aller verlorenen Menschenleben weltweit) oder als Funktion der Auswirkung auf bestimmte soziale Gruppen (zum Beispiel Alte, Junge oder ›Unschuldige‹) dargestellt werden. Sehr verschiedene Arten sozialer Gerechtigkeit werden dadurch angedeutet.

Drittens war der Begriff ›gefährlicher Klimawandel‹ in Artikel 2 als Orientierungshilfe zur Festlegung politischer Richtlinien gedacht, er trifft keinerlei Aussagen darüber, welche Prozesse zu einer angemessenen und nützlichen Definition gefährlichen Klimawandels führen können. Soll gefährlicher Klimawandel von Wissenschaftlern entdeckt, von Experten analysiert, von Regierungen ausgehandelt oder von Bürgern gewählt werden? Alle vier Herangehensweisen wurden zu verschiedenen Zeiten und auf verschiedene Weisen verfolgt (oder zumindest vorgeschlagen), doch jede Herangehensweise wirft mehr Fragen auf, als sie beantwortet.

Im Kern liegt das Problem, eine Haltung gegenüber gefährlichem Klimawandel zu finden, darin, ob man einen Top-down- oder einen Bottom-up-Ansatz verfolgt. Beide Ansätze resultieren in sogenannten ›externen‹ beziehungsweise ›internen‹ Risikodefinitionen. »Externe Definitionen (von Gefahr) basieren normalerweise auf von Experten durchgeführten wissenschaftlichen Risikoanalysen, deren Grundlage Systemmerkmale der physischen oder sozialen Welt sind. Interne Definitionen von Gefahr gehen davon aus, dass Gefahr entweder erlebt oder wahrgenommen werden muss, um wirklich zu sein. Es ist die individuelle oder kollektive Erfahrung oder Wahrnehmung von Unsicherheit beziehungsweise das Fehlen von Sicherheit, was Gefahr begründet«[235].

Diese zwei Perspektiven können zu sehr verschiedenen Rückschlüssen bezüglich Klimarisiken und der Einschätzung, ab wann Klimawandel gefährlich sein könnte, führen. Brian O'Neill und Michael Oppenheimer folgten dem Top-down-Ansatz und schlugen eine Kohlenstoffdioxidkonzentration von 450 Teilen pro Million in der Atmosphäre als Grenzwert vor. Nach Überschreiten dieses Schwellenwerts würden gefährliche Klimaveränderungen auftreten[236]. Ihr Hauptanliegen war, das ernsthafte Ausbleichen eines großen Teils der Korallenriffe und das Zerfallen der westantarktischen Eisdecke sowie das Erliegen der nordatlantischen thermohalinen Zirkulation zu verhindern.

Demgegenüber, und damit aus einer Bottom-up-Perspektive, sehen die Bewohner einiger Dörfer an der Ostküste Englands den steigenden Meeresspiegel schon jetzt als gefährlich an. Die Auswirkungen des steigenden Meeresspiegels sind für viele Menschen, die in Küstenregionen ohne Schutzanlagen leben, bereits spürbar. In Happisburgh, einem Dorf im südlichen Norfolk, wurden beispielsweise vor kurzem 26 Häuser wegen der erodierenden weichen Klippen aufgegeben und eine Bewohnerin brachte die Vorstellung von gefährlichem Klimawandel ganz anders zum Ausdruck als O'Neill und Oppenheimer. »Diese Situation hat (mich) sehr belastet – ich muss ständig daran denken. Selbst im Bett kann ich mich nicht entspannen, da ich nicht sicher sein kann, ob sich (das Haus) nicht mitten in der Nacht verabschieden wird«[237].

Da es generell einfacher ist, gefährliche Klimaveränderungen mittels externer Top-down-Definitionen formal zu analysieren, drehten sich die meisten Diskussionen über politische Strategien um die Quantifizierung der Risiken für das globale Klimasystem und für Ökosystemdienstleistungen. Indes stellt der Weltklimarat in seiner Bewertung von 2007 fest, dass »die Definition gefährlicher anthropogener Störung nicht allein auf wissenschaftlichen Argumenten basieren kann, sondern auch andere Beurteilungen miteinbezieht, die vom Stand wissenschaftlichen Wissens geprägt sind. Keine einzelne Metrik kann die Vielfalt der wesentlichen Vulnerabilitäten adäquat beschreiben oder deren Prioritäten bestimmen«[238].

Das Konzept von gefährlichem Klimawandel kann demnach aus verschiedenen Perspektiven betrachtet werden. Um zu einer Arbeitsdefinition von Gefahr zu kommen, bedarf es einer Mischung aus wissenschaftlichen, ökonomischen, politischen, ethischen und kulturellen Erwägungen. Wie die Risikoanalysten Tom Lowe und Irene Lorenzoni in ihrer empirischen Studie zu den mentalen Landkarten von 24 führenden europäischen Entscheidungsträgern zum Thema Klimawandel zeigten: »Diskurse über Gefahr (…) sind politisch und sozial erzeugt und damit sehr stark mit Fragen von Macht und Moral verflochten«[239]. Diese Erwägungen unterscheiden sich nicht nur von Gesellschaft zu Gesellschaft, sie ändern sich auch mit der Zeit. Risiken, die von früheren Generationen als annehmbar betrachtet wurden, werden nicht länger toleriert – zum Beispiel die gesundheitlichen Auswirkungen schlechter Luftqualität in großen Industriestädten – während neue Risiken, die frühere Generationen nie betroffen haben, toleriert werden – wie tödliche Unfälle im Straßenverkehr.

Diese widersprüchlichen Herangehensweisen an die Definition von Gefahr bestimmen auch die Politik. So erklärte US-Präsident George W. Bush am 11. Juni 2001, dass die Emissionsziele im Kyoto-Protokoll »willkürlich waren und nicht auf Wissenschaft basierten« und »niemand mit Sicherheit sagen kann, welches Ausmaß an Erwärmung gefährlich ist und damit auch nicht, welches Ausmaß vermieden werden sollte«[240]. Gleichwohl forderte der britische Premierminister Tony Blair nur wenige Jahre später eine Versammlung von Klimaforschern aus aller Welt auf, zu »identifizieren, welche Konzentration von Treibhausgasen in der Atmosphäre ganz offensichtlich zu viel ist«[241]. Ein unterschiedliches Verständnis gefährlichen Klimawandels kann also recht unterschiedlichen politischen Zielen dienen.

Der Vorstellung von gefährlichem Klimawandel lässt sich nur näher kommen, indem naturwissenschaftliche Erkenntnisse mit sozialpsychologischen verbunden werden. Sich im Geiste ein Bild von der Gefahr zu machen oder sie selbst zu erfahren, führt zu sehr verschiedenen Auffassungen dessen, was es zu verhindern gilt, und die sich daraus ergebenden Beurteilungen rücken Werte und Weltanschauungen in den Vordergrund. Gerade im Fall großer globaler Bedrohungen, wie dem Schmelzen und Zerfallen großer Eisflächen, erkennt Oppenheimer an, dass »Naturwissenschaften allein nicht ausreichen, um die ›Gefahr‹ einzugrenzen, da die Bewertung der Unsicherheit und des Zeitpunkts des Zerfalls und die Abwägung ihrer Bedeutsamkeit (für die Menschen) bei der Definition von Gefahr unvermeidliche Aspekte sind«[242].

Interpretationen von Gefahr sind stets kontextbezogen. Gefahr erhält erst eine Bedeutung in Verbindung mit einer bestimmten Situation, der sich bestimmte Gesellschaften oder Individuen zu einer bestimmten Zeit stellen müssen. Diese Spannung zwischen externer und interner Risikoeinschätzung ist in der Vorstellung von gefährlichem Klimawandel enthalten. Wir müssen noch stärker ausloten, was wir unter Risikowahrnehmung verstehen und wie diese Unterschiede zu unseren Meinungsverschiedenheiten über Klimawandel beitragen.

Wahrnehmung von Klimarisiken

Externen oder Top-down-Definitionen von Klimarisiko und Gefahr ist es aus den oben genannten Gründen unmöglich, weltweit ein Einverständnis zu erzielen. Sowohl der kulturelle als auch der psychologische Kontext von Individuen unterscheiden sich. Selbst wenn Menschen sich dieselben wissenschaftlichen Darstellungen über zukünftige Klimarisiken durchlesen oder anhören, werden sie diese Risiken unterschiedlich aufnehmen, einordnen und sich ihnen gegenüber auch anders verhalten. Die Auswirkungen dieser tiefliegenden Unterschiede in der Risikowahrnehmung können weiter untersucht werden.

Risikopsychologen unterscheiden oft zwischen situativen und nicht situativen Risiken. Diese Unterscheidung hilft uns, die Wahrnehmungen von Klimagefahren besser zu verstehen. Das Risiko, das mit der Einführung einer lokalen Müllverbrennungsanlage verbunden wird – zum Beispiel die Sorge um die Gesundheit der Anwohner – ist ein gutes Beispiel für situative Risiken. Die Risikoquelle ist lokal und konkret (Menschen können die Verbrennungsanlage sehen und riechen) und das macht es einfacher, zu glauben – egal, ob berechtigt oder nicht – dass die Anwohner ein gewisses Maß an Kontrolle über das Risiko haben (Kampagnen könnten zur Schließung der Anlage führen).

Risiken dagegen, die mit globalem Klimawandel assoziiert werden, sind ein gutes Beispiel für nicht situative Risiken. Die Quelle des Risikos ist weit entfernt und vage – niemand kann Klimawandel sehen oder fühlen – und die Ursachen dieser Risiken sind unscharf und schwer zu lokalisieren. Selbst bei einem extremen meteorologischen Ereignis, das starke Schäden verursacht, ist es für die Opfer nicht ersichtlich, ob das Auftreten anthropogenem Klimawandel zuzuschreiben ist oder nicht. So ist die Frage, ob die Intensität von Hurrikan Katrina im August 2005 auf Klimawandel zurückgeführt werden kann, Gegenstand eines wissenschaftlichen Disputs – ganz zu schweigen von den öffentlichen Diskussionen. Dieses Charakteristikum der mit Klimawandel assoziierten Risiken – dass es für die Einzelnen schwierig ist, sie in ihre normale, Alltagserfahrung einzuordnen – bietet mehr als genug Raum für Meinungsverschiedenheiten. Zum Teil mag dies von den verschiedenen Weltanschauungen abhängen, die sich in den von der Kulturtheorie vorgeschlagenen vier Kategorien wiederfinden (siehe Abbildung 6.1). Die Folgen dieser mangelnden Eindeutigkeit für die Wahrnehmungen von Klimarisiken wurden für einen Ausschnitt der amerikanischen Bevölkerung in einer Studie aufgezeigt, die in Exkurs 6.2 vorgestellt wird.

Exkurs 6.2
Naturmythen und Risikowahrnehmung

In einer Umfrage, die im Jahr 2007 von BBC World Service in 21 Ländern durchgeführt wurde und an der 22.000 Menschen teilnahmen, gaben 59 Prozent der US-Bürger an, dass es »notwendig ist, sehr bald große Anstrengungen zu unternehmen«, um das Ausmaß künftigen Klimawandels zu reduzieren[243]. Eine solche Angabe lässt sich als Ausdruck für die ›Besorgnis‹ über künftige Klimarisiken interpretieren. Unter den befragten Ländern gab es nur in Südkorea, Ägypten, Indien und Russland einen geringeren Prozentsatz an Bürgern, die solche Maßnahmen fordern. Mit derart allgemeinen Umfragen mag es sinnvoll sein, Grundhaltungen innerhalb und zwischen Ländern zu vergleichen, doch da nur einfache Fragen gestellt wurden (zum Beispiel ›Wie ernst ist die Bedrohung durch die globale Erderwärmung?‹), bieten die Umfragen nur wenig Einsicht in die Gründe, warum Klimarisiken in der Öffentlichkeit unterschiedlich wahrgenommen werden. Interessanter sind Fragen, die sich mit der Rolle wissenschaftlicher und technischer Darstellungen von Risiko und Gefahren im Vergleich zu kulturellen und psychologischen Kenngrößen bei der Ausbildung von Risikowahrnehmungen beschäftigen. Warum sehen einige Amerikaner Klimawandel als akute unmittelbare Gefahr, wohingegen andere ihn als graduelles, inkrementelles Problem oder als gar kein Problem betrachten?

2003 führte der Psychologe Tony Leiserowitz eine detaillierte fragebogenbasierte Studie durch, an der fast 700 Amerikaner teilnahmen, um die Ursachen unterschiedlicher Wahrnehmungen von Klimarisiko zu erforschen[244]. Insbesondere untersuchte er, ob die Konzepte hinter der kulturalistischen Risikotheorie von Douglas und Wildavsky, die im zweiten Abschnitt behandelt wurden, im Hinblick auf Klimawandel einen empirischen Rückhalt hätten. Die Umfrage ergab, dass die öffentliche Wahrnehmung von Klimawandelrisiken in den Vereinigten Staaten bescheiden ist. Vor allem werden Gefahren für geografisch entfernte Menschen, Orte und nicht menschliche Natur wahrgenommen. Lokale Klimarisiken und die Besorgnis darüber spielen kaum eine Rolle. Mittels der Kategorien der Kulturtheorie konnte Leiserowitz zeigen, dass Anhänger des Egalitarismus die ausgeprägteste Risikowahrnehmung besitzen, wenn es um den Klimawandel geht, während sie bei Individualisten und Anhängern hierarchischer Ordnungen wesentlich schwächer ausgeprägt ist.

Welche Politik den Vorzug erhielt, hing ebenfalls sehr stark von diesen Kultur- und Wertkategorien ab. Nationale und internationale Klimarichtlinien wurden eher von Anhängern des Egalitarismus unterstützt, wohingegen sie von Individualisten und Anhängern hierarchischer Ordnungen eher abgelehnt wurden. Diese Bindung an bestimmte Werte und ›Lebensweisen‹ ließen eher auf Risikowahrnehmungen rückschließen als zum Beispiel Parteizugehörigkeit (wie Demokrat oder Republikaner) oder politische Gesinnung (etwa liberal oder konservativ). Die Risikowahrnehmung wurde auch von Dingen beeinflusst, die Leiserowitz als ›ganzheitlichen Affekt und Bildsprache‹ beschrieb. Wie Menschen auf Bilder zum Thema Klimawandel reagierten – schmelzendes Eis, extreme Hitze, die Idee von ›intakter Natur‹ – war ein stärkerer Hinweis auf die individuelle Risikowahrnehmung als ihre Reaktion auf eine fachliche Darstellung wissenschaftlicher Risikoanalyse.

Diese Erkenntnisse stimmen mit den Erwartungen der Kulturtheorie und den damit assoziierten dominanten Naturmythen überein, die im Exkurs 6.1 zusammengefasst wurden: Klimawandelrisiken werden den Anhängern des Egalitarismus wesentlich größer erscheinen als Individualisten oder Anhängern hierarchischer Ordnungen. Nachweislich wird die Wahrnehmung von Risiko in hohem Maße von Affekten und Emotionen geprägt. Die Studie belegte auch eindeutig, dass öffentliche Einschätzungen von Risiko durch Erfahrungsprozesse nachhaltig beeinflusst werden. Wie bereits im vorangegangenen Abschnitt erörtert, werden Definitionen gefährlichen Klimawandels, die sich allein auf Expertenanalyse stützen und dabei die individuellen emotionalen und affektiven Reaktionen außer Acht lassen, bei den wenigsten Menschen Anklang finden.

Insgesamt zeigt diese Studie, wie grundlegende Werte und Weltanschauungen nachhaltig die Art und Weise bedingen, wie Menschen – in diesem Fall Teile der amerikanischen Bevölkerung – über Klimawandelrisiken und politische Optionen, diese zu mildern, denken. Die Wahrnehmung von Klimarisiken geht weit über elementare Fragen wissenschaftlicher Bildung, analytischen Denkens und technischen Wissens hinaus. Risikowahrnehmung und politische Präferenzen werden auch von kulturellen und persönlichen Faktoren stark beeinflusst. Sowohl Individualpsychologie als auch Sozialpsychologie spielen eine Rolle bei der öffentlichen Risikowahrnehmung von Klimawandel.

Wie Douglas und Wildavsky bereits 1982 vorschlugen, werden Risiken nicht allein aufgrund einer universalen und ›objektiven‹ technischen Risikoanalyse wahrgenommen, bewertet und ihnen begegnet. Klimarisiken werden von Individuen wahrgenommen, die in bestimmte kulturelle, soziale und ethische Kontexte eingebunden sind, in denen wiederum Gruppen von Individuen prädisponiert sind, Risikoinformationen auf verschiedene Weisen auszuwählen, zu ignorieren und zu interpretieren. Risikoeinschätzungen sind also sozial konstruiert. Unterschiedliche Gruppen tendieren dazu, einige Risiken zur Kenntnis zu nehmen, sie zu fürchten und zu verstärken, wohingegen sie andere ignorieren, schmälern oder abschwächen. Das zeigt, dass Nachrichten über Klimawandel auf die Bedürfnisse und Neigungen des Zielpublikums zugeschnitten sein müssen, wenn sie grundlegende Überzeugungen ansprechen wollen. Diese Konsequenzen der Risikokommunikation werden in Kapitel 7 *Wie kommunizieren wir Risiken?* näher untersucht.

Risikopsychologen kennen eine weitere Unterscheidung, die uns ebenfalls dabei hilft, die unterschiedliche Einschätzung der mit Klimawandel verbundenen Gefahren zu verstehen: den Unterschied zwischen emotionalem und analytischem Denken. Unsere affektive Bewertung von Risiko – ein evolutionär gesprochen älterer Instinkt, den wir mit anderen Tieren teilen – ist intuitiv, automatisch und schnell. Risiko verkörpert ein Gefühl mit einem hohen Furchtfaktor. Folglich sagt uns unser Instinkt, wenn ein Tornado auf unser Haus zuhält, dass wir vor diesem speziellen ›Klima‹risiko fliehen sollten.

Unser analytisches Denken hingegen funktioniert über den geistigen Prozess der Assimilation, Überlegung und Beurteilung. Dies erfordert kritisches Denken und ist damit langsamer als emotionales Denken. Regeln für einen solchen Prozess und in welchen Situationen sie zur Anwendung kommen, müssen eventuell erst explizit beigebracht werden; zum Beispiel jungen, naiven oder unerfahrenen Menschen. Die Entscheidung, ob man in einem bekannten Überschwemmungsgebiet ein Haus kauft, erfordert eine analytische Risikobewertung. In der Tat würde eine Entscheidung dafür im öffentlichen Diskurs häufig als ›ein kalkuliertes Risiko eingehen‹ bezeichnet werden.

In vielen Situationen sind diese zwei Denkansätze nicht voneinander zu trennen und können einander überlappen. Zum Beispiel müssen Bungeespringer ihren affektiven Denkansatz überwinden – ›Springe nicht von einem hohen Podest!‹ –, indem sie das Kalkül kritischen Denkens anwenden – ›Das Seil ist sicher und das Vorgehen erprobt‹. Umgekehrt, und jetzt auf Klimawandel bezogen, kann die affektive Erfahrung eines besonders kalten Sommertags die reflektierte Überzeugung schwächen, dass sich die Erde erwärmt und dass es in Wirklichkeit extreme Hitzewellen sind, vor denen wir uns in Acht nehmen müssen, und nicht vor der Kälte.

Die Einsicht in diese einfachen Grundlagen der Risikopsychologie erhellt die vorherrschende öffentliche Meinungsvielfalt über Wesen und Stellenwert von Klimawandelrisiken. Während viele Menschen zwar glauben, dass Klimawandel wirklich passiert und dass dies schlecht ist, messen sie Problemen wie Beschäftigungssicherheit, Gesundheitsversorgung und lokalen Umweltfragen mehr Gewicht bei. Dem abstrakten und oft statistischen Charakter von Klimawandelrisiken fehlt es an der Unmittelbarkeit und Situationsgebundenheit anderer Risiken, die *tatsächlich* eine instinktive Reaktion hervorrufen. Während einige Menschen Gefahren extremer Witterung am eigenen Leib erfahren – zum Beispiel die oben erwähnten Einwohner des Dorfes Happisburgh in Norfolk – haben die meisten mit den Gefahren, die Klimawandel bringen mag, nur indirekte Erfahrung. Entweder sehen sie im Fernsehen die (weit entfernten) Konsequenzen von Klimawandel in anderen Erdteilen oder ihnen wird von den Experten im selben Fernsehen erzählt, dass das (unsichtbare) globale Förderband im Nordatlantik beim Überschreiten einer bestimmten Erwärmungsschwelle zum Erliegen kommen wird. Für viele aus der wohlhabenden Welt gilt, dass »Klimawandel Menschen nur indirekt betrifft durch steigende Meeresspiegel, extreme Ereignisse und soziale und ökonomische Reaktionen darauf. Während der Klimawandel möglicherweise Millionen töten wird, wird dies doch bei niemandem auf dem Totenschein stehen«[245].

Die obige Diskussion illustriert die vielen Faktoren, die das Bild der Öffentlichkeit beeinflussen, wenn es um die Wahrnehmung von Klimawandelrisiken geht. Einige dieser Einflussgrößen hängen mit der Natur des Phänomens Klimawandel selbst zusammen: ein immaterielles und nicht situationsgebundenes Risiko. Andere Kenngrößen ergeben sich aus dem jeweiligen Kontext, in dem sich Individuen befinden: ihre persönliche Erfahrung mit Klimawandel, die Art, wie ihr gefühlsbedingtes und analytisches Denken funktioniert, wie sehr sie Experten vertrauen, ihren Werten und Weltanschauungen.

Es ist klar, dass sich die ›objektive‹ Risikoeinschätzung durch Expertengremien wie dem Weltklimarat nicht unverändert auf das mentale Modell und die Risikowahrnehmung der Öffentlichkeit abbilden lässt. Dazwischen liegen zu viele Filter, Mediatoren und Übersetzer. Zudem rufen die zeitverschobenen, uneindeutigen, entlegenen und oft abstrakten Klimawandelrisiken gemeinhin keine starken instinktiven Reaktionen der Öffentlichkeit hervor; ihr emotionales Denken wird nicht angesprochen. Oder in den Worten der amerikanischen Psychologin Elke Weber: »Die Trennung zwischen den Ergebnissen analytischer und gefühlsbezogener Systeme resultiert möglicherweise in einer geringeren Besorgnis, als es ratsam wäre. Analytische Überlegungen legen nahe, dass die globale Erderwärmung ein ernsthaftes Problem ist, doch das gefühlsbetonte Denken versäumt es, ein frühes Warnsignal zu senden«[246].

Dieses Fehlen von starken instinktiven Reaktionen auf Klimawandelrisiken hat einige Wissenschaftler, Analysten und Fürsprecher dazu gebracht, Wege zu finden, die Risiken auszumalen. Wir wenden uns jetzt einigen Wechselwirkungen zu, die in der Gesellschaft als Risikoverstärker wirken können und die von verschiedenen Interessensgruppen genutzt werden, um entweder das analytische oder das emotionale Denken einzelner Bürger außer Kraft zu setzen.

Die soziale Verstärkung von Risiko

Die oben vorgelegten Nachweise sollten ausreichen, um uns davon zu überzeugen, dass wir nicht einfach erwarten können, dass wissenschaftliche Experten Klimarisiko bewerten und bekannt machen und Individuen und soziale Gruppen entsprechend handeln, um diese Risiken zu minimieren. Die Vorstellung von gefährlichem Klimawandel erfordert sowohl eine Einschätzung der (internen) Erfahrungskomponente von Risikowahrnehmung als auch der eher (externen) technischen Herangehensweise an Risikobewertung. Für die Einschätzung der durch Erfahrung geleiteten Risikowahrnehmung sind Einsichten in die Rolle von Kultur und Werten hilfreich.

Es gibt eine weitere Komplikation bei unserer Wahrnehmung und Evaluation von Risiken wie Klimawandel und wie wir darauf reagieren. Wir werden das volle Spektrum und die Komplexität von Einstellungen zu Klimawandelrisiken nicht verstehen, wenn wir nicht die gesellschaftliche Dynamik würdigen, die eine Risikobewertung und -wahrnehmung sowohl durch Experten als auch durch Individuen verändern kann. Bei der Beurteilung, welche Risiken gesellschaftliches Interesse und politische Aktivitäten bündeln und welche nicht, geht es nicht nur um das Zusammenspiel von Experten und Bürgern, sondern auch um die Wechselwirkungen zwischen einer großen Anzahl sozialer Akteure und Institutionen, die alle (mit oder ohne Absicht) bestimmte Risiken möglicherweise verstärken oder abschwächen. Gerade dieses Zusammenwirken verschiedener dynamischer Prozesse hat

Psychologen dazu geführt, das Konzept der ›Sozialen Risikoverstärkung‹ zu entwickeln; ein hilfreiches Gedankengerüst, wenn man verstehen möchte, was mit Nachrichten zu Klimawandel passiert.

Im Konzept der sozialen Risikoverstärkung, das ursprünglich vom amerikanischen Geografen Roger Kasperson und seinen Kollegen entwickelt wurde, wird davon ausgegangen, dass Risiken durch verschiedene Signale dargestellt werden – durch Bilder, Zeichen und Symbole. Diese Signale wirken zusammen mit psychologischen, institutionellen und kulturellen Prozessen in der Gesellschaft, die die Wahrnehmung von Risiken und ihrer Überschaubarkeit verstärken (oder abschwächen) können. Diese Prozesse oder Filter bedienen sich, wenn man so will, sogenannter Verstärkerstationen oder Akteure, etwa Institutionen, soziale Gruppen oder wichtige Persönlichkeiten. Diese handeln und sprechen, um gleichsam die in der Gesellschaft zirkulierenden Risikosignale zu transformieren.

Mithilfe dieses Konzepts können wir Beispiele für vier verschiedene Risikoverstärker geben, die beim Thema Klimawandel am Werk sind. Natürlich kann keiner dieser Verstärker ohne Schwierigkeiten aus seinen breiten sozialen Wechselwirkungen isoliert werden – wenn darin auch der ganze Sinn besteht, ein Konzept zu entwickeln, mit dem sich arbeiten lässt – doch wir können zumindest die Vielfalt der beteiligten Risikoverstärker demonstrieren.

Unser erstes Beispiel ist der Verstärker von Sprache und Metapher. Wir werden in Kapitel 7 *Wie kommunizieren wir Risiken?* mehr dazu sagen; hier führen wir die Kopplung von Klimawandel mit der Sprache des globalen Terrors an, insbesondere in den britischen Printmedien. In diesem Fall fungierte der oberste wissenschaftliche Berater der britischen Regierung, Sir David King, als eine Art ›Verstärker‹. Als wichtige Persönlichkeit trug er zur Risikoverstärkung bei, als er in einem vielzitierten Meinungsartikel in der amerikanischen Zeitschrift *Science* im Januar 2004 sagte: »Meiner Meinung nach ist der Klimawandel das schwerwiegendste Problem, dem wir gegenüberstehen – sogar ernster als die Bedrohung durch Terrorismus«[247]. Seine Äußerung legitimierte in vielfacher Weise den metaphorischen Vergleich von Klimawandelrisiken mit der kraftvollen emotionalen Symbolik des Terrorismus, allen voran der Ikonografie zum 11. September 2001, und ebnete den Weg für einen neuen sprachlichen Diskurs. Die Grafik in Abbildung 6.3 belegt den Zusammenhang. Sie veranschaulicht, wie die Verbindung von Terrorismus und Klimawandel in seriösen britischen Zeitungen im Jahr 2001 zum ersten Mal einen Höhepunkt erreichte, sich 2004 fast verdreifachte und seitdem weiter steigt.

Klimawandel wird folglich an einem ganz anders gearteten Risiko gemessen und wird, durch den Vergleich von Terrorismus mit anderen Risiken, trianguliert und angebunden an den Anstieg von Fettleibigkeit in westlichen Gesellschaften und das Risiko der Geflügelpest (bekannter als Vogelgrippe):

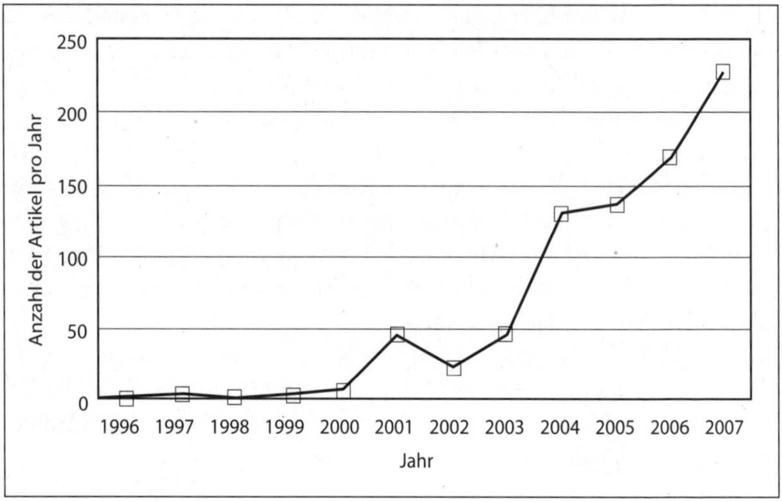

Abbildung 6.3: Häufigkeit von Zeitungsbeiträgen in Großbritannien für den Zeitraum 1996 bis 2007 mit den Begriffen ›Klimawandel‹ und ›Terrorismus‹ im selben Satz.
Quelle: mündliche Mitteilung von Sam Randalls, University College London (UCL).

»Die Regierungen der Welt richten zu viel Aufmerksamkeit darauf, Terrorismus zu bekämpfen, während Fettleibigkeit und andere ›Zivilisationskrankheiten‹ Millionen mehr Menschen das Leben kosten«[248] und »Die Vogelgrippe ist ab sofort eine genauso große Gefahr für Großbritannien wie der Terrorismus, wurde den Ministern durch die offizielle Notfallbehörde mitgeteilt«[249]. Statt Klimawandelrisiken unabhängig zu evaluieren, werden sie im Prozess der Risikoverstärkung in den narrativen Rahmen des Terrorismus gestellt.

Ein zweites Beispiel für einen Risikoverstärker ist institutioneller Natur – die internationale wissenschaftliche Konferenz zur Verhinderung gefährlichen Klimawandels, die im britischen Exeter im Februar 2005 abgehalten wurde. Diese Konferenz verschob die Wahrnehmung von Klimawandelrisiken weg von der Erwartung inkrementeller Klimaveränderungen, welchen Ausmaßes auch immer, und eröffnete stattdessen die Aussicht auf große und bedeutsame Änderungen in der Funktionsweise des Klimasystems. Auch hier wurde während der Konferenz eine schlagkräftige Metapher angerufen, um diese neue verstärkte Gefahr zu vermitteln – das Konzept von ›Kipppunkten‹ oder ›Kippelementen‹ im Klimasystem; Punkte, von denen es kein Zurück mehr gibt. Und, in klassischer Weise das Verstärkerkonzept ausnutzend, hieß es, diese Risiken seien ›schlimmer, als ursprünglich angenommen‹, wobei eine exakte Angabe, um wie viel schlimmer, vermieden wurde.

Ein drittes Beispiel kommt aus dem Bereich der Medien, die eine mächtige Rolle bei der Verstärkung oder Abschwächung von Risiken spielen. Eine schwere Hitzewelle erfasste im August 2003 große Flächen Westeuropas. Es wurde von circa 15.000 zusätzlichen vorzeitigen Todesfällen in Frankreich berichtet, hauptsächlich in der Region um Paris[250]. Der französische Sozialwissenschaftler Marc Poumadère untersuchte die Ereignisse in Frankreich während dieser wenigen Wochen im Spätsommer 2003 und wie über die sich ausbreitende Hitzewelle und ihre Auswirkungen in der Öffentlichkeit, Regierung und den Medien gesprochen wurde. Er fand in der Interpretation und Darstellung der Ereignisse Belege für soziale Risikoverstärkung. »Ein Höhepunkt der Verstärkung wurde in der Presse erreicht, als die nationale Tageszeitung *Le Monde* am 10. September auf ihrer Titelseite verkündete, dass der Sommer 2003 der tödlichste in Frankreich war seit dem Ende des Zweiten Weltkrieges«[251].

Die Studie kommentierte auch den Kontrast zu früheren Hitzewellen, die keine solche Risikoverstärkung und -erzählung erfuhren. So forderte eine Hitzewelle im Jahr 1976 6.000 zusätzliche vorzeitige Todesfälle, ohne überhaupt wahrgenommen zu werden; diese Zahl von Todesopfern wurde erst durch spätere Analysen aufgedeckt.

Ein viertes und letztes Beispiel dafür, wie soziale Risikoverstärkung in der Gesellschaft funktioniert, ist weniger spezifisch als die drei vorangegangenen, demonstriert jedoch die Bedeutung breiter kultureller Prozesse, die bei der Gestaltung und Interpretation von Risiko wirken. Der Soziologe Frank Furedi hat ausgiebig über das Aufkommen von Risikokulturen in modernen Gesellschaften geschrieben und sie mit breiteren kulturellen Entwicklungen im Westen verknüpft. Diese kulturellen Bewegungen haben eine risikoverstärkende Wirkung, indem sie behaupten, dass die Welt heute ein wesentlich gefährlicherer Ort als früher sei. Furedi hat diese These ausgiebig im Zusammenhang mit der Angst vor Terrorismus untersucht. Er argumentiert, dass kultureller Pessimismus und eine Krise des allgemeinen Regelungssystems dem Diskurs über den ›Krieg gegen den Terror‹ zugrunde liegen. Doch er geht in seinen Schlussfolgerungen noch weiter, nämlich, dass die gleichen grundlegenden kulturellen Tendenzen, die beim Terrorismus den Verstärkungsprozess aktivieren, in der Gesellschaft auch bei Bedrohungen wie Klimawandel am Werk sind: »Die Institutionalisierung der Bedrohungsverstärkung spiegelt die dominante kulturelle Einstellung zu Risiko und Unsicherheit wider. Diese Einstellungen wurden von offizieller Seite verinnerlicht. Die politisch Verantwortlichen sind in jedem Fall verunsichert über ihre eigene Autorität. Die Tendenz, den Bereich des Unbekannten zu vergrößern (…) ist ein Eingeständnis für fehlende kulturelle und intellektuelle Ressourcen, mit denen man der Unsicherheit begegnen könnte«[252].

Wir haben hier Beispiele für einige Elemente der sozialen Verstärkung von Klimawandelrisiken vorgeführt; Elemente, die quer über Skalen, Institutionen und Akteure wirken. Weit davon entfernt, aus den Einschätzungen des Weltklimarats herauszulesen, welche Risiken ›tatsächlich‹ mit Klimawandel einhergehen, finden sich Individuen stattdessen in einem verwirrenden Netz von Wechselwirkungen wieder, in dem Risiken von vielen Akteuren auf verschiedenste Weise symbolisiert, umgewandelt und interpretiert werden. Einige dieser Verstärkungs- (oder Abschwächungs-)Prozesse sind sichtbarer und transparenter als andere. Dadurch sind zum Beispiel die Klimawandelrisiken, von denen Greenpeace berichtet, sehr verschieden von denen der Ford Motor Company (siehe Kapitel 7). Andere Prozesse wie die sich verändernden Risikokulturen, in denen wir leben, sind stark verborgen und für uns fast unsichtbar. Es bleibt uns selbst überlassen, unsere eigenen geistigen Landkarten von Klimawandelrisiken zu erstellen, indem wir auf unsere Weltanschauungen und persönliche Erfahrungen mit Klimarisiken zurückgreifen und gestützt auf eine uns innewohnende Rangordnung entscheiden, welcher der vielen Stimmen wir vertrauen, die wir lesen und hören und die um unsere Aufmerksamkeit ringen.

Zusammenfassung

Warum sind wir also unterschiedlicher Meinung, wenn es um Klimawandel geht? Dieses Kapitel hat erklärt, dass einer der Gründe für die Uneinigkeit im unterschiedlichen Verstehen und Wahrnehmen von Klimawandelrisiken liegt. Einige dieser Unterschiede entstehen durch unsere verschiedenartigen Anschauungen von Natur und Gesellschaft und unser Verhältnis zu ihnen. Einige dieser Unterschiede entstehen dadurch, dass wir Klimarisiken in unterschiedlichem Maße ausgesetzt sind oder weil wir in verschiedenen Risikokulturen leben. Und hinter all dem lassen sich die Stimmen in der Gesellschaft vernehmen, die lauthals nach unserer Aufmerksamkeit verlangen. Jede davon versucht aus den verschiedensten Gründen, das sich aus dem Prozess der wissenschaftlichen Diskussion herausschälende Klimarisiko entweder zu verstärken oder abzuschwächen.

Die Erkenntnisse der Kulturtheorie legen nahe, dass unsere Weltanschauungen und Werte einen starken Einfluss darauf haben, wie wir Klimawandel und die dazugehörigen Gefahren wahrnehmen. Statt von Experten gesagt zu bekommen, was die ›wirklichen‹ Risiken von Klimawandel sind, und das dann zu glauben, projizieren viele ihre Weltanschauung nach außen und formen damit die Klimawandelrisiken, an die zu glauben sie bereit sind. Jemand, der das globale Klima als instabil und leicht aus dem Gleichgewicht zu bringen betrachtet, ist eher dazu geneigt zu glauben, dass wir uns einem Kipppunkt bezüglich des Eismantels oder der Ozeanströmungen nähern, als jemand, der die Natur als gutartig und tolerant wahrnimmt. Wenn wissenschaftliche Einschätzungen mit tief empfundenen Werten und Anschauungen zusammenstoßen, triumphiert nicht immer die Wissenschaft.

Ebenso wie sich wissenschaftliche Risikoeinschätzungen dank neuen Wissens ändern mögen, ändern sich natürlich auch die Werte von Menschen mit der Zeit oder sogar von Tag zu Tag, je nachdem, mit welchem Problem sie gerade konfrontiert sind. Menschen sind selten beständig, wenn es darum geht, nach bestimmten Werten zu leben. Unser Überblick zeigte auch, dass das Verstehen von Klimawandelrisiken in hohem Maße eine kulturelle und soziale Aktivität ist. Menschen, die sich selbst als von Klimarisiken betroffen sehen, entweder aufgrund ihrer früheren Erfahrungen oder weil sie in soziale oder geografische Risikokategorien fallen, neigen eher dazu, die risikoverstärkenden Narrative von Klimawandel zu übernehmen, für die einige Kommentatoren eintreten. Auf der anderen Seite sind Menschen, die in risikotoleranteren Kulturen leben oder in soziale Kategorien fallen, denen eine höhere Anpassungskapazität an Klimawandelrisiken unterstellt wird, möglicherweise gegenüber der quantitativen Risikoanalyse der Wissenschaft und ihrer nachfolgenden Verstärkung quer durch die Gesellschaft eher skeptisch eingestellt.

Was bedeutet diese ungleiche psychologische Landschaft der Wahrnehmung von Klimarisiken für Fragen der Dringlichkeit, des individuellen Handelns und der Prioritätensetzung, wenn es um die Entwicklung und öffentliche Akzeptanz von Klimawandelstrategien geht? Vorherzusagen, wie unterschiedliche Menschen Klimawandelrisiken wahrnehmen, ist ein zweifelhaftes Unterfangen. Es gibt große Unterschiede sowohl innerhalb als auch zwischen den nationalen Gesellschaften und regionalen Kulturen und diese Unterschiede verändern sich möglicherweise über die Zeit. Dies stellt jene vor erhebliche Herausforderungen, die bestrebt sind, politische Maßnahmen zu entwickeln und umzusetzen, die zu einem global ausgelegten Ziel beitragen (zum Beispiel Emissionsminderungen) und die aufgrund der verallgemeinernden Prozesse der Wissenschaft legitimiert erscheinen (zum Beispiel die globale Erwärmung auf einen bestimmten Wert zu begrenzen). Gleichermaßen herausfordernd sind die Verfahren, die wir als globale Gemeinschaft anwenden, um zu einheitlichen und nützlichen Definitionen gefährlichen Klimawandels zu kommen; Definitionen, die den Diskurs hin zu gemeinsam vereinbarten Strategien voranbringen können. Wenn die Wahrnehmungen von Klimawandel so heterogen sind und selbst durch die Verallgemeinerung in den Sachstandsberichten des Weltklimarats nicht homogenisiert werden können, wie soll die Welt dann eine einheitliche Meinung zu Klimawandel entwickeln – durch eine Zurschaustellung von Machtpolitik zwischen staatlichen und nicht staatlichen Akteuren oder durch beratende und demokratische Prozesse? Ein Kommentator schlug vor, dass die Antwort auf die Frage ›Wie ernst sind die Risiken des Klimawandels?‹ eine Volksbefragung sein sollte, die darüber in einem weltweiten Volksentscheid abstimmt[253].

Die obige Diskussion zeigte durchwegs die Schlüsselrolle der Medien bei der Wahrnehmung von Klimawandelrisiken. Als Vermittler zwischen den Beurteilungen von Klimarisiken durch Wissenschaftler einerseits und der psychologischen Interpretation von Klimarisiken durch Bürger andererseits üben die Medien einen starken Einfluss auf das Verständnis von Klimawandel aus. Deshalb ist es nun erforderlich, die von den Medien genutzten Kanäle oder Kreisläufe der Kommunikation über Klimawandel genauer zu untersuchen. Es gilt, die verwendeten Redeweisen, Bilder und Zeichen zu betrachten und etwas über die Motive und Ziele medialer ›Verstärkerstationen von Risiko‹ zu erfahren. Vielleicht sind wir über Klimawandel uneins wegen der mannigfaltigen und divergierenden Wege, die beim Reden über und Darstellen von Klimawandel in den Medien eingeschlagen werden. Diese Behauptung ist Gegenstand von Kapitel 7 *Wie kommunizieren wir Risiken?*.

Weiterführende Literatur zu Kapitel 6

Douglas, M.; Wildavsky, A. (1982): *Risk and culture: an essay on the selection of technological and environmental dangers.* Berkeley, CA: University of California Press.

Obgleich es nicht speziell auf Klimawandel oder Klimarisiken eingeht, bleibt dieses Buch eine klassische Einführung, um zu verstehen, wie Risiken gesellschaftlich konstruiert werden. Douglas und Wildavsky führen eine Kulturtheorie der Risikowahrnehmung ein und helfen zu erklären, warum einige Risiken herausragen und zum Thema werden, während andere heruntergespielt oder ignoriert werden.

Leiserowitz, A.A. (2006): *Climate change risk perception and policy preferences: the role of affect, imagery and values. Climatic Change* 77: 45–72.

Diese empirische Studie zu Einstellungen der amerikanischen Öffentlichkeit zur globalen Erwärmung testet zwei Hypothesen: dass Risikowahrnehmung von einer affektiven Bildsprache geprägt wird und dass kulturelle Werte die Risikowahrnehmung beeinflussen. Eine Befragung von 670 Teilnehmern bestätigt beide Hypothesen. Hier finden wir den empirischen Nachweis, warum wir über Klimawandel uneins sind – es hat nichts zu tun mit Wissenschaft und wenig mit Erkenntnis, sondern viel mit Werten, Weltanschauungen, Gefühlen, Vertrauen und Erfahrung.

Schellnhuber, H.J.; Cramer, W.; Nakicenovic, N.; Wigley, T.M.L.; Yohe, G. (Hrsg.) (2006): *Avoiding dangerous climate change*. Cambridge, UK: Cambridge University Press.
Das ist der Sammelband zur Exeter Konferenz Avoiding Dangerous Climate Change im Jahr 2005. Er enthält Beiträge von 41 Autoren. Obwohl diese von unterschiedlicher Qualität sind, ist das Buch insofern wichtig, als es für einen ganz bestimmten Zeitpunkt die Summe der Anstrengungen von Naturwissenschaftlern und Ökonomen zusammenfasst, sich mit der Vorstellung gefährlichen Klimawandels zu befassen.

Thompson, M.; Rayner, S. (1998): Cultural discourses. In: Rayner, S.; Malone, E.L. (Hrsg.): *Human choice and climate change*. Bd. 1: *The societal framework*. Columbus, OH: Battelle Press. 265–344.
Dieses Buchkapitel wurde als Teil einer umfassenden sozialwissenschaftlichen Studie zu Klimawandel in den 1990er-Jahren erarbeitet und bleibt einer der besten verfügbaren Überblicke zur individuellen, gesellschaftlichen und kulturellen Wahrnehmung von Klimawandel und zu den damit verbundenen Risiken. Es bietet eine Einführung in Kulturtheorie, Risikowahrnehmung und die Bedeutung von Werten und Unsicherheiten bei der Konstruktion und Interpretation von Klimarisiken.

Titelbild SPIEGEL 33/1986

Quelle: Spiegel-Verlag, Hamburg.

KAPITEL 7

Wie kommunizieren wir Risiken?

Einleitung

Im Mai 2004 kam der Hollywood-Film *The Day After Tomorrow* weltweit in die Kinos. Mehrere zehn Millionen Menschen in über 100 Ländern sahen diesen Film. Bei Produktionskosten von knapp 125 Millionen Dollar spielte er über 500 Millionen Dollar ein. Der Film schildert eine abrupte und katastrophale Veränderung des globalen Klimas hin zu einer neuen Eiszeit, wobei Nordamerika im Mittelpunkt der Naturkatastrophe steht. Er arbeitet mit den wissenschaftlichen Unsicherheiten, die über einen sogenannten ›Kipppunkt‹ im Erdsystem bestehen: den Ausfall der thermohalinen Zirkulation in den Weltmeeren (die warmes Wasser vom Golfstrom in die höheren europäischen Breitengrade transportiert). Vor dem Hintergrund von Flutwellen, Tornados, Hochwasser und Hurrikanen erzählt der Film von einem Klimatologen, der einen Weg sucht, um die Erde vor diesem katastrophalen Klimawandel zu retten, während er gleichzeitig seinen jungen Sohn, der in New York festsitzt, in Sicherheit bringen will. Die Metropole, zunächst von einem gewaltigen Tsunami überflutet, wird anschließend von einem Mega-Eissturm heimgesucht.

Klimawandel ist kein typisches Sujet für einen Hollywood-Film. Obwohl die Filmproduzenten selbst zugaben, die Wissenschaft übertrieben und sensationslüstern aufgebauscht zu haben, behaupteten sie zugleich, dass ihre Darstellung von einem dramatischen, klimarelevanten Ereignis einen starken Einfluss auf das Verhalten der Gesellschaft ausüben könne. Vielleicht motiviere es die Menschen, etwas gegen Klimawandel zu unternehmen, ›bevor es zu spät ist‹. »Dass sich ein Film aus einem großen Studio mit ernsthaften Problemen befasst, bietet den Amerikanern eine hervorragende Möglichkeit. Sie können über die Realität dieses Problems (Klimawandel) sprechen und überlegen, was dagegen unternommen werden kann, sowie darüber, welches Risiko darin liegt, dass sich Präsident Bush nicht damit befasst«[254]. Produzent Mark Gordon hoffte, dass die Menschen über seinen Film nachdenken würden. Er betonte, dass der Film nicht gemacht wurde, um in eine bestimmte Agenda zu passen, doch genoss er sichtlich den Aufruhr, den der Film verursachte. »Von der Kinokasse aus gedacht, sind Kontroversen gut. Die Menschen reden darüber (…) solch eine starke Werbung könnte man nicht kaufen«[255].

Auch Wissenschaftler, Politiker, Umweltaktivisten und deren Kritiker spekulierten darüber, wie sich der Film auf die öffentliche Sichtweise von Klimawandel auswirken könnte und wie sich daraus ein Bedarf oder eine Akzeptanz für neue politische Initiativen ableiten ließen. Einige glaubten, dass er das öffentliche Bewusstsein für Klimawandel steigern und sogar zu Verhaltensänderungen führen würde, zudem erhöhe er den Druck auf Regierungen, angemessen auf Klimawandel zu reagieren. Andere dagegen meinten, dass er die Skepsis zum Thema verstärken oder auch überhaupt keine Auswirkungen zeitigen werde. Interessensgruppen in aller Welt bereiteten den Filmstart vor, indem sie Presseveröffentlichungen herausgaben, Flugblätter an Kinobesucher verteilten, die über die ernsten Bedrohungen durch Klimawandel informierten, und öffentliche Treffen sowie Podiumsdiskussionen über die ›ernste Botschaft‹ des Films organisierten.

Doch welchen Einfluss hatte *The Day After Tomorrow* tatsächlich auf die Kinobesucher? Hat er erfolgreich einen Teil der Öffentlichkeit gewonnen, der durch herkömmliche wissenschaftliche Kommunikationsformen vielleicht schwieriger zu erreichen ist? Veränderte sich der Blick, mit dem Menschen auf die Wissenschaft von Klimawandel sehen? Umfragen unter Kinozuschauern in einigen Ländern, darunter den Vereinigten Staaten, Großbritannien, Deutschland und Japan, deckten unterschiedliche Reaktionen auf[256].

Die Hinweise auf Einstellungs- und Verhaltensänderungen unter den Befragten, die den Film gesehen hatten, waren mehrdeutig und widersprüchlich. Die Untersuchung konzentrierte sich auf vier zentrale Gesellschafts- und Verhaltensaspekte: die Sichtweise von Menschen auf die *Wahrscheinlichkeit* extremer Auswirkungen, ihre Sorge um Klimawandel im Vergleich zu anderen globalen Problemen, ihre *Motivation* zu Handeln und wo die *Verantwortung* für das Problem ›Klimawandel‹ liegt. Bei einigen Zuschauern wurden Veränderungen bei Interesse, Einstellung und Motivation gefunden. Das Betrachten des Films änderte bei einigen Menschen zumindest kurzzeitig deren

Einstellung zu Klimawandel. Diese Zuschauer waren zugleich deutlich mehr beunruhigt nicht nur über Klimawandel, sondern auch über andere Umweltrisiken wie den Verlust an Biodiversität und die Entsorgung atomaren Abfalls. Während der Film die allgemeine Besorgnis über Umweltrisiken verstärkte, hatten die Zuschauer Schwierigkeiten, die wissenschaftlichen Fakten von den dramatisierenden fiktionalen Elementen zu unterscheiden. Speziell die effektvolle Darstellung von Klimawandel im Film verringerte den Glauben der Zuschauer an die Wahrscheinlichkeit extremer Wetterereignisse als Folge von Klimawandel.

Obwohl der Film Zuschauer sensibilisiert haben mag und vielleicht sogar einige von ihnen motivierte, auf Klimawandel zu reagieren, lautete der Befund, dass die Öffentlichkeit nicht das Gefühl hatte, über die Informationen zu verfügen, mit welchen Maßnahmen sie Klimawandel mindern könnte. Darüber hinaus legte die Untersuchung nahe, dass das durch den Film ausgelöste Interesse an Klimawandel nur von kurzer Dauer war und die meisten Zuschauer den Film als reine Unterhaltung sahen. Insgesamt bot der Film dem Publikum widersprüchliche Botschaften zu Klimawandel an. Er rief nicht den grundlegenden Wandel in Einstellung oder Verhalten der Öffentlichkeit hervor, wie es die Befürworter erhofften.

The Day After Tomorrow ist nur eines der vielen öffentlichkeitswirksamen Hilfsmittel zur Bekanntmachung von Klimawandel in den letzten Jahren, von denen behauptet wurde, absichtlich oder unabsichtlich einen starken Einfluss auf die öffentliche Meinung zu haben. Im Dezember 2004, nur wenige Monate nachdem *The Day After Tomorrow* in die Kinos kam, erschien die englische Originalausgabe des Thrillers *Welt in Angst* von Bestsellerautor Michael Crichton. Dieser Roman stellt Klimawandel als ein Komplott zwischen Wissenschaftlern und Umweltaktivisten dar: Eine wichtigtuerische Nichtregierungsorganisation spielt bewusst die globale Erwärmung hoch, um die Ziele böser Ökoterroristen zu befördern. Das Fazit des Romans lautet, dass die globale Erwärmung kein Problem ist. Das Buch wirkt als sozialer Risikominderer im Gegensatz zu den Risikoverstärkern, die wir in den vorherigen Kapiteln diskutierten. Wie *The Day After Tomorrow* spricht Crichtons Roman reale wissenschaftliche Probleme und Kontroversen an, er ist auch in Hinblick auf die zugrunde liegende Wissenschaft ähnlich selektiv (und liegt mitunter ebenso falsch).

In Mai 2006, zwei Jahre nach *The Day After Tomorrow*, wurde ein weiterer Film veröffentlicht, von dem es heißt, dass er vor allem in Amerika nachhaltig die öffentliche Meinung beeinflusste. *Eine unbequeme Wahrheit* ist ein Dokumentarfilm über die globale Erwärmung, vorgestellt von dem US-Politiker Al Gore. Er gilt als vierterfolgreichster Dokumentarfilm aller Zeiten. Der Film hatte das erklärte Ziel, Bewusstsein zu schaffen und Verhalten zu verändern[257]. Der wahrgenommene Einfluss des Films war zweifellos einer der

Gründe, weshalb Al Gore gemeinsam mit dem Weltklimarat im Jahr 2007 den Friedensnobelpreis verliehen bekam. In der Begründung hieß es, dass der Preis verliehen wurde ›für ihre (Al Gore und der Weltklimarat) Bemühungen, ein größeres Wissen zum anthropogenen Klimawandel aufzubauen und zu verbreiten sowie Grundlagen für die nötigen Maßnahmen zu legen, um solchen (Klima)Änderungen entgegenzuwirken‹.

Dieses Kapitel untersucht, wie die Vorstellung von Klimawandel im Bereich der Medien durch Wissenschaftler, organisierte Aktivisten, Regierungen und Werbeagenturen dargestellt wird, und diskutiert die Beziehung zwischen diesen Darstellungen und den unterschiedlichen zugrunde liegenden Motiven der jeweiligen Vermittler. Öffentliche und politische Diskussionen über Klimawandel werden zweifellos davon beeinflusst, wie die wissenschaftlich ermittelten Risiken kommuniziert werden, die mit Klimawandel verbunden sind: durch die unterschiedlichen Formulierungsweisen des Problems, die heterogenen Zielgruppen sowie die verschiedenen Sprachgepflogenheiten, Geschichten und visuellen Mittel, die dafür eingesetzt werden. Wir müssen verstehen, wie Wissenschaft, Politik und Öffentlichkeit über die medial aufbereiteten Geschichten zusammentreffen. Wir müssen verstehen, wer diese Darstellungen kontrolliert und damit beeinflusst, wie Menschen über Klimawandel denken und dessen Bedeutung einschätzen. **Einer der Gründe, warum wir über Klimawandel uneins sind, liegt darin, dass wir mannigfache und widersprüchliche Botschaften über Klimawandel erhalten und diese unterschiedlich interpretieren.**

Wir beginnen im zweiten Abschnitt mit der Betrachtung einer Reihe konzeptioneller Modelle, die beschreiben, wie Wissenschaft innerhalb der Gesellschaft vermittelt werden könnte. Das traditionelle ›Defizitmodell‹ der Wissenschaftskommunikation ist nicht länger haltbar; es genügt nicht, zu behaupten, dass mehr oder klarere Informationen von Wissenschaftlern über Klimawandel zu größerem öffentlichem Engagement führen werden. Auch kann nicht behauptet werden, dass mehr wissenschaftliche *Sicherheit* oder bessere Darstellungen wissenschaftlicher Unsicherheiten in Aussagen über Klimawandel zwangsläufig zu einer größeren öffentlichen Übereinstimmung darüber führen würden, was zu tun wäre. Es gibt andere Hürden als Mangel an wissenschaftlicher Erkenntnis – psychologische, emotionale und Verhaltensbarrieren –, die eine Zustandsänderung von Klimawandel in den Köpfen von Bürgern verhindern. Wir müssen die komplexen ›kulturellen Kreisläufe‹ der Wissenschaftskommunikation verstehen, in welchen Darstellungsweise, Sprache, Symbolik, Marketinginstrumente, mediale Normen und Agenden ihren Anteil an der Erstellung, Vermittlung und Rezeption von Botschaften haben.

Wie wir in den Kapiteln 3, 4 und 5 sahen, können Wissenschaft, Wirtschaft oder Religion nicht allgemeingültig über Klimawandel sprechen. Wenn es also um die Vermittlung des Themas Klimawandel in der Öffentlichkeit geht, dann ist es keine Überraschung, dass sehr unterschiedliche Botschaften gesendet werden. Wie Klimawandel ›eingerahmt‹ wird, wird im dritten Abschnitt untersucht. Dort werden die Beziehungen zwischen der Darstellung des Problems und den beabsichtigten Auswirkungen auf Erkennen und Verhalten aufgezeigt. Klimawandel hat für verschiedene Menschen unterschiedliche Bedeutungen, weil wir alle einer Vielzahl von Botschaften zum Thema ausgesetzt sind und jede dieser Botschaften entsprechend unseres individuellen Hintergrunds – unseres Wissens, unserer Erfahrungen, Werte und Lebenslagen – interpretieren. Diese Botschaften werden über komplexe Verknüpfungen von Sprache, Bildern und Symbolen vermittelt, von denen einige im vierten (zum Sprachgebrauch) und fünften Abschnitt (zum Bildgebrauch) untersucht werden. Diese Abschnitte beinhalten auch Fallstudien über Katastrophensprache und über die Herausforderungen, in Umweltkampagnen eine Klimawandelsymbolik einzusetzen.

Die Kommunikationsexperten Craig Trumbo und James Shanahan haben sich mit der Frage beschäftigt, wie die Öffentlichkeit die mit Klimawandel verbundenen Vorstellungen versteht. Ihre Beobachtung: »Wenn das öffentliche Verständnis (von Klimawandel) auf einer narrativen Konstruktion aufbaut – die einem potenziell wechselhaften Erzählprozess unterliegt, der leicht jede Richtung einschlagen kann –, dann können politische Richtlinien und regulatorische Strategien, die sich auf (solch) eine in der öffentlichen Meinung begründete Autorität berufen, ernsthaft fehlinformiert werden«[258]. Dieses Kapitel argumentiert, dass die umstrittene Natur von Wissenschaft, Wirtschaft und Glaubensvorstellungen, die mit Klimawandel verbunden sind, unvermeidlich dazu führen, dass die in den Medien erzählten Geschichten über Klimawandel ›leicht jede Richtung einschlagen‹ können. Dies war eine der Vorstellungen, die wir in Kapitel 1 *Was verstehen wir unter Klima?* eingeführt haben – Klima als Träger der Weltanschauung –, eine Vorstellung, die durch unsere Untersuchung, wie Klimawandel kommuniziert wird, gestützt wird[259].

Modelle der Wissenschaftskommunikation

Herkömmlich, und noch weit verbreitet, ist die Auffassung, dass Wissen und Information in der Beziehung zwischen Wissenschaft und Öffentlichkeit wie in einer Einbahnstraße nur in einer Richtung fließen. Diese Auffassung, die in den 1980er-Jahren unter dem Motto ›das öffentliche Verständnis von Wissenschaft‹ popularisiert wurde, verlangt von Wissenschaftlern, bessere Redner zu werden und häufiger Vorträge zu halten für eine Öffentlichkeit, von der erwartet wird, aus engagierten und aufgeschlossenen Zuhörern zu bestehen. Die Medienkanäle, über die wissenschaftliche Inhalte transportiert werden, sollten wissenschaftliche Konzepte und Tatsachen neutral übermitteln. Angewendet auf wissenschaftliches Wissen, das sich auf Angelegenheiten öffentlicher Ordnung wie Klimawandel bezieht, unterstellt dieses Kommunikationsmodell, dass die Bereitstellung wissenschaftlicher Information das öffentliche Verhalten ändern und die Unterstützung für neue politische Maßnahmen erhöhen kann. Ist die Öffentlichkeit dagegen resistent gegen Nachrichten aus der Wissenschaft, so deutet dies an, dass der Öffentlichkeit das nötige Wissen fehlt – ein Defizit, das durch wissenschaftliche Kommunikation behoben werden muss. Es ist offensichtlich, warum dieses Kommunikationsmodell als ›Defizitmodell‹ bezeichnet wird.

Seit den späten 1990er-Jahren untersuchten eine Reihe von Seminaren des Cambridge Media and Environment Programme die Wirkung von BBC-Berichten zu Umweltfragen, vor allem zu Klimawandel und nachhaltiger Entwicklung. Die Seminarteilnehmer kamen aus Medien, Politik und Wissenschaft. Bei der Reflektion dieser Seminare kam der britische Geograf Joe Smith, einer der Organisatoren, aufgrund der Annahmen, die von den Teilnehmern gemacht wurden, zu dem Schluss, dass den Seminardiskussionen das Defizitmodell zugrunde lag. Die Medien waren ihrer selbst definierten Pflicht, die Öffentlichkeit zu informieren, nicht nachgekommen. Laut Smith behaupteten die Wissenschaftler, »dass die Medien für die öffentliche Unwissenheit sowohl bezüglich der Ursachen als auch der Konsequenzen von Klimawandel verantwortlich sind (…) mit anderen Worten, sie stellten sich einen unkomplizierten Datenfluss (zu Klimawandel) von den Experten über die Medien als Mittler an eine uninformierte und empfängliche Gesellschaft vor«[260].

Das Defizitmodell der Wissenschaftskommunikation misst dem Beitrag der Wissenschaft einen sehr hohen Stellenwert für die individuelle und gemeinschaftliche Meinungsbildung bei und übernimmt dabei das Modell rationalen menschlichen Verhaltens[261]. Hinsichtlich Klimawandel verliefe die Informationsschiene demnach so: 1) Wissenschaftliche Forschung entdeckt das Problem Klimawandel, 2) Wissenschaft sucht nach potenziellen Lösungsansätzen, 3) anschließend informieren Wissenschaftler Politiker über ihre Ergebnisse und versuchen, Bewusstsein, Einstellungen und Verhalten der Öffentlichkeit zu verändern, indem sie die ›Tatsachen‹ zu Klimawandel kommunizieren. Wir begegneten dieser Art von Argumentation in Kapitel 3 *Was leistet Wissenschaft?*, als wir die Rolle von Wissenschaft in der Politik untersuchten. Dort sprachen wir vom ›technokratischen Modell‹ der Entscheidungsfindung.

Personen und Organisationen, die diese Denkweise übernehmen, werden sehr wahrscheinlich ziemlich frustriert enden. Wie wir in den vorangegangenen Kapiteln gesehen haben, werden die gesellschaftlichen Deutungen von Klimawandel durch Werte, Glauben, persönliche Erfahrungen und durch kulturelle Normen geprägt. Eine große Umfrage unter amerikanischen Bürgern 2004 kommt zu gleichartigen Ergebnissen. Der Politikwissenschaftler Paul Kellstedt und seine Kollegen fanden heraus, dass unter den Befragten die ›eher wissenschaftlich Informierten‹ sich nicht nur persönlich weniger für den globalen Wandel verantwortlich fühlten, sondern sich darüber auch weniger beunruhigt zeigten. Sie stellten fest, dass »das Wissensdefizitmodell für das Verständnis der Einstellungen der breiten Masse zu wissenschaftlichen Kontroversen nicht ausreicht«[262].

Das Problem wird durch die Medien weiter verschärft, die nicht als neutrale Vermittler wissenschaftlichen Wissens an ein passives Publikum agieren. Sie engagieren sich im Gegenteil aktiv und ununterbrochen, indem sie Meldungen über Klimawandel in eigene Zusammenhänge stellen, filtern und interpretieren und dabei oft eine gefühlsbetonte Sprache und emotionale Bilder nutzen. Die Enttäuschung seitens der Wissenschaftler fasst die amerikanische Geografin Susi Moser in ihrem Kommentar zu den Beratungen eines Expertenworkshops von Wissenschaftlern, Fürsprechern und Kommunikatoren zum Thema Klimawandel 2004 in den Vereinigten Staaten gut zusammen: »Wenn sie (die Öffentlichkeit) nur verstünde, wie ernst das Problem ist (…) wenn wir nur die Wissenschaft besser erklären könnten, bessere und medienerfahrenere Kommunikatoren werden könnten, bessere Presseberichte bekämen (…) Die Wissenschaft zur globalen Erwärmung ist eindeutig – warum handeln wir nicht als eine Gesellschaft, um das Problem zu bekämpfen? Warum hören sie uns nicht zu? Warum macht niemand etwas?«[263]

Diese Unzufriedenheit von Wissenschaftlern, Aktivisten und vielleicht einigen Politikern – ihre Wahrnehmung eines Kommunikationsversagens – kann zu vielfältigen Reaktionen führen. Wissenschaftler mögen aufgefordert werden, mit deutlicherer und leidenschaftlicherer Stimme zu sprechen. Die Medien können möglicherweise für ihr Ausgleichen wissenschaftlicher Standpunkte pro und kontra anthropogener Klimaeinflüsse kritisiert werden. Die Öffentlichkeit mag sich mit dem Vorwurf konfrontiert sehen, hartnäckig und unbelehrbar zu sein. Der Risikoexperte Tom Lowe drückt es so aus: »Risikovermittler schreien lauter im Versuch, etwas Verstand in die Leute zu prügeln (…) Die Öffentlichkeit empfängt einen zunehmend verzweifelten Alarmruf«[264].

Wenn Kommunikation über das Defizitmodell als unzureichend bewertet werden muss, um einer passiven Öffentlichkeit den wissenschaftlichen Konsens zu Klimawandel nahe zu bringen, wie ließe sich dann die Beziehung zwischen Wissenschaft und Gesellschaft beschreiben? Und welche Konsequenzen haben alternative Modelle der Wissenschaftskommunikation darauf, inwieweit wir über Klimawandel einig oder uneinig sind? Eine Antwort auf das Defizitmodell bildet der Dialog oder die Beratung zwischen Wissenschaftlern und Bürgern.

Dialoge setzen ausgedehnte Gespräche zwischen Wissenschaftlern und Öffentlichkeit, zwischen Experten und Laien voraus. Diese Gespräche sind ebenso in den persönlichen Erfahrungen und Werten der Beteiligten verankert, wie sie durch wissenschaftliches Wissen gesteuert werden. Ein beratendes Kommunikationskonzept zu Klimawandel ändert das Machtverhältnis zwischen Wissenschaftlern und Bürgern. Im Rahmen solcher umfangreichen Gespräche können Bürger ihre individuellen Überzeugungen und Werte einbringen. Bürger können sehen, ob das Expertenwissen von Wissenschaftlern gegenüber solchen persönlichen Ansichten im Widerspruch steht oder offen dafür ist. Gleichermaßen sollten Wissenschaftler imstande sein, zu überprüfen, ob die Zuhörerschaft mit den Worten, Zahlen oder Visualisierungen etwas anfangen, sie verstehen kann, die bei der Vermittlung komplexer Konzepte zu zukünftigen Klimata und deren Unsicherheiten eingesetzt werden. Über einen solchen Dialog können widersprüchliche Auffassungen zu Klimawandel erörtert und unterschiedliche Positionen verstanden werden, selbst wenn es für die Uneinigkeit keine Lösung geben mag.

Diese aktivere Art der Wissenschaftskommunikation wurde in den letzten Jahren an vielen wissenschaftlichen Institutionen anerkannt, wobei dies nach wie vor nicht die Regel ist. So wurde im Februar 2000 in einem Bericht aus dem britischen Oberhaus über Wissenschaft und Gesellschaft die Notwendigkeit hervorgehoben, die Kultur der Wissenschaftskommunikation von einem Defizitmodell hin zu einem Dialogmodell zu verändern. »Der direkte Dialog mit der Öffentlichkeit sollte aufhören, eine optionale Zusatzvariante wissenschaftsbasierter politischer Entscheidungsprozesse und der Aktivitäten von Forschungseinrichtungen und Universitäten zu sein, er sollte ein normaler und integraler Bestandteil des Prozesses werden«[265].

Obwohl der Dialog zwischen Wissenschaftlern und Bürgern einen einnehmenderen, interaktiveren Weg darstellt, um Vorstellungen von Klimawandel zu kommunizieren, wird er allein von seiner Struktur her stets nur einen sehr geringen Teil der Öffentlichkeit erreichen. Die Mehrheit der Bürger wird nicht in direkten Kontakt mit Wissenschaftlern treten, um ausführliche Gespräche zu führen[266].Stattdessen wird sich die Mehrheit weiterhin auf die Nachrichten stützen, die ihnen durch verschiedene Medien übermittelt werden, wie Fernsehen, Zeitungen, Internetseiten, Zeitschriften und Radio. Handeln die Medien tatsächlich nicht als neutrale Vermittler von Information zum Thema Klimawandel, dann müssen wir ihre Rolle besser erfassen und verstehen, wenn wir diese wichtige kommunikative Dimension unserer Uneinigkeit über Klimawandel begreifen wollen. Anstelle der Linearität von Kommunikation, die das Defizitmodell unterstellt, wurde der ›Kulturkreislauf‹ und dessen Verflechtung als überzeugendere Metapher vorgeschlagen.

Die Vorstellung von ›Kulturkreisläufen‹[267] erlaubt einen ganz anderen Blick auf die Wissenschaftskommunikation im Vergleich zum Defizitmodell.

Letzteres Modell sieht die Sender von Klimawandelwissen (Wissenschaftler) mit den Empfängern dieses Wissens (Öffentlichkeit) über die Informationswege, die von den Medien angeboten werden, nur als entfernt verbunden an. Wissenschaftler, Medien und Öffentlichkeit haben jeweils ihre eigenen voneinander getrennten Bereiche, wobei Sender und Empfänger nur geringen Einfluss aufeinander haben. Im Gegensatz dazu stehen Sender und Empfänger im Konzept des Kulturkreislaufs in wechselseitiger Beziehung und formen und verändern beide Seiten gemeinsam die Bedeutung von Nachrichten über Klimawandel. Die Medien selbst bieten einen dynamischen Schauplatz, auf dem diese wirkungsmächtigen Prozesse ablaufen. Nachrichten über Klimawandel haben keinen Ausgangs- und keinen Endpunkt; sie kreisen umher und ändern dabei Rahmen, Form und Bedeutung.

Diese Sicht der Medien als eine Ansammlung dynamisch Handelnder, die stets aktiv Nachrichten über Klimawandel – entweder implizit oder explizit – formen und umformen, passt viel eher zu unseren Beobachtungen der Wirklichkeit als das Defizitmodell. Diese Sicht erlaubt es uns zugleich, die Rolle der Medien zu verstehen, Uneinigkeit zu verbreiten oder gar zu fördern. Beispiele, wie die Medien zu Meinungsverschiedenheiten beitragen, werden in den letzten drei Abschnitten dieses Kapitels gegeben: durch unterschiedliche Darstellungsweisen des Problems Klimawandel, durch die verwendete Sprache und durch die gewählten Bilder. Zunächst jedoch soll nur jeweils ein Beispiel aus jedem der drei Bereiche (Medien, Öffentlichkeit und Wissenschaft) des Kulturkreislaufs der Klimawandelkommunikation betrachtet werden, um zu zeigen, wie diese Dynamik funktioniert.

Medien

Zeitungen dienen der Öffentlichkeit in vielen Ländern weiterhin als eine Hauptquelle von Informationen, auch wenn diese zugunsten von internetbasierten Medien und Fernsehangeboten langsam an Bedeutung verlieren. In den letzten Jahren verfolgten eine Reihe von Studien die Berichterstattung und Darstellung zum Thema Klimawandel in Printmedien in Ländern wie den Vereinigten Staaten, Großbritannien, Japan und Indien. Eine seltener untersuchte Facette dieser Zeitungsberichterstattung ist die Rolle von Ideologie[268] in gedruckten Darstellungen zum Thema Klimawandel. Zeitungen unterstützen oft spezifische ideologische Positionen, begründet entweder durch deren Besitzer oder aus Tradition.

Die Kommunikationswissenschaftlerin Anna Carvalho erforschte die Beziehungen zwischen den Ideologien dreier nationaler britischer Zeitungen (*The Times, Guardian* und *Independent*) sowie deren Berichterstattung und Darstellungen zum Thema Klimawandel im Zeitraum von 1985 bis 2001[269]. Sie fand signifikante Unterschiede zwischen der Berichterstattung in der *The Times* und den beiden anderen Zeitungen, die sie zum Teil auf die konservativere ideologische Meinung der *Times* zurückführt. Der *Guardian* und der *Independent* gaben der wissenschaftlichen Bewertung von Klimawandelrisiken mehr Gewicht und forderten ein stärkeres politisches Engagement. *The Times* dagegen legte einen größeren Schwerpunkt auf die wissenschaftlichen Unsicherheiten von Zukunftsrisiken und nahm eine liberalere, marktorientiertere Sicht zu möglichen politischen Optionen an. Ähnliche Unterschiede sind in der Berichterstattung nationaler amerikanischer Zeitungen mit deren heterogenen weltanschaulichen Positionen zu Klimawandel beobachtet worden, wie etwa im Vergleich von *Wall Street Journal* (skeptischer gegenüber dem Klimawandel) und *New York Times* (akzeptiert eher das potenzielle Risiko und den Bedarf an staatlicher Intervention). Zeitungen geben tatkräftig den Berichten zum Thema Klimawandel ihre Gestalt; seien es Beiträge über wissenschaftliche Unsicherheiten oder solche zu möglichen politischen Lösungen. Wissenschaft, Ideologie und Öffentlichkeit verwickeln sich im Netz dieser Kulturkreisläufe.

Öffentlichkeit

Neue Kommunikationsformen und Technologien verändern die Interaktion von Bürgern mit ›Nachrichten‹ und Wissenschaft. Sie bieten den vielfältigeren öffentlichen Stimmen Plattformen, um sich zu umstrittenen Themen wie Klimawandel Gehör zu verschaffen. Neue Fernsehformate und tagebuchartig geführte Webseiten etwa verleihen der öffentlichen Kommunikation im Alltag eine neue Tiefe. Richard Sambrook, Direktor der BBC Global News, hat das Phänomen als ›360 Grad Geschichtenerzählung‹ bezeichnet. Statt Expertenwissen nur passiv zu rezipieren, gestattet es diese mediale Kommunikation Bürgern, Wissenschaft aktiv herauszufordern und umzugestalten oder sogar den Gang der Forschung selbst zu bestimmen durch die massenhafte Teilnahme an Simulationsexperimenten wie *climateprediction.net*[270]. Neue Medienentwicklungen führen zu einer Zersplitterung des Publikums in viele Teilpublika und verringern die Autorität traditioneller Wissenschafts- und Politikinstitutionen; sie schaffen viele neue öffentliche Räume in der ›Agora‹ des 21. Jahrhunderts, wo Streitgespräche und Meinungsverschiedenheiten öffentlich ausgetragen werden. Wie der Geograf und Medienanalyst Joe Smith bemerkte, »bietet eine Programmgestaltung im Fernsehen, welche die Grenzen zwischen Nachrichten/aktuellen Berichten und anderen Programmkategorien verwischt (...) zusätzliche Möglichkeiten, die Öffentlichkeit zu beteiligen, um Risiken von Klimawandel zu verstehen und zu diskutieren«[271].

Wissenschaft

Das Internet ist noch immer ein relativ neues Medium und seine Rolle in den Kommunikationskreisläufen bildet sich gerade heraus. Das Internet hat die Art der Vermittlung wissenschaftlicher Konzepte revolutioniert – und hat manchmal auch die Rolle, die Wissenschaft in öffentlichen Diskussionen spielt, verwischt und vermischt. Beispielhaft illustrieren dies die Vorkommnisse im November 2007, als die Ergebnisse einer ›wichtigen neuen Studie‹ im Internet ›gepostet‹ wurden. Sich auf einen neuen wissenschaftlichen Artikel in der Fachzeitschrift *Journal of Geoclimatic Studies* beziehend, wurde im Eintrag behauptet, dass für das Anreichern von Kohlenstoffdioxid in der Atmosphäre überwiegend Unterwasserbakterien verantwortlich seien und *nicht* die Emissionen aus der Verbrennung fossiler Brennstoffe bei der Energiegewinnung. Innerhalb von Stunden, wenn nicht gar Minuten, erschien diese neue wissenschaftliche Erkenntnis auf Blogs und in E-Mail-Verteilern in aller Welt und fand ein besonders aufgeschlossenes Publikum innerhalb von Gruppen und Kommentatoren, die den anthropogenen Klimaeinflüssen gegenüber skeptisch waren.

Die Meldung war natürlich eine Ente, die der britische Autor und Journalist David Thorpe lanciert hatte. Als Begründung, warum er eine solch ungewöhnlich erfolgreiche Falschmeldung entworfen hatte, gab er später an: »Manchmal können Fiktion und Satire – wenn alles zusammenpasst – in Sphären vordringen, die Fakten allein verwehrt bleiben (...) Die Ente machte deutlich, dass viele Menschen bereitwillig alles aufgreifen, was ihr eigenes Argument stützt, unabhängig davon, ob es wahr ist oder nicht. Unser Anliegen war es, zu unterstreichen, dass für wissenschaftliche Gültigkeit ein Fachgutachtersystem unerlässlich ist. Eine ordnungsgemäße Erforschung von Klima unternimmt jeden Versuch, Gültigkeit durch fachliche Begutachtung zu erreichen, und ist ein sich stets weiterentwickelnder und sich selbst verfeinernder Prozess, wie jede andere Wissenschaft auch«[272].

Dieses Beispiel veranschaulicht eindrucksvoll das dynamische Wechselspiel zwischen Wissenschaft, Medien und Öffentlichkeit im Internet. Wie der Wissenschaftskorrespondent Andy Revkin von der *New York Times* kommentierte, zeigte es »die erstaunliche Fähigkeit des Web, Fiktionen in Lichtgeschwindigkeit zu verstärken und dann in Nichts aufzulösen«[273]. Die Macht der Medien, ›Wahrheit‹ zu gestalten, zu vermitteln und zu demontieren, befindet sich in ständiger Veränderung.

In Kapitel 3 *Was leistet Wissenschaft?* sahen wir, dass es schwierig ist, an der Sicht festzuhalten, Wissenschaft spreche widerspruchsfrei die Wahrheit gegenüber den politisch Verantwortlichen, insbesondere wenn es um Angelegenheiten der öffentlichen Ordnung wie Klimawandel geht. Ähnlich schwierig wird es nun, die Ansicht aufrechtzuerhalten, Wissenschaftskommunikation übermittle Wissen über Klimawandel widerspruchsfrei an die Öffentlichkeit. Der Spruch, ›Jede Publicity ist gute Publicity‹, mag auf einige Politiker oder Prominente zutreffen, die bestrebt sind, im Mittelpunkt öffentlichen Interesses zu bleiben. Es ist weniger klar, ob dies auch auf komplexe Probleme wie Klimawandel zutrifft. Das ›Bewusstsein für Klimawandel zu steigern‹, kann niemals neutral oder Selbstzweck sein. Jeder Bericht, den wir zum Thema Klimawandel hören, hebt bestimmte Facetten des Phänomens hervor, egal, ob es um die Schwere des Problems, die Verantwortung dafür oder die Möglichkeiten und Verantwortlichkeiten bei der Implementierung von Lösungen geht.

Keine Aussage ist neutral

Verstehen wir die Beziehungen zwischen Wissenschaft, Medien und Öffentlichkeit bildlich als verschlungenen Kreislauf, werden sich uns auch die vielfältigen Möglichkeiten erschließen, einen bestimmten Rahmen für ein strittiges Thema wie Klimawandel zu setzen. Es gibt nicht mehr nur die ›Tatsachen‹ zum Thema Klimawandel, die von Institutionen wie dem Weltklimarat verlautbart werden – ›Tatsachen‹, welche die Massen unverfälscht erreichen – der Kreislauf der Medien bietet sozialen Akteuren eine Spielwiese, um diese ›Tatsachen‹ auf vielfache Weise zu filtern, zu verstärken und wirkungsvoll sprachlich aufzubereiten. So erklären Carvalho und Burgess im Zusammenhang mit Zeitungen: »Verschiedene soziale Akteure sind in einen Wettbewerb verstrickt, wie das Klimawandelrisiko in den Medien formuliert werden soll (…) und die gewählte Rahmung reflektiert stets die ideologische Weltanschauung, der die jeweilige Zeitung den Vorzug gibt«[274]. Keine Botschaft zu Klimawandel ist neutral, einige Aspekte der Geschichte werden hervorgehoben, andere heruntergespielt oder ignoriert.

Das Konzept der ›Rahmen‹ (*frames*) oder ›(Ein-)Rahmung‹ (*framing*) kam in den letzten Jahrzehnten in der Sozialpsychologie auf und wurde insbesondere auf die Frage angewandt, wie Nachrichten, Konzepte und Themen in den Medien dargestellt werden. Vereinfacht gesagt, »Rahmen ordnen zentrale Ideen und legen eine Kontroverse fest, um in Grundwerten und Annahmen einen Nachhall zu finden (…) Sie erlauben Bürgern, schnell zu erkennen, warum ein Problem wichtig ist, wer verantwortlich sein könnte und was getan werden sollte«[275]. Mit dem Konzept der Einrahmung lässt sich von verschiedenen Standpunkten aus untersuchen, wie Vorstellungen über Klimawandel vermittelt werden: vom Urheber einer neuen Nachrichtenmeldung (etwa dem Wissenschaftler oder Aktivisten), vom Übermittler (wie dem Journalisten oder der Medieninstitutionen) und von der Zielgruppe (zum Beispiel der Öffentlichkeit oder den politischen Entscheidungsträgern). Die Urheber dürften die Berichte gemäß der eigenen Weltanschauung oder gemäß ihres Verständnisses, was die Weltanschauung der Zielgruppe ist, die sie erreichen möchten, rahmen. Die Öffentlichkeit auf der anderen Seite, täglich mit einer Flut konkurrierender oder widersprüchlicher Nachrichtenmeldungen konfrontiert, wird häufig ihre eigene Einrahmung der Probleme nutzen, um Berichte zu filtern und auszuwählen, die mit den eigenen Denkrastern übereinstimmen.

Und auch die Medien werden über ihre Funktion, Probleme entsprechend ihrer eigenen Weltanschauungen, Normen und den Vorlieben des Publikums neu einzurahmen, Wirksamkeit entfalten. Die Psychologie bezeichnet eine solche kognitive Verzerrung als ›Bestätigungsfehler‹.

So betrachtet, eröffnet Klimawandel für Regierungen, Organisationen und Individuen Gelegenheiten, eine nahezu unbegrenzte Vielfalt von Einrahmungen einzusetzen. Wie sich die dominierenden Rahmen, in denen Klimawandel dargestellt wurde, verändert haben, lässt sich gut auf höchster Ebene am Beispiel internationaler Institutionen nachvollziehen. In den 1980er-Jahren erlangte Klimawandel erstmals weltweit Bekanntheit als Umweltproblem und zog folglich die Aufmerksamkeit von Umweltaktivisten wie Greenpeace und Friends of the Earth auf sich. Der Weltklimarat war eine Gründung von Umweltpolitikern (Umweltprogramm der Vereinten Nationen) und Meteorologen (Weltorganisation für Meteorologie) und nicht eine von beispielsweise Entwicklungsökonomen (Weltbank). Im Laufe der folgenden 20 Jahre fanden gleichwohl unterschiedliche Metarahmen auf Klimawandel Anwendung: Einrahmung als Entwicklungsthema (die Wichtigkeit von Klimawandel anlässlich des Erdgipfels in Rio de Janeiro 1992 und dessen Nachfolgeveranstaltung 2002 in Johannesburg), als Wirtschaftsthema (der Stern-Report 2006), als Thema nationaler und globaler Sicherheit (die Debatte des Sicherheitsrats der Vereinten Nationen im April 2007, siehe Kapitel 9 *Wer regiert das Klima?*) oder als Thema von Moral und sozialer Gerechtigkeit (durch den Weltkirchenrat, siehe Kapitel 5 *Woran wir glauben*).

Jede dieser Einrahmungen von Klimawandel akzentuiert bestimmte Aspekte des Themas und schwächt andere ab. Sie beeinflussen auch jeweils, wie die Ursachen von Klimawandel dargestellt werden – übermäßiger Konsum im Norden, Marktversagen, strukturelle Ungerechtigkeiten in der Weltwirtschaft –, wie dringlich Antworten auf Klimawandel gesehen werden und wer die Hauptakteure sein sollten, die für das Umsetzen von Lösungen verantwortlich sind. Wird Klimawandel zum Beispiel als Marktversagen dargestellt, impliziert dies, dass Unternehmer, Ökonomen und Firmen die Führungsrolle übernehmen müssen, um diesen Fehler zu ›korrigieren‹. Klimawandel dagegen als Herausforderung für individuelle und Unternehmensmoral darzustellen, impliziert, dass ganz unterschiedliche Gruppen von Akteuren mobilisiert werden sollten.

Keine dieser Einrahmungen kann als tatsächlich falsch – in einem absoluten Sinn – bezeichnet werden, aber es bietet auch keine einen unverstellten Blick auf das Phänomen Klimawandel. Per Definition werden durch das Einrahmen bestimmte Facetten eines Themas selektiert und akzentuiert, wohingegen andere aussortiert und untergeordnet werden. Klimawandel zu vermitteln, kann deshalb nie nur das ›Bewusstsein erhöhen‹ oder einfach nur ›die Tatsachen‹ darlegen. Bewusstsein erhöhen für welchen Aspekt von Klimawandel? Bei welchem Publikum und mit welchem Ziel das Bewusstsein erhöhen? Bei jeglicher Art von Inhaltsauswahl und Darstellung zu Klimawandel werden bestimmte Ursachen, Akteure und Reaktionen bevorzugt oder verteufelt.

Die Zeitungsberichterstattung zum vierten Sachstandsbericht des Weltklimarats und zur Veröffentlichung des Berichts seiner Arbeitsgruppe II zu Auswirkungen, Anpassung und Vulnerabilität bietet ein gutes Beispiel für gegensätzliche mediale Einrahmung von Klimawandel. Am Samstag, dem 7. April 2007, einen Tag, nachdem der Bericht fertiggestellt und von den Regierungen in Brüssel genehmigt worden war, erschienen in fast allen nationalen britischen Tageszeitungen ein oder mehrere Artikel zum Thema. Sich auf genau dieselbe IPCC-Pressemitteilung und dieselbe Kurzfassung für politische Entscheidungsträger beziehend, war die Berichterstattung in zwei der populäreren Tageszeitungen, dem *Daily Mirror* und dem *Daily Express*, besonders bemerkenswert. Die Schlagzeile des *Daily Express* lautete »Weltuntergang: Eisschmelze« und begann den Beitrag mit dem Satz: »Großbritannien steht innerhalb der nächsten 50 Jahre vor einer Katastrophe, wenn die Regierung nicht jetzt handelt, um den Klimawandel zu verhindern«[276]. Im Gegensatz dazu wählte der *Daily Mirror* die Schlagzeile »Aufschwung und Niedergang« und die folgende Einleitung: »Großbritannien würde warm und wohlhabend werden durch die globale Erwärmung, doch die armen Ländern stürzt sie ins Verderben, warnten gestern die Spitzenwissenschaftler der Welt«[277]. In dem einen Rahmen bringt Klimawandel eine Katastrophe über Großbritannien; eine Aussicht, welche die Zeitung zum Anlass nimmt, um die nationalen Regierungen zum Handeln aufzufordern. In der anderen Formulierungsweise bietet Klimawandel wirtschaftliche Vorteile für Großbritannien, während den Entwicklungsländern Katastrophen bevorstehen.

Verschiedene Formulierungsweisen rufen bei manchen Zielgruppen eine stärkere Resonanz hervor als bei anderen. Mike Shanahan, Pressesprecher des International Institute for Environment and Development in London, zeigt sechs unterschiedliche Einrahmungen von Klimawandel auf[278], jede so gestaltet, das sie jeweils ein spezielles Publikum ansprechen (mit dem Ergebnis, dass sie eine nur geringe oder keine Wirkung auf andere Zielgruppen haben). Diese Formulierungsweisen sind zusammen mit den potenziellen Zielgruppen in der Tabelle 7.1 aufgeführt. Wir können sehen, wie sich die Einrahmungen, wenn auch ungleichmäßig, zu den unterschiedlichen ›Lebensweisen‹ in Beziehung setzen lassen, die im vorangegangenen Kapitel im Exkurs 6.1 durch die Brille der Kulturtheorie dargestellt wurden. Ein Katastrophenrahmen dürfte jene erfassen und einnehmen, welche die Natur als vergänglich betrachten (Anhänger des Egalitarismus), während ein Rahmen, der sich auf die wissenschaftliche Unsicherheit konzentriert, jene einnehmen dürfte, welche die Natur als launisch empfinden (Fatalisten).

Tabelle 7.1 Beispiele für Einrahmungen von Klimawandel und die jeweils am stärksten angesprochenen Zielgruppen.

Rahmen, in dem Klimawandel dargestellt wird	**Angesprochene Zielgruppe**
Wissenschaftliche Unsicherheit	Jene, die sich nicht ändern wollen
Nationale Sicherheit	Wie oben, doch nun angeregt zu handeln
Eisbär	Tierfreunde
Geld	Politiker und der private Sektor
Katastrophe	Jene, die sich um die Zukunft Sorgen machen
Gerechtigkeit und Gleichheit	Jene, die einen starken Hang zur Moral haben

Quelle: Shanahan, M. (2007): Talking about a revolution: climate change and the media. *COP13 Briefing and Opinion Papers. London: International Institute for Environment and Development (IIED).*

Jede Kommunikation zu Klimawandel enthält stets eine Botschaft, oder formaler ausgedrückt: Jeglicher Austausch über Klimawandel wird das Thema stets in einer bestimmten Art und Weise einrahmen, beispielsweise seitens der Wissenschaftler, die bestrebt sind, Unsicherheiten zu reduzieren, seitens der Bewegungen für soziale Gerechtigkeit, die versuchen, die Verwundbaren zu schützen, oder seitens der Unternehmer im Kohlebergbau, die durch neue Rohstoffmärkte Geld verdienen wollen. Um mithilfe des Konzepts der Rahmen zu verstehen, warum wir über Klimawandel uneins sind, müssen wir noch einen Schritt weitergehen, nämlich verstehen, welche Rolle Sprache und Bildsprache bei der Konstruktion dieser Einrahmungen spielen. Bei diesem Schritt werden uns die nächsten beiden Abschnitte behilflich sein.

Sprachliche Repertoires

Eng verwandt mit dem Konzept der Rahmen ist das sogenannte sprachliche Repertoire, »routinemäßig genutzte Sprachsysteme zur Beschreibung und Bewertung von Handlungen, Ereignissen und Menschen«[279]. Ein solches Repertoire kann ein charakteristisches Vokabular, eine Reihe von Stilmerkmalen, bestimmte Metaphern, Redewendungen oder Bildsprachen beinhalten. Es ist anzunehmen, dass verschiedene Weisen, Klimawandel einzurahmen, mit dem Einsatz von oder der Präferenz für bestimmte sprachliche Repertoires verbunden sind. Wird Klimawandel als Sicherheitsfrage eingerahmt, so mögen Redewendungen wie ›Küstenschutz‹ und ›Klimaschutz‹ oder Metaphern wie Klimawandel als ›Massenvernichtungswaffe‹[280] und einen ›Krieg gegen Klimawandel‹ führen, bevorzugt verwendet werden. (Der Einsatz von) Sprache ist niemals neutral, sondern hat stets eine Wirkung. Deshalb kann uns das Aufspüren und Verfolgen sprachlicher Repertoires für Klimawandel bei der Beantwortung der Frage helfen, warum wir über Klimawandel uneins sind.

Diesen Ansatz haben zwei Studien (*Warm words und Warm words II*)[281] äußerst systematisch verfolgt, die für das Institute for Public Policy Research (IPPR) in London durchgeführt wurden. Beide Studien untersuchten britische Zeitungs- und Zeitschriftenartikel sowie Ausschnitte aus Fernseh- und Radionachrichten, dazu Anzeigen, Zeitungsinserate und Webseiten. Über 600 solcher Beiträge wurden jeweils in zwei Zeitabschnitten, von November 2005 bis Februar 2006 und von März bis Juli 2007, untersucht. Im Juli 2006 lautete das Ergebnis der Untersuchung, dass ›die Klimawandeldiskussion in Großbritannien heute unübersichtlich, widersprüchlich und chaotisch ist‹. Nach Interpretation der Autoren gibt es zwölf sprachliche Repertoires, die diese Vielfalt erfassten, und sich von ›Panikmache‹ und ›gemäßigter Beunruhigung‹ bis hin zu ›Techno-Optimismus‹ und ›rhetorischer Skepsis‹ charakterisieren lassen. 18 Monate später legte die Wiederholung der Studie nahe, dass eine Annäherung innerhalb einer kleineren Gruppe von Repertoires erfolgte, die sowohl ›Alarm‹ als auch ›Entschlossenheit‹ gegenüber Klimawandel umfassten (siehe Abbildung 7.1). Bei diesen Repertoires lässt sich insgesamt davon ausgehen, dass sie den Konsens der Mehrheitsmeinung bilden, während mehrere Repertoires jenseits des Mainstreams, welche die Vielfalt von Minderheitsmeinungen und eher skeptischen Narrativen darstellen, weiterhin im Umlauf sind.

Diese Gegebenheiten sprachlicher Vielfalt beziehen sich einzig auf eine bestimmte Gesellschaft und zeigen Momentaufnahmen aus zwei kurzen Zeitfenstern. Es bräuchte sehr viel mehr vergleichende interkulturelle und Langzeitstudien, um tiefergehende Einsichten zu erwerben, wie sich die Sprache zu Klimawandel über die Zeit und über Gesellschaften hinweg entwickelt. Der wahre Wert dieser beiden IPPR-Studien für unsere Absichten hier liegt jedoch in ihrer Offenlegung der Vielfalt sprachlicher Repertoires zu Klimawandel, die in einer Gesellschaft zur selben Zeit nebeneinander bestehen können. Jedes einzelne Repertoire drückt etwas Unterschiedliches über die vielfältigen und sich eventuell überlappenden Gruppen aus, die sich dieser Repertoires tendenziell bedienen. Das Repertoire ›widerwilliger Glaube‹ – eine pragmatische, wenngleich resignierende, Anerkennung, dass Klimawandel real ist und etwas getan werden muss – legt eine ganz andere Auffassung von der Dringlichkeit und Begründung von Reaktionen auf Klimawandel nahe, als etwa die Ansicht des ›David und Goliath‹-Repertoires impliziert – nämlich aggressiven, oppositionellen Umweltschutzaktivismus und radikales Heldentum. Exkurs 7.1 fasst beispielhaft eine Auseinandersetzung über die Aussagekraft der Sprache, die im Repertoire der ›Panikmache‹ eingesetzt wird, zusammen.

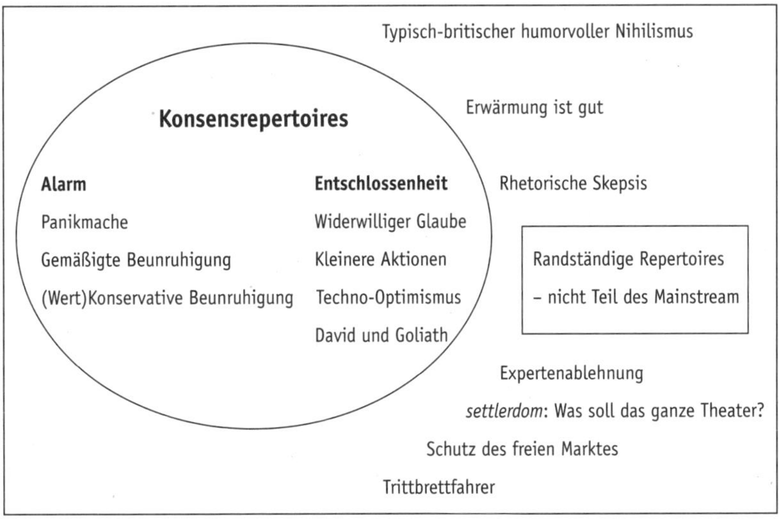

Abbildung 7.1: Konsensrepertoires und jenseits des Mainstreams gelegene ›sprachliche Repertoires‹, die in öffentlichen Diskursen über Klimawandel in der britischen Gesellschaft zwischen März und Juli 2007 verwendet wurden.

Quelle: Segnit, N.; Ereaut, G. (2007): Warm words II: how the climate story is evolving. *London: Institute for Public Policy Research (IPPR) and Energy Savings Trust.*

Exkurs 7.1
Katastrophensprache

Eines der sprachlichen Repertoires, das sich aus den *Warm Words*-Studien des Institute for Public Policy Research (siehe Haupttext) ergab, wurde mit ›Panikmache‹ bezeichnet und mit dem Aphorismus ›Wir werden alle sterben‹ karikiert. Zentral für dieses Repertoire ist der Gebrauch von Wörtern wie ›Katastrophe‹ etwa in dem Beispiel: »Wissenschaftler sind zunehmend besorgt über die Möglichkeit eines plötzlichen und katastrophalen Klimawandels«[282]. Eine Reihe von Wissenschaftlern stellte die Angemessenheit dieser Sprache zur Darstellung wissenschaftlicher Erkenntnisse über Klimawandel und wissenschaftlicher Projektionen künftiger Klimarisiken in Frage. In einem Artikel für BBC News On-line im November 2006 fragte Mike Hulme: »Warum sind es nicht nur Aktivisten, sondern auch Politiker und Wissenschaftler, welche die Sprache von Angst, Terror und Katastrophen mit der beobachtbaren physikalischen Realität von Klimawandel offen vermischen – und dabei bewusst die sorgfältige Absicherung, die wissenschaftliche Vorhersagen umgibt, ignorieren?«[283] Indem er die weit verbreitete Verwendung dieses sprachlichen Repertoires in Frage stellte, folgerte Hulme: »Die Szenarien des Weltklimarats zu zukünftigem Klimawandel (...) sind aussagekräftig genug, ohne dafür Katastrophen und Chaos als führungslose Waffen heraufbeschwören zu müssen, mit denen der Gesellschaft gedroht wird, ihr Verhalten zu ändern«[284].

Der Gebrauch der Katastrophensprache durch Wissenschaftler wurde daraufhin von einem anderen Klimawissenschaftler, dem australischen Modellierer James Risbey, verteidigt. In seinem Essay behauptet Risbey, dass die Katastrophensprache ein geeignetes, in der Tat notwendiges Mittel sei, um die wissenschaftliche Natur des Problems zu vermitteln. Er unterscheidet zwischen Diskursen der ›Panikmache‹ (rhetorisch, im Widerspruch zur Wissenschaft, Fatalismus implizierend) und solchen, die ›alarmieren‹ (gehen aus aktuellem wissenschaftlichen Verständnis hervor und sind zur Warnung der Öffentlichkeit gedacht, dass die Richtung geändert werden muss)[285].

Risbeys Reaktion auf Hulmes Argumentation umschließt etliche der Dilemmata, mehrere der bereits in diesem Buch angesprochenen Gründe, warum wir über Klimawandel verschiedener Meinung sind. Die unterschiedlichen Standpunkte beider Experten, welche Sprache sich am besten eignet, um das Thema Klimawandel zu vermitteln, lassen sich auf einige der bereits diskutierten Aspekte zurückverfolgen: die Beziehung zwischen Konsens und Unsicherheit in der Wissenschaft, die Rolle von Wissenschaft in der öffentlichen Ordnung, der Umfang, in dem sich Überzeugungen und Werte in wissenschaftlichen Beurteilungen andeuten und die unterschiedlichen Sichtweisen auf die Natur, wie sie von der Kulturtheorie beschrieben werden.

Sprache spielt auf vielfältige Weise eine Schlüsselrolle in der Kommunikation über Klimawandel und durch die unterschiedliche Wortwahl öffnen sich Räume für Missverständnisse und sogar Streitigkeiten. Im Folgendem werden wir noch zwei Wortbeispiele kurz betrachten: die Verwendung der Schlüsselwörter ›Klimawandel‹ und ›globale Erwärmung‹, um das Phänomen der Besorgnis darzustellen und auf welche Weise wissenschaftliche Unsicherheit über zukünftiges Klima mit Worten eingefangen wird.

Im Englischen haben sich die gebräuchlichsten Begriffe zur Beschreibung der physikalischen Veränderungen globalen Klimas durch anthropogene Veränderung der Atmosphäre im Laufe der Zeit geändert. Der ›Treibhauseffekt‹ oder der ›verstärkte Treibhauseffekt‹ sind Begriffe, die in den 1980er- und frühen 1990er-Jahren für die wissenschaftliche Einrahmung des Themas verwendet wurden (siehe Kapitel 2 *Die Entdeckung von Klimawandel*). Diese Begriffe wurden im Folgenden überwiegend entweder durch den allgemeineren Begriff ›Klimawandel‹ oder den suggestiveren Ausdruck ›globale Erwärmung‹ ersetzt. Neuerdings wird zunehmend das Adjektiv ›katastrophal‹ zur Beschreibung des Phänomens genutzt, so dass heute ›katastrophaler Klimawandel‹ als ein separates Schlüsselwort kursiert, das eine größere Dringlichkeit transportiert als das eher neutrale Kennwort ›Klimawandel‹.

Jeder dieser Begriffe drückt nicht nur Unterschiede im fachspezifischen Verstehen des Beschriebenen aus, sondern hat auch unterschiedliche Auswirkungen auf ein Laienpublikum. In einer detaillierten Untersuchung des öffentlichen Verständnisses der Begriffe ›Klimawandel‹ und ›globale Erwärmung‹ fand die Sozialpsychologin Lorraine Whitmarsh heraus, dass durch diese zwei Begriffe unterschiedliche Assoziationen in Teilen der britischen Öffentlichkeit ausgelöst wurden. ›Klimawandel‹ rief eine geringere Besorgnis hervor als ›globale Erwärmung‹, wobei der letztere Begriff häufiger mit hitzebedingten Auswirkungen und, fälschlicherweise, mit dem stratosphärischen Ozonabbau verbunden wurde. Umgekehrt, obwohl behauptet wurde, dass der Begriff ›katastrophaler Klimawandel‹ (siehe Exkurs 7.1) verwendet werden sollte, um die Öffentlichkeit zu warnen[286], sind positive Nachrichten tendenziell attraktiver als negative und auch effektiver, um Verhaltensänderungen zu begründen. Wie Whitmarsh folgerte, bedarf es in diesem Zusammenhang, selbst wenn die Studie sonst nichts weiter besagte, »einer expliziten Bestätigung, dass Terminologie nicht neutral ist und nicht willkürlich genutzt werden sollte«[287].

Das zweite Beispiel, wie unser Sprachgebrauch Uneinigkeit verstärken kann, lässt sich an einem fachspezifischeren Aspekt der Wissenschaftskommunikation belegen, nämlich der Darstellung wissenschaftlicher Unsicherheiten. In Kapitel 3 *Was leistet Wissenschaft?* sahen wir mehrere Möglichkeiten, wie wissenschaftliche Bewertungen, etwa des Weltklimarats, mit Unsicherheiten der Projektionen künftigen Klimas umgehen. Dabei unterschieden wir besonders zwischen modell- und expertenbasierten Meinungsverschiedenheiten (siehe Exkurs 3.1). Diese unterschiedlichen Ansätze zur Erfassung wissenschaftlicher Unsicherheit mögen viel weitreichendere Konsequenzen haben, wie die Öffentlichkeit und politische Entscheidungsträger wissenschaftliche Informationen über mögliche Folgen in der Zukunft interpretieren. Der Risikoanalytiker Tony Patt untersuchte, ob sich die Darstellung und Kommunikation wissenschaftlicher Unsicherheit unterschiedlich auf den Glauben von Menschen an wissenschaftliche Prognosen oder auf deren Bereitschaft auswirkte, bestimmte politische Maßnahmen gegen Klimawandel zu befürworten. Er kam zu dem Schluss, dass es tatsächlich einen Unterschied machte, ob die Unsicherheit als Ergebnis von Unstimmigkeiten ›zwischen Modellen‹ oder als Ergebnis von Unstimmigkeiten ›zwischen Experten‹ – mit anderen Worten, ob die soziale Geschichte dieser Unsicherheit – dargestellt wurde. »Die Tatsache, dass es über bestimmte Einschätzungen zukünftiger Entwicklungen zum Streit kam, mag Besonderheiten nicht nur der Wissenschaft, sondern auch der Politik dieser Wissenschaft signalisieren, deren Kenntnis für politische Entscheidungsträger von Bedeutung ist«[288].

Die Sprache, in der wir Geschichten über Klimawandel erzählen, mag unsere Meinungsverschiedenheiten über Aktualität und Dringlichkeit des Themas wiedergeben, während zugleich die unvorsichtige und unreflektierte Nutzung unserer Sprache in diesem Zusammenhang Meinungsverschiedenheiten aufrechterhalten oder verschlimmern mag. Diese doppelte Charakteristik von Sprache lässt sich ebenfalls in der Bildsprache zum Thema Klimawandel entdecken, der wir uns jetzt zuwenden werden.

Die Bildsprache von Klimawandel

Klimawandel stellte lange eine Herausforderung dar für Medien, Aktivisten und Wissenschaftler, die sich wünschten in ihrer Kommunikation mit Laien Visualisierungen einzusetzen. Der wissenschaftliche Standardindex zur Überwachung und Vorhersage globalen Klimawandels ist die global gemittelte bodennahe Lufttemperatur. Doch diese Größe – eine abstrakte globale Temperatur – kann weder direkt gemessen noch gesehen oder dokumentiert werden. Wie der Medienexperte Stuart Allan und seine Kollegen über eine ganze Gattung technisch bedingter Risiken, einschließlich Klimawandel, anmerkten: »Sie finden außerhalb des (bloßen) menschlichen Wahrnehmungsvermögens statt. Diese Im/Materialität verleiht (solchen) Risiken einen Hauch von Unwirklichkeit; solange, bis sie sich als Symptome materialisieren (A.d.Ü.: Beispiel Meeresspiegelanstieg). Mit anderen Worten, ohne Visualisierungsmöglichkeiten ist es schwierig, die Gefahren, die mit solchen Technologien verbunden sind, als Risiken darzustellen«[289].

Klimawandel zu visualisieren – durch Zeichnungen und Gemälde, Fotografien und Symbole –, hat eine lange Geschichte, unabhängig davon, ob dies für künstlerische, historische oder normative Zwecke geschah. Die spätmittelalterlichen Winterlandschaften des holländischen Renaissancemalers Pieter Bruegel – zum Beispiel seine *Jäger im Schnee* von 1565 – sind ebenso bewegende Darstellungen einer Zeit, als das europäische Klima kälter war als heute, wie die Holzstiche und anderen künstlerischen Darstellungen der Londoner Frostmärkte auf der Themse vom 17. bis zum 19. Jahrhundert (siehe Abbildung 7.2).

Gletscher und Palmen sind beständige Bildmotive für Klimawandel, wie der Schweizer Geograf Stefan Brönnimann in seinem Überblick über 100 Jahre Printmedien nachgewiesen hat[290]. Jüngst versuchte das Cape-Farewell-Projekt, internationale Künstler und Schriftsteller zu motivieren, innovative

Abbildung 7.2: Stich von 1844 aus der *Illustrated London News* vom letzten Frostmarkt auf der Themse im Februar 1814.
Quelle: National Maritime Museum, London.

Wege zu finden, um die Folgen von Klimawandel darzustellen, indem diese auf geplante Reisen in die Hohe Arktis mitgenommen wurden. Ziel ist es, das unsichtbare globale Klima auf neue Art und Weise sichtbar und lokal fassbar zu machen: »Wir wollen durch Kunstwerke unser Verständnis des Klimawandels auf menschlicher Ebene vermitteln, sodass das Leben jedes Einzelnen eine Bedeutung für ein globales Problem haben kann«[291].

Jenseits von Computergrafiken und wissenschaftlichen Karten lassen sich kreative Wege finden, Klimawandel zu visualisieren und dessen Bedeutung für unterschiedliche Menschen herauszuarbeiten. Doch erhöhen wir damit das gemeinsame Bewusstsein und regen gemeinsame Maßnahmen in der Öffentlichkeit an oder bilden wir lediglich das wachsende Spektrum an Bedeutungen ab, die Klimawandel für die Gesellschaft hat? Oder anders gesagt, verhilft uns die Bildsprache von Klimawandel zur Einigkeit darüber, was das Phänomen bedeutet, oder vertieft sie visuell die Gründe für unsere Uneinigkeit? Natürlich gibt es eine Vielzahl an Bildern, die von Kommunikatoren als Symbole oder Bezeichner von Klimawandel genutzt werden. Die Klimawandelkampagnen von Greenpeace in den letzten Jahren bieten ein gutes Beispiel dafür (siehe Exkurs 7.2). Weitere Beispiele schließen die Einführung von Eisbären als ›Aushängeschild‹ von Klimawandel und die Art, wie das Thema in den letzten Jahren durch kommerzielle Werbung genutzt wurde, mit ein. Beides wird im Folgenden kurz untersucht.

Exkurs 7.2
Greenpeace und die Darstellung von Klimawandel

Die durch ihre Kampagnen bekannte Umweltschutzorganisation Greenpeace schenkte dem Thema ›globaler Klimawandel‹ als vorrangiger Aufgabe in den späten 1980er-Jahren erste Beachtung. Für die Greenpeace-Philosophie direkter Aktion ist Fotografie von zentraler Bedeutung – ›Zeugnis ablegen für Umweltschäden‹ – und visuelle Botschaften wurden erfolgreich in Kampagnen gegen Walfang, Meeresverschmutzung und Atomkraft eingesetzt. Klimawandel jedoch stellte die Greenpeace-Aktivisten vor ein großes Dilemma – wie fotografiert man ein Phänomen, das größtenteils unsichtbar ist und dessen dramatischste Folgen erst in ferner Zukunft auftreten werden?

Die Medienexpertin Julie Doyle hat für den Zeitraum von 1994 bis 2005 verfolgt, wie Greenpeace in seinen Kampagnen Klimawandel bildlich dargestellt hat[292]. Diese kurze Geschichte der Klimabildsprache innerhalb einer Organisation zeigt eindrücklich, wie Visualisierungen unterschiedlich eingesetzt wurden, um verschiedene Einrahmungen von Klimawandel zu unterstützen. Greenpeace hat in der Kommunikation über Klimawandel mit einer weltweiten Öffentlichkeit und bei seinen Aktionen eine durchgehende Linie gehalten und doch sind durch den Einsatz unterschiedlicher Bildsprachen sehr unterschiedliche Botschaften transportiert worden.

Doyle kennzeichnet fünf Phasen in der von Greenpeace eingesetzten Bildsprache: Klimawandel als Zeitbombe, als Abhängigkeit von fossilen Brennstoffen, als Katalysator für erneuerbare Energien, als schmutzige Politik und schließlich als Wirklichkeit ›Hier und Jetzt‹. Für jede dieser fünf Darstellungen von Klimawandel wurden unterschiedliche bildliche Symbole in den Greenpeace-Marketingkampagnen hervorgehoben. Dies lässt nicht so sehr Unstimmigkeiten über Klimawandel erkennen, als vielmehr die vielfältigen Möglichkeiten, wie das Thema dargestellt und mit unterschiedlichen Effekten zu unterschiedlichen Zeiten kommuniziert werden kann.

Mit seinem Bericht *Climate Time Bomb* von 1994 versuchte Greenpeace klarzumachen, dass die zukünftigen Folgen von Klimawandel mit nuklearer Massenvernichtung vergleichbar sein würden[293]. Auf dem Deckblatt sah man einen Sonnenuntergang (oder -aufgang), der durch entsprechende Bearbeitung dem Atompilz einer nuklearen Explosion ähnelt (siehe Abbildung 7.3). 1997 entwickelte sich die

Abbildung 7.3: Deckblatt des Berichts *Climate Time Bomb* von Greenpeace, veröffentlicht im Juni 1994.

Quelle: Greenpeace (1994): Climate time bomb: signs of climate change from the Greenpeace database. *Amsterdam: Greenpeace.*

Kampagne weiter und lenkte die Aufmerksamkeit auf die dem anthropogenen Klimawandel zugrunde liegende Ursache – die Abhängigkeit der Weltwirtschaft von fossilen Brennstoffen. Der 1997 veröffentlichte Bericht *Putting the Lid on Fossil Fuels* zeigte das schockierende Bild einer roten, überhitzten Erde, um die globalen Konsequenzen eines fortgesetzten Verbrauchs fossiler Brennstoffe deutlich vor Augen zu führen. Dies kontrastierte mit der optimistischeren Darstellung von Klimawandel ab 1998, welche die Chancen einer tiefgreifenden Umstellung von fossilen auf erneuerbare Energieträger betonte. Dementsprechend präsentierte der Bericht *New Power for Britain* aus dem Jahr 1998 Wind, Sonne und Wellen als Retter der Energie, um die schlimmsten Auswirkungen von Klimawandel zu vermeiden.

Um 2002 hatte sich der Rahmen, in den die Organisation das Thema Klimawandel setzte, erneut verändert. Diesmal wurden die amerikanische Bush-Regierung und das Unternehmen ExxonMobil angegriffen, da beide Fortschritte bei der Bewältigung von Klimawandel behinderten. Die Kampagne *Stop Esso* von 2001/2002 zeigte das Gesicht von George W. Bush neben einem verfälschten Logo von Esso. Laut Doyle vertrat Greenpeace nun die Auffassung, dass Klimawandel »ein hinreichendes gesellschaftliches Echo entwickelt hat, um (das Bild) ohne Einfügen eines Nachweises für Klima(wandel)folgen zu verstehen«[294].

Die letzte von Doyle erforschte Phase visueller Einrahmung stammt ebenfalls aus dem frühen 21. Jahrhundert. Hier nutzt Greenpeace Visualisierungen, um die vergangenen und gegenwärtigen Auswirkungen globaler Erwärmung für die physische Umwelt, insbesondere für Eisdecken und Gletscher, zu dokumentieren. Dies stimmt mit der Greenpeace-Philosophie, ›Zeugnis ablegen für Umweltschäden‹, überein, doch wecken die nebeneinander gestellten Bilder von Gletschern von vor 100 Jahren und heute die Sehnsucht nach einer unwiederbringlichen Vergangenheit. Damit werden ganz andere Gefühle angesprochen als mit der ursprünglichen Abbildung aus dem Jahr 1994 einer ›nuklearen‹ Zeitbombe, mit ihrer emotionalen Konnotation von Gefahr, Angst und Tod.

In jeder dieser Einrahmungen wird Klimawandel durch eine Bildsprache dargestellt, die darauf zielt, sehr unterschiedliche Reaktionen beim Publikum hervorzurufen. Klimawandel ist unverkennbar der rote Faden der Geschichte, doch was Klimawandel in jedem Fall bedeutet, ist sehr unterschiedlich, wie auch die dadurch hervorgerufenen Reaktionen in den von Greenpeace angesprochenen Zielgruppen.

Eisbären

Eisbären werden in Medienberichten über Klimawandel häufig als symbolische Spezies verwendet. Entsprechende Fotografien schmücken üblicherweise Zeitungsartikel und Kampagnenberichte in der westlichen Presse. Während der Proteste im Juli 2001 anlässlich der Fortsetzung der sechsten Vertragsstaatenkonferenzen in Bonn (COP 6) verkleideten sich Umweltaktivisten als Eisbären und veranstalteten ›Die-ins'‹ um ihren Standpunkt zu Klimawandel, der diese symbolische Tierart bedroht, zu verdeutlichen. Populäre Artikel legen häufig einen schnellen und alarmierenden Rückgang der Eisbärenpopulation als Folge von Klimawandel nahe. Solchen Darstellungen liegt die Ansicht zugrunde, dass »der Eisbär den verschwindenden Norden und das Ende der Art von Klima, mit dem wir aufgewachsen sind, symbolisiert«[295].

Doch die Ikonografie des Eisbären als Symbol für Klimawandel mag sowohl als Beispiel für übersteigerte Kontroversen und Unstimmigkeiten als auch als wirksames Symbol zur Stabilisierung von Diskussionen und als Sorge um einen gemeinsamen natürlichen ›Schatz‹ verstanden werden. Befragungen zeigen, dass die Macht des Eisbären-Symbols, in den Köpfen der Menschen Klimawandel zu repräsentieren, in seiner emotionalen Anziehungskraft liegt. Während dies bei denjenigen, denen Eisbären etwas bedeuten, eine machtvolle Wirkung entfaltet, hat dies bei anderen, die sich nicht für Eisbären interessieren, wenig bis keine Wirkung. Diese visuelle Darstellung von Klimawandel ist auch deshalb brüchig, weil die Dynamik der Eisbärenpopulation unter Ökologen umstritten ist. In welchem Umfang sind Eisbären ernsthaft durch Klimawandel gefährdet – jenseits des anthropogenen Drucks auf ihren Lebensraum? Der dänische Statistiker Bjørn Lomborg eröffnete sein Buch *Cool It* mit der Frage, ob Eisbären wirklich die ›Kanarienvögel im Kohlebergwerk‹ sind, als die sie so häufig dargestellt werden. »Wenn man die Daten betrachtet, wird diese Interpretation haltlos«[296].

Klimawandel bewerben

Eine der einflussreichsten kulturellen Anwendungen visueller Bildsprache ist die kommerzielle Werbung. Waren wird mittels suggestiven Bildern und Texten ein Wert hinzugefügt. Dabei werden oft Bedeutungen aus einem bestimmten kulturellen Zusammenhang genutzt und mit Produkten verbunden, die keinerlei Bezug zu diesem Rahmen haben, um den Verkauf zu steigern (Werbung) oder um Verhalten zu verändern (soziales Marketing). Hier lassen sich weitere Beispiele dafür finden, wie die Bildsprache von Klimawandel eher die Unterschiede zwischen den Diskursen über Klimawandel gefestigt hat, denn als gemeinsamer visueller Nenner zu agieren, der Einigkeit erzeugt.

Der amerikanische Gesundheitsexperte Stephen Linder hat untersucht, wie die kommerzielle Werbung die Vorstellung von Klimawandel, und die mutmaßliche öffentliche Betroffenheit darüber, aufnimmt und durch visuelle und verbale Fingerzeige Klimawandel nutzt, um ihre Produkte oder Unternehmen zu positionieren. Einerseits stützen sich Unternehmen wie die Ford Motor Company und der Eiscremehersteller Ben & Jerry's auf Themen unternehmerischer Sozialverantwortung, um ihre Produkte verantwortungsvoll erscheinen zulassen. Eine Ford-Werbung vom Mai 2001 zeigte deshalb das ikonische Bildmotiv eines Sonnenaufgangs über der Erdkugel mit dem Slogan: »Globale Erwärmung. Wir haben es doch gesagt. Einige finden unseren Standpunkt zum Klimawandel einzigartig – vor allem, weil wir wirklich einen haben«[297]. Ben & Jerry gehen davon aus, dass ihre Kunden etwas über Klimawandel wissen und ihn aufhalten wollen. Daher verbinden sie ihre Produkte indirekt mit diesem vermeintlichen Wunsch. Über ihrem Werbebild einer Badewanne voll Eiscreme steht der Werbespruch: »Ben & Jerry's Eiscreme: Hilf mit, die globale Erwärmung abzukühlen«[298].

Auf der anderen Seite können Werbeagenturen durchaus das unterstellte soziale Gewissen zu Klimawandel umkehren. Durch den ironischen Gebrauch von Texten und Bildern verführen sie zu *höherem* Konsum, der gegenteilige Effekt für jene, die eine Verhaltensänderung durch soziales Marketing erreichen wollen. Klimawandel wird also parodiert in einem Versuch, die des Lebens überdrüssigen und zynischen Kunden anzulocken. Linder führt das Beispiel des Herrenausstatters Ben Sherman an, der das Bild einer robusten und widerstandsfähigen Person mit dem Werbespruch überblendet: »Wenn die Auswirkungen der globalen Erwärmung überall spürbar sind, warum ist dann meine Wohnung so kalt«[299]. Ein anderes Beispiel aus einer Fernsehwerbung für das australische Fosters Eisbier geht einen Schritt weiter in seiner Parodie auf Klimawandel. Die zentrale Werbebotschaft lautet: Zur Bekämpfung der globalen Erwärmung solle man Fosters Eisbier trinken, um kühl zu bleiben.

> Die Werbung beginnt in einem pseudo-ernsten Ton mit einigen der klischeehaftesten Bilder zu globaler Erwärmung, die in rascher Folge angesprochen werden. Das Licht ist abgedunkelt und die Bilder zeigen Feuer und Naturkatastrophen. Die Stimme aus dem Off verbreitet eine unheilvoll klingende Autorität, die Wirkung ist verwirrend. Schließlich sieht man eine leere Kulisse mit einem Globus. Die Stimme lässt die üblichen Tipps zur individuellen Vermeidung von Treibhausgasen durch Änderung der Konsumgewohnheiten Revue passieren. Dann folgt die Pointe: als letzte Option wird hinzugefügt »(…) sage, ›Hört doch auf mit diesem Blödsinn!‹ und genieße ein eisgekühltes Foster (…)«. Der Globus zerfällt nun zu Asche und die Szene geht zu einem Känguru über, das mit einem Fuß zu Jazz-Musik der 1920er-Jahre wippt und neben einem einladenden Schwimmbecken in einer Oase Fosters Eisbier trinkt. Zur Vervollständigung der Parodie zwinkert das Känguru wissend mit dem Auge. Die letzte Szene schließt mit der fett gedruckten Botschaft: »Globales Kühlen«[300].

In diesen Beispielen wird Klimawandel – und die Zeichen, Symbole und Bilder, die von der Werbung übernommen wurden – zu einer weiteren kulturellen Ausdrucksweise, um Produkte und deren Konsum zu befördern. Werbung, die den Begriff Klimawandel parodiert, so wie Fosters Eisbier, verstärkt die konträren Botschaften zu Klimawandel, indem sie sich auf die Werbemaßnahmen zur Erderwärmung bezieht und sich dann darüber lustig macht und sie unterläuft.

Zusammenfassung

Warum also sind wir uneins über Klimawandel? Dieses Kapitel nennt einen Grund dafür, nämlich, dass wir Klimawandel in unterschiedlicher Art und Weise einrahmen, erzählen, abbilden und interpretieren. Klimawandelbotschaften kommen in allen Bereichen des komplexen Kulturkreislaufs auf, der Nachrichten gestaltet, Erzählungen gewichtet und Vorstellungen rund um die Gesellschaft vermittelt. Konsensbasierte wissenschaftliche Ankündigungen über die Aussichten zukünftigen Klimawandels oder sorgfältig entworfene Aussagen zu wünschenswerten politischen Rahmenvorgaben, die in Treffen der Vertragsstaatenkonferenzen erarbeitet werden, ändern schnell ihre Form und laden sich mit neuem ideologischen Gepäck auf, sobald sie durch das digitale Netzwerk kreisen. Dadurch werden Nachrichten zu Klimawandel zunehmend vielstimmiger, oftmals verwirrend und manchmal widersprüchlich, je nachdem, wie sie von den 7,1 Milliarden Bewohnern der Erde gehört, übersetzt und neu zusammengesetzt werden. Es dauert nicht mehr lang, bis die Metapher des Autors Ian McEwan Wirklichkeit wird: »Können wir untereinander Einigkeit über Klimawandel erringen? Wir sind eine schlaue, doch streitsüchtige Spezies – in unseren öffentlichen Diskussionen können wir wie ein Krähenkolonie klingen«[301].

Klimawandel wird auf sehr vielfältige und unterschiedliche Weise dargestellt; entweder informiert durch die Weltanschauung der jeweils Vermittelnden oder gefiltert durch die intuitive Weltanschauung der Zuhörer. Unterschiedliche Klimawandeldiskurse nutzen unterschiedliche sprachliche Repertoires, die oft mit den spezifischen Zielen der beteiligten Gesprächspartner verbunden sind. Die Existenz unterschiedlicher visueller Darstellungen von Klimawandel – einschließlich der so verschiedenen Bildsprachen dazu – befrachtet Einstellungen und Verhaltensweisen zugunsten der vorab definierten Randbedingungen. Zugleich eröffnen Entwicklungen im Gebrauch der neuen Medien, ganz besonders durch die digitalen und Internettechnologien, den Weg für noch größere Fragmentierung, Liberalisierung und Demokratisierung sozialer Diskurse über eine ganze Bandbreite öffentlicher Politikfelder. Dies kann partizipative Ansätze befördern, um wissenschaftliches Wissen zu diskutieren und soziale Antworten auf Klimawandel zu gestalten. Doch es erscheint unwahrscheinlich, dass diese neuen medialen Möglichkeiten das Thema befördern oder zu größerer Einigung führen. In der Kommunikation über Klimawandel scheinen die Radialkräfte stärker zu sein als die Zentrifugalkräfte.

In diesem Kapitel untersuchten wir die vielen Möglichkeiten, mit denen Klimawandel in unseren Medien dargestellt werden kann; durch unterschiedliche Kombinationen von Rahmen, Sprache und Bildsprache, und wie diese Darstellungen ihre Bedeutung verändern, während sie im Umlauf sind. Eine Einrahmung von Klimawandel ragt wegen ihrer Wirkung auf unsere ethischen Instinkte für Gerechtigkeit und Gleichheit heraus: dass ›Klimawandel die Armen am härtesten treffen wird‹. Die Entwicklungsländer werden häufig so dargestellt, als benötigen sie Hilfe der Industrieländer, um mit den Konsequenzen von Klimawandel fertig zu werden. Visuelle Botschaften werden häufig von Entwicklungsorganisationen wie Christian Aid genutzt, die zum Beispiel Flutopfer auf der Südhalbkugel darstellen – mit eindringlichen Botschaften an die Leserschaft auf der Nordhalbkugel, wie: »Würdest Du uns einen Gefallen tun? Schreib' an Deine Parlamentsabgeordneten über dieses Klimawandelabkommen«[302]. Ist dies Ausdruck einer Kampagne moralischer Entrüstung oder ist es Ausdruck eines eingebildeten Paternalismus oder eine beherrschende Form von Neokolonialismus? Mit Sicherheit spricht Christian Aid eine andere soziale Gruppe an als die Werbung von Fosters Eisbier.

Wir mögen über Klimawandel uneinig sein wegen der gegensätzlichen Wege, auf denen wir uns Fragen globaler Ungleichheit und nachhaltiger Entwicklung nähern. Es sind diese Dimensionen von Klimawandel, denen wir uns nun zuwenden werden.

Weiterführende Literatur zu Kapitel 7

Ereaut, G.; Segnit, N. (2006): *Warm words: how are we telling the climate story and can we tell it better?* London: Institute for Public Policy Research (IPPR). www.ippr.org/publication/55/1529/warm-wordshow-are-we-telling-the-climate-story-and-can-we-tell-it-better (Letzter Zugriff 17.08.2013).

Segnit, N.; Ereaut, G. (2007): *Warm words II: how the climate story is evolving.* London: Institute for Public Policy Research (IPPR) and Energy Savings Trust. www.ippr.org/publication/55/1596/ (Letzter Zugriff 17.08.2013).
Beide Berichte der unabhängigen Denkfabrik prüfen, inwiefern Klimawandel in Großbritannien öffentlich diskutiert wird. Sie zeigen eine Reihe unterschiedlicher, doch verallgemeinerbarer sprachlicher Repertoires und die unterschiedlichen Auffassungen zu Klimawandel als ›Problem‹ und als Möglichkeit für ›Lösungen‹. Die Umfrage von 2006 wurde durch einen aktualisierenden Bericht des Folgejahres erweitert.

Killingsworth, M.J.; Palmer, J.S. (1996): *Millennial ecology: the apocalyptic narrative from Silent Spring to global warming.* In: Herndl, C.G.; Brown, S.C. (Hrsg.): *Green culture: environmental rhetoric in contemporary America.* Madison, WI: University of Wisconsin Press. 21–45.
Ein herausragendes Essay, das 45 Jahre der Umweltrhetorik von den 1960er- zu den 1990er-Jahren untersucht. Es beginnt mit Rachel Carsons ›Der stumme Frühling‹ und endet mit der globalen Erwärmung. Obwohl es offensichtlich Geschichten der letzten Jahre auslässt, ordnet die Arbeit Sprache und Diskussionen über die klimatische Umweltapokalypse einem längeren historischen Zusammenhang zu. Dabei wird der entscheidende Punkt herausgearbeitet, dass es nicht das Ziel der rhetorischen und apokalyptischen Warnungen ist, die Zukunft vorauszusagen, sondern diese zu beeinflussen. Solche Diskussionen sind stets eher oppositionell, symbolisch und glaubensbasiert als berechnend und vorhersagebasiert.

Moser, S.; Dilling, L. (Hrsg.) (2007): *Creating a climate for change: communicating climate change and facilitating social change.* Cambridge, UK: Cambridge University Press.
Dieser Sammelband ist das umfangreichste Buch, das bisher zur Kommunikation über Klimawandel veröffentlicht wurde. Es umfasst über 30 unterschiedliche Beiträge aus (meist amerikanischen) akademischen, bürgerlichen und behördlichen Blickwinkeln, in denen die kommunikative Herausforderung von Klimawandel betont wird, um eine gesellschaftliche Reaktion zu erleichtern. Die kurzen Kapitel umfassen eine Mischung aus beschreibenden, kritischen und praktischen Perspektiven dieser Herausforderung.

Smith, J. (Hrsg.) (2000): *The daily globe: environmental change, the public and the media.* London: Earthscan.
Dieses Buch bietet einen leicht zugänglichen Bericht zum Wissensstand über das weltweite Medienverhalten und zum öffentlichen Verständnis von Schlüsselfragen über die Umwelt, einschließlich Klimawandel. Es vereinigt eine Vielzahl von Kompetenzen und Einblicken bedeutender Journalisten, Politiker, Forscher und Umweltschützer. Das Buch bietet ebenso praktische Beispiele von erfolgreichen neuen Kommunikationsformen und legt die Basis für effektive Strategien. Diese streben an, die Öffentlichkeit über die Debatten zu Möglichkeiten und Herausforderungen zu informieren, die durch das globale Klima und die Änderung der Umwelt entstehen.

Nachhaltige Entwicklung, Winter; © Cienpies Design
Quelle: 123RF.

KAPITEL 8

Was ist Fortschritt?

Einleitung

Im März 1987 übergab die Brundtland-Kommission ihren Bericht zu Strategien für eine weltweit nachhaltige Entwicklung an die Generalversammlung der Vereinten Nationen. Nach vier Jahren der Vorbereitung bot *Unsere gemeinsame Zukunft* von Gro Harlem Brundtland und ihren Kommissaren der Welt eine Diagnose der Schwächen und Herausforderungen, mit denen die Menschheit konfrontiert ist, und entwickelte eine Vision für den Aufbau einer Zukunft, die wohlhabend, gerecht und sicher wäre.

Die zentrale Idee von *Unsere gemeinsame Zukunft* bezog sich auf eine nachhaltige Entwicklung, bei der Umweltpolitik und Entwicklungsstrategien in einem gemeinsamen Rahmen integriert sind. Daher die Aussage: »Dauerhafte (oder nachhaltige) Entwicklung ist Entwicklung, welche die Bedürfnisse der Gegenwart befriedigt, ohne zu riskieren, dass künftige Generationen ihre eigenen Bedürfnisse nicht befriedigen können. Weit davon entfernt, wirtschaftliches Wachstum in Frage zu stellen, wird anerkannt, dass die Probleme der Armut und Unterentwicklung nicht gelöst werden können, solange wir keine neue Ära des Wachstums erreichen, in der Länder des globalen Südens eine wichtige Rolle spielen und dabei große Vorteile erreichen können«[303].

Anthropogener Klimawandel spielte im Jahr 1987 eine relativ untergeordnete Rolle (siehe Kapitel 2 *Die Entdeckung von Klimawandel*). Das Thema kam sehr langsam aus seiner rein wissenschaftlichen Ecke heraus und war vorwiegend ein Gegenstand hoch spezialisierter und elitärer Diskurse. Dennoch spricht *Unsere gemeinsame Zukunft* nahezu alle Dilemmata an, die durch das Thema ›Klimawandel‹ über die vergangenen gut zweieinhalb Jahrzehnte stärker ins Zentrum der Aufmerksamkeit gerückt wurden. Die Sprache der nachhaltigen Entwicklung wurde zunehmend in Debatten zu Klimawandel aufgenommen, wie die Wechselwirkung zwischen umweltbezogenen, wirtschaftlichen, und sozialen Dimensionen von Klimawandel, die Integration des Wohlergehens künftiger Generationen in Debatten über die Verantwortung der jetzigen Generation und die Beachtung institutioneller (Un-)Angemessenheiten in einer sich globalisierenden Welt. Dies sind heute alles ganz normale Themen im Klimawandeldiskurs – und sie wurden alle durch die Brundtland-Kommission vorgedacht.

Trotz aller rhetorischen Kraft und konzeptionellen Eleganz erwies es sich jedoch als erheblich viel schwieriger, die Idee der nachhaltigen Entwicklung in operationelle Schlagkraft umzusetzen. Wir können vielleicht alle Prinzipien annehmen, die in *Unsere gemeinsame Zukunft* skizziert wurden, aber es fehlt uns ein gemeinsames Verständnis dafür, was dies ganz praktisch bedeutet. Wir nehmen die Idee von Nachhaltigkeit auf und machen sie uns mit einer Vielfalt verschiedener und sich oft widersprechender Wege zu Eigen: Wir kennen heute Akteurskategorien wie nachhaltige Konsumenten, nachhaltige Touristen, nachhaltige Landwirte, nachhaltige Häuslebauer, nachhaltige Förster, nachhaltige Entertainer. Doch nachhaltige Entwicklung wird kritisiert für die fehlende Beachtung von Machtstrukturen (welche Rolle spielen zum Beispiel das Militär oder internationale Großbanken?), für ihren Anthropozentrismus (wie steht es mit den Bedürfnissen nicht menschlichen Lebens?) und für die Marginalisierung der Ärmsten (wo bleibt die Stimme der Landlosen?). So sind wir bei nahezu tribalistisch polarisierten Positionen angelangt. Ein Kommentator sprach das so an: »Können Umweltökonomen, die über den Wahnwitz uneingeschränkten Raubbaus an natürlichen Ressourcen jammern, und kapitalistische Cheerleader, die eine boomende Wirtschaft mit großem Tamtam begrüßen, tatsächlich eine gemeinsame Vorstellung haben, wenn sie von nachhaltiger Entwicklung sprechen?«[304]

Im Zentrum dieses Durcheinanders stehen unsere unterschiedlichen Vorstellungen von Fortschritt. Eine Version dieser ›Fortschrittsgeschichte‹ stellt Folgendes heraus: Die Lebenserwartung der meisten Menschen ist innerhalb der vergangenen 200 Jahre sehr stark gestiegen. Das globale Wirtschaftswachstum hat sich alle 20 bis 30 Jahre verdoppelt und damit das Pro-Kopf-Einkommen der großen Mehrheit angehoben. Die Erfindungskraft und

Kreativität einer wachsenden Weltbevölkerung haben vielen von uns unvorstellbar vielfältigere und stimulierendere kulturelle Erfahrungen beschert als jeder Generation zuvor. Und wir sind in den meisten unserer Gesellschaften einer viel größeren ethnischen und kulturellen Vielfalt ausgesetzt als je zuvor. Ist es nicht besser, im 21. Jahrhundert zu leben als jemals zuvor?

Doch es gibt auch eine andere Darstellung dieser Geschichte. Noch immer kommt es pro Jahr zu mehreren zehn Millionen Todesfällen bei Kindern, wegen Malaria, Unterernährung und Armut. Mehr als eine Milliarde Menschen leben auf unserer Welt, deren Wirtschaftskraft unter einem Euro pro Tag liegt. Die globale Konsumrate überschreitet die nachwachsenden Ressourcen unseres Planeten um mehr als den Faktor Zwei. Vorfälle von Genozid, Terrorismus und strukturellem Rassismus überschatten unsere Hoffnungen für die Zukunft. Und selbst in den wirtschaftlich am weitesten fortgeschrittenen Ländern steigen die Zahlen psychologischer Erkrankungen, die auf mangelnde psychische Gesundheit und Fehlernährung zurückzuführen sind, seit einigen Jahrzehnten an.

Was also ist Fortschritt – und entwickeln wir uns fort? Ist die Vorstellung von Klimawandel in diesem Zusammenhang hilfreich oder hinderlich für unsere Visionen der Zukunft? Für einige zivilgesellschaftliche Aktivisten ist die Antwort klar: »Klimawandel ist bereits tödliche Realität, die Entwicklung stärker bedroht als alle anderen Probleme. Überschwemmungen, Hungersnöte, Dürren, Krankheiten und Konflikte richten verheerende Schäden in armen Ländern an und werden bei beschleunigtem Klimawandel unermessliche Schäden hervorrufen«[305]. Für andere wiederum erscheint Klimawandel als eine Angelegenheit fundamentaler Gerechtigkeit, in der die Welt in Täter und Opfer aufgeteilt ist: »Eine Gruppe von Menschen (vor allem reiche Leute allerorten, jedoch hauptsächlich in den reichen Ländern) haben das Problem (Klimawandel) verursacht und eine andere Gruppe von Menschen (vor allem arme Leute, besonders in armen Ländern) wird schon bald unter den meisten der negativen Folgen zu leiden haben«[306].

In diesen Rahmen wird Klimawandel üblicherweise gestellt, doch ist das hilfreich? Ist es der sachdienlichste Weg, um vergangene Ungerechtigkeiten wiedergutzumachen, oder der beste Weg, um Armut zu bekämpfen, wenn man dies am Thema Klimawandel aufhängt? Trägt das Konzept der nachhaltigen Entwicklung irgendetwas zu unserer Suche nach einvernehmlichen und allgemeingültigen Reaktionen auf Klimawandel bei? Oder kann umgekehrt die Vorstellung von Klimawandel in irgendeiner Weise zu unseren Ideen von einer nachhaltigen Entwicklung der Menschheit beitragen?

Unser Glaube an die Idee von ›Fortschritt‹ und unsere Auffassungen von Entwicklung beeinflussen maßgeblich unsere Einstellungen zu Klimawandel. Unsere Definition von Armut und wie wir den Ungleichheiten in der Welt begegnen und sie interpretieren, sind nicht minder bedeutsam. Dieses Kapitel beschreibt einige dieser unterschiedlichen Überzeugungen, Ansichten und Definitionen und erklärt, warum ein Verständnis von Klimawandel nicht von unserem Verständnis von Entwicklung entkoppelt werden kann. **Einer der Gründe, warum wir über Klimawandel uneins sind, liegt in unseren unterschiedlichen Auffassungen von Entwicklung.**

Wir beginnen im nächsten Abschnitt mit der Antwort auf die Frage ›Was verstehen wir unter Entwicklung?‹. In der zweiten Hälfte des 20. Jahrhunderts traten eine Reihe verschiedener Entwicklungsparadigmen hervor: koloniale Wohlfahrt und Entwicklung der Nachkriegszeit, Neoliberalismus und Freihandel, nachhaltige Entwicklung (sowohl in reformistischen als auch radikalen Varianten) und jüngst die sogenannte Phase des *Post-Development*. Alternative Zukunftsvisionen – die sich zum Beispiel in der Anwendung bestimmter wirtschaftlicher Grundsätze oder der Sicherung sozialer Gerechtigkeit ausdrücken – zeigen die Unterschiede zwischen diesen verschiedenen Entwicklungsparadigmen und wirken sich sehr unterschiedlich auf unsere Herangehensweise an das Thema Klimawandel aus.

Unabhängig davon, wie wir Entwicklung auffassen, bleibt die Welt zutiefst ungleich und ungerecht. Zunehmend divergierende Lebenschancen existieren zwischen der ›untersten Milliarde‹ und dem Rest und es bleiben zahlreiche Barrieren für diejenigen, die sich nach den grundlegenden Standards menschlichen Wohlbefindens und persönlicher Sicherheit sehnen. Das Gipfeltreffen in Johannesburg 2002 ließ viele dieser Konturen von Ungleichheit scharf hervortreten und legte Entwicklungsziele sowie zu deren Sicherung institutionalisierte Neuerungen fest. Es ist nicht mehr viel Zeit bis zum Zieldatum 2015 und noch immer sind die Millennium-Entwicklungsziele ein Stachel im Weltbewusstsein. Im dritten Abschnitt stellen wir uns daher die Fragen: Welche Bedeutung hat Klimawandel im Zusammenhang mit andauernder Armut? Stellt Klimawandel die größte Bedrohung für die Sicherung nachhaltiger Entwicklung für jene drei Milliarden Menschen dar, denen diese bislang vorenthalten wird, und für die weiteren zwei bis drei Milliarden, die wir innerhalb der nächsten 50 Jahre zusätzlich erwarten? Oder gibt es andere Bedrohungen, die Entwicklung gefährden – wie Schuldenlasten, schlechte Regierungsführung, Handelsbarrieren, bereits existierende Klimarisiken –, die wichtiger sind als Klimawandel? Darauf werden wir sehr verschiedene Antworten finden, je nachdem, wo wir hinsehen.

Bei diesen Überlegungen stellt sich zwangsläufig die Frage nach Bevölkerung und Demografie. Der vierte Abschnitt untersucht den Zusammenhang von Entwicklung, Bevölkerung und Klimawandel und fragt danach, warum es uns so schwer fällt, die Bedeutung von Demografie für Klimawandel zu diskutieren. Gibt es ein ›sicheres‹ Niveau von Klimawandel? Gibt es nicht auch eine wünschenswerte Größe der Weltbevölkerung? Und wenn ja, woran könnten wir diese festmachen?

Wir werden im fünften Abschnitt auch eine Reihe von kontroversen Fragen behandeln, die einige der unterschwelligen Spannungen zwischen der Sicherstellung von Entwicklung und der Bewältigung von Klimawandel beleuchten. ›Lösungsvorschläge‹ zu Klimawandel, die von entwickelten Nationen ausgehen, stellen sich Bürgern oder Entscheidungsträgern in Kampala oder Dhaka ganz anders dar als Beobachtern in Washington oder Sydney. Für viele ist die Garantie verlässlicher und sicherer Energie wichtiger als die Reduktion von deren Kohlenstoffgehalt, der Zugang zu globalen Märkten durch die Entfernung von Handelsschranken und ein zunehmender Austausch von Gütern erscheint vielen wichtiger als die Ermittlung der Wegstrecken von Lebensmitteln, und das Wachsen der internationalen Tourismusbranche ist vielen wichtiger als die Kohlendioxidemissionen der Verkehrsflugzeuge. Und schließlich könnte die ›neue‹ Entwicklungsagenda, nämlich die Anpassung an Klimawandel, die nun langsam durch erste Klimawandelfonds finanziert wird, eine Ablenkung von den fundamentaleren Entwicklungsrechten auf Befreiung von Armut, eine medizinische Grundversorgung und den Zugang zu Bildung darstellen.

Was verstehen wir unter Entwicklung?

Die Vorstellung nachhaltiger Entwicklung in den 1980er-Jahren war eine Reaktion auf die wachsende Erkenntnis, dass die vorangegangenen drei Dekaden internationaler Entwicklung unzumutbare Belastungen auf die Ökosysteme der Welt ausgeübt hatten. Zuerst von der Arbeitsgruppe um das World3-Modell untersucht und im Bericht des Club of Rome *Die Grenzen des Wachstums* 1972 veröffentlicht (siehe Exkurs 8.1), kristallisierten sich fünf Haupttrends mit globaler Bedeutung heraus: beschleunigte Industrialisierung, schnelles Bevölkerungswachstum, verbreitete Unterernährung, Erschöpfung nicht erneuerbarer Ressourcen und eine sich verschlechternde Umwelt. Doch das Entwicklungsmodell, das seit dem Zweiten Weltkrieg verfolgt wurde, hatte sich vor allem auf das Ziel wirtschaftlichen Wachstums konzentriert. Zunächst wurde es von den niedergehenden Kolonialmächten Europas verfolgt und seit den 1960er-Jahren von den neu begründeten nationalen und internationalen Entwicklungsorganen, die unter den Bedingungen des Kalten Krieges arbeiteten. Die sozialen Entwicklungsziele – Armut abschaffen und Ungleichheit verringern – sollten vor allem durch eine Verbesserung des globalen Lebensstandards erreicht werden. Das Wachstum von Bruttosozialprodukt (BSP) und persönlichen Einkommen wurde zum Erfolgskriterium.

Daran gemessen hatte dieses Entwicklungsmodell innerhalb der 1950er-, 1960er- und 1970er-Jahre deutlichen Erfolg. Das alte liberale Credo des menschlichen Fortschritts hatte noch Gewicht, unterstützt durch die *white heat of technology* (die Gestaltungsmacht der Technik), die ›Grüne Revolution‹ und ganz allgemein durch den Anstieg der Lebenserwartung. Doch mit den 1980er-Jahren wurde der treibende Optimismus dieser großen Erzählung zunehmend in Frage gestellt. Es gab wachsenden Widerstand gegen dieses Entwicklungsmodell, weil es als Surrogat neokolonialer Verwestlichung wahr- genommen wurde und weil offensichtlich wurde, dass das Bruttosozialprodukt als Maßstab von Fortschritt nicht unbedingt zielführend ist. Bereits in Kapitel 4 *Welchen Wert haben Werte?* wurde die begrenzte Aussagekraft des Bruttosozialprodukts als Index für wirtschaftliche Leistung im Zusammenhang mit der Bewertung von Klimapolitik angesprochen. In den 1980er-Jahren lautete der allgemeine Vorwurf gegen das Bruttosozialprodukt als Indikator, dass es keine Aussage zum ökologischen Wohlbefinden macht und, wie wir in Kapitel 5 *Woran wir glauben* gesehen haben, auch nur einen begrenzten Umfang sozialer und politischer Wirklichkeit, der zur Beschreibung menschlichen Wohlbefindens wesentlich ist, erfasst.

Vor diesem Hintergrund zunehmender Unzufriedenheit ist der Brundtland-Bericht von 1987 zu sehen, der eine Reihe neuer konzeptioneller Werkzeuge anbot, mit denen die Vorstellungen von Entwicklung und Fortschritt neu gedacht werden konnten. Nachhaltigkeit war das Ziel und nachhaltige Entwicklung war der Prozess, um sich auf dieses Ziel hinzubewegen. Anstelle des Bruttosozialprodukts wurden neue Erfassungskonzepte und Kennzahlen als Fortschrittsindikatoren nötig. Zwei dieser neuen Indikatoren sind in Abbildung 8.1 dargestellt. Hier wird die Entwicklung der Welt und von großen kontinentalen Regionen zwischen 1975 und 2003 anhand von zwei Kennzahlen visualisiert: dem Index der menschlichen Entwicklung (Human Development Index, HDI) und dem Verhältnis zwischen dem ökologischen Fußabdruck einer Region und der Tragfähigkeit des globalen Ökosystems. Ein hoher Wert des ersten Indikators (der menschliches Wohlbefinden jenseits enger wirtschaftlicher Kriterien misst) und ein niedriger Wert des zweiten Indikators (der auf einer inversen Skala ökologisches Wohlbefinden erfasst) sind wünschenswert. Keine einzige Region der Welt hat es vermocht, den Nachhaltigkeitsquadranten des Diagramms zu erreichen oder dort zu verbleiben. Und für die weiter entwickelten Regionen der Welt ist jede Erhöhung menschlichen Wohlbefindens mit einem entsprechend zunehmenden Verlust ökologischen Wohlbefindens verbunden.

Die in Abbildung 8.1 gezeigte Analyse – und weitere ähnliche – nimmt die konzeptionellen Erkenntnisse der Brundtland-Kommission ernst. Entwicklung umfasst mehr als einfache Maximierung wirtschaftlichen Wachstums, wie sie vom Bruttosozialprodukt gemessen wird. Doch ebenso, wie das Ziel von Nachhaltigkeit so weit entfernt erscheint wie zuvor, wird von einigen Seiten in Frage gestellt, ob die Ideen und Konzepte zur nachhaltigen Entwicklung

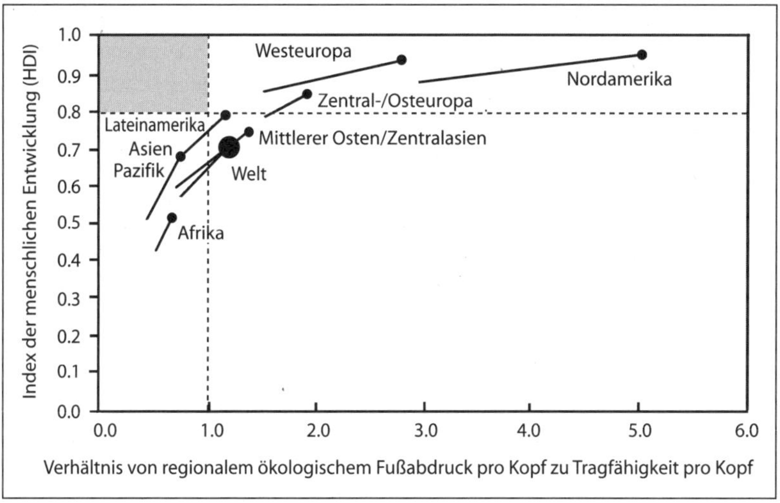

Abbildung 8.1: Globale und regionale Trends nachhaltiger Entwicklung. Regionale und globale Entwicklungsindizes (HDI: Index der menschlichen Entwicklung) versus Ressourcennachfrage (Verhältnis zwischen ökologischem Fußabdruck und Tragfähigkeit). Punkte geben Werte für das Jahr 2003 an und graue Linien zeigen Trends von 1975 bis 2003. Das grau unterlegte Kästchen repräsentiert den Bereich, in dem nachhaltige Entwicklung möglich ist (HDI $\geq$ 0.8 und ökologischer Fußabdruck zu Tragfähigkeit $\leq$ 1.0).

Quelle: Moran D.D.; Wackernagel, M.; Kitzes, J.A.; Goldfinger, S.H.; Boutaud, A. (2008): Measuring sustainable development: nation by nation. Ecological Economics 64, 3: 470–474[307].

noch nützlich sind. In einem Kommentar zu den vergangenen gut 20 Jahren beobachten der Wirtschaftswissenschaftler Chris Sneddon und seine Kollegen: »Die wesentlichen Treiber von Umweltdegradation – Verbrauch von Energie und Material – sind rasant gewachsen und Ungleichheiten im Zugang zu wirtschaftlichen Möglichkeiten sind sowohl innerhalb als auch zwischen Gesellschaften dramatisch angestiegen. Warum also eine Anstrengung reaktivieren (…), die so eindeutig von der Geschichte überholt worden ist?«[308]

Eine solche Enttäuschung mag nicht verallgemeinerbar sein, nicht einmal typisch, doch wenn Nachhaltigkeit ein wünschenswertes Ziel für die Menschheit ist und wenn nachhaltige Entwicklung der Weg dahin ist, dann wurden wohl viele verschiedene Fahrzeuge gebaut, um die Reise antreten zu können. Und da Klimawandel als eine der schwerwiegendsten Bedrohungen auf dem Weg zum Erreichen von Nachhaltigkeit dargestellt wird, ist es wichtig zu wissen, wie zumindest einige dieser Fahrzeuge aussehen mögen. Die ›Familie‹ nachhaltiger Entwicklungsdiskurse lässt sich in solche unterteilen, die einen eher ›reformistischen‹ Ansatz haben, gegenüber vorwiegend ›radikalen‹ Ansätzen[309]. Im Folgenden sehen wir uns beide Gruppen näher an und liefern ein Beispiel für einen Ansatz von Klimawandelpolitik, der beiden Positionen gerecht würde.

Reformistische Ansätze

Nachhaltige Entwicklung verlangt, dass ökologische Nachhaltigkeit mit wirtschaftlichem Wachstum und dem Erreichen sozialer Ziele im Einklang steht. Ein offensichtlicher Weg dazu in einer Marktwirtschaft ist eine adäquate Anpassung der Preise für Ökosystemgüter und -dienstleistungen, einschließlich Klima. Das ist die Idee des *market environmentalism* (›Nachhaltiger Liberalismus‹)[310], einem Weg zur Nachhaltigkeit, der in Debatten über Klimawandelpolitik stark verfochten wurde. Wenn Klimawandel das Ergebnis des einzigartigen und größten Marktversagens ist (vergleiche den Stern-Report in Kapitel 4 *Welchen Wert haben Werte?*), dann wäre die Lösung, den Markt über eine Einpreisung von Kohlendioxid (und weiteren Treibhausgasen) explizit zu korrigieren, um Kohlenstoff im Energiemix separat zu handeln. Nachhaltiger Liberalismus sieht ›grünes Wachstum‹ als den Weg der Armutsbekämpfung, der Wiedererlangung gesunder Ökosysteme und der Stabilisierung von Klima.

Diese Denkweise steht hinter den Bemühungen, die ›Klimadienstleistungen‹ tropischer Regenwälder mit einem Preis zu versehen und damit tropischen Ländern einen marktkonformen Anreiz zu geben, sich für den Schutz ihrer Regenwälder einzusetzen. Neue ›grüne‹ Investmentgesellschaften wie Canopy Capital verstehen nachhaltige Entwicklung vor allem in solchen Kategorien[311]. In der Erwartung, dass der globale Markt in Kürze den Ökosystemdienstleistungen von Regenwäldern einen monetären Wert zuweisen würde, erklärte sich das Unternehmen im März 2008 bereit, der Regierung von Guyana Gelder für den Schutz von 370.000 Hektar im Iwokrama-Regenwald zur Verfügung zu stellen. Die Kompensation für diese Investition sind zukünftige Rechte an den natürlichen Waldfunktionen: Kohlenstoffspeicherung, Niederschlagsgenese, Habitat für Wildtiere und -pflanzen[312]. Dies ist ein klassisches Beispiel für das Bestreben globalen Kapitals, hochrisikoreiche, doch potenziell lukrative Geschäftsideen zu suchen.

Eine zweite reformistische Interpretation des Weges zur Nachhaltigkeit nähme eine etwas skeptischere Haltung gegenüber den Marktkräften ein. Die Idee der ›ökologischen Modernisierung‹, erstmals in den 1990er-Jahren durch den holländischen Politikwissenschaftler Martin Hajer propagiert, beschreibt die Sicherung nachhaltiger Entwicklung durch eine direktere Regulierung verschiedener Praktiken bei Herstellung und Verbrauch. Statt sich allein auf ein ›Ergrünen‹ oder eine Regelung des Markts zu konzentrieren, setzt ›ökologische Modernisierung‹ auf ›grüne Technologien‹ und einen weniger verschwenderischen Konsum. Hier wird erheblich viel stärker auf Unternehmen fokussiert als bei der Idee des nachhaltigen Liberalismus und es werden strategische Allianzen zwischen Staat, Wirtschaft und Zivilgesellschaft gesucht, um ein politisches Umfeld zu schaffen, das einer technologischen Modernisierung gegenüber aufgeschlossen ist.

Nachhaltige Entwicklung als ökologische Modernisierung bietet ein anderes Rezept für den Umgang mit Klimawandel. Klimastabilität wird durch politische Vorgaben erreicht, die Energieeffizienz vorantreiben, den Anteil der Ressourcenrückgewinnung erhöhen und technologische Innovation stimulieren, vor allem im Hinblick auf die Energiegewinnung. Dieser Ansatz zur Nachhaltigkeit würde den Mechanismus zur umweltgerechten Entwicklung (Clean Development Mechanism, CDM, siehe dazu den fünften Abschnitt in diesem Kapitel) als Mittel gutheißen, um sicherzustellen, dass Umweltziele in sich entwickelnden Ländern durch Einsatz von Kapital aus dem Norden erreicht werden. Ökologische Modernisierung würde ebenfalls die Technologieentwicklung für Kohlendioxidabscheidung und -speicherung (CCS) unterstützen, bei der zum Beispiel Kohlendioxid aus dem Rauchgas von Kohlekraftwerken abgetrennt und unterirdisch gespeichert wird.

Ein dritter reformistischer Ansatz für nachhaltige Entwicklung richtet sein Augenmerk auf individuelle Verbraucher und deren Rolle in sozialen Netzwerken und Bewegungen. Dieser Entwicklungspfad ließe sich als Umweltpopulismus bezeichnen und bezieht einen Teil seiner Legimitation aus Bewegungen wie der Lokalen Agenda 21 (während des Erdgipfels 1992 in Rio de Janeiro begründet) sowie diversen rechtebasierten und partizipatorischen Entwicklungsansätzen. Hier wird argumentiert, dass sich nachhaltige Entwicklung weder durch den Markt noch durch staatlich geförderte Interventionen zur Regulierung umweltschädlicher und verschwenderischer Praktiken in Produktion und Konsum sichern lässt. Ohne einen starken und wirkungsvollen Volkswillen in der Bevölkerung – egal, ob in der des Nordens oder jener des Südens oder, am besten, Bürger beider Hemisphären – werden alle Anstrengungen zur Sicherung nachhaltiger Entwicklung vergebens sein.

Im Kontext von Klimawandel verlangt der Umweltpopulismus nach neuen sozialen Formen von Kooperation und Teilnahme, um Klimaziele sichern zu können. So arbeitet die Nichtregierungsorganisation Practical Action mit Anwohnern in Bangladesch, um hochwasserbeständigere Häuser in hochwassergefährdeten Gemeinden des Deltas zu entwickeln. Dabei werden lokales Umweltwissen und lokale Materialien genutzt, um Nachhaltigkeit umzusetzen. Und in einem anderen Zusammenhang und einer anderen Kultur haben Aktionsgruppen zur Kohlenstoffrationierung (Carbon Rationing Action Groups, CRAGs) – lokale Initiativen, die Bürger unterstützen und ermuntern, ihren persönlichen Kohlenstofffußabdruck auf ein weltweit gerechtes und nachhaltiges Maß zu reduzieren – in den letzten Jahren im Vereinigten Königreich und einigen anderen OECD-Ländern fußgefasst.[313]

Radikale Ansätze

Nachhaltiger Liberalismus, ökologische Modernisierung und Umweltpopulismus bieten sich als drei Entwicklungspfade zu Nachhaltigkeit und Sicherung von Klimastabilität an, die Reformen, nicht jedoch einen radikalen Wandel, der dominanten neoliberalen, kapitalistischen Wirtschaftspolitik erfordern. Diese reformistischen Ansätze haben sowohl der Buchtitel *Capitalism: As If the World Matters* von Jonathan Porrit aus dem Jahr 2005 als auch die Sprachregelungen neuer Geschäftsbewegungen wie *base* (*Business and a Sustainable Environment*) gut eingefangen: »Zu einer globalen Veränderung hin zu einer kohlenstoffarmen Wirtschaft beizutragen, ist eine unternehmerische Notwendigkeit und keine Option. Dies eröffnet ganz neue Möglichkeiten und wird eine wesentliche Neuausrichtung von Geschäftsbeziehungen nach sich ziehen. *Base* hilft Firmen jeder Größe, solche Neuausrichtungen nachzuvollziehen (...) Nachhaltigkeit und Profit können koexistieren«[314].

Doch es gibt auch radikale Kritik an diesen reformistischen Entwicklungspfaden zur Nachhaltigkeit, die angesichts von Dringlichkeit, Komplexität und Ausmaß der Aufgabe, die Kohlenstoffemissionen global zu reduzieren, die Fähigkeit der reformistischen Ansätze in Frage stellt. Radikale Ansätze zu nachhaltiger Entwicklung verlangen nach ganz anderen Methoden, um die grundlegenden Probleme zu analysieren, die Klimawandel antreiben, und verlangen damit auch verschiedene Ansätze der Klimapolitik. Drei davon werden im Folgenden kurz vorgestellt.

Seit der Abhandlung von Thomas Malthus Essay on the *Principle of Population* im Jahr 1798[315] gibt es immer wieder Bewegungen, welche die Begrenztheit der irdischen Ressourcen und die Tragfähigkeit des Planeten für eine bestimmte Zahl von Menschen betont haben. Einige der rezenten Varianten des Neomalthusianismus werden im Exkurs 8.1 näher untersucht sowie auch einige der politischen Konsequenzen, die sich aus der Anwendung eines stark an Grenzen orientierten Ansatzes auf die Frage von Klimawandel ergeben. Dieser Diskurs über nicht verhandelbare Grenzen, übertragen auf das Thema Klimawandel, steht hinter vielen der aufrüttelnden Aufrufe, die in den letzten Jahren zu hören waren: ›Jetzt handeln, bevor es zu spät ist‹ und ›Zehn Jahre, um die Welt zu retten‹. Während diese Diagnose eines bevorstehenden Klimazusammenbruchs in sich keine einzigartigen Lösungen oder Rezepte anbietet, um eine nachhaltige Entwicklung zu sichern, vereint sie doch ansonsten disparate Bewegungen aus Wissenschaft, Umweltschutzgruppen und aus gewissen politischen Eliten in ihrem Wunsch und ihrer Forderung nach Maßnahmen – dringenden Maßnahmen –, deren Ergreifung die drohende Katastrophe abwenden soll. Es ist die jeweilige Dringlichkeit solchen Handelns, unabhängig von ihrer Form und Sprache, die das Etikett ›radikal‹ rechtfertigt.

Exkurs 8.1
Klimawandel und der Diskurs über Grenzen

Der Diskurs über ökologische Grenzen wurde durch die 1972 erschienene Publikation *Die Grenzen des Wachstums*, herausgegeben vom Club of Rome, einer 1968 von Aurelio Peccei und Alexander King begründeten elitären Denkfabrik, besonders prominent herausgestellt. Die Schlüsselbotschaft des Berichts lautete, dass globales ökonomisches Wachstum sich wegen der begrenzten Verfügbarkeit natürlicher Ressourcen nicht dauerhaft fortsetzen kann. »Wenn sich der derzeitige Wachstumstrend (…) unverändert fortsetzt, dann werden die Grenzen des Wachstums auf diesem Planeten irgendwann in den nächsten 100 Jahren erreicht sein. Das wahrscheinlichste Ergebnis wird ein eher plötzlicher und unkontrollierbarer Rückgang sowohl der Bevölkerung als auch der industriellen Kapazität sein«[316]. Seitdem wurden in der Folge mehrere Aktualisierungen dieses Berichtes veröffentlicht, zuletzt 2012 und 2013[317]. Diese nahmen jeweils die Kritik zur unterschätzten Rolle von technischen Entwicklungen und Effizienzsteigerungen auf, durch die mögliche Grenzen des Wachstums nach hinten verschoben würden. Die Kernbotschaft blieb dagegen nahezu unverändert: »Wir sind besorgt, dass derzeitige politische Strategien globale Grenzüberziehung (overshoot) und Kollaps zur Folge haben werden«[318].

Viele Kommentatoren haben auf die Ähnlichkeit der zugrunde liegenden Philosophie zwischen den *Grenzen des Wachstums* und Malthus Essay von 1798 zu den Grenzen des fortgesetzten Bevölkerungswachstums hingewiesen: ›Eine Bevölkerung muss stets an der Subsistenzgrenze gehalten werden‹. Doch die Idee, dass die Umwelt menschlicher Tätigkeit Grenzen setzt, tritt an vielen anderen Stellen im ökologischen Denken auf. Sie ist eng mit der Idee der Tragfähigkeit verbunden, die viele Populationsökologen angewendet und in verschiedenen Ökosystemzusammenhängen aufgezeigt haben. Tragfähigkeit gehört ebenso zum Konzept des ökologischen Fußabdrucks – der aggregierten Fläche produktiven Landes, das funktional nötig ist, um eine beliebige menschliche Bevölkerung zu erhalten. Vor diesem Hintergrund sind die jüngsten Behauptungen zu verstehen, dass der aktuelle amerikanische Lebensstil, übertragen auf die gesamte Weltbevölkerung, fünf Planeten Erde erforderte[319], um sie zu erhalten, während der aktuelle Lebensstil von Sierra Leone nur einen halben Planeten Erde benötigte (siehe Abbildung 8.2).

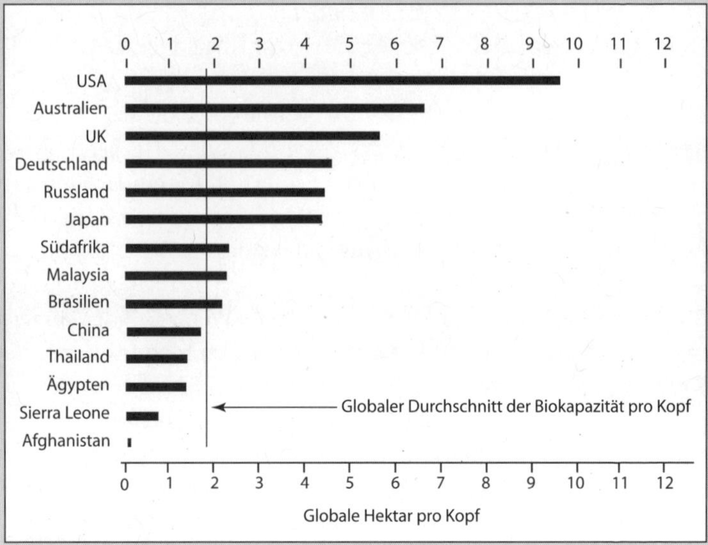

Abbildung 8.2: Ökologischer Fußabdruck ausgewählter Länder in Hektar pro Kopf. Die Biokapazität der Welt wird auf knapp unter zwei Hektar pro Kopf geschätzt. Die Daten beziehen sich auf 2003.

Quelle: nach World Wide Fund for Nature (WWF) (2008): 2010 and beyond: rising to the biodiversity challenge. *Gland, Switzerland: WWF.*

Mit der Vorstellung von den Belastungsgrenzen der Umwelt geht die Idee der Grenzwerte einher. Jenseits einiger Schwellenwerte von Extraktion, Verbrauch und Umweltverschmutzung wird die Funktion eines Ökosystems oder dessen Elementen kritisch, unter Umständen sogar irreversibel eingeschränkt. In den Diskussionen um den ›Sauren Regen‹ in den 1980er-Jahren wurde deshalb beispielsweise die Vorstellung der ›kritischen Belastung‹ eingesetzt, um politische Zielvorgaben für erträgliche Schwefelemissionen in Europa aufzustellen. Sobald diese kritischen Belastungsgrenzen überschritten waren, ging man von einer nicht akzeptablen Schädigung aus. Diese Auffassung liegt den meisten der heute in urbanen Bereichen geltenden Luftqualitätsstandards zugrunde.

Diese verschiedenen Neomalthusianischen Ideen und Konzepte wurden nunmehr auf Klimawandel angewendet. Sie verleihen Nachhaltigkeitsdiskursen Legitimität, welche die Unmittelbarkeit und Dringlichkeit des Problems unterstreichen. Wie in Kapitel 3 *Was leistet Wissenschaft?* untersucht wird, hat die Annahme einer ›gefährlichen anthropogenen Störung des Klimasystems‹ durch das Rahmenübereinkommen der Vereinten Nationen über Klimaänderungen politische

Analysen angestoßen, um über eine noch tolerierbare Grenze der Klimastörung nachzudenken.

Die Europäische Union setzt dabei auf eine Grenze von 2°C über der vorindustriellen globalen Durchschnittstemperatur, obwohl sich diese Temperaturänderung nur vage mit einer gewünschten Treibhausgaskonzentration in der Atmosphäre in Verbindung bringen lässt. Eine globale Temperatur als Grenze, die nicht überschritten werden darf, erlaubt es auch, das Konzept der Grenzwerte als Maß der Veränderung zu aktivieren, jenseits derer das Klimasystem und seine Funktionen vielleicht zusammenbrechen und/oder sich irreversibel verändern können. Dieses Konzept, hat jüngst zu der Metapher von ›Kipppunkten‹ oder ›Kippelementen‹ im Erdsystem geführt[320].

Der Diskurs über Grenzen – ob in Bezug auf Ressourcenverbrauch, ökologische Fußabdrücke oder auf gefährliche funktionale Systemschwellen – bietet einen besonderen Zugang zur Idee von Nachhaltigkeit. Gleichwohl sollte diese Debatte ihrem Wesen nach nicht auf forensische und objektive Weise versuchen, genau diese Grenzen zu qualifizieren und zu quantifizieren, sondern sie sollte eher einem Verständnis dienen, in welchem Umfang solche Grenzen substituierbar oder anpassungsfähig sind.

Neoklassische Ökonomie zum Beispiel basiert auf der Annahme, dass die Produktionskenngrößen im Wesentlichen gegenseitig substituierbar sind. Wenn also eine Ressource erschöpft ist oder ein Ökosystem degradiert, dann werden entweder an anderer Stelle Alternativen gefunden oder aber erfunden. Neomalthusianer würden dagegenhalten, dass auch die Substituierbarkeit durch technologische Innovation selbst Grenzen hat – irgendwann wird die menschliche Fähigkeit zur Anpassung an wirtschaftliche, ökologische oder kulturelle Grenzen stoßen und damit zum Kollaps führen. Pfade zur Nachhaltigkeit versuchen, diesen Punkt zu vermeiden.

Eng verbunden mit der Einrahmung von Klimawandel in die Neomalthusianische Begrifflichkeit der irreversiblen Grenzen ist die sogenannte ›Öko-Anarchistische Bewegung‹. Anarchistische Ideen haben Aktionsgruppen in der ganzen Welt beeinflusst, einschließlich Greenpeace, Earth First! und die Chipko-Bewegung. Öko-Anarchisten verlangen nach radikalen Lösungen für die ihrer Meinung nach grundlegenden Probleme von Klimawandel: speziell die derzeitige kapitalistische Dominanz, uneingeschränkter Konsum und exzessiver Materialismus. Die radikale britische Klimakampagne *Rising Tide* erklärt den Klimawandel deshalb so: »(Dies) ist ein direktes Ergebnis der wirtschaftlichen

Dominanz der Interessen des Nordens und transnationaler Gesellschaften. Wir fordern Klimagerechtigkeit mit Lösungen, die strukturelle Ungleichheiten ansprechen und die historische Verantwortung der reichen Nationen für das Problem anerkennen (...). Wir fordern ein sofortiges Ende der Ölexploration und eine Demontage der auf fossilen Rohstoffen basierenden Wirtschaft«[321].

Aus der Sicht dieser Umweltanarchisten geht es bei nachhaltiger Entwicklung nicht um Kohlenstoffhandel, ebenso wenig um Investitionen von zig Milliarden Dollar in saubere Technik, sogar nicht einmal um die Mobilisierung der Macht der ›grünen‹ Konsumenten. »Egal, wie viele Energiesparlampen Du installierst oder wie viel Du am Recycling teilnimmst, ohne grundsätzlichere Systemänderungen in der Gesellschaft wird es nicht gehen«[322]. In dieser radikalen Sicht nachhaltiger Entwicklung wird das gesamte Wachstumsparadigma in Frage gestellt – unabhängig von konventionellem Wirtschaftswachstum oder nachhaltigem grünem Wachstum. Weltbank, Stern-Report und Brundtland-Kommission sprechen sich demnach alle für nicht nachhaltiges Wirtschaften aus und lassen damit Klimawandel weiterhin zu.

Ein Verständnis dieser unterschiedlichen Vorstellungen über Pfade zur Nachhaltigkeit ist wesentlich, um unsere Uneinigkeit zu verstehen, was wir bezüglich Klimawandel tun sollten. Wir erkennen hier zusätzliche Belege für die unterschiedlichen ›Lebensstile‹, die in Anwendung der Kulturtheorie in Kapitel 6 *Wovor wir uns fürchten* vorgestellt wurden und die vor dem Hintergrund des bevorzugten sprachlichen Repertoires in Kapitel 7 *Wie kommunizieren wir Risiken?* weiter untersucht wurden. Ohne die Diskurse zur nachhaltigen Entwicklung genau auf die vier kulturellen Kategorien zu übertragen, die im Exkurs 6.1 eingeführt wurden, können wir doch eine gewisse Übereinstimmung entdecken. Individualisten und Anhänger des Egalitarismus dürften recht bequem mit Umweltanarchisten und Neomalthusianern, welche die Natur als vergänglich betrachten, zusammensitzen, während Anhänger hierarchischer Ordnungen eher nachhaltigen Liberalismus oder die ökologische Modernisierung als ihr Credo der Nachhaltigkeit annehmen werden.

Mit diesem Hintergrundverständnis gilt es nun genauer zu untersuchen, wie diese unterschiedlichen Auffassungen zur Entwicklung die Prognose dessen, was zum Thema Klimawandel zu tun ist, beeinflussen. Dabei beginnen wir mit der Wechselbeziehung zwischen Klimawandel und Armut.

Klimawandel und Armut

Bei Diskussionen zu Klimawandel genauso wie zu Armut wird die Zahl der davon besonders betroffenen Menschen meist im Milliardenbereich beziffert. So fokussiert das Buch von Paul Collier *The Bottom Billion: Why the Poorest Countries Are Failing and What Can Be Done about It*[323] auf die ärmste Milliarde von Menschen auf unserem Planeten, von denen sehr viele in Afrika leben. Zugleich ist es das erste der Millennium-Entwicklungsziele der Vereinten Nationen für 2015, die fast eine Milliarde Menschen, die ›jede Nacht hungrig zu Bett gehen‹, auf die Hälfte der Zahl zu reduzieren. Beim Thema Klimawandel wird die Statistik in ähnlicher Weise präsentiert: »Milliarden von Menschen sind mit Nahrungsmittelverknappung und Wassermangel konfrontiert und mit steigenden Überflutungsrisiken, so warnen Experten auf einer großen Klimakonferenz«[324].

Die Zahlen mögen die gleichen sein, doch es geht dabei nicht um dieselben Menschen. Die meisten der von Klimawandel Betroffenen sind Menschen der Zukunft – entweder heutige Kinder, die um das Jahr 2050 erwachsen sein werden oder aber heute noch ungeborene Kinder der Zukunft. Die von Paul Collier und den Millennium-Entwicklungszielen betroffenen Menschen dagegen sind heute lebende Menschen. Das bringt uns zu einer der schwierigen Fragen, die sich durch alle Argumente zum Thema Klimawandel und nachhaltige Entwicklung hindurch zieht: Tun wir so viel für die heutigen Milliarden von Armen, wie wir für die künftigen gefährdeten Milliarden tun wollen? Die Frage lässt sich freilich auch umdrehen, indem man die Slogans zweier aktueller Massenbewegungen nutzt: Tun wir genauso viel, um Armut zu einem Thema der Vergangenheit zu machen, wie wir dafür tun, das Klimachaos zu stoppen?[325].

Dies ist im Wesentlichen die Frage, die wir zuerst in Kapitel 4 *Welchen Wert haben Werte?* gestellt haben, als wir die wirtschaftlichen Aspekte von Klimawandel untersuchten. Die Antwort schien dort teilweise in dem Parameter der Gleichgewichtung auf, der bei Kosten-Nutzen-Analysen verwendet wird. Die Frage bezieht sich auch auf jene, die in Kapitel 5 *Woran wir glauben* beim Thema gerechte Lösungen für Klimawandel untersucht wurden. Es ist sicherlich keine Überraschung, dass dazu sowohl in der Theorie als auch offenbart in unseren Handlungen verschiedene Antworten existieren. Und weil es verschiedene Antworten auf diese Frage gibt, hat der Kopenhagener Konsens im Jahr 2004 zum Thema globale Krisen und globale Lösungen eine solche Kontroverse hervorgerufen. Von Bjørn Lomborg geleitet, lenkte der Kopenhagener Konsens die Aufmerksamkeit auf die wirtschaftlichen Beweggründe, bevorzugt in konventionelle Entwicklungsprojekte zu investieren statt in den Klimaschutz. Seiner Argumentation nach wäre es klüger, wenn ein Betrag von 50 Milliarden Dollar zur Verfügung stünde, dieses Geld in Gesundheitsfürsorge und Armutsbekämpfung zu investieren statt in die Abschwächung von Klimawandel. Die Bekämpfung von Tod und Armut heute hat eine größere Priorität als das Vermindern der Klimarisiken von morgen.

Es lässt sich natürlich sehr leicht sagen, dass wir *sowohl* Klimachaos stoppen als *auch* die Armut zu einem Phänomen der Geschichte machen sollten: Die Illusion einer Wahl ist genau das – eine Illusion. Deshalb argumentiert der Ökonom Jeffrey Sachs in seiner Antwort auf den Kopenhagener Konsens: »Mit den bereits versprochenen Mitteln, die leicht von den entwickelten Nationen aufgebracht werden können (...) müsste die Welt sich nicht entscheiden zwischen einzelnen Krankheiten oder allgemeinen Gesundheitssystemen, oder zwischen (der Investition in) kleinskalige, lokale Wasserprojekte oder (Milderung) von langfristigem Klimawandel. Wir könnten beides tun«[326]. Und in der Tat können die Vereinten Nationen für sich behaupten, beide Ziele zu verfolgen: durch die Aufstellung von acht Millennium-Entwicklungszielen, die bis 2015 gesichert werden sollen, *und* durch die Verhandlungen zum Kyoto-Protokoll, das Emissionsverminderungsziele bis 2012 setzen wollte[327].

Doch solche kursorischen und einfach zu formulierenden Forderungen helfen uns nicht zu verstehen, warum wir trotzdem darüber uneins sind, wie man am besten die Armut angesichts von Klimawandel bekämpft und – noch wichtiger – warum Armut ein endemisches Phänomen in unserer Welt bleibt. Die Zeitschrift *Nature* kommentiert im Jahr 2007 zur Sicherung der Millenniumsziele: »Die acht Ziele selbst sind zumindest sehr ambitioniert. Es ist ein außergewöhnlich ehrgeiziger Auftrag, bis 2015 extreme Armut zu halbieren, Kindersterblichkeit deutlich zu reduzieren und allen eine Grundbildung zukommen zu lassen«[328].

Dies bringt uns zurück zu den unterschiedlichen Auffassungen, die wir von der Idee nachhaltiger Entwicklung haben. Wenn Nachhaltigkeit durch Verknüpfung von nachhaltigem Liberalismus und ökologischer Modernisierung erreicht werden kann, dann bieten geringe Anpassungen des vorherrschenden Entwicklungsparadigmas eine Aussicht darauf, sich morgen an Klimawandel anzupassen, indem heute die Armut reduziert wird. In diesem (geringfügig) angepassten Modell traditioneller Entwicklung bietet ökonomisches Wachstum – auch wenn es ›grünes‹ Wachstum ist – den direktesten Weg zur Überwindung von Armut. Durch das damit indirekt gesteigerte Humankapital trägt es direkt zu einer verringerten zukünftigen Klimavulnerabilität bei. Dieses Entwicklungsmodell wird zum Beispiel von China verfolgt (siehe Exkurs 8.2).

Gegner von nachhaltigem Liberalismus und ökologischer Modernisierung lehnen solche Entwicklungspfade ab, weil diese die grundlegenden Ursachen von Klimawandel nur fortbestehen lassen. Die Fixierung auf Wachstum, die Annahme, dass steigender Konsum der Weg zu höherem Wohlbefinden sei, ist genau der Grund, warum Treibhausgasemissionen weiterhin steigen. Dieser Widerspruch zu den vorherrschenden Entwicklungsparadigmen wird von anderen abgelehnt, zum Beispiel von Claire Fox vom Londoner Institute of Ideas: »Es sind nicht unsere exzessiven Kohlenstoffemissionen, die einer Milliarde Menschen sauberes Wasser vorenthalten oder die Ärmsten der Erde zur Abhängigkeit von agrarischer Subsistenzwirtschaft zwingen. Es ist hingegen (...) der menschgemachte (sic) grüne Fatalismus, der jegliche Entwicklung ablehnt, weil ›die Kosten prohibitiv zu hoch wären‹«[329]. Menschen sind gegenüber Klimawandel verletzlich, weil sie arm sind – sie sind nicht arm wegen Klimawandel.

Allerdings könnte ein vollkommen anderes Entwicklungsparadigma erforderlich werden, wenn die Grenzen der Ressourcen unseres Planeten *tatsächlich* erreicht werden – einschließlich des natürlichen Angebots relativ friedlicher Klimata, an die wir uns angepasst haben. Wenn die Strukturen einer globalisierenden und kapitalisierenden Wirtschaftsordnung die Gründe für den drohenden Zusammenbruch sind, dann sind radikalere Pfade zur Sicherung von Nachhaltigkeit gefragt. Umweltanarchisten und Ökosozialisten schimpfen auf die ›wirtschaftliche Dominanz der Interessen des Nordens und der transnationalen Gesellschaften‹, weil diese hinter beiden Übeln stünden: Klimachaos *und* anhaltende Armut. Die indische Umweltaktivistin Sunita Narain fängt diese Kritik treffend ein: »Alle technologischen Lösungen (für Klimawandel) wie Biokraftstoffe, gentechnisch veränderte Kulturpflanzen oder Kernkraft werden die nächste Generation von Krisen hervorrufen, weil sie als fundamentales Problem des Kapitalismus ein System ignorieren, das Ungerechtigkeit ignoriert und Ungleichheit fördert«[330].

Wenn dagegen Gerechtigkeit das organisierende Prinzip wird, an dem sich Antworten auf Klimawandel ausrichten, dann sind weder Klimaschutzmaßnahmen noch Anpassungen an dessen zukünftige Effekte in sich selbst genügend. Zur Lösung gehört mehr. In den Augen einiger wie Saleem ul Huq vom International Institute for Environment and Development in London, geht es auch darum, vergangene Ungerechtigkeit wieder gut zumachen: »Es ist jetzt eine wesentliche Herausforderung, Wege zu finden, die Menschen für den (Klima)Schaden zu entschädigen, den sie bereits erlitten haben«[331].

Die Wissenschaft bietet zwischen diesen sich widersprechenden Politikoptionen, nachhaltigem Liberalismus beziehungsweise ökologischem Radikalismus, wiederum wenig, sie eignet sich weder als moralischer Kompass noch als unabhängiger ›Richter‹. Die Schlussfolgerungen des IPCC-Berichts von 2007 mögen »eine weitere Begründung dafür liefern, nach Entwicklungspfaden zu suchen, die aus der Armutsfalle führen, in der viel zu viele Menschen gefangen sind«[332], doch bieten sie keine Antwort auf die Frage, ob diese Pfade zur Nachhaltigkeit reformistisch oder radikal sein sollten.

Klimawandel und Bevölkerung

Wenn schon die Auseinandersetzungen über die Schnittstelle zwischen Klimawandel und Armut hitzig sind, wie hitzig werden dann erst die über eine weitere Dimension der Nachhaltigkeit sein, die sich nicht ignorieren lässt – die Beziehung zwischen Klimawandel und Bevölkerung?

In den Szenarien zur Treibhausgasemission, die im Jahr 2000 vom Weltklimarat veröffentlicht wurden und nach wie vor in wissenschaftlichen und politischen Analysen weit verbreitet genutzt werden, erscheinen drei Projektionen für die Weltbevölkerung im Jahr 2050: 8,7, 9,3 und 11,3 Milliarden[333]. Die Differenz zwischen diesen drei Projektionen – immerhin 2,6 Milliarden Menschen – entspricht mehr Menschen als der Zahl derer, die zwischen heute und 2050 auf Basis der niedrigsten Projektion dazukommen würden – etwa zwei Milliarden. Die IPCC-Szenarien haben eine erhebliche Debatte darüber ausgelöst, welche ökonomischen Annahmen den Szenarien zugrunde liegen, doch erstaunlich wenig Diskussion fand zu der Frage statt, welche Bedeutung ein Unterschied von 2,6 Milliarden Menschen bis zum Jahr 2050 haben mag. Zum einen sind das 2,6 Milliarden Menschen, die zukünftig Treibhausgase emittieren und damit zu Klimawandel beitragen. Die meisten dieser Menschen werden in den sich ausbreitenden urbanen Gebieten der sich entwickelnden Länder leben. Zum anderen handelt es sich bei diesen 2,6 Milliarden Menschen um potenzielle Opfer zukünftiger Klimarisiken, die durch Klimawandel weiter verschärft werden. In jedem Fall ist die Frage offen, ob es im Jahr 2050 eher 8,7 oder aber 11,3 Milliarden Menschen auf der Erde gibt – die Antwort kann durch heutige Entscheidungen beeinflusst werden[334].

Selten findet man explizite Diskussionen zur Bevölkerungspolitik als Teil der vielen Debatten zu Klimapolitik. Ebenso wenig Diskussion erfolgt zur wünschenswerten Weltbevölkerung oder zu bevorzugten Geburtsraten – im Gegensatz zu zahlreichen wissenschaftlichen Analysen und politischen Debatten über wünschenswerte Kohlendioxidkonzentrationsziele (400, 450 oder 550 Teile pro Million) oder globale Temperaturziele (zum Beispiel 2° oder 3°C über den vorindustriellen Werten). In ihrem jüngst erschienenen populären Buch zur globalen Erwärmung erwähnen Gabrielle Walker und Sir David King die Bevölkerung nur an einer Stelle[335] und in einem Zusammenhang, der von jeder Politikdiskussion getrennt ist. So schreibt Chris Rapley, Direktor des Londoner Science Museum: »Das Thema (Bevölkerung) ist so kontrovers, dass es zum ›Aschenputtel‹ der großen Nachhaltigkeitsdebatte geworden ist – kaum in der Öffentlichkeit oder selbst im Privaten sichtbar. Bei interdisziplinären Treffen zu den Erdsystemwissenschaften glänzen Demografen und Bevölkerungsspezialisten meist durch Abwesenheit«[336].

Die chinesische Regierung machte öffentlich die am weitesten gehenden Aussagen zur Beziehung zwischen Klimawandel und Bevölkerungspolitik (siehe Exkurs 8.2). Mit der Ein-Kind-Politik seit 1979 wurden nach Abschätzung chinesischer Demografen 300 Millionen Menschen weniger geboren – dies entspricht der Gesamtbevölkerung der Vereinigten Staaten von Amerika. Sogar bei den relativ geringen chinesischen Pro-Kopf-Kohlendioxidemissionen kann die Auswirkung dieser Bevölkerungspolitik mit der Vermeidung von jährlich circa 1,2 Milliarden Tonnen Kohlendioxid berechnet werden, die nicht in die Atmosphäre gelangen. Dies entspricht einer nominalen Verringerung von fünf Prozent der globalen Kohlenstoffemissionen – eine erheblich viel größere Reduktion, als sie durch alle Maßnahmen des Kyoto-Protokolls erreicht wurden.

Exkurs 8.2
Chinas Klimawandel-(Entwicklungs)strategie

Am 4. Juni 2007 veröffentlichte China offiziell seine erste Klimawandelstrategie, das Nationale Klimawandel Programm (CNCCP)[337]. Geführt von der nationalen Entwicklungs- und Reformkommission und an den elften Fünfjahresplan des Landes angebunden, trugen 17 chinesische Regierungsämter zu dem Bericht bei, der anschließend durch die höchste politische Instanz des Landes, den Staatsrat, bestätigt wurde.

Das Nationale Programm verdeutlicht, dass China ›Klimawandel‹ ebenso als Entwicklungsthema wie auch als Umweltthema ansieht. Priorität bleibt für China die wirtschaftliche Entwicklung – und mit einer wirtschaftlichen Wachstumsrate von durchschnittlich 9,5 Prozent seit 1979 haben sich seitdem die Kohlendioxidemissionen vervierfacht. Dennoch bleiben die kumulativen Emissionen und die Pro-Kopf-Emissionsrate im Vergleich zu den entwickelten Nationen gering. Das Nationale Programm zeigt, dass keinerlei internationale Verpflichtungen akzeptabel wären, die Chinas Recht auf Entwicklung in Frage stellen.

Doch wie will China den Antrieb zu weiterem wirtschaftlichen Wachstum, weiterer Entwicklung und der damit verbundenen Energienachfrage mit Umweltschutz und internationaler Umweltdiplomatie in Einklang bringen? Drei Kernelemente dazu werden im Nationalen Programm betont: 1) die Annahme einer freiwilligen Verminderung der Energieintensität im Land um 20 Prozent in dem Zeitfenster 2006 bis 2010, indem Energieeffizienzprogramme in der Wirtschaft umgesetzt werden, 2) die erneute Verpflichtung Chinas zu langfristiger Aufforstung und zu Waldbewirtschaftungsprogrammen, mit denen das Land nach eigenen Angaben seit 1980 bereits fünf Milliarden Tonnen Kohlendioxid sequestriert haben will. Die Waldflächen sollen von zwölf Prozent 1980 auf 26 Prozent 2050 ansteigen. 3) Ein dritter Beitrag Chinas besteht in der Inwertsetzung der demografischen Vorteile seiner Ein-Kind-Politik, die das Land als Beitrag zur Klimaschutzpolitik anerkannt haben will. Durch das Vermeiden von geschätzten 300 Millionen Geburten seit 1979 soll dies circa 1,2 Milliarden Tonnen Kohlendioxidemissionen entsprechen.

Diese in Anspruch genommenen Kohlenstoffkredite verdeutlichen die Schwierigkeit, Entwicklungsziele in einem Land mit 1,3 Milliarden Menschen umzusetzen und zugleich den Impakt des Landes auf das globale Klima im Zaum zu halten. Die genannten drei Emissionsminderungsgutschriften sind alle auf die eine oder andere Weise ›nominal‹; sie stellen vermiedene Emissionen im Vergleich zu einem hypothetischen zukünftigen Szenario dar. Mit einer boomenden Wirtschaft, einer schnellen Auswertung der kohlebasierten Energieumsetzung und einem zementbasierten Bauboom steigen die absoluten Kohlendioxidemissionen Chinas in die Atmosphäre um mehr als fünf Prozent pro Jahr – und das wird allem Anschein nach auch in Zukunft so weitergehen.

Woher kommt diese Zurückhaltung, globale Bevölkerungsentwicklung neben den globalen Temperaturveränderungen zu debattieren und zu überlegen, ob nicht Bevölkerungspolitik zugleich kosteneffiziente Klimapolitik sein könnte? Einer der Gründe lässt sich auf die politische Spannung zurückführen, die aus der internationalen Konferenz zu Bevölkerung und Entwicklung der Vereinten Nationen in Kairo im September 1984 hervorging. Dort wurde die Notwendigkeit, das Bevölkerungswachstum in sich entwickelnden Ländern zu vermindern, festgestellt, doch der politische Schwerpunkt des Aktionsplans lag auf »ganzheitlichen Ansätzen zur reproduktiven Gesundheit«[338]. Die Konferenz war geprägt von Disputen über die Ethik von Chinas Ein-Kind-Politik, die religiösen Implikationen der Befürwortung von Verhütungsmitteln und/oder Abtreibung und über den Zwangscharakter einiger Vorschläge zur Familienplanung. Diese Zerstrittenheit auf der Kairo-Konferenz führte unter anderem dazu, dass es seitdem um Bevölkerungspolitik auf der internationalen Agenda still geworden ist. Um 2004 sind Investitionen der entwickelten Länder in internationale Familienplanungsprogramme auf 13 Prozent der 1994 festgesetzten Ziele gefallen[339].

Die Schnittmenge zwischen Klimawandel und Bevölkerung ist eindeutig. In erster Näherung können die Auswirkungen menschlicher Einflüsse auf die Umwelt, einschließlich globalen Klimas, als eine Funktion von Bevölkerung, Wohlstand und Technologie bezeichnet werden; die sogenannte IPAT-Formel (*impact as a function of population, affluence and technology*)[340]. Es scheint daher legitim, alle drei Komponenten dieses Modells anzuvisieren, wenn wir die Auswirkungen anthropogener Einflüsse auf das Klima verringern wollen: Bevölkerungswachstum kontrollieren, Wohlstand begrenzen und Technologien umweltverträglicher machen. Der amerikanische Politiker Al Gore erkannte die Legitimität dieses Vorgehens zur Eingrenzung von Klimawandel bereits im Jahr 1992, zwei Jahre vor der Kairo-Konferenz: »Kein Ziel ist entscheidender, um die globale Umwelt zu heilen, als eine Stabilisierung der menschlichen Bevölkerung«[341].

Die Demografie sollte ebenfalls parallel zu Klimawandel in Betracht gezogen werden, wenn es darum geht, wie die breiten und universellen Entwicklungsziele erreicht werden können. Wir haben zuvor über das Potenzial von Klimawandel gesprochen, die Millennium-Entwicklungsziele bis 2015 zu verzögern oder zu verhindern. Ähnlich wurde argumentiert, dass eine fortgesetzte Vernachlässigung von Familienplanung in sich entwickelnden Ländern auch das Erreichen dieser Ziele in Frage stellt. So stellte eine Gruppe von Parlamentariern aller Parteien in Großbritannien zum Thema Bevölkerung, Entwicklung und reproduktive Gesundheit im Januar 2007 fest: »Die Millennium-Entwicklungsziele lassen sich nur schwer oder gar nicht verwirklichen, wenn sich das derzeitige Bevölkerungswachstum in den am wenigsten entwickelten Ländern und Regionen fortsetzt«[342].

Das Gewicht dieser Argumente lässt schlussfolgern, dass bei der Verfolgung der Ziele sowohl von Klimaschutz und -anpassung eine Kontrolle und Begrenzung des sich fortsetzenden Bevölkerungswachstums sinnvoll ist. Der Demograf Brian O'Neill und seine Kollegen am Internationalen Institut für Angewandte Systemanalyse (IIASA) in Österreich kamen am Ende ihrer umfangreichen Studie zu Beziehungen von Bevölkerung und Klimawandel zu dem Schluss: »Bevölkerungspolitik (...) verringert langfristig Treibhausgasemissionen und verbessert die Widerstandskraft von empfindlichen Bevölkerungsanteilen gegenüber den Auswirkungen von Klimawandel (...) sie lassen sich unschwer als ›*no regret*‹ Politik der Art qualifizieren, wie sie seitens des IPCC für vordringliche Aktivitäten genannt wurden«[343].

Dennoch gibt es, wie wir gesehen haben, sehr wenige Verbindungen zwischen diesen beiden Politikbereichen. Mit Klimawandel umzugehen, indem man mit dem Bevölkerungswandel umgeht, ist für viele weder populär noch ein politisch korrekter Ansatz, wie der amerikanische Bevölkerungsökologe Frederick Meyerson feststellte: »Konservative Menschen sind oft gegen Sexualerziehung, Verhütung und Abtreibung und sie mögen Wachstum – sowohl in der Bevölkerung als auch in der Wirtschaft. Liberale unterstützen normalerweise die Menschenrechte vor allem anderen und fürchten das Etikett des Zwanges – deshalb vermeiden sie eine Diskussion zur Bevölkerungspolitik und deren Stabilisierung. Diese Kombination führt zu einer tragischen Pattsituation, die ihrerseits zu weiterem Bevölkerungswachstum führt«[344].

Einige argumentieren, dass ein Fokus auf Bevölkerungspolitik von den Ursachen sowohl von Armut (zum Beispiel unfairer Handel) als auch von Klimawandel (zum Beispiel exzessiver Konsum durch Eliten) ablenke. Andere argumentieren, dass Bevölkerungspolitik auf riskante Weise in grundlegende Menschenrechte eingreife, speziell in das Recht von Frauen auf körperliche Autonomie. Das demografische Zwangsregime Chinas, unabhängig von seinem Nutzen bei der Verminderung von Kohlenstoffemissionen, macht es weltweit vielen religiösen, kulturellen und politischen Befindlichkeiten nicht einfach. Und dennoch lässt sich nicht leugnen, dass die Lebensentscheidung darüber, wie viele Kinder man haben will, die größte einzelne Auswirkung auf den Kohlenstofffußabdruck eines Menschen hat. So wurde von dem Statistiker Paul Murtaugh geschätzt, dass eine durchschnittliche amerikanische Frau, die sich dafür entscheidet, ein Kind weniger zu bekommen, ihr Kohlenstofferbe um 800 Tonnen vermindert; dadurch würde sich der persönliche Kohlenstofffußabdruck um 50 Prozent vermindern, ohne weitere Änderungen im Lebensstil[345].

Am Ende zeigt diese Debatte zu Klimawandel und Bevölkerung viele der Risse und Brüche auf, die wir bereits in vorangegangenen Kapiteln identifiziert haben. Geht es bei Klimawandel hauptsächlich um den exzessiven Konsum des Nordens oder um die wachsende Bevölkerung im Süden? Geht es um Verringerung der Armut heute oder um Klimaschutz für morgen? Geht es um eine Revolution der Energietechnologien oder um eine Revolution unserer Lebensstile? Die verschiedenen Antworten, die auf diese Fragen gegeben werden, sind von den individuellen Glaubens- und Wertvorstellungen geprägt und von deren selektiver Beurteilung von Risiken und Vorsorgemaßnahmen.

Während sowohl Armut als auch Demografie heftige Debatten zu den Zielen nachhaltiger Entwicklung auslösen, sind dies nicht die einzigen Gründe, warum uns die Herausforderungen von Entwicklung vor dem Hintergrund von Klimawandel uneins sein lassen. Im letzten Abschnitt dieses Kapitels werden wir deshalb eine Reihe weiterer potenzieller Konfliktthemen zu Klimawandelpolitik ansprechen, die mit dem Thema nachhaltiger Entwicklung verbunden sind.

Konflikte zwischen Klimawandel und Entwicklung

Konflikte zwischen möglichen Klimawandelpolitiken und den Zielen von Entwicklung und Armutsbekämpfung treten in den verschiedensten Arenen auf – und bieten damit einen fruchtbaren Boden für Meinungsverschiedenheiten darüber, was zu Klimawandel getan werden sollte. Wir untersuchen hier drei dieser Konflikte: die Einführung des Mechanismus zur umweltgerechten Entwicklung, den Wunsch, Mobilität von Menschen und Nahrungsmitteln einzuschränken, sowie das Anliegen, fossilen Kohlenstoff für die flüssigen Brennstoffe im Transportsektor durch eine Ausweitung der globalen Biokraftstoffproduktion zu ersetzen.

Mechanismus zur umweltgerechten Entwicklung

Nach den Bedingungen des 1997 verhandelten Kyoto-Protokolls haben entwickelte Nationen, die rechtlich bindende Zusagen zur Verminderung von Treibhausgasen gemacht haben, das Recht, ›Emissionskredite‹ aus Investitionsprojekten in Entwicklungsländern zu erhalten, mit denen dort Emissionen verringert werden. Dieser Mechanismus, als Mechanismus zur umweltgerechten Entwicklung (CDM: Clean Development Mechanism) bezeichnet, verbindet die Politikfelder zu Klimawandel mit nachhaltiger Entwicklung. Die Doppelziele der CDM-Projekte sollen entwickelten Ländern helfen, ihre Emissionsminderungsziele zu erreichen, die im Kyoto-Protokoll festgelegt wurden, und ebenso sich entwickelnde Länder darin unterstützen, eine nachhaltige Entwicklung zu erreichen. Dabei ist es vollkommen offen, ob beide Ziele gleichzeitig erreichbar sind.

Mehr als 6.000 CDM-Projekte wurden seit 1997 finanziert[346]; ein Großteil davon in den wachsenden Wirtschaftsstandorten Chinas, Indiens und Lateinamerikas. Studien zum Erfolg von Beispielprojekten kamen zu dem Ergebnis, dass es oft einen Zielkonflikt gibt zwischen den Zielen, billige Emissionskredite bereitzustellen und nachhaltige Entwicklung zu fördern. In fast allen Fällen genossen Emissionskredite Vorrang[347]. Auch hat sich das Doppelziel von Emissionsverringerung und Armutsbekämpfung durch die traditionelle Entwicklungshilfe als fehlerhaft herausgestellt. Die deutschen Entwicklungsexperten Axel und Katharina Michaelowa überprüften eine große Zahl solcher Projekte und fanden heraus, dass vielfache Konflikte zwischen den Zielen von Klimaschutz und der Entwicklungspolitik existieren. »Die meiste auf Klimawandel bezogene (Entwicklungs-)Hilfe fließt in die aufstrebenden Länder mit mittleren Einkommen und bezieht sich höchstens indirekt, wenn überhaupt, auf Armutsbekämpfung. CDM als Marktmechanismus wird ebenfalls nicht wesentlich zur Armutsbekämpfung beitragen«[348].

Bei solchen Projektinvestitionen wird oft der Förderung von Exporten aus entwickelten Nationen beziehungsweise einer Ausweitung politischer und kultureller Dominanz Vorrang vor den Bedürfnissen der Entwicklungsanstrengungen der Empfängerländer eingeräumt. Und nur sehr selten kommt es vor, dass durch den Mechanismus zur umweltgerechten Entwicklung geförderte Investitionen in Kohlenstoffeinsparungsprojekte irgendwelche Vorteile für die ärmsten Gemeinschaften in sich bergen. Im Gegenteil, die Vorteile kommen in der Regel den städtischen Mittelklasseeliten der aufstrebenden Länder zugute. Während viele argumentierten, dass marktwirtschaftliche Mechanismen die größten Möglichkeiten böten, um die Wurzeln von Klimawandel und zugleich die Herausforderungen von Armut, Ungleichheit und nachhaltiger Entwicklung gezielt anzusprechen, sind die bisher tatsächlich erbrachten Leistungen enttäuschend.

Handel und Mobilität

In einer zunehmend globalisierten Marktwirtschaft mit wachsendem Handel von Konsumgütern und Nahrungsmittelprodukten über nationalstaatliche Grenzen hinweg scheint das Wachstum des internationalen Flugverkehrs schier unaufhaltsam. So gehen zum Beispiel nahezu 25 Prozent der chinesischen Kohlenstoffemissionen auf die Produktion international gehandelter Waren zurück, die per Schiff und per Flugzeug rund um den Globus transportiert werden. Zusätzlich zum Wachstum von internationalem Tourismus und kommerziellem Luftverkehr ist das fünfprozentige jährliche Wachstum der Treibhausgasemissionen aus dem Flugverkehr zunehmend Ziel einiger Klimaaktivisten und Politikanwälte. Die Ausbreitung von Flughäfen zu verhindern, die Zahl von Flügen zu begrenzen sowie die Kohlenstoffbilanzierung der *food miles* (der Distanz, die Nahrungsmittel vom Produzenten bis zum Konsumenten zurücklegen) sind strategische politische Antworten, die aus radikaleren Positionen zum Thema Nachhaltigkeit gespeist werden und die dem vorherrschenden wirtschaftlichen Paradigma von wachsendem globalem Handel und Mobilität widersprechen.

Dennoch würden althergebrachte Entwicklungsansätze, einschließlich derer des nachhaltigen Liberalismus, argumentieren, dass diese Liberalisierung und Ausweitung von Handel sowie das Wachstum von internationalem Tourismus den besten Weg bieten, um aus der Armut vieler Menschen in den sich entwickelnden Nationen herauszukommen. Internationaler Tourismus bietet eine direkte und wesentliche Quelle für den Gewinn von Valuta in beinahe 50 der ärmsten Länder. Wenn man den globalen Tourismus einschränkte, würden wohl Luftverkehrsemissionen eingedämmt, doch bedrohte man zugleich die wirtschaftliche Nachhaltigkeit einiger der ärmsten Nationen der Erde. Ersetzte man konventionelle Handelsbarrieren in entwickelten Nationen durch benachteiligende Quoten, die auf den Kohlenstoffbilanzen der importierten Güter basieren, dann wiederum litten die Wirtschaften der sich entwickelnden Länder am meisten darunter. Die britischen Nachhaltigkeitsanalysten Terry Dawson und Simon Allen fassten es so zusammen: »Versuche, die Treibhausgasemissionen zu kontrollieren, können internationalen Handel und Tourismus einschränken und damit die Schlüsselstrategien weniger entwickelter Länder zunichte machen, um aus der Armutsfalle zu entkommen. Es droht daher eine Trennung – ein Entweder-Oder – zwischen Klimapolitik und Strategien zur Armutsverringerung«[349].

Biokraftstoffe und Nahrungsmittel

Auf keinem Gebiet sind die potenziell widersprüchlichen Ziele von Klimaschutz und nachhaltiger Entwicklung deutlicher hervorgetreten als im plötzlichen Ansturm auf Biokraftstoffe, der die Klimapolitik der Europäischen Union in der ersten Dekade des 21. Jahrhundert charakterisierte. Die EU-

Richtlinie zur Förderung und Nutzung von Biokraftstoffen und anderen erneuerbaren Transportkraftstoffen trat im Oktober 2001 in Kraft. Diese Richtlinie schrieb vor, dass nationale Anstrengungen von den Mitgliedsländern der Europäischen Union zu unternehmen sind, um bis zum Jahr 2010 5,75 Prozent aller für den Transport genutzten Benzin- und Dieselkraftstoffe durch Biokraftstoffe zu ersetzen und zehn Prozent bis zum Jahr 2020.

Diese Richtlinie wurde als Teil der Anstrengungen der Europäischen Union eingeführt, die Kohlendioxidemissionen deutlich unter die acht Prozent der im Kyoto-Protokoll festgelegten Ziele für das Zeitfenster 2008 bis 2012 zu drücken. Doch Bedenken hinsichtlich der ökologischen und sozialen Konsequenzen der zuvor nicht beachteten Nebenwirkungen der Richtlinie erzwangen eine Neubewertung durch die EU-Kommission. Neue Analysen zeigen, dass die Nettoeinsparungen von Treibhausgasen der Biokraftstoffproduktion aus Raps, Mais, Zuckerrohr oder Palmöl deutlich geringer ausfallen können als ursprünglich angenommen und dass es sogar in einigen Fällen zu Nettoanstiegen der Emissionen im Vergleich zu Benzin- und Dieselkraftstoff aus fossilen Brennstoffen kommen kann[350]. Doch waren es letztendlich die sozialen Konsequenzen dieser Politik, speziell deren Auswirkung auf die ärmsten Länder weltweit und deren Streben nach Nahrungsmittelsicherheit, die den Konflikt zwischen nachhaltiger Entwicklung und diesem speziellen Ansatz zum Klimaschutz in das Rampenlicht gerückt haben.

Die globale Beschaffung von Biokraftstoffen, um die Ziele der EU-Richtlinie zu erreichen, trug dazu bei, dass Agrarflächen statt für die Nahrungsmittelproduktion für die Biokraftstoffproduktion verwendet wurden, und schuf einen zusätzlichen Anreiz, um tropischen Wald in Produktionsflächen für Soja- und Palmöl zu verwandeln. So kommentierte David Baldock vom Institute for European Environmental Policy bereits im Jahr 2003: »Wir könnten dahin kommen, gewaltige Mengen an Soja- und Palmöl zu importieren, die von frisch entwaldeten tropischen Böden stammen. Das ist ein Alptraumszenario, jedoch nicht unvorstellbar«[351]. Auch der Anstieg globaler Lebensmittelpreise im Jahr 2008 war zumindest teilweise mit der EU-Initiative zur Biokraftstoffproduktion als Mittel zum Klimaschutz verbunden. Der Sonderberichterstatter der Vereinten Nationen für das Recht auf Nahrung, Jean Ziegler, verdammte die zunehmende Anpflanzung von Biokraftstoffen als »Verbrechen gegen die Menschlichkeit«, weil dadurch wertvolles Ackerland für die Produktion von Kraftstoffen der Nahrungsmittelproduktion verloren geht[352]. Das Ergebnis einer solchen Politikentwicklung ist pervers: Die Politik, die in einem Teil der Welt dazu gedacht war, zukünftige Klimarisiken zu reduzieren, bedroht die Funktionsfähigkeit der Landwirtschaft in anderen Teilen der Welt und führte zu einer kurzfristigen Destabilisierung des globalen Ernährungssystems. Statt zu einer zumindest theoretischen Nahrungsmittelsicherheit für Hunderte von Millionen der ärmsten Menschen der Welt in 50 Jahren beizutragen, hat es zu einer Verringerung der aktuellen Ernährungssicherheit für mehrere Zehn Millionen Menschen der heute Ärmsten geführt.

Dieses Beispiel der Biokraftstoffe beleuchtet eines der Themen dieses Kapitels: dass unsere Antworten auf Klimawandel – über unser Verständnis sowohl für die Ursachen als auch für potenzielle ›Lösungen‹ – unmittelbar mit unserem Streben nach nachhaltiger Entwicklung verknüpft sind. Was in Brüssel als attraktive und durchführbare ›Lösung‹ zu Klimawandel erscheinen mag – die Ausweitung der Biokraftstoffproduktion zum Ersatz fossilen Kohlenstoffs aus dem Flüssigkraftstoffmix –, kann die Nahrungsmittelsicherheit und Bekämpfung der Armut, zum Beispiel in Burkina Faso, in Frage stellen. Solche Politikkonflikte sind natürlich vermeidbar – Nahrungsmittel- und Treibstoffbedürfnisse müssen nicht notwendig zu einem Wettbewerb um Landflächen führen – doch wie wir die Bedeutung von Klimaschutzzielen gegenüber Entwicklungszielen gewichten, eröffnet zahlreiche Möglichkeiten für Konflikte zwischen unseren politischen Interessensvertretern.

Zusammenfassung

Warum also sind wir über Klimawandel uneins? In diesem Kapitel haben wir gezeigt, dass die Geschichten, die uns zu Klimawandel bewegen, unauflöslich mit jenen verbunden sind, die wir zur nachhaltigen Entwicklung kennen. Selbst wenn Nachhaltigkeit ein Ziel ist, mit dem wir im abstrakten Sinne generell einverstanden sind, dann sind doch die Wege, auf denen wir dort hingelangen wollen – unsere Vorstellungen von dem Ziel und der Verwirklichung dieses Ziels – vielfältig und zahlreich. Dieses Kapitel hat gezeigt, dass die relative Bedeutung von einer Milliarde Menschen, die in absoluter Armut leben, von einer wachsenden Weltbevölkerung sowie von den strukturellen Ungleichheiten in einem Weltwirtschaftssystem, das uns aus der Vergangenheit übertragen wurde, von unterschiedlichen Menschen sehr verschieden interpretiert wird. Für einige bleiben diese Merkmale einer ungleichen, unfairen und nicht nachhaltigen Welt ernstzunehmende Hindernisse, um Klimawandelfragen zu verhandeln – zuerst müssten diese sozialen und wirtschaftlichen Fragen geklärt werden. Für andere dagegen gilt die Priorität dem Thema Klimawandel, weil dessen Konsequenzen alle anderen Fragen zu Nachhaltigkeit und Gerechtigkeit ausstechen und nichtig machen.

Das Problem dabei ist, dass diese unterschiedlichen Perspektiven zu Klimawandel und nachhaltiger Entwicklung bedeuten können, dass wir uns in einem Nullsummenspiel engagieren, in dem Kompromisse gefunden werden müssen. Für einige bedeutet der Kampf gegen Armut auf dieser Welt und für die Verminderung der Verletzbarkeit von Milliarden Menschen gegenüber klimabezogenen Risiken, dass die längerfristige Restrukturierung der globalen kohlenstoffbasierten Energiesysteme vernachlässigt wird. Für andere ist die Investition von politischem, sozialem und finanziellem Kapital in Familienplanung und verminderten Fruchtbarkeitsraten in einigen Teilen der Welt gleichbedeutend damit, sich gegenüber dem exzessiven Reichtum in anderen Teilen der Welt blind zu verhalten.

Wie dieses Kapitel gezeigt hat, scheint die Umsetzung gewisser Klima- und Entwicklungsstrategien und -maßnahmen darauf hinzudeuten, dass Kompromisse in der Tat leichter gedeihen als Synergien. Das muss nicht notwendig so sein. Wie der amerikanische Ökonom Jeffrey Sachs in seinem Vortrag 2007 im Rahmen der BBC Reith-Lectures ausführte, können einige ›erstaunliche Schnäppchen‹ gefunden werden. »Meine Berechnungen haben Ihnen gezeigt, dass die täglichen Ausgaben des Pentagon jeden Schlafplatz in Afrika für fünf Jahre mit Anti-Malaria-Netzen ausstatten könnten. Und doch ist es uns nicht gelungen, dieses gute Geschäft abzuschließen – das erstaunlichste in unserer Zeit. Wir haben Wahlmöglichkeiten – und es sind gute Möglichkeiten, wenn wir sie denn annehmen«[353]. Gewiss, der Appell von Sachs ist schon seit Generationen das Anliegen von Idealisten und in utopischen Visionen, Überzeugungen und Zielen verankert. Doch wenn es solche Ergebnisse sind, zu denen uns die Untersuchung von Klimawandel und nachhaltiger Entwicklung führt, dann bringen sie uns auch in die Zukunft. Können wir durch unsere Politik ausreichende Gründe finden, um Einigkeit zum Thema Klimawandel zu erlangen, so dass die ›erstaunlichen Schnäppchen‹ von Herrn Sachs erworben werden können?

Alle Gründe für die Uneinigkeit über Klimawandel, die wir bislang untersucht haben, artikulieren, diskutieren und verhandeln die Art und Weise, wie wir in der Gesellschaft leben wollen – letzten Endes also eine Politikübung. Wenn Politik also der ultimative soziale Prozess ist, den wir für das Erreichen, Legitimieren und Durchsetzen kollektiver Entscheidungen entwickelt haben, wie stehen dann die Aussichten, eine politische Einigung zu Klimawandel zu erreichen? Können wir uns dazu verständigen, wie die Klimata der Welt gesteuert werden sollten? Schließlich haben wir bereits ein gerüttelt Maß an Erfahrung, um Politik auf lokaler, nationaler und internationaler Ebene zu nutzen, um unseren Weg durch strittige Fragen zu finden und – zumindest in einigen Fällen – sichere und durchsetzbare Einigungen zu erzielen. Ob uns solche politischen Erfahrungen helfen können, um Klimawandel zu steuern, werden wir nun im nächsten Kapitel untersuchen – *Wer regiert das Klima?*.

Weiterführende Literatur zu Kapitel 8

Adams, W.M. (2008): *Green development: environment and sustainability in the South.* 3. Aufl. London: Routledge.
Adams bietet eine wertvolle Analyse von Theorie und Praxis nachhaltiger Entwicklung. Das Buch enthält eine Untersuchung zu den Wurzeln des Nachhaltigkeitsdenkens und seiner Entwicklung während der letzten drei Jahrzehnte des 20. Jahrhunderts sowie eine Zusammenfassung verschiedener bestimmender und alternativer Diskurse zu nachhaltiger Entwicklung und Nachhaltigkeit. Beispiele dazu stammen aus Afrika, Lateinamerika und Asien.

Grober, U. (2010): *Die Entdeckung der Nachhaltigkeit. Kulturgeschichte eines Begriffs.* München: Antje Kunstmann Verlag.
Grober folgt dem Nachhaltigkeitsbegriff aus der Antike bis in die heutige Zeit. Dabei spürt er der Plastizität des Begriffs ebenso nach wie seiner vielfältigen Bedeutung und damit auch der Chance, als weltweites Leitbild im Sinne der Brundtland-Definition Gültigkeit zu behalten. Sehr lesenswert.

Munasinghe, M.; Swart, R. (2005): *Primer on climate change and sustainable development: facts, policy analysis and applications.* Cambridge, UK: Cambridge University Press.
Dieses Buch liefert eine einführende Analyse der potenziellen Auswirkungen von Klimaschutz im Kontext nachhaltiger Entwicklung. Szenarien künftiger Entwicklung und von Klimawandel werden präsentiert und ein ganzes Spektrum möglicher Klimaanpassungs- und Klimaschutzmaßnahmen wird diskutiert. Weniger engagiert und leidenschaftlich als Porrit oder Sachs, bietet das Buch dennoch einen nützlichen Leitfaden zu diesen Themen.

O'Neill, B.C.; MacKellar, F.L.; Lutz, W. (2001): *Population and climate change.* Cambridge, UK: Cambridge University Press.
Dieses Buch ist die bislang beste veröffentlichte Untersuchung der Beziehungen zwischen Klimawandel und Bevölkerung. Es untersucht die Rolle demografischer Kenngrößen in Projektionen zukünftiger Treibhausgasemissionen und ebenfalls die Auswirkungen von Klimawandel auf die Verletzbarkeit von Bevölkerungen. Die Herausgeber argumentieren, dass Klimawandel die Notwendigkeit von Bevölkerungspolitik untermauert.

Roberts, J.T.; Parks, B.C. (2007): *A climate of injustice: global inequality, North–South politics and climate policy.* Cambridge, MA: MIT Press.
Dieses Buch nimmt im Hinblick auf Klimawandelpolitik eine stark normative Position ein. Die Autoren argumentieren, dass die derzeitige Starre politischen Handelns so lange ungelöst bleiben wird, bis anerkannt wird, dass eine Nord-

Süd-Einigung zum globalen Klimawandel nur dann erreicht werden wird, wenn das deutliche drängendere Thema Ungleichheit angesprochen wird und eine globale Übereinstimmung zu Umwelt und Entwicklung erreicht wird. Das Buch umfasst eine Analyse der Bedeutung von Ungleichheit zwischen reichen und armen Nationen bei der Behandlung von globalen Klimaabkommen.

Sachs, J.D. (2005): *The end of poverty: how we can make it happen in our time.* London: Penguin Books.
Bei seiner Vision der Schlüssel zu wirtschaftlichem Erfolg in der heutigen Welt beruft sich Sachs auf 25 Jahre Erfahrung. In einer Kombination aus Anekdoten und Analysen zeichnet er eine konzeptionelle Karte der Weltwirtschaft und erklärt, warum sich die Schere zwischen arm und reich immer weiter öffnet und Reichtum und Armut sich über den gesamten Planeten verbreitet haben. Außerdem erläutert er, warum die ärmsten Nationen zu machtlos waren, um sich aus der Armutsfalle zu befreien.

Welzer, H.; Wiegand, K. (Hrsg.) (2012): *Perspektiven einer nachhaltigen Entwicklung: Wie sieht die Welt im Jahr 2050 aus?* 2. Aufl. Frankfurt a.M.: Fischer Taschenbuch Verlag.
International renommierte Wissenschaftler unterschiedlicher Disziplinen machen eine Bestandsaufnahme in Sachen Nachhaltigkeit: Was ist bisher konkret geschehen, was hat sich geändert und wie wird unser Leben, unsere Welt, in der Zukunft aussehen? Dabei werden unser Konsumverhalten, unsere Ernährung und Freizeit im Kleinen ebenso diskutiert wie die Energiewirtschaft, die Arbeitswelt und die Weltpolitik im Großen.

Karikatur »Hinterhofemissionen« zur Klimakonferenz in Nairobi

© *Oliver Schopf.*

KAPITEL 9

Wer regiert das Klima?

Einleitung

Am 17. April 2007, einem Dienstag, hielt der Sicherheitsrat der Vereinten Nationen eine ganztägige Aussprache über die sicherheitspolitischen Auswirkungen von Klimawandel ab. Einberufen von der britischen Regierung, die im April den Ratsvorsitz innehatte, war es das erste Mal, dass das höchste Gremium der Vereinten Nationen über Klimawandel beriet. Die Diskussion konzentrierte sich auf konfliktschürende Folgen von Klimawandel, wie Bevölkerungsbewegungen, Grenzstreitigkeiten und Zugang zu Energie, Wasser, Nahrung sowie anderen knappen Ressourcen.

In der Debatte meldeten sich über 50 nationale Delegationen zu Wort, die gleichermaßen gefährdete Inselstaaten und Industriestaaten als Verursacher der Treibhausgasemissionen vertraten. Geleitet von der britischen Außenministerin Margaret Beckett, stellte die beratende Sitzung den Höhepunkt zweijähriger internationaler diplomatischer Bemühungen der britischen Regierung dar, Klimawandel als eine Angelegenheit globaler Sicherheit neu zu formulieren. Ein Jahr zuvor hatte Beckett bei einem Staatsempfang in Berlin die Agenda dargelegt. »Klimawandel ist eine ernsthafte Bedrohung für die internationale Sicherheit (…) also muss das Erreichen von Klimasicherheit Kern der Außenpolitik sein«, und sie drängte Europa dazu, »Klimasicherheit zu einer der höchsten Prioritäten des Kontinents zu machen«[354]. Mit ihrem Vorstoß gab die britische Regierung nicht nur eine Erklärung darüber ab, wie Klimawandel dargestellt, sondern auch, wie er politisch gesteuert werden sollte.

Der Weltsicherheitsrat als Organ der Vereinten Nationen ist mit der Wahrung des Weltfriedens und der internationalen Sicherheit beauftragt. Seine Befugnisse, die in der Charta der Vereinten Nationen aus dem Jahr 1945 festgelegt sind, umfassen die Schaffung friedenserhaltender Maßnahmen, das Verhängen von internationalen Sanktionen und die Autorisierung militärischer Aktionen. Der Weltsicherheitsrat ist das höchste internationale Beratungs- und Entscheidungsgremium und besteht aus fünf ständigen (Vereinigte Staaten, Russland, China, Großbritannien und Frankreich) sowie zehn nichtständigen Mitgliedern, die für eine Zeit von zwei Jahren gewählt werden. Im Hinblick auf die Verhandlungsmacht souveräner Regierungen stellt der Rat die Elite der Elite dar.

Beckett rechtfertigte die Einschaltung des Sicherheitsrats mit der Begründung, dass Klimawandel keine Angelegenheit nationaler Sicherheit im engeren Sinne sei, sondern »unsere kollektive Sicherheit in einer fragilen und immer stärker miteinander verflochtenen Welt«[355] betreffe. Sie behauptete, der Rat versuche nicht, der Autorität anderer Organe, wie der UN-Vollversammlung, dem Wirtschafts- und Sozialrat der Vereinten Nationen oder dem Internationalen Gerichtshof, vorzugreifen. Stattdessen, so ihr Argument, erforderten die Entscheidungen über Klimawandel, die in diesen anderen Gremien getroffen werden, und alle daraus resultierenden Maßnahmen das größtmögliche Verständnis der Probleme. »Klimawandel kann uns zusammenbringen, wenn wir klug genug sind, uns davon nicht auseinandertreiben zu lassen«, erklärte sie[356].

Nicht alle Sprecher in dieser Debatte stimmten diesem Vorgehen zu. Es gab Vorbehalte insbesondere von den Entwicklungsländern, die Klimawandel als ein Entwicklungsproblem sahen, das eher von der repräsentativeren Vollversammlung der Vereinten Nationen behandelt werden sollte. Chinas Vertreter gehörte zu denjenigen, die argumentierten, dass der Weltsicherheitsrat nicht die geeignete Plattform für eine Debatte über Klimawandel sei. Er sagte: »Die Entwicklungsländer glauben, dass der Rat weder die fachliche Kompetenz im Umgang mit Klimawandel hat, noch der rechte Ort für Entscheidungen ist, die einer umfassenden Beteiligung bedürfen, um zu weithin anerkannten Vorschlägen zu führen«[357]. Wohl könnte die Angelegenheit gewisse sicherheitspolitische Auswirkungen haben, sie sei jedoch hauptsächlich ein Problem nachhaltiger Entwicklung.

Der Vertreter Pakistans, der für die Gruppe der 77 sprach, einer politischen Koalition von Entwicklungsländern und China, stimmte dem zu und sagte, dass es die Hauptaufgabe des Rats sei, international Frieden und Sicherheit zu bewahren. Andere Angelegenheiten, auch solche, die mit ökonomischer und sozialer Entwicklung zusammenhingen, sollten dem Wirtschafts- und Sozialrat sowie der Vollversammlung vorgetragen werden. Die stetig zunehmende Beanspruchung des Weltsicherheitsrats im Hinblick auf Aufgaben und Verantwortungsbereiche der anderen Hauptorgane der Vereinten Nationen ›verzerre‹ die Grundsätze und Ziele der UN-Charta, verstoße gegen die Autorität der anderen Gremien und kompromittiere die Rechte der anderen Mitglieder der Organisation.

Doch aus Sicht des Vertreters von Papua Neuguinea, Robert Aisi, der für das Pazifische Inselforum sprach, stellten die Auswirkungen von Klimawandel für die kleinen Inseln eine ebenso große Bedrohung dar, wie Geschütze und Bomben eine für große Nationen seien. Die pazifischen Inselstaaten würden sehr wahrscheinlich drastischen Bevölkerungsverschiebungen entgegensehen, ähnlich den massiven Flüchtlingsbewegungen, die durch bewaffnete Konflikte hervorgerufen werden. Die Auswirkungen auf Identität und sozialen Zusammenhalt würden wahrscheinlich genauso Verbitterung, Hass und Entfremdung hervorrufen wie jede andere Flüchtlingskrise. »Der Weltsicherheitsrat, der mit dem Schutz der Menschenrechte, der Integrität und Sicherheit von Staaten beauftragt ist, ist die höchste internationale Plattform, die für uns verfügbar ist«[358], sagte er. Das Forum erwartete keine Teilnahme des Sicherheitsrats an den Verhandlungen unter der Klimarahmenkonvention der Vereinten Nationen, aber sehr wohl, dass die 15 Mitglieder das Thema Klimawandel unter ständiger Beobachtung hielten. Auch wurde die Erwartung an den Weltsicherheitsrat ausgesprochen, sicherzustellen, dass alle Länder ihren Ressourcen und Kapazitäten entsprechend zur Lösung des Klimawandelproblems beitrügen. Das Pazifische Inselforum forderte den Rat dazu auf, die mit Klimawandel verbundenen heiklen Fragen – wie zum Beispiel Auswirkungen auf Souveränität und internationale Rechte durch den Verlust von Land, Ressourcen und Menschen – zu überprüfen.

Diese Debatte über die sicherheitspolitischen Streitfragen von Klimawandel im Weltsicherheitsrat beleuchtet eine Problematik, die allen politischen Überlegungen zu Klimawandel zugrunde liegt: ›Wer regiert das Klima?‹. Klimawandel wird seit den späten 1980er-Jahren als ein berechtigtes Interesse öffentlicher Ordnung angesehen, zu dem sich der allgemeinen Überzeugung nach souveräne Regierungen nicht nur äußern müssen, sondern auch die Verpflichtung haben, die Führung zu übernehmen und Gesetze zu erlassen. Das 1997 ausgehandelte Kyoto-Protokoll bildet international den Bezugspunkt für die Ausgestaltung von Klimaschutzzielen (und die Kontroversen darüber), obwohl in den letzten Jahren der Frage, ob neue internationale Anpassungsstrategien notwendig oder wünschenswert sind, wachsende Aufmerksamkeit zuteil wurde.

Angesichts der allgemeinen Ansicht, dass globales Klima einer Art von Steuerung bedarf, wer genau hat dann das Recht, Klima ›zu regieren‹, wer genau sollte über das globale Klimasystem ›Macht ausüben‹? Ist das die Aufgabe des mächtigsten Gremiums der amtierenden Staatsmächte, also des Weltsicherheitsrats, oder ist es die Aufgabe der Vollversammlung der Vereinten Nationen? Kann und soll Klima durch die Institutionen nationaler Regierungen geregelt werden? Und wie werden andere, nicht staatliche Interessen in einem System zur Steuerung des Klimas vertreten: die Interessen indigener Volksgruppen, multinationaler Konzerne, religiöser und sozialer Bewegungen, individueller Bürger oder nicht menschlichen Lebens? Dieses Kapitel untersucht unser Ringen um diese Fragen von Klimasteuerung und zeigt, dass **einer der Gründe, warum wir über Klimawandel uneins sind, darin liegt, dass wir auf unterschiedliche Weise regieren wollen.**

Uneinigkeit entsteht durch unser unterschiedliches Verständnis und unterschiedliche Ausübung von Macht, durch unterschiedliche politische Ideologien, welche die Gestaltung von Politik beeinflussen, und aufgrund unterschiedlicher Auffassungen darüber, ob man Klimawandel aus einer unilateralen, bilateralen oder multilateralen Perspektive betrachten soll. Innerhalb des Rahmenübereinkommens der Vereinten Nationen über Klimaänderungen (UNFCCC) ist das Kyoto-Protokoll das wichtigste Ergebnis der multilateralen Anstrengungen. Das Protokoll wird im zweiten Abschnitt näher untersucht und es wird gezeigt, dass es großen Wert auf die traditionelle Rolle der Nationalstaaten als Hauptakteure in der internationalen Diplomatie legt. Das Kyoto-Protokoll ist ein Top-down-Ansatz zur Steuerung von Klima, der zur Idee der ›grünen Gouvernementalität‹[359] passt.

In welchen Rahmen Klimawandel gestellt wird – ob als Umwelt-, Sicherheits- oder ökonomisches Problem oder aber als Problem sozialer Gerechtigkeit –, beeinflusst grundlegend, wie Klima ›regiert‹ wird, welche politischen Interventionen angestrebt und welche Akteure einbezogen werden. Auch Ideologie hat einen bedeutenden Einfluss darauf, welche politischen Klimastrategien unterstützt werden; sei es eine Ideologie, die sich auf einen ›nachhaltigen Liberalismus‹ bezieht (und daher zum Beispiel Emissionshandel und individuelle Kohlenstoffemissionsquoten für Bürger befürwortet), oder eine, die dem Staat eine eher interventionistische Rolle zuweist (und daher Regulierungen und Steuern favorisiert). Die Herausbildung des internationalen Kohlenstoffemissionshandels als de facto bevorzugtes Steuerungsinstrument wird im dritten Abschnitt untersucht.

Im vierten Abschnitt betrachten wir eine dritte Größe von Klimasteuerung, die als ›partizipativer Umweltschutz‹ (*civic environmentalism*) bezeichnet wurde. Partizipativer Umweltschutz lehnt das Durchregieren des Staats von oben nach unten ab und stellt die Vorherrschaft des Kohlenstoffmarkts infrage. Er strebt danach, politische Ideologien zu überwinden und Bündnisse mit politischen Akteuren auf verschiedenen Ebenen auch jenseits des Staats einzugehen: Unternehmen, Gemeinden, Bürgergruppen und internationale Nichtregierungsorganisationen. Ähnlich wie die Diskurse um nachhaltige Entwicklung, die in Kapitel 8 *Was ist Fortschritt?* eingeführt wurden, hat auch der partizipative Umweltschutz sowohl reformistische als auch radikale Varianten.

Im fünften Abschnitt schließlich wenden wir uns wieder dem Kyoto-Protokoll zu und der augenscheinlichen Diskrepanz zwischen den Anforderungen von Klimasteuerung und den traditionellen Steuerungsaufgaben des Nationalstaats. Wir untersuchen zwei Aspekte dieser Diskrepanz: die sogenannte ›unbeholfene (*clumsy*) Steuerung‹ (sich aus verschiedenen Quellen speisende Alternativen zur universellen Steuerung von oben durch das Kyoto-Protokoll) sowie die Herausforderung, in Planung befindliche neuartige Geoengineering-Modelle politisch zu steuern.

Klimasteuerung durch Kyoto

Wir haben bereits in Kapitel 1 *Was verstehen wir unter Klima?* und Kapitel 2 *Die Entdeckung von Klimawandel* gesehen, wie zwei ziemlich radikale Ideen zum physikalischen Klima im späten 20. Jahrhundert aufkamen. Erstens ging man dazu über, Klima als Produkt eines vollständig vernetzten globalen physikalischen Systems zu beschreiben und zu erklären, zweitens wurde erkannt, dass anthropogene Eingriffe in die Atmosphäre Veränderungen in diesem System bewirken, die neuartige und wärmere Klimabedingungen hervorbringen. Entscheidend für die Entwicklung und Verbreitung der beiden Ideen war eine internationale wissenschaftliche Zusammenarbeit, die durch Institutionen wie die Weltorganisation für Meteorologie (WMO) befördert und durch Institutionen wie den Weltklimarat (IPCC) bewertet wurde. Dieses wissenschaftliche Konzept eines globalen Klimasystems, das durch menschliches Handeln (ungewollt) verändert wird, hat in letzter Zeit die Sprache und Analyse der Erdsystemwissenschaften angenommen[360]. Zugleich brachte es ein neues geologisches Erdzeitalter hervor – das Anthropozän: die Ära, in der die Menschen begannen, eine spürbare Auswirkung auf das Erdklima und globale Ökosysteme zu haben[361].

Das neue Verständnis des von uns erfahrenen physikalischen Klimas und die neuartige Einschätzung des menschlichen Einflusses darauf haben als logische Konsequenz, dass die Handhabung eines solchen global vernetzten Systems neue, globale Formen politischer Steuerung verlangt. Wenn die Atmosphäre der Zirkulation von Treibhausgasen rund um den Globus wahrhaftig keine Grenzen setzt, dann muss ein angemessenes globales System zur politischen Steuerung von Klima auch die nationalen und ideologischen Grenzen traditioneller Herrschaft einreißen. Den Weg für diese Art globalen umweltpolitischen Denkens bereitete das Wiener Übereinkommen zum Schutz der Ozonschicht. Die 1985 beschlossene Konvention führte zum Montrealer Protokoll, das im September 1987 von 46 nationalen Regierungen unterzeichnet wurde (seitdem haben es 191 Staaten ratifiziert). Im Rahmen des Umweltschutzprotokolls wurden Stoffe, die zu einem Abbau der Ozonschicht in der Erdatmosphäre führen, nach und nach aus der globalen industriellen Wirtschaft verbannt.

Es wurde allgemein anerkannt, dass das Montrealer Protokoll ein Muster für solche internationale Abkommen und Regelungssysteme bot, welche die wachsende Besorgnis über Klimawandel zu fordern schien (siehe Exkurs 9.1 für eine Diskussion der Vor- und Nachteile einer solchen Analogie). Das Rahmenübereinkommen der Vereinten Nationen über Klimaänderungen wurde bewusst nach der Wiener Konvention gestaltet und 1992 auf der Konferenz der Vereinten Nationen für Umwelt und Entwicklung in Rio unterzeichnet. Es folgten fünf Jahre währende Verhandlungen, die im Dezember 1997 zum Beschluss des Kyoto-Protokolls führten. Dieses Protokoll verlangte von den Industrieländern, ihren gemeinsamen Ausstoß an Treibhausgasen innerhalb der Verpflichtungsperiode von 2008 bis 2012 um 5,2 Prozent gegenüber den Werten von 1990 zu senken. Dabei durfte diese Reduzierung auch durch verschiedene flexible Handels- und Investitionsstrategien erreicht werden. Beträchtliche politische Ausflüchte, diplomatische Bemühungen und Nachverhandlungen folgten auf dem Fuße, da Staaten es für nötig hielten, ihre nationalen ökonomischen Interessen zu schützen. Es brauchte weitere sieben Jahre – bis zum Februar 2005 –, bis genügend Staaten unterzeichnet hatten und das Protokoll in Kraft treten konnte.

Exkurs 9.1
Das Montreal-Protokoll: ein Prototyp für Klimasteuerung?

Viele halten das Montrealer Protokoll aus dem Jahr 1987 über Stoffe, die zu einem Abbau der Ozonschicht führen, für das erfolgreichste internationale Umweltschutzabkommen. Auch wenn es wenig Konkurrenz bei der Verleihung dieses Titels gibt, lässt sich unschwer erkennen, warum sich diese Auffassung durchsetzte. Der weltweite Verbrauch ozonschädigender Stoffe sank im Zeitraum 1980 bis 2004 um über 90 Prozent. Der Ozonabbau in der Stratosphäre über der Antarktis stabilisierte sich und es gibt Vorhersagen, die eine Erholung der Ozonschicht auf dem Stand der Werte von 1980 bis in die 2050er-Jahre für möglich halten. Kein Wunder, dass das Montrealer Protokoll einen starken Einfluss auf die Überlegungen der Verhandlungsführer der frühen 1990er-Jahre hatte, wie das globale Klima politisch zu steuern sei. Der Klimatologe Steve Schneider bemerkte 1998, nach der Unterzeichnung des Kyoto-Protokolls: »Es brauchte erst ein Ozonloch, um die großen Nationen der Welt letztendlich davon zu überzeugen, ozonschädigende Substanzen zu kontrollieren. Auch wenn dieses Beispiel die Zuversicht nährt, dass internationale Zusammenarbeit auch über unterschiedliche Interessen hinweg möglich ist, erinnert es uns doch ebenso daran, dass erst ein nachweisbarer Schaden nötig war, um unsere Aufmerksamkeit zu erregen«[362].

Der ›Optimismus‹, der aus dem Erfolg des Montrealer Protokolls herrührte, zusammen mit der allgemein unbestrittenen Auffassung, dass der Schlüssel zur politischen Steuerung der globalen Atmosphäre in den Händen der Nationalstaaten liege, führte dazu, dass auf die Verminderung des Ausstoßes von Treibhausgasen dasselbe Vorgehen mit verbindlichen Zielen und Zeitplänen angewandt wurde. Angeführt von der Europäischen Union und von Befürwortern der Umweltpolitik wurden durch das Kyoto-Protokoll ›quantifizierte Ziele für die Begrenzung und Verringerung anthropogener Emissionen innerhalb spezifizierter Zeitrahmen‹ festgelegt, die von den einzelnen Staaten zu erfüllen waren. Es wurde jedoch wenig Überlegung darauf verwendet, *wie* genau diese Reduktionen durch die Unterzeichnerstaaten umgesetzt werden sollten.

Die Struktur des globalen Klimawandelproblems ist jedoch grundlegend von der des Ozonlochs verschieden. Ihre oberflächliche Ähnlichkeit, dass beide mit der Emission von Gasen in die Atmosphäre zusammenhängen und dass beide viele Jahrzehnte lang einen Einfluss auf die Umwelt haben, wird durch die vielen Unterschiede, die es bezüglich der Ursachen, Folgen und betroffenen Akteure gibt, in den Schatten gestellt. Ursache des Ozonabbaus war die Freisetzung einer begrenzten Anzahl künstlicher Gase durch Produktions- und Konsumpraktiken, die lediglich einen winzigen Bruchteil der globalen ökonomischen Aktivitäten ausmachten. Die Ursachen für anthropogenen Klimawandel dagegen treten in fast jedem Teilbereich menschlicher Aktivitäten auf – Energieverbrauch und Landnutzung – und stammen von einem sehr großen Teil der globalen wirtschaftlichen Produktion. Die Folgen des Ozonabbaus waren vergleichsweise begrenzt und quantifizierbar. Die Folgen von Klimawandel hingegen betreffen wiederum fast jeden Aspekt menschlichen Lebens und entziehen sich unserer Vorausschau. Die Akteure, die für den Ozonabbau verantwortlich waren, ließen sich hauptsächlich an zwei großen multinationalen Chemiekonzernen und einer vergleichsweise kleinen Zahl von Ländern festmachen, in denen entsprechende Produktionsanlagen standen. Für Klimawandel sind alle Menschen auf diesem Planeten verantwortlich, die meisten öffentlichen und privaten Organisationen und alle Länder, wenngleich zu unterschiedlichen Anteilen.

Klimawandel unterscheidet sich vom Ozonloch auch darin, wie Individuen und Kulturen mit den zwei Phänomenen in Beziehung stehen. Wie wir in Kapitel 1 *Was verstehen wir unter Klima?* gesehen haben, hat die Menschheit eine lange kulturelle Geschichte im Hinblick auf das Verständnis für und auch das Erleben der sinnlichen Vertrautheit mit Klima. Es gibt jedoch keine derartige Geschichte der Menschheit in Bezug auf Ozon in der Stratosphäre. Obwohl beide Phänomene für unsere Sinne größtenteils unsichtbar sind und nur durch Konstrukte der Umweltwissenschaften sichtbar gemacht werden, nehmen Klima und Ozon völlig verschiedene Plätze ein und erfüllen sehr unterschiedliche Rollen in unseren kulturellen Vorstellungen.

Versteht man diese Unterschiede, so scheint es *a priori* keinen Grund dafür zu geben, warum ein Vorgehen, das bei der politischen Steuerung des Ozonabbaus gut funktioniert hat, auch für die politische Steuerung von Klima gut funktionieren sollte. Obwohl das Kyoto-Protokoll nach der Vorlage des Montrealer Protokolls gestaltet wurde, wenn auch vielleicht mehr schlecht als recht, hat Letzteres ironischerweise bislang die größeren Erfolge zur Abschwächung von Klimawandel erreicht. Als eine indirekte Folge der Reduzierung ozonschädigender Stoffe, die in der Atmosphäre ebenfalls als Treibhausgase wirken, senkte das Montreal-Protokoll den Klimaeinfluss der Menschen auf viel stärkere Weise als die Emissionskontrollen, die das Kyoto-Protokoll hervorgebracht hat. Wie der niederländische Atmosphärenchemiker Guus Velders und seine Kollegen gezeigt haben, ist »der Klimaschutz, der allein durch das Abkommen von Montreal bereits erreicht wurde, bei weitem größer (…) als das Reduktionsziel aus dem ersten Verpflichtungszeitraum des Kyoto-Protokolls«[363].

Das Kyoto-Protokoll ist ein klassisches Beispiel für ein internationales Abkommen zwischen souveränen Nationalstaaten, in dem nationale Ziele und Zeitrahmen zur Verhaltenssteuerung festgeschrieben werden, in diesem Fall Verhalten und Aktivitäten, die Treibhausgasemissionen erzeugen. Politische Vereinbarungen interpretiert es im Sinn der ›Regimetheorie‹, wie sie von Experten für internationale Beziehungen genannt wird. Ohne eine Weltregierung oder eine supranationale Autorität versuchen Nationalstaaten, »ihre Handlungsweisen auf eine relativ wohl koordinierte Art und Weise zu regeln, um jene Probleme zu lösen, die gemeinschaftliches Handeln erfordern«[364]. Das Protokoll betont das nationalstaatliche Supremat in der Steuerung, die nationalstaatliche Macht in der Erreichung der festgesetzten Reduktionsziele und die nationalstaatliche Legitimität in der Mobilisierung und Lenkung der Bürger. Dieses Denken ist es, das im Kontext der Organisations- und Verhandlungsstrukturen der Vereinten Nationen zur Diskussion von Klimawandel im Weltsicherheitsrat führt.

Das Kyoto-Protokoll hat sich als außergewöhnlich langlebig erwiesen, obwohl es seit seiner ersten Unterzeichnung im Dezember 1997 im Zentrum einer fortlaufenden Aneinanderreihung von Auseinandersetzungen und Streitigkeiten steht. Es wurde in fünf Jahren harter diplomatischer Arbeit zwischen Rio und Kyoto geschmiedet. Es überlebte sieben Jahre voller Unsicherheit und politischer Ausflüchte zwischen seiner Unterzeichnung und seinem letztendlichen Inkrafttreten. 2001 überlebte es den Rückzug des größten einzelnen Treibhausgasproduzenten, der Vereinigten Staaten, als Präsident George W. Bush Jr. das Protokoll als ›fatalen Fehler‹ bezeichnete. Und es überlebte den Angriff von Kritikern, die behaupteten, dass die Ziele, die zur Emissionsreduktion beschlossen worden waren, nicht effektiv genug seien, um Klimawandel zu verlangsamen, dass die Mechanismen, um die gesetzten Länderziele zu erreichen, zu liberal seien, dass die Verhandlungsstrukturen zu komplex seien und dass es keine Sanktionen für die Nichteinhaltung der Ziele gäbe. Nach einem Zeitungsbericht aus dem Jahre 2005 ›weigerte‹ sich das Kyoto-Protokoll ›zu sterben‹: »Kyoto-Protokoll als alleinige Option bestätigt: Kritiker verdammen es mit einer langen Liste von Gründen und es wurde mehrere Male totgesagt, doch das Kyoto-Protokoll ging stärker als je zuvor aus der Montrealer Konferenz zu Klimawandel hervor, die am Sonntag zu Ende ging«[365]. Wir werden später in diesem Kapitel alternative Herangehensweisen an die politische Steuerung von Klimawandel untersuchen; zuerst müssen wir jedoch die Frage beantworten, warum das Kyoto-Protokoll solch starke Gefühle sowohl bei seinen Befürwortern als auch bei seinen Gegnern hervorruft.

Auf der einen Seite stehen jene, die eine Kombination von nationalstaatlichem Multilateralismus und gesetzlich verpflichtenden nationalen Reduktionszielen als essenzielle Eckpunkte einer jeden Form globaler Klimapolitik begrüßen. Zentral für diese Auffassung globaler Klimasteuerung sind quantifizierte Emissionsreduktionsziele, die über staatliche Grenzen hinweg in einem universalen Rahmenwerk miteinander verwoben sind, das alle Akteure vereint und als Forum für Diskussionen und Entscheidungsfindung dient. Eileen Claussen, Präsidentin des Pew Center on Global Climate Change in den Vereinigten Staaten, sagt klar, was nötig ist. Vor der Annahme des Fahrplans von Bali während der 13. Vertragsstaatenkonferenz der Klimarahmenkonvention im Dezember 2007 (COP-13), argumentierte Claussen, dass »der kritische Punkt in Bali ist, ob der neue Fahrplan die Regierungen auf einen Kurs bringt, verbindliche multilaterale Verpflichtungen zu etablieren (…), die in ein gemeinsames Rahmenwerk integriert werden«[366].

Befürworter des Kyoto-Protokolls verweisen zudem auf die erfolgreiche Schaffung marktorientierter Institutionen und Regelwerke, einschließlich des internationalen Emissionshandels für sechs verschiedene Treibhausgase. Kohlenstoffemissionen (und damit auch vermiedene Kohlenstoffemissionen) haben einen Marktwert und die Grenzkosten der Treibhausgasverminderung werden durch den Emissionshandel gesenkt. Anhänger des Protokolls verweisen auch auf Aspekte größerer Verteilungsgerechtigkeit. Demzufolge unterliegen Länder mit der größten historischen Verantwortung für Emissionen der höchsten Verbindlichkeit (zur Minderung) und sind zugleich im Allgemeinen eher in der Lage zu zahlen.

Für andere jedoch, wie zum Beispiel den amerikanischen Ökonomen Scott Barrett, bieten das Kyoto-Protokoll und seine zugrunde liegende Philosophie ein Beispiel für all das, was ein internationales Umweltschutzabkommen nicht sein sollte: »Um erfolgreich zu sein, muss ein Abkommen drei Bedingungen erfüllen (...) es muss eine breite Beteiligung hervorrufen, (...) es muss seine Einhaltung sicherstellen (...) und es muss diese beiden Dinge tun, selbst wenn es seine Teilnehmer dadurch zwingt, ihre Verhaltensweisen drastisch zu ändern. Es ist einfach für ein Abkommen, eine oder zwei dieser Bedingungen zu erfüllen. Es ist schwierig für ein Abkommen, alle zu erfüllen. Doch Kyoto erfüllt keine dieser Bedingungen«[367].

Die Misserfolge des Kyoto-Protokolls sind nach solchen Kriterien offensichtlich. Drei der vier größten Treibhausgasproduzenten – China, die Vereinigten Staaten und Indien[368] – sind dem Kyoto-Protokoll nie beigetreten in dem Sinn, dass sie sich nicht zu einer verbindlichen Minderung ihrer Emissionen verpflichtet haben. Das Protokoll verfügt nur über sehr schwache Mechanismen, um seine Einhaltung sicherzustellen, so schwach, dass Staaten ihre Verpflichtungen zur Reduzierung ihrer Treibhausgasemissionen ungestraft schlichtweg ignorieren können – wie im Fall Kanadas, dessen Emissionen um 2010 den Vorhersagen nach das von Kyoto festgelegte Ziel um 45 Prozent überschreiten werden[369] – oder andernfalls flexible Mechanismen nutzen können, die es ihnen erlauben, ›Reduktionsgutschriften‹ in anderen Ländern zu kaufen. Und Kyoto war kaum Erfolg beschieden, die Vertragspartner zu einer Änderung ihres Verhaltens zu bewegen. Die Aushandlung von flexiblen Mechanismen – das Einbeziehen von Senken, Russlands ›heiße Luft‹, der Mechanismus zur umweltgerechten Entwicklung – bedeutet, dass wenige substanzielle Maßnahmen in den Ländern ergriffen wurden, um absolute Minderungen der eigenen Treibhausgasemissionen zu erzielen. Selbst im Vereinigten Königreich, einem der stärksten Befürworter des Kyoto-Protokolls, stiegen die nationalen Treibhausgasemissionen um etwa drei Prozent während des Jahrzehnts von 1997 bis 2006, trotz einer Reihe von Klimaschutzmaßnahmen und Gesetzen[370].

Das Kyoto-Protokoll fällt in eine Kategorie umweltpolitischer Steuerung, die von der schwedischen Politikwissenschaftlerin Karen Bäckstrand ›grüne

Gouvernementalität‹ genannt wird[371]. Diese grüne Gouvernementalität kam zusammen mit der wissenschaftlich gestützten Einrahmung von Klimawandel als einem globalen Umweltproblem auf. In diesem Fall übernimmt die grüne Gouvernementalität ein zentralisiertes und bürokratisiertes multilaterales Verhandlungssystem und stellt den Nationalstaat ins Zentrum der politischen Vereinbarungen. Um es mit den Begriffen der Kulturtheorie auszudrücken (siehe Kapitel 6 *Wovor wir uns fürchten*), können wir das Kyoto-Protokoll als eine Form globaler Klimasteuerung sehen, die sich sehr gut mit einer hierarchischen Auffassung des Lebens verträgt – Ordnung, Kontrolle und verschiedene Regelsätze, die soziale Strukturen lenken. Doch es gibt andere Formen von Klimasteuerung, die abweichende ideologische und politische Standpunkte vertreten und eher zu einer nicht hierarchischen Lebensweise passen. Das Kyoto-Protokoll ist nicht unsere alleinige Option. Wir werden zwei weitere Ansätze zur Klimasteuerung im dritten und vierten Abschnitt untersuchen, die wir mit den Begriffen ›Nachhaltiger Liberalismus‹ (siehe Kapitel 8 *Was ist Fortschritt?*) und ›partizipativer Umweltschutz‹ verbinden können.

Klimasteuerung über den Markt

Der internationale Emissionshandel hat sich als ein zentraler Eckpfeiler des Kyoto-Protokolls erwiesen. Der Handel mit Kohlenstoffemissionen wurde dem in den 1980er-Jahren entwickelten amerikanischen Handelsprogramm für Schwefeldioxid nachempfunden. Die Macht des Markts nutzend, Kosten zu senken, reduzierte der Schwefeldioxidhandel die Kosten der Emissionsminderung in den Vereinigten Staaten um einen Faktor zwischen zwei und zehn. Der Kohlenstoffhandel versucht, sich dieselbe Marktmacht für die Abschwächung von Klimawandel zunutze zu machen durch die Übertragung handelbarer Eigentumsrechte an Treibhausgasemissionen an die Verursacher und die Schaffung eines Markts, an dem diese Rechte gehandelt werden können. Dadurch liegt die Verantwortung für die Klimasteuerung weniger in den Händen der gesetzgebenden Gewalt der Nationalstaaten durch Verordnungen und Überwachungsmaßnahmen als vielmehr bei den Märkten und ihren Händlern.

Obwohl der internationale Kohlenstoffhandel mittlerweile fast ein Synonym für das Kyoto-Protokoll geworden ist, sind beide nicht notwendigerweise aufeinander angewiesen. Während der Verhandlungen, die zum Kyoto-Abkommen führten, waren zum Beispiel sowohl die Europäische Union als auch viele der entschiedenen Befürworter einer Umweltpolitik unnachgiebig in ihrer Haltung, dass der Emissionshandel nicht Teil der von ihnen bevorzugten Ziel- und Zeitpläne sein sollte. Innerstaatliche Verordnungen und Überwachungsmaßnahmen zur Reduzierung der Emissionen wurden als wünschenswerter erachtet, denn auf den Markt zu vertrauen, um dieses Ziel zu erreichen. Unter dem

Druck der Verhandlungen, insbesondere seitens der Vereinigten Staaten, wurde diese Position aufgeweicht und mittlerweile betreibt die Europäische Union den weltgrößten Markt für den Handel mit Emissionszertifikaten, der im Jahr 2007 auf einen Wert von 28 Milliarden Euro geschätzt wurde[372].

Umgekehrt hängt der weltweite Emissionshandel nicht von der Existenz eines universellen Abkommens ab, das von nationalen Zielen und Zeitplänen untersetzt wird. Das Emissionshandelssystem der Europäischen Union wurde in Betrieb genommen, bevor das Kyoto-Protokoll in Kraft trat und der erste Abrechnungszeitraum (2005–2007) lag außerhalb der Forderungen des Protokolls. Und es entwickelten sich wenigstens fünf weitere nationale (oder begrenzt internationale) Kohlenstoffmärkte auf der ganzen Welt, bevor das Kyoto-Protokoll in Kraft gesetzt wurde (siehe Abbildung 9.1).

Dennoch wirkte das Kyoto-Abkommen zweifellos als Katalysator für die Entwicklung von und das Experimentieren mit regionalen und globalen Kohlenstoffmärkten. Der Emissionshandel hat sich als das Instrument der Wahl zur Klimasteuerung entpuppt. Der internationale Handel mit Emissionsrechten für Kohlendioxid wird mit Bestimmtheit als Eckpunkt in einer möglichen Verlängerung des Kyoto-Protokolls nach 2012 auftauchen und findet enthusiastische Befürworter sowohl unter Unternehmern als auch Politikern. So behauptet Tom Whitehouse von der britischen Unternehmensberatung Carbon International: »Kohlenstoff ist ein neues Wirtschaftsgut, eine neue Währung. Ich glaube, dass ein stabiler Kohlenstoffmarkt die nötigen Emissionssenkungen erzielen kann und wird, um Klimawandel aufzuhalten und abzuwenden«[373]. Ebenso enthusiastisch gibt sich der EU-Kommissar Stavros Dimas: »Die EU erkennt den entscheidenden Wert eines solchen marktbasierten Systems uneingeschränkt an, um sich die Kreativität des Unternehmenssektors zunutze zu machen, um wirtschaftliche Anreize zur Verminderung von Emissionen zu setzen und um die Kosten für die Einhaltung dieser Verpflichtungen zu reduzieren. Der EU-Emissionshandel wird die Kosten zur Erreichung der EU-Klimaziele um ungefähr ein Drittel senken«[374].

Der Emissionshandel kann auch in anderen Zusammenhängen auftauchen, die nicht unbedingt vom Kyoto-Protokoll vorgesehen sind. So scheinen die Aussichten gut zu stehen, dass ein nationales Gesetz zu Kohlenstoffhöchstgrenzen und Emissionsrechtehandel (*cap and trade*) in den Vereinigten Staaten verabschiedet werden wird. 2007 wurden dem Kongress 13 Gesetzentwürfe zur Senkung der Treibhausgasemissionen vorgelegt. Die Mehrheit von ihnen schlug in der einen oder anderen Form einen Mechanismus für den Kohlenstoffhandel vor, der sich auf den Markt stützt. Der Senat schritt mit dem Lieberman-Warner-Gesetzentwurf voran, das auch als Amerikas ›Klimasicherheitsgesetz‹ bekannt ist. Auch unter den einzelnen Bürgern findet der Emissionshandel Befürworter. In Großbritannien wurde die Idee von handelbaren individuellen Kohlenstoffemissionsquoten erforscht und in weiten Kreisen debattiert und

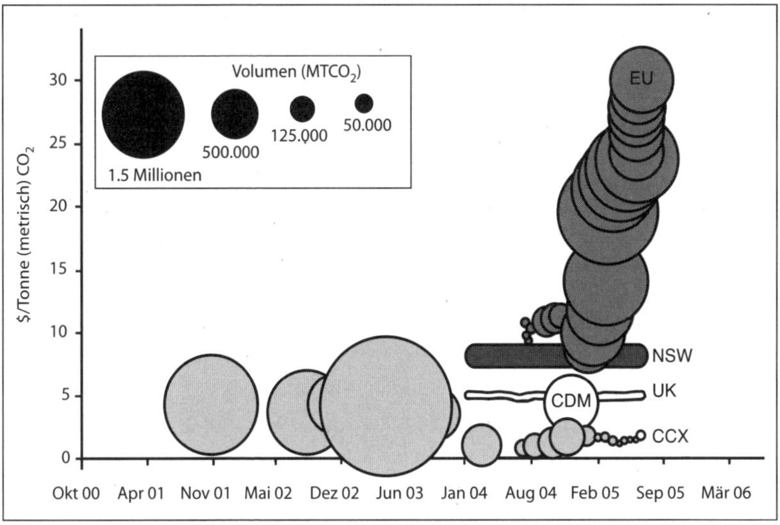

Abbildung 9.1: Preisentwicklung und Finanzvolumen (Größe der Kreise) von sechs verschiedenen Emissionshandelssystemen – Prototype Carbon Fund (PCF), Mechanismus zur umweltgerechten Entwicklung (CDM), EU-Emissionshandel (EU), Chicago Carbon Exchange (CCX), britisches Emissionshandelssystem (UK) und das von New South Wales, Australien (NSW).
Quelle: Victor, D.G.; House, J.C.; Joy, S. (2005): A Madisonian approach to climate policy. Science 309: 1820–1821.

war Gegenstand eines Gesetzentwurfs, der dem britischen Parlament vorgelegt wurde. Dahinter steht die Überlegung, dass individuelle Kohlenstoffemissionsquoten eine wirkungsvollere Alternative für die Steuerung von Klima bieten als staatliche Zwangsvorgaben, da die Macht des Markts mit der individuellen Entscheidung der Verbraucher verbunden wird. So lautete das Argument des britischen Umweltministers, David Miliband, als er das Konzept anpries: »Es ist ein verlockendes Gedankenexperiment – begrenze die Treibhausgasemissionen durch die (individuellen) Verbraucher wissenschaftlich gestützt und nutze dann finanzielle Anreize, um Effizienz und Innovation zu steigern«[375].

Der Emissionshandel folgt vornehmlich einem Verständnis nachhaltiger Entwicklung, das sich aus den Ideen des nachhaltigen Liberalismus (siehe Kapitel 8 *Was ist Fortschritt?*) speist. Diese neoliberale Herangehensweise an umweltpolitische Steuerungssysteme und die Bewirtschaftung natürlicher Ressourcen – die eher negativ als ›Kommodifizierung der Umwelt‹ bezeichnet wird – sind in den letzten Jahren sehr befürwortet worden, wie der politische Geograf Ian Bailey vermerkt: »Dieser Trend (…) hat die Prioritäten der Umweltpolitik radikal umgeschrieben, (…) Kosteneffizienz, Wettbewerbsfähigkeit (…) und Selbst- oder Fremdsteuerung der Marktprozesse sind gegenüber Regierungsverordnungen als Kernelemente einer effektiven Umweltregulierung (favorisiert) worden«[376].

Klima durch die Weltanschauung des nachhaltigen Liberalismus zu steuern, liegt zwei weiteren aufkommenden politischen Instrumenten zur Mitigation von Klima zugrunde: Bezahlung für Ökosystemdienstleistungen in Form abgewendeter Abholzung tropischer Regenwälder und freiwillige Leistungen zum Kohlenstoffausgleich (*carbon offset*-Programme). Bei der Vorbereitung einer Verlängerung des Kyoto-Protokolls nach 2012 wurde die Entwicklung von marktbezogenen Ansätzen berücksichtigt, um Anreize für tropische Länder zu schaffen, ihre Emissionen aus der Abholzung zu senken; so der sogenannte REDD+-Ansatz (Reducing Emissions from Deforestation and Forest Degradation), also die Minderung von Emissionen aus Entwaldung und Schädigung von Wäldern. Die internationale Gemeinschaft oder private Investoren (vergleiche das Beispiel von Canopy Capital in Kapitel 8 *Was ist Fortschritt?*) sollten finanzielle Gegenleistungen oder handelbare Emissionsgutschriften für die Länder anbieten, die sicherstellen, dass ihre tropischen Regenwälder weiterhin als Kohlendioxidsenken fungieren.

Das zweite Beispiel ist das Wachstum des Markts für freiwillige Kohlenstoffkompensationen, speziell in Europa und Nordamerika. *Carbon offset*-Programme gingen aus der Logik des Markts hervor, Emissionseinsparungen zu bepreisen und zu handeln (zum Beispiel im Rahmen des Mechanismus zur umweltgerechten Entwicklung) und damit eine zertifizierte Verminderung von Kohlendioxidemissionen irgendwo auf der Welt gegen Bezahlung (eine ›Investition‹) anzubieten. Im Falle des freiwilligen Kohlenstoffausgleichs werden diese ›Kohlenstoffgutschriften‹ von Individuen, Organisationen oder kleinen Unternehmen gekauft, die nicht an den formellen Emissionshandelssystemen teilnehmen können (zum Beispiel den in Abbildung 9.1 gezeigten). Die erste freiwillige Abmachung zum Kohlenstoffausgleich wurde 1989 ausgehandelt; dieser Markt ist in den letzten Jahren exponentiell gewachsen. Allein im Jahr 2007 gab es in Großbritannien über 60 verschiedene Organisationen, die solche freiwilligen Kohlenstoffkompensationen anboten.

Angesichts unserer vorangegangenen Untersuchungen über Unterschiede in Glauben, Werten und Lebensweisen ist es nicht verwunderlich, dass der Grundsatz, Klima über den Markt zu steuern, scharf kritisiert wird. Diese Kritik stellt nicht allein die praktischen Aspekte des Emissionshandels, wie den Entwurf von Zuteilungsregeln, die Überwachung und Einhaltung der Emissionsverminderungen oder das Konzept der ›Additionalität‹[377], infrage, sondern die zugrunde liegende Vorstellung, dass ein Ausweiten von Besitzrechten auf die Atmosphäre und der Handel mit diesen Rechten der richtige Weg im Umgang mit der Umwelt sei.

Die Kritik am nachhaltigen Liberalismus in Bezug auf Klimawandel setzt auf verschiedenen Ebenen an. So umgeht ein Emissionshandel, der versucht, Emissionseinsparungen mit möglichst geringen Kosten zu erzielen, ohne die Geografie zu berücksichtigen, die Notwendigkeit, sich der Frage nach Gerechtigkeit und Gleichheit zu stellen. Doch diese Frage stellt sich aufgrund der historischen Verantwortung für frühere Treibhausgasemissionen und aufgrund der heutigen Verantwortung, eine gerechte Verteilung des Nutzens von Emissionsminderungen sicherzustellen. Dieses Anliegen ist zum Beispiel für indigene Gruppen, die in Waldgebieten von Entwicklungsländern leben, besonders wichtig. In Emissionseinsparungen bei geringstmöglichen Kosten zu investieren, mag zwar für die ökonomische Effizienz der Weltwirtschaft gut sein, doch derartige Investitionen verlangen kaum, dass historische und soziale Gerechtigkeit berücksichtigt wird. Emissionshandel und der damit verbundene Aufstieg von ›Kohlenstoffkapitalisten‹ mag lediglich die neueste Form des Kolonialismus sein, eine Art ›Kohlenstoffkolonialismus‹, wie es der Aktivist Larry Lohman, Gründer der Durban Group for Climate Justice ausdrückt.

Auf einer tieferen Ebene drückt sich hier jedoch eine grundsätzlichere Kritik am ›Kommodifizierungstrieb‹ aus, dem Drang, den Markt ständig in neue Bereiche auszudehnen. Diese Machtübertragung vom Staat auf die Märkte betrachten manche als völlig unangemessen angesichts der von ihnen wahrgenommenen Größe der Herausforderung, vor die uns die Abschwächung von Klimawandel stellt. So erzählt der Wissenschaftsjournalist Fred Pearce: »Viele befürchten, dass der Kohlenstoffkapitalismus bereits außer Kontrolle geraten ist, dass er zwar große Profite abwirft, aber gleichzeitig wenig tut, um die Klimaerwärmung aufzuhalten. Sie sind zutiefst skeptisch hinsichtlich der Aussage, dass die Kräfte des Marktes das Klima reparieren können. ›Das zu glauben heißt, an Magie zu glauben‹, sagt Tom Burke, ehemaliger Direktor von Friends of the Earth«[378].

Dieser Kommodifizierung der Atmosphäre widersetzen sich manche im Rahmen einer weiterreichenden Kritik an der derzeitigen Regierungsführung: dem Rückzug der Regierungen aus dem öffentlichen Raum und der Begünstigung einer Privatisierung dessen, was man als öffentliche Güter und Dienstleistungen erachtet. Der britische Politikwissenschaftler Andrew Dobson stellt die der Kommodifikation von Kohlenstoff innewohnende Annahme infrage, dass Menschen nur für das gemeinsame Wohl arbeiten, wenn es in ihrem eigenen persönlichen Interesse ist. Anstatt die Steuerung von Klimawandel auf private Verträge und kommerzielle Märkte aufzubauen und auf die Philosophie des ›Ich werde etwas tun, wenn du etwas tust‹, die zu einem ›Ich werde nichts tun, wenn du nichts tust‹ führt, fordert Dobson eine andere soziale Logik für die politische Steuerung des größten unserer öffentlichen Güter, der Erdatmosphäre: ›Ich werde etwas tun, selbst wenn du nichts tust‹. Denn schlussendlich gilt: »Das größte Opfer des Ansturms auf Privatisierung, Einhegung und Austrocknung des öffentlichen Raumes mag sehr wohl das Klima selbst sein«[379].

Der Aufstieg des internationalen Emissionshandels – und verwandter Strategien wie REDD+ und freiwillige Klimakompensationen – stellt auch eine Herausforderung für die Vorrangstellung der Nationalstaaten bei der Verhandlung und politischen Steuerung von Klimawandel dar. Internationale Emissionshandelssysteme erfordern, dass nationale Regierungen anderen, supranationalen Autoritäten stattgeben, sei es die Europäische Union im Falle des EU-Emissionshandel oder die Klimarahmenkonvention, dem Mechanismus zur umweltgerechten Entwicklung. Der private Sektor – Investoren, Unternehmen und Händler – wird zur treibenden Kraft in der Klimasteuerung und nationale Regierungen werden zu Managern in der zweiten Reihe degradiert, die nur dazu da sind, Regeln zu erlassen und zu verwalten. Ähnliche Herausforderungen für die staatliche Souveränität und Vorherrschaft – Herausforderungen der Auffassung, dass die Regimetheorie die Beziehungen zwischen Nationalstaaten adäquat beschreibe – sind auch in anderen Bereichen internationaler Beziehungen beobachtet worden. Die Kräfte der Globalisierung sind dabei, das traditionelle internationale Herrschaftsmodell einer Gemeinschaft von unabhängigen und souveränen Staaten aufzubrechen. Ian Bailey weist dementsprechend daraufhin, dass »(n)eoliberale Klimapolitik auf der internationalen Ebene (das heißt Emissionshandel) zunimmt und neue Muster der Wechselwirkung zwischen supranationalen, staatlichen und nicht staatlichen Akteuren hervorbringt«[380].

Als Nächstes wenden wir uns anderen Rollen und Partnerschaften für diese neuen Muster und aufkommenden nicht staatlichen Akteure zu sowie der Frage, ob diese eine Steuerung von Klima möglich machen, die größere soziale und politische Zustimmung hervorbringt.

Klimasteuerung durch nicht staatliche Akteure

Wir haben gesehen, wie die frühzeitigen Bemühungen in den 1990er-Jahren, durch die Klimarahmenkonvention und das Kyoto-Protokoll eine Form von globaler Klimasteuerung zu schaffen, das aktive Handeln souveräner Nationalstaaten voraussetzte. Dahinter steht eine regimetheoretische Auffassung von Steuerung, in der die Autonomie, Kontrolle und Autorität der Staaten zuerst unterstellt und dann eingesetzt wird. Wir haben ebenfalls ein bevorzugtes Instrument dieses vermeintlichen Klimaregimes genauer betrachtet – den aufkommenden Emissionshandel und seine Wurzeln in der Weltanschauung des nachhaltigen Liberalismus, dessen deutlichster Ausdruck der neue Kohlenstoffkapitalismus ist.

Beide Dimensionen von Klimasteuerung – das ›Wer‹ und das ›Wie‹ – stoßen auf Widerstand. In den Augen einiger ist die Idee eines universellen Klimaabkommens, das von 180 souveränen Staaten ausgehandelt und beschlossen wird, ein Freifahrschein für Verzögerung, Verschleierung und schließlich Verwässerung von Klimapolitik. Der deutsche Politikwissenschaftler Hermann Ott und seine Kollegen verwiesen auf die entmutigende Aussicht neuer Vertragsverhandlungen zur Verlängerung des Kyoto-Protokolls über das Jahr 2012 hinaus, angesichts der zaghaften Vorlage, die auf der 13. Klimakonferenz in Bali (COP-13) erzielt worden war: »Alle diese Prozesse müssen ständig beobachtet, getrennt gehalten und wo nötig, geglättet werden. Und – zum Schluss – müssen diese verschiedenen Fäden zu einem gigantischen Paket zusammengeschnürt werden. All diese Fäden zu verknüpfen, hat sich bereits in Bali als schwierig genug erwiesen«[381]. Andere wehren sich gegen die Vorherrschaft des Kohlenstoffhandels bei der Klimasteuerung mit all seinen Implikationen für das Verhältnis von Natur, Kapital, Staat und Bürgern. Der Staat ist in seiner Bewegungsfreiheit zu eingeschränkt, da er mit umstrittenen und schwerfälligen internationalen Abkommen arbeiten muss. Der Emissionshandel hingegen operiert, durch seine Aneignung von Macht, um Klima entsprechend der unsichtbaren ›grünen Hand‹ des Kohlenstoffkapitalismus neu zu gestalten, ohne ausreichende Beschränkungen.

Aus dieser Unzufriedenheit entsteht ein andersartiger Ansatz von Klimasteuerung, der sowohl die Staatsgläubigkeit der ›grünen Gouvernmentalität‹ (die gefühlsmäßig von Anhängern hierarchischer Ordnungen bevorzugt wird) als auch die Marktgläubigkeit der neoliberalen Umweltschützer (die gefühlsmäßig von Individualisten bevorzugt wird) infrage stellt. Dieser Ansatz wird als partizipativer Umweltschutz bezeichnet und stellt Bürgerrecht, Partizipation und Gleichheit in den Mittelpunkt. Es sind vornehmlich die Anhänger des Egalitarismus, die diesem Ansatz der Klimasteuerung Sympathie entgegenbringen.

Die auf Reform ausgerichtete Variante des partizipativen Umweltschutzes »(…) hebt hervor, wie die vitale Kraft einer transnationalen Zivilgesellschaft, die staatliche Praktiken ergänzt, die öffentliche Rechenschaftspflicht und Legitimität des Klimaregimes verbessern kann«[382]. Nach dieser Auffassung von Handlungsmacht und Governance sind es die nicht staatlichen Akteure, die im Mittelpunkt stehen und die den Schlüssel für Emissionseinsparungen in der Hand halten. Unternehmen, Gewerkschaften, städtische Behörden, Frauengruppen, *carbon offset*-Unternehmen – selbst Gerichte und berühmte Persönlichkeiten – werden zu wirksamen Triebkräften des Wandels. Solche nicht staatlichen Akteure arbeiten natürlich innerhalb des diplomatischen Rahmens der Nationalstaaten und sind auch Teilnehmer im aufstrebenden Zertifikatehandel, doch sie selbst sehen sich weder als vom Staat noch vom Markt abhängig, um einen Wandel herbeizuführen. Sie glauben von sich selbst, Klimawandel effektiver, effizienter und schneller anzugehen als die Staaten, und sie halten sich für besser in der Lage, Fragen von Fairness, Demokratie und Teilhabe mit Einfühlungsvermögen zu beachten, als es der Markt je könnte. Wir werden drei Beispiele von Klimasteuerung jenseits der staatlichen Ebene betrachten: das Weltklimaschutzabkommen der Bürgermeister und Kommunen, die Rechtsprechung und die Aktionsgruppen für die Senkung von Kohlenstoffemissionen.

Kommunale Verwaltung

Viele lokale und kommunale Behörden betrachten es als Teil ihrer Identität, Bedenken zu Klimawandel in ihre langfristigen Strategien und ihre Entscheidungsfindung miteinzubeziehen. Sichtbarster Ausdruck dieser lokalpolitischen Bewegung war die Unterzeichnung des Weltklimaschutzabkommens der Bürgermeister und Kommunen im Dezember 2007 während der 13. Klimakonferenz in Bali (COP-13)[383]. In diesem Abkommen verpflichteten sich die freiwilligen Unterzeichner, ihre Treibhausgasemissionen ›unverzüglich und signifikant‹ zu senken, um letztlich zum weltweiten Ziel beizutragen, den Ausstoß von Treibhausgasen um 60 Prozent gegenüber den Zahlen von 1990 zu senken. Diese multilaterale Initiative arbeitet unterhalb der nationalen Steuerungsebene.

Gerichte

Angesichts der wissenschaftlichen Aussagen über den ursächlichen Zusammenhang von Treibhausgasemissionen, Klimawandel und Auswirkungen von Klimarisiken verwundert es nicht, dass vor den Gerichten verschiedene Zivilklagen verhandelt werden. Dies ist vor allem in den Vereinigten Staaten der Fall. Die Frustration über den Mangel an bundesstaatlicher Gesetzgebung zu Treibhausgasemissionen veranlasste einzelne Bürger und einige zivilgesellschaftliche Gruppen, als Ankläger gegenüber großen Konzernen aufzutreten. Die Anklage lautet, dass die großen Mengen an ausgestoßenen Treibhausgasen dieser Unternehmen der Umwelt und der menschlichen Gesundheit durch Klimaveränderungen Schaden zufügen. Zum Beispiel verklagte 2008 das Dorf Kivalina in Alaska die Firma ExxonMobil, acht weitere Ölkonzerne und 14 Energieunternehmen wegen des Ausstoßes von Treibhausgasen, die, wie sie behaupteten, zum Abschmelzen der Eiskappen beitrügen und damit ihre Gemeinschaft bedrohen[384]. Die Kosten für die Umsiedlung des Dorfs wurden auf 400 Millionen Dollar geschätzt. Solche einseitigen Maßnahmen rufen ein staatliches Instrument, das Rechtssystem, zur Klimasteuerung an.

Bürger

Das dritte Beispiel für Steuerungsversuche jenseits des Staats ist das Aufkommen von Aktionsgruppen für die Senkung von Kohlenstoffemissionen (Carbon Reduction Action Groups, CRAGs), die ihren Ursprung in der Vorstellung vom ökologischen Engagement der Bürger haben und aus den Aktionsgruppen zur Kohlenstoffrationierung (siehe Kapitel 8 *Was ist Fortschritt?*) hervorgegangen sind. CRAGs sind lokale Gruppen, die versuchen, die Kohlenstoffbilanz beziehungsweise den ökologischen Fußabdruck ihrer Mitglieder auf ein Niveau, das sie für nachhaltig und gerecht halten, zu senken. Sie übernehmen die Idee der freiwilligen individuellen Kohlenstoffemissionsquoten, teilen Wissen und Fertigkeiten für ein kohlenstoffarmes Leben, sensibilisieren für die Problematik und fördern konkrete Aktionen im weiteren Umfeld der Gruppen. Die ersten

Aktionsgruppen entstanden 2006 in Großbritannien; in den letzten Jahren hat die Bewegung auch in Nordamerika Fuß gefasst. Diese Gruppen vertreten die Position, dass Individuen die existierenden politischen Vereinbarungen und Steuerungsmechanismen nicht akzeptieren müssen und sie durch Handeln vor Ort unterlaufen werden können. Da die Aktionsgruppen versuchen, »das Verhältnis von politischer Macht, Konsum und globaler Verantwortung zu transformieren«[385], sind sie ein Beispiel für ›transformative globale Bürgerschaft‹, wie es die portugiesische Kulturgeografin Anabela Carvalho nennt.

Partizipativer Umweltschutz strebt daher die Zusammenarbeit zwischen Zivilgesellschaft, Markt und Staat an, um Klimasteuerung zu definieren und umzusetzen. Vielfache und verschiedenartige Partnerschaften innerhalb und zwischen Nationen und Sektoren bieten mehr Möglichkeiten für Transformation als das blinde Vertrauen in die zwischenstaatlichen Verhandlungen zur Klimarahmenkonvention und/oder in die Kraft des Markts. Jedoch steht auch dieses aus verschiedenen Quellen schöpfende Konzept von Klimagovernance vor Herausforderungen. Einer sind wir bereits in Kapitel 8 *Was ist Fortschritt?* begegnet. Sie stellt die radikale Variante des besprochenen partizipativen Umweltschutzes dar. Öko-Anarchisten und Sozialisten, wie die Mitglieder der Klimakampagne *Rising Tide*, lehnen kapitalistische Staaten und ihre Einrichtungen ab und wollen eine fundamentale Änderung von Konsumgewohnheiten und existierenden Institutionen, um den Weg für eine neue, gerechtere und ökozentristische Weltordnung zu ebnen. Dieser Radikalismus steht in der langen Tradition von politischen Bewegungen wie der Zweiten Internationale am Ende des 19. Jahrhunderts oder den Anarcho-Syndikalisten in den 1920er-Jahren.

Die zweite Herausforderung ist von ganz anderer Art und wurde von den Australiern David Shearman und Joseph Wayne-Smith in ihrem Buch *The Climate Change Challenge and the Failure of Democracy*[386] bisher am umfassendsten dargestellt. Die Probleme von Klimasteuerung stammen nicht aus zu geringer demokratischer Teilhabe am öffentlichen Leben, wie manche Anhänger des partizipativen Umweltschutzes argumentieren, sondern von einem Zuviel an Demokratie. Die Kombination aus einem libertären Individualismus, der Hegemonie des Markts und der nicht hinterfragten Vorrangstellung der liberalen Ideologie, also von Charakteristiken, die einen großen Teil der heutigen westlichen Welt bestimmen, macht es den jeweiligen Nationen unmöglich, die politischen, ökonomischen und sozialen Reformen durchzusetzen, die zur Eindämmung von Klimawandel nötig sind. Diese düstere Sicht der Demokratie passt gut zu den Worten des britischen Historikers Eric Hobsbawm: »Demokratie, so wünschenswert sie auch sein mag, ist kein effektives Werkzeug, um globale oder transnationale Probleme zu lösen«[387]. Für Shearman und Wayne-Smith liegt die Lösung in der Beschneidung individueller Freiheiten und der Stärkung des autoritären Zentrums[388]. Bürgerliche Freiheiten und ökologisches Überleben, so argumentieren sie, stehen in direkter Konkurrenz zueinander.

Dies führt sie zu dem Gedanken, dass »es sehr wohl die nicht westlichen Staaten, inklusive China, sein mögen, (die) Wege finden werden, um (Klimawandel) zu begegnen, während der Westen fortfährt, seine extreme Freiheit mit ineffizienten Debatten und dem Einknicken vor mächtigen Interessen in seinen ins Stocken geratenen demokratischen Institutionen zur Schau zu stellen«[389].

Diese doppelte Herausforderung für den partizipativen Umweltschutz, vonseiten der Öko-Anarchisten und vonseiten der Anhänger eines Öko-Autoritarismus, mag für viele eine bestürzende Alternative darstellen. Sie repräsentieren einen neuen ökopolitischen Pessimismus, genährt durch Klimawandel und unsere Versuche, das globale Klima ›zu regieren‹. Ob sich diese kritischen Stellungnahmen miteinander versöhnen lassen, bleibt unklar und ob China ein gutes Beispiel starker Klimasteuerung darstellt, ist ebenfalls fraglich (siehe Exkurs 8.2). Doch warten beide Herausforderungen mit Visionen einer effektiven Klimasteuerung auf, die weit von der politischen Mehrheitsmeinung, die noch immer die Steuerung durch das Kyoto-Protokoll und/oder den Emissionshandel bevorzugt, entfernt ist.

Die ›Unbeholfenheit‹ von Klimasteuerung

Die oben erwähnte Diskussion beleuchtet schlaglichtartig eine Ironie globalen Klimawandels und unserer Versuche einer politischen Steuerung. In einer Zeit sich vertiefender politischer und sozialer Zersplitterung stehen wir mit Klimawandel einem globalen Phänomen gegenüber, das weltweit koordinierte, wenn nicht sogar gemeinsame Lenkung und Leitung zu fordern scheint. Die politischen Ideologien des Kalten Krieges und ihre zentripetalen Wirkungen (vor allem die Blockbildung) auf unsere Formen politischer Steuerung haben sich in den späten 1980er-Jahren aufgelöst. Und mit diesem Verschwinden eines mächtigen Legitimationsgrunds für die Existenz der Nachkriegsstaaten kam es zu einer umfassenden Schwächung der grundsätzlichen Idee des souveränen Territorialstaats. Eric Hobsbawm, scharfsinniger Kommentator der Ereignisse des 20. Jahrhunderts, resümiert: »Zweieinhalb Jahrhunderte ungebrochenen Wachstums von Macht, Möglichkeiten und Ambitionen und der Fähigkeit zur Mobilisierung der Einwohner der modernen Territorialstaaten, scheinen zu Ende zu sein, ganz gleich, wie die Natur und Weltanschauung ihrer Regierungssysteme aussehen«[390].

Zugleich verflacht und zersplittert die globale politische Landschaft weiter durch die zunehmende physische und virtuelle Mobilität der Menschen und Ideen, die durch das Internet und die digitalen Kommunikationskanäle erleichtert wird. Daher nimmt es nicht Wunder, dass die Verunsicherung durch das Problem Klimawandel extreme Positionen auf den Plan ruft: zum einen die Rückkehr zu den autoritären Gewissheiten des ideologischen Nationalstaats des 20. Jahrhunderts, zum anderen den Aufstieg eines neuen, radikalen partizipativen Umweltschutzes, der die zurückgehende und überholte Macht der diskreditierten kapitalistischen Staaten endgültig überwinden soll.

Wir sind scheinbar nicht darauf vorbereitet, das unbändige Klima und die implizierte globale Bürgerschaft in einer angemessenen Form globaler Steuerung unterzubringen: Der Nationalstaat wird angesichts der neuen Komplexität multilateraler Klimadiplomatie für unzulänglich befunden, der Emissionshandel bietet sich an, die Last der Klimasteuerung zu teilen, ruft jedoch tiefen Argwohn hinsichtlich seiner Beweggründe hervor, und ein neuer partizipativer Umweltschutz wird einerseits vom Radikalismus, andererseits vom Konformismus zwischen die Hörner genommen. Letztlich entpuppt sich Klimawandel vielleicht eher als eine Steuerungs-, denn als Umweltkrise oder Marktversagen.

Bevor wir dieses Kapitel abschließen können, müssen wir zwei weitere Dilemmata betrachten, in denen Klimasteuerung steckt, zwei schwierige Fragen, um die ein Streit gärt, der vermutlich noch weiter wachsen wird: ›Werden das Kyoto-Protokoll und seine späteren Nachfolger jemals in der Lage sein, eine effektive Klimasteuerung sicherzustellen?‹ und ›Wer regiert die neuen Geoingenieure?‹.

Wir haben bereits die Umstände dargelegt, unter denen das Kyoto-Abkommen 1997 ins Leben gerufen wurde, wie es 2005 ratifiziert wurde und wie es für den Zeitraum über 2012 hinaus nachverhandelt wird. Und wir haben auf einige seiner Kritiker hingewiesen und auf die Herausforderungen, die es zu überwinden gilt, wenn sich das Abkommen die Legitimität des Nationalstaats, die Macht des Markts und die vitale Kraft der Zivilgesellschaft in einem alle einenden globalen Vertrag zunutze machen soll. Viele fühlen sich verpflichtet, dafür zu sorgen, dass das Protokoll zumindest in modifizierter Form auch nach 2012 überlebt. Doch andere fragen sich, ob es nicht jetzt an der Zeit wäre, das politische Kapital vom Kyoto-Prozess abzuziehen und neu zu überdenken, wie die Ziele einer Klimasteuerung am besten erreicht werden können. Diese Rufe nach einer Neuausrichtung sind nicht neu. 2001, kurz nachdem die Vereinigten Staaten sich vom Protokoll zurückgezogen hatten, schrieb der amerikanische Politikanalyst David Victor über den ›Kollaps des Kyoto-Protokolls‹ und argumentierte, dass das Scheitern des Abkommens größtenteils auf die gewählten Mechanismen zurückzuführen sei. »Internationales Recht ist ein schlechter Mechanismus für die Zuteilung von Emissionsgenehmigungen«[391].

Eine neuere und gründlichere Kritik des Kyoto-Protokolls stammt aus der Feder zweier britischer Politikanalysten, Gwyn Prins und Steve Rayner. Sie behaupten, dass das Kyoto-Abkommen in mehrfacher Hinsicht gescheitert sei, nicht nur, weil die globalen Treibhausgasemissionen seit 1997 beschleunigt zugenommen haben, statt abzunehmen, sondern auch, weil es die Debatte über alternative politische Ansätze, um die Ziele einer globalen Klimasteuerung sicherzustellen, erstickt hat. Sie monieren, dass, »während Kyoto zu einem Lackmustest der politischen Korrektheit wurde, diejenigen, die sich über den globalen Klimawandel Gedanken gemacht haben, doch dem Top-down-Vorgehen des Protokolls skeptisch gegenüber standen, scharf ermahnt wurden, dass Kyoto ›die alleinige Option‹ sei«[392]. In Übereinstimmung mit Victor, dass Kyoto auf den falschen politischen Instrumenten basiert – ›die falschen Akteure üben eine falsche Art von Macht aus‹ –, schlagen Prins und Rayner eine Reihe alternativer Ansätze vor, um das Erreichen klimapolitischer Ziele sicherzustellen: um in ihrem Bild zu bleiben, lieber mit ›silberner Schrotladung‹ als mit einer ›silbernen Kugel‹ schießen (siehe Exkurs 9.2).

Das Kyoto-Abkommen, als Ansatz globaler Klimasteuerung, entspringt fast ausschließlich einer hierarchischen Weltsicht. Es steht mit einem Denken in Einklang, das in einem weiteren Kontext Ideen für eine Weltumweltorganisation oder, in den Augen des amerikanischen internationalen Anwalts Richard Falk, sogar eine ›Weltregierung‹ hervorgebracht hat. Bei Leuten, die weniger Vertrauen in hierarchische Strukturen, Regeln und die Führungskompetenzen der Gesellschaft haben – jene, die eine andere Sicht der Natur und unserer ›Lebensweisen‹ haben –, ruft das Kyoto-Protokoll abschätzige Reaktionen hervor. Hendrik Tennekes, ehemaliger Forschungsleiter des Royal Dutch Meteorological Institute, bediente sich einer schlagkräftigen Rhetorik, um seinen Skeptizismus zum Ausdruck zu bringen: »Ich habe Angst vor der Hybris, der Einbildung und der Arroganz, die solche Redewendungen wie ›den Planeten managen‹ oder ›das Klima stabilisieren‹ implizieren. Wer sind wir, dass wir uns anmaßen können, den Planeten zu managen? Wir können doch noch nicht einmal uns selbst managen. In einem Ökosystem kann per definitionem niemand der Chef sein. Warum lassen wir uns, mit unseren so großartigen Gehirnen, dann so leicht von technokratischem Totalitarismus verführen?«[393].

Mit ihrem Ansatz der ›silbernen Schrotladung‹ untergraben Prins und Rayner die Hybris, die Gegner hierarchischer Ordnungen wie Tennekes in Sprache und Zielen des Rahmenübereinkommens der Vereinten Nationen über Klimaänderungen und des Kyoto-Protokolls erkennen. Die Vorstellung, die Herausforderungen globaler Klimasteuerung mit diversen, mehrstufigen und sich gezielt überlappenden und teils auch widersprechenden Institutionen und politischen Strategien anzugehen, teilen auch die Befürworter der Kulturtheorie, da sie die Stimmen der Anhänger des Egalitarismus und der Individualisten, ja sogar der Fatalisten zu Gehör bringt, wenngleich die politischen Horizonte der Letzteren sehr beschränkt sein mögen. Indem eine größere Bandbreite von inneren Antriebskräften und Wählerschaften angesprochen wird, könnte ein solcher Bottom-up-Ansatz eine größere Aussicht auf Erfolg bieten. Die ›silberne Schrotladung‹ steht beispielhaft für eine ›unbeholfene Lösung‹ zur Steuerung von Klimawandel, für eine Mischung aus Politikstilen, normativen Prinzipien und Lebensansichten, für eine Idee, die von einer Vielzahl von Politikwissenschaftlern und Kulturgeografen in den letzten Jahren vorgeschlagen wurde[394].

Exkurs 9.2
Die ›Techno-Hose‹

Die Politikanalysten Gwyn Prins und Steve Rayner übten 2007 am Kyoto-Protokoll Kritik und unterbreiteten in *The Wrong Trousers: Radically Rethinking Climate Policy* eine Alternative[395]. Sie verwendeten das Bild einer vollautomatischen ›Techno-Hose‹, in der sich der unglückliche Cartoonheld Wallace im gleichnamigen Oscar-gekrönten Animationsfilm gefangen wiederfindet. Sie argumentierten, dass das Kyoto-Protokoll, statt für Erleichterung zu sorgen, in seinen wohlmeinenden Bemühungen, das Klima zu steuern, die Welt unfreiwillig in ungewollte und unliebsame Situationen geführt hat. Klimawandel ist »für eine elegante Lösung nicht zugänglich, weil es kein diskretes Problem ist«[396]. Das Kyoto-Protokoll hat beim Versuch einer ›eleganten‹ universellen Top-down-Lösung für globale Klimapolitik das Problem falsch verstanden. Stattdessen, so Prins und Rayner, sollte ein jeder Versuch von Klimasteuerung eine Vielzahl von Ansätzen umfassen, die jeweils in verschiedenen Sphären, auf verschiedenen Ebenen und mit verschiedenen politischen Instrumenten operieren – dies ist ›unbeholfene Steuerung‹.

Die Autoren nennen mindestens sechs Elemente ›unbeholfener‹ Steuerung. Das erste ist, das Ideal vom Universalismus des Kyoto-Protokolls über Bord zu werfen und sich nur auf die großen Treibhausgasproduzenten zu konzentrieren. Gespräche der G8+5[397] etwa oder Abkommen zur Förderung emissionsärmerer Technologien, wie das asiatisch-pazifische Rahmenabkommen zwischen den Vereinigten Staaten, China, Japan, Südkorea, Indien und Australien, weichen seltener vom Thema ab oder werden weniger verwässert als der exzessive Multilateralismus von Kyoto.

Zweitens sagen sie, dass die Marktmacht für die Regulierung von Treibhausgasemissionen zu geringstmöglichen Kosten nicht durch Dekret von oben verordnet werden kann. Sie befürworten stattdessen die Kultivierung von quasi spontanen Kohlenstoffmärkten von unten, die dem Madison'schen Ansatz von Emissionshandel folgen sollen, wie es David Victor fordert[398].

Drittens, und bewusst die Wirksamkeit der Märkte ergänzend, fordern sie eine ernsthafte Steigerung öffentlicher Forschung und Entwicklung im Bereich neuer und erneuerbarer Energien. Hier reihen sie sich ein in die Forderungen vieler Kommentatoren zu Klimawandel, wie Ban Ki-Moon, Al Gore und Lord Rees, dem Präsidenten der britischen Royal Society.

Viertens befürworten sie verschiedene Skalen umfassende Ansätze für die Anpassung an Klimarisiken, denen viele Menschen und Gemeinschaften ausgesetzt sind. Anpassung an Klimawandel ist keine Alternative zur Reduzierung von Treibhausgasemissionen. Es ist eine essenzielle, und für viele Regionen vorrangige, Investition, die nicht an die Teilnahme an einem bestimmten Klimaabkommen geknüpft sein muss, das versucht, Emissionen zu senken. Die meisten Investitionen in Anpassung sind ›Investitionen ohne Bedauern‹, in dem Sinne, dass sie zum Nutzen der Betroffenen sind, egal, wie zukünftiger Klimawandel oder zukünftige Vermeidungsstrategien aussehen werden.

Fünftens fordern sie eine Bewegung hin zu einem ›globalen Föderalismus in der Klimapolitik‹, von dem sie annehmen, dass dieser aus den Überresten des Kyoto-Protokolls hervorgehen könnte. Klimasteuerung sollte in verschiedenen Skalen stattfinden und nicht allein oder hauptsächlich auf staatlicher Ebene.

Die letzte und übergreifende These von Prins und Rayner lautet, dass unelegante, doch erreichbare, Ansätze von unten für Klimapolitik effektiver sind als elegante, jedoch unpraktische, von oben verordnete. Diese Sicht teilen sie mit anderen, die an der Weisheit oder Wirksamkeit des Universalismus des Kyoto-Protokolls zweifeln. Der eine ›gigantische Deal‹ für eine Verlängerung über 2012 hinaus, der von den internationalen Verhandlungen verlangt wurde, die in Kopenhagen im Dezember 2009 stattfanden, liegt außerhalb unserer Reichweite. Eine Reihe kleinerer, flexiblerer, mehrstufiger und teilweise überlappender Abkommen zwischen Akteursgruppen auf verschiedenen Ebenen ist dagegen erreichbar und daher wünschenswerter.

Eine weitere Herausforderung der Klimasteuerung kommt aus einem ganz anderen Bereich. Eine wachsende Anzahl von Wissenschaftlern, politischen Kommentatoren und sogar privaten Investoren erwägen die Möglichkeit, das anspruchsvolle Ziel, Klimawandel durch Verringerung der Treibhausgasemissionen zu mildern, zu umgehen. Sie entwickeln stattdessen Technologien zur Manipulation des Weltklimas. Wir haben diese sogenannten Geoengineering-Technologien in Kapitel 1 *Was verstehen wir unter Klima?* vorgestellt und ihre ideologische Anziehungskraft dargelegt. Hier müssen wir jedoch betrachten, ob und wie Pläne für die Manipulation des Weltklimas effektiv politisch gesteuert werden können.

Manche behaupten, dass Geoengineering die diplomatischen Engpässe durchstoßen könne, die internationale Verträge wie das Kyoto-Protokoll verlangsamen und deren Effektivität verringern. Eine Technologie wie der direkte

Einfang von Kohlendioxid aus der freien Atmosphäre[399] und die anschließende Sequestrierung in unterirdischen Reservoiren könnte überall auf der Welt eingesetzt werden, ohne dafür internationale Verhandlungen führen zu müssen. Wenn genügend dieser Kohlendioxid saugenden Maschinen in einem souveränen Staat aufgestellt würden, könnten diese als Temperaturregulator für den ganzen Planeten wirken. Diese Maschinen könnten entweder aus öffentlichen Mitteln bezahlt werden oder durch private Investoren, die dafür einen angemessenen Preis in Form von handelbaren Zertifikaten erhalten könnten. Andere Geoengineering-Projekte, wie die Injektion von Aerosolen in die Stratosphäre, die Positionierung von Spiegelsatelliten im niedrigen Erdorbit an den Lagrange-Punkten oder die Düngung der Ozeane mit Eisen[400], bieten ähnlich einseitige Möglichkeiten einer Klimaregulierung.

Die Konsequenzen solcher Maßnahmen, die außerhalb jeglicher internationaler Abkommen lägen, sind jedoch mannigfaltig. Der amerikanische Atmosphärenforscher Alan Robock hat einige der potenziellen Streitquellen aufgezeigt: »Wie soll sich die Welt auf ein optimales Klima einigen? Was, wenn Russland es ein paar Grad wärmer mag, Indien aber ein paar Grad kälter? Sollte man das globale Klima auf die Temperatur der Zeit vor der Industrialisierung zurücksetzen oder auf dem heutigen Wert konstant halten? Wenn wir mit dem Geoengineering fortfahren, werden wir damit zukünftig Klimakriege provozieren?«[401]. In letzterem Fall könnte Klimawandel tatsächlich Gegenstand einer Intervention des Weltsicherheitsrats werden, aber in einem ganz anderen Kontext als dem, den sich die Debatte zu Beginn dieses Kapitels vorgestellt hat!

Angesichts solcher Überlegungen könnte man meinen, dass globale Klimasteuerung auf Basis konventioneller Ansätze zur Minderung der Treibhausgasemissionen die einfachere Herausforderung ist. Und das noch, bevor man überhaupt die anderen Dimensionen der Büchse der Pandora betrachtet, die das Geoengineering öffnet. Mehrere Staaten versuchten bereits, das Wetter für militärische Zwecke zu modifizieren, besonders die Vereinigten Staaten, die im Vietnamkrieg Starkregen hervorrufen wollten, um die Versorgung der Vietcong abzuschneiden. Darum und aus weiteren Gründen ratifizierten 85 Staaten die Konvention über ein Verbot von militärischer oder anderweitig feindseliger Anwendung von Techniken zur Veränderung der Umwelt (Convention on the Prohibition of Military or Any Other Hostile Use of Environmental Modification Techniques, ENMOD). Lässt sich die technische Manipulation von Weltklima politisch effektiv beherrschen, um solche kriegerischen Anwendungen auszuschließen?

Geoengineering erzeugt zugleich ganz neue ethische Zwickmühlen für die Klimasteuerung. Viele Ethiker würden behaupten, dass das absichtliche Drehen am Thermostat der Welt, mit Konsequenzen, die niemals vollständig vorherzusehen sind, von der ethischen Bewertung her etwas grundsätzlich anderes ist, als zu versuchen, den historisch unabsichtlichen Eingriff der Menschheit in das Weltklima rückgängig zu machen oder zu begrenzen. Befürworter des Geoengineerings finden sich meist unter jenen, die das höchste Vertrauen in Erdsystemmodelle haben, und unter jenen mit der größten Zuversicht in globale politische Institutionen. Die erste Gruppe glaubt, dass jegliche unvorhergesehene Nebeneffekte von Geoengineering minimal und zu beherrschen sind, während die zweite Gruppe glaubt, dass solche Technologien letztlich dem globalen Gemeinwohl dienen, statt dem verschworener Interessensgruppen. Befürworter solcher zielgerichteten großflächigen Eingriffe in das Klima finden sich eher unter den Anhängern hierarchischer Ordnungen und unter Individualisten als unter Anhängern des Egalitarismus.

Zusammenfassung

Warum also sind wir über Klimawandel uneins? In diesem Kapitel haben wir gezeigt, dass die vorherrschenden Versuche, eine Klimasteuerung zu etablieren – die Architektur einer globalen Klimapolitik zu entwerfen –, zum Großteil auf der politischen Autorität von Nationalstaaten und der ökonomischen Effizienz von Märkten beruhen. Das Kyoto-Abkommen und die verschiedenen Formen des internationalen Emissionshandels bilden ein Rahmenwerk, um das sich viel Zustimmung, aber auch Widerspruch versammelt.

Dennoch scheinen wenige Kommentatoren und Analysten mit diesen zaghaften Schritten in Richtung globaler Klimasteuerung zufrieden zu sein. Frustration und Scheitern scheinen die Jahre seit 1997 zu charakterisieren. Misst man den Erfolg dieser zaghaften Schritte an dem Rückgang globaler Treibhausgasemissionen oder an der Zahl zusätzlich vor Klimawandelrisiken geschützter Menschen, dann scheint diese Unzufriedenheit berechtigt. Andererseits liefert die fortdauernde Existenz des Kyoto-Protokolls jenen ein tautologisches Erfolgskriterium, die diese Schritte hin zu globaler Klimasteuerung – zur ›Macht‹ über Klima – verteidigen. Sie können ebenfalls auf die Schaffung eines international anerkannten Kohlenstoffpreises verweisen.

Doch haben wir gezeigt, dass internationale Klimasteuerung sich nicht allein auf das Kyoto-Protokoll, den Nationalstaat und den Emissionshandel beschränkt. Bestrebungen, Klima ›zu regieren‹, sind innerhalb und über verschiedene Gesellschaften verstreut erkennbar, in Form von Initiativen, Bewegungen und Allianzen, die versuchen, die Formalitäten politischer Verhandlungen und des Emissionshandels zu umgehen. ›Sofort Handeln!‹ ist das Mantra dieses neuen partizipativen Umweltschutzes. Die Aktionen nehmen viele Formen an: Selbstverpflichtungen von Bürgern, Technologiestandards, freiwillige Kohlenstoffkompensationen, rechtliche Maßnahmen. Diese vielschichtige und vielfältige Form bürgerlichen Handelns – und die Spannungen, die dies zwischen einer Steuerung von oben und einer von unten einschließt –

hilft zu verstehen, warum öffentliche Umfragen immer wieder Verwirrung bei den Bürgern aufzeigen, wer als ›verantwortlich‹ für Maßnahmen gegen Klimawandel angesehen wird: die Vereinten Nationen, Regierungen, Unternehmen, die Reichen oder der einzelne Bürger.

Dieses Kapitel hat auch die tieferen Gründe aufgezeigt, warum wir über Klimasteuerung uneins sind. Diese Gründe ergeben sich nicht nur aus unseren verschiedenen ›Lebensweisen‹ – der Bevorzugung universeller, von oben verordneter Regime durch die Anhänger hierarchischer Ordnungen oder der stärker integrativen und partizipatorischen Ansätze der Anhänger des Egalitarismus. Sie ergeben sich auch aus der Ausübung politischer Macht, aus dem Handeln von Staaten, die ihre (ökonomischen) Eigeninteressen verfolgen. Diese Handlungen haben eine Geschichte. Sie ergeben sich aus verschiedenen geschichtlichen und ideologischen Traditionen der Beziehung zwischen Staat und Bürger und aus verschiedenen Interpretationen der historischen Beziehungen zwischen dem Norden und dem Süden. Liberale Demokratien gehen die Steuerung von Klima anders an als autoritäre Regime. Die Mächte Europas, mit ihrer frühen Industrialisierung und imperialen Vergangenheit, bringen andere historische Vermächtnisse in die Verhandlungen ein als ihre früheren Kolonien, die sich mittlerweile emanzipiert haben und Wiedergutmachung für vergangene Ungerechtigkeiten fordern. Die aufsteigenden globalen Supermächte China und Indien sehen Bedenken zu Klimawandel als eine Möglichkeit zu zeigen, dass eine neue politische Weltordnung im neuen Jahrhundert aufzieht.

Wer also ›regiert‹ das globale Klima? Und in wessen Interessen regieren sie? Es ist naiv zu denken, dass eine der Institutionen aus Wissenschaft, Wirtschaft oder Religion, die wir in diesem Buch untersucht haben, in der Lage wäre, den ultimativen Entwurf für die Steuerung globalen Klimas vorzulegen. Wir sahen ebenfalls, wie die verschiedenen Wahrnehmungen und Darstellungen von Klimarisiken und ihre verworrenen Beziehungen zu den verschiedenen Idealen nachhaltiger Entwicklung die politische Landschaft weiter verkomplizieren. Indem die Menschheit danach strebt, Klima zu ›regieren‹, versucht sie etwas, was noch nie zuvor versucht worden ist – die globale Steuerung der Erdatmosphäre. Dieses gleicht den ersten Experimenten mit der Demokratie im Athen des 5. Jahrhunderts vor Christus, der Etablierung der britischen parlamentarischen Demokratie im 17. Jahrhundert oder der Schöpfung der Vereinten Nationen im 20. Jahrhundert.

Die Angabe der Herausforderungen für dieses Steuerungsvorhaben und der idealisierten Voraussetzungen, um es zu erreichen, ist einfach. Bei Timmons Roberts und Bradley Parks, zum Beispiel, klingt es in ihrem Buch *A Climate of Injustice* beinahe plausibel: »Der einzige Weg, das Problem Klimawandel zu lösen, ist, den Staaten bei dem schwierigen Übergang zu einer gerechteren und ökonomisch nachhaltigeren, weniger auf Kohlenstoff basierenden Entwicklung hin zu helfen. Dieser Übergang muss jedoch auf allgemeiner Gegenseitigkeit, einem Klima des Vertrauens, gemeinsamen Prinzipien von Gerechtigkeit und einer gemeinsamen Weltsicht zu Umwelt und Entwicklung basieren«[402]. Doch Vertrauen zwischen Staaten aufzubauen, sich auf gemeinsame Prinzipien von Gerechtigkeit zu einigen und eine gemeinsame Anschauung zu Umwelt und Entwicklung zu haben, lässt sich nicht durch bloßes Wunschdenken erreichen. Wir haben in diesem Kapitel und in den vorherigen gesehen, wie schwierig eine solche Einigung ist. Politik mag zwar der ultimative soziale Prozess sein, den wir bislang entwickelt haben, damit Gruppen von Menschen gemeinsame Entscheidungen treffen, legitimieren und durchsetzen können, doch eine globale Klimawandelpolitik stellt diesen Prozess stärker auf die Probe, als es bisher jemals geschehen ist.

Welche Hoffnung bleibt uns also? Endet unsere Geschichte von Klimawandel im Morast globaler Politik? In Kapitel 10 *Jenseits von Klimawandel* werden wir sehen, dass es andere Wege gibt, über Klimawandel nachzudenken, die keine unerreichbaren globalen politischen Einigungen voraussetzen; Wege, über Klimawandel nachzudenken und Geschichten dazu zu erzählen, die uns in andere Richtungen führen können. Statt Klimawandel als Problem anzugehen, das gelöst werden muss, könnte er zu einem Springbrunnen voll Ideen werden, der sich nutzen lässt.

Weiterführende Literatur zu Kapitel 9

Aldy, J.E.; Stavins, R.N. (Hrsg.) (2007): *Architectures for agreement: addressing global climate change in the post-Kyoto world.* Cambridge, UK: Cambridge University Press.

Dieser Sammelband betrachtet sechs alternative internationale Architekturen zur Einrichtung einer globalen Klimapolitik. Ein Befürworter stellt zuerst jeweils einen Vorschlag vor, auf den dann zwei Autoren kritisch antworten. Dies ist eins der leichter zugänglichen und umfassenderen Bücher über die verschiedenen Herangehensweisen, Klima durch den Staat und internationale Abkommen zu regeln, geschrieben von Wissenschaftlern aus Wirtschaft, Recht und internationalen Beziehungen.

Benedick, R. (1998): *Ozone diplomacy: new directions in safeguarding the planet.* 2. Aufl. Cambridge, MA: Harvard University Press.
Dieses Buch wird oft als das definitive Buch über das erfolgreichste globale Umweltabkommen und darüber, wie es ausgehandelt und umgesetzt wurde, bezeichnet. Benedick zeigt eine optimistische Sicht eines Insiders darauf, wie dieses globale politische Regime für Ozon in der Stratosphäre entstand. Im letzten Kapitel bietet er eine Analyse, wie sich die Lektionen aus dem Umgang mit dem Ozonloch auf die Klimaverhandlungen übertragen lassen.

Newell, P. (2006): *Climate for change: non-state actors and the global politics of the greenhouse.* Cambridge, UK: Cambridge University Press.
Im Unterschied zu Aldy und Stavins zeigt dieses Buch, dass es nicht allein die Interessen des Nationalstaats sind, die globale Klimapolitik beeinflussen. Newell untersucht und erklärt die Einflüsse, die nicht staatliche Akteure – wissenschaftliche, umweltschützerische, bürgerliche und unternehmerische Gruppen und Bewegungen – auf den Kurs der globalen Politik gehabt haben. Das Buch bietet eine gute Einführung in die Komplexität der Politik von Klimawandel und die Grenzen der Macht nationaler Regierungen.

Pettenger, M.E. (Hrsg.) (2007): *The social construction of climate change.* Aldershot, UK. Ashgate Press.
Diese Sammlung von Aufsätzen untersucht die verschiedenen Facetten der politischen Planungs- und Steuerungsdilemmata, die Klimawandel darstellt, und versucht, sie zu erklären, indem Verständnis für die Beziehungen zwischen Macht, Wissen und Gesellschaft geschaffen wird. Zusammen helfen sie uns, zu verstehen, warum Klimawandel so viele scheinbar unlösbare Dispute über die Ziele, Prozesse und Implementierung von Klimapolitik hervorgebracht hat.

Shearman, D.; Smith, J.W. (2007): *The climate change challenge and the failure of democracy.* Westport, CT: Greenwood Press.
In diesem provokativen Buch präsentieren Shearman und Smith Belege dafür, dass das fundamentale Problem, das Umweltzerstörungen – und insbesondere Klimawandel – hervorruft, das Handeln von liberalen Demokratien ist. Deren Schwächen und Widersprüche verdammen Regierungen – und deren Institutionen, Gesetze sowie die Märkte und Unternehmen, die sie tragen – zu einer Unfähigkeit, jene Entscheidungen zu treffen, die eine nachhaltige Gesellschaft hervorbringen könnten.

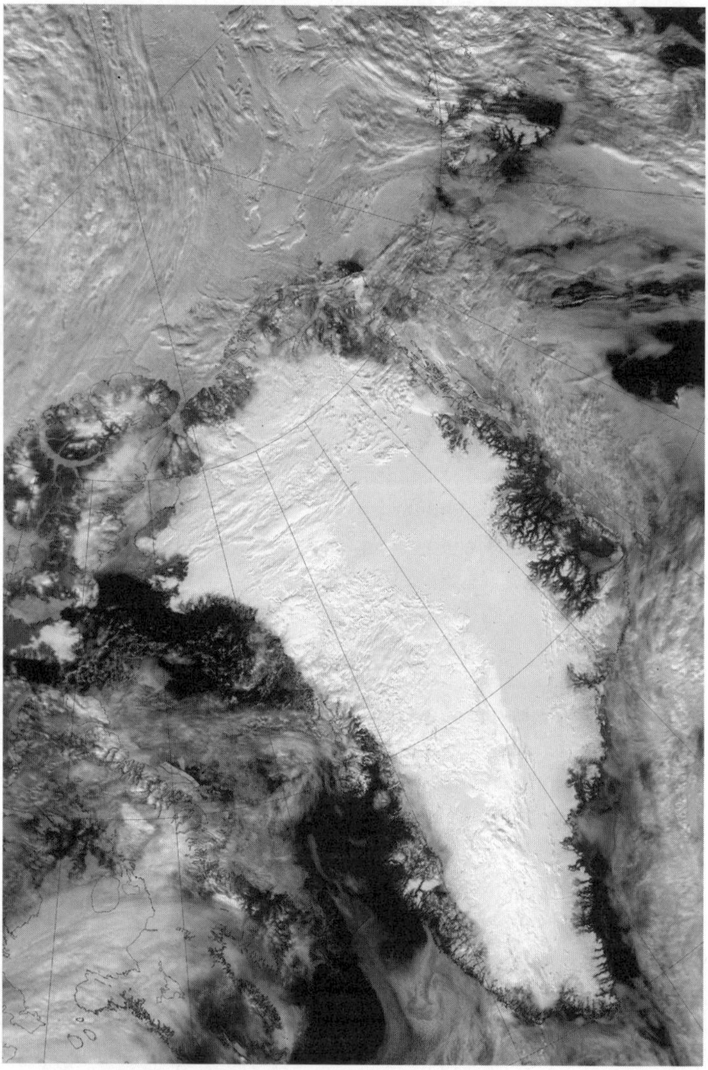

Satellite image of a snow and ice-covered Greenland in 2000
Quelle: NASA / Universal History Archive / The Bridgeman Art Library.

KAPITEL 10

Jenseits von Klimawandel

Klimawandel ist überall

Klimawandel ist überall. Nicht allein ändert sich überall auf der Welt das physikalische Klima, sondern – gleichermaßen wichtig – wir begegnen nun der *Vorstellung* von Klimawandel in allen Bereichen menschlichen Strebens, menschlicher Organisationen, Gewohnheiten und Geschichten. Die Vorstellung, dass die Menschen das (physikalische) Klima auf der Erde durch ihre kollektiven Handlungen verändern, eingefangen in der einfachen Wortzusammensetzung ›Klimawandel‹, ist heute im sozialen Diskurs ebenso allgegenwärtig und mächtig wie die Vorstellungen von Demokratie, Terrorismus oder Nationalismus. Zudem verbinden sich mit der Vorstellung von Klimawandel ebenso viele verschiedene Bedeutungen und Deutungen im zeitgenössischen politischen und kulturellen Leben wie mit allen anderen beflügelnden und flüchtigen Ideen.

Klimawandel ist daher überall zu finden. Ebenso wie die Veränderung des physikalischen Klimas auf der Welt unausweichlich ist, so ist die Vorstellung von Klimawandel unvermeidlich und überall im Umlauf. Sie kursiert Unruhe verbreitend in der Welt der nationalen und internationalen Politik. Sie wirkt mobilisierend in den Welten von Wirtschaft, Recht und internationalem Handel. Sie entfaltet ihre Wirksamkeit in den Welten von Wissen und Erfindung, von Entwicklung und Wohlfahrt, von Religion und Ethik sowie auf der öffentlichen Bühne. Und sie weckt Kreativität in den Welten von Kunst, Kino, Literatur, Musik und Sport.

Hinweise auf diese Durchdringung der sozialen und Vorstellungswelten sind nicht schwer zu finden. Als ich dieses Kapitel während einer Woche im Mai 2008 in Norwich, England, schrieb, erschienen die folgenden Ankündigungen, Berichte, Veranstaltungen und Geschichten auf meinem Computerbildschirm – Zeugen mannigfaltiger Welten, Netzwerke und Bewegungen in meinem Heimatland, die durch ihre Auseinandersetzung mit und ihre Entwicklung von der Vorstellung von Klimawandel einmalig verbunden sind. Hier die Übersicht:

- Ein neues interdisziplinäres Netzwerk wurde an der Universität von Cambridge eingerichtet, das die Themen rund um **Klimawandel** von einem ästhetischen und kulturellen Standpunkt aus erforscht. Es verleiht ›der wachsenden Zahl von Künstlern, Schriftstellern, Fotografen, Journalisten und Filmdirektoren, die auf dieses globale Phänomen reagieren, eine Stimme und eine Plattform‹.
- Das Royal Institute of International Affairs in London führte ein eintägiges Seminar zum Thema ›**Klimawandel** und geistige Eigentumsrechte‹ durch.
- Die Initiative der britischen Regierung *Together We Can*, die Regierung und Volk einander näher bringen soll, veröffentlichte einen gleichnamigen Film mit bekannten Gesichtern aus Politik, Wirtschaft und Unterhaltung in den Hauptrollen – Tony Blair, Stuart Rose, Annie Lennox, Claudia Schiffer –, die hinter einer einfachen Aussage standen: ›*Wenn wir zusammen arbeiten, können wir wirklich etwas bewegen im Kampf gegen* ***Klimawandel***‹.[403]
- Die Europäische Kommission und die University Association of Contemporary European Studies organisierten eine zweitägige Konferenz über ›**Klimawandel**, Energiesicherheit und Europas nächstes großes Projekt‹.
- Der Stadtrat von Birmingham kündigte das weltweit erste Festival an, um **Klimawandel** mit Stadtplanung und -design zu verbinden, mit dem Ziel, ›die Lebensqualität für die in der Stadt lebenden und arbeitenden Menschen zu verändern‹.
- Die New Economics Foundation in London veröffentlichte einen Bericht über die Antwort der Zivilgesellschaft auf **Klimawandel**, der die Beziehung zwischen Zivilgesellschaft, sozialer Gerechtigkeit und Klimawandel untersucht.
- Das britische Women's Research and Enterprise Forum hielt einen Workshop an der Universität von East Anglia ab. Das Frauenforschungs- und Unternehmensforum erkundete neue Geschäftsmöglichkeiten für Unter-

nehmerinnen, die vor dem Hintergrund von **Klimawandel** und einer kohlenstoffarmen Wirtschaft entstehen.

Das langsame Eindringen der Vorstellung von Klimawandel in breitere gesellschaftliche Kreise findet sich auch außerhalb britischer Landesgrenzen. In derselben Woche im Mai 2008 begegnete mir die Vorstellung von Klimawandel in den weltumspannenden Netzen, die den Norden mit dem Süden, den Osten mit dem Westen verbinden und durch die finanzielle, materielle, virtuelle und geistige Güter fließen. Auch dafür einige Beispiele:

- Das Science Centre Singapore (SCS) kündigte gemeinsam mit der National Environment Agency (NEA) und der Firma Shell in Singapur einen neuen fünfjährigen Ausstellungszyklus über globale Umweltherausforderungen an. **Klimawandel**, als eine der größten Ausstellungen, wurde im Jahr 2008 präsentiert.
- Die zweite internationale Konferenz zu **Klimawandel** und Armutsbekämpfung fand in Bonn statt und trat mit der Behauptung an, dass ›Klimawandel eine signifikante Gefahr für die Ziele des globalen Kampfes gegen die Armut darstellt‹.
- Eine Studie, die im Auftrag der Andean Community of Nations von der Universidad del Pacífico de Lima durchgeführt wurde, berichtet, dass **Klimawandel** die Andenstaaten bis zum Jahr 2025 jährlich 23 Milliarden Euro kosten könnte. Perus früherer Landwirtschaftsminister und Koordinator des Forschungsteams sagte, dass die Kosten dem Betrag entsprechen, den (die Anden-)Staaten heutzutage für das öffentliche Gesundheitswesen aufwenden.
- Die sudanesische Klimaforscherin Balgis Osman-Elasha wurde vom Umweltprogramm der Vereinten Nationen in Anerkennung ihrer Arbeit zu **Klimawandel** und Anpassung im Krisengebiet Darfur, Sudan, geehrt. Für ihre Arbeit über Gemeinschaften in Darfur und wie sie mit der Trockenheit zurechtkommen, erhielt sie die Auszeichnung *Champions of the Earth 2008* und nahm sie mit den Worten entgegen: ›Wir sollten jetzt handeln und dem Klimawandel Einhalt gebieten‹.
- Die *Washington Post* gab bekannt, dass einige der weltgrößten agrar-biotechnologischen Firmen sich für Hunderte Patente gentechnisch veränderter ›klimaresistenter Feldfrüchte‹ (*climate crops*) bewarben, was einer ›geistigen Landnahme‹ in diesem neuen lukrativen **Klimawandel**-Markt gleichkommt.

Es genügt nicht, geltend zu machen, dass diese Veranstaltungen, Initiativen, Berichte und Neuerungen lediglich dadurch miteinander verbunden seien, weil sie jeweils eine intuitive und unkomplizierte Antwort auf die Veränderung der physikalischen Klimata der Welt darstellten. Die Übernahme des Begriffs ›Klimawandel‹ mobilisiert jeweils sehr unterschiedliche Ideologien, Bedeutungen, Werte und Ziele. Und die Vielfalt von Bedeutungen, die mit diesem Begriff verbunden werden, erweitert sich, sobald man aus den formalisierten Austauschbeziehungen heraus in Gemeinschaften geht, die weniger mit globalisiertem Wissen, Politik und Unterhaltung konfrontiert sind. Diese mobilisierenden Erzählungen stecken nicht in den wissenschaftlichen Entdeckungen. Sie lassen sich nicht aus den wissenschaftlichen Bewertungen des Weltklimarats (IPCC) herauslesen. Die Vorstellung von Klimawandel bedeutet für verschiedene Personen in unterschiedlichen Kontexten, Orten und Netzwerken jeweils etwas anderes.

Es gibt keinen einzigen Blickwinkel oder Ausgangspunkt, von dem aus diese kaleidoskopischen Vorstellungen von Klimawandel verstanden werden könnten. Der Weltklimarat, der wohl zuerst die physikalische Realität von Klimawandel in breite gesellschaftliche Kreise einführte, hat einen aussagekräftigen wissenschaftlichen Konsens zur physikalischen Veränderung der Weltklimata zusammengestellt und präsentiert. An diese Wirklichkeit glaube ich. Doch die Beschäftigung mit Klimawandel führt uns weit über die physikalischen Änderungen hinaus, die von Naturwissenschaftlern gemessen, modelliert, projiziert und durch den Weltklimarat bewertet werden. Die Wissenschaft mag die Rätsel des Klimas lösen können, doch sie hilft uns nicht, die Bedeutung von Klimawandel aufzudecken. Wir brauchen neue Blickwinkel, um das Phänomen zu betrachten – eine neue Vorstellung, die durch unsere soziale Welt zirkuliert und sich verändert – und um zu verstehen, was Klimawandel für uns bedeutet. Eine Möglichkeit, um diesen Unterschied zwischen Klimawandel als physikalischer Änderung und als Vorstellung auszudrücken, wird in Exkurs 10.1 dargestellt.

In diesem abschließenden Kapitel von *Streitfall Klimawandel* wird eine Perspektive auf Klimawandel geboten, die über die Kategorien und Konflikte, die in den vorangegangenen Kapiteln untersucht wurden, hinausgeht. Es wagt einen Blick über die wissenschaftlichen Kontroversen und Fragen hinaus, ob zum Beispiel ein bestimmtes Wetterereignis durch globale Erwärmung hervorgerufen wurde. Ebenso lässt es Klagen hinter sich, ob dieses Fernsehprogramm oder jener Zeitungsartikel die Wissenschaft ›richtig‹ dargestellt hat. Es blickt weiter als die Debatten zum bestmöglichen Diskontsatz, der in den wirtschaftlichen Analysen von Klimawandel genutzt wird. Und es steht über den Auseinandersetzungen, ob ein bestimmtes Land oder ein bestimmter Präsident den ›Kampf‹ gegen den Klimawandel unterstützt oder behindert hat.

Ich behaupte in diesem Kapitel, dass Klimawandel kein Problem ist, das im Sinne zu mobilisierender technischer und politischer Ressourcen gelöst werden kann, wie etwa im Fall des stratosphärischen Ozonabbaus. Stattdessen schlage ich einen anderen Ausgangspunkt vor, um sich mit der Vorstellung von Klimawandel anzufreunden. Ich glaube, dass der Mensch mehr ist als ein physischer Körper und Klima mehr als eine physikalische Kategorie. Wir müssen die kreative psychologische, ethische und spirituelle Arbeit, die Klimawandel für uns leistet, aufdecken. Wenn wir verstehen, wie Klimawandel mit fundamentalen menschlichen Instinkten verbunden ist, eröffnen sich uns Möglichkeiten, Kultur und menschlichen Geist neu im Zentrum unseres Verständnisses für unser sich änderndes Klima zu verankern. Die Vorstellung von Klimawandel sollte als intellektuelle Ressource gesehen werden und nicht als Katalysator für Streitigkeiten darüber, wie, wann und wo man Klimawandel anpackt. Um diese Ressource können sich unsere kollektiven und personellen Identitäten und Vorhaben ausbilden und Gestalt annehmen. Wir müssen nicht fragen, was wir für Klimawandel tun können, sondern was Klimawandel für uns tun kann.

Exkurs 10.1
Klimawandel klein- und großgeschrieben

Einige der kulturellen und ideologischen Bedeutungen, die wir historisch mit dem Klimabegriff verbunden haben, wurden in Kapitel 1 *Was verstehen wir unter Klima?* beleuchtet. Ich möchte nun eine Möglichkeit vorschlagen, wie wir zwischen zwei verschiedenen Bedeutungen des Begriffs ›Klimawandel‹ unterscheiden können. Diese Differenzierung verbirgt sich hinter vielem, was ich geschrieben habe. In Anlehnung an die Geistesgeschichte[404], schlage ich vor, dass es hilfreich sein könnte, zwischen einem ›kleingeschriebenen‹ und einem ›großgeschriebenen‹ Klimawandel zu unterscheiden[405].

Wird Geschichte kleingeschrieben, bezieht sich das auf die positivistische Praxis der Geschichte, ›die Vergangenheit so, wie sie wirklich war‹, nacherzählen zu wollen – schnörkellos und ohne ideologische Trübung. Klimawandel mit kleinem Anfangsbuchstaben bezöge sich dann analog auf die Veränderung physikalischer Klimata, ein von Wissenschaftlern mit ›objektiven‹ und unabhängigen Methoden und Werkzeugen untersuchtes Phänomen. Umgekehrt, beginnt Geschichte mit einem Großbuchstaben, wird die Vergangenheit konstruktivistisch nacherzählt und neu gedeutet durch die Linse einer oder mehrerer überzeugter ideologischer Positionen, zum Beispiel der marxistischen Geschichte, der imperialen Geschichte oder der Neuen Wirtschaftsgeschichte. In Analogie könnte Klimawandel großgeschrieben demnach auf das Phänomen eines physikalisch veränderten Klimas verweisen, doch nun verwoben mit und gedeutet durch die weltanschaulich geprägten Geschichten, die über Klimawandel und was er bedeutet erzählt werden.

Um diese Nomenklatur zu veranschaulichen, betrachten wir die unterschiedliche Verwendung von ›Klimawandel‹ in den beiden folgenden Publikationen. Die Meteorologen Bradley Murphy und Bertrand Timbal veröffentlichten im Juni 2008 einen Übersichtsartikel zur aktuellen Klimavariabilität und zu Klimawandel im Südosten Australiens im *International Journal of Climatology*[406]. Meiner Ansicht nach bietet diese Übersicht ein Beispiel für kleingeschriebenen ›Klimawandel‹. Der Begriff wird substantivisch verwendet, um auszudrücken, dass die sich ändernden physikalischen Eigenschaften von Klima über die Zeit mit naturwissenschaftlichen Kategorien untersucht werden. Der Geograf John Robinson und seine Kollegen veröffentlichten ebenfalls im Jahr 2008 ein Sonderheft der Fachzeitschrift *Climate Policy* zum Thema der Integration von Klimawandelmaßnahmen in die lokale Entwicklung[407]. Hier sehen wir meines Erachtens ein Beispiel für großgeschriebenen ›Klimawandel‹. Der Begriff wird hier adjektivisch gebraucht, um eine bestimmte Kategorie individuellen und kollektiven Verhaltens darzustellen. Welche Maßnahmen als ›Klimawandelmaßnahmen‹ bezeichnet werden können und wie sie sich von anderen Maßnahmen unterscheiden, beruht auf einer Reihe von Annahmen und ideologischen Filtern, die eine ganz andere Vorstellung von Klimawandel wiedergeben als jene, die Gegenstand der Untersuchungen von Murphy und Timbal ist. In der Tat ist die Beziehung zwischen diesen beiden Bedeutungskategorien keineswegs offensichtlich.

Eine derartige Unterscheidung zwischen Klimawandel als Substantiv beziehungsweise als Adjektiv, also zwischen Klimawandel als physikalischem Phänomen und als Vorstellung, mag nicht immer eindeutig sein. Doch als stilisierte Zerrbilder zweier extremer Positionen helfen sie, die Ursachen einiger unserer Irritationen über Klimawandel klarer zu erkennen. Weiter hinten in diesem Kapitel diskutiere ich vorzugsweise großgeschriebenen Klimawandel statt kleingeschriebenem (das sich ändernde physikalische Klima).

Es gibt ernstzunehmende Grenzen, wenn Klimawandel in einem Rahmen von Problem und Lösung betrachtet wird; dies wird im zweiten Abschnitt ausgeführt. Was von Klimawissenschaftlern in den 1980er- und 1990er-Jahren als Umweltproblem dargestellt wurde, verwandelte sich in etwas ganz anderes. Mein Argument lautet, dass Klimawandel heute mehr Wirksamkeit als mobilisierende Vorstellung entfaltet denn als physikalisches Phänomen. Einer Vorstellung kann man sich bedienen, aber man kann keine Lösung dafür finden. Klimawandel kann nicht länger als ein Umweltproblem behandelt werden, das nach technischen Lösungen verlangt. Klimawandel ist nicht vergleichbar mit Blei im Kraftstoff oder Asbest in Bauwerken – unerwünschte physikalische Substanzen, die es zu eliminieren oder zu regulieren gilt. Ebenso wenig ist Klimawandel einfach nur ein gesellschaftliches Problem, das eine politische Lösung sucht, und ungleich Sklaverei oder häuslicher Gewalt, die Verzerrungen menschlicher Beziehungen darstellen, die verboten oder kontrolliert werden müssen. Klimawandel wird weder durch Wissenschaft oder Technik ›gelöst‹ werden – wenngleich die Wissenschaft weiterhin neue Erkenntnisse über unser sich änderndes Klima erarbeiten wird und Technik uns neue Möglichkeiten eröffnen wird, damit zu leben. Ebenso wenig werden weder Politik noch Wirtschaft Klimawandel ›lösen‹ – obwohl die Politik Wege zu kooperativem Handeln sucht und die Wirtschaft einige der Probleme unseres neuen Lebens mit Klimawandel mildern wird. Im zweiten Abschnitt finden die Konzepte von ›bösartigen Problemen‹ und ›unbeholfenen Lösungen‹ Anwendung, um dieses Argument zu untermauern und um zu zeigen, warum sogar diese eher subtilen ›Problem-Lösung‹-Ansätze für Klimawandel sehr wahrscheinlich zum Scheitern verurteilt sind.

Statt Klimawandel zu ›lösen‹, schlage ich im dritten Abschnitt vor, uns ›Klimawandel‹ als einer ideenreichen Vorstellung zu nähern; als einer Vorstellung, die wir entwickeln und anwenden, um für uns eine ganze Reihe von Aufgaben zu erfüllen. Weil die Vorstellung von Klimawandel so formbar ist, kann sie für viele unserer Vorhaben eingesetzt werden und gleichzeitig viele unserer psychologischen, ethischen und spirituellen Bedürfnisse erfüllen. Dieser Abschnitt zeigt vier mobilisierende Erzählweisen zu Klimawandel auf, die ihre Wurzeln in unseren menschlichen Antrieben Sehnsucht nach Vergangenem (Nostalgie), Angst, Stolz und Gerechtigkeit haben. Diese Geschichten, wie die Vorstellung von Klimawandel unsere menschlichen Bedürfnisse erfüllt, mache ich an Metaphern fest – entsprechend benannt als ›Trauern um den Garten Eden‹, ›Die Apokalypse erahnen‹, ›Der Turmbau zu Babel‹ und ›Ein Heiliges Jahr feiern‹.

Weil ich die Auffassung vertrete, dass die größte Bedeutung von Klimawandel ideologischer und symbolischer Natur ist und nicht physikalischer und substanzieller Natur, bringt uns der vierte Abschnitt zurück zu Kapitel 1 *Was verstehen wir unter Klima?*. Dort argumentierte ich, dass unsere sinnlichen Erfahrungen und die wissenschaftliche Darstellung physikalischen Klimas schon immer untrennbar waren und – wenn auch häufig unreflektiert – mit Bedeutungen verwoben, die kulturelle und ideologische Bewegungen widerspiegeln. Hier argumentiere ich, dass Klimawandel und nicht das Klima per se im 21. Jahrhundert der neue Ort solcher Verschränkungen wird. Ebenso, wie es wichtig ist zu erkennen, dass die Vorstellung von *Klima* nicht vollständig von unseren kulturellen und persönlichen Hintergründen ›gereinigt‹ werden kann, müssen wir jetzt begreifen, dass die Vorstellung von *Klimawandel* durch dieselben Hintergründe mitgeprägt wird. Wissenschaft hat ›Klimawandel‹ verallgemeinert und materialisiert; nun müssen wir das Thema präzisieren und vergeistigen. Die vier von mir angebotenen Erzählungen von Eden, der Apokalypse, von Babel und Heiligen Jahren sind Versuche, dies zu tun, indem wir uns Spiegel vorhalten, um uns darin betrachten zu können und die einige der Widersprüche enthüllen, die uns menschlich machen.

Dieses Kapitel und das Buch enden mit einem Blick auf die Welt jenseits von Klimawandel. Die Klimata der Welt werden sich weiterhin ändern, für unsere Generation und auch für künftige Generationen. Menschliche Einflüsse auf die physikalischen Eigenschaften von Klima sind heute, und möglicherweise wird es für immer so sein, untrennbar mit den Naturkräften verbunden. Genau so wird sich auch die *Vorstellung* von Klimawandel weiter ändern und ebenso werden wir neue Wege finden, um diese Vorstellung zur Befriedigung unserer Bedürfnisse zu nutzen. Wir werden mit dem Erfinden und Erzählen neuer Geschichten zu Klimawandel fortfahren und sie für die Unterstützung unserer Vorhaben mobilisieren. Diese Geschichten können uns lehren, uns auf verschiedene Vorhaben einzulassen. Und wir werden einander widersprechen. Doch können wir wenigstens verstehen, dass die Quelle unserer beständigen Meinungsverschiedenheiten über Klimawandel in uns liegt, in unseren Werten, unserem Selbstverständnis und in unseren Zielen.

Warum Klimawandel nicht ›gelöst‹ werden wird

Der vierte Sachstandsbericht des Weltklimarats aus dem Jahr 2007 gehört in eine Reihe von Veranstaltungen, Berichten, Stellungnahmen und Kampagnen der letzten Jahre, die jeweils als *der* Wendepunkt im Kampf gegen Klimawandel angekündigt wurden. Bei jeder dieser Gelegenheiten eröffneten uns Kommentatoren die Aussicht, dass Lösungen für Klimawandel kurz bevorstehen und deutlicher hervortreten würden als die Ursachen von Klimawandel. Einige davon sollen hier angeführt werden.

Bei der Veröffentlichung des Stern-Reports im Oktober 2006 behauptete der Ökonom Cameron Hepburn aus Oxford, ›wenn die Geschichte über die Antwort der Welt auf Klimawandel geschrieben wird, wird der Stern-Report als ein Wendepunkt gewürdigt werden‹. Und Claude Mandil, damals Direktor der Internationalen Energieagentur, gratulierte »Sir Nick Stern und seinem Team für die Erarbeitung eines historischen Berichtes, der zweifelsohne den politischen Willen zum Wandel bei Regierungen in aller Welt bekräftigen wird«[408]. Einige Monate später, im Februar 2007, als der Weltklimarat seinen vierten Sachstandsbericht über die wissenschaftlichen Erkenntnisse zu Klimawandel veröffentlichte, wurde ähnlich optimistisch über den Übergang vom Reden zum Handeln gesprochen. »Der umfangreiche Bericht der Vereinten Nationen wird die wissenschaftliche Debatte beenden. Wird die Welt nun handeln?«[409] Der damalige britische Umweltminister, David Miliband, teilte dieses Gefühl einige Wochen später, nachdem er von einem Treffen der Internationalen Gesetzgeberorganisation für eine ausgewogene Umwelt (GLOBE) in Washington zurückgekehrt war: »Dieses Jahr könnte möglicherweise ein Kipppunkt im Kampf gegen Klimawandel sein«[410].

Als der Friedensnobelpreis im Oktober 2007 an Al Gore und den Weltklimarat zusammen vergeben wurde, erzeugte dies eine zusätzliche Welle der Zuversicht, dass ein Wendepunkt erreicht sei. Der Gouverneur von New Mexico, Bill Richardson, behauptete, »Al Gores Arbeit gegen die globale Erwärmung hat eine Wende in diesem Kampf eingeleitet und seine Auszeichnung heute ist eine angemessene Anerkennung«[411]. Die Vereinbarung des Aktionsplans von Bali während der 13. Vertragsstaatenkonferenz der Klimarahmenkonvention im Dezember 2007 (COP-13) zur Festlegung der Etappen für ein Nachfolgeabkommen des Kyoto-Protokolls wurde ebenfalls überschwänglich begrüßt. Der Generalsekretär der Vereinten Nationen, Ban Ki Moon, eröffnete die Konferenz in Bali mit den Worten: »Wir versammeln uns, weil die Zeit des zweideutigen Redens vorüber ist. Klimawandel ist die größte Herausforderung unserer Zeit. Die Wissenschaft ist eindeutig: Klimawandel findet statt, die Auswirkungen sind real. Jetzt ist die Zeit zu handeln«. Der indonesische Umweltminister und Präsident der Konferenz, Rachmat Witoelar, begrüßte das Ergebnis der Konferenz: »Das ist ein echter Durchbruch, eine echte Gelegenheit für die internationale Gemeinschaft, um Klimawandel erfolgreich zu bekämpfen«[412].

Diese Stimmen kamen aus Politik, Wissenschaft, Wirtschaft und Journalismus. Es waren optimistische und hoffnungsvolle Stimmen, um die sich politische Befürworter, Aktivisten, Wirtschafts- und Religionsführer, Bürger und berühmte Persönlichkeiten scharten und die Nachricht bis in die letzten Winkel unserer Gesellschaften verstärkten und verbreiteten: ›Jetzt ist die Zeit zu handeln‹. Diese Sirenengesänge haben erklärt, geschmeichelt, geschimpft, eingeschüchtert, gepredigt – sogar gefleht – damit die Gesellschaft Beachtung schenkt, bereut, Überzeugungen, Verhalten und Gewohnheiten ändert.

Dennoch kam es nicht zur ›Erleuchtung‹. Die Welt blieb stur und hat sich nicht verändert. Einige politische Neuerungen sind hier und da aufgetreten. Einige Unternehmen stürzten sich in die Kohlenstoffmärkte. Aktionsgruppen mobilisierten gegen den Ausbau von Flughäfen und Kohlekraftwerken. Und viele Millionen unterschrieben freiwillig Zusagen zu Emissionsminderungen. Doch die Treibhausgasemissionen steigen weiter – um weltweit 16 Prozent in der Dekade nach dem Aushandeln des Kyoto-Protokolls – ebenso wie die globale Temperatur und der Meeresspiegel.

Wir müssen uns einer unbequemen Wahrheit stellen. Seit mehr als 25 Jahren leben wir mit den Einschätzungen des Weltklimarats, seit mehr als 20 Jahren mit den Verhandlungen zur Klimarahmenkonvention (UNFCC), seit mehr als 16 Jahren mit den durch das Kyoto-Protokoll angeregten klimapolitischen Aktivitäten und mit fortlaufenden Runden von G8-Konferenzen, bei denen das Thema Klima an oberster Stelle der Tagesordnung stand: Doch keiner dieser weltweiten Einsätze von Wissenschaft, Wirtschaft, Internationalen Beziehungen, Diplomatie und Politik brachte den begehrten Preis. Weder wurde Senator Richardsons ›Kipppunkt‹ erreicht *noch* kam Minister Witoelars ›Durchbruch‹. Aus den Erdsystemwissenschaften wissen wir, dass das physikalische Klimasystem träge gegenüber externen Kräften ist. Inzwischen haben wir nun ebenfalls entdeckt, dass auch die globale Energiewirtschaft träge ist im Hinblick auf technologische Innovationen und – dies keine neue Entdeckung – dass menschliches Verhalten bloßen Ermahnungen gegenüber unempfindlich ist.

Vielleicht hat uns diese besondere Art, Klimawandel darzustellen (als ein Megaproblem, das eine Megalösung verlangt), auf den falschen Weg gebracht. Indem wir Klimawandel als ›die Mutter aller Probleme‹ – ›die größte langfristige Herausforderung der Menschheit‹ – deuten, haben wir uns vielleicht selbst ausmanövriert. Wir ließen es zu, dass das Thema Klimawandel immer weitere Probleme unserer Welt an sich zieht – endemische Armut, nicht nachhaltige Energie, Klimarisiken, Nahrungsmittelsicherheit, Strukturanpassungen, exzessiver Konsum, Regenwaldabholzung, Verlust von Biodiversität – und haben sie mittels der Metaerzählung von Klimawandel miteinander verflochten.

Wir haben eine politische Blockade von gigantischen Ausmaßen erzeugt, die nicht nur unlösbar ist, sondern vielleicht sogar außerhalb unseres Begriffsvermögens liegt. Verbinden wir dies mit der Rhetorik von Zerbrechlichkeit und Katastrophe – »zehn Jahre, um katastrophalen Kipppunkten aus dem Weg zu gehen«[413] – und unserer postmodernen »Abneigung gegen Metaerzählungen«[414], dann sind wir vielleicht wirklich schon verloren. Kein Wunder, dass die Geoingenieure dieser Erde aus dem Schatten treten und uns ihre abweichende prometheische Vision einer ›Generallösung‹ vorlegen.

Klimawandel als ›bösartiges Problem‹

Vor mehr als 30 Jahren schlug der Planungstheoretiker und Mathematiker Horst Rittel den Begriff ›bösartige Probleme‹ vor, um eine Kategorie öffentlicher politischer Angelegenheiten zu beschreiben, die rationalen und optimalen Lösungen trotzen. Für Rittel und seinen Kollegen Melvin Webber[415] sind bösartige Probleme im Prinzip einmalig, lassen sich nicht endgültig beschreiben und können als Symptome wiederum anderer Probleme angesehen werden. Es ist wegen der komplexen wechselseitigen Abhängigkeiten in den betroffenen Systemen kaum möglich, Lösungen für bösartige Probleme zu erkennen. So offenbart oder erzeugt die Lösung für einen Aspekt eines bösartigen Problems oftmals weitere, sogar noch komplexere Probleme, die wiederum nach Lösungen verlangen.

Diese Beschreibung passt sehr gut darauf, was gewöhnlich als das ›Problem‹ von Klimawandel verstanden wird. Wie die früheren Kapitel gezeigt haben, weist Klimawandel, so wie das Problem gewöhnlich formuliert wird, alle Attribute eines bösartigen Problems auf: eine Situation bestimmt durch »Unsicherheit, durch widersprüchliche und unklar definierte Bedürfnisse, Vorlieben und Werte, durch unklares Verständnis der Mittel, Folgen oder kumulativen Wirkungen kollektiver Handlungen und durch unbeständige Mitwirkung, in der verschiedene parteiische Teilnehmer Ressourcen in schwankendem Umfang zur Problemlösung bereitstellen«[416]. ›Zahme‹ Probleme dagegen – obwohl sie kompliziert sein können – haben relativ gut definierte und erreichbare Endstadien und sind daher potenziell lösbar. Das Beispiel des stratosphärischen Ozonabbaus (siehe Exkurs 9.1) mag in diese Kategorie fallen. Bösartige Probleme jedoch belasten offene, komplexe und unvollständig verstandene Systeme und liegen jenseits der Reichweite von reinem technischem Wissen und traditionellen Formen der Steuerung.

Klimawandel nicht als ein ›bösartiges Problem‹ verstanden und behandelt zu haben, führte zum Aufbau einer globalen Lösungsstruktur; mit Elementen, die angesichts der Widerspenstigkeit des Themas entweder ungeeignet oder unzweckmäßig erscheinen. In den vorangegangenen Kapiteln haben wir eine Reihe dieser Elemente beschrieben und erläutert und dabei deutlich gemacht, wie oft sie entweder energischen Widerspruch provozieren oder das Problem einfach anderswohin verlagern. Einige seien hier nochmals ausgeführt:

- der Wunsch, ein einzelnes und universelles politisches Ziel zu erreichen, nämlich ein globales atmosphärisches Treibhausgaskonzentrationsziel, das mutmaßlich ›gefährlichen‹ Klimawandel verhindern soll (siehe Kapitel 3 *Was leistet Wissenschaft?*),
- der Wunsch, einen einzigen weltweiten Kohlenstoffmarkt zu etablieren, um dadurch das ›Marktversagen‹ zu korrigieren, das, wie behauptet wird, Klimawandel verstärkt (siehe Kapitel 4 *Welchen Wert haben Werte?*),
- der Wunsch, eine soziale Revolution von ›unten‹ auszulösen und dabei die Vorstellungen von Konsum, Wachstum und Kapitalismus zu überdenken (siehe Kapitel 5 *Woran wir glauben* und Kapitel 8 *Was ist Fortschritt?*),
- der Wunsch, die Armut weltweit zu verringern und damit Verwundbarkeit, soziale Ungerechtigkeit und politische Instabilität zu mindern (siehe Kapitel 8 *Was ist Fortschritt?*),

- der Wunsch, Forschungs- und Entwicklungsinvestitionen in kohlenstofffreie Energietechnologien auf ein Niveau wie sonst nur zu Kriegszeiten zu heben, um damit technologische Lösungen zu Klimawandel zu befördern (siehe Kapitel 9 *Wer regiert das Klima?*),
- der Wunsch, ein einziges globales politisches System oder Verhandlungsprotokoll zu etablieren, das alle Nationen unterschreiben und damit eine globale Klimasteuerung aufbauen (siehe Kapitel 9 *Wer regiert das Klima?*),
- die Förderung einer neuen Generation von Geoengineering-Technologien, um den zusätzlichen Treibhauseffekt auszugleichen, ohne sich auf das oben Genannte verlassen zu müssen: Kohlenstoffmärkte, saubere Technologien, Umverteilen von Wachstum und Verbrauchssteuerung (siehe Kapitel 9 *Wer regiert das Klima?*).

Das Problem mit all diesen verschiedenen, und manchmal widersprüchlichen, Elementen der globalen Lösungsstruktur ist, dass sie die ›Bösartigkeit‹ von Klimawandel unterschätzen und die Fähigkeiten von Wirtschaft, Politik oder Technik überschätzen, ein sich veränderndes Klima zu ›zähmen‹ oder zu ›beherrschen‹. Diese Lösungselemente beruhen zu sehr entweder auf der Theorie rationaler Entscheidung in den Wirtschaftswissenschaften, der Regimetheorie in den Politikwissenschaften, dem gesellschaftlichen Zwang in der Verhaltenssteuerung oder der Regelungstechnik in der Anwendung von Technologien.

Diese globale Lösungsstruktur geht an einer grundlegenden Frage vorbei, die nur selten in den einschlägigen Foren angesprochen wird, in denen diese Debatten und Uneinigkeiten auftauchen: Womit könnten wir die bestmögliche Leistung der menschlichen Spezies ermitteln, was wollen wir optimieren? Geht es darum, Klima wieder zu stabilisieren, die Bevölkerung zu stabilisieren oder unseren ökologischen Fußabdruck zu verkleinern? Oder darum, die Lebenserwartung zu steigern, das Bruttoinlandsprodukt zu maximieren, die Armut zur Geschichte zu machen oder die Summe des globalen Glücks zu steigern? Oder ist es der höchstmögliche Leistungsnachweis für die Menschheit, einfach zu überleben?

Das Endziel der Menschheit wird für jene Menschen klar sein, die eine Klimastabilisierung ganz oben auf ihre Liste gesetzt haben, doch bösartige Probleme ordnen sich solch eindimensionalen Zielsetzungen nicht unter. Und Klimastabilisierung als allumfassendes Ziel für die Menschheit zu setzen, wird, so glaube ich, zur Ernüchterung führen. Kohlenstoffdioxidkonzentrationen werden absehbar weiter steigen, die weltweite Temperatur wird sich weiter erhöhen, der Meeresspiegel wird global weiter ansteigen und das Wetter wird weiter verheerenden sozialen Schaden anrichten. Diese Leitindikatoren für Klimawandel werden unseren Eingriffen für mindestens eine weitere Generation, wenn nicht länger, widerstehen, ungeachtet unserer Erfolge bei der Verlangsamung des Anstiegs globaler Treibhausgasemissionen. Für mindestens die Hälfte einer Lebenszeit oder mehr werden wir keine quantitativ indizierten Beweise für die ›Lösung‹ sehen[417].

Oder stellen Sie sich die Welt in knapp 50 Jahren vor, im Jahr 2060, wenn sich die weltweiten Treibhausgaskonzentrationen, optimistisch betrachtet, auf einem Niveau zwischen 450 und 550 Teilen pro Million stabilisiert haben. Damit könnten Aussichten auf eine Begrenzung der globalen Temperatur auf nicht mehr als 2° bis 3° C über dem vorindustriellen Wert und einem möglichen Anstieg des globalen Meeresspiegels auf weniger als einem Meter realistisch sein. In einer solchen Zukunft werden wir möglicherweise unserem vorrangigen Ziel der Stabilisierung globalen Klimas näher gekommen sein, doch wird die Welt dadurch ein besserer Ort sein? Im Jahr 2060 werden wir weiterhin in einer Welt mit Kriegen, Armut, Ungleichheit, Hunger und Krankheit leben. Zyklone, Trockenheit und Überschwemmungen werden weiterhin Tod und Zerstörung hervorrufen. Das bloße Stabilisieren von Klima wird nicht notwendigerweise bei der Minderung dieser materiellen Nöte im Vergleich zu heute helfen[418]. Es ist nicht einzusehen, warum in dieser zukünftigen klimastabilisierten Welt unsere Bevölkerungszahlen geringer wären, unser ökologischer Fußabdruck kleiner, unsere Armut weniger, unser Bruttoinlandsprodukt größer, unsere Lebenserwartung höher oder unser Glück reichlicher im Vergleich zu einer anderen möglichen Welt der Zukunft. Worum also geht es letztendlich bei diesem menschlichen Vorhaben?

Klimawandel als ›unbeholfene Lösung‹

Eine mögliche Reaktion auf die Anerkenntnis, dass Klimawandel ein bösartiges und kein zahmes Problem ist, wäre es, neu über die Art von Lösungen nachzudenken, die wir suchen, und uns auch zu überlegen, wie wir diese umsetzen[419]. Eine Anpassung könnte in der Vorstellung der ›unbeholfenen Lösungen‹ liegen, die wir im Kapitel 9 *Wer regiert das Klima?* eingeführt haben. Der amerikanische Rechtswissenschaftler Michael Shapiro hat 1988 den Begriff der ›unbeholfenen Einrichtungen‹ als eine Möglichkeit geprägt, von der Vorstellung wegzukommen, dass nur *eine* Definition ausgewählt werden darf und alle anderen verworfen werden müssen, wenn widersprüchliche Definitionen von Problemen und Lösungen aufeinandertreffen. Unbeholfene Lösungen erlauben es, einige oder alle dieser widersprüchlichen Ziele und Grundsätze gleichzeitig zu verfolgen.

Unbeholfenheit tritt daher als das Gegenteil zu Eleganz und Optimalität in politischen Entscheidungsprozessen hervor. Sie passt nicht recht zu universalistischen Geisteshaltungen, kommen sie nun aus der Wissenschaft, Wirtschaft, Religion, Risikomanagement, Entwicklung oder Politik. An ›unbeholfene Lösungen‹ zu glauben, verlangt, dass mannigfaltige Werte, Bezugssysteme und Stimmen gemeinsam nutzbar gemacht werden – ungeschickt, widersprüchlich – für unsere Antwort auf ›bösartige Probleme‹. ›Die Erde ist ein Ganzes, doch die Welt ist es nicht‹, erklärte Gro Harlem Brundtland in *Unsere gemeinsame Zukunft* im Jahr 1987. Die Erdsystemwissenschaft mag einen einheitlichen Rahmen von Erklärungen und Voraussagen fordern und finden, doch unsere soziale Welt widersetzt sich solchen vereinheitlichenden Rahmen.

Der scharfsinnige britische Historiker Isaiah Berlin sagte diese Art von Denken 1969 voraus, als er in seinem Essay *Liberty* schrieb: »Was das Alter verlangt (…) ist nicht mehr Glauben, Führungsstärke oder wissenschaftlichere Organisation. Eher trifft das Gegenteil zu – weniger messianische Begeisterung, mehr aufgeklärte Skepsis, mehr Toleranz für Eigenheiten, häufigere ad hoc Maßnahmen, um Ziele in einer absehbaren Zukunft zu erreichen«[420]. Berlin hätte die Metapher der ›silbernen Schrotladung‹ gutgeheißen, die Prins und Rayner zur Beschreibung möglicher unbeholfener Lösungen für Klimawandel verwendet haben, eher als die Metapher einer ›silbernen Kugel‹ (siehe Kapitel 9 *Wer regiert das Klima?*). Unbeholfenheit suggeriert, dass wir die Formulierung unserer Probleme an unsere Problemlösungsfähigkeiten anpassen, statt zu glauben, dass unser menschlicher Einfallsreichtum Lösungen für welches Problem auch immer finden kann, das wir uns beiläufig ausdenken.

Unbeholfenheit hat sicherlich ihren Reiz, doch es liegt auch eine Beschränkung darin, über Klimawandel selbst in Form von unbeholfenen, suboptimalen Lösungen nachzudenken. Wir formulieren Klimawandel immer noch als ein Problem, das gelöst werden muss. *Wenn* die Emissionen zu sinken beginnen, *wenn* sich die Treibhausgaskonzentrationen stabilisieren, *wenn* die globale Temperatur und der Meeresspiegel Größen sind, die unter menschliche Kontrolle gebracht werden, dann – und nur dann – werden wir erfolgreich gewesen sein. Wir haben Klimawandel zu dem vorrangigen Projekt dieser Generation gemacht. Wir sind durch unsere eigene Rhetorik überzeugt, dass es dieses Vorhaben ist – und nur dieses Vorhaben – an dem uns zukünftige Generationen beurteilen werden. Der altgediente Umweltaktivist George Monbiot hat die Parole ausgegeben: »Die Eindämmung von Klimawandel muss (…) zu dem Projekt werden, das wir allen anderen voranstellen. Wenn wir an dieser Aufgabe scheitern, scheitern wir auch in allen anderen Dingen«[421].

Doch unbeholfene Lösungen sind nicht nur suboptimal in der Ausgestaltung, auch ihre Ergebnisse sind suboptimal und ihre Kriterien nicht vergleichbar. Indem man den verschiedenen Aspekten unerwünschter Einflussgrößen und Ergebnisse von Klimawandel Aufmerksamkeit schenkt und dies mit vielfältigen Mitteln und auf verschiedenen Skalen tut, werden unbeholfene Lösungen dennoch keinen Beitrag für ganzheitliche Erfolge leisten. Sie könnten sich letzten Endes gegenseitig neutralisieren. Erfolg in der Ausweitung der Biokraftstoffproduktion, um fossile Kohlenstoffe in unserem flüssigen Benzingemisch zu ersetzen, reduziert Biodiversität und Ernährungssicherheit – genau die Folge von Klimawandel, die wir zu vermeiden suchen. Die Verbesserung der Energieeffizienz in Haushaltselektronik führt zu mehr Energieverbrauch durch andere Konsumpraktiken. Die Preisermittlung der international gehandelten Güter entsprechend ihres globalen Kohlenstofffußabdrucks bedroht die Existenz von Eigenbedarfslandwirten in Kenia und steigert deren Anfälligkeit für die Unbeständigkeit des Klimas. Diese Perversion von Ergebnissen ist charakteristisch für bösartige Probleme, die auch unbeholfene Lösungen nicht beseitigen können.

Die globalen Netzwerke von Beziehungen und Abhängigkeiten, die sich über Materialflüsse, Finanzströme, soziales und virtuelles Kapital nachvollziehen lassen, reagieren und passen sich in komplexen und unvorhersagbaren Weisen an. Wie der Sozialwissenschaftler Bruno Latour im Zusammenhang mit den Risikotheorien bemerkte, können die Nebenfolgen unserer unbeholfenen Lösungen zu Klimawandel »so zahlreich sein, dass ihre starke Vermehrung Projekte aufgezehrt hat bis zu dem Punkt, an dem diese Projekte selbst nicht mehr wiederzuerkennen waren«[422]. Was als Antwort oder Lösung zu Klimawandel beginnt, endet möglicherweise mit der Neudefinition und vielleicht mit dem Vervielfachen des Problems auf anderen Wegen. Wir müssen die ›Bösartigkeit‹ von Klimawandel erkennen und müssen einsehen, dass zwar Unbeholfenheit – mit all ihrer Widersprüchlichkeit und Unordnung – vielleicht die Grenze unserer menschlichen Reaktionsfähigkeit markiert, aber sie nicht die Ergebnisse liefern wird, die wir suchen.

Doch wenn das alles ist, was Klimawandel für uns bedeutet – ein (bösartiges) Problem, das fortwährend auf (unbeholfene) Lösungen wartet –, dann haben wir unsere Vorstellungskraft sehr eingeschränkt. Es gibt eine weitere Haltung jenseits von Klimawandel, die wir erreichen müssen.

Vier Mythen[423] zu Klimawandel

Wenn Klimawandel kein Problem ist, das gelöst werden kann – weder durch elegante noch durch unbeholfene Lösungen –, dann müssen wir andere Wege finden, das Problem einzustufen. Für einen besseren Blickwinkel schlage ich vor, unsere Position zu ändern und Klimawandel nicht als ein zu lösendes Problem zu betrachten, sondern als eine Ressource unserer Vorstellungskraft. Dadurch, dass wir uns Klimawandel als einer Idee nähern, die mobilisiert werden kann, um eine Vielzahl von Aufgaben zu erfüllen, können wir vielleicht erkennen, was Klimawandel für uns tun kann, statt verzweifelt danach zu suchen, was wir für (oder gegen) Klima tun können.

Die Vorstellung von Klimawandel lässt sich hinreichend formen, um in vielen menschlichen Unternehmungen eingesetzt zu werden. Wir sahen dies in der Einführung dieses Kapitels, als wir die verschiedenen Projekte Revue passieren ließen, die sich unter der Überschrift Klimawandel einreihen: die kreativen Künste, das Überdenken geistigen Eigentums, sichere Energieversorgung, Stadtplanung, Linderung der Armut, Gleichberechtigung der Geschlechter, gentechnisch veränderte Feldfrüchte. Wir können die Vorstellung von Klimawandel auch bewusst oder unbewusst formen, um viele unserer psychologischen, ethischen und spirituellen Bedürfnisse zu erfüllen. Dieser Abschnitt schlägt vier Möglichkeiten vor, wie unsere Gedanken, Diskurse und Gefühle zu Klimawandel mit tieferliegenden Annahmen über die Welt um uns – und nach und vor uns – und unser Verhältnis zu ihr aufgeladen werden. In dieser Bedeutung wird Klimawandel – kleingeschrieben: physikalische Veränderung – zu Klimawandel – großgeschrieben: Ideologieträger (siehe Exkurs 10.1).

Solcherart Reden über Klimawandel bezeichne ich als ›Mythen‹. Dabei nutze ich diesen Begriff nicht in der gängigen Bedeutung, die Unwahrheit suggeriert, sondern in der spezifisch anthropologischen Bedeutung von Erzählungen, die »jene fundamentalen Wahrheiten verkörpern, die unseren Annahmen über alltägliche oder wissenschaftliche Realität zugrunde liegen«[424]. Mythen in diesem nicht abwertenden Sinn werden zu starken kollektiven Erzählungen, die ansonsten sehr verschiedene Perspektiven und Personen miteinander verbinden können. Diese unbegreiflichen, psychologischen, soziologischen und erzieherischen Funktionen von Mythen sind wichtiger als ihre ›wissenschaftliche‹ Wahrheit oder Unwahrheit. In der Tat überschreiten Mythen in diesem anthropologischen Sinn die wissenschaftlichen Kategorien von ›wahr‹ und ›falsch‹.

Die vier Mythen zu Klimawandel, die ich hier anbiete, wurzeln in unseren innersten Antrieben: Sehnsucht nach Vergangenem (Nostalgie), Angst, Stolz und Gerechtigkeit. Ich will damit weder sagen, dass dies die einzigen Mythen sind, die um das Thema Klimawandel gebildet werden können, noch dass die mit ihnen verknüpften Instinkte notwendigerweise universelle menschliche Werte enthüllen[425]. Doch ich bin sehr wohl der Überzeugung, dass sie einige unserer beständigsten psychologischen menschlichen Antriebe erfassen. Jeder Mythos wird mit einer Metapher – oder einem Avatar – verknüpft, um den konstruierten Charakter dieser Handlungen hervorzuheben und eine sinnträchtigere Bezeichnung anzubieten. Da ich aus einer westeuropäischen Kultur mit einem Erbe jüdisch-christlicher Mythologie komme, übernehme ich biblische Metaphern für diese Klimawandelmythen: ›Trauern um den Garten Eden‹, ›Die Apokalypse erahnen‹, ›Der Turmbau zu Babel‹ und ›Ein Heiliges Jahr feiern‹. Entsprechende Metaphern, die sich auf Nostalgie, Angst, Stolz und Gerechtigkeit beziehen, können auch in anderen Traditionen wie im Hinduismus, in der altnordischen und chinesischen Mythologie gefunden werden.

Trauern um den Garten Eden

Dieser Klimawandelmythos bezieht sich auf die in Kapitel 1 unter der Überschrift *Die Wildheit von Natur* eingeführte Lesart von Klima. Zur Charakterisierung dieses Mythos wähle ich das biblische Bild vom verlorenen Garten Eden, das die Vorstellungen von Verlust, Wehklage und Sehnsucht nach einer Wiederherstellung einfängt. So steht im ersten Buch Mose geschrieben: »Da wies ihn Gott der Herr aus dem Garten Eden, dass er die Erde bebaute, von der er genommen war. Und er trieb den Menschen hinaus und ließ lagern vor dem Garten Eden die Cherubim mit dem flammenden blitzenden Schwert, zu bewachen den Weg zu dem Baum des Lebens«[426].

In dieser Wehklage wird Klima als ein Symbol für Natur oder Wildnis betrachtet, eine Manifestation der Natur, die rein und unberührt ist und außerhalb der Reichweite von Menschen (liegen sollte). Klima wird zu etwas Zerbrechlichem, das geschützt oder ›gerettet‹ werden muss. Diese Ziele trieben die Romantik, *wilderness*- und Umweltbewegungen der westlichen Aufklärung über zwei Jahrhunderte und mehr an. Eine Änderung im globalen Klima, (versehentlich) durch menschliches Handeln ausgelöst, wird zur Gefahr für diesen übrig gebliebenen letzten Rest von Wildnis. Dieser Gedanke geht zum Teil auf den britischen Soziologen Steve Yearley zurück[427]. Er legt dar, dass wir uns nicht so sehr wegen der eventuellen erheblichen Minderung menschlichen oder nicht menschlichen Wohlergehens um das Thema Klimawandel sorgen, sondern wegen des starken Symbolismus dahinter. Wir sind vom anthropogenen Klimawandel beunruhigt, weil Klima die letzte Bastion symbolisiert, die vom Menschen unbeeinflusst ist.

Es lässt sich darüber streiten, wann, wo und warum Natur erstmals in der menschlichen Vorstellung zu einer eigenen Kategorie wurde, genauso wie über die Frage, ob es überhaupt eine eigenständige Kategorie von Wildnis geben kann[428]. Viele Anthropologen und Umwelthistoriker behaupten, dass die Vorstellung von Natur *als einer eigenen Kategorie* – verschieden von Kultur und deshalb vom Menschen objektiv erforschbar und demzufolge auch durch uns physisch ›verletzbar‹ – ausschließlich den Gedanken der westlichen Aufklärung entspringt. Diese Auffassung hat in modernen, rationalen Gesellschaften dazu geführt, Abstand von der Natur zu nehmen, und eine solche Haltung fördert seltsamerweise zugleich zerstörerische wie romantische Neigungen. Wie immer man Umwelt- und Kulturgeschichte versteht, es ist nicht zu leugnen, dass die Idee der Wildnis – Natur als etwas Selbstständiges, von uns Verschiedenes – im Diskurs der rationalen westlichen Kulturen in den letzten Jahrhunderten vorherrschend war. Eine solche Deutung der Welt ist in traditionellen vormodernen oder nicht westlichen Gesellschaften seltener anzutreffen. Hier werden Natur und Kultur konsequenter als sich gegenseitig einschließende Kategorien betrachtet – ohne kulturelle Deutung gibt es keine Natur und losgelöst von Natur gibt es keine Kultur.

Dieser Klimawandelmythos – für den ich die Metapher ›Trauern um den Garten Eden‹ gewählt habe – behauptet, dass die Menschen glauben, nicht nur sich selbst zu beschneiden durch die Veränderung des Klimas, durch diesen Verlust von Wildnis an einem der letzten ›unberührten‹ Flecken, sondern auch etwas jenseits von ihnen kleiner zu machen. Dies macht uns ärmer – und die Götter vielleicht auch. Diese mythische Position betont das Symbolische stärker als das Materielle und stellt eine Klage dar, welche die Bewegung der Tiefenökologen stützt und in bestimmten Formen der Ökotheologie wieder auftaucht. Ich wage zu behaupten, dass der Mythos tief in den Mainstream der Umweltschutzbewegung eingesickert ist und vielleicht sogar in noch breiteren Klimawandeldiskursen der liberalen westlichen Gesellschaften verborgen liegt[429]. So begegnen wir dem Umweltökonomen Paul Baer, der die Weltbankökonomen mit der rhetorisch Frage, was eine Eisdecke wert sei, herausfordert und dem Eisbären – diesem abgegriffenen Symbol für Klimawandel –, der sich am Ende nicht nur um sein eigenes Überleben sorgt, sondern dem auch noch eine große zusätzliche Last aufgebürdet wird, die Last der menschlichen Sehnsucht nach dem Vergangenen. Die tiefbewegende Ausstellung der amerikanischen Fotografin Camille Seaman aus dem Jahr 2008 *The Last Iceberg*[430] spielt auch auf diese Klage an.

Die Apokalypse erahnen

Umweltdiskurse wurden schon seit Langem in die Sprache der Apokalypse gekleidet[431]. Vor mehr als 15 Jahren spürten die Sprachforscher Jimmie Killingsworth und Jacqueline Palmer[432] einem Teil dieser Genealogie nach, ausgehend von Rachel Carsons bahnbrechendem Buch *Der stumme Frühling*, das 1962 erschien, bis ins Jahr 1996 und der damals von ihnen identifizierten neuen Apokalypse der globalen Erwärmung. Auf dem Weg durchliefen sie Paul Ehrlichs *Die Bevölkerungsbombe* von 1968 und den 1972 erschienenen Bericht des Club of Rome *Die Grenzen des Wachstums*. Seitdem sie ihre Arbeit vorgelegt haben (und wohl besonders seit dem 11. September 2001) ist der Mythos vom apokalyptischen Klimawandel sogar noch dominanter geworden, insbesondere in den westeuropäischen und nordamerikanischen Klimawandeldiskursen.

Das sprachliche Repertoire der Apokalypse greift auf Kategorien zurück wie ›drohende Katastrophen‹, ›nahende Kipppunkte‹, ›Arten ausgerottet‹, ›Milliarden von Menschen durch Verwüstung, wenn nicht sogar den Tod, bedroht‹. Wie wir in Kapitel 6 *Wovor wir uns fürchten* gesehen haben, besteht ein schier endloses Angebot an derartigen Überschriften in den Printmedien und auf dem Bildschirm. Wir finden Belege für dieses sprachliche Stilmittel nicht allein in den Medien und bei Umweltaktivisten, sondern auch in den Äußerungen von Staatsbeamten – wie zum Beispiel Sir David King, dem damaligen obersten wissenschaftlichen Berater der britischen Regierung: »Ich glaube, dass der Klimawandel eine größere Gefahr darstellt als der globale Terrorismus«[433] – und Wissenschaftlern wie James Lovelock: »Wir (Menschen) misshandeln die Erde dermaßen, dass sie sich vielleicht gegen uns erheben und in den Zustand globaler Erwärmung zurückkehren wird, der vor 55 Millionen Jahren herrschte. Wenn das geschieht, werden die meisten von uns und unsere Nachkommen sterben«[434]. Auch Visualisierungen werden zur Unterstützung dieses Mythos der Apokalypse eingesetzt. Besonders beliebt sind kalbende Eisberge vom Grönlandeisschild und Karten von Küstenlinien, die unter sieben Metern Meeresspiegelanstieg versunken sein werden. Eine eigenständige Kategorie von Klimawandel ist erfunden, der ›katastrophale Klimawandel‹ im Gegensatz zu ›Klimawandel‹.

Warum sollte Klimawandel derart porträtiert werden? Meines Erachtens lassen sich mindestens drei Gründe für den in den letzten Jahren eingeführten Mythos einer Klimaapokalypse nennen. Da ist zunächst die beständige Angst der Menschen vor der Zukunft, die diese Beschreibungen eines physikalischen Klimasystems kurz vor dem Zusammenbruch anheizt. Dies passt gut zu der Ansicht einer zerbrechlichen und vergänglichen Natur, wie wir in Kapitel 6 *Wovor wir uns fürchten* (siehe Exkurs 6.1) gesehen haben. Zum zweiten zieht dieser Mythos der Apokalypse Stärke aus dem neuen Paradigma der Erdsystemwissenschaft mit ihren Vorstellungen von Komplexität, Grenzwerten und Kippelementen. Innerhalb dieses Paradigmas funktionierende Erdsystemmodelle finden eine steigende Zahl von Engpässen, bei denen nicht lineare Änderungen der virtuellen Klimafunktionen vorkommen können. Der Film *The Day After Tomorrow*, den wir in Kapitel 7 *Wie kommunizieren wir Risiken?* angeschaut haben, entwickelte seine maßlos übertriebene Handlung um solch ein Kippelement – dem Kollaps der thermohalinen Zirkulation im Nordatlantik.

Ein dritter Grund für die Prominenz dieses Mythos – diese Art über Klimawandel zu reden – ist die Enttäuschung einiger Aktivisten und politischer Sachverwalter über das Scheitern internationaler Maßnahmen und Vereinbarungen zur Minderung der Kohlenstoffemissionen. Diese Berichterstatter reagieren instinktiv auf solch ein empfundenes Versagen, indem sie die Situation weiter verschärfen und verkünden, dass die Klimarisiken größer sind als zunächst angenommen. Diese Geisteshaltung offenbarte der amerikanische Klimaexperte Stephen Schneider, als er im Oktober 1988 interviewt wurde: »Wir brauchen eine breite Unterstützung, müssen die Vorstellungskraft der Öffentlichkeit gewinnen, (…) also müssen wir erschreckende Szenarien anbieten, vereinfachte und dramatische Aussagen machen und Zweifeln keinen Raum geben (…) jeder von uns muss entscheiden, was die richtige Balance zwischen effektiv und ehrlich sein ist«[435].

Der apokalyptische Klimawandelmythos appelliert daher an unser Gefühl der Angst gegenüber der unbekannten Zukunft, doch er wirkt auch als Aufruf zum Kampf. Es war stets eher der Zweck von Umweltkrisenrhetorik, die Zukunft zu ändern, statt sie (nur) vorherzusagen. Beispielsweise behauptete Paul Ehrlich, dass er in den späten 1960er-Jahren mit seinem Szenario einer schlecht funktionierenden und malthusianischen Welt aufgrund ungehinderten Bevölkerungswachstums tatsächlich zu einer Verringerung des Bevölkerungswachstums beigetragen und damit das Szenario, das er voraussah, abgewendet habe. Einem ähnlichen normativen Ziel mag durch die Schilderung einer klimatischen Apokalypse gedient sein. Diese normative Rolle der klimaapokalyptischen Mythenbildung nutzt aussagekräftige wissenschaftliche Vorhersagen für ihre Zwecke und beruft sich auf die Zeugnisse des Weltklimarats. In diesem Sinn kann sie sich durchaus von der früheren umweltapokalyptischen Rhetorik der 1960er-Jahre unterscheiden. Dennoch lässt sich dieser Mythos einfach in verschiedene Formen umwandeln und kann verschiedenste politische Diskurse unterstützen, die wir in Kapitel 8 *Was ist Fortschritt?* untersuchten. Radikale Ökologie, ökologische Modernisierung, sozialer Aktivismus und neoliberaler Konservatismus können jeweils für sich beanspruchen, durch die Verbindung von Klimawandel mit Zukunftsangst zu profitieren.

Was macht der Mythos der Klimaapokalypse mit dem Publikum in aller Welt? Zweifellos verleiht er den Klimawandeldiskursen ein Gefühl von Gefahr, Angst und Dringlichkeit, die in Forderungen gefasst werden, wie zum Beispiel, dass wir nur zehn Jahre haben, um ›die Emissionen zu reduzieren‹ oder ›das Klima zu retten‹. Das unerwartete Ergebnis solcher Sprache ist, dass dies oft zu Selbstentmachtung, Apathie und Skepsis unter den Zuhörern führt. Viele Studien – und nicht allein auf Klimawandel bezogen – haben gezeigt, dass es oft ein ineffektiver, sogar kontraproduktiver Weg ist, Angst zu erzeugen, um eine Verhaltensänderung herbeizuführen. Die Kommunikationsexpertin Susi Moser zog den Schluss, dass »viele Studien zeigen, dass (...) Angst die Einstellungen ändern kann (...) doch nicht notwendigerweise aktives Eingreifen oder Verhaltensänderung fördert«[436]. Wenn es tatsächlich eine solche Veränderung ist, die mit dem Mythos erreicht werden soll, dann könnte dies kontraproduktiv sein.

Der Turmbau zu Babel

Meine dritte mythische Interpretation von Klimawandel nenne ich den ›Turmbau zu Babel‹. Dieser Mythos steht nicht notwendigerweise im Widerspruch zu den beiden zuvor angesprochenen und tatsächlich erlangt er einige Rechtmäßigkeit durch den Mythos der Klimawandelapokalypse. Gemäß dem Schöpfungsmythos von Babel verlangte eine selbstsichere und eigenmächtige Menschheit, die nach dem Trauma der großen Flut wieder wuchs: »(...) Wohlauf, lasst uns eine Stadt und einen Turm bauen, dessen Spitze bis an den Himmel reiche, damit wir uns einen Namen machen; denn wir werden sonst zerstreut in alle Länder«[437]. Dieses Streben nach einem gottgleichen Zustand, nach Anerkennung und persönlichem Ruhm versinnbildlicht die griechische Idee der Vermessenheit (Hybris) – überzogenes Selbstvertrauen und der Wunsch, herrschen zu wollen.

Der bedeutende Atomwissenschaftler und Mathematiker John von Neumann sah diesen Mythos von Babel bezogen auf Klimakontrolle vor mehr als einem halben Jahrhundert voraus. Er schrieb im Jahr 1955, dass »Eingriffe in atmosphärische und klimatische Prozesse in ein paar Jahrzehnten kommen werden und sich in einem derzeit schwer vorzustellenden Ausmaß entfalten werden (...) welche Macht über unsere Umwelt, über die ganze Natur, wird dadurch angedeutet!«[438]. Dieser Mythos beflügelt zudem die Vorstellung von Klima-Utopien und unsere Fähigkeit, diese zum Nutzen der Menschen technisch zu entwickeln, wie in Exkurs 10.2 weiter verfolgt wird. Unlängst spielte der amerikanische Soziologe John Lie, während er John von Neumanns zuversichtliche Äußerungen zu einer endgültigen Klimakontrolle einschränkte, auf dieselbe Geisteshaltung an, als er über Klimawandel und Politik schrieb: »Auch wenn eine gottgleiche Kontrolle unerreichbar ist (und schon der Gedanke der Naturbeherrschung als Hybris bezeichnet werden muss) – ein zutiefst optimistischer Zug wissenschaftlicher Denkart vergegenwärtigt sich Natur als zunehmend durch menschliche Erfindungen und technologische Eingriffe erschlossen und beherrscht«[439].

Exkurs 10.2
Klima-Utopien

Wenige von uns erachten unser Klima als optimal oder zumindest erachten es wenige von uns stets als optimal. Es ist zu unvorhersehbar (oder zu vorhersagbar), zu nass (oder zu trocken), zu trüb (oder zu heiß). Dieser Zustand emotionaler Unzufriedenheit mit dem Klima plagte schon unsere Vorfahren. In ihrer Vorstellung eines irdischen Paradieses entfernten die Schriftsteller der klassischen Antike extreme Temperaturen, starke Winde und bedeckten Himmel aus ihrem utopischen Wetter. Untersuchungen utopischer Romane ergaben, dass dieses Genre Klima normalerweise als ›entweder ausgeglichen oder vollständig unter des Menschen (sic) Kontrolle‹ präsentiert wird[440].

Das konnte uns nicht davon abhalten, bestimmten Klimatypen das Etikett ›optimal‹ anzuheften; sei es das Klima bestimmter Orte oder das bestimmter Zeitabschnitte. Wir sahen in Kapitel 1 *Was verstehen wir unter Klima?*, wie Ellsworth Huntington und gleichgesinnte Geografen zu Beginn des 20. Jahrhunderts empirische ›Beweise‹ dafür vorbrachten, dass Menschen im ›*optimalen*‹ Klima Südenglands und den nordöstlichen Staaten von Amerika am besten gearbeitet und am kreativsten gedacht hätten. Später kennzeichneten Historiker das globale Klima des frühen Holozäns, vor 5000 bis 8000 Jahren, als ›optimal‹ und beschrieben das Klima der nordatlantischen Region zwischen dem 11. und 14. Jahrhundert als ein zweites (mittelalterliches) ›Klimaoptimum‹.

Dieses schwierige Verhältnis zu unserem Klima, zusammen mit unserem Vermögen, uns Klima-Utopien vorzustellen, hat uns vielfach an Klimakontrolle und -technik denken lassen. Von Charles Fourier, dem französischen Visionär, der den ersten Entwurf für ein vom Menschen gemachtes Klima in den 1820er-Jahren vorlegte, bis zu den neuen Geoingenieuren des 21. Jahrhunderts[441], wie Paul Crutzen und James Lovelock, haben wir davon geträumt und uns als Herren des Weltklimas gesehen. So wie in der Trauer um Eden finden sich auch in dieser utopischen und gebieterischen Strömung Anklänge an das Streben nach dem Paradies wieder. Doch lieber als zu einem ewigen Naturparadies zurückzukehren und es gegen das verheerende Wüten der Menschheit zu erhalten, ist der auf Technik fokussierte Einsatz dieses Mythos auf die fortwährende Wiederherstellung Edens durch den Einfallsreichtum und durch die Führungseigenschaften der Menschheit ausgerichtet. Es scheint, dass das perfekte Klima entweder nur durch die Eliminierung der Menschheit oder durch die Beherrschung von Klima gefunden werden kann.

Doch wessen Klima wollen wir optimieren? Wessen Klima-Utopien wollen wir verwirklichen? Wünschen wir uns in das globale Klima des frühen Holozäns zurück, das mittelalterliche Optimum des 12. Jahrhunderts in Europa oder das vorindustrielle globale Klima des 19. Jahrhunderts? Die Konstruktion eines globalen Thermostaten – ob durch Spiegel im All oder durch Injektionen von Schwefeldioxid in die Stratosphäre – zwängt Klima-Utopien in ein Prokrustesbett, das kaum geeignet ist, um die Ideen unter der Bevölkerung zu verbreiten. Und welche breite Bevölkerung? Diejenigen, die am lautesten schreien, jene, die am meisten bezahlen, oder solche, von denen herablassend geurteilt wird, dass sie den größten Bedarf an einer Dosis (unseres) utopischen Klimas hätten?

Unsere Nachfahren mögen uns nicht für das Erbe einer mit Treibhausgasen überversorgten Atmosphäre danken, doch genauso wenig mögen sie uns für das Geschenk eines globalen Wärmereglers danken, über dessen Kontrolle womöglich in zukünftigen Kriegen gekämpft wird. Vielleicht wäre es besser, von der im 19. Jahrhundert in Connecticut bestehenden Oneida-Gemeinde zu lernen, als durch die Beherrschung der Natur nach Klima-Utopien zu streben. Die ›Perfektionisten‹, wie sie sich selber nannten, fingen an, sich selbst und ihren Lebensstil ›dem Wetter, das Gott ihnen gab‹, anzupassen. Der Blick der Oneida auf das Wetter war »etwas, dessen Sinn und Bedeutung vollständig von den Lebensweisen unter diesen Wetterbedingungen abhing«[442]. Dies war eine innerliche Klima-Utopie, die von den Vorstellungen und kulturellen Handlungen der Gemeinschaft geformt wurde, statt einer äußerlichen, die von einer technokratischen Elite beherrscht und geregelt wird.

Dieser zuversichtliche Glaube an die menschliche Fähigkeit, Natur zu beherrschen, ist nach meinem Dafürhalten ein vorherrschendes, wenngleich oft unterschwelliges Merkmal der internationalen diplomatischen Bemühungen zu Klimawandel. Die Herausforderungen, die Klimawandel mit sich bringt, werden im Wesentlichen unter modernistischen, (verwaltungs)technischen Bedingungen gesehen. So wie bei ›saurem Regen‹, chemischen Giften und Ozonabbau wird ein Risiko identifiziert und der Staatsapparat – oder im Fall von Klimawandel viele Staatsapparate – wird mobilisiert, um das Risiko abzuschwächen. Vielleicht emotionale Kraft schöpfend aus der gebieterischen Rede vom apokalyptischen Klimawandel, wird die Handhabung von Klimawandel zum jüngsten Vorhaben, das menschliche Steuerung, Kontrolle und Vorherrschaft verlangt. Entsprechend bezeichnete kürzlich der führende Klimawissenschaftler Jim Hansen den ›Verlust‹ von Kontrolle als einen Grund zur Sorge: »Ein wichtiger Punkt ist, dass das nicht lineare Ansprechverhalten leicht außer Kontrolle geraten kann (wessen Kontrolle meint er?), wegen positiver Rückkopplungen und Systemträgheiten«[443].

Dieser Mythos von Klimaherrschaft und -kontrolle hat eine interessante Variante, den untergeordneten Mythos des Geoengineerings. Er schöpft seine Kraft aus den neuen modellbasierten Erklärungsansprüchen der Erdsystemwissenschaftler. Diese Erzählung behauptet, dass eben *weil* es uns kaum gelingen wird, unseren Turm zu Babel mit den herkömmlichen Instrumenten von Diplomatie, Handel und Regulierungen zu bauen, wir eine neue Art von Eingriff brauchen, um galoppierenden Klimawandel unter direkte menschliche Regie zu bringen. Die Wissenschaftler James Lovelock und Chris Rapley bringen die Stimmung auf den Punkt mit ihrer offen ausgesprochenen Überzeugung, dass »(verstärkte) Rückkopplungen, die Trägheit des Erdsystems – und (die Trägheit) unserer Reaktionen – es fraglich erscheinen lassen, dass eines der wohlmeinenden technischen oder sozialen Programme zur Kohlenstoffminderung den gegenwärtigen Zustand wiederherstellen«[444]. Sie schlagen daraufhin einen großskaligen Ansatz vor, um kaltes, nährstoffreiches Wasser aus den Tiefen der Ozeane an die Oberfläche zu führen, mit dem Algen gedüngt werden können, die ihrerseits das Kohlenstoffdioxid der Atmosphäre aufnehmen können. »Wenn wir den Planeten nicht direkt heilen können, sind wir vielleicht trotzdem in der Lage, dem Planeten bei der Selbstheilung zu helfen«[445].

Der Geoengineering-Mythos entbehrt nicht einer tieferen Ironie. Die ungewollten Nebeneffekte eines auf Kohlenstoff beruhenden Wirtschaftswachstums – das ›große geophysikalische Experiment‹ mit dem Planeten, wie es zuerst von Roger Revelle im Jahr 1957 beschrieben wurde – drohen, unser natürlich reguliertes Klima aus dem Gleichgewicht zu bringen. Alle Anstrengungen, den Schaden unter Verwendung herkömmlicher menschlicher Kontrollsysteme zu beherrschen, scheinen fehlzuschlagen. Was deshalb vorgeschlagen wird, ist ein neues, doch nun absichtliches großes geophysikalisches Experiment mit dem Planeten. Der einzige Unterschied zwischen dem neuen, zielgerichteten Experiment und unserem laufenden, ungewollten Experiment ist, dass wir nun die ›Weisheit‹ der Erdsystemmodelle haben, die uns leiten.

Ob nun jemand an die Finanzbüros der Weltbank glaubt, an die Wirksamkeit des traditionellen Nationalstaats oder an die wissenschaftlichen Hohepriester von Gaia – daran zu glauben, dass wir ›uns einen Namen machen können‹, indem wir das globale Klima meistern und stabilisieren, erfordert wahrhaft ein Übermaß an Vertrauen.

Ein Heiliges Jahr feiern

Der vierte von mir vorgeschlagene Klimawandelmythos bezieht sich auf unser Nachdenken und Reden über Klimawandel in der Sprache von Moral und Ethik. Einige Belege dafür untersuchten wir in Kapitel 5 *Woran wir glauben* – die Unausweichlichkeit, ethische Positionen einzunehmen, wenn wir die Verantwortung für Klimawandel bestimmen und Reaktionen vorschlagen, oder wie in der Sprache populärer Diskurse zu Klimawandel und Verantwortung die theologische Redeweise von Sünde und Reue wiederhallt. Hier lautet mein Argument, dass unser Sinn für Gerechtigkeit diesen starken Mythos zu Klimawandel antreibt. Für einige sind der Wunsch nach Gerechtigkeit und die Bedeutung von Klimawandel eins. Ich verknüpfe diesen Mythos mit der Metapher des jüdisch-christlichen Heiligen Jahres – der Vorstellung von Gerechtigkeit, Freiheit und Freudenfest. Die Vorstellung, eingebettet in die jüdische Thora, besagt, dass alle 50 Jahre Boden, Sklaven und Schuldner von ihrer Lasten befreit werden sollen: »Und ihr sollt das fünfzigste Jahr heiligen und sollt eine Freilassung ausrufen im Lande für alle, die darin wohnen«[446]. Das Ereignis sollte durch ein ganzjähriges Fest gewürdigt werden.

Für diejenigen, die sich in Bewegungen zur sozialen und/oder Umweltgerechtigkeit engagieren, ist Klimawandel weder in erster Linie ein substanzielles, materielles Problem, noch – wie im Trauern um den Garten Eden – nur ein symbolisches. Klimawandel ist eine Vorstellung, um die herum Anliegen für soziale und umweltbedingte Gerechtigkeit mobilisiert werden können. Tatsächlich ist eine neue Kategorie von Gerechtigkeit gefragt – Klimagerechtigkeit, die selbst leicht mit anderen seit Langem verfolgten Anliegen globaler Gerechtigkeit verknüpft werden kann: »Im Großen und Ganzen reflektiert der Rahmen von ›Klimagerechtigkeit‹ die gleichen sozialen und ökonomischen Rechtsperspektiven, die von globalen Bewegungen zu Schuld, Handel und Globalisierung geäußert werden«[447]. Ein früherer Umweltminister aus Kanadas liberaler Regierung der späten 1990er-Jahre ließ das grundlegende Bekenntnis zu dieser mythischen Haltung klar erkennen: »Ganz gleich, ob die Wissenschaft der globalen Erwärmung nur erfunden ist (…) Klimawandel bietet die größte Chance, Gerechtigkeit und Gleichheit in die Welt zu bringen«[448].

Dieses Gefühl für Gerechtigkeit und die Anerkenntnis, dass Klimawandel ein Einlassen (eine Beschäftigung) auf diesen inneren Antrieb erfordert, ist nicht nur in radikalen sozialen Bewegungen zu finden. Vorstellungen von Gerechtigkeit und Gleichheit ziehen sich durch politische Debatten und internationale Verhandlungen zu Klimawandelpolitik, ob im Kontext verfahrensorientierter Entscheidungsfindung, emissionsreduktionsbezogenen Lastenausgleichs oder Verwundbarkeit, Anpassung und Entschädigung. Und für einige besitzt dieser Mythos von Klimawandel als sozialer Gerechtigkeit im Hinblick auf normale Bürger eine gefühlsmäßige, mobilisierende Kraft. Er appelliert an bestimmte intrinsische Werte, die vielen wichtig sind – Werte von Fairness und Gerechtigkeit, mit denen populäre (westliche) Kampagnen wie *Make Poverty History* und *Deine Stimme gegen Armut* erfolgreich Menschen zum Handeln bewegen konnten.

Interpretieren wir Klimawandel als eine Feier des Heiligen Jahres – oder immerhin als eine Möglichkeit, neue Kraft für die Bewegungen für soziale und Umweltgerechtigkeit zu schaffen –, setzt dieser Mythos ein Zeichen der Hoffnung als Gegenmittel zur Prophezeiung der Apokalypse. Daher beschließt der Ethiker James Garvey sein Buch *The Ethics of Climate Change: Right and Wrong in a Warming World* mit der Beobachtung: »Viele (…) sagen etwas Beachtenswertes, etwas moralisch Aufrichtendes und Hoffnungsvolles. Sie sagen, dass der Klimawandel der Menschheit die Chance bietet, das Richtige zu tun«[449]. Und der Aktivist Alastair McIntosh arbeitet in seinem Buch *Hell and High Water: Climate Change, Hope and the Human Condition* sorgfältig die Gegenwärtigkeit von Hoffnung in diesem Mythos von Klimawandel heraus[450].

Die kulturellen Botschaften von Klimawandel

Zu Beginn des Buches haben wir gesehen, wie unsere sinnlichen Erfahrungen und wissenschaftlichen Darstellungen physikalischer Klimata geschichtlich untrennbar mit Bedeutungen verwoben wurden, die breite kulturelle und ideologische Bewegungen widerspiegeln. Jetzt, am Ende des Buches behaupte ich, dass es Klimawandel ist und nicht Klima per se, der zum neuen Topos solcher Verknüpfungen geworden ist. Wir werden Klimawandel nicht durch alleiniges Fokussieren auf seine physikalische Natur verstehen. Wir müssen verstehen, wie wir über Klimawandel reden, die Vielfalt von Mythen, die wir dazu konstruieren und durch die wir entdecken, was Klimawandel für uns bedeutet.

Das Projekt der Aufklärung, Klima durch standardisierte Messungen und Quantifizierung zu objektivieren, hat uns moderne Menschen dazu geführt, Klimawandel als physikalische Veränderung zu sehen, die vorausgesagt und bewältigt, wenn nicht sogar beherrscht werden kann. Dissens darüber dreht sich nur zu leicht um strittige Wissenschaft, fragwürdige Volkswirtschaft und bedenkliche Diplomatie. Nachdem man der Wissenschaft erlaubte, ›Klima‹ von seinen kulturellen Ankern und ideologischen Bedeutungen zu trennen – etwas, das der Sozialwissenschaftler Bruno Latour als ›Reinigung‹ von Wissen bezeichnete –, ließen wir uns Zeit mit der Feststellung, dass Klimawandel zu verstehen und darauf zu reagieren einem sich Wiedereinlassen auf die tieferen und innigeren Bedeutungen von Klima gleicht, die für uns verloren sind. Die Wissenschaft kann die Mysterien von Klima lösen, doch ist uns verloren gegangen – oder wir haben uns entschieden zu ignorieren –, was Klima uns bedeutet. Diese Bedeutungen liegen außerhalb der Reichweite von Wissenschaft, Wirtschaft und Politik. Diese Beobachtung hat der englische Dramatiker Tom Stoppard in seinem 1993 geschriebenen Stück *Arcadia* in einem allgemeineren Zusammenhang wiedergegeben und der Figur des Septimus in den Mund gelegt: ›Wenn wir alle Mysterien gefunden und alle Bedeutungen verloren haben, werden wir allein sein, an einem leeren Ufer‹.

Die internationale Alliance of Religions and Conservation hat diese Ironie verstanden. Ihre Erklärung zu einem siebenjährigen Klimawandelprogramm verkündet, dass »die Betonung auf Verbrauch, Wirtschaft und Politik normalerweise versagt, Menschen auf einer tieferen Ebene zu erfassen, weil dies nicht die Erzählung, das Mythologische, das Metaphorische oder die bestehenden Erinnerungen an vergangene Katastrophen und den Ausweg daraus anspricht«[451]. Und in einer Welt, in der uns die globalisierenden Kräfte von Kapital, Handel und Konsum von den örtlichen Geschichten trennen, die nicht nur dem Klima eine Bedeutung geben, sondern auch vielfach unserem Leben, bietet diese Perspektive ebenfalls einen Weg, um uns selbst durch das

Erzählen von Geschichten wieder mit dem Klima zu verbinden: »Ohne (…) diese Bereiche (von Narrativen, Mythen und Metaphern) werden politische Strategien nur sehr wenige wirkliche Wurzeln haben (…) ›Klimawandelaktivisten‹ und in der Tat auch Umweltaktivisten haben all zu oft Zuflucht im willkürlichen Gebrauch apokalyptischer Symbolik gesucht, ohne danach zu streben, sich die Kraft der Erzählungen zunutze zu machen. Ohne Erzählung sind nur wenige Menschen motiviert, sich zu ändern oder anzupassen«[452].

Klimawandel kann demnach einem anderen Zweck dienen als dem, an welchen unser moderner Verstand instinktiv denkt. So wie Klima lässt sich auch Klimawandel letztendlich nicht von unseren kulturellen und persönlichen Vorstellungen abspalten. Wir sind erfinderisch in der Vergabe neuer Bedeutungen für Klimawandel, während das Phänomen durch unsere imaginären und sozialen Welten zirkuliert, sogar wenn wir uns die ›gereinigte‹ physikalische Form von Klimawandel zu eigen machen, die uns der Weltklimarat über seine verallgemeinernden Berichte anbietet.

›Klimawandel‹ leistet für uns tiefere kulturelle Arbeit. Er bringt uns von einem zeitgemäßen Lesen von Klima weg zurück zu einem vormodernen oder vorwärts zu einem postmodernen Verstehen. Wir finden neue Wege, um wieder Kultur, Weltanschauung und Bedeutung in unsere Erfahrungen mit Klima einzufügen, sowohl in physikalisch vorhandene als auch in virtuelle zukünftige Klimata. Wir sehen Klima nicht länger als ein Gebiet lokaler Götter oder eine Reflexion örtlichen (un)sittlichen Verhaltens, sondern wir können die Vorstellung von globalem Klimawandel nutzen, um uns neue Geschichten über unsere globalisierten Götter und über die Folgen unserer kollektiven Verhaltensweisen zu erzählen. Wir können die Vorstellung von Klimawandel nutzen, um uns jenseits der getrennten Kategorien des Physischen und des Kulturellen zu bewegen und jenseits der Einrahmung von Klimawandel in eine Sprache von Problem und Lösung. Klimawandel kann uns helfen, das Physische und das Kulturelle, das Materielle und das Spirituelle neu zu justieren.

Klimawandel wird so zu einem Spiegel, in den wir blicken und, darin bloßgestellt, sowohl uns selbst als auch unsere gesamte Gesellschaft erkennen. Wir können diese Geschichten, die wir zu Klimawandel erzählen – die Mythen, die wir konstruieren – zu einem Überdenken unseres kulturellen, spirituellen und materiellen Strebens nutzen. Dies macht es uns nicht zwangsläufig einfacher, zu Klimawandel Einigkeit zu erzielen, obwohl es nahelegt, dass wir vielleicht eine Einigung zu Klimawandel an den falschen Orten und aus den falschen Gründen suchen.

Die vier oben eingeführten Mythen können dieser Vorstellung zu Sichtbarkeit verhelfen. Diese Mythen, als ein Weg Realität zu ordnen, bilden sich nicht direkt auf die vier Lebensweisen aus der Kulturtheorie ab (siehe Kapitel 6 *Wovor wir uns fürchten*). Doch jeder Mythos schwingt zweifellos auf verschiedene Weise in diesen größeren kulturellen Weltsichten mit. So werden sich Anhänger des Egalitarismus vielleicht eher mit den Mythen von Eden, Heiligem Jahr und Apokalypse beschäftigen, und Anhänger hierarchischer Ordnungen vielleicht mit den Mythen von Apokalypse und von Babel, während Individualisten vielleicht den Mythos von Babel vorziehen.

Alle vier Mythen befassen sich ernsthaft mit den physikalischen Veränderungen unseres Klimas, die uns die Wissenschaft enthüllt. Es gibt beobachtbare und zukünftige Änderungen im physikalischen Klima der Welt und Menschen sind aktiv Handelnde bei diesen Änderungen. Jedoch geht jeder Mythos weit über die bloße physikalische Natur von Klimawandel hinaus und endet mit dem Erzählen gehaltvoller Geschichten darüber, was diese Änderungen bedeuten. Solche Geschichten sind es, die ›fundamentale Wahrheiten zu unseren Annahmen von Wirklichkeit‹ verkörpern, die wir in unserer Welt wieder erschaffen müssen. Klimawandel bietet uns ein großes Potenzial, Geschichten zu erzählen. Die vier Mythen, die ich anbot, sollten weder als richtig noch als falsch gewertet werden. Sie sollten als Geschichten zu Klimawandel wahrgenommen werden; als Spiegel, die wichtige Wahrheiten über das menschliche Dasein enthüllen.

Der Mythos von Eden, aus Nostalgie geboren, erzählt von unseren Wünschen – ebenso unseren Sehnsüchten –, zu einer einfacheren Zeit zurückzukehren, in der Natur und die Definitionen vom Natürlichen klarer und eindeutiger schienen. Im Trauern um Eden erzählen wir davon, uns im aktiven Verändern unseres Klimas gottähnliche Kräfte zu eigen gemacht zu haben, doch sind es Kräfte, die uns nicht behagen.

Der Mythos der Apokalypse, aus Angst geboren, erzählt von unseren Sorgen um die Zukunft. Es sind nicht länger unberechenbare Klimagötter, die wir respektieren und mild stimmen müssen, um unser Überleben zu sichern, sondern wir selbst und unser unersättliches Verlangen nach materiellem Verbrauch sind es, wovor wir uns nun fürchten. Wir haben den Sinn für überweltliche Mysterien und für Dankbarkeit verloren, die einmal diesem Verlangen Einhalt boten und wir wissen nicht, wo wir diesen Sinn wiederfinden können.

Der Mythos von Babel, aus Stolz geboren, erzählt von unserem Wunsch nach Beherrschung und Kontrolle. Wir haben diesen Instinkt stets über unsere Mitmenschen und unsere Mitkreaturen ausgelebt. Klimawandel bietet uns nun einen globalen Herrschaftsbereich an, für den wir neue Kontrollinstrumente und -institutionen erschaffen können, aber es ist ein Bereich und ein Vorhaben, bei dem wir niemals unsere vermessenen Ziele eines idealen Zustands erreichen werden.

Schließlich erzählt uns der Mythos vom Heiligen Jahr, aus Gerechtigkeit geboren, über die unabweisliche Bestimmung des Menschen, auf Ungerechtigkeit zu reagieren. Klimawandel eröffnet uns neue Wege, die absichtlichen und strukturellen Gründe von Ungleichheit und Ungerechtigkeit in der Welt zu verstehen, und fordert unseren Gerechtigkeitssinn heraus, darauf zu reagieren. Doch wir sehen in Klimawandel auch, wie dieses Gespür für Gerechtigkeit mit den Strukturen, die uns einengen, zusammenprallt und uns die Grenzen unserer individuellen moralischen Kräfte aufzeigt.

Jenseits von Klimawandel

Dieses Buches begann mit einem Überblick zu den Bedeutungen von Klima. Vier Themen wurden identifiziert, die als Bezugsrahmen für die Vorstellungen von Klima und Klimawandel, dem Kernthema dieses Buches, fungierten. Diese Themen waren: dass die Vorstellung von Klima sowohl physische als auch kulturelle Dimensionen hat, dass die Vorstellung von Klima folglich in Gesellschaften und Bewegungen genutzt wird, um verschiedene ideologische Vorhaben zu fördern und voranzubringen, dass Klima sich im Laufe der Zeit ändert; sowohl das physikalische Klima als auch die Vorstellungen, die wir uns von Klima machen, und schließlich, dass sich die Geschichten, die wir über das Verhältnis von Klimawandel und menschlicher Zivilisation erzählen, ebenfalls im Laufe der Zeit ändern.

In diesem zusammenfassenden Kapitel habe ich diese grundlegenden Themen als Hilfestellung genutzt, um über Klimawandel hinauszusehen, zumindest hinter die rein physikalische Natur von Klimawandel als einem Umweltproblem, das gelöst werden soll. Weil Klimawandel ein ›bösartiges Problem‹ ist, so mein Argument, eignet es sich weder für elegante noch für unbeholfene Lösungen. Verfolgen wir weiter den Kurs, immer weiträumigere und hochfliegendere Lösungen zu suchen, werden wir weiterhin frustriert und desillusioniert enden: Globale Abkommen werden matt gesetzt, Wissenschaft und Wirtschaft werden Schlachtfelder für Nachhutgefechte bleiben, globale Emissionen werden weiter steigen, Verwundbarkeiten zu Klimarisiken werden bleiben. Und wir werden immer rückschrittlichere und gefährlichere Eingriffe vornehmen in unserer verzweifelten Suche nach einer Lösung unseres bösartigen Problems: die Kolonisierung von Agrarflächen mit Energiepflanzen, die Kolonisierung des Weltalls mit Spiegeln, die Kolonisierung des menschlichen Geists mit autoritären Regierungen.

Stattdessen präsentierte ich Klimawandel als eine Vorstellung, eine Ressource der Imagination, die für uns eingesetzt werden kann. Ich habe vier Mythen zu Klimawandel vorgestellt. Jeder Mythos fängt unterschiedliche Aspekte dessen ein, wie wir Menschen uns selbst sehen, uns aufeinander beziehen und versuchen, auf der Erde zu leben. Mythen sind oft in religiöse Muster, die Welt zu sehen, eingebettet. Tatsächlich haben viele weltliche Mythen religiöse Fundamente. In seinem Buch *Faith in Nature: Environmentalism as*

Religious Quest bietet der Umwelthistoriker Thomas Dunlap die Perspektive an, dass es bei Religionen weniger um Lösungen von Problemen geht, als darum, diesen zu begegnen. Dunlaps Argument, dass die Umweltbewegung, wenn sie die religiöse Perspektive einnimmt, uns helfen kann, die menschliche Situation in unserer Welt zu meistern, gilt auch für Klimawandel als Spezialfall. Die vier hier angebotenen Mythen versuchen, genau dies durch das Vorhalten eines Spiegels zu tun, in dem wir uns selbst betrachten können – Reflexionen der Widersprüche und Einschränkungen, die uns menschlich machen.

Deshalb reden wir über Klimawandel in der Sprache von Klage und Nostalgie. Es drückt unseren Wunsch aus, zu einer einfacheren, unschuldigeren Zeit zurückzukehren. Wir fühlen uns nicht wohl mit den ungewollten Kräften, das derzeitige globale Klima zu ändern. Reden wir über Klimawandel in der Sprache von Angst und Apokalypse, offenbaren wir unsere tiefen Zukunftssorgen. Wir haben das Gefühl für übersinnliche Geheimnisse und Dankbarkeit verloren, das uns einmal Möglichkeiten bot, diese Ängste zu entschärfen. In unserem Reden über Klimawandel in der Sprache von Stolz und Kontrolle enthüllen wir unseren Wunsch nach Dominanz und Vorherrschaft. Klimawandel bietet uns jetzt eine globale Bühne für solch eine Vorherrschaft an, doch fehlen uns Weisheit und Demut, um sie auszuüben. Und wir reden über Klimawandel in der Sprache von Gerechtigkeit und Fairness, wir zeigen die unentrinnbare Bestimmung des Menschen auf, offenes Unrecht zu beseitigen. Doch zugleich zeigt Klimawandel die Grenzen unserer individuellen moralischen Kraft auf.

Was Dunlap als ›religiöse Perspektive‹ bezeichnet, ist ein Blickwinkel, der »hilft, Argumente, Glauben und Handlungen zu ordnen, mentales Unterholz zu beseitigen und es Menschen erlaubt, Probleme zu untersuchen, die unsichtbar sind«[453]. Darin liegt der Wert dieser mythischen Geschichten, die unsere Diskurse zum Klimawandel untersetzen. Wenn wir weiterhin über Klimawandel als einem Umweltproblem reden, das gelöst werden soll, wenn wir fortfahren, das Klimasystem als etwas zu verstehen, das beherrscht und kontrolliert werden soll, dann haben wir die wichtigsten Lehren von Klimawandel versäumt. Wenn Klima für uns nur die messbaren und physikalischen Dimensionen unseres Lebens auf der Erde bedeutet, dann werden wir mit Klima immer auf Kriegsfuß stehen. Unsere Klimata werden uns stets etwas anderes bieten, als das, was wir haben wollen.

Statt uns selbst in einem ›Kampf gegen den Klimawandel‹ zu positionieren, brauchen wir eine konstruktivere und einfallsreichere engagierte Beschäftigung mit der Vorstellung von Klimawandel. Clarence Glacken, aus seiner im Jahr 1967 durchgeführten Studie über westliches Umweltdenken lernend, erkannte das Wesentliche dieser Herausforderung, als er ein paar Jahre später schrieb: »Wenn uns die Geschichte des Denkens etwas über Kultur und Umwelt vermittelt, so ist es die Bedeutung der Vorstellungen, die Menschen von beidem haben – unabhängig davon, ob diese Auffassungen religiöser, philosophischer, wissenschaftlicher oder utilitaristischer Natur sind. Es ist eine ungünstige Zeit in der Geschichte, um begrenzte Visionen zu haben und weiterhin Werte auf Vorstellungen von Kämpfen und Widersprüchen einzugrenzen. Die Vielfalt der Kulturen der Welt verlangt von uns mehr Verständnis und mehr Vorstellungskraft«[454].

Die derzeitige physikalische Veränderung unserer Klimata zeigt sowohl das Ausmaß unserer unachtsamen und unerwünschten Tätigkeit als auch die Grenzen unserer wissenschaftsgesättigten und spirituell verarmten Weisheit. Bescheidenheit wird daher zur Tugend. Wir brauchen die »Methoden, die (...) Wissenschaft um jene Aspekte menschlichen Daseins ergänzen, die von Wissenschaft nicht ohne weiteres ausgeleuchtet werden können«[455], wie es Sheila Jasanoff in ihrem Essay über die Technologien der Bescheidenheit ausdrückt.

Die Vorstellung von Klimawandel sollte dazu genutzt werden, unsere weitreichenden sozialen Ziele zur Frage, wie und warum wir auf diesem Planten leben, neu zu durchdenken und erneut zu verhandeln. Wir müssen uns Klimawandel zunutze machen, um den unveräußerlichen und wesentlichen menschlichen Werten neuen Ausdruck zu verleihen, denen, die zu leicht zu verdrängen sind – wie unsere Wünsche nach persönlicher Entwicklung und Selbstbestimmung, nach kreativem Experimentieren, für Beziehungen und für die Gemeinschaft. Auf diese Weise kann Klimawandel in unsere Zukunft integriert werden. Wenn wir uns die gesamte Breite der Humanwissenschaften, künstlerischer und geistiger Bemühungen sowie unser bürgerliches und politisches Streben zunutze machen, dann *können* wir Klimawandel mit unserer menschlichen und sozialen Entwicklung vereinbaren, mit unserem Sinn für Gerechtigkeit und mit unserem Überleben auf diesem Planeten. In diesem Sinne zog der Humanökologe Jesse Ausubel kürzlich Lehren aus Europas mittelalterlicher Vergangenheit: »Große Sünden können zu großen Kathedralen führen. Tatsächlich waren die Menschen im mittelalterlichen Europa nicht schlechter als Menschen zu anderen Zeiten und an anderen Orten, doch sie kanalisierten ihre Schuld zu prächtigen und andauernden Ausdrucksformen. Lasst uns gleichermaßen die diffuse Sorge, die mit ›Umweltbewusstsein‹ ausgedrückt wird, in einen gewaltigen Erfolg kanalisieren (...) wir können Schreie verhindern, während wir Sorgen zum Klimawandel mindern«[456].

Die Funktion von Klimawandel, die ich vorschlage, gleicht dann nicht einem ›kleingeschriebenen‹ Umweltphänomen, das gelöst werden soll. Klimawandel zu lösen, sollte nicht mehr im Fokus unserer Anstrengungen stehen, ebenso wenig, wie wir die Vorstellung von Menschenrechten oder liberaler Demokratie ›lösen‹ sollten. Es geht wirklich nicht darum, Klimachaos aufzuhalten. Stattdessen müssen wir prüfen, wie wir die Vorstellung von Klimawandel nutzen können – das Geflecht ökologischer Funktionen, Machtverhältnisse, kultureller Diskurse und Materialflüsse, die Klimawandel enthüllt –, um zu überdenken, wie wir unsere politischen, sozialen, wirtschaftlichen und privaten Projekte über die kommenden Jahrzehnte voranbringen können.

Wir sollten Klimawandel als Lupe und als Spiegel betrachten. Klimawandel als Lupe ermöglicht es uns, Prüfungen durchzuführen – sowohl forensischer als auch ehrlicher, als wir es bisher gewohnt sind – von jedem unserer menschlichen Vorhaben: Unabhängig davon, ob es um Vorhaben persönlichen Wohlergehens, der Selbstbestimmung, globalen oder regionalen Handels, der Linderung von Armut, des Aufbaus von Gemeinschaft, der Bevölkerungssteuerung oder sozialer und psychologischer Gesundheit geht. Klimawandel verlangt, dass wir auf langfristige Auswirkungen kurzfristiger Entscheidungen fokussieren sollen, dass wir die globale Reichweite unserer Handlungen erkennen und dass wir sowohl auf materielle Wirklichkeiten als auch auf kulturelle Werte achten. Als Spiegel lehrt uns Klimawandel, dass wir mehr Aufmerksamkeit darauf richten sollten, was wir wirklich für uns und für die Menschheit erreichen wollen. Zugleich aber spiegeln uns die Mythen Eden, Apokalypse, Babel und Heiliges Jahr Wahrheiten über das menschliche Dasein – Instinkte –, die sowohl beruhigend als auch aufwühlend sind. Sie legen nahe, dass wir, selbst wenn wir wüssten, was wir im Hinblick auf persönlichen Wohlstand, soziale Gerechtigkeit oder bloßes Überleben wollten, in unseren Fähigkeiten begrenzt sind, es uns anzueignen oder zu leisten.

Als Mittel der Vorstellungskraft kann die Idee von Klimawandel in kreativer Art und Weise in unseren geografischen, sozialen und virtuellen Welten eingesetzt werden. Die Vorstellung von Klimawandel kann neue Denkweisen zu Technologien anregen. Sie bietet die Möglichkeit, neue künstlerische Schöpfungen in Bild, Schrift oder Bühne anzuregen. Sie kann Bemühungen stärken, unsere Bürger vor Klimawandelgefahren zu beschützen. Die Vorstellung von Klimawandel löst potenziell neue ethische und theologische Denkweisen über unsere Beziehung mit der Zukunft aus. Sie kann neues Interesse hervorrufen, wie Wissenschaft und Kultur miteinander verknüpft sind, und vermag neue soziale Bewegungen zu veranlassen, neue Möglichkeiten städtischen und ländlichen Lebens zu entdecken. Und die Vorstellung von Klimawandel kann jeden von uns berühren, über unsere Ziele und Werte nachzudenken. Das alles sind kreative Anwendungen der Vorstellung von Klimawandel, jedoch Anwendungen, die keine Zustimmung erfordern. Tatsächlich könnten sie durch die Suche nach Zustimmung behindert werden. Sie gedeihen dagegen unter Bedingungen von Pluralismus und Hoffnung, mehr als unter Bedingungen von Universalismus und Angst. Sie sind aber auch keine Anwendungen, die zu einer Stabilisierung von Klima führen werden – sie werden Klimawandel nicht ›lösen‹.

Die Klimata der Welt werden sich weiterhin verändern, mit menschlichen Einflüssen auf diese physikalischen Eigenschaften von Klima, die nunmehr untrennbar mit denen der Natur verbunden sind. Globales Klima ist schlicht ein weiteres Gebiet, das unsere Einbettung in die Natur offenbart. Doch auch die Vorstellung von Klimawandel wird sich weiter ändern, so wie wir neue Möglichkeiten finden werden, sie zur Erfüllung unserer Bedürfnisse zu nutzen. Wir werden fortfahren, neue Geschichten zu Klimawandel zu erfinden und zu erzählen und damit Unterstützung für unsere Projekte zu mobilisieren. Während eine modernistische Lesart von Klima dies zuvor einzig als eine physische Randbedingung für menschliches Handeln aufgefasst haben mag, müssen wir nun Klimawandel akzeptieren als eine übergeordnete, doch fluide, ideenreiche Bedingung menschlicher Existenz.

Wenn wir klug handeln, kann uns Klimawandel als Bedingung menschlicher Existenz, in die wir nun verstrickt sind, lehren und dazu befähigen, andere Vorhaben anzugehen als jene, die sich von vornherein anbieten. Dennoch werden wir verschiedener Meinung sein. Doch lassen Sie uns zum Schluss anerkennen, dass die Quellen, warum wir über Klimawandel uneins sind, tief in uns liegen, in unseren Werten und in unserem Gefühl von Identität und Bestimmung. Sie befinden sich nicht ›dort draußen‹, als Ergebnis unserer Unfähigkeit, eine letztendlich physische Realität zu begreifen. Und erinnern wir uns daran, dass dieser Dissens uns bestenfalls stets dazu zu führen sollte, mehr über uns selbst zu lernen – unser Lamento über die Vergangenheit, unsere Zukunftsangst, unseren Wunsch nach Herrschaft und unseren Sinn für Gerechtigkeit. Unsere Auseinandersetzung mit Klimawandel und die Uneinigkeit, die dies hervorbringt, sollten stets eine Art von Erleuchtung sein.

Weiterführende Literatur zu Kapitel 10

Glover, L. (2006): *Postmodern climate change*. London: Routledge.

Glovers Buch nähert sich dem Phänomen Klimawandel und den gesellschaftlichen Antworten darauf mit den Theorien, Werkzeugen und der Sprache der Postmoderne. Es bietet einen breit gefächerten Überblick zur Wissenschaft und Politik von Klimawandel und behandelt die gesellschaftlichen Diskurse und Bewegungen, die daraus entstanden sind.

Malone, E.L. (2009): Debating climate change: pathways through argument to agreement. London: Earthscan.
Dieses Buch erforscht, wie Menschen über Klimawandel streiten, was ihre Positionen untermauert und ob diese Positionen veränderlich oder tief verwurzelt sind. Elizabeth Malone verarbeitete über 100 veröffentlichte Dokumente zu Klimawandel aus einer Vielfalt von Quellen, um eine empirische Analyse verschiedener Diskurse anzubieten, und schlägt Möglichkeiten vor, wie allgemeinere Übereinstimmungen gefunden werden können.

McIntosh, A. (2008): *Hell and high water: climate change, hope, and the human condition*. Birlinn: Edinburgh.
McIntosh behauptet, dass Politik allein nicht in der Lage sei, Klimawandel in den Griff zu bekommen. An der Wurzel liegt unsere abhängig machende Konsummentalität. Auf einer Reise durch die frühen Texte zu Klimawandel deckt McIntosh die Psychohistorie des modernen Konsums auf. Wenn Klimawandel ein geistiges Problem ist, dann muss es dessen Lösung auch sein.

Simms, A.; Smith, J. (Hrsg.) (2008): *Do good lives have to cost the Earth?* London: Constable.
Dieses Buch bietet eine Reihe persönlicher Sichtweisen von 21 Persönlichkeiten des öffentlichen britischen Lebens zur Integration von Bedenken über Klimawandel in den Lebensstil und dessen Wahl. Es ist insofern ungewöhnlich, als es zu enthüllen versucht, wie individuelle persönliche Werte mit ihrem übergeordneten Verständnis zu Klimawandel integriert werden und was das bedeutet.

Verweij, M.; Thompson, M. (Hrsg.) (2006): *Clumsy solutions for a complex world: governance, politics and plural perspectives*. Basingstoke, UK: Palgrave Macmillan.
Mit einer Reihe von Fallstudien, die beleuchten, wie verschiedene soziale und ökologische Probleme weltweit in Angriff genommen wurden, führt dieses Buch die Idee unbeholfener Lösungen im Kontrast zur Verbreitung eleganter Misserfolge weiter. Basierend auf der Kulturtheorie behauptet es, dass wir unterschiedliche Lebensweisen und Weltanschauungen mit allen komplexen Widersprüchen erlauben müssen, um koexistieren zu können, wenn wir vorankommen wollen bei der Lösung der Probleme, die uns bewegen. Unbeholfene Lösungen, auf Vielfalt basierend, sind das Gegenteil von eleganter Optimierung, die auf Dogmen basiert.

Anmerkungen

Vorwort zur deutschen Ausgabe (Mike Hulme)

1 Hulme, M. (2013): *Exploring climate change through science and in society: an anthology of Mike Hulme's essays, interviews and speeches.* London: Routledge.

2 Haidt, J. (2006): *The happiness hypothesis.* London: Arrow Books.

Geleitwort zur deutschen Ausgabe (Ottmar Edenhofer)

3 Hardin, G. (1974): Lifeboat ethics: the case against helping the poor. *Psychology Today*, September. www.garretthardinsociety.org/articles/art_lifeboat_ethics_case_against_helping_poor.html [Letzter Zugriff 05.12.2013].

4 Sombart, W. (1928): *Der moderne Kapitalismus. Historisch-systematische Darstellung des gesamteuropäischen Wirtschaftslebens von seinen Anfängen bis zur Gegenwart*, Bd. 3: *Das Wirtschaftsleben im Zeitalter des Hochkapitalismus.* 1. Halbbd. München und Leipzig: Duncker & Humblot. S. 122.

Geleitwort zum englischen Original (Steve Rayner)

5 Rayner, S.; Malone, E.L. (Hrsg.) (1998): *Human choice and climate change.* 4 Bde. Columbus, OH: Battelle Press.

6 Rittel, H.; Webber, M. (1973): Dilemmas in a general theory of planning. *Policy Sciences* 4, 2: 155–169.

7 Thompson, M.; Rayner, S. (1998): Cultural discourses. In: Rayner, S.; Malone, E.L. (Hrsg.): *Human choice and climate change.* Bd. 1: *The societal framework.* Columbus, OH: Battelle Press. 265–344.

8 Verweij, M.; Thompson, M. (Hrsg.) (2006): *Clumsy solutions for a complex world: governance, politics and plural perceptions. Basingstoke*, UK: Palgrave Macmillan. – Sunstein, C. (1995): Incompletely theorized agreements. *Harvard Law Review* 108, 7: 1733–1772.

Einleitung

9 British Council (2005): *Talking about climate change.* Manchester, UK: British Council. S. 3.

10 Im englischen Original schreibe ich ›Natur‹ und ›Kultur‹ – hier und überall dort im Buch – groß (im Unterschied zur sonst üblichen Kleinschreibung von Substantiven im Englischen), wo ich kennzeichnen möchte, wann ich sie als einzigartige Gebilde betrachte und nicht als eine Klasse von Gebilden (A.d.Ü.: Im Deutschen ist dies aufgrund der kontextuellen Klarheit nicht nötig). Auch wenn es viele Kulturen gibt, so ist die Idee von *Kultur* singulär. In ähnlicher Weise können wir um uns herum verschiedene Naturen erkennen, die konstruierte Idee von *Natur* ist jedoch singulär.

11 Eine von BBC World Service im September 2007 durchgeführte Umfrage unter 22.000 Einwohnern in 21 Ländern zeigte, dass nahezu 80 Prozent der Befragten glauben, dass menschliche Aktivitäten ein signifikanter Grund für Klimawandel sind.

12 Lamb, H. H. (1977): *Climate: present, past and future.* Bd. 2: Climatic history and the future. London: Methuen.

13 Ich habe an anderer Stelle bereits über diesen Aspekt meiner Geschichte geschrieben. Hulme, M. (2009): A belief in climate. In: Berry, S. (Hrsg.): *Real scientists, real faith.* London: Lion Hudson. S. 85–98.

14 In jüngster Zeit ist es zunehmend verbreitet, in populären Diskursen dem Begriff ›Klimawandel‹ das Adjektiv ›katastrophal‹ voranzustellen. Das legt beinahe eine vierte inhärente

Beschreibung des Phänomens nahe. Kapitel 7 *Wie kommunizieren wir Risiken?* beleuchtet einige der Gründe für diese neue sprachliche Verbindung und ihre Implikationen.

15 Whitmarsh, L. (2008): What's in a name? Commonalities and differences in public understanding of »climate change« and »global warming«. *Public Understanding of Science*, doi:10.1177/0963662506073088. http://pus.sagepub.com/content/early/2008/09/16/0963662506073088 [Letzter Zugriff 19.08.2013].

16 Der Begriff ›Klimawandel‹ bedeutet je unterschiedliche Dinge innerhalb des IPCC – Klimawandel findet statt unabhängig von den Ursachen, die natürlich oder anthropogen sein können – und innerhalb der Klimarahmenkonvention der Vereinten Nationen (UNFCCC) – Klimawandel bezieht sich ausschließlich auf den durch menschliche Ursachen erzeugten Anteil.

17 In Kapitel 10 *Jenseits von Klimawandel* führe ich zwei unterschiedliche Schreibungen von ›Klimawandel‹ ein (im englischen Original ›climate change‹ gegenüber ›Climate Change‹, s.a. Exkurs 10.1.), um eine weitere Unterscheidung zwischen den physischen und ideologischen Nebenbedeutungen des Begriffs vorzunehmen. A.d.Ü.: Dies wird in der Übersetzung nicht nachvollzogen, weil es nach unserer Meinung in der deutschen Sprache selbsterklärend ist.

Kapitel 1: Was verstehen wir unter Klima?

18 Diamond, J. (2005) (orig. 2005): *Kollaps. Warum Gesellschaften überleben oder untergehen*. Frankfurt a.M.: S. Fischer Verlag.

19 Siehe zum Beispiel http://de.wikipedia.org/wiki/Wetter. Dies wäre Teil der offiziellen Definition von Wetter (Letzter Zugriff 15.08.2013).

20 Siehe http://de.wikipedia.org/wiki/Klima Dies entspricht einer Kurzfassung der offiziellen Definition von Klima (Letzter Zugriff 15.08.2013).

21 Behringer, W. (2011): *Kulturgeschichte des Klimas. Von der Eiszeit bis zur globalen Erwärmung*. München: dtv.

22 Wörtlich: ›Neigung‹.

23 Sanderson, M. (1999): The classification of climates from Pythagoras to Köppen. *Bulletin of the American Meteorological Society* 80, 4: 669–673. Sanderson gibt Beispiele für Weltkarten aus dem 16. Jahrhundert, als die sieben Klimazonen von Ptolemäus noch immer eine Standardklassifikation der bekannten Klimata darstellten.

24 Martin, C. (2006): Experience of the New World and Aristotelian revisions of the Earth's climates during the Renaissance. *History of Meteorology* 3: 1–16. S. 3.

25 Es gab andere Wege, die physikalischen Dimensionen von Klima zu erfassen und zu beschreiben: durch seine Auswirkungen auf Vegetation, Phänologie, Eisbedeckung, Bodenfeuchte. Die Chinesen waren besondere Meister in der Aufzeichnung solcher Klimaindikatoren, von denen einige bis in das Jahr 1100 vor Christus zurückreichen.

26 Golinski, J. (2003): Time, talk and the weather in eighteenth century Britain. In: Strauss, S.; Orlove, B.J. (Hrsg.): *Weather, climate, culture*. Oxford: Berg. 17–38. S. 22.

27 Zum Beispiel zitiert Clarence Glacken in seinem 1967 erschienenen Buch, *Traces on a Rhodian shore: nature and culture in Western thought from ancient times to the end of the eighteenth century*. Berkeley, CA: University of California Press. S. XV, Fürst Volney (1804) zu Klima und Boden der Vereinigten Staaten. Indem er sagt, dass »der Begriff Klima nun ein Synonym für die gewohnte Lufttemperatur ist«, markiert er den Wendepunkt in der Verschiebung der Bedeutung des Wortes ›Klima‹.

28 Köppen, W.P. (1936): Das Geographische System der Klimate. In: Köppen, W.P.; Geiger, R. (Hrsg.): *Handbuch der Klimatologie*. 5 Bde. Berlin: Gebrüder Bornträger.

29 www.metoffice.gov.uk/news/releases/archive/2012/global-temperatures-2012 (Letzter Zugriff 15.08.2013).

30 Online-Wörterbücher http://dictionary.reference.com/ und http://de.wiktionary.org/wiki/Klima (Letzter Zugriff 15.08.2013).

31 Leduc, T.B. (2007): Sila dialogues on climate change: Inuit wisdom for a cross-cultural interdisciplinarity. *Climatic Change* 85: 237–250. S. 23.

32 Livingstone, D.N. (2004): Climate. In: Thrift, N.; Harrison, S.; Pile, S. (Hrsg.): *Patterned ground: enlargements of nature and culture*. London: Reaktion Books. S. 77–79.

33 Tambe, A. (2011): Climate, race science and the age of consent in the League of Nations. *Theory, Culture and Society* 18, 2: 109–130.

34 Ruuhela, R.; Hiltunen, L.; Venäläinen, A.; Pirinen, P.; Partonen, T. (2009): Climate impact on suicide rates in Finland from 1971 to 2003. *International Journal of Biometeorology* 53, 2: 167–175.

35 Boia, L. (2005): *The weather in the imagination* (Übers. R. Leverdier). London: Reaktion Books. S. 149.

36 Für Nachweise solcher Ikonografien in der europäischen Literatur und in Medienberichten s. Brönnimann, S. (2002): Picturing climate change. *Climate Research* 22: 87–85.

37 Und auch in einigen angeblich nicht traditionellen Gesellschaften. Im Juli 2007 behauptete der anglikanische Bischof von Carlisle, dass die durch Starkniederschläge hervorgerufenen großräumigen Überflutungen in Teilen Nord- und Zentralenglands ein Gottesurteil seien: »Wir ernten die Konsequenzen unserer moralischen Degeneration sowie der Umweltschäden, die wir verursacht haben« (*Sunday Telegraph*, 2. Juli 2007).

38 Broecker, W.S. (1999): What if the conveyor were to shut down? Reflections on a possible outcome of a great global experiment. *Geological Society of America Today* 9, 1: 1–7. S. 7.

39 Golinski, J. (2007): *British weather and the climate of enlightenment*. Chicago: University of Chicago Press. S. 57.

40 Latour, B.; Woolgar, S. (1986): *Laboratory life: the construction of scientific facts*. Princeton, NJ: Princeton University Press.

41 Cruishank, J. (2005): *Do glaciers listen? Local knowledge, colonial encounters and social imagination*. Vancouver, Canada: UBC Press. S. 245.

42 Der Exkurs 1.1 stützt sich auf Material von Ogilvie, A.E.J.; Pálsson, G. (2003): Weather and climate in Icelandic sagas. In: Strauss, S.; Orlove, B.S. (Hrsg.): *Weather, climate, culture*. Oxford: Berg. 251–274.

43 Ebenda, S. 265.

44 Miller, C.A.; Edwards, P.N. (Hrsg.) (2001): *Changing the atmosphere: expert knowledge and environmental governance*. Cambridge, MA: MIT Press. S. 7.

45 Mit ›Ideologie‹ ist der Kern einer Doktrin, eines Mythos, eines Glaubens etc. gemeint, der ein Individuum, eine soziale Bewegung, Institution, Klasse oder größere Gruppe leitet. Marxismus und Rassismus sind offensichtliche Beispiele von Ideologien; Wissenschaft und Religion eher kontroversere Beispiele.

46 Herodot, *The histories* (Übers. R. Waterfield, Oxford, 1998), Buch 2: S. 35, zitiert in Boia, *The weather in the imagination*, S. 23; s. http://de.wikipedia.org/wiki/Herodot) (Letzter Zugriff 15.08.2013).

47 Boia, *The weather in the imagination*, S. 25.

48 Kant, I. (1775): Von den verschiedenen Racen (Rassen) des Menschen. In: Kant, I. (2010) (orig. 1795): *Frühere, noch nicht gesammelte kleine Schriften*. Berlin: Nabu Press.

49 Huntington, E. (2001) (orig. 1915): *Civilisation and climate*. Honolulu: University Press of the Pacific. S. 2.

50 Beck, R.A. (1993): Viewpoint: climate, liberalism and intolerance. *Weather* 48: 63–64.

51 Meyer, W.B. (2000): *Americans and their weather*. New York: Oxford University Press. S. 71.

52 Walker, G.; King, D. (2008): *The hot topic: how to tackle climate change and still keep the lights on*. London: Bloomsbury Press. S. 48. Diese Behauptung wird zurückgewiesen durch: Kevane, M.; Gray, L. (2008): Darfur: rainfall and conflict. *Environmental Research Letters* 3: 034006, doi:10.1088/1748-9326/3/3/034006.

53 Huntington, *Civilisation and climate*, S. 294.

54 Glacken, *Traces on a Rhodian shore*.

55 Für den Exkurs 1.2 wurden die folgenden Quellen verwendet: Fleming, J.R. (2006): The pathological history of weather and climate modification: three cycles of promise and hype. *Historical Studies in the Physical and Biological Sciences* 37, 1: 3–25; und Hulme, M. (2008): The conquering of climate: discourses of fear and their dissolution. *Geographical Journal* 174, 1: 5–16.

56 Huntington, *Civilisation and climate*, S. 291.

57 Lutz, P.; Macho, T. (2008): *Zwei Grad. Das Wetter, der Mensch und das Klima*. Göttingen: Wallstein Verlag.

58 www.telegraph.co.uk/news/worldnews/1549077/Chinese-make-first-artificial-snowfall.html und www.theguardian.com/world/2007/apr/19/china.science (Letzter Zugriff 15.08.2013).

59 President's Science Advisory Committee (1965): *Restoring the quality of our environment*. Report of the Environmental Pollution Panel. Washington, D.C.: Weißes Haus. S. 127.

60 Galaz, V. (2012): Geo-engineering, governance, and social-ecological systems: critical issues and joint research needs. *Ecology and Society* 17, 1: 24. – White, D.G.; Mitchell, W.S. (Hrsg) (2011): *Geoengineering: technology and governance assessments of climate engineering*. Climate change and its causes, effects and prediction. Hauppauge, NY: Nova Science Publishers.

61 McKibbin, B. (1992) (orig. 1989): *Das Ende der Natur*. München: Piper Verlag. S. 35.

62 Teleologie (altgr. τέλος télos ›Zweck, Ziel, Ende‹ und λόγος lógos ›Lehre‹) »heißt die Lehre von der Zweckmäßigkeit der Dinge. Von Zweckmäßigkeit redet man da, wo man Zwecke erstrebt und verwirklicht sieht«. Die Lehre besagt, dass moralische/menschliche Handlungen oder überhaupt physische/natürliche Entwicklungsprozesse an Zwecken orientiert sind und durchgängig zweckmäßig ablaufen, s. Kirchner, F.; Michaëlis, C. (1907): *Wörterbuch der Philosophischen Grundbegriffe*. Neubearb. v. Carl Michaëlis. 5. Aufl. Leipzig: Dürr. S. 620.

63 Lovelock, J. (2006) (orig. 2006): *Gaias Rache. Warum die Erde sich wehrt*. Berlin: List Verlag. S. 1.

64 Der amerikanische Mathematiker und Meteorologe Edward Lorenz (1917–2008) hat in den frühen 1960er-Jahren den Weg für das Verständnis der Atmosphäre als ein chaotisches System bereitet. Die erste Darlegung seiner Ideen veröffentlichte er 1963. Sie wurden für alle meteorologischen und zunehmend auch Klimavorhersagen eine essenzielle theoretische Einsicht. S. Lorenz, E.N. (1963): Deterministic nonperiodic flow. *Journal of the Atmospheric Sciences* 20, 2: 130–141.

65 Gibbon, E. (2003) (orig. 1776–1788): *Verfall und Untergang des römischen Imperiums: Bis zum Ende des Reiches im Westen*. 6 Bde. München: dtv.

66 Huntington, *Civilisation and climate*, S. 270.

67 Miller, A.A. (1961): *Climatology*. 9. Aufl. London: Methuen. S. 305 beziehungsweise Schönwiese, C.D. (2013): *Klimatologie*. 4. Aufl. Stuttgart: UTB. S. 48.

68 Weiss, H.; Bradley, R.S. (2001): What drives societal collapse? *Science* 291: 610–611. S. 610.

69 Fagan, B. (2003): *The long summer: how climate changes changed civilization*. New York: Basic Books.

70 Diamond, *Kollaps*.

71 Lovelock, *Gaias Rache*, S. 1.

72 Toynbee, A.J. (1934): *A study of history*. Bd. 2: *The genesis of civilizations*. Oxford: Oxford University Press.

73 Dieses Argument wird untersucht in: Brooks, N. (2006): Cultural responses to aridity in the Middle Holocene and increased social complexity. *Quarternary International* 151: 29–49. Brooks zitiert zur Untermauerung seines Standpunkts Beweise aus dem Nahen Osten, der Sahara, Südasien, der Küste Perus und dem nördlichen China.

74 Diese Argumente sind zusammengefasst in Behrensmeyer, A.K. (2006): Climate change and human evolution. *Science* 311: 476–478. S. 476. Zu dieser Liste der Ereignisse fügt die Autorin auch die morphologische Verschiebung zur Zweibeinigkeit, die Anpassungsfähigkeit des Verhaltens und interkontinentale Wanderungen hinzu.

75 Meyer, *Americans and their weather*, S. 213.

Kapitel 2: Die Entdeckung von Klimawandel

76 ›Canada's climate change boomtown‹ siehe http://news.bbc.co.uk/2/hi/business/7155494.stm (Letzter Zugriff 15.08.2013), aus dem Radioprogramm ›The great game in a cold climate‹, gesendet von BBC Radio 4 am 1. Januar 2008.

77 Fleming, J.R. (1998): *Historical perspectives on climate change*. Oxford und New York: Oxford University Press, und Weart, S.R. (2008): *The discovery of global warming*. 2. überarb. u. erw. Aufl. Cambridge, MA: Harvard University Press.

78 Glacken, C. (1967): *Traces on a Rhodian shore: nature and culture in Western thought from ancient times to the end of the eighteenth century*. Berkeley, CA: University of California Press. S. 129 f.

79 Buffon, G.L. Leclerc de (1778): *Les époques de la Nature*. Paris. S. 236–244, zitiert in Boia, L. (2005): *The weather in the imagination*. (Übers. R. Leverdier). London: Reaktion Books. S. 65.

80 Glacken, *Traces on a Rhodian shore*, S. 659.

81 Grove, R.H. (1998): *Ecology, climate and empire: the Indian legacy in global environmental history, 1400–1940*. Delhi, Indien: Oxford University Press. S. 8.

82 *The Times*, 18. Februar 1834.

83 Brückner, E. (1890): *Klimaschwankungen seit 1700 nebst Bemerkungen über die Klimaschwankungen der Diluvialzeit*, zitiert in von Storch, H.; Stehr, N. (2006): Anthropogenic climate change: a reason for concern since the 18th century and earlier. *Geografika Annaler* 88A, 2: 107–113.

84 Agassiz, J.L. (1840): *Études sur les Glaciers*. Neuchatel, Schweiz: Jent et Gassmann.

85 Croll, J. (1875): *Climate and time*. New York: Appleton & Co.

86 Tyndall, J. (1855–1872): *Journals of John Tyndall*. Bd. 3: 1855–1872. Unveröff. Tyndall Collection, Royal Institution, London. 36–55.

87 Tyndall, J. (1861): On the absorption and radiation of heat by gases and vapours. *Philosophical Magazine* (Ser. 4) 22: 169–194 und 273–285. S. 276 f.

88 Tyndall, J. (1863): On the passage of radiant heat through dry and humid air. *Philosophical Magazine* (Ser. 4) 26, 172: 44–54. S. 54.

89 Arrhenius, S. (1896): On the influence of carbonic acid in the air upon the temperature of the ground. *London, Edinburgh and Dublin Philosophical Magazine and Journal of Science* 41: 237–276. S. 274.

90 Manson, M., zitiert in Mudge, F.B. (1997): The development of the greenhouse theory of global climate change from Victorian times. *Weather* 52: 13–17. S. 15.

91 Ebenda, S. 15.

92 Kincer, J.B. (1933): Is our climate changing? A study of long-time temperature trends. *Monthly Weather Review* 61, 9: 251–259.

93 Callendar, G.S. (1939): The composition of the atmosphere through the ages. *Meteorological Magazine* 74: 33–39. S. 38.

94 Ab Herbst 2013 wird der fünfte Sachstandsbericht des IPCC in Teilen veröffentlicht (WG I im September); 2014 wird der vollständige Bericht vorliegen: www.ipcc.ch/activities/activities.shtml (Letzter Zugriff 15.08.2013).

95 Callendar, G.S. (1938): The artificial production of carbon dioxide and its influence on temperature. *Quarterly Journal of the Royal Meteorological Society* 64, 2: 223–240. S. 223.

96 Ebenda, S. 237.

97 Bezogen auf die IPCC-Konvention bezieht sich ›wahrscheinlich‹ auf eine Chance zwischen 66 und 90 Prozent, dass die Annahme korrekt ist.

98 Bezogen auf die IPCC-Konvention bezieht sich ›sehr wahrscheinlich‹ auf eine Chance von über 90 Prozent, dass die Annahme korrekt ist.

99 Callendar, *The artificial production of carbon dioxide*, S. 236.

100 Guy Stewart Callendar papers, CRU/CAL/L/LE2a, University of East Anglia, Norwich, UK.

101 Callendar, *The artificial production of carbon dioxide*, S. 236.

102 Keeling, C.D. zitiert in Weart, S.R. (2007): Money for Keeling: monitoring CO_2 levels. *Historical Studies in the Physical and Biological Sciences* 37, 2: 435–452. S. 439.

103 Im Juni 2013 überschritt sie erstmals seit Keelings Beobachtungen die Marke von 400 Teilen pro Million. Im Monatsdurchschnitt Juli betrug sie 397,23 Teile pro Million. http://co2now.org (Letzter Zugriff 15.12.2013).

104 In ihrem Artikel erläutern sie ausführlich ihren Fehler bei der Festlegung der Grenze zwischen permanentem und temporärem Meereis. Versehentlich wurde die Grenze bei –25°C programmiert, anstelle des angenommenen Werts von –10°C. Da sie nicht in der Lage waren, das Modell mit dem richtigen Wert ein zweites Mal durchlaufen zu lassen – vermutlich wegen begrenzter Rechnerkapazität –, erkannten sie aufgrund Manabes konsequenter Einhaltung wissenschaftlicher Normen ihren Fehler in der Veröffentlichung im vollen Umfang an. Tatsächlich schlugen sie sogar einen Vorteil daraus, indem sie argumentierten, dass –25°C doch als angemessener Wert betrachtet werden könnte, angesichts der guten Übereinstimmung ihres Modellergebnisses mit den Ergebnissen von satellitengewonnenen Daten.

105 Manabe, S.; Wetherald, R.T. (1975): The effects of doubling the CO_2 concentration on the climate of a general circulation model. *Journal of the Atmospheric Sciences* 32: 3–15. S. 13.

106 Broecker, W.S. (1987): Unpleasant surprises in the greenhouse? *Nature* 328: 123–126. S. 123.

107 Lamb, H.H. (1959): Our changing climate, past and present. *Weather* 14: 299–318. S. 299.

108 Weart, S.R. (1997): Global warming, cold war and the evolution of research plans. *Historical Studies in the Physical and Biological Sciences* 27, 2: 319–356. S. 353.

109 Ross, A. (1991): Is global culture warming up? *Social Text* 28: 3–30. S. 8.

110 www.worldwatch.org/node/5787 (Letzter Zugriff 15.08.2013).

111 Rede von Margaret Thatcher vor der Royal Society, London, 27. September 1988. www.margaretthatcher.org/document/107346 (Letzter Zugriff 8.12.2013).

112 Retallack, S.; Lawrence, T. (2007): *Positive energy: harnessing people power to prevent climate change*. London: Institute of Public Policy Research. S. 55.

113 Gladwell, M. (2002): *Tipping Point: Wie kleine Dinge Großes bewirken können*. München: Goldmann Verlag.

Kapitel 3: Was leistet Wissenschaft?

114 IPCC (2007): *Climate change 2007: the physical science basis*. Contribution of Working Group I to the Fourth Assessment Report of the Intergovernmental Panel on Climate Change. Cambridge: Cambridge University Press. S. 10.

115 Ebenda, S. 13. Eine weiterführende Arbeit von Roe, G.H.; Baker, M.B. (2007): Why is climate sensitivity so unpredictable? *Science* 318: 629–632, argumentierte, dass eine zukünftige Einengung dieses Bereichs oder die Angabe genauerer Wahrscheinlichkeitsbewertungen aufgrund der dem Klimasystem eigenen Komplexität kaum zu erreichen ist.

116 Zitiert in der Zeitschrift *Guardian Magazin*, 29. September 2007.

117 Merton, R.K. (1942): The normative structure of science, Wiederabdruck in Merton, R.K. (1973): *The sociology of science: theoretical and empirical investigations*. Chicago: University of Chicago Press.

118 Einfach ausgedrückt stellt eine positivistische Sicht von Wissen fest, dass die Realität vom menschlichen Bewusstsein unabhängig ist; sie ist extern, greifbar und objektiv. Weil die Realität ›da draußen‹ ist, kann sie unabhängig von den Eigenschaften des Fragestellers untersucht werden. Eine konstruktivistische Sicht auf das Wissen geht davon aus, dass die Realität von Grund auf subjektiv ist. Daher ist die ›Wahrheit‹ eine innerhalb unserer eigenen Erfahrungswelt begründete Konstruktion – geschichtlich, kulturell, empirisch. Im Extremfall gibt es ebenso viele konstruierte Wirklichkeiten, wie es Menschen gibt.

119 Polanyi, M. (1962): The republic of science: its political and economic theory. *Minerva* 1: 54–74. S. 61.

120 Sarewitz, D.; Pielke, R.J. Jr. (2006): The neglected heart of science policy: reconciling supply of and demand for science. *Environmental Science and Policy* 10: 5–16. S. 1.

121 Kuhn, T. (1962): *The structure of scientific revolutions*. Chicago: University of Chicago Press.

122 Funtowicz, S.O.; Ravetz, J.R. (1993): Science for a post-normal age. *Futures* 25: 739–755.

123 Collins, H.; Evans, R. (2007): *Rethinking expertise*. Chicago: University of Chicago Press. S. 2.

124 In einem Fall vor dem obersten britischen Gerichtshof im Oktober 2007 wurde die Entscheidung getroffen, dass der Film *Eine unbequeme Wahrheit* neun ›wissenschaftliche Fehler‹ enthielte und daher in britischen Schulen nicht ohne ›korrigierendes‹ Begleitmaterial für die Lehrer verwendet werden sollte.

125 Scott, A. (2007): Peer review and the relevance of science. *Futures* 39: 827–845. S. 829.

126 Aerosol: ein Gemisch (Dispersion) aus festen oder flüssigen Schwebeteilchen und einem Gas.

127 Jasanoff, S. (2007): Technologies of humility. *Nature* 450: 33, doi:10.1038/450033a.

128 National Defense University (1978): *Climate change to the year 2000*. Washington, D.C.: NDU. S. iii. Die Methoden dieser Expertenbefragung wurden später kritisiert von Schneider, S.H. (1985): Science by consensus: the case of the NDU study »climate change to the year 2000« – an editorial. *Climatic Change* 7: 153–157.

129 IPCC, *Climate Change 2007*, S. 71.

130 Kerr, R. (2007): Pushing the scary side of global warming. *Science* 316: 1412–1415. S. 1413.

131 Ebenda, S. 1415.

132 Kevles, D. (1985): *In the name of eugenics: genetics and the uses of human heredity*. New York: Knopf.

133 Brief von Bob Ward, Senior Manager, Politikkommunikation der Royal Society, an Nick Thomas, Direktor für Kooperationsangelegenheiten der Exxon UK, am 4. September 2006.

134 Brief von ExxonMobil Vizepräsident Kenneth Cohen an den Präsidenten der Royal Society, Lord Rees, am 25. September 2005.

135 Miller, C.A. (2004): Climate science and the making of a global political order. In: Jasanoff, S. (Hrsg.): *States of knowledge: the co-production of science and the social order*. London: Routledge. 46–66. S. 61.

136 Edwards, P.N.; Schneider, S.H. (2001): Self-governance and peer-review in science-for-policy: the case of the IPCC Second Assessment Report. In: Miller, C.A.; Edwards, P.N. (Hrsg.): *Changing the atmosphere: expert knowledge and environmental governance.* Cambridge, MA: MIT Press. 219–246. S. 244–245.

137 Wiederholt haben sich Experten aus IPCC-Autorenteams während der Entwurfsphase zurückgezogen, weil sie dem sich bildenden Konsenswissen nicht zustimmten. Andere Experten mögen während des Prozesses neu hinzugekommen sein. Wie in allen in Gemeinschaft durchgeführten Projekten zeigen einige Experten viel Engagement, während andere ›Schläfer‹ sind.

138 Das norwegische Nobelpreiskomitee verlieh 2007 dem IPCC den Friedensnobelpreis mit den Worten: »Durch die wissenschaftlichen Berichte, die es über die vergangenen zwei Dekaden herausgegeben hat, schuf das IPCC einen immer breiteren, auf fundierten Informationen basierenden Konsens über die Verbindung zwischen menschlichem Handeln und globaler Erwärmung. Tausende von Wissenschaftlern und Regierungsvertretern aus mehr als 100 Ländern haben zusammengearbeitet, um größere Sicherheit hinsichtlich des Ausmaßes der Erwärmung zu erlangen«. Das Nobelpreiskomitee hat die Namen dieser Wissenschaftler und Regierungsvertreter niemals bekannt gegeben.

139 Pielke, R. Jr. (2007): *The honest broker: making sense of science in policy and politics.* Cambridge, UK: Cambridge University Press.

140 Weber, M. (1946): *From Max Weber: essays in sociology.* (Übers. und hrsg. v. H.H. Gerth und C.W. Mills). New York: Oxford University Press.

141 Präsident George W. Bush, 23. April 1990, zitiert von der Union of Concerned Scientists. www.ucsusa.org/scientific_integrity/ (Letzter Zugriff 15.08.2013).

142 Monbiot, G.; Lynas, M.; Marshall, G.; Juniper, T.; Tindale, S. (2005): Time to speak up for climate change science. *Nature* 434: 559, doi:10.1038/434559a.

143 Jasanoff, S. (1990): *The fifth branch: science advisors as policy-makers.* Cambridge, MA: Harvard University Press. S. 230.

Kapitel 4: Welchen Wert haben Werte?

144 Brief von George W. Bush an die Senatoren Hagel, Helms, Craig und Roberts vom 13. März 2001.

145 Presseveröffentlichung des Präsidenten aus dem Weißen Haus vom 11. Juni 2001.

146 Lomborg, B. (Hrsg.) (2004): *Global crises, global solutions.* Cambridge, UK: Cambridge University Press. Die Hauptergebnisse dieses Konsenses wurden am 29. Mai 2004 in Kopenhagen veröffentlicht, www.copenhagenconsensus.com/projects/copenhagen-consensus-2004 (Letzter Zugriff: 16.08.2013).

147 Stern, N. (2006): *The economics of climate change: the Stern Review.* Cambridge, UK: Cambridge University Press.

148 Daly, H.E. (1972): The economics of zero growth. *American Journal of Agricultural Economics* 54, 5: 945–954. S. 945.

149 Natürlich muss es sich hierbei nicht buchstäblich um Kohlenstoffdioxid (CO_2) handeln; auch andere Treibhausgase wie Methan (CH_4) oder Lachgas (N_2O) könnten in der Analyse verwendet werden. Doch für analytische Zwecke werden gewöhnlich alle Kosten gegen CO_2 gewichtet beziehungsweise gegen die äquivalente Menge an CO_2 (CO_2e), die denselben Schaden verursachen würde wie eine Einheit eines beliebigen anderen Treibhausgases.

150 Wichtig: Hier sind die ›Netto‹-Marktkosten von Bedeutung, das heißt ein Verlust an Marktwert abzüglich sämtlicher Gewinne an Marktwert, die ebenfalls durch Klimawandel entstehen könnten. Klimawandel umfasst nicht nur Kosten, weshalb auch Marktvorteile abgeschätzt werden müssen. Zum Beispiel könnte in Folge von Klimawandel eine landwirtschaftliche Nutzung in nördlichen Gebieten ermöglicht werden, wo dies kältebedingt gegenwärtig nicht möglich ist.

151 Die Debatte über den ›Wert eines statistischen Lebens‹ im Rahmen der Ökonomie von Klimawandel wurde zum Teil durch den zweiten Sachstandsbericht des Weltklimarats im Jahre 1996 angeheizt. Basierend auf einem herkömmlichen neoklassizistischen ökonomischen Verfahren wurde vorgeschlagen, ein ›statistisches Leben‹ in Industrieländern (~ 5 Millionen Dollar) mindestens zehnfach höher anzusetzen als in Entwicklungsländern (~ 0,5 Millionen Dollar). Siehe Fankhauser, S.; Tol, R.S.J.; Pearce, D.W. (1998): Extensions and alternatives to climate change impact valuation: on the critique of IPCC Working Group III's impact estimates. *Environment and Development Economics* 3: 59–81 für eine weiterführende Diskussion dieser Kontroverse.

152 Stern, *The economics of climate change*, S. 323. Darüber hinaus können diese Kosten auch als Kosten pro Tonne CO_2 ausgedrückt werden, statt als Kosten pro Tonne Kohlenstoff. In diesem Fall muss durch den Wert 3,7 geteilt werden.

153 Das Klimasystem reagiert nur sehr langsam auf Veränderungen der Emissionsraten von Treibhausgasen. Deshalb zeigt das physikalische Klima eine beträchtliche Trägheit hinsichtlich solcher Veränderungen. Nach heutigem Kenntnisstand wird der anthropogene Klimawandel in den nächsten etwa 40 Jahren größtenteils die Reaktion auf Treibhausgasemissionen in der Vergangenheit sein. Mit anderen Worten: Unsere gegenwärtigen und zukünftigen Errungenschaften, Emissionen zu mindern, werden die Klimawandelrate erst nach dem Jahre 2050 senken.

154 Herkömmliche ökonomische Analysen gehen nahezu immer von einem Wachstum der realen Wirtschaft aus, wie beispielsweise einem jährlichen Wachstum des Pro-Kopf-Einkommens zwischen einem und zwei Prozent. Erstgenannte Rate würde den individuellen Wohlstand (*individual wealth*) innerhalb von 70 Jahren verdoppeln, letztere Rate innerhalb von 35 Jahren. Der Stern-Report nahm eine Wachstumsrate von 1,3 Prozent an, mit einer Verdopplung des Wohlstands alle 54 Jahre.

155 Pearce, D. (2003): The social cost of carbon and its policy implications. *Oxford Review of Economic Policy* 19, 3: 362–384. S. 363.

156 Rede von Tony Blair, London, 30. September 2006.

157 Presseveröffentlichung *Headlines from Friends of the Earth* vom 13. Oktober 2006; *New Scientist Editorial* vom 4. November 2006; *Washington Post*, 31. Oktober 2006.

158 Tatsächlich wurden 0,1 Prozent statt null angenommen, für den unwahrscheinlichen Fall, dass die menschliche Spezies innerhalb der nächsten zwei Jahrhunderte aussterben wird.

159 Spash, C.L. (2007): The economics of climate change impacts à la Stern: novel and nuanced or rhetorically restricted? *Ecological Economics* 63, 4: 706–713. S. 706.

160 Neumayer, E. (2007): A missed opportunity: the Stern Review on climate change fails to tackle the issue of non-substitutable loss of natural capital. *Global Environmental Change* 17, 3-4: 297–301. S. 297.

161 Ebenda, S. 299.

162 Ackerman, F. (2007): *Debating climate economics: the Stern Review versus its critics. Report for Friends of the Earth, UK*. www.foe.co.uk/resource/reports/debate_climate_econs.pdf (Letzter Zugriff 18.08.2013). S. 22.

163 Heilige Werte unterscheiden sich von materiellen oder instrumentellen Werten darin, dass sie Moralvorstellungen einschließen, die Handlungen nicht an einem Streben nach Erfolg ausrichten. Beispiele hierfür können das Wohl unserer Familie, unseres Landes oder unsere Hingabe an Religion, Ehre und Gerechtigkeit sein. Siehe Atran, S.; Axelrod, R.; Davis, R. (2007): Sacred barriers to conflict resolution. *Science* 317: 1039–1040.

164 Quellen für den Exkurs 4.2: Adger, W.N.; Lorenzoni, I.; O'Brien, K. (Hrsg.) (2009): *Adapting to climate change: thresholds, values, governance*. Cambridge, UK: Cambridge University Press; Ford, J.D. (2008): »*Where's the ice gone?*«: *climate change vulnerability and adaptation in an Inuit community*. Vortrag auf der Konferenz *Living with climate change: are there limits to adaptation?* Royal Geographical Society, London, 7.–8. Februar 2008. Norwich, UK: Tyndall Centre, und Sanders, T. (2003): (En)Gendering the weather:

rainmaking and reproduction in Tanzania. In: Strauss, S.; Orlove, B. (Hrsg.): *Weather climate culture*. Oxford: Berg. 83–102.

165 Toman, M.A. (2006): Values in the economics of climate change. *Environmental Values* 15: 365–379. S. 366.

166 Spash, *The economics of climate change impacts à la Stern*, S. 712–713.

Kapitel 5: Woran wir glauben

167 McCarrick, T. (2007), zitiert in McGourty, C.: *Prayer to end climate change*. ABC World News am 7. September 2007. http://abcnews.go.com/WN/GlobalWarming/story?id=3572327&page=1#.UbXHPUr3Te8 (Letzter Zugriff 16.08.2013).

168 Rede von David Miliband, zu jener Zeit Umweltminister der britischen Regierung, Vatikan, Mai 2007.

169 Millais, C. (Hrsg.; 2006): *Common belief: Australia's faith communities on climate change*. Sydney: The Climate Institute. www.arcworld.org/downloads/COMMON%20BELIEF%20-%20Australian%20statements.pdf (Letzter Zugriff 16.08.2013).

170 Diese Auffassung ist als deontologische Ethik bekannt. Erstmals im Jahr 1930 angewandt, bezieht sich der Begriff auf ethische Theorien, die darauf beruhen, dass das Wissen darüber, ob eine Handlung richtig oder falsch ist, dem menschlichen Verstand intrinsisch oder intuitiv zugänglich ist. Daraus folgt, dass eine nachfolgende Situation (Konsequenz) dieses ersten Schritts gut oder schlecht ist, je nachdem, ob der auslösende Schritt gut oder schlecht gewesen war. Dies steht in scharfem Kontrast zu einer Ethik der ›Konsequenz‹, nach der jedes Richtig oder Falsch einer Handlung einzig auf deren Konsequenzen beruht.

171 Koran, Sure 6, Vers 165: »Er ist es, der Euch zu Vizekönigen der Erde ernannt hat«.

172 The Religious Society of Friends (Quakers) in Britain (1994): *Advices and queries*. Nr. 42.

173 Ansprache des Dalai Lama *Die wahre Bedeutung des Friedens suchen*, San Jose, Costa Rica, Juni 1989.

174 US Conference of Catholic Bishops (2001): *Global climate change: a plea for dialogue, prudence and the common good*. Washington, D.C. www.usccb.org/issues-and-action/human-life-and-dignity/environment/global-climate-change-a-plea-for-dialogue-prudence-and-the-common-good.cfm (Letzter Zugriff 16.08.2013).

175 Predigt von Papst Benedikt XVI. beim Pastoralbesuch in Loreto anlässlich der Agorà der italienischen Jugendlichen, Montorso, Italien, 2. September 2007. www.vatican.va/holy_father/benedict_xvi/homilies/2007/documents/hf_ben-xvi_hom_20070902_loreto_ge.html (Letzter Zugriff 15.12.2013).

176 Rede von Dr. Rowan Williams, Erzbischof von Canterbury, zur Einweihung des Tyndall Zentrums, Phase 2, London, 4. Mai 2006.

177 Dunlap, T.R. (2004): *Faith in nature: environmentalism as religious quest*. Seattle, WA: University of Washington Press.

178 Lovelock, J. (2006): *Gaias Rache. Warum die Erde sich wehrt*. Berlin: List Verlag. S. 190–191.

179 Botschaft von Papst Johannes Paul II. zur Feier des 23. Weltfriedenstages *Friede mit Gott dem Schöpfer, Friede mit der ganzen Schöpfung*, Vatikan, 1. Januar 1990.

180 Millais, *Common belief*, S. 6.

181 White, L. Jr. (1967): The historical roots of our ecological crisis. *Science* 155: 1203–1207.

182 Dwivedi, O.P. (2001): Classical India. In: Jamieson, D. (Hrsg.): *A companion to environmental philosophy*. Oxford: Blackwell Publishers. 37–51.

183 Presseerklärung der Evangelikalen Klimainitiativen vom Oktober 2007. Zur Initiative selbst siehe http://christiansandclimate.org (Letzter Zugriff 16.08.2013).

184 *Fortune Magazine*, 8. Februar 2006.

185 Donner, S. (2007): Domain of the gods: an editorial essay. *Climatic Change* 85: 231–236.

186 Vishvapani, in Today ›Thought for the Day‹, gesendet von BBC Radio 4 am 11. Dezember 2007. www.platitudes.org.uk/platblog/index.php?m=12&y=07&entry=entry071211-082727 (Letzter Zugriff 16.08.2013).

187 Botschaft von Papst Johannes Paul II. zur Feier des 23. Weltfriedenstages, S. 6.

188 Rede von Bartholomäus I. zum 20. Religions-, Wissenschafts- und Umweltsymposium *Das Schwarze Meer in der Krise*, 20.–28. September 2007.

189 Zitiert in der *Sunday Times*, 23. Juli 2006.

190 Monbiot, G. (2006): *Heat: how to stop the planet burning*. London: Allen Lane. S. 210. Monbiots Theologie ist hier nicht sehr präzise, da die Ablässe in der katholischen Tradition die Sünden nicht vergaben; sie boten nur Erlösung von den irdischen Folgen der Sünden, die bereits begangen und bereut wurden. Vergebung blieb Gottes Vorrecht.

191 Agarwal, A.; Narain, S. (1991): *Global warming in an unequal world: a case of environmental colonialism*. Delhi, Indien: Centre for Science and Environment. www.indiaenvironmentportal.org.in/files/GlobalWarming%20Book.pdf (Letzter Zugriff 16.08.2013).

192 Northcott, M.S. (2007): *A moral climate: the ethics of global warming*. London: Dartman, Longman und Todd. S. 7 und S. 269.

193 Lovelock, *Gaias Rache*, S. 3.

194 Evangelical Climate Initiative (2006): *Climate change: an evangelical call to action*. Suwanee, GA: Evangelical Climate Initiative. www.npr.org/documents/2006/feb/evangelical/calltoaction.pdf (Letzter Zugriff 29.12.2013). S. 7.

195 Zitiert im *Sunday Telegraph*, 2. Juli 2007.

196 Stern, N. (2006): *The economics of climate change: the Stern Review*. Cambridge, UK: Cambridge University Press.

197 Vishvapani, ›Thought for the Day‹.

198 Crompton, T. (2008): *Weathercocks and signposts: the environment movement at a crossroads*. WWF Report. Godalming, UK: World Wide Fund for Nature-UK. http://assets.wwf.org.uk/downloads/weathercocks_report2.pdf (Letzter Zugriff 29.12.2013). S. 30.

199 Altes Testament, Micha, Kapitel 6, Vers 8.

200 Tafeln von Baha'u'llah 6.17 und 6.64.

201 Koran, Sure 5, Vers 135.

202 Adger, W.N.; Paavola, J.; Huq, S.; Mace, R.J. (2006): *Fairness in adaption to climate change*. Cambridge, MA: MIT Press. S. 9.

203 Global Commons Institute (GCI). www.gci.org.uk/Briefing.html (Letzter Zugriff 29.12.2013).

204 Zu Diskussionen der Grundprinzipien und warum sie nicht selbstverständlich sind, siehe Banuri, T., Weyant, J. (2001): Setting the stage: climate change and sustainable development. In: *Climate change 2001: mitigation*. Contribution of Working Group III to the Third Assessment Report of the Intergovernmental Panel on Climate Change. Cambridge, UK: Cambridge University Press. 73–142. S. 90–91, und Halsnæs, K.; Shukla, P. (2007): Framing issues. In: Metz, B.; Davidson, O.R.; Bosch, P.R.; Dave, R.; Meyer, L.A. (Hrsg.): *Climate change 2007: mitigation of climate change*. Contribution of Working Group III to the Fourth Assessment Report of the Intergovernmental Panel on Climate Change. Cambridge, UK: Cambridge University Press. 117–176. S. 146–147.

205 Global Commons Institute (GCI) (2002): *C&C: a syntax for survival*. www.gci.org.uk/Documents/C%26CSlideshow_notes.pdf (Letzter Zugriff 29.12.2013). Folie 29.

206 Vishvapani, ›Thought for the Day‹.

207 Grober, U. (2010): *Die Entdeckung der Nachhaltigkeit. Kulturgeschichte eines Begriffs*. München: Antje Kunstmann Verlag, und Sächsische Hans-Carl-von-Carlowitz-Gesellschaft (Hrsg.) (2013): *Die Erfindung der Nachhaltigkeit. Leben, Werk und Wirkung des Hans Carl von Carlowitz*. München: oekom verlag.

208 Ökumenischer Rat der Kirchen (1976), zitiert in Langhelle, O. (2000): Why ecological modernisation and sustainable development should not be conflated. *Journal of Environmental Policy Planning* 2: 303–322.

209 Northcott, *A moral climate*, S. 281.

210 Hawken, P. (2007): *Blessed unrest: how the largest movement in the world came into being and how no-one saw it coming.* New York: Viking.

211 Neues Testament, Matthäus-Evangelium, Kapitel 6, Vers 33.

212 Chishti, S. (2003): *Fitra*: an islamic model for humans and the environment. In: Foltz, R.; Denny, F.; Bahaaruddin, A. (Hrsg.): *Islam and ecology: a bestowed trust.* Cambridge, MA: Harvard University Press. 67–82.

213 James, O. (2007): *Affluenza: how to be successful and stay sane.* Derry, NH: Vermilion.

214 O'Hara, E.: Focus on carbon »missing the point«. BBC News On-line, Viewpoint, 8. August 2007. http://news.bbc.co.uk/1/hi/sci/tech/6922065.stm (Letzter Zugriff 16.08.2013).

215 Professor Ronald Sider, Palmer Theological Seminary, Pennsylvania, und Stiftungspräsident der United States Evangelicals for Social Action.

216 Vonk, M.A. (2006): *The quest for sustainable lifestyles and quality of life: contributions from Amish, Hutterite, Franciscan and Benedictine philosophy of life.* Vortrag auf der Konferenz *Exploring Religion, Nature and Culture*, Gainsville, FL, 6.–9. April 2006.

217 Posas, P.J. (2007): Roles of religion and ethics in addressing climate change. *Ethics in Science and Environmental Politics* 6: 31–49. S. 39.

218 Haag, A. (2007): Climate change 2007: Al's army. *Nature* 446: 723–724. Das hier maßgebliche Zitat lautet: »Gore nennt die Trainees seine ›Kavallerie‹, doch ein passenderer Begriff wäre Missionare, wenn man den Eifer sieht, mit dem sie ihre Rolle ausfüllen«.

219 Atkinson, D. (2008): *Renewing the face of the Earth: a theological and pastoral response to climate change.* London: Canterbury Press. S. 28.

220 Haidt, J. (2007): The new synthesis in moral psychology. *Science* 316: 998–1002. S. 1001.

Kapitel 6: Wovor wir uns fürchten

221 *New Scientist*, 12. Februar 2005.

222 *New Scientist*, 26. März 2005 und 12. Februar 2005.

223 *Time*, 28. April 2005.

224 Diese Kennzahl entspricht zufällig auch der Richtlinie der Europäischen Union (seit 1996) und damit auch den erklärten Zielen der nationalen britischen Klimapolitik.

225 *New Scientist*, 12. Februar 2005. S. 12.

226 *The Observer*, 22. Februar 2004, Zusammenfassung des Reports von Schwartz, P.; Randall, D. (2003): *An abrupt climate change scenario and its implications for US national security.* Report by the Global Business Network prepared for the US Department of Defense. www.gbn.com/consulting/article_details.php?id=53 (Letzter Zugriff 27.08.2013).

227 Alastair Darling in *Guardian*, Finanzteil, 28. Juni 2006.

228 Vortrag von Chris Rapley beim National Research Council, Ottawa, Kanada, Oktober 2006.

229 Stephen Hawking, zitiert in *The Times*, 31. Januar 2007.

230 Douglas, M.; Wildavsky, A. (1982): *Risk and culture: an essay on the selection of technological and environmental dangers.* Berkeley, CA: University of California Press.

231 Inglehart, R. (1997): *Modernization and post-modernization: cultural, economic and political change in 43 countries.* Princeton, NJ: Princeton University Press.

232 Diese Beschreibungen stützen sich zum Teil auf Thompson, M.; Rayner, S. (1998): Cultural discourses. In: Rayner, S.; Malone, E.L. (Hrsg.): *Human choice and climate change.* Bd. 1: *The societal framework.* Columbus, OH: Battelle Press. 265–344.

233 Ereaut, G.; Segnit, N. (2006): *Warm words: how are we telling the climate story and can we tell it better?* London: Institute for Public Policy Research (IPPR), und Segnit, N.; Ereaut, G. (2007): *Warm words II: how the climate story is evolving.* London: Institute for Public Policy Research (IPPR) and Energy Savings Trust.

234 Diese Konzepte meinen nicht genau das Gleiche: ›gefährliche Störung‹ konzentriert sich auf Veränderungsprozesse und ›gefährlicher Klimawandel‹ konzentriert sich auf Auswirkungen von Veränderungsprozessen – aber zu Diskurszwecken werden sie meist synonym gebraucht.

235 Dessai, S.; Adger, N.W.; Hulme, M.; Kohler, J.; Turnpenny, J.; Warren, R. (2004): Defining and experiencing dangerous climate change. *Climatic Change* 64: 11–25. S. 11.

236 O'Neill, B.C.; Oppenheimer, M. (2002): Dangerous climate impacts and the Kyoto Protocol. *Science* 296: 1971–1972.

237 Kitty Sinclair, 72 Jahre alt, Zitat vom 20. Oktober 2004, *Sea threat to coastal communities* BBC News On-line. http://news.bbc.co.uk/2/hi/uk_news/3743330.stm (Letzter Zugriff 17.08.2013).

238 Schneider, S.H.; Semenov, S.; Patwardhan, D. (2007): Assessing key vulnerabilities and the risk from climate change. In: Parry, M.L.; Canziani, O.F.; Palutikof, J.P.; van der Linden, P.J.; Hanson, C.E. (Hrsg.): *Climate change 2007: impacts, adaptation and vulnerability.* Contribution of Working Group II to the Fourth Assessment Report of the Intergovernmental Panel on Climate Change. Cambridge, UK: Cambridge University Press. 779–810. S. 781.

239 Lowe, T.D.; Lorenzoni, I. (2007): Danger is all around: eliciting expert perceptions for managing climate change through a mental models approach. *Global Environmental Change* 17, 1: 131–46. S. 143.

240 Rede von George W. Bush *President Bush discusses global climate change*, Das Weiße Haus, 11. Juni 2001.

241 Rede von Tony Blair zum Klimawandel, London, 14. September 2004.

242 Oppenheimer, M. (2005): Defining dangerous anthropogenic interference: the role of science, the limits of science. *Risk Analysis* 26, 6: 1399–1407. S. 1400.

243 Most ready for »green sacrifices«. BBC World Service survey on climate change attitudes, BBC News On-line, 9. November 2007. http://news.bbc.co.uk/1/hi/world/7075759.stm (Letzter Zugriff 17.08.2013).

244 Leiserowitz, A.A. (2006): Climate change risk perception and policy preferences: the role of affect, imagery and values. *Climatic Change* 77: 45–72.

245 Jamieson, D. (1996): Ethics and intentional climate change. *Climatic Change* 33: 323–336.

246 Weber, E.U. (2006): Experience-based and description-based perceptions of long-term risk: why global warming does not scare us (yet). *Climatic Change* 77: 103–120. S. 105.

247 King, D.A. (2004): Climate change science: adapt, mitigate or ignore? *Science* 303: 176–177.

248 Rede von Professor Lawrence Gostin zum Oxford Health Alliance Summit, zitiert in *The Age*, 25. Februar 2008.

249 Lean, G. (2005): Bird flu »as grave a threat as terrorism«. *Independent*, 26. Juni 2005. www.independent.co.uk/environment/bird-flu-as-grave-a-threat-as-terrorism-496608.html (Letzter Zugriff 17.08.2013).

250 http://de.wikipedia.org/wiki/Hitzewelle_2003 (Letzter Zugriff 17.08.2013).

251 Poumadère, M.; Mays, C.; Le Mer, S.; Blong, R. (2005): The 2003 heat wave in France: dangerous climate change here and now. *Risk Analysis* 25, 6: 1483–1494. S. 1490.

252 Furedi, F. (2007): *Invitation to terror: the expanding empire of the unknown.* London: Continuum Books. S. 168.

253 Black, R.: *Bypassing the blockage of nations.* BBC News On-line, 15. Januar 2008. http://news.bbc.co.uk/2/hi/science/nature/7187985.stm (Letzter Zugriff am 17.08.2013).

Kapitel 7: Wie kommunizieren wir Risiken?

254 Peter Schurman, Geschäftsführer von Moveon.org, zitiert in Associated Press, 20. Mai 2004. www.today.com/id/4900768#.UdRgYxbu5d1 (Letzter Zugriff 17.08.2013).

255 Ebenda, Mark Gordon, Produzent von *The Day After Tomorrow*.

256 Leiserowitz, A.A. (2004): Before and after The Day After Tomorrow: a U.S. study of climate change risk perception. *Environment* 46, 9: 24–37; Reusswig, F.; Leiserowitz, A.A. (2005): The international impact of The Day After Tomorrow (Commentary). *Environment* 47, 3: 41–43; Lowe, T.D.; Brown, K.; Dessai, S.; de Franca Doria, M.; Haynes, K.; Vincent, K. (2006): Does tomorrow ever come? Disaster narrative and public perceptions of climate change. *Public Understanding of Science* 15, 4: 435–457.

257 Die Internetseite zu *Eine unbequeme Wahrheit* enthält spezifische Informationen und Tipps zur individuellen Energieeffizienz. Dazu gehören Informationen, wie jeder und jede Einzelne seinen/ihren Einfluss auf den Klimawandel zu Hause, als Pendler, sogar landesweit und international reduzieren kann. www.takepart.com/an-inconvenient-truth (Letzter Zugriff 17.08.2013).

258 Trumbo, C.W.; Shanahan, J. (2000): Social research on climate change: where we have been, where we are, and where we might go. *Public Understanding of Science* 9: 199–204. S. 203.

259 Oreskes, N.; Conway, E.M. (2010): *Merchants of doubt: how a handful of scientists obscured the truth on issues from tobacco smoke to global warming*. New York: Bloomsbury Press.

260 Smith, J. (2005): Dangerous news: media decision making about climate change risk. *Risk Analysis* 25, 6: 1471–1482. S. 1473.

261 Das Verhaltensmodell des rational Handelnden nimmt an, dass das Verhalten durch eine bewusste und rationale Berechnung von Vorteil motiviert wird. Eine Berechnung, die wiederum auf einem expliziten und innerlich konsistenten Wertesystem basiert. Viele Sozialpsychologen würden einwenden, dass dies keine hinreichende Beschreibung dafür wäre, wie Menschen sich verhalten.

262 Kellstedt, P.M.; Zahran, S.; Vedlitz, A. (2008): Personal efficacy, the information environment, and attitudes towards global warming and climate change in the United States. *Risk Analysis* 28, 1: 113–126. S. 122.

263 Moser, S.; Dilling, L. (Hrsg.) (2007): *Creating a climate for change: communicating climate change and facilitating social change*. Cambridge, UK: Cambridge University Press. S. 3.

264 Zitiert in Revkin, A.: Are words worthless in the climate fight? *New York Times*, 3. Dezember 2007.

265 House of Lords (2000): *Science and society*. Report of the House of Lords' Select Committee on Science and Technology. London: UK Parliament.

266 Klimawandel-Blogs wie www.realclimate.org bieten einen anderen Weg, um Experten und Laien zu verbinden, obwohl auch sie kein Massenkommunikationsmittel sind. (Letzter Zugriff 17.08.2013).

267 Auf Klimawandelstudien wurde dieses Modell angewendet von Carvalho, A.; Burgess, J. (2005): Cultural circuits of climate change in the UK broadsheet newspapers, 1985–2003. *Risk Analysis* 25, 6: 1457–1470.

268 Wie in Kapitel 1 *Was verstehen wir unter Klima?* definiert, kann Ideologie als ein ›Kern einer Doktrin, eines Mythos oder eines Glaubens angesehen werden, der ein Individuum, eine soziale Bewegung, Institution, Klasse oder größere Gruppen leitet‹. Hier verstehen wir Ideologie als Wegweiser einer Zeitung, der sie leitet, wie sie die Welt idealisiert und darstellt.

269 Carvalho, A. (2007): Ideological cultures and media discourses on scientific knowledge: re-reading news on climate change. *Public Understanding of Science* 16: 223–243.

270 Dieses Projekt nutzt die Macht Tausender Heimcomputer weltweit, um Vorhersagen zum künftigen Klima zu generieren. www.climateprediction.net/ (Letzter Zugriff 17.08.2013).

271 Smith, *Dangerous news*, S. 1480.

272 Eintrag von Andy Revkin, *New York Times* Wissenschaftsblog, 11. November 2007. http://dotearth.blogs.nytimes.com/2007/11/11/the-life-and-death-of-a-climate-hoax/ (Letzter Zugriff 17.08.2013).

273 Ebenda.

274 Carvalho und Burgess, *Cultural circuits of climate change*, S. 1458.

275 Nisbet, M.C.; Mooney, C. (2007): Framing science. *Science* 316: 56.

276 *Daily Express*, 7. April 2007. www.express.co.uk/news/uk/3796/Melting-ice-doomsday (Letzter Zugriff 17.08.2013).

277 *Daily Mirror*, 7. April 2007. www.highbeam.com/doc/1G1-161683981.html (Letzter Zugriff 17.08.2013).

278 Shanahan, M. (2007): *Talking about a revolution: climate change and the media*. COP13 Briefing and Opinion Papers. London: International Institute for Environment and Development (IIED).

279 Segnit, N.; Ereaut, G. (2007): *Warm words II: how the climate story is evolving*. London: Institute for Public Policy Research (IPPR) and Energy Savings Trust.

280 Houghton, J.T.: Global warming is now a weapon of mass destruction. *Guardian*, 28. Juli 2003.

281 Ereaut, G.; Segnit, N. (2006): *Warm words: how are we telling the climate story and can we tell it better?* London: Institute for Public Policy Research (IPPR); Segnit und Ereaut, *Warm words II*.

282 McDermott, T.: No time to lose. *New Statesman*, 29. Januar 2007. S. 13.

283 Hulme, M.: *Chaotic world of climate truth*. BBC News Online, 4. November 2006. http://news.bbc.co.uk/1/hi/sci/tech/6115644.stm (Letzter Zugriff 17.08.2013).

284 Ebenda.

285 Risbey, J.S. (2008): The new climate discourse: alarmist or alarming? *Global Environmental Change* 18, 1: 26–37.

286 Read, R.: Emergency talk. *Guardian*, 13. November 2007: »›Klimawandel‹ ist ein kriminell ungenauer und besänftigender Begriff, dessen Gebrauch gefährlich ist. Man sollte sich nichts vormachen, indem freundliche Worte wie ›Klimawandel‹ verwendet werden (oder in der Tat ›globale Erwärmung‹, das in meinen Ohren noch immer ziemlich irreführend angenehm klingt. Ich treffe viele Menschen (...) die Dinge sagen, wie ›Ja, wir könnten hier ein kleines bisschen globale Erwärmung gebrauchen!‹). Wird stattdessen über das Abwenden einer ›Klimakatastrophe‹ gesprochen, ist das keine Panikmache. Es nennt die Dinge einfach nur beim Namen«. www.theguardian.com/commentisfree/2007/nov/13/emergencytalk (Letzter Zugriff 25.08.2013).

287 Whitmarsh, L. (2008): What's in a name? Commonalities and differences in public understanding of ›climate change‹ and ›global warming‹. *Public Understanding of Science*, doi:10.1177/0963662506073088. S. 18.

288 Patt, A. (2007): Assessing model-based and conflict-based uncertainty. *Global Environmental Change* 17, 1: 37–46. S. 45.

289 Allan, S.; Adam, B.; Carter, C. (Hrsg.) (2000): *Environmental risks and the media*. London: Routledge. S. 3.

290 Brönnimann, S. (2002): Picturing climate change. *Climate Research* 22: 87–95.

291 David Buckland, artist and project director of Cape Farewell, zitiert in Martin, C. (2006): Artists on a mission. *Nature* 441: 578.

292 Doyle, J. (2007): Picturing the clima(c)tic: Greenpeace and the representational politics of climate change communication. *Science as Culture* 16, 2: 129–150.

293 Greenpeace (1994): *Climate time bomb: signs of climate change from the Greenpeace database*. Amsterdam: Greenpeace.

294 Ebenda, S. 143.

295 Slocum, R. (2004): Polar bears and energy-efficient light-bulbs: strategies to bring climate change home. *Environment & Planning D: Society and Space* 22: 413–438. S. 426.

296 Lomborg, B. (2007): *Cool it: the sceptical environmentalist's guide to global warming*. London: Cyan-Marshall Cavendish. S. 2. Für eine ausgewogene Untersuchung des zukünftigen Schicksals von Eisbären siehe O'Neill, S.; Osborn, T.J.; Hulme, M.; Lorenzoni, I.; Watkinson, A.R. (2008): Using expert knowledge to assess uncertainties in future polar bear populations under climate change. *Journal of Applied Ecology* 45, 6: 1649–1659.

297 Linder, S.H. (2006): Cashing-in on risk claims: on the for-profit inversion of signifiers for »global warming« *Social Semiotics* 16, 1: 103–132. S. 120.

298 Ebenda, S. 122.

299 Ebenda, S. 127.

300 Ebenda, S. 125-126.

301 British Council (2005): *Talking about climate change*. Manchester, UK: British Council. S. 3.

302 Zum Beispiel Werbung im *Guardian*, 29. September 2007.

Kapitel 8: Was ist Fortschritt?

303 World Commission on Environment and Development (1987): *Our common future*. Oxford: Oxford University Press. Deutsche Ausgabe von Hauff, V. (Hrsg.) (1999) (orig. 1987): *Unsere gemeinsame Zukunft. Der Brundtland-Bericht der Weltkommission für Umwelt und Entwicklung*. Greven: Eggenkamp. S. 43.

304 Meyercord, K. (2006): Sustainable development: an oxymoron? ZeroGrowth: a new ethos for the millennium. www.zerogrowth.org/sustaindev.html (Letzter Zugriff 19.08.2013).

305 Öffentliche Stellungnahme von Christian Aid bei der Veröffentlichung ihres Berichts *Climate of Poverty*, London, 15. Mai 2006.

306 Huq, S.; Toulmin, C. (2006): *Three eras of climate change*. Sustainable Development Opinion Papers. London: International Institute for Environment and Development (IIED).

307 A.d.Ü.: Leider in anderen Konfigurationen dargestellt, lohnt sich dennoch ein Blick auf den jüngsten *Human Development Report* des United Nations Development Programme (UNDP). http://hdr.undp.org/en/media/HDR2013%20Report%20German.pdf (Letzter Zugriff 25.08.2013).

308 Sneddon, C.; Howarth, R.B.; Norgaard, R.B. (2006): Sustainable development in a post-Brundtland world. *Ecological Economics* 57, 2: 253–268. S. 254.

309 Grist, N. (2008): Positioning climate change in sustainable development discourse. *Journal of International Development* 20, 6: 783–803.

310 Der Begriff *market environmentalism*, den Mike Hulme im Original verwendet, hat keine direkte Entsprechung im Deutschen. Er bezieht sich auf die *Theory of social cost* von Ronald Coase (http://www2.econ.iastate.edu/classes/tsc220/hallam/Coase.pdf beziehungsweise www.jstor.org/discover/10.2307/724810?uid=3737864&uid=2&uid=4&sid=21102563692323) (Letzter Zugriff 19.08.2013). Von Achim Lerch (Universität Kassel) gibt es einen analogen Begriff ›nachhaltiger Liberalismus‹: Lerch, A. (2005): Nachhaltiger Liberalismus – liberale Nachhaltigkeit. In: Beschorner, T.; Eger, T. (Hrsg.): *Das Ethische in der Ökonomie. Festschrift zum 60. Geburtstag von Hans G. Nutzinger*. Marburg: Metropolis Verlag. 525–544.

311 Waldklimafonds. www.bmelv.de/SharedDocs/Standardartikel/Landwirtschaft/Wald-Jagd/Waldklimafonds.html (Letzter Zugriff 19.08.2013).

312 Anonym: Racing to hug those trees. *Economist*, 27. März 2008. www.economist.com/node/10926736 (Letzter Zugriff 19.08.2013).

313 http://grassrootsinnovations.org/2013/02/01/carbon-rationing-action-groups-an-innovation-history/ bietet hier entsprechende Informationen (Letzter Zugriff 18.08.2013). Die

Originalseite der Carbon Rationing Action Groups, www.carbonrationing.org.uk, ist nicht mehr verfügbar; stattdessen www.greenrationbook.org.uk (Letzter Zugriff 19.08.2013).

314 Tom Burke, Gründer und Aufsichtsratsvorsitzender von Business and a Sustainable Environment, *base newsletter*, London, April 2008. www.businessandasustainableenvironment.com/. A.d.Ü.: Diese Organisation scheint nicht mehr zu existieren. Sie ähnelte der Initiative B.A.U.M. (Bundesdeutscher Arbeitskreis für Umweltbewusstes Management) in Deutschland. www.baumev.de/ (Letzter Zugriff 19.08.2013).

315 Malthus, T. (1798): *An essay on the principle of population, as it affects the future improvement of society, with remarks on the speculations of Mr. Godwin, M. Condorcet and other writers*. London: J. Johnson, in St. Paul's Church-yard. In deutscher Übersetzung von Barth, C.M. (1977): *Das Bevölkerungsgesetz*. dtv-bibliothek 6021. München: dtv.

316 Meadows, D.H. (1973) (orig. 1972): *Die Grenzen des Wachstums. Ein Bericht an den Club of Rome*. Stuttgart: DVA. S. 1.

317 Randers, J. (2012) (orig. 2012): *2052. Der neue Bericht an den Club of Rome: Eine globale Prognose für die nächsten 40 Jahre*. München: oekom verlag; Bardi, U. (2013): *Der geplünderte Planet. Die Zukunft des Menschen im Zeitalter schwindender Ressourcen*. München: oekom verlag.

318 Meadows, D.H.; Randers, J.; Meadows, D.L. (2004) (orig. 2004): *Grenzen des Wachstums – Das 30-Jahre-Update: Signal zum Kurswechsel*. Stuttgart: Hirzel.

319 von Weizsäcker, E.U.; Hargorves, K.; Smith, M. (2010): *Faktor Fünf. Die Formel für nachhaltiges Wachstum*. München: Droemer Verlag.

320 Lenton, T.M.; Held, H.; Krieglar, E.; Hall, J.W.; Lucht, W.; Rahmstorf, S.; Schellnhuber, H.J. (2008): Tipping elements in the Earth's climate system. *Proceedings of the National Academy of Sciences* 105, 6: 1786–1793.

321 Rising Tide (2007): *Rising Tide UK: taking action on the root causes of climate change, Principles 1 and 3*. http://risingtide.org.uk/about/political (Letzter Zugriff 19.08.2013).

322 Smith, D.M. (2006): *Just one planet: taking action on poverty and climate change*. Rugby, UK: Practical Action.

323 Collier, P. (2007): *The bottom billion: why the poorest countries are failing and what can be done about it*. Oxford: Oxford University Press.

324 *Billions face climate change risk*. BBC News On-line, 6. April 2007. http://news.bbc.co.uk/1/hi/sci/tech/6532323.stm (Letzter Zugriff am 19.08.2013).

325 *Stop Climate Chaos* ist eine Koalition von britischen Organisationen der Zivilgesellschaft, die Öffentlichkeit herstellen wollen, um ›das Klimachaos zu stoppen‹. www.stopclimatechaos.org (Letzter Zugriff 19.08.2013). *Make Poverty History* ist eine internationale zivile Bewegung, die nach politischem Wandel trachtet, um die Armut auf der Welt zu eliminieren. www.makepovertyhistory.org (Letzter Zugriff 19.08.2013).

326 Sachs, J.D. (2004): Seeking a global solution. *Nature* 430: 725–726. S. 725.

327 Leider steigen die Emissionen weltweit weiter. Im Mai 2013 wurde erstmals die Marke von 400 Teilen pro Million Kohlendioxid an der Dauerbeobachtungsstation auf Mauna Loa kurzfristig überschritten. www.umweltbundesamt.de/klimaschutz/index.htm und www.co2now.org (Letzter Zugriff am 19.08.2013).

328 Editorial (2007): The war on want. *Nature* 449: 947.

329 Hillman, M.; Fox, C. (2007): Carbon rationing: a valuable way of cutting carbon emissions. *Science and Public Affairs*, June. S. 5.

330 Narain, S.: Editorial: Climate change: new opportunity to renew old orders. *Down to Earth* 15. April 2008. http://cambridgeforecast.wordpress.com/2008/04/12/ (Letzter Zugriff am 19.08.2013).

331 Huq and Toulmin, *Three eras of climate change*.

332 Editorial (2007): Climate change here and now. *Nature* 446: 701.

333 IPCC (2000): *Emission scenarios*. Special Report of Working Group III of the Intergovernmental Panel on Climate Change. Cambridge, UK: Cambridge University Press. Die Bandbreite der Schätzungen für die Weltbevölkerung im Jahr 2100 reichte von 7,1 bis 15,1 Milliarden. A.d.Ü.: Die aktuelle Weltbevölkerung (2013) liegt bei gut 7,1 Milliarden Menschen. www.census.gov/popclock/ (Letzter Zugriff 19.08.2013).

334 Die jüngsten Schätzungen zur Weltbevölkerung im Jahr 2050 durch die Vereinten Nationen (2006 publiziert) reichen von 7,8 bis 10,8 Milliarden (also etwas geringer als die vom Weltklimarat genutzten Daten), mit einem Medianwert von 9,2 Milliarden. Der Unterschied zwischen der höchsten und niedrigsten Schätzung beträgt damit drei Milliarden Menschen.

335 Die einzige Erwähnung von Bevölkerung steht in diesem Satz: »Auch ohne das Problem des Klimawandels würden wir mit schwindenden Ressourcen konfrontiert. Dadurch wird der Bevölkerungsanstieg noch problematischer«. In: Walker, G.; King, D. (2008): *The hot topic: how to tackle global warming and still keep the lights on*. London: Bloomsbury. S. 238.

336 Rapley, C.: *Earth is too crowded for Utopia*. BBC News On-line, 6. Januar 2006. http://news.bbc.co.uk/1/hi/sci/tech/4584572.stm (Letzter Zugriff 19.09.2013).

337 National Development and Reform Commission (2007): *China's national climate change programme*. http://en.ndrc.gov.cn/newsrelease/P020070604561191006823.pdf (Letzter Zugriff 19.08.2013).

338 Campbell, M.; Cleland, J.; Ezeh, A.; Prata, N. (2007): Return of the population growth factor. *Science* 315: 1501–1502.

339 Ebenda, S. 1501.

340 Die IPAT-Formel wurde in den frühen 1970er-Jahren von Barry Commoner und Paul Ehrlich im Rahmen der Ökologie als eine Möglichkeit entwickelt, über den anthropogenen Einfluss auf die Umwelt nachzudenken und diesen zu quantifizieren. Die einfachste Form der Gleichung lautet: Auswirkung = Bevölkerung x Wohlstand x Technologie (IPAT). Eine jüngere Variante ist auch als Kaya-Identität bekannt, nach dem japanischen Ökonomen Yoichi Kaya.

341 Gore, A. (1992): On stabilising world population. *Population and Development Review* 18, 2: 380–383. S. 380.

342 All Party Parliamentary Group on Population, Development and Reproductive Health (2007): *Return of the population growth factor: its impact on the Millennium Development Goals*. London: Her Majesty's Stationery Office (HMSO). www.appg-popdevrh.org.uk (Letzter Zugriff 19.08.2013).

343 O'Neill, B.C.; MacKellar, F.L.; Lutz, W. (2001): *Population and climate change*. Cambridge, UK: Cambridge University Press. S. 204.

344 Hartmann, B.; Meyerson, F.A.B.; Guillebaud, J.; Chamie, J.; Desvaux, M. (2008): Population and climate change. *Bulletin of Atomic Scientists*, 16. April 2008. www.thebulletin.org/web-edition/roundtables/population-and-climatechange (A.d.Ü.: nicht mehr verfügbar).

345 Murtaugh, P. (2009): Reproduction and the carbon legacy of individuals. *Global Environmental Change* 19, 1: 14–20.

346 UNFCCC. http://cdm.unfccc.int (Letzter Zugriff 19.08.2013).

347 Olsen, K.H. (2007): The clean development mechanism's contribution to sustainable development: a review of the literature. *Climatic Change* 84, 1: 59–73.

348 Michaelowa, A.; Michaelowa, K. (2007): Climate or development: is ODA diverted from its original purpose? *Climatic Change* 84, 1: 5–21. S. 19. www.hwwi.org/uploads/tx_wilpubdb/HWWI_Research_Paper_2.pdf (Letzter Zugriff 19.08.2013). Für aktuelle Daten siehe auch Vorholz, F. (2013): Mit Dreck gehandelt. *Die Zeit*, 29, 11. Juli 2013: 24–25.

349 Dawson, T.P.; Allen, S.J. (2007): Poverty reduction must not exacerbate climate change. *Nature* 446: 372.

350 Heißenhuber, A. (2011): Biobrennstoffe und grüne Energie. In: Kausch, P.; Bertau, M.; Gutzmer, J.; Matschullat, J. (Hrsg.): *Energie und Rohstoffe. Gestaltung unserer nachhaltigen Zukunft.* Heidelberg: Spektrum Verlag. 119–133.

351 European Climate Forum (ECF) (2003): *The biofuels directive: potential for climate protection?* Conference Summary. European Climate Forum. Norwich, UK: Tyndall Centre. S. 9.

352 Zitiert in Ferrett, G.: *Biofuels »crime against humanity«.* BBC News On-line, 27. Oktober 2007. http://news.bbc.co.uk/1/hi/world/americas/7065061.stm (Letzter Zugriff 19.08.2013).

353 Sachs, J.D. (2007): Lecture 1: *Bursting at the Seams*, BBC Reith Lectures, Radio 4, übertragen am 28. Februar 2007. www.bbc.co.uk/radio4/reith2007/lecture1.shtml (Letzter Zugriff 19.08.2013).

Kapitel 9: Wer regiert das Klima?

354 Rede der britischen Außenministerin Margaret Beckett, Berlin, 24. Oktober 2006.

355 Bericht des 5663. Treffen des Weltsicherheitsrats, New York, 17. April 2007.

356 Ebenda.

357 Ebenda.

358 Ebenda.

359 Basierend auf dem Begriff der Gouvernementalität, der auf Michel Foucault zurückgeht.

360 Für eine klassische Darstellung dieses Ansatzes siehe Schellnhuber, H.J.; Crutzen, P.; Clark, W.C.; Claussen, M.; Held, H. (Hrsg.) (2004): *Earth system analysis for sustainability.* Cambridge, MA: MIT Press.

361 Dieser Begriff wurde im Jahr 2000 vom deutschen Atmosphärenchemiker und Nobelpreisträger Paul Crutzen geprägt. Er schlug vor, dass das ›Anthropozän‹ im 18. Jahrhundert begonnen hat, wenngleich der Paläoklimatologe Bill Ruddiman argumentierte, dass es bereits vor 8.000 Jahren anfing.

362 Schneider, S.H. (1998): Kyoto Protocol: the unfinished agenda. *Climatic Change* 39: 1–21. S. 18.

363 Velders, G.J.M.; Anderson, S.O.; Daniel, J.S.; Fahey, D.W.; McFarland, M. (2007): The importance of the Montreal Protocol in protecting climate. *Proceedings of the National Academy of Sciences* 104, 12: 4814–4819. S. 4814.

364 Okereke, C.; Bulkeley, H. (2007): *Conceptualizing climate change governance beyond the international regime: a review of four theoretical approaches.* Tyndall Centre Working Paper 112. Norwich, UK: University of East Anglia. S. 5.

365 Agence-France Presse (2005): Kyoto Protocol confirmed as the only game in town. Montreal, 12. Dezember 2005. www.terradaily.com/reports/Kyoto_Protocol_Confirmed_As_The_Only_Game_In_Town.html (Letzter Zugriff 18.08.2013).

366 Claussen, E. (2007): *The road from Bali: towards a binding post-2012 climate framework.* www.climateactionprogramme.org (Letzter Zugriff 18.08.2013).

367 Barret, S. (2008): *Climate change negotiations reconsidered.* Briefing Paper. London: Policy Network. S. 2.

368 Der drittgrößte Produzent von Treibhausgasen ist Russland und obwohl Russland das Kyoto-Protokoll *ratifiziert* hat, profitiert es von dem Protokoll durch die sogenannte ›heiße Luft‹ (Emissionsgutschriften), die der Zusammenbruch der Sowjetunion in sein Emissionsprofil eingebracht hat.

369 Barret, *Climate change negotiations reconsidered*, S. 3.

370 Die Zunahme der Emissionen in dieser Zeit steigt auf über zehn Prozent an, wenn die Beiträge der rasant wachsenden Luft- und Schifffahrt im Transportsektor und der in importierten Gütern enthaltene Kohlenstoff hinzugenommen werden.

371 Bäckstrand, K.; Lövbrand, E. (2008): Climate governance beyond 2012: competing discourses of green governmentality, ecological modernisation, and civic environmentalism. In: Pettenger, M. (Hrsg.): *The social construction of climate change*. Aldershot, UK: Ashgate. 123–141.

372 Aktuell deutlicher Rückgang mit ungewisser Entwicklung.

373 Zitiert in Pearce, F. (2008): Carbon trading: dirty, sexy money. *New Scientist*, 19. April 2008. S. 38.

374 Rede von Stavros Dimas vor der amerikanischen Handelskammer, Brüssel, 19. Juli 2005.

375 Rede von David Miliband *The great stink: towards an environmental contract*, London, Juli 2006.

376 Bailey, I. (2007): Market environmentalism, new environmental policy instruments and climate policy in the UK and Germany. *Annals of the Association of American Geographers* 97, 3: 530–550. S. 530.

377 ›Additionalität‹ bezeichnet die Idee, dass die Emissionseinsparungen, die sich aus einer gezielten *carbon-offset*-Investition ergeben, über den Einsparungen liegen müssen, die sich ohne solch eine Investition ergeben hätten; sie müssen also zusätzlich dazu sein. Additionalität ist daher eine eher schwer zu fassende Eigenschaft von Kohlenstoffkompensationsprojekten, die nie bewiesen werden kann, sondern nur auf der Basis von realistischen Gegenszenarien (A.d.Ü.: Szenarien ohne *carbon-offset*-Investitionen) angenommen werden kann.

378 Pearce, *Carbon trading*, S. 38.

379 Dobson, A. (2008): Climate change and the public sphere. OpenDemocracy, 1. April 2008. www.opendemocracy.net/ (Letzter Zugriff 18.08.2013).

380 Bailey, I. (2007): Neoliberalism, climate governance and the scalar politics of EU emissions trading. *Area* 39, 4: 431–442. S. 440.

381 Ott, H.E.; Sterk, W.; Watanabe, R. (2008): The Bali roadmap: new horizons for global climate policy. *Climate Policy* 8, 1: 91–95. S. 93.

382 Bäckstrand und Lövbrand, *Climate governance beyond 2012*, S. 124.

383 Siehe www.cities-localgovernments.org/uclg/upload/news/newsdocs/climate_agreement_en.pdf (Letzter Zugriff 18.08.2013).

384 CNN: *Climate change threatens existence, Eskimo lawsuit says*. *CNN News*, 27. Februar 2008. www.edition.cnn.com/2008/WORLD/americas/02/06/us.warming.ap/ index.html (A.d.Ü: nicht mehr verfügbar), stattdessen www.debatepolitics.com/archives/ 28788-climate-change-threatens-existence-eskimo-lawsuit-says.html und http://thejadedleft.yuku.com/topic/1098 (Letzter Zugriff 18.08.2013).

385 Carvalho, A. (2007): Communicating global responsibility? Discourses on climate change and global citizenship. *International Journal of Media and Cultural Studies* 3, 2: 180–183.

386 Shearman, D.; Smith, J.W. (2007): *The climate change challenge and the failure of democracy*. Westport, CT: Greenwood Press.

387 Hobsbawm, E. (2007): *Globalisation, democracy and terrorism*. London: Little, Brown. S. 118.

388 Gemeint sind hier die obrigkeitshörigen Anhänger eines Autoritarismus, wie sie der kanadische Psychologe Bob Altemeyer bezeichnet hat. http://home.cc.umanitoba.ca/~altemey/ (Letzter Zugriff 18.08.2013).

389 Shearman, D. (2007): Democracy and climate change: a story of failure. OpenDemocracy, 7. November 2007. www.opendemocracy.net (Letzter Zugriff 18.08.2013).

390 Hobsbawm, *Globalisation, democracy and terrorism*, S. 105.

391 Victor, D.G. (2001): *The collapse of the Kyoto Protocol*. Princeton, NJ: Princeton University Press. S. 109.

392 Prins, G.; Rayner, S. (2007): Time to ditch Kyoto. *Nature* 449: 973–976. S. 973.

393 Tennekes, H. (1990): A sideways look at climate research. *Weather* 45: 67–68.

394 Diese Idee der ›Unbeholfenheit‹ (*clumsiness*) wird ausführlich dargelegt in: Verweij, M.; Thompson, M. (Hrsg.) (2006): *Clumsy solutions for a complex world: governance, politics and plural perceptions*. Basingstoke, UK: Palgrave Macmillan. Sie wurde schon vorher in Bezug auf Klimawandel formuliert von Thompson, M.; Rayner, S.; Ney, S. (1998): Risk and governance. Part II: Policy in a complex and plurally perceived world. *Government and Opposition* 33, 2: 330–354.

395 Prins, G.; Rayner, S. (2007): *The wrong trousers: radically re-thinking climate policy.* Joint Discussion Paper of the James Martin Institute for Science and Civilisation, Oxford, and the MacKinder Centre for the study of Long-Wave Events, London School of Economics. http://eureka.bodleian.ox.ac.uk/66/ (Letzter Zugriff 20.01.2014).

396 Ebenda.

397 Die G8-Nationen sind: die Vereinigten Staaten, Großbritannien, Frankreich, Deutschland, Japan, Italien, Kanada und Russland; die G5 sind eine Gruppe von großen Entwicklungsländern: China, Indien, Mexiko, Brasilien und Südafrika. Die G8+5-Gruppe wurde 2005 im Anschluss an den G8-Gipfel gegründet, den der britische Premierminister Tony Blair ausgerichtet hatte.

398 Victor, D.G.; House, J.C.; Joy, S. (2005): A Madisonian approach to climate policy. *Science* 309: 1820–1821.

399 Diese Technologie wurde vom Physiker Klaus Lackner an der Universität von Columbia entwickelt und ein Prototyp zu Demonstrationszwecken wurde vom Forschungs- und Entwicklungsunternehmen Global Research Technologies gebaut. Diese Anlage basiert auf chemischen Prozessen, die das Kohlendioxid aus der frei fließenden Luft abscheiden. Die resultierenden, verfestigten Kohlenstoffverbindungen können unterirdisch deponiert werden.

400 Private Unternehmen planen bereits großflächige Freisetzungen von Eisen im Pazifik, um damit Kohlenstoffkompensationen zu generieren. Diese Planungen erfolgen trotz einer signifikanten Unsicherheit über die Auswirkungen auf das marine Ökosystem. Viele Wissenschaftler glauben, dass es bislang noch keine wissenschaftliche Grundlage dafür gibt, Emissionsgutschriften für die Düngung der Ozeane mit Eisen auszugeben. Siehe Buesseler, K.O.; Doney, S.C.; Karl, D.M.; Boyd, P.W.; Caldeira, K.; Chai, F.; Coale, K.H.; de Baar, H.J.W.; Falkowski, P.G.; Johnson, K.S.; Lampitt, R.S.; Michaels, A.F.; Naqvi, S.W.A.; Smetacek, V.; Takeda, S.; Watson, A.J. (2008): Ocean iron fertilization – moving forward in a sea of uncertainty. *Science* 319: 161.

401 Robock, A. (2008): Twenty reasons why geo-engineering may be a bad idea. *Bulletin of the Atomic Scientist* 64, 2: 14–18, 59. S. 17.

402 Roberts, J.T.; Parks, B.C. (2007): *A climate of injustice: global inequality, North-South politics and climate policy.* Cambridge, MA: MIT Press. S. 24.

Kapitel 10: Jenseits von Klimawandel

403 http://metro.co.uk/2008/05/13/celebs-and-politicians-get-behind-climate-change-fight-135889/ (Letzter Zugriff 28.01.2014).

404 Zum Beispiel die Einführung von Keith Jenkins in Jenkins, K. (Hrsg.) (1997): *The postmodern history reader*. London: Routledge.

405 Die Unterscheidung bezieht sich auf die sonst übliche Kleinschreibung von Substantiven im Englischen (*climate change* gegenüber *Climate Change*).

406 Murphy, B.F.; Timbal, B. (2008): A review of recent climate variability and climate change in southeastern Australia. *International Journal of Climatology* 28, 7: 859–880.

407 Robinson, J.; Bizikova, L.; Cohen, S. (Hrsg.) (2007): Integrating climate change actions into local development. *Climate Policy* 7, 4 (Special Issue).

408 Bemerkungen zum Stern-Report, HM Treasury. www.hm-treasury.gov.uk/independent_reviews_index.htm (Letzter Zugriff 18.08.2013).

409 *Guardian*, 27. Januar 2007.

410 David Miliband zitiert in *New Scientist*, 24. Februar 2007.

411 Zitiert am 12. Oktober 2007. https://myspace.com/richardsonforpresident (Letzter Zugriff 18.08.2013).

412 Zitiert in ›UN climate conference adopts plan to negotiate new global warming pact by 2009‹, *China View*, 15. Dezember 2007. http://news.xinhuanet.com/english/2007-12/15/content_7254553.htm (Letzter Zugriff 18.08.2013)

413 Auszug aus einem Brief des britischen Premierministers Tony Blair und des niederländischen Ministerpräsidenten Jan Peter Balkenende an die europäischen Staats- und Regierungschefs im Oktober 2006. Der wichtige Satz war: »Wir haben ein Zeitfenster von nur zehn bis 15 Jahren, um das Überschreiten katastrophaler Kipppunkte zu vermeiden«.

414 Jean-Francois Lyotards grundlegendes Essay von 1979 – veröffentlicht 1984 als *The postmodern condition: a report on knowledge*. Minneapolis, MN: University of Minnesota Press – schlug vor, dass dies ein entscheidendes Merkmal postmoderner Gesellschaften sei, eine Skepsis gegenüber traditionellen Metaerzählungen von Wissen und Bedeutung.

415 Rittel, H.; Webber, M. (1973): Dilemmas in a general theory of planning. *Policy Sciences* 4, 2: 155–169.

416 Carley, M.; Christie, I. (2001): *Managing sustainable development*. 2. Aufl. London. Earthscan. S. 156.

417 Aufgrund der Zeitverzögerung zwischen Emissionsminderungen und sinkenden Schadstoffkonzentrationen, zwischen Konzentrationssenkung und sinkender Temperatur und zwischen Temperaturrückgang und einem Sinken des Meeresspiegels – selbst wenn die Welt erfolgreich *sein sollte*, zunächst den Anstieg der Emissionen zu verlangsamen und dann die absolute Höhe der Emissionen zu reduzieren – wird es mindestens eine Generation dauern, möglicherweise auch viel länger, bis die Effekte dieser Umsetzungen in den Indikatoren des Klimasystems spürbar werden.

418 Bezüglich einiger anderer angenommener ›künftiger Welten‹, in denen das Klima bis 2060 nicht stabilisiert wird, könnten alle diese Indikatoren selbstverständlich ›besser‹ sein; doch derartige Verbesserungen folgen nicht notwendigerweise aus der Sicherung des Ziels einer Klimastabilisierung.

419 Nach Fertigstellung des Buchmanuskripts wurde ich darauf aufmerksam gemacht, dass Bösartigkeit und Unbeholfenheit auch von Steve Rayner mit Klimawandel in Verbindung gebracht wurden in seiner Jack Beale Memorial Lecture:›*Wicked problems: clumsy solutions: diagnoses and prescriptions for environmental ills*‹, Sydney, Australien, 2006. www.sbs.ox.ac.uk/research/sts/Documents/jackbealelecture.pdf (Letzter Zugriff 18.08.2013).

420 Berlin, I. (2002): *Liberty: incorporating »Four Essays on Liberty«*. New York: Oxford University Press. S. 92.

421 Monbiot, G. (2006): *Heat: how to stop the planet burning*. London: Allen and Lane. S. 15.

422 Latour, B. (2003): Is re-modernization occurring – and, if so, how to prove it? A commentary on Ulrich Beck. *Theory, Culture and Society* 20, 2: 35–48. S. 38.

423 Ich benutze den Ausdruck ›Mythos‹ in diesem Kapitel im spezifisch anthropologischen und nicht abwertenden Sinne als Aufdecken von Meinungen und vermeintlichen Wahrheiten. »Über Mythen als Wahrheiten zu sprechen ist ein wenig irreführend, weil wir, wenn wir von Wahrheit sprechen, an etwas denken, was konzeptionalisiert werden kann. Ein Mythos geht darüber hinaus« (Campbell, J.; Moyers, B. (1988): *The power of myth*. New York: Doubleday. S. 1). Dies steht in direktem Gegensatz zu der geläufigen Auffassung von Mythen, die impliziert, dass etwas falsch sein muss, wenn es keine faktische Grundlage hat oder nicht auf Beobachtungen beruht. Auf den Webseiten der britischen Royal Society und des Sierra Club von Canada zum Beispiel, die einige ›Mythen‹ zum Klimawandel aufzeigen, werden ›Mythen‹ mit ›irreführenden Argumenten‹ gleichgestellt,

also als wissenschaftliche Irrtümer bei der Darstellung von Klimawandel. Dass diese populäre Auffassung von ›Mythos‹ (als Unwahrheit) heute so weit verbreitet ist, enthüllt, wie dominant eine rein materialistische Lesart der Wirklichkeit geworden ist.

424 Thompson, M.; Rayner, S. (1998): Risk and Governance. Part I: The discourses of climate change. *Government and Opposition* 33, 2: 139–166. S.160. Siehe auch Campbell und Moyers, *The power of myth.*

425 Über die letzten 20 Jahre hat der Psychologe Shalom Schwartz die Vorstellung von universellen menschlichen Werten empirisch entwickelt. Er argumentiert, dass zehn Grundwerte in Kulturen überall auf der Welt wahrgenommen werden können, etliche davon lassen sich auf die vier Instinkte abbilden, die ich hier genutzt habe, um die Mythen von Klimawandel zu entwickeln. Siehe Schwartz, S.H.; Melech, G.; Lehmann, A.; Burgess, S.; Harris, M.; Owens, V. (2001): Extending the cross-cultural validity of the theory of basic human values with a different method of measurement. *Journal of Cross-Cultural Psychology* 32, 5: 519–542.

426 Genesis, 1. Buch Mose, Kapitel 3, Vers 23–24.

427 Yearley, S. (2006): How many ›*ends*‹ of nature: making sociological and phenomenological sense of the end of nature. *Nature and Culture* 1, 1: 10–21.

428 Cronon, W.B. (1996): The trouble with wilderness: or, getting back to the wrong nature. In: Cronon, W.B. (Hrsg.): *Uncommon ground: rethinking the human place in nature.* New York: W. W. Norton & Co. 69–90. Dieses Essay rief, als es veröffentlicht wurde, Besorgnis und sogar Ärger in der amerikanischen Wildnis- und Umweltbewegung hervor.

429 Zum Beispiel schrieb der Umwelthistoriker Richard Grove über europäische koloniale Einstellungen zu tropischen Gebieten im 18. und 19. Jahrhundert als ›Erhalten des Garten Eden‹. Siehe Kapitel 2 in Grove, R.H. (1998): *Ecology, climate and empire: the Indian legacy in global environmental history*, 1400–1940. Delhi, Indien: Oxford University Press.

430 »*The Last Iceberg* beschreibt nur einige der vielen tausend Eisberge, denen die letzten Tage bevorstehen. Ich nähere mich den Bildern von Eisbergen als Porträts von Individuen, so wie Familienfotos meiner Verwandten. Ich suche einen Moment in deren Existenz, in dem sie ihre einzigartige Persönlichkeit übermitteln, etwas, das Verbindung zu unseren eigenen Erfahrungen hat«. www.camilleseaman.com/Artist.asp?ArtistID=3258&Akey=WX679BJN (Letzter Zugriff 18.08.2013).

431 Ich benutze hier das Wort ›Apokalypse‹ in seinem allgemeingültigen Sinn, also Zerstörung, anders als in seiner ursprünglichen griechischen – und biblischen – Form, in der es einfach Enthüllung oder Offenbarung bedeutet.

432 Killingsworth, M.J.; Palmer, J.S. (1996): Millennial ecology: the apocalyptic narrative from *Silent Spring* to global warming. In: Herndl, C.G.; Brown, S.C. (Hrsg.): *Green culture: environmental rhetoric in contemporary America.* Madison, WI: University of Wisconsin Press. 21–45.

433 King, D.A. (2004): Climate change science: adapt, mitigate or ignore? *Science* 303: 176–177. S. 176.

434 Lovelock, J. (2006) (orig. 2006): *Gaias Rache: Warum die Erde sich wehrt.* Berlin: List Verlag. S. 1.

435 Interview mit Stephen Schneider in Discover, Oktober 1988. Schneider scheint hier ›Ehrlichkeit‹ für ›Effektivität‹ zu opfern, indem er Zweifel und Unsicherheit eliminiert. Als er später noch einmal über das 1988 gegebene Interview nachdachte – *Times Higher Education*, 21. August 2008, S. 43 –, bedauerte Schneider, dass er diesen Eindruck vermittelt hat, und schlug vor, dass es Wege gibt, sowohl ehrlich als auch effektiv zu sein, indem Metaphern genutzt werden, die »sowohl Dringlichkeit als auch Unsicherheit vermitteln«.

436 Moser, S. (2007): More bad news: the risk of neglecting emotional responses to climate change information. In: Moser, S.; Dilling, L. (Hrsg.): *Creating a climate for change: communicating climate change and facilitating social change.* Cambridge, UK: Cambridge University Press. 64–81. S. 70.

437 Genesis, 1. Buch Mose, Kapitel 11, Vers 4.

438 von Neumann, J. (1955): Can we survive technology? *Fortune*, Juni-Ausgabe. Abdruck in: *Population and Development Review* (1986) 12, 1: 117–126.

439 Lie, J. (2007): Global climate change and the politics of disaster. *Sustainability Science* 2: 233–236. S. 234.

440 Porter, P.W.; Lukermann, F.E. (1976): The geography of utopia. In: Lowenthal, D.; Bowden, M.J. (Hrsg.): *Geographies of the mind: essays in historical geosophy in honour of John Kirtland Wright*. New York: Oxford University Press. S. 210.

441 Lutz, P.; Macho, T. (2008): *Zwei Grad. Das Wetter, der Mensch und sein Klima*. Göttingen: Wallstein Verlag.

442 Meyer, W.B. (2002): The perfectionists and the weather: the Oneida community's quest for meteorological utopia 1848–1879. *Environmental History* 7, 4: 589–610. S. 595.

443 Hansen, J.E. (2007): Scientific reticence and sea level rise. *Environmental Research Letters* 2, doi: 10.1088/1748-9326/2/2/024002. S. 4.

444 Lovelock, J.; Rapley, C. (2007): Ocean pipes could help the ocean to cure itself. *Nature* 449: 403.

445 Ebenda.

446 Leviticus, 3. Buch Mose, Kapitel 25, Vers 10.

447 Pettit, J. (2004): Climate justice: a new social movement for atmospheric rights. *IDS Bulletin* 35, 3: 102–106. S.102.

448 Äußerung von Christine Stewart 1998 zitiert in *Canada Free Press*, am 5. Februar 2007.

449 Garvey, J. (2008): *The ethics of climate change: right and wrong in a warming world*. London und New York: Continuum International Publishing. S. 155.

450 McIntosh, A. (2008): *Hell und high water: climate change, hope and the human condition*. Edinburgh: Birlinn.

451 Alliance of Religions and Conservation (2007) ARC/UNDP Programme Statement on Climate Change, 7. Dezember 2007; www.arcworld.org/news.asp?pageID=207 (A.d.Ü.: nicht mehr verfügbar).

452 Ebenda.

453 Dunlap, T.R. (2004): *Faith in nature: environmentalism·as religious quest*. Seattle, WA: University of Washington Press. S. 171.

454 Glacken, C. (1970): Man against Nature: an outmoded concept. In: Helrich, H.W. (Hrsg.): *The environmental crisis: Man's struggle to live with himself*. New Hampton, CT: Yale University Press. 127–142.

455 Jasanoff, S. (2007): Technologies of humility. *Nature* 450: 33, doi:10.1038/450033a.

456 Ausubel, J.H. (2001): Some ways to lessen worries about climate change. *Electricity Journal* 14, 1: 24–31.

Literatur

Ackerman, F. (2007): Debating climate economics: the Stern Review versus its critics. Report for Friends of the Earth, UK. www.foe.co.uk/resource/reports/debate_climate_econs.pdf (Letzter Zugriff 18.08.2013).

Adams, W.M. (2008): Green development: environment and sustainability in the South. 3. Aufl. London: Routledge.

Adger, W.N.; Lorenzoni, I.; O'Brien, K. (Hrsg.) (2009): Adapting to climate change: thresholds, values, governance. Cambridge, UK: Cambridge University Press.

Adger, W.N.; Paavola, J.; Huq, S.; Mace, R.J. (2006): Fairness in adaption to climate change. Cambridge, MA: MIT Press.

Agarwal, A.; Narain, S. (1991): Global warming in an unequal world: a case of environmental colonialism. Delhi, Indien: Centre for Science and Environment. www.indiaenvironmentportal.org.in/files/GlobalWarming%20Book.pdf (Letzter Zugriff 16.08.2013).

Agassiz, J.L. (1840): Études sur les Glaciers. Neuchatel, Schweiz: Jent et Gassmann.

Aldy, J.E.; Stavins, R.N. (Hrsg.) (2007): Architectures for agreement: addressing global climate change in the post-Kyoto world. Cambridge, UK: Cambridge University Press.

All Party Parliamentary Group on Population, Development and Reproductive Health (2007): Return of the population growth factor: its impact on the Millennium Development Goals. London: Her Majesty's Stationery Office (HMSO). www.appg-popdevrh.org.uk (Letzter Zugriff 19.08.2013).

Allan, S.; Adam, B.; Carter, C. (Hrsg.) (2000): Environmental risks and the media. London: Routledge.

Anon. (2006): As Earth warms, Congress listens. Science 314: 29.

Arrhenius, S. (1896): On the influence of carbonic acid in the air upon the temperature of the ground. London, Edinburgh and Dublin Philosophical Magazine and Journal of Science 41: 237–276.

Atkinson, D. (2008): Renewing the face of the Earth: a theological and pastoral response to climate change. London: Canterbury Press.

Atran, S.; Axelrod, R.; Davis, R. (2007): Sacred barriers to conflict resolution. Science 317: 1039–1040.

Ausubel, J.H. (2001): Some ways to lessen worries about climate change. Electricity Journal 14, 1: 24–31.

Bäckstrand, K.; Lövbrand, E. (2008): Climate governance beyond 2012: competing discourses of green governmentality, ecological modernisation, and civic environmentalism. In: Pettenger, M. (Hrsg.): The social construction of climate change. Aldershot, UK: Ashgate. 123–141.

Bailey, I. (2007): Market environmentalism, new environmental policy instruments and climate policy in the UK and Germany. Annals of the Association of American Geographers 97, 3: 530–550.

Bailey, I. (2007): Neoliberalism, climate governance and the scalar politics of EU emissions trading. Area 39, 4: 431–442.

Banuri, T.; Weyant, J. (2001): Setting the stage: climate change and sustainable development. In: Climate change 2001: mitigation. Contribution of Working Group III to the Third Assessment Report of the Intergovernmental Panel on Climate Change. Cambridge, UK: Cambridge University Press. 73–142.

Bardi, U. (2013): Der geplünderte Planet. Die Zukunft des Menschen im Zeitalter schwindender Ressourcen. München: oekom verlag.

Barret, S. (2008): Climate change negotiations reconsidered. Briefing Paper. London: Policy Network.

Barth, C.M. (1977): Das Bevölkerungsgesetz. dtv-bibliothek 6021. München: dtv.

Beck, R.A. (1993): Viewpoint: climate, liberalism and intolerance. Weather 48: 63–64.

Behrensmeyer, A.K. (2006): Climate change and human evolution. Science 311: 476–478.

Behringer, W. (2011): Kulturgeschichte des Klimas. Von der Eiszeit bis zur globalen Erwärmung. München: dtv.

Benedick, R. (1998): Ozone diplomacy: new directions in safeguarding the planet. 2. Aufl. Cambridge, MA: Harvard University Press.

Berlin, I. (2002): Liberty: incorporating "Four Essays on Liberty". New York: Oxford University Press.

Boia, L. (2005): The weather in the imagination (Übers. R. Leverdier). London: Reaktion Books.

British Council (2005): Talking about climate change. Manchester, UK: British Council.

Broecker, W.S. (1987): Unpleasant surprises in the greenhouse? Nature 328: 123–126.

Broecker, W.S. (1999): What if the conveyor were to shut down? Reflections on a possible outcome of a great global experiment. Geological Society of America Today 9, 1: 1–7.

Brönnimann, S. (2002): Picturing climate change. Climate Research 22: 87–85.

Brooks, C.E.P. (1949): Climate through the ages: a study of the climatic factors and their variations. 2. Aufl. London: Ernest Benn.

Brooks, N. (2006): Cultural responses to aridity in the Middle Holocene and increased social complexity. Quarternary International 151: 29–49.

Brückner, E. (1890): Klimaschwankungen seit 1700 nebst Bemerkungen über die Klimaschwankungen der Diluvialzeit. Geographische Abhandlungen 4, 2. Wien und Olmütz: E. Hölzelö Verlag.

Bryson, R.A.; Murray, T.J. (1977): Climates of hunger: mankind and the world's changing weather. Madison, WI: University of Wisconsin Press.

Buesseler, K.O.; Doney, S.C.; Karl, D.M.; Boyd, P.W.; Caldeira, K.; Chai, F.; Coale, K.H.; de Baar, H.J.W.; Falkowski, P.G.; Johnson, K.S.; Lampitt, R.S.; Michaels, A.F.; Naqvi, S.W.A.; Smetacek, V.; Takeda, S.; Watson, A.J. (2008): Ocean iron fertilization – moving forward in a sea of uncertainty. Science 319: 161.

Buffon, G. L. Leclerc de (1778): Les époques de la Nature. Paris

Callendar, G.S. (1938): The artificial production of carbon dioxide and its influence on temperature. Quarterly Journal of the Royal Meteorological Society 64, 2: 223–240.

Callendar, G.S. (1939): The composition of the atmosphere through the ages. Meteorological Magazine 74: 33–39.

Campbell, J.; Moyers, B. (1988): The power of myth. New York: Doubleday.

Campbell, M.; Cleland, J.; Ezeh, A.; Prata, N. (2007): Return of the population growth factor. Science 315: 1501–1502.

Carley, M.; Christie, I. (2001): Managing sustainable development. 2. Aufl. London. Earthscan.

Carson, R. (2013) (orig. 1962): Der stumme Frühling. 4. Aufl. München: C.H. Beck Verlag.

Carvalho, A. (2007): Communicating global responsibility? Discourses on climate change and global citizenship. International Journal of Media and Cultural Studies 3, 2: 180–183.

Carvalho, A. (2007): Ideological cultures and media discourses on scientific knowledge: re-reading news on climate change. Public Understanding of Science 16: 223–243.

Carvalho, A.; Burgess, J. (2005): Cultural circuits of climate change in the UK broadsheet newspapers, 1985–2003. Risk Analysis 25, 6: 1457–1470.

Chishti, S. (2003): Fitra: an islamic model for humans and the environment. In: Foltz, R.; Denny, F.; Bahaaruddin, A. (Hrsg.): Islam and ecology: a bestowed trust. Cambridge, MA: Harvard University Press. 67–82.

Collier, P. (2007): The bottom billion: why the poorest countries are failing and what can be done about it. Oxford: Oxford University Press.

Collins, H.; Evans, R. (2007): Rethinking expertise. Chicago: University of Chicago Press.

Croll, J. (1875): Climate and time. New York: Appleton & Co.

Crompton, T. (2008): Weathercocks and signposts: the environment movement at a crossroads. WWF Report. Godalming, UK: World Wide Fund for Nature-UK. http://assets.wwf.org.uk/downloads/weathercocks_report2.pdf (Letzter Zugriff 29.12.2013).

Cronon, W.B. (1996): The trouble with wilderness: or, getting back to the wrong nature. In: Cronon, W.B. (Hrsg.): Uncommon ground: rethinking the human place in nature. New York: W. W. Norton & Co. 69–90.

Cruishank, J. (2005): Do glaciers listen? Local knowledge, colonial encounters and social imagination. Vancouver, Canada: UBC Press.

Daly, H.E. (1972): The economics of zero growth. American Journal of Agricultural Economics 54, 5: 945–954.

Dawson, T.P.; Allen, S.J. (2007): Poverty reduction must not exacerbate climate change. Nature 446: 372.

Dessai, S.; Adger, N.W.; Hulme, M.; Kohler, J.; Turnpenny, J.; Warren, R. (2004): Defining and experiencing dangerous climate change. Climatic Change 64: 11–25.

Diamond, J. (2005) (orig. 2005): Kollaps. Warum Gesellschaften überleben oder untergehen. Frankfurt a.M.: S. Fischer Verlag.

Dietz, S.; Hope, C.; Patmore, N. (2007): Some economics of »dangerous« climate change: reflections on the Stern Review. Global Environmental Change 17, 3–4: 311–325.

Donner, S. (2007): Domain of the gods: an editorial essay. Climatic Change 85: 231–236.

Douglas, M.; Wildavsky, A. (1982): Risk and culture: an essay on the selection of technological and environmental dangers. Berkeley, CA: University of California Press.

Doyle, J. (2007): Picturing the clima(c)tic: Greenpeace and the representational politics of climate change communication. Science as Culture 16, 2: 129–150.

Dunlap, T.R. (2004): Faith in nature: environmentalism as religious quest. Seattle, WA: University of Washington Press.

Dwivedi, O.P. (2001): Classical India. In: Jamieson, D. (Hrsg.): A companion to environmental philosophy. Oxford: Blackwell Publishers. 37–51.

Edwards, P.N.; Schneider, S.H. (2001): Self-governance and peer-review in science-for-policy: the case of the IPCC Second Assessment Report. In: Miller, C.A., Edwards; P.N. (Hrsg.): Changing the atmosphere: expert knowledge and environmental governance. Cambridge, MA: MIT Press. 219–246.

Ereaut, G.; Segnit, N. (2006): Warm words: how are we telling the climate story and can we tell it better? London: Institute for Public Policy Research (IPPR).

European Climate Forum (ECF) (2003): The biofuels directive: potential for climate protection? Conference Summary. European Climate Forum. Norwich, UK: Tyndall Centre.

Evangelical Climate Initiative (2006): Climate change: an evangelical call to action. Suwanee, GA: Evangelical Climate Initiative. www.npr.org/documents/2006/feb/evangelical/calltoaction.pdf (Letzter Zugriff 29.12.2013).

Fagan, B. (2003): The long summer: how climate changes changed civilization. New York: Basic Books.

Fankhauser, S.; Tol, R.S.J.; Pearce, D.W. (1998): Extensions and alternatives to climate change impact valuation: on the critique of IPCC Working Group III's impact estimates. Environment and Development Economics 3: 59–81.

Flannery, T. (2007): Wir Wettermacher. Wie die Menschen das Klima verändern und was das für unser Leben auf der Erde bedeutet. Frankfurt a. Main: Fischer Taschenbuch Verlag.

Fleming, J.R. (1998): Historical perspectives on climate change. Oxford und New York: Oxford University Press.

Fleming, J.R. (2006): The pathological history of weather and climate modification: three cycles of promise and hype. Historical Studies in the Physical and Biological Sciences 37, 1: 3–25.

Fleming, J.R. (2007): The Callendar effect: the life and work of Guy Stewart Callendar (1898–1964). Boston, MA: American Meteorological Society.

Ford, J.D. (2008): "Where's the ice gone?": climate change vulnerability and adaptation in an Inuit community. Vortrag auf der Konferenz Living with climate change: are there limits to adaptation? Royal Geographical Society, London, 7.–8. Februar 2008. Norwich, UK: Tyndall Centre.

Funtowicz, S.O.; Ravet, J.R. (1993): Science for a post-normal age. Futures 25: 739–755.

Furedi, F. (2007): Invitation to terror: the expanding empire of the unknown. London: Continuum Books.

Galaz, V. (2012): Geo-engineering, governance, and social-ecological systems: critical issues and joint research needs. Ecology and Society 17, 1: 24.

Garvey, J. (2008): The ethics of climate change: right and wrong in a warming world. London und New York: Continuum International Publishing.

Gibbon, E. (2003) (orig. 1776–1788): Verfall und Untergang des römischen Imperiums: Bis zum Ende des Reiches im Westen. 6 Bde. München: dtv.

Glacken, C. (1967): Traces on a Rhodian shore: nature and culture in Western thought from ancient times to the end of the eighteenth century. Berkeley, CA: University of California Press.

Glacken, C. (1970): Man against Nature: an outmoded concept. In: Helrich, H.W. (Hrsg.): The environmental crisis: Man's struggle to live with himself. New Hampton, CT: Yale University Press. 127–142.

Gladwell, M. (2002): Tipping Point: Wie kleine Dinge Großes bewirken können. München: Goldmann Verlag.

Glover, L. (2006): Postmodern climate change. London: Routledge.

Golinski, J. (2003): Time, talk and the weather in eighteenth century Britain. In: Strauss, S.; Orlove, B.J. (Hrsg.): Weather, climate, culture. Oxford: Berg. 17–38.

Golinski, J. (2007): British weather and the climate of enlightenment. Chicago: University of Chicago Press.

Goodall, A.H. (2008): Why have the leading journals in management (and other social sciences) failed to respond to climate change? Journal of Management Inquiry 17, 4: 408–420.

Gore, A. (1992): On stabilising world population. Population and Development Review 18, 2: 380–383.

Greenpeace (1994): Climate time bomb: signs of climate change from the Greenpeace database. Amsterdam: Greenpeace.

Gribbin, J. (1977): Forecasts, famines and freezes. New York: Wildwood House Ltd.

Grist, N. (2008): Positioning climate change in sustainable development discourse. Journal of International Development 20, 6: 783–803.

Grober, U. (2010): Die Entdeckung der Nachhaltigkeit. Kulturgeschichte eines Begriffs. München: Antje Kunstmann Verlag.

Grove, R.H. (1998): Ecology, climate and empire: the Indian legacy in global environmental history, 1400–1940. Delhi, Indien: Oxford University Press.

Haag, A. (2007): Climate change 2007: Al's army. Nature 446: 723–724.

Haidt, J. (2006): The happiness hypothesis. London: Arrow Books.

Haidt, J. (2007): The new synthesis in moral psychology. Science 316: 998-1002.

Halsnæs, K.; Shukla, P. (2007): Framing issues. In: Metz, B.; Davidson, O.R.; Bosch, P.R.; Dave, R.; Meyer, L.A. (Hrsg.): Climate change 2007: mitigation of climate change. Contribution of Working Group III to the Fourth Assessment Report of the Intergovernmental Panel on Climate Change. Cambridge, UK: Cambridge University Press. 117–176.

Hann, J. (1908): Handbuch der Klimatologie. 3 Bde. Stuttgart: Verlag Engelhorns Nachfolger.

Hansen, J.E. (2007): Scientific reticence and sea level rise. Environmental Research Letters 2, doi: 10.1088/1748-9326/2/2/024002.

Hardin, G. (1974): Lifeboat ethics: the case against helping the poor. Psychology Today, September. www.garretthardinsociety.org/articles/art_lifeboat_ethics_case_against_helping_poor.html (Letzter Zugriff 05.12.2013).

Hauff, V. (Hrsg.) (1999) (orig. 1987): Unsere gemeinsame Zukunft. Der Brundtland-Bericht der Weltkommission für Umwelt und Entwicklung. Greven: Eggenkamp.

Hawken, P. (2007): Blessed unrest: how the largest movement in the world came into being and how no-one saw it coming. New York: Viking.

Heißenhuber, A. (2011): Biobrennstoffe und grüne Energie. In: Kausch, P.; Bertau, M.; Gutzmer, J.; Matschullat, J. (Hrsg.): Energie und Rohstoffe. Gestaltung unserer nachhaltigen Zukunft. Heidelberg: Spektrum Verlag. 119-133.

Hillman, M.; Fawcett, T.; Raja, C.S. (2007): The suicidal planet: how to prevent global climate catastrophe. New York: Thomas Dunne Books.

Hillman, M.; Fox, C. (2007): Carbon rationing: a valuable way of cutting carbon emissions. Science and Public Affairs, June.

Hobsbawm, E. (2007): Globalisation, democracy and terrorism. London: Little, Brown.

Holling, C.S. (1986): The resilience of terrestrial ecosystems: local surprise and global change. In: Clark, W.C.; Mann, R.E. (Hrsg.): Sustainable development of the biosphere. Cambridge, UK: Cambridge University Press. 217–232.

House of Lords (2000): Science and society. Report of the House of Lords' Select Committee on Science and Technology. London: UK Parliament.

Hulme, M. (2008): The conquering of climate: discourses of fear and their dissolution. Geographical Journal 174, 1: 5–16.

Hulme, M. (2009): A belief in climate. In: Berry, S. (Hrsg.): Real scientists, real faith. London: Lion Hudson. 85–98.

Hulme, M. (2013): Exploring climate change through science and in society: an anthology of Mike Hulme's essays, interviews and speeches. London: Routledge.

Huntington, E. (2001) (orig. 1915): Civilisation and climate. Honolulu: University Press of the Pacific.

Huq, S.; Toulmin, C. (2006): Three eras of climate change. Sustainable Development Opinion Papers. London: International Institute for Environment and Development (IIED).

Imbrie, J.; Imbrie, K.P. (1986): Ice ages: solving the mystery. Cambridge, MA: Harvard University Press.

Inglehart, R. (1997): Modernization and post-modernization: cultural, economic and political change in 43 countries. Princeton, NJ: Princeton University Press.

Inglehart, R.; Klingemann, H.D. (2000): Genes, culture, democracy and happiness. In: Diener, E.; Suh, E.M. (Hrsg.): Culture and subjective well-being. Cambridge, MA: MIT Press. 165–183.

IPCC (2000): Emission scenarios. Special Report of Working Group III of the Intergovernmental Panel on Climate Change. Cambridge, UK: Cambridge University Press.

IPCC (2007): Climate change 2007: the physical science basis. Contribution of Working Group I to the Fourth Assessment Report of the Intergovernmental Panel on Climate Change. Cambridge, UK: Cambridge University Press.

James, O. (2007): Affluenza: how to be successful and stay sane. Derry, NH: Vermilion.

Jamieson, D. (1996): Ethics and intentional climate change. Climatic Change 33: 323–336.

Jasanoff, S. (1990): The fifth branch: science advisors as policy-makers. Cambridge, MA: Harvard University Press.

Jasanoff, S. (2007): Technologies of humility. Nature 450: 33, doi:10.1038/450033a.

Jenkins, K. (Hrsg.) (1997): The postmodern history reader. London: Routledge.

Kant, I. (1775): Von den verschiedenen Racen (Rassen) des Menschen. In: Kant, I. (2010) (orig. 1795): Frühere, noch nicht gesammelte kleine Schriften. Berlin: Nabu Press.

Kellstedt, P.M.; Zahran, S.; Vedlitz, A. (2008): Personal efficacy, the information environment, and attitudes towards global warming and climate change in the United States. Risk Analysis 28, 1: 113–126.

Kerr, R. (2007): Pushing the scary side of global warming. Nature 316: 1412–1415.

Kevane, M.; Gray, L. (2008): Darfur: rainfall and conflict. Environmental Research Letters 3: 034006, doi:10.1088/1748-9326/3/3/034006.

Kevles, D. (1985): In the name of eugenics: genetics and the uses of human heredity. New York: Knopf.

Killingsworth, M.J.; Palmer, J.S. (1996): Millennial ecology: the apocalyptic narrative from Silent Spring to global warming. In: Herndl, C.G.; Brown, S.C. (Hrsg.): Green culture: environmental rhetoric in contemporary America. Madison, WI: University of Wisconsin Press. 21–45.

Kincer, J.B. (1933): Is our climate changing? A study of long-time temperature trends. Monthly Weather Review 61, 9: 251–259.

King, D.A. (2004): Climate change science: adapt, mitigate or ignore? Science 303: 176–177.

Kirchner, F.; Michaëlis, C. (1907): Wörterbuch der Philosophischen Grundbegriffe. Neubearb. v. Carl Michaëlis. 5. Aufl. Leipzig: Dürr.

Köppen, W.P. (1936): Das Geographische System der Klimate. In: Köppen, W.P.; Geiger, R. (Hrsg.): Handbuch der Klimatologie. 5 Bde. Berlin: Gebrüder Bornträger.

Kuhn, T. (1962): The structure of scientific revolutions. Chicago: University of Chicago Press.

Lamb, H.H. (1959): Our changing climate, past and present. Weather 14: 299–318.

Lamb, H.H. (1977): Climate: present, past and future. Bd. 2: Climatic history and the future. London: Methuen.

Lamb, H.H. (1995): Climate, history and the modern world. 2. Aufl. London: Routledge.

Langhelle, O. (2000): Why ecological modernisation and sustainable development should not be conflated. Journal of Environmental Policy Planning 2: 303–322.

Latour, B. (2003): Is re-modernization occurring – and, if so, how to prove it? A commentary on Ulrich Beck. Theory, Culture and Society 20, 2: 35–48.

Latour, B.; Woolgar, S. (1986): Laboratory life: the construction of scientific facts. Princeton, NJ: Princeton University Press.

Leduc, T.B. (2007): Sila dialogues on climate change: Inuit wisdom for a cross-cultural interdisciplinarity. Climatic Change 85: 237–250.

Leiserowitz, A.A. (2004): Before and after The Day After Tomorrow: a U.S. study of climate change risk perception. Environment 46, 9: 24–37.

Leiserowitz, A.A. (2006): Climate change risk perception and policy preferences: the role of affect, imagery and values. Climatic Change 77: 45–72.

Lenton, T.M.; Held, H.; Krieglar, E.; Hall, J.W.; Lucht, W.; Rahmstorf, S.; Schellnhuber, H.J. (2008): Tipping elements in the Earth's climate system. Proceedings of the National Academy of Sciences 105, 6: 1786–1793.

Lerch, A. (2005): Nachhaltiger Liberalismus – liberale Nachhaltigkeit. In: Beschorner, T.; Eger, T. (Hrsg.): Das Ethische in der Ökonomie. Festschrift zum 60. Geburtstag von Hans G. Nutzinger. Marburg: Metropolis Verlag. 525–544.

Lie, J. (2007): Global climate change and the politics of disaster. Sustainability Science 2: 233–236.

Linder, S.H. (2006): Cashing-in on risk claims: on the for-profit inversion of signifiers for »global warming«. Social Semiotics 16, 1: 103–132.

Livingstone, D.N. (2004): Climate. In: Thrift, N.; Harrison, S.; Pile, S. (Hrsg.): Patterned ground: enlargements of nature and culture. London: Reaktion Books. S. 77–79.

Lomborg, B. (2007): Cool it: the sceptical environmentalist's guide to global warming. London: Cyan-Marshall Cavendish.

Lomborg, B. (Hrsg.) (2004): Global crises, global solutions. Cambridge, UK: Cambridge University Press.

Lorenz, E.N. (1963): Deterministic nonperiodic flow. Journal of the Atmospheric Sciences 20, 2: 130–141.

Lovelock, J. (2006) (orig. 2006): Gaias Rache. Warum die Erde sich wehrt. Berlin: List Verlag.

Lovelock, J.; Rapley, C. (2007): Ocean pipes could help the ocean to cure itself. Nature 449: 403.

Lowe, T.D.; Brown, K.; Dessai, S.; de Franca Doria, M.; Haynes, K.; Vincent, K. (2006): Does tomorrow ever come? Disaster narrative and public perceptions of climate change. Public Understanding of Science 15, 4: 435–457.

Lowe, T.D.; Lorenzoni, I. (2007): Danger is all around: eliciting expert perceptions for managing climate change through a mental models approach. Global Environmental Change 17, 1: 131–46.

Lutz, P.; Macho, T. (2008): Zwei Grad. Das Wetter, der Mensch und das Klima. Göttingen: Wallstein Verlag.

Lyotard, J.F. (1984): The postmodern condition: a report on knowledge. Minneapolis, MN: University of Minnesota Press.

Malone, E.L. (2009):

Malthus, T. (1798): An essay on the principle of population, as it affects the future improvement of society, with remarks on the speculations of Mr. Godwin, M. Condorcet and other writers. London: J. Johnson, in St. Paul's Church-yard.

Manabe, S.; Wetherald, R.T. (1975): The effects of doubling the CO2 concentration on the climate of a general circulation model. Journal of the Atmospheric Sciences 32: 3–15.

Martin, C. (2006): Artists on a mission. Nature 441: 578.

Martin, C. (2006): Experience of the New World and Aristotelian revisions of the Earth's climates during the Renaissance. History of Meteorology 3: 1–16.

McIntosh, A. (2008): Hell und high water: climate change, hope and the human condition. Edinburgh: Birlinn.

McKibbin, B. (1992): Das Ende der Natur. München: Piper Verlag.

Meadows, D.H. (1973) (orig. 1972): Die Grenzen des Wachstums. Ein Bericht an den Club of Rome. Stuttgart: DVA.

Meadows, D.H.; Randers, J.; Meadows, D.L. (2004) (orig. 2004): Grenzen des Wachstums – Das 30-Jahre-Update: Signal zum Kurswechsel. Stuttgart: Hirzel.

Merton, R.K. (1973): The sociology of science: theoretical and empirical investigations. Chicago: University of Chicago Press.

Meyer, W.B. (2000): Americans and their weather. New York: Oxford University Press.

Meyer, W.B. (2002): The perfectionists and the weather: the Oneida community's quest for meteorological utopia 1848-1879. Environmental History 7, 4: 589–610.

Michaelowa, A.; Michaelowa, K. (2007): Climate or development: is ODA diverted from its original purpose? Climatic Change 84, 1: 5–21.

Millais, C. (Hrsg.) (2006): Common belief: Australia's faith communities on climate change. Sydney: The Climate Institute. www.arcworld.org/downloads/COMMON%20BELIEF%20-%20Australian%20 statements.pdf (Letzter Zugriff 16.08.2013).

Miller, A.A. (1961): Climatology. 9. Aufl. London: Methuen.

Miller, C.A. (2004): Climate science and the making of a global political order. In: Jasanoff, S. (Hrsg.): States of knowledge: the co-production of science and the social order. London: Routledge. 46–66.

Miller, C.A.; Edwards, P.N. (Hrsg.) (2001): Changing the atmosphere: expert knowledge and environmental governance. Cambridge, MA: MIT Press.

Millstone, E. (2005): Analysing the role of science in public policy-making. In: van Zwanenberg, P.; Millstone, E. (Hrsg.): BSE: risk, science and governance. Oxford: Oxford University Press. 11–38.

Mitchell, T.D.; Hulme, M.; New, M. (2002): Climate data for political areas. Area 34: 109–112.

Mitford, N. (1953) (orig. 1949): Liebe eisgekühlt. Hamburg: Rowohlt Verlag.

Monbiot, G. (2006): Heat: how to stop the planet burning. London: Allen Lane.

Monbiot, G.; Lynas, M.; Marshall, G.; Juniper, T.; Tindale, S. (2005): Time to speak up for climate change science. Nature 434: 559, doi:10.1038/434559a.

Moran D.D.; Wackernagel, M.; Kitzes, J.A.; Goldfinger, S.H.; Boutaud, A. (2008): Measuring sustainable development: nation by nation. Ecological Economics 64, 3: 470–474.

Moser, S. (2007): More bad news: the risk of neglecting emotional responses to climate change information. In: Moser, S.; Dilling, L. (Hrsg.): Creating a climate for change: communicating climate change and facilitating social change. Cambridge, UK: Cambridge University Press. 64–81.

Moser, S.; Dilling, L. (Hrsg.) (2007): Creating a climate for change: communicating climate change and facilitating social change. Cambridge, UK: Cambridge University Press.

Mudge, F.B. (1997): The development of the greenhouse theory of global climate change from Victorian times. Weather 52: 13–17.

Munasinghe, M.; Swart, R. (2005): Primer on climate change and sustainable development: facts, policy analysis and applications. Cambridge, UK: Cambridge University Press.

Murphy, B.F.; Timbal, B. (2008): A review of recent climate variability and climate change in southeastern Australia. International Journal of Climatology 28, 7: 859–880.

Murtaugh, P. (2009): Reproduction and the carbon legacy of individuals. Global Environmental Change 19, 1: 14–20.

National Defense University (NDU) (1978): Climate change to the year 2000. Washington, D.C.: NDU.

National Development and Reform Commission (2007): China's national climate change programme. http://en.ndrc.gov.cn/newsrelease/P020070604561191006823.pdf (Letzter Zugriff 19.08.2013).

Neumayer, E. (2007): A missed opportunity: the Stern Review on climate change fails to tackle the issue of non-substitutable loss of natural capital. Global Environmental Change 17, 3–4: 297–301.

Newell, P. (2006): Climate for change: non-state actors and the global politics of the greenhouse. Cambridge, UK: Cambridge University Press.

Nisbet, M.C.; Mooney, C. (2007): Framing science. Science 316: 56.

Northcott, M.S. (2007): A moral climate: the ethics of global warming. London: Dartman, Longman und Todd.

O'Neill, B.C.; MacKellar, F.L.; Lutz, W. (2001): Population and climate change. Cambridge, UK: Cambridge University Press.

O'Neill, B.C.; Oppenheimer, M. (2002): Dangerous climate impacts and the Kyoto Protocol. Science 296: 1971–1972.

O'Neill, S.; Osborn, T.J.; Hulme, M.; Lorenzoni, I.; Watkinson, A.R. (2008): Using expert knowledge to assess uncertainties in future polar bear populations under climate change. Journal of Applied Ecology 45, 6: 1649–1659.

O'Riordan, T.; Jordan, A. (1999): Institutions, climate change and cultural theory: towards a common analytical framework. Global Environmental Change 9: 81–94.

Ogilvie, A.E.J.; Pálsson, G. (2003): Weather and climate in Icelandic sagas. In: Strauss, S.; Orlove, B.S. (Hrsg.): Weather, climate, culture. Oxford: Berg. 251–274.

Okereke, C.; Bulkeley, H. (2007): Conceptualizing climate change governance beyond the international regime: a review of four theoretical approaches. Tyndall Centre Working Paper 112. Norwich, UK: University of East Anglia.

Olsen, K.H. (2007): The clean development mechanism's contribution to sustainable development: a review of the literature. Climatic Change 84, 1: 59–73.

Oppenheimer, M. (2005): Defining dangerous anthropogenic interference: the role of science, the limits of science. Risk Analysis 26, 6: 1399–1407.

Oreskes, N.; Conway, E.M. (2010): Merchants of doubt: how a handful of scientists obscured the truth on issues from tobacco smoke to global warming. New York: Bloomsbury Press.

Ott, H.E.; Sterk, W.; Watanabe, R. (2008): The Bali roadmap: new horizons for global climate policy. Climate Policy 8, 1: 91–95.

Patt, A. (2007): Assessing model-based and conflict-based uncertainty. Global Environmental Change 17, 1: 37–46.

Pearce, D. (2003): The social cost of carbon and its policy implications. Oxford Review of Economic Policy 19, 3: 362–384.

Pearce, F. (2007): With speed and violence: why scientists fear tipping points in climate change. Uckfield, UK: Beacon Press.

Pettenger, M.E. (Hrsg.) (2007): The social construction of climate change. Aldershot, UK: Ashgate Press.

Pettit, J. (2004): Climate justice: a new social movement for atmospheric rights. IDS Bulletin 35, 3: 102–106.

Pielke, R. Jr. (2007): The honest broker: making sense of science in policy and politics. Cambridge, UK: Cambridge University Press.

Polanyi, M. (1962): The republic of science: its political and economic theory. Minerva 1: 54–74.

Ponte, L. (1976): The cooling. Englewood Cliffs, NJ: Prentice Hall.

Porritt, J. (2007): Capitalism: as if the world matters. 2. überarb. Aufl. London: Routledge.

Porter, P.W.; Lukermann, F.E. (1976): The geography of utopia. In: Lowenthal, D.; Bowden, M.J. (Hrsg.): Geographies of the mind: essays in historical geosophy in honour of John Kirtland Wright. New York: Oxford University Press.

Posas, P.J. (2007): Roles of religion and ethics in addressing climate change. Ethics in Science and Environmental Politics 6: 31–49.

Poumadère, M.; Mays, C.; Le Mer, S.; Blong, R. (2005): The 2003 heat wave in France: dangerous climate change here and now. Risk Analysis 25, 6: 1483–1494.

President's Science Advisory Committee (1965): Restoring the quality of our environment. Report of the Environmental Pollution Panel. Washington, D.C.: Weißes Haus.

Prins, G.; Rayner, S. (2007): The wrong trousers: radically re-thinking climate policy. Joint Discussion Paper of the James Martin Institute for Science and Civilisation, Oxford, and the MacKinder Centre for the study of Long-Wave Events, London School of Economics. http://eureka.bodleian.ox.ac.uk/66/ (Letzter Zugriff 20.01.2014).

Prins, G.; Rayner, S. (2007): Time to ditch Kyoto. Nature 449: 973–976.

Randers, J. (2012) (orig. 2012): 2052. Der neue Bericht an den Club of Rome: Eine globale Prognose für die nächsten 40 Jahre. München: oekom verlag.

Rayner, S.; Malone, E.L. (Hrsg.) (1998): Human choice and climate change. 4 Bde. Columbus, OH: Battelle Press.

Retallack, S.; Lawrence, T. (2007): Positive energy: harnessing people power to prevent climate change. London: Institute of Public Policy Research (IPPR).

Reusswig, F.; Leiserowitz, A.A. (2005): The international impact of The Day After Tomorrow (Commentary). Environment 47, 3: 41–43.

Risbey, J.S. (2008): The new climate discourse: alarmist or alarming? Global Environmental Change 18, 1: 26–37.

Rittel, H.; Webber, M. (1973): Dilemmas in a general theory of planning. Policy Sciences 4, 2: 155–169.

Roberts, J.T.; Parks, B.C. (2007): A climate of injustice: global inequality, North–South politics and climate policy. Cambridge, MA: MIT Press.

Robinson, J.; Bizikova, L.; Cohen, S. (Hrsg.) (2007): Integrating climate change actions into local development. Climate Policy 7, 4 (Special Issue).

Robock, A. (2008): Twenty reasons why geo-engineering may be a bad idea. Bulletin of the Atomic Scientist 64, 2: 14–18, 59.

Roe, G.H.; Baker, M.B. (2007): Why is climate sensitivity so unpredictable? Science 318: 629–632.

Ross, A. (1991): Is global culture warming up? Social Text 28: 3–30.

Ruuhela, R.; Hiltunen, L.; Venäläinen, A.; Pirinen, P.; Partonen, T. (2009): Climate impact on suicide rates in Finland from 1971 to 2003. International Journal of Biometeorology 53, 2: 167–175.

Sachs, J.D. (2004): Seeking a global solution. Nature 430: 725–726.

Sachs, J.D. (2005): The end of poverty: how we can make it happen in our time. London: Penguin Books.

Sächsische Hans-Carl-von-Carlowitz-Gesellschaft (Hrsg.) (2013): Die Erfindung der Nachhaltigkeit. Leben, Werk und Wirkung des Hans Carl von Carlowitz. München: oekom verlag.

Sanders, T. (2003): (En)Gendering the weather: rainmaking and reproduction in Tanzania. In: Strauss, S.; Orlove, B. (Hrsg.): Weather climate culture. Oxford: Berg. 83–102.

Sanderson, M. (1999): The classification of climates from Pythagoras to Köppen. Bulletin of the American Meteorological Society 80, 4: 669–673.

Sarewitz, D.; Pielke, R.J. Jr. (2006): The neglected heart of science policy: reconciling supply of and demand for science. Environmental Science and Policy 10: 5–16.

Schellnhuber, H.J.; Cramer, W.; Nakicenovic, N.; Wigley, T.M.L.; Yohe, G. (Hrsg.) (2006): Avoiding dangerous climate change. Cambridge, UK: Cambridge University Press.

Schellnhuber, H.J.; Crutzen, P.; Clark, W.C.; Claussen, M.; Held, H. (Hrsg.) (2004): Earth system analysis for sustainability. Cambridge, MA: MIT Press.

Schneider, S.H. (1985): Science by consensus: the case of the NDU study »climate change to the year 2000« – an editorial. Climatic Change 7: 153–157.

Schneider, S.H. (1990): Global warming: are we entering the greenhouse century? New York: Vintage Books.

Schneider, S.H. (1998): Kyoto Protocol: the unfinished agenda. Climatic Change 39: 1–21.

Schneider, S.H.; Mesirow, L.E. (1977): The genesis strategy: climate and global survival. New York: Dell.

Schneider, S.H.; Semenov, S.; Patwardhan, D. (2007): Assessing key vulnerabilities and the risk from climate change. In: Parry, M.L.; Canziani, O.F.; Palutikof, J.P.; van der Linden, P.J.; Hanson, C.E. (Hrsg.): Climate change 2007: impacts, adaptation and vulnerability. Contribution of Working Group II to the Fourth Assessment Report of the Intergovernmental Panel on Climate Change. Cambridge, UK: Cambridge University Press. 779–810.

Schönwiese, C.D. (2013): Klimatologie. 4. Aufl. Stuttgart: UTB.

Schwartz, P.; Randall, D. (2003): An abrupt climate change scenario and its implications for US national security. Report by the Global Business Network prepared for the US Department of Defense. www.gbn.com/consulting/article_details.php?id=53 (Letzter Zugriff 27.08.2013).

Schwartz, S.H.; Melech, G.; Lehmann, A.; Burgess, S.; Harris, M.; Owens, V. (2001): Extending the cross-cultural validity of the theory of basic human values with a different method of measurement. Journal of Cross-Cultural Psychology 32, 5: 519–542.

Scott, A. (2007): Peer review and the relevance of science. Futures 39: 827–845.

Segnit, N.; Ereaut, G. (2007): Warm words II: how the climate story is evolving. London: Institute for Public Policy Research (IPPR) and Energy Savings Trust.

Shanahan, M. (2007): Talking about a revolution: climate change and the media. COP13 Briefing and Opinion Papers. London: International Institute for Environment and Development (IIED).

Shearman, D.; Smith, J.W. (2007): The climate change challenge and the failure of democracy. Westport, CT: Greenwood Press.

Simms, A.; Smith, J. (Hrsg.) (2008): Do good lives have to cost the Earth? London: Constable.

Singer, F.C.; Avery, D.T. (2007): Unstoppable climate change every 1500 years. Lanham, MD: Rowman and Littlefield.

Slocum, R. (2004): Polar bears and energy-efficient light-bulbs: strategies to bring climate change home. Environment & Planning D: Society and Space 22: 413–438.

Smith, D.M. (2006): Just one planet: taking action on poverty and climate change. Rugby, UK: Practical Action.

Smith, J. (2005): Dangerous news: media decision making about climate change risk. Risk Analysis 25, 6: 1471–1482.

Smith, J. (Hrsg.) (2000): The daily globe: environmental change, the public and the media. London: Earthscan.

Sneddon, C.; Howarth, R.B.; Norgaard, R.B. (2006): Sustainable development in a post-Brundtland world. Ecological Economics 57, 2: 253–268.

Sombart, W. (1928): Der moderne Kapitalismus. Historisch-systematische Darstellung des gesamteuropäischen Wirtschaftslebens von seinen Anfängen bis zur Gegenwart, Bd. 3: Das Wirtschaftsleben im Zeitalter des Hochkapitalismus. 1. Halbbd. München und Leipzig: Duncker & Humblot.

Spash, C.L. (2005): Greenhouse economics: values and ethics. Routledge Explorations in Environmental Economics. London: Routledge.

Spash, C.L. (2007): The economics of climate change impacts à la Stern: novel and nuanced or rhetorically restricted? Ecological Economics 63, 4: 706–713.

Stehr, N.; von Storch, H. (1999): Klima, Wetter, Mensch. München: C.H. Beck Wissen.

Stern, N. (2006): The economics of climate change: the Stern Review. Cambridge, UK: Cambridge University Press.

Strauss, S.; Orlove, B.J. (Hrsg.) (2003): Weather, climate, culture. Oxford: Berg.

Sunstein, C. (1995): Incompletely theorized agreements. Harvard Law Review 108, 7: 1733–1772.

Tambe, A. (2011): Climate, race science and the age of consent in the League of Nations. Theory, Culture and Society 18, 2: 109–130.

Taylor, B. (Hrsg.) (2008): Encyclopedia of religion and nature. London und New York: Thoemmes Continuum.

Tennekes, H. (1990): A sideways look at climate research. Weather 45: 67–68.

Thompson, M.; Rayner, S. (1998): Cultural discourses. In: Rayner, S.; Malone, E.L. (Hrsg.): Human choice and climate change. Bd. 1: The societal framework. Columbus, OH: Battelle Press. 265–344.

Thompson, M.; Rayner, S. (1998): Risk and Governance. Part I: The discourses of climate change. Government and Opposition 33, 2: 139–166.

Thompson, M.; Rayner, S.; Ney, S. (1998): Risk and governance. Part II: Policy in a complex and plurally perceived world. Government and Opposition 33, 2: 330–354.

Thrift, N.; Harrison, S.; Pile, S. (Hrsg.): Patterned ground: enlargements of nature and culture. London: Reaktion Books.

Toman, M.A. (2005): Climate change mitigation: passing through the eye of the needle? In: Sinnott-Armstrong, W.; Howarth, R.B. (Hrsg.): Perspectives on climate change: science, economics, politics and ethics. Amsterdam: Elsevier. 75–98.

Toman, M.A. (2006): Values in the economics of climate change. Environmental Values 15: 365–379.

Toynbee, A.J. (1934): A study of history. Bd. 2: The genesis of civilizations. Oxford: Oxford University Press.

Trumbo, C.W.; Shanahan, J. (2000): Social research on climate change: where we have been, where we are, and where we might go. Public Understanding of Science 9: 199–204.

Tyndall, J. (1855–1872): Journals of John Tyndall. Bd. 3: 1855–1872. Unveröff. Tyndall Collection, Royal Institution, London.

Tyndall, J. (1861): On the absorption and radiation of heat by gases and vapours. Philosophical Magazine (Ser. 4) 22: 169–194 und 273–285.

Tyndall, J. (1863): On the passage of radiant heat through dry and humid air. Philosophical Magazine (Ser. 4) 26, 172: 44–54.

Velders, G.J.M.; Anderson, S.O.; Daniel, J.S.; Fahey, D.W.; McFarland, M. (2007): The importance of the Montreal Protocol in protecting climate. Proceedings of the National Academy of Sciences 104, 12: 4814–4819.

Verweij, M.; Thompson, M. (Hrsg.) (2006): Clumsy solutions for a complex world: governance, politics and plural perceptions. Basingstoke, UK: Palgrave Macmillan.

Victor, D.G. (2001): The collapse of the Kyoto Protocol. Princeton, NJ: Princeton University Press.

Victor, D.G.; House, J.C.; Joy, S. (2005): A Madisonian approach to climate policy. Science 309: 1820–1821.

von Neumann, J. (1955): Can we survive technology? Fortune, Juni Ausgabe. Abdruck in: Population and Development Review (1986) 12, 1: 117–126.

von Storch, H.; Stehr, N. (2006): Anthropogenic climate change: a reason for concern since the 18th century and earlier. Geografika Annaler 88A, 2: 107–113.

von Weizsäcker, E.U.; Hargorves, K.; Smith, M. (2010): Faktor Fünf. Die Formel für nachhaltiges Wachstum. München: Droemer Verlag.

Vonk, M.A. (2006): The quest for sustainable lifestyles and quality of life: contributions from Amish, Hutterite, Franciscan and Benedictine philosophy of life. Vortrag auf der Konferenz Exploring Religion, Nature and Culture, Gainsville, FL, 6.–9. April 2006.

Walker, G.; King, D. (2008): The hot topic: how to tackle climate change and still keep the lights on. London: Bloomsbury Press.

Weart, S.R. (1997): Global warming, cold war and the evolution of research plans. Historical Studies in the Physical and Biological Sciences 27, 2: 319–356.

Weart, S.R. (2007): Money for Keeling: monitoring CO2 levels. Historical Studies in the Physical and Biological Sciences 37, 2: 435–452.

Weart, S.R. (2008): The discovery of global warming. 2. überarb. u. erw. Aufl. Cambridge, MA: Harvard University Press.

Weber, E.U. (2006): Experience-based and description-based perceptions of long-term risk: why global warming does not scare us (yet). Climatic Change 77: 103–120.

Weber, M. (1946): From Max Weber: essays in sociology. (Übers. und hrsg. v. H.H. Gerth und C.W. Mills). New York: Oxford University Press.

Weiss, H.; Bradley, R.S. (2001): What drives societal collapse? Science 291: 610–611.

Welzer, H.; Wiegand, K. (Hrsg.) (2012): Perspektiven einer nachhaltigen Entwicklung: Wie sieht die Welt im Jahr 2050 aus? 2. Aufl. Frankfurt a.M.: Fischer Taschenbuch Verlag.

White, D.G.; Mitchell, W.S. (Hrsg) (2011): Geoengineering: technology and governance assessments of climate engineering. Climate change and its causes, effects and prediction. Hauppauge, NY: Nova Science Publishers.

White, L. Jr. (1967): The historical roots of our ecological crisis. Science 155: 1203–1207.

Whitmarsh, L. (2008): What's in a name? Commonalities and differences in public understanding of »climate change« and »global warming«. Public Understanding of Science, doi:10.1177/0963662506073088.

World Commission on Environment and Development (1987): Our common future. Oxford: Oxford University Press.

World Wide Fund for Nature (WWF) (2008): 2010 and beyond: rising to the biodiversity challenge. Gland, Switzerland: WWF.

Yearley, S. (2006): How many »ends« of nature: making sociological and phenomenological sense of the end of nature. Nature and Culture 1, 1: 10–21.

Index